LES COMMENTAIRES DES PSAUMES

Ps 37-44

La publication de cet ouvrage a été préparée
à l'Institut d'Études Augustiniennes,
composante de l'U.M.R. 8584
du Centre National de la Recherche Scientifique.
La mise en page a été réalisée par Marjorie BROSSÉ (C.N.R.S.).

BIBLIOTHÈQUE AUGUSTINIENNE

ŒUVRES DE
SAINT AUGUSTIN

8ᵉ SÉRIE

59/A

LES COMMENTAIRES DES PSAUMES

ENARRATIONES IN PSALMOS

Ps 37-44

Sous la direction de M. Dulaey

Avec I. Bochet, P. Descotes et P.-M. Hombert

*Ouvrage publié avec le concours de l'École pratique des Hautes Études
et des Augustins de l'Assomption (www.assomption.org)*

Institut d'Études Augustiniennes
PARIS
2017

BIBLIOTHÈQUE AUGUSTINIENNE
ŒUVRES DE SAINT AUGUSTIN

Fondateurs : Fulbert CAYRÉ †, Georges FOLLIET †
Ancien Directeur : Goulven MADEC †

Directrices : Anne-Isabelle BOUTON-TOUBOULIC
et Martine DULAEY

Comité scientifique
Emmanuel BERMON, Isabelle BOCHET,
Pierre-Marie HOMBERT, Vincent ZARINI

Tous droits réservés pour tous pays. Aux termes du Code de la Propriété Intellectuelle, toute reproduction ou représentation, intégrale ou partielle, faite par quelque procédé que ce soit (photocopie, photographie, microfilm, bande magnétique, disque optique ou autre) sans le consentement de l'auteur ou de ses ayants droits ou ayants cause est illicite et constitue une contrefaçon sanctionnée par les articles L 335-2 à L 335-10 du Code de la Propriété Intellectuelle.

ISBN: 978-2-85121-289-4
ISSN: 0996-4657
© Institut d'Études Augustiniennes 2017

AVANT-PROPOS

Les hasards de la numérotation du Psautier font que les huit *Enarrationes in Psalmos* du volume 59/A de la *Bibliothèque augustinienne*, où Augustin commente les Ps 37 à 44, sont d'époque et de contenu divers. Elles ont aussi été prononcées en des lieux différents : la moitié d'entre elles l'ont été à Carthage (*In Ps.* 38 ; 39 ; 43 ; 44).

La plus ancienne est l'*Enarratio* 42, prêchée à Carthage peu après le concile du 25 août 403 ; elle est suivie de près par l'*Enarratio* 44, datée du 2 septembre 403, qui est un texte fondamental pour la théologie de l'Incarnation, de la Trinité, ainsi que pour l'ecclésiologie augustinienne. Le sermon de l'*Enarratio* 40, prononcé lors d'une fête de martyrs, sans doute en 405, est un texte apologétique dirigé contre les païens, dont les persécutions s'avèrent impuissantes contre l'Église. L'*Enarratio* 39, prêchée la veille de la fête de la fondation de Carthage, nous plonge dans l'atmosphère enfiévrée des grands jeux donnés à cette occasion, où plus d'un chrétien délaissait la basilique pour le cirque ou l'amphithéâtre ; elle est datable du 14 juillet 407. On est encore en pleine crise donatiste, et c'est aussi le cas dans l'*Enarratio* 43, une prédication que les parallèles avec des œuvres de cette période invitent à dater entre la fin du printemps 407 et l'été 408.

Les trois autres homélies sont plus tardives. La plus belle, qui n'est probablement pas antérieure à l'automne 411, est sans conteste l'*Enarratio* sur le Ps 41, où la question des païens : « Où est-il, ton Dieu ? » vient comme exacerber le désir du psalmiste – et de son commentateur – de voir ce qu'il croit ; cette *Enarratio* décrit son ascension spirituelle. Plusieurs

ENARRATIONES IN PSALMOS

passages y rappellent les plus grandes pages des *Confessions*, et c'est à se demander si Augustin ne venait pas de les relire, ce qu'il faisait parfois, puisqu'il avoue ne jamais y revenir sans émotion. Les *Enarrationes* 37 et 38 appartiennent aux débuts de la controverse avec Pélage et ont vraisemblablement été prêchées en 412, la première à Hippone ou dans une ville où Augustin était de passage, et la seconde à Carthage.

Note sur le volume 59/A

Pour les *Enarrationes*, nous sommes tributaires de l'édition de D.E. Dekkers et J. Fraipont, dans le *Corpus Christianorum* 38 (1956). Ce texte est généralement conforme à celui des Mauristes ; nous en modifions souvent la ponctuation, parfois aussi la division en paragraphes. Traductions et notes sont toujours soumises aux critiques et suggestions des membres de l'équipe qui travaille aux *Enarrationes in Psalmos* pour la *Bibliothèque Augustinienne*, parmi lesquels il faut compter désormais de jeunes docteurs (N. Requin) ou doctorants (M. Pauliat, Cl. de Plinval). Notre reconnaissance va à notre collègue J. Regnault, qui relit patiemment l'ensemble et repère la moindre erreur, ainsi qu'à M. Brossé, qui réussit encore à en détecter quand elle procède à la mise en page définitive.

Dans le présent volume, les traductions ont été faites par M. Dulaey (*In Ps.* 37-39 ; 41 ; 43-44) et P. Descotes (*In Ps.* 40 et 42). Elles ont toujours été confrontées aux traductions françaises du xixᵉ s., surtout celle de M. Vincent dans les *Œuvres complètes* d'Augustin publiée à Paris par Vivès en 1870 (t. XII). On a également consulté la traduction de M. Bouldings, *Augustine. Expositions of the Psalms 33-50*, dans *The Works of Augustine. A Translation for the 21st Century*, III/16, J. E. Rotelle (éd.), New York, 2000.

Les introductions propres à chaque *Enarratio*, leurs notes infra-paginales et leurs notes complémentaires ont été rédigées par les auteurs suivants :

AVANT-PROPOS

Ps 37 : M. Dulaey (MD)

Ps 38 : I. Bochet (IB)

Ps 39 : P.-M. Hombert (PMH)

Ps 40 : P. Descotes (PD)

Ps 41 : I. Bochet

Ps 42 : P. Descotes

Ps 43 : M. Dulaey

Ps 44 : I. Bochet

Pour la commodité des utilisateurs, les notes complémentaires sont signées des initiales de leur auteur.

Bibliographie

Chaque *Enarratio* étant un cas particulier, c'est dans les introductions et les notes de chacune d'elles qu'on trouvera la bibliographie correspondante. On peut se reporter à l'excellente bibliographie générale de l'article fondamental de l'*Augustinus Lexikon,* s. v. *Enarrationes in Psalmos,* c. 804-858 (H. Müller, M. Fiedrowicz, 2001).

Mentionnons seulement les instruments de travail fréquemment employés, bien que non cités dans les notes : le *CLCLT* de Brepols, le *CAG* de Würzburg, pour les instruments informatiques, et les études du texte grec et latin du psautier :

Der Septuaginta-Psalter und seine Tochterübersetzungen, A. Aejmelaus, U. Quast (éd.), Göttingen, 2000.

R. Gryson, A. Thibaut, *Le psautier latin du Sinaï,* Freiburg im Brisgau, 2010.

A. Rahlfs, *Septuaginta, Vetus Testamentum Graecum. X. Psalmi cum Odis,* Göttingen, 1979³.

R. Weber, *Le Psautier Romain et les autres anciens Psautiers latins,* Rome, 1953.

ENARRATIONES IN PSALMOS

Abréviations

Les abréviations des noms d'auteurs et de leurs œuvres sont explicitées dans l'Index. Les références aux ouvrages d'Augustin sont données sans indication d'édition ou de page. On trouvera une présentation des éditions de chacune des œuvres dans *Augustinus-Lexikon*, I, C. Mayer (éd.), Bâle, 1986-1994, p. XXVI-XLI ; à compléter, pour les travaux postérieurs à 1994, par R. Gryson, *Répertoire général des auteurs ecclésiastiques latins de l'Antiquité et du haut Moyen Âge* (*Vetus Latina* I/1⁵), Freiburg, 2007, t. 1, p. 207-271 ; présentation plus succincte dans S. Lancel, *Saint Augustin*, Paris, 1999, p. 740-744.

AugLex : *Augustinus-Lexikon*

BA : *Bibliothèque augustinienne*, Paris

CCL : *Corpus Christianorum, Series Latina*

CPL : *Clavis Patrum Latinorum*

CSCO : *Corpus Scriptorum Christianorum Orientalium*

CSEL : *Corpus Scriptorum Ecclesiasticorum Latinorum*

CUF : *Collection des Universités de France*

DBS : *Dictionnaire de la Bible, Supplément*

DECA : *Dictionnaire encyclopédique du christianisme ancien*

DSp : *Dictionnaire de Spiritualité*

GCS : *Die griechieschen christlichen Schrifsteller*

GNO : *Gregorii Nysseni Opera*

Kittel, *THWNT* : *Theologisches Wörterbuch zum Neuen Testament*

MiAg : *Miscellanea Agostiniana*, G. Morin

REPW : A. Pauly, G. Wissowa, *Real-Enzyklopädie der klassischen Altertumswissenschaft*

RLAC : *Reallexikon für Antike und Christentum*

OPA : *Les œuvres de Philon d'Alexandrie*

AVANT-PROPOS

PCBE: *Prosopographie chrétienne du Bas-Empire*

PG: *Patrologie grecque*

PL: *Patrologie latine*

PO: *Patrologie orientale*

SAEMO: *Sancti Ambrosii episcopi Mediolanensis opera*

SC: *Sources chrétiennes*

ThLL: *Thesaurus Linguae Latinae*

IN PSALMVM XXXVII

PSAUME 37

L'*Enarratio* 37 a été prêchée au cours d'une assemblée eucharistique, à Hippone ou dans une ville où Augustin était de passage ; ce n'était pas Carthage, car la métropole est évoquée au § 2 comme un lieu où ses auditeurs ont pu se rendre, mais où ils ne séjournent pas. Dans la liturgie du jour, la lecture de l'Ancien Testament était un passage du Siracide incluant Sir 10, 14, vraisemblablement les v. 7-18 (§ 8)[1]. Le psaume était le Ps 37, qui a été lu en entier (§ 2 : *cum psalmus legeretur*) et dont le v. 19 a servi de répons (§ 1, 1 : *cantauimus*). L'Évangile était la péricope de la Cananéenne (Mt 15, 21-28), que le prédicateur relie au psaume par le thème de la confession des péchés.

Le Ps 37 est traditionnellement considéré comme un psaume de pénitence[2]. Pour Origène, qui en donne une lecture purement morale, comme on le voit dans la longue homélie traduite par Rufin et dans les quelques fragments conservés, on y apprend comment se com-

---

1. M. Margoni-Kögler, *Die Perikopen in Gottesdienst bei Augustinus. Ein Beitrag zur Erforschung der liturgischen Schriftlesung in der frühen Kirche*, Vienne, 2010, p. 376, signale que c'est la seule attestation de lecture liturgique pour ce passage.

2. Cf. E. Prinzivalli, *Didimo il Cieco. Lezioni sui Salmi. Il commento ai salmi scoperto a Tura*, Milano, 2005, p. 626-627. On trouve une rapide comparaison de la méthode et de la visée des commentaires d'Origène, Eusèbe et Didyme sur le Ps 37 dans K. J. Torjesen, « Interpretation of the Psalms : Study of the Exegesis of Ps 37 », *Augustinianum*, 22, 1982, p. 349-355.

ENARRATIONES IN PSALMOS

porter quand on a péché[3]. On retrouve cela, brièvement signalé, dans les *Commentarioli* de Jérôme, dont on ne possède pas de *Tractatus* sur le psaume[4], tandis que le commentaire d'Ambroise développe longuement le thème origénien[5]. Eusèbe met l'accent sur le sens historique : David aurait composé ce psaume en se rappelant ses fautes[6] ; aux yeux d'Origène, suivi par Jérôme, le psalmiste est plutôt un juste qui assume le rôle du pécheur[7]. La perspective du commentaire d'Augustin est différente. Pour l'évêque d'Hippone, le Ps 37 évoque plus généralement la condition humaine après la chute et l'aspiration de l'homme à la restauration eschatologique.

« Le souvenir du sabbat » dont parle le « titre » de la version latine qu'il utilise[8] fournit la ligne directrice de son commentaire. « Du titre dépendent tous les versets qu'on chante ensuite », dit-il dans une autre *Enarratio*[9]. Il a pour fonction d'orienter le lecteur, comme le *titulus*

---

3. Orig. *Hom. Ps.* 37, *SC* 411, p. 258-327 ; J. B. Pitra, *Analecta Sacra* 3, Venise, 1883, p. 13-28 ; *Hom. Cant.* 2, 5, *SC* 37b, p. 108 ; *Heracl.* 18-19, *SC* 67, p. 92-95.

4. Hier. *Com. Ps.* 37, *CCL* 72, p. 206, 1-2 : *ex persona paenitentis.*

5. Voir en particulier Ambr. *In Ps.* 37, 1-2, *CSEL* 64, p. 137-138 ; 10-11, p. 143-145.

6. Eus. *In Ps.* 37, 2, *PG* 23, 337 ; *PG* 30, 96 C. Pour Théodore de Mopsueste (dans la traduction de Julien d'Éclane), le psaume est une confession de David après son péché avec la femme d'Urie : Iul. Ecl. *In Ps.* 37, *CCL* 88A, p. 172, 1-2 ; 28-35 ; interprétation semblable dans Cyr. A. *In Ps.* 37, *PG* 69, 952 B-C.

7. Orig. *Hom. Gen.* 11, 1, *SC* 7b, p. 280, 55-63 : « ex persona peccatoris paenitentis » ; *In Rom.* 6, 9, 15, *SC* 543, p. 188 : « personam peccatorum susceptam ». Voir aussi Hier. *In Ez.* 2 (6, 13), *CCL* 75, p. 69 : « peccator ex cuius persona psalmus ille cantatur » ; id. dans *In Naum* 2, 8-9, *CCL* 776 A, p. 549, 286.

8. Sur ce texte, voir la note complémentaire 1 : « Le souvenir du sabbat ».

9. *In Ps.* 53, 1.

IN PSALMVM XXXVII

à l'entrée d'une vaste demeure: «Qui reconnaît l'inscription placée au frontispice de la maison y entrera avec assurance et ne s'égarera pas quand il y sera entré. Car on a signalé à l'entrée le moyen de ne pas s'égarer à l'intérieur[10].» Le titre oriente vers le repos du sabbat éternel et les paroles du psalmiste qui viennent ensuite parlent de l'*inquietudo* de l'homme et de la misère de sa condition, que le Christ est venu assumer pour l'en délivrer. Dans le commentaire, le souvenir du sabbat, qui est la condition du bonheur ici-bas (§ 1), tend à s'identifier au désir de Dieu (§ 15), que la prière creuse en l'homme tout au long de son voyage vers la Patrie. L'*Enarratio* se situe au plan ontologique plus qu'au plan moral.

Qui parle dans ce psaume? On sait Augustin toujours préoccupé de définir le locuteur, selon les règles de l'exégèse prosopologique. Il exclut d'entrée de jeu le David historique, dont parle pourtant l'en-tête *(Psalmus ipsi Dauid)*[11], car l'idée que le roi ait à se souvenir du sabbat ne fait pas sens. Le prophète parlerait-il au nom du Christ? «On se demande d'ordinaire, dit Augustin, qui prononce ces mots, et certains comprennent que c'est le Christ, en raison de versets de ce psaume [...] qui s'appliquent à la Passion du Christ, et où nous reconnaîtrons d'ailleurs nous aussi qu'ils s'appliquent à la Passion du Christ» (§ 6). Le v. 12 est de fait très anciennement donné pour une prophétie des événements de

---

10. *Ibid.* Il ne peut évidemment s'agir que d'une de ces très vastes *domus* que nous fait connaître l'archéologie.

11. Ce titre est expliqué ailleurs: cf. *BA* 57/A, n. c. 25: *Psalmus ipsi Dauid*. Sur le sens difficile de ce titre, voir J.-M. AUWERS, «Le David des psaumes et les psaumes de David», dans *Figures de David à travers la Bible*, L. Desrousseaux, J. Vermeylen (éd.), Paris, 1999 (*LD* 177), p. 187-224 (p. 210-213: «le lamed de titulature»).

15

ENARRATIONES IN PSALMOS

la Passion[12]; cette interprétation paraît évidente également à Augustin pour les v. 14-15 et 21. Signe que cette exégèse christologique était répandue, on la rencontre même chez des auteurs qui font une lecture simplement morale du psaume, comme Didyme[13] ou Ambroise, dans son commentaire[14] et dans d'autres œuvres[15].

Mais il n'y avait guère qu'Hilaire pour affirmer que «*tout le psaume* est prononcé au nom du Seigneur, qui souffre pour nous et porte nos péchés[16]». C'est sans doute à lui que songe Ambroise quand il signale que certains estimaient que, tout comme le Ps 68, le psaume était dit *ex persona Christi*, «au nom du Christ qui voulait payer au Père la dette de nos péchés[17]». Jérôme commence par déclarer que les paroles du psaume sont celles d'un pénitent, mais il admet aussi l'interprétation d'Hilaire: «Le psaume peut aussi être référé au Christ, comme le Ps 68[18]»; il applique de fait à la Passion les v. 6, 12, 14-15 et 19. Il y a eu par la suite encore des tentatives pour faire une lecture christique de l'ensemble du psaume[19].

---

12. Iren. *Haer.* 4, 33, 12, *SC* 100, p. 834, 252; Hier. *Com. Ps.* 37, *CCL* 72, p. 207, 11-13.

13. Did. *In Ps.* 37, 12 (Gronewald, § 266; Prinzivalli, p. 655): Ps 37, 12.

14. Ambr. *In Ps.* 37, 32; *CSEL* 64, p. 160; 37, 44-45, p. 172-173: Ps 37, 7 et 14-15.

15. Ambr. *In Luc.* 9, 10, *SC* 52, p. 144 (v. 14); 4, 55, *SC* 45, p. 173 (v. 21); *Ep.* 23, 5, *CSEL* 82/1, p. 169, 43 (v. 10).

16. Hil. *In Ps.* 69, 1, *CCL* 60, p. 318, 9-11: «Totus ex persona dolentis Domini pro nobis portantisque peccata nostra consistit.»

17. Ambr. *In Ps.* 37, 53, *CSEL* 64, p. 179, 20-23.

18. Hier. *Com. Ps.* 37, *CCL* 72, p. 206, 1-2: «Totus psalmus ex persona paenitentis est, sed et ad Christum referri potest.»

19. J. B. Pitra, *Analecta sacra*, 2, p. 335-337 donne un commentaire grec appliquant tout le Ps 37 à la Passion, où le sabbat dont il faut se souvenir est le Samedi Saint; plusieurs liturgies orientales anciennes utilisaient du reste les v. 18 ou 21-22 dans les liturgies du vendredi saint: A. Rose, *Les psaumes, voix du Christ et de l'Église*,

IN PSALMVM XXXVII

L'évêque d'Hippone hérite de cette lecture christologique, et il l'accepte ; mais rapporter tout le psaume au Christ faisait évidemment problème aux versets où le psalmiste mentionne explicitement les fautes qu'il a commises (v. 4 et 19). Augustin recourt alors à sa doctrine du *Christus totus*, déjà largement développée à propos du Ps 30. Ici comme dans l'*Enarratio* sur le Psaume 30, elle ne sert pas seulement à distinguer les paroles qui conviennent à la Tête seule et celles qui conviennent au Corps ; elle fait comprendre que, si la Tête parle au nom du Corps (§ 6), c'est parce que le Christ a porté le péché de l'homme pour l'en délivrer par sa Passion (§ 26). Il a "configuré" (ou "transfiguré") en lui la personne du premier homme (§ 27). Dans les deux *Enarrationes*, la prosopologie est au service de la sotériologie[20].

Augustin décèle dans le psaume deux grandes parties à peu près égales (v. 1-11 ; 12-23), comme il l'indique lui-même en marquant la transition entre les deux (fin du § 15, début du 16). C'est l'opposition intérieur/extérieur qui structure le psaume : il aborde dans un premier temps des maux que chacun subit du seul fait d'être homme, et traite ensuite de ceux que lui infligent de l'extérieur les autres hommes et les événements.

Dans la première section, la misère de la condition humaine est présentée à la fois comme la conséquence de la juste colère de Dieu (§ 3-7) et comme un châtiment

---

Paris, 1981, p. 113. On peut lire une interprétation christologique latine du psaume (de R. Bellarmin ?), présentée comme seconde possibilité d'interprétation, dans CORNELIUS A LAPIDE, *Supplementum ad commentaria in scriptura sacra, Explanatio in Psalmos,* t. 1, éd. Paris, 1861, p. 245-246.

20. M. F IEDROWICZ, *Psalmus vox totius Christi. Studien zu Augustins „Enarrationes in Psalmos",* Fribourg, 1997, p. 341-378 (p. 351-352).

ENARRATIONES IN PSALMOS

pédagogique qui a pour fin d'abaisser l'orgueil par lequel il s'est révolté contre Dieu (§ 8-15). La fragilité *du corps* l'expose aux manques, à la maladie et à la mort ; ce qui, à l'origine, était la peine infligée à Adam en raison de sa faute est devenu nature chez ses descendants, à qui cependant est offerte l'espérance de la rédemption de ce corps blessé (§ 5). L'humiliation *de l'âme* est le remède de l'orgueil, Dieu laissant seulement peser sur elle le poids de sa faute pour la redresser (§ 8-10) ; sa souffrance a pour fonction de lui faire désirer la vie divine dont elle s'est éloignée (§ 13-14). L'invasion des images du monde physique prive l'âme de la vision de la vérité et de la lumière divine, mais non sans qu'il y ait promesse de retrouver un jour ce à quoi elle aspire (§ 11 ; 15). La conclusion de la première partie insiste très fortement sur la responsabilité de l'homme dans cet état de fait : « De cela, l'homme souffre intérieurement, là où il est avec lui-même, en lui-même ; et c'est de lui-même qu'il souffre et non de quelqu'un d'autre, cela ne concerne personne sinon lui-même. Cela, tout ce qu'il a énuméré plus haut, il l'a lui-même mérité en châtiment » (§ 15).

« À l'intérieur, il se fait souffrir lui-même ; à l'extérieur ceux parmi lesquels il vit le font souffrir ; il souffre de ses propres maux, et il lui faut aussi souffrir de maux venant d'autrui » (§ 16). Dans la seconde partie, les souffrances qui viennent à l'homme de l'extérieur sont d'abord représentées par celles du Christ en sa Passion (§ 16-21). Les § 22-25a traitent de ce que l'homme subit de la part des méchants (§ 22) ou des épreuves de l'existence, qui semblent injustement les épargner (§ 23-25). Les § 25b-27 reviennent à la Passion du Christ, considérée sous son aspect salvifique. C'est de ce salut que parle la conclusion (§ 8).

IN PSALMVM XXXVII

On aimerait savoir de quelle source Augustin disposait pour élaborer son commentaire. Il n'a en tout cas rien lu qui aurait orienté son attention vers des variantes manuscrites. Sans doute une homélie n'est-elle pas le lieu de s'appesantir sur ces questions, mais certaines variantes sont importantes, et en d'autres *Enarrationes*, l'évêque n'hésite pas à en informer son auditoire. Au v. 8, en effet, certains textes latins et grecs parlent non de *l'âme* humaine pleine d'images trompeuses, mais de ses *reins*, ce qui amène dans les commentaires l'idée de tentations d'ordre sexuel. Augustin ne fait pas état de la variante, que signalait Ambroise[21]. Il utilise pour ce psaume un seul texte latin et ne se reporte nullement au grec, qui l'aurait pourtant aidé à comprendre au v. 5 une expression bizarre *(iniquitates meae sustulerunt caput meum)*. Enfin, il admet sans autre forme de procès l'authenticité de l'addition du v. 21b qu'il trouve dans sa Vieille Latine, proche du *Veronensis* et du *Sinaiticus*[22].

Augustin a pourtant lu quelque chose sur le Ps 37, puisqu'au § 6, il fait allusion à l'opinion d'un prédécesseur, ce qui n'est pas fréquent. Il a probablement en tête un commentaire qui, dès le v. 4, fait une interprétation christologique du psaume ; sinon, on comprend mal pourquoi il donne à ce moment-là une très longue explication sur le Christ total comme locuteur du psaume ; cela ne s'impose pas à cet endroit, puisque, dans la première partie du commentaire, le psalmiste ne fait que parler de la condition humaine malheureuse, alors que ce serait parfaitement en situation dans la seconde partie, où l'Hipponate est du reste obligé d'y revenir.

---

21. Voir la note 102.

22. Voir à ce sujet la note complémentaire 4 : « *Et proiecerunt me dilectum tamquam mortuum abominatum* ».

23. Cf. n. 14.

ENARRATIONES IN PSALMOS

On a dit que cette exégèse christique systématique était propre à Hilaire[23]. Tous les commentaires de l'évêque de Poitiers ne nous sont pas parvenus ; Augustin pourrait avoir connu un commentaire hilarien du Ps 37, dont l'existence expliquerait également la place importante accordée par Jérôme à l'exégèse christologique dans sa brève explication, alors qu'il n'y voit d'abord qu'une possible lecture alternative[24]. Les rapprochements qu'on peut faire par ailleurs entre l'*Enarratio* et les commentaires d'Origène, Ambroise et Jérôme portent sur des interprétations qui viennent spontanément à l'esprit de tout lecteur et ne permettent pas d'affirmer qu'Augustin les ait utilisés.

En dehors de notre commentaire, l'évêque d'Hippone cite très peu le Ps 37, à l'exception des v. 10-11. En tant que paroles de l'homme qui, durant sa *peregrinatio* ici-bas, aspire à la Jérusalem céleste[25], dans les *Confessions*, ces versets expriment aux yeux d'Augustin les sentiments qui étaient les siens lors de son propre chemin spirituel[26]. L'*Enarratio* n'a pas laissé de traces chez Cassiodore[27], qui dépend d'un commentaire encore

---

24. Cf. n. 16. Il semble bien qu'Hilaire fasse allusion à son commentaire du Ps 37 en *In Ps.* 69, 1, *CCL* 61, p. 318, contrairement à ce qu'affirme J. Doignon, p. XXII.

25. *In Ioh.* 34, 7 ; *Ciu.* 20, 17 ; *Ser.* 159, 1, 1.

26. *Conf.* 7, 7, 11 ; 12, 18, 27.

27. Cassiod. *In Ps.* 37, *CCL* 97, p. 342-345 ; il cite en revanche, à propos du v. 2, un passage de l'*Enchiridion* expliquant ce qu'est la colère de Dieu.

28. Arn. J. *In Ps.* 37, *CCL* 25, p. 52, 1-3 : lui-même n'accepte pas cette lecture.

29. On ne lit rien de tel dans les commentaires anciens du Ps 37, et l'on ne voit pas que les commentaires sur Job du prêtre Philippe, de Julien d'Éclane, ou encore le commentaire anonyme publié dans le *CSEL* 96, aient fait usage du Ps 37.

30. Cassiod. *In Ps.* 37, *CCL* 97, p. 342, 11-14 ; p. 343, 28-33.

IN PSALMVM XXXVII

lu par Arnobe le Jeune[28], mais aujourd'hui perdu[29], où l'ensemble du Ps 37 représente les paroles de Job[30]. On ne lit cela chez aucun des prédécesseurs d'Augustin, même s'il n'est pas rare que pour tel verset particulier ils aient rappelé les souffrances de Job[31].

Datation

Il n'y a pas eu jusqu'à présent de datation satisfaisante de l'*Enarratio* 37 : sans argument sérieux, Zarb la plaçait en 395, et Rondet « probablement après 415[32] ». Une analyse de détail permet plus de précision : cette prédication est à situer après le *Contre Fauste* et la fin des *Confessions*, mais avant le *De fide et operibus* du printemps 413.

Il ressort du § 26 que l'*Enarratio* 37 est postérieure au *Contre Fauste* (400-402). Dans sa polémique contre les manichéens, Augustin avait depuis longtemps rapproché Dt 21, 23, cité par Paul en Ga 3, 13, de Ro 6, 6, où l'apôtre déclare que c'est notre vieil homme qui a été suspendu à la croix et maudit (*C. Adim.* 21 ; *C. Fel.* 2, 11). Mais l'interprétation donnée ici suppose le développement du livre XIV du *Contre Fauste* (14, 3-7). L'analyse que fait P.-M. Hombert de ce dernier texte vaut aussi pour l'*Enarratio* : « Dire que le Christ est "maudit" ne s'entend pas ici en un sens métaphorique,

---

31. Plusieurs auteurs citent Jb 6, 4 et évoquent les souffrances de Job à propos des flèches dont parle le v. 3 : Eus. *In Ps.* 37, 3, *PG* 23, 340 D-342 C ; *PG* 30, 88 A ; Did. *In Ps.* 37, 3, (Gronewald, § 260 ; Prinzivalli, p. 636-637) ; Ambr. *In Ps.* 37, 20, *CSEL* 64, p. 151 ; Hesych. *In Iob* 9 (6, 4), *PO* 42, p. 239.

32. H. Rondet, « Essais sur la chronologie des *Enarrationes in Psalmos* », *Bulletin de littérature ecclésiastique*, 65, 1964, p. 126. Le seul argument de Rondet était que « le donatisme n'était plus dans les préoccupations de l'évêque et le pélagianisme n'intéresse pas directement ses ouailles » ; mais il n'y avait dans le Ps 37 aucun verset appelant la polémique avec ces groupes.

ENARRATIONES IN PSALMOS

moral ou psychologique (il a été méprisé, humilié, tenu pour rien), ni en un sens pénal et compensatoire (il a subi la peine à la place des maudits), comme dans les textes précédents, mais signifie qu'il se rend solidaire de la seule vraie "malédiction" qui pèse sur l'humanité, celle énoncée en Gn 3, 15-17 : la mort[33]. » Un détail confirme l'antériorité du *Contre Fauste* ; c'est en effet à partir de ce traité qu'Augustin rapproche Ro 8, 32 de Pr 3, 12, comme *In Ps.* 37, 23[34]. Ajoutons qu'à propos du sabbat prescrit par l'Ancien Testament, qu'Augustin veut valoriser aux yeux de Fauste, le traité évoque déjà rapidement le développement d'*In Ps.* 37, 11 sur l'âme harcelée par les images illusoires[35].

L'*Enarratio* suppose les *Confessions*[36]. Tout le commentaire est en effet bâti sur l'antithèse de l'*inquietudo* et du repos du sabbat, clé des *Confessions*, qui commencent avec l'*inquietum cor* (1, 1, 1) et s'achèvent sur la célébration du sabbat éternel (13, 35, 50-53). Le thème n'est pas explicite ailleurs : si parlant du précepte sabbatique à propos du Décalogue dans le *Ser.* 8, 6, le prédicateur oppose le cœur humain agité de passions

---

33. P.-M. Hombert, « *Le Christ s'est fait pour nous malédiction* : l'interprétation patristique de Ga 3, 13 », dans *L'exégèse patristique de l'Épître aux Galates*, I. Bochet, M. Fédou (éd.), Paris, 2014, p. 241-242.

34. *C. Faust.* 22, 14 ; *In Ps.* 40, 6 ; 79, 5 ; 36, 3, 9 ; A.-M. La Bonnardière, *Le livre des Proverbes*, p. 108-109 ; *In Ps.* 40, où l'on a le thème du peuple juif porte-livre n'est probablement pas antérieur au *Contre Fauste* : cf. A. Massie, *Peuple prophétique et nation témoin. Le peuple juif dans le* Contra Faustum manichaeum *de saint Augustin*, Paris, 2011, p. 355.

35. *C. Faust.* 15, 7 ; le lien *sabbatum/inquietudo* n'est par ailleurs que dans le *Ser.* 8, 6 sur le décalogue, qu'on situe en 403-404.

36. Le rapport entre *In Ps.* 37 et les *Confessions* a été vu par Th. Raveau, « Augustinus über den Sabbat », *Augustiniana*, 33, 1983, p. 67.

IN PSALMVM XXXVII

diverses au cœur sanctifié et pacifié par l'Esprit, la perspective eschatologique y est absente.

À considérer les propos d'Augustin sur le «purgatoire», *In Ps.* 37 doit être situé entre 403, date où il commence à donner l'interprétation d'1 Co 3, 15 qu'on y lit, et le printemps 413, car l'évêque d'Hippone n'a pas encore les préoccupations qui se font jour dans le *De fide et operibus*[37].

Plusieurs raisons font penser que le texte est de 412. D'une part, l'*Enarratio* 37 semble plus ou moins contemporaine de l'*Ep.* 140 envoyée à cette date à Honoratus, où Augustin explique longuement le Ps 21 à son correspondant, en lui montrant qu'il s'agit là des paroles du Christ total. Dans *In Ps.* 37, 10, cette clé de lecture est considérée comme une évidence. Dans notre homélie comme dans l'*Ep.* 140, pour dire que c'est le *Christus totus*, Tête et Corps, qui prononce les paroles du psaume, l'évêque utilise le verbe *transfigurare*, qui ne se rencontre dans ce contexte qu'à partir de 412[38]. *In Ps.* 37 présente de plus des rapports étroits (notamment pour la prosopologie et la théologie du Corps) avec l'*Enarratio* sur le Ps 30, qu'on situe aussi en 412 : les deux *Enarrationes* paraissent être, avec l'*Ep.* 140, 6, 15-18, les développements les plus complets sur ce thème[39].

---

37. Voir la note complémentaire 2 : « *Ignis emendatorius* ».

38. *In Ps.* 37, 27 ; *Ep.* 140, 6, 18 ; *In Ps.* 30, 2, 2, 3. Dans *In Ps.* 101, 1, 2, qu'on date de 404-405, le verbe est amené par Ph 3, 21 ; vers la même date, *figurare* est employé de la même façon dans *In Ps.* 140, 5-6 (et plus tard dans *In Ps.* 51, 1).

39. Voir *In Ps.* 37, 10 et *In Ps.* 30, 2, 1, 3-4.

40. Voir la note complémentaire 3 : « La prière continuelle ».

ENARRATIONES IN PSALMOS

Enfin, au § 14, Augustin tient sur la prière des propos qui n'ont d'équivalent que dans l'*Épître* 130 à Proba et ne sont donc probablement pas éloignés dans le temps[40] ; or on place la correspondance de l'évêque d'Hippone avec cette pieuse veuve de l'illustre famille des Anicii en 411-412. Dans l'autre lettre qu'il lui adresse vers la même époque (*Ep.* 131), on trouve le même lien entre la femme courbée de Luc et Sg 9, 15 que dans l'*Enarratio*, ce qui est absent ailleurs[41]. La proximité de l'*Enarratio* 37 avec les lettres à Honoratus et à Proba, ainsi qu'avec *In Ps.* 30, amène à penser qu'elle a vraisemblablement été prêchée en 412.

---

41. § 10 : voir la note 97.

IN PSALMVM XXXVII

Sermo ad populum

1. Opportune ad id quod cantauimus: *Iniquitatem meam ego pronuntio et curam geram pro peccato meo*, respondit haec mulier de lectione euangelii. Iniquitates enim eius intuens Dominus canem appellauit dicens: *Non est bonum, panem filiorum mittere canibus*. At illa quae nouerat iniquitatem suam pronuntiare et curam gerere pro peccato suo, non negauit quod ueritas dixit, sed miseriam confessa misericordiam potius impetrauit curam gerens pro peccato suo. Nam et curari petiuerat filiam suam, fortassis in filia significans uitam suam. Psalmum ergo totum, quantum possumus, dum consideramus et pertractamus, aduertite. Adsit Dominus cordibus nostris, ut salubriter hic inueniamus uoces nostras et, quomodo inuenerimus, proferamus nec difficulter inueniendo, nec imperite proferendo.

---

42. Mt 15, 26. La lecture liturgique de la péricope de la Cananéenne est attestée cinq fois chez Augustin : cf. A.-M. La Bonnardière, « La Chananéenne, préfiguration de l'Église », Ead., *Saint Augustin et la Bible*, Paris, 1986 (*Bible de tous les temps*. t. 3), p. 117-143 (p. 118).

43. La Cananéenne n'apparaît pas ici comme figure de l'Église des Gentils, mais seulement comme une pécheresse qui n'hésite pas à confesser son péché ; cf. A.-M. La Bonnardière, « La Chananéenne, préfiguration de l'Église », p. 132-136. Pour l'interprétation de l'épisode chez les autres Pères, voir P. Alonso, « La mujer sirofenicia en la interpretación patrística », *Estudios Eclesiásticos*, 80, 2005, p. 455-483 ; D. Good, « The Canaanite Woman. Patristic Exegesis of Mathew 15, 21-28 », dans *Figures du Nouveau Testament chez les Pères* (*Cahiers de Biblia Patristica*, 3), Strasbourg, 1991, p. 169-177.

SUR LE PSAUME 37

Sermon au peuple

1. Par une heureuse rencontre, dans la lecture qu'on a faite de l'Évangile, la femme a répondu au verset que nous avons chanté : **Je déclare mon iniquité et je me soucierai de mon péché.** Car, à la vue de ses iniquités, le Seigneur l'a traitée de chien par cette parole : *Il n'est pas bon de donner aux chiens le pain de ses enfants*[42]. La femme, qui savait déclarer son iniquité et se soucier de son péché n'a pas contesté ce qu'avait dit la Vérité, mais elle confessa sa misère et, en se souciant de son péché, n'en obtint que mieux la miséricorde[43]. Elle avait en effet demandé la guérison de sa fille, désignant peut-être par sa fille sa propre vie[44]. Soyez donc attentifs à l'ensemble du psaume tandis que nous l'examinons et l'expliquons autant que nous le pouvons. Que le Seigneur prête assistance à nos cœurs, afin que, pour notre salut, nous trouvions dans ce psaume nos propres paroles, et que nous les exposions comme nous les aurons trouvées, n'ayant ni difficulté pour les trouver ni maladresse pour les exprimer.

---

44. *Curari* : Augustin joue sur les deux sens du mot, « soigner, prendre soin de ». Cette interprétation de la prière de la femme ne se retrouve pas dans les autres commentaires augustiniens de la péricope. L'exégèse la moins éloignée est celle que Jérôme a reprise à Origène : « La fille de l'Église, ce sont à mon avis *les âmes* des croyants qui étaient cruellement tourmentées par le démon quand elles ignoraient le Créateur et adoraient la pierre » : Hier. *In Mat.* 2 (15, 22), SC 242, p. 330, 146-148 ; Orig. *In Mat.* 11, 17, SC 162, p. 362, 44-46 ; cf. D. Good, « The Canaanite Woman », p. 171-172.

ENARRATIONES IN PSALMOS

v. 1   **2.** Titulus eius est: ***Psalmus ipsi Dauid in recorda-
tionem sabbati.*** Quaerimus quae nobis scripta sunt de
sancto Dauid propheta, ex cuius semine Dominus noster
Iesus Christus secundum carnem, et inter bona quae de
illo nobis nota sunt per scripturas, non inuenimus eum
aliquando recordatum sabbatum. Quid enim ita recordaretur, secundum illam obseruationem Iudaeorum
qua obseruabant sabbatum, quid ita recordaretur quod
inter septem dies necessario ueniebat? Obseruandum
ergo erat, non sic recordandum. Nemo autem recordatur, nisi quod in praesentia non est positum. Verbi
gratia in hac ciuitate recordaris Carthaginem ubi fuisti
aliquando, et hodierno die recordaris hesternum diem
uel prioris anni uel quemlibet anteriorem, et aliquod
factum tuum quod iam fecisti, aut aliquid ubi fuisti uel
cui rei interfuisti. Quid sibi uult ista recordatio sabbati,
fratres mei? Quae anima sic recordatur sabbatum?
Quod est hoc sabbatum? Cum gemitu enim recordatur.
Et cum psalmus legeretur, audistis, et modo cum retexe-
rimus, audietis quantus sit maeror, quantus gemitus,
quantus fletus, quae miseria! Sed felix est qui sic miser
est; unde et Dominus in euangelio beatos appellauit
quosdam lugentes. Vnde beatus, si lugens? Vnde beatus,
si miser? Immo miser esset si lugens non esset. Talem
ergo et hic accipiamus sabbatum recordantem nescio
quem lugentem, et utinam nos simus ipse nescio quis!
Est enim quidam dolens, gemens, lugens, recordans

---

45. Sur le texte du titre et son sens, voir la note complémentaire 1 :
« Le souvenir du sabbat ».

46. Cf. Ro 1, 3.

47. Augustin, qui s'est très tôt intéressé à la question de la mémoire,
prend déjà l'exemple du souvenir de Carthage dans l'*Ep.* 7, 1 ; voir
aussi *Conf.* 10, 16, 26 et *Trin.* 8, 6, 9 ; sur la mémoire selon Augustin,
voir *AugLex*, s. v. *Memoria*, c. 1249-1257 (J. J. O'DONNEL).

IN PSALMVM XXXVII

2. Le titre de ce psaume est: ***Psaume pour David lui-même, en souvenir du sabbat***[45]. Nous recherchons ce que l'Écriture nous dit du saint prophète David, dont, selon la chair, notre Seigneur Jésus Christ est un descendant[46], et parmi toutes les bonnes choses que les Écritures nous font connaître de lui, nous ne trouvons pas qu'il ait eu un jour souvenir du sabbat. Pourquoi en effet aurait-il dû se souvenir du sabbat selon l'observance des Juifs qui l'observaient, pourquoi aurait-il dû se souvenir de ce qui revenait inéluctablement chaque semaine? Il fallait l'observer, non s'en souvenir. On ne se souvient jamais que de ce qui ne nous est pas présent[47]. Par exemple, quand tu es dans cette cité, tu te souviens de Carthage où il t'est arrivé d'aller, et aujourd'hui, tu te souviens d'hier ou d'un jour de l'an dernier ou de quelque jour passé; tu te souviens de quelque chose que tu as fait, d'un lieu où tu as été ou de quelque chose à quoi tu as participé. Que signifie ce souvenir du sabbat, mes frères? Quelle est l'âme qui se souvient ainsi du sabbat? Et qu'est-ce que ce sabbat? Car ce souvenir s'accompagne de gémissements. Vous l'avez entendu quand on lisait le psaume, et vous allez l'entendre quand nous allons le reprendre: que de tristesse, que de gémissements, que de pleurs, que de misère! Mais il est heureux, celui qui est dans cette misère; car, dans l'Évangile, le Seigneur a déclaré heureux certains de ceux qui pleurent[48]. D'où vient qu'il est heureux, s'il pleure? D'où vient qu'il est heureux, s'il est misérable? Bien plus, il serait misérable s'il ne pleurait pas. Comprenons donc que celui qui se souvient ici du sabbat est quelqu'un qui pleure de cette manière; et puissions-nous être cet homme-là! C'est en effet quelqu'un qui souffre, qui pleure, qui gémit en se

---

48. Cf. Mt 5, 5.

ENARRATIONES IN PSALMOS

sabbatum. Sabbatum requies est. Sine dubio iste in nescio qua inquietudine erat qui cum gemitu requiem recordabatur.

v. 2 **3.** Ipse itaque inquietudinem quam patiebatur narrat et commendat Deo, nescio quid grauius timens quam erat ubi erat. Nam quia in malo est, aperte dicit nec interprete opus est nec suspicione, nec coniectura. In quo malo sit non dubitatur ex eius uerbis, nec opus est ut quaeramus, sed ut quod dicit intellegamus. Et nisi peius aliquid timeret quam erat illud quo tenebatur, non sic inciperet: ***Domine, ne in indignatione tua arguas me neque in ira tua emendes me.*** Futurum est enim ut quidam in ira Dei emendentur et in indignatione arguantur; et forte non omnes qui arguuntur emendabuntur. Sed tamen futuri sunt in emendatione quidam salui; futurum est quidem, quia emendatio nominata est, *sic tamen quasi per ignem.* Futuri autem quidam qui arguentur et non emendabuntur. Nam utique arguet eos quibus dicet: *Esuriui, et non dedistis mihi manducare; sitiui, et non potastis me,* et cetera quae ibi prosequens quamdam inhumanitatem et sterilitatem increpitat malis ad sinistram constitutis, quibus dicitur: *Ite in ignem aeternum qui paratus est diabolo et angelis eius.* Haec iste grauiora formidans, excepta uita ista in cuius malis plangit et gemit, rogat et dicit: *Domine, ne in indignatione tua arguas me.* Non sim inter illos quibus dicturus es: *Ite in ignem aeternum qui paratus*

---

49. Contrairement à plusieurs auteurs, Augustin ne rappelle pas ici que le même verset figure dans le Ps 6, 2 : ORIG. *In Ps.* 37, 1, 1, *SC* 411, p. 266, 109-112 ; EUS. *In Ps.* 37, 2, *PG* 23, 337 C ; ARN. J. *In Ps.* 37, *CCL* 25, p. 52, 3-6. *Arguere* signifie l'accusation qui entraîne la condamnation, voire la condamnation elle-même, mais Augustin n'emploie pas ici *damnare.*

50. 1 Co 3, 15.
51. Mt 25, 42.

IN PSALMVM XXXVII

souvenant du sabbat. Le sabbat est le repos. Celui qui se souvenait du repos en gémissant était sans aucun doute quelqu'un à qui manquait le repos.

3. Ainsi, c'est l'absence de repos dont il souffrait qu'il expose et confie à Dieu, dans la crainte d'une situation plus pénible que celle dans laquelle il se trouvait. Qu'il soit dans le malheur, il le dit clairement, et il n'est pas besoin de l'expliquer, de faire des suppositions ni des conjectures. Ses paroles ne laissent pas de doute sur ce qu'est son malheur ; il n'est pas besoin de se demander ce qu'il en est, mais seulement de comprendre ce qu'il dit. S'il ne craignait pas pire que le mal auquel il est en proie, il ne commencerait pas en disant : ***Seigneur, ne m'accuse pas dans ton indignation et ne me corrige pas dans ta colère***[49]. Il arrivera en effet que Dieu corrigera certains dans sa colère et les accusera dans son indignation ; et peut-être que tous ceux qui sont accusés ne seront pas corrigés. Certains cependant seront sauvés par la correction ; cela arrivera, parce qu'il est fait mention de correction, mais ce sera *comme à travers le feu*[50]. Mais il arrivera que certains seront accusés sans être corrigés. Car le Seigneur accusera certainement ceux à qui il dira : *J'ai eu faim et vous ne m'avez pas donné à manger ; j'ai eu soif et vous ne m'avez pas donné à boire*[51], ainsi que les autres paroles où dans la suite il blâme l'inhumanité et la stérilité des mauvais placés à sa gauche, à qui il dit : *Allez au feu éternel qui a été préparé pour le diable et ses anges*[52]. C'est parce que le psalmiste redoute quelque chose de plus pénible à la sortie de cette vie-ci, dont les maux le font se lamenter et gémir, qu'il supplie et dit : *Seigneur, ne m'accuse pas dans ton indignation.* Que je ne fasse pas partie de ceux à qui tu diras : *Allez au feu éternel qui a été préparé pour le diable et ses anges. Et ne*

---

52. Mt 25, 41.

ENARRATIONES IN PSALMOS

est diabolo et angelis eius. Neque in ira tua emendes me: ut in hac uita purges me et talem me reddas cui iam emendatorio igne non opus sit, propter illos qui salui erunt, *sic tamen quasi per ignem*. Quare, nisi quia hic aedificant supra fundamentum ligna, fenum, stipulam? Aedificarent autem aurum, argentum, lapides pretiosos, et de utroque igne securi essent, non solum de illo aeterno qui in aeternum cruciaturus est impios, sed etiam de illo qui emendabit eos qui per ignem salui erunt. Dicitur enim: *Ipse autem saluus erit, sic tamen quasi per ignem*. Et quia dicitur, *saluus erit*, contemnitur ille ignis. Ita plane quamuis saluis[a] per ignem, grauior tamen erit ille ignis quam quidquid potest homo pati in hac uita. Et nostis quanta hic passi sunt mali et possunt pati; tamen tanta passi sunt quanta potuerunt pati et boni. Quid enim quisque maleficus, latro, adulter, sceleratus, sacrilegus pertulit legibus, quod non pertulit martyr in confessione Christi? Ista ergo quae hic sunt mala multo faciliora sunt; et tamen uidete quemadmodum ea homines ne patiantur, quidquid iusseris faciunt. Quanto melius faciunt quod iubet Deus, ne illa grauiora patiantur.

v. 3   **4.** Quare autem petit iste ne in indignatione arguatur neque in ira emendetur? Tamquam dicens Deo: Quoniam iam ista quae patior multa sunt, magna sunt, quaeso ut sufficiant. Et incipit illa enumerare satisfaciens Deo, offerens illa quae patitur, ne peiora patiatur:

---

a. *saluis*: cf. *Revue bénédictine*, 67, 1957, p. 220 (V. Bulhart).

---

53. 1 Co 3, 15.

54. Cf. 1 Co 3, 12.

55. *Satisfacere Deo* est une expression qu'Augustin emploie peu: *In Ps.* 128, 9; *Ser. Dolbeau* 14, 7; *Ser.* 19, 2. Elle est empruntée à la langue du droit: il s'agit de «faire assez» pour donner satisfaction au créancier pour qu'il annule la dette. Tertullien, puis Cyprien et

me corrige pas dans ta colère : purifie-moi en cette vie-ci et rends-moi tel que je n'aie plus besoin du feu de la correction, qui attend les hommes qui seront sauvés, *mais comme à travers le feu*[53]. Pourquoi, sinon parce qu'ici ils construisent sur la fondation avec du bois, du foin et de la paille ? S'ils construisaient avec de l'or, de l'argent et des pierres précieuses[54], ils seraient à l'abri de l'un et l'autre feu, pas seulement du feu qui tourmentera les impies, mais aussi de celui qui corrigera ceux qui seront sauvés à travers le feu. Il est dit en effet : *Il sera sauvé, mais comme à travers le feu*. Parce qu'il est dit : *Il sera sauvé*, on méprise ce feu. Pourtant, bien qu'on soit sauvé en passant par ce feu, ce sera un feu plus pénible que tout ce que l'homme peut endurer en cette vie. Et vous savez tout ce que les méchants ont enduré et peuvent endurer en cette vie ; mais tous les grands maux qu'ils ont endurés, les bons ont également pu les endurer. Y a-t-il en effet une peine que les lois ont fait subir aux malfaiteurs, aux voleurs, aux adultères, aux criminels, aux sacrilèges, qu'un martyr n'a subie en confessant le Christ ? Les maux de cette vie sont donc bien plus faciles à supporter ; voyez pourtant comment les hommes font tout ce qu'on leur ordonne pour éviter de les endurer. Ils font bien mieux, ceux qui accomplissent ce que Dieu ordonne pour éviter d'endurer ces maux plus pénibles.

4. Mais pourquoi le psalmiste demande-t-il de n'être ni accusé dans l'indignation de Dieu ni corrigé dans sa colère ? C'est comme s'il disait à Dieu : puisque les maux que je souffre sont nombreux et sont grands, je t'en prie, que cela soit suffisant. Et il commence à les énumérer, offrant à Dieu comme une satisfaction[55] ce qu'il souffre pour ne pas souffrir des maux pires : ***Tes flèches se sont***

Ambroise ont appliqué le verbe aux œuvres de pénitence par lesquelles le pécheur cherche à se racheter : *DThC*, s. v. *Satisfaction*, c. 1135-1138.

ENARRATIONES IN PSALMOS

Quoniam sagittae tuae infixae sunt mihi, et confir-
v. 4 *masti super me manum tuam. 5. Non est sanitas in*
carne mea a uultu irae tuae. Iam haec dicebat quae
hic patiebatur, et tamen hoc iam de ira Domini, quia et
de uindicta Domini. De qua uindicta? Quam excepit
de Adam. Non enim in illum non est uindicatum,
aut frustra dixerat Deus: *Morte morieris*; aut aliquid
patimur in ista uita, nisi ex illa morte quam meruimus
primo peccato? Etenim portamus corpus mortale, quod
utique non esset mortale, plenum tentationibus, plenum
sollicitudinibus, obnoxium doloribus corporalibus,
obnoxium indigentiis, mutabile, languidum et cum
sanum est, quia utique nondum plene sanum. Nam
unde dicebat: *Non est sanitas in carne mea*, nisi quia ista
quae huius uitae dicitur sanitas bene intellegentibus et
sabbatum recordantibus non est utique sanitas? Si enim
non manducaueritis, inquietat fames. Iste naturalis
quidam morbus est, quia natura nobis facta est poena
ex uindicta. Primo homini quod erat poena, natura
nobis est. Vnde dicit apostolus: *Fuimus et nos natura*
filii irae, sicut et ceteri; natura filii irae, id est, portantes
uindictam. Sed quare dicit: *Fuimus?* Quia spe iam non

---

56. Gn 2, 17. Le verset sera encore cité au § 26.

57. Tout ce passage est proche d'*In Ioh.* 14, 13, *BA* 72, p. 753
(printemps 407): «Tous ceux qui naissent sujets à la mort portent
avec eux la colère de Dieu. Quelle colère de Dieu? Celle qui a frappé
le premier Adam. Car si le premier homme a péché et a entendu la
sentence: *Tu mourras de mort,* lui est devenu mortel et nous, nous
avons commencé à naître mortels; nous sommes nés avec la colère de
Dieu.» Voir *BA* 72, n. c. 100, p. 944: «Péché et mort».

58. Cf. *Gen. litt.* 6, 25, 36 – 26, 37, *BA* 48, p. 500-503, avec la
n. c. 30, p. 690-695: «Les prérogatives du corps d'Adam». Adam
pouvait ne pas mourir; s'il avait vécu saintement, son corps aurait été
changé en corps spirituel, tandis que désormais, à cause de sa faute,
l'homme doit mourir.

IN PSALMVM XXXVII

***fichées en moi et tu as appesanti sur moi ta main ;
5. il n'est rien de sain dans ma chair face à ta colère.***
Cela, il le disait de ce qu'il souffrait ici-bas ; pourtant,
cela vient déjà de la colère du Seigneur, parce que cela
vient d'une punition du Seigneur. Quelle punition ?
Celle qu'Adam lui a transmise. Car ce dernier a bien
été puni, ou alors c'est en vain que Dieu aurait dit : *Tu
mourras de mort*[56] ; ou y a-t-il une souffrance de cette vie
qui ne vienne de cette mort que nous a value le premier
péché[57] ? Car nous portons un corps mortel, qui autrement ne serait pas mortel[58], soumis à de nombreuses
tentations, à de nombreuses inquiétudes, en proie aux
douleurs physiques, en proie aux manques, changeant,
maladif, même quand il est sain, parce qu'en fait il n'est
jamais pleinement sain. Car pourquoi le psalmiste disait-
il : *Il n'est rien de sain dans ma chair*, sinon parce que ce
qu'on appelle santé en cette vie, quand on le comprend
bien et qu'on se souvient du sabbat, n'est pas vraiment
santé ? Si en effet vous n'avez pas mangé, la faim ne vous
laisse pas de repos. C'est là pour ainsi dire une maladie
de nature, car la peine est pour nous devenue nature,
par suite de la punition. Ce qui était une peine pour le
premier homme, en effet, est pour nous nature[59]. Aussi
l'Apôtre dit-il : *Nous avons été nous aussi par nature des
fils de la colère comme tous les autres*[60] ; *par nature des fils
de la colère*, c'est-à-dire portant le poids de la punition.
Mais pourquoi a-t-il dit : *Nous avons été* ? Parce qu'en
espérance nous ne le sommes plus ; dans les faits, nous

---

59. Cf. *Quaest. Simpl.* 1, 1, 11 : la mort n'appartient pas à la
première nature de l'homme ; elle est *delicti poena*, qui est devenue
quasi secunda natura ; cf. déjà *Lib. arb.* 3, 18, 51. Voir aussi *Ciu.* 13,
3, *BA* 35, p. 257 : « Ce qu'est devenu l'homme par son péché et son
châtiment, il l'a transmis à ses descendants » ; « ce qu'il est devenu par
crime et par châtiment, c'est cela même qu'il engendre, c'est-à-dire
des êtres en butte au péché et à la mort ».

60. Eph 2, 5.

ENARRATIONES IN PSALMOS

sumus; nam re adhuc sumus. Sed illud melius dicimus quod spe sumus, quia certi sumus de spe. Non enim incerta est spes nostra, ut de illa dubitemus. Audi ipsam gloriam in spe. *In nobismetipsis*, inquit, *ingemiscimus adoptionem exspectantes, redemptionem corporis nostri*. Quid enim? Nondum redemptus es, o Paule? Nondum pro te pretium persolutum est? Nonne sanguis ille iam fusus est? nonne ipsum est pretium omnium nostrum? Plane ipsum. Sed uide quid ait: *Spe enim salui facti sumus; spes autem quae uidetur non est spes. Quod enim uidet quis, quid sperat? Si autem quod non uidemus speramus, per patientiam exspectamus*. Quid autem exspectat per patientiam? Salutem. Cuius rei salutem? Ipsius corporis, quia hoc dixit: *redemptionem corporis nostri*. Si salutem corporis exspectabat, non erat salus illa quam habebat. Esuries, sitis interficit, si subuentum non fuerit. Medicamentum enim famis est cibus et medicamentum sitis est potus et medicamentum fatigationis est somnus. Detrahe ista medicamenta, uide si non interficiunt illa quae existunt. Si sepositis istis non sunt morbi, est sanitas. Si autem habes aliquid quod te possit interficere, nisi manducaueris, noli gloriari de sanitate, sed gemens exspecta redemptionem corporis tui. Gaude te redemptum; sed nondum re, spe securus es. Etenim si non gemueris in spe, non peruenies ad rem. Hoc ergo non est sanitas, ait: *Non est sanitas in carne mea a uultu irae tuae*. Vnde ergo sagittae infixae? Ipsam poenam, ipsam uindictam, et forte dolores quos hic necesse est pati et animi et corporis ipsas dicit sagittas. De his enim

---

61. Ro 8, 23, fréquemment cité par Augustin.

62. Cf. 1 P 1, 19.

63. Ro 8, 24-25.

64. Les flèches sont également l'image des châtiments infligés par Dieu selon Eus. *In Ps.* 37, 3, *PG* 23, 340 D-341 A; Didym. *In Ps.* 37, 3 (Gronewald, § 260; Prinzivalli, p. 637); Ambr. *In Ps.* 37, 20-21, *CSEL* 64, p. 151-153.

IN PSALMVM XXXVII

le sommes encore. Mais il est mieux de dire ce que nous sommes en espérance, parce que nous sommes certains de notre espérance. Ce n'est pas en effet une espérance incertaine que la nôtre, une espérance dont nous puissions douter. Écoute ce qu'il en est de la gloire dans l'espérance : *Nous gémissons intérieurement, attendant l'adoption, la rédemption de notre corps*[61]. Quoi donc ? Ô Paul, n'es-tu pas encore racheté ? Le prix n'a-t-il pas encore été payé pour toi ? Le sang du Christ n'a-t-il pas déjà été versé ? N'est-ce pas là le prix payé pour nous tous[62] ? Mais si ! Vois ce qu'il dit : *C'est en espérance que nous sommes sauvés ; quand on voit ce qu'on espère, il n'y a plus d'espérance. Qui espère ce qu'il voit déjà ? Mais si nous espérons ce que nous ne voyons pas, nous l'attendons avec patience*[63]. Qu'attend-on avec patience ? Le salut. Le salut de quoi ? Du corps, parce que Paul a dit : *la rédemption de notre corps.* S'il attendait le salut du corps, c'est que la santé qu'il avait n'était pas le salut. La faim, la soif font périr, si on n'y remédie. Le remède de la faim est la nourriture, le remède de la soif est la boisson et le remède de la fatigue, le sommeil. Supprime ces remèdes, et vois si leur manque ne fait pas périr ce qui existe. Si, cela mis à part, il n'y a pas de maladie, on parle de santé. Cependant, s'il y a en toi quelque chose qui peut te faire périr à moins que tu ne manges, ne te glorifie pas de la santé, mais attends en gémissant la rédemption de ton corps. Réjouis-toi d'avoir été racheté ; c'est toutefois pour toi une sécurité en espérance, pas encore dans sa réalité. Si en effet tu ne gémis pas dans l'espérance, tu ne parviendras pas à la réalité. Donc, ce que nous avons n'est pas la santé ; le psalmiste le dit : *Il n'est rien de sain dans ma chair face à ta colère.* D'où viennent donc les flèches fichées en moi ? Ce qu'il appelle les flèches, ce sont la peine, la punition, et peut-être aussi les douleurs de l'esprit et du corps qu'il nous faut ici endurer[64]. Car

ENARRATIONES IN PSALMOS

sagittis et sanctus Iob fecit commemorationem, et cum esset in illis doloribus, dixit sagittas Domini infixas sibi. Solemus tamen et uerba Dei sagittas accipere : sed numquid ab his posset iste sic dolere se percuti ? Verba Dei tamquam sagittae excitant amorem, non dolorem. An quia et ipse amor non potest esse sine dolore ? Quidquid enim amamus et non habemus, necesse est ut doleamus. Nam ille et amat et non dolet, qui habet quod amat ; qui autem amat, ut dixi, et nondum habet quod amat, necesse est ut in dolore gemat. Inde illud in persona ecclesiae sponsa Christi in Cantico canticorum : *Quoniam uulnerata caritate ego sum*. Vulneratam se dixit caritate : amabat enim quiddam et nondum tenebat ; dolebat, quia nondum habebat. Ergo si dolebat, uulnerata erat : sed hoc uulnus ad ueram sanitatem rapiebat. Qui hoc uulnere non fuerit uulneratus, ad ueram sanitatem non potest peruenire. Numquid ergo uulneratus semper erit in uulnere ? Possumus itaque etiam sic infixas sagittas accipere, id est : uerba tua infixa sunt cordi meo, et ex ipsis uerbis tuis factum est ut recordarer sabbatum ; et ipsa recordatio sabbati et nondum retentio facit me nondum gaudere et agnoscere nec sanitatem esse in ipsa carne neque dici debere, cum comparo istam sanitatem illi sanitati quam habebo in requie sempiterna, ubi

---

65. Cf. Jb 6, 4 ; ce texte est cité par Augustin seulement dans *Adn. Iob* 6, *CSEL* 28, 2, p. 518, 10-11, avec ce commentaire : « Verba Dei quibus anima transfigitur, cum cogitur ad confessionem. »

66. Cette interprétation se trouve en *In Ps.* 7, 14 ; 44, 16 ; 143, 13 ; 139, 14 ; *Conf.* 9, 2, 2-3. Origène, Eusèbe et Ambroise commentent aussi de cette façon les flèches du v. 3.

67. Cf. *Ser.* 298, 2, 2 : « On parle de blessure aussi longtemps que nous désirons sans posséder encore. Car l'amour ne va pas sans douleur. »

68. Ct 2, 5 ; 5, 8. Cf. A.-M. La Bonnardière, « Le Cantique des Cantiques dans l'œuvre de saint Augustin », *Revue des études augustiniennes*, 1, 1955, p. 225-237 (p. 231). La blessure du cœur

IN PSALMVM XXXVII

ces flèches, le saint homme Job aussi les a mentionnées et, quand il connaissait ces douleurs, il a dit que les flèches du Seigneur étaient fichées en lui[65]. D'ordinaire, on voit aussi dans ces flèches les paroles de Dieu[66]. Mais le psalmiste pourrait-il éprouver de la douleur d'être ainsi frappé? Les paroles de Dieu sont comme des flèches qui suscitent l'amour, pas la douleur. Ou serait-ce qu'il ne peut y avoir d'amour sans douleur[67]? Chaque fois que nous aimons quelque chose sans le posséder, nous en éprouvons nécessairement de la douleur. En effet, celui qui possède ce qu'il aime, aime sans douleur; mais je l'ai dit, celui qui aime et ne possède pas encore ce qu'il aime, gémit inévitablement dans la douleur. C'est pourquoi, dans le Cantique des Cantiques, l'Épouse du Christ, qui représente l'Église, dit: *Car j'ai été blessée par la charité*[68]. Elle se dit blessée par la charité, car elle aimait et ne tenait pas encore l'objet de son amour; elle éprouvait de la douleur, parce qu'elle ne le possédait pas encore. Si donc elle éprouvait de la douleur, elle était blessée, mais cette blessure l'emportait vers la véritable santé. Qui n'a pas été blessé de cette blessure-là ne peut parvenir à la véritable santé. Celui qui a été blessé aura-t-il donc toujours cette blessure[69]? Non. C'est pourquoi nous pouvons comprendre aussi les flèches qui sont fichées en nous de la manière suivante: tes paroles ont été fichées dans mon cœur, et ce sont ces mêmes paroles qui ont fait que je me suis souvenu du sabbat; et ce souvenir du sabbat, qui n'est pas encore possession, fait que je ne suis pas encore dans la joie et me fait reconnaître que rien n'est sain dans la chair ni ne doit être dit tel, quand je compare la santé présente à la santé que j'aurai dans le repos perpétuel où *ce qui est corruptible revêtira*

---

est toujours liée à la flèche; en plus des références précédentes, voir *Ser.* 298, 2, 2; *Ciu.* 20, 1.

69. L'image de la blessure revient au § 9 et surtout au § 24.

ENARRATIONES IN PSALMOS

corruptibile hoc induet incorruptionem et mortale hoc induet immortalitatem; et uideo quia in illius sanitatis comparatione, ista sanitas morbus est.

6. *Non est pax ossibus meis a facie peccatorum meorum.* Quaeri solet cuius sit uox, et aliqui accipiunt Christi propter quaedam quae hic dicuntur de passione Christi, ad quae paulo post ueniemus et nos agnoscemus quia de passione Christi dicuntur. Sed: *Non est pax ossibus meis a facie peccatorum meorum*, quomodo diceret qui nullum peccatum habebat? Coartat nos ergo intellegendi necessitas ad cognoscendum tamquam plenum et totum Christum, id est caput et corpus. Cum enim Christus loquitur, aliquando ex persona solius capitis loquitur, quod est ipse Saluator, natus ex Maria uirgine; aliquando ex persona corporis sui, quod est sancta ecclesia, diffusa toto orbe terrarum. Et nos in corpore ipsius sumus, si tamen fides nostra sincera sit in illo, et spes certa, et caritas accensa: sumus in corpore ipsius, et membra ipsius, et inuenimus nos ibi loqui, apostolo dicente quoniam *membra sumus corporis eius*; et multis locis dicit hoc apostolus. Nam si dixerimus uerba non esse Christi, non erunt et illa uerba Christi: *Deus meus, Deus meus, utquid me dereliquisti?* Et ibi enim habes: *Deus meus, Deus meus, utquid me dereliquisti? Longe a salute mea uerba delictorum meorum*;

---

70. 1 Co 15, 54.

71. Cf. *AugLex*, s. v. *Morbus*, c. 75-76 (I. Bochet).

72. La référence à Hilaire est probable; c'est en effet le seul qui affirme que l'ensemble du Ps 37 s'applique au Christ: Hil. *In Ps.* 69, 1, *CCL* 60, p. 318, 9-11.

73. Sur les interprétations christologiques du Ps 37, voir l'introduction de l'*Enarratio*.

74. Cf. 1 P 2, 22.

75. Ce long développement sur la Tête et le Corps est très proche de l'*Ep.* 140, 6, 15-18 et surtout d'*In Ps.* 30, 2, 1, 3-4; voir les notes dans *BA* 58/A, p. 212-214.

IN PSALMVM XXXVII

l'incorruptibilité et ce qui est mortel revêtira l'immortalité[70] ; je vois bien qu'en comparaison de cette santé-là, la santé présente est maladie[71].

6. *Il n'y a pas de paix dans mes os à la vue de mes péchés.* On se demande d'ordinaire qui prononce ces mots, et certains comprennent que c'est le Christ[72], en raison de certains versets de ce psaume auxquels nous parviendrons sous peu, qui s'appliquent à la Passion du Christ, et où nous reconnaîtrons nous aussi qu'ils s'appliquent à la Passion du Christ[73]. Mais comment celui qui n'avait pas de péché[74] pouvait-il dire : *Il n'y a pas de paix dans mes os à la vue de mes péchés ?* Les nécessités de l'intelligence du texte nous obligent donc à reconnaître qu'il s'agit du Christ plénier, total, c'est-à-dire de la Tête et du Corps[75]. Quand en effet le Christ parle, il parle parfois au nom de la Tête seule, qui est le Sauveur né de la Vierge Marie ; parfois, il parle au nom de son Corps, qui est la sainte Église répandue sur toute la terre. Nous aussi, nous sommes dans son Corps, si toutefois notre foi en lui est authentique, notre espérance ferme, notre charité ardente ; nous sommes dans son Corps, nous sommes ses membres, et nous trouvons que c'est bien nous qui parlons ici, puisque l'Apôtre dit que *nous sommes les membres de son Corps*[76] ; cela, l'Apôtre le dit en bien des passages. Si en effet nous nions que ces paroles du psaume sont celles du Christ, ne seront pas non plus des paroles du Christ celles-ci : *Mon Dieu, mon Dieu, pourquoi m'as-tu abandonné ?* On a dans ce passage : *Mon Dieu, mon Dieu, pourquoi m'as-tu abandonné ? Loin de mon salut, les paroles de mes fautes*[77] ;

---

76. Eph 5, 30.
77. Ps 21, 2. Cf. *BA* 57/B, n. c. 10, p. 317-321 : « Dieu a-t-il abandonné son Fils ? ».

ENARRATIONES IN PSALMOS

quomodo hic habes *a facie peccatorum meorum*, sic et ibi habes *uerba delictorum meorum*. Et si Christus utique sine peccato et sine delicto, incipimus non putare uerba illa psalmi illius esse. Et ualde durum et contrarium est ut ille psalmus non pertineat ad Christum, ubi habemus tam apertam passionem eius, tamquam ex euangelio recitetur. Ibi enim habemus: *Diuiserunt sibi uestimenta mea, et super uestimentum meum miserunt sortem.* Quid quod ipse Dominus in cruce pendens primum uersum psalmi ipsius ore suo protulit et dixit: *Deus meus, Deus meus, utquid me dereliquisti?* Quid uoluit intellegi, nisi illum psalmum totum ad se pertinere, quia caput ipsius ipse pronuntiauit? Vbi autem sequitur et dicit: *Verba delictorum meorum*, non est dubium quia uox Christi est. Vnde ergo peccata nisi de corpore quod est ecclesia? Quia loquitur corpus Christi et caput. Quare tamquam unus loquitur? Quia *erunt*, inquit, *duo in carne una. Sacramentum hoc magnum est*, ait apostolus, *ego autem dico in Christo et in ecclesia.* Vnde etiam cum ipse loqueretur in euangelio, respondens eis qui quaestionem intulerant de uxore dimittenda, ait: *Non legistis quod scriptum est, quod Deus ab initio masculum et feminam fecit eos, et relinquet homo patrem et matrem et adhaerebit uxori suae et erunt duo in carne una? Igitur iam non duo, sed una est caro.* Si ergo ipse dixit: *Iam non duo, sed una*

---

78. Cf. *In Ps.* 21, 2, 2: dans ce psaume, «on lit la Passion du Christ aussi clairement que dans l'Évangile»: *quasi euangelium recitatur*; *C. Faust.* 12, 43: *quasi euangelium cantari*; *Ep.* 140, 16, 39: *tamquam euangelium recitatur*; cf. encore *In Ioh.* 35, 7.

79. Ps 21, 19.

80. *In Ps.* 21, 2, 3 et *In Ps.* 43, 2 comptent aussi le Ps 21, 2 comme *premier* verset du psaume.

81. Mt 27, 46; Mc 15, 34.

82. Même remarque dans *In Ps.* 21, 2, 3; 30, 2, 11; 68, 2, 11; *Ep.* 140, 6, 15.

83. Pour l'interprétation augustinienne de cette expression problématique dans la bouche du Christ, voir M. DULAEY,

IN PSALMVM XXXVII

de la même façon qu'on a ici: *à la vue de mes péchés*, on a là: *les paroles de mes fautes*. Et puisque le Christ est sans péché et sans faute, nous nous prenons à penser que les paroles de ce psaume ne sont pas de lui. Mais il est bien difficile et contradictoire de dire que ce psaume ne concerne pas le Christ, quand on y trouve la Passion de façon si évidente qu'on a l'impression en l'écoutant qu'on nous lit l'Évangile[78]. On a là en effet: *Ils se sont partagé mes vêtements et ont tiré mon vêtement au sort*[79]. Et que dire du fait que, suspendu à la croix, le Seigneur a prononcé de sa propre bouche le premier verset de ce psaume[80], quand il a dit: *Mon Dieu, mon Dieu, pourquoi m'as-tu abandonné*[81]? Qu'a-t-il voulu nous faire comprendre, sinon que tout ce psaume le concernait, puisque lui-même, la Tête, l'a prononcé[82]? Or, quand il est dit dans la suite: *les paroles de mes fautes*, il ne fait aucun doute que c'est le Christ qui parle[83]. D'où viennent donc ces péchés sinon du Corps qu'est l'Église? Car c'est le Corps du Christ et la Tête qui parlent. Pourquoi parlent-ils comme ne faisant qu'un? Parce qu'il est dit: *Ils seront deux en une seule chair. Ce mystère est grand*, dit l'Apôtre, *je parle du Christ et de l'Église*[84]. C'est aussi pourquoi, quand le Seigneur parlait en personne dans l'Évangile et répondait à ceux qui lui avaient posé une question sur la répudiation de l'épouse, il a dit: *N'avez-vous pas lu ce qui est écrit? Dieu, au commencement, les a faits mâle et femelle; l'homme quittera son père et sa mère et s'attachera à son épouse, et ils seront deux en une seule chair. Donc, ils ne sont plus deux, mais une seule chair*[85]. Si donc lui-même a dit: *Ils ne sont plus deux, mais une*

«L'interprétation du Psaume 21 (22 TM) chez saint Augustin», dans *David, Jésus et la reine Esther. Recherches sur le Psaume 21 (22 TM)*, G. Dorival (éd.), Paris-Louvain, 2002, p. 315-340 (p. 321-322).

84. Eph 5, 31-32.
85. Mt 19, 4-6.

ENARRATIONES IN PSALMOS

est caro, quid mirum si una caro, una lingua, eadem uerba, tamquam unius carnis, capitis et corporis? Sic audiamus tamquam unum, sed tamen caput tamquam caput et corpus tamquam corpus. Non diuiduntur personae, sed distinguitur dignitas, quia caput saluat, saluatur corpus. Caput exhibeat misericordiam, corpus defleat miseriam. Caput est ad purganda, corpus ad confitenda peccata; una tamen uox, ubi non scriptum est quando dicat corpus, quando caput; sed nos in audiendo distinguimus; ille autem tamquam unus loquitur. Quare enim non dicat *peccatorum meorum*, qui dixit: *Esuriui, et non dedistis mihi manducare; sitiui, et non dedistis mihi potum; hospes fui, et non recepistis me; infirmus fui et in carcere, et non uisitastis me?* Certe Dominus non fuit in carcere. Quare non hoc diceret, cui cum dictum esset: *Quando te uidimus esurientem et sitientem, aut in carcere, et non ministrauimus tibi?*, respondit, sic ex persona corporis sui se dixisse: *Cum uni ex minimis meis non fecistis, nec mihi fecistis?* Quare non dicat *a facie peccatorum meorum*, qui dixit Saulo: *Saule, Saule, quid me persequeris?* Qui utique in caelo iam neminem persecutorem patiebatur. Sed quomodo ibi caput loquebatur pro corpore, sic et hic caput dicit corporis uoces, cum et capitis uoces auditis. Sed neque cum corporis uoces audieritis, separetis caput, neque cum capitis uoces audieritis, separetis corpus, quia iam non duo, sed una caro.

7. *Non est sanitas in carne mea a uultu irae tuae.* Sed fortasse iniuste tibi Deus iratus est, o Adam? O

---

86. *Ep.* 140, 6, 18: *uox una*; l'expression revient souvent: *In Ps.* 30, 2, 2, 1; 34, 2, 1; 40, 1; 61, 4 etc.

87. Mt 25, 42-44.

88. Mt 25, 45.

89. Act 9, 4.

IN PSALMVM XXXVII

seule chair, qu'y a-t-il d'étonnant à ce qu'une seule chair, une seule langue prononce les mêmes paroles, comme étant celles de la chair unique, tête et corps? Entendons là une unité, mais où la tête est tête et le corps est corps. Il n'y a pas séparation des personnes, mais distinction de leur dignité, parce que la Tête sauve, tandis que le Corps est sauvé. Que la Tête manifeste sa miséricorde, que le Corps pleure sa misère. Le rôle de la Tête est de purifier des péchés, celui du Corps de les confesser ; mais la voix est une[86] ; le texte ne précise pas quand parle le Corps et quand parle la Tête, c'est nous qui en écoutant faisons la distinction ; mais le Christ parle comme une personne unique. Pourquoi ne dirait-il pas *mes fautes*, celui qui a dit : *J'ai eu faim, et vous ne m'avez pas donné à manger ; j'ai eu soif, et vous ne m'avez pas donné à boire ; j'ai été étranger, et vous ne m'avez pas accueilli ; j'ai été malade et en prison, et vous ne m'avez pas visité*[87] ? Il est certain que le Seigneur n'a pas été en prison. Mais pourquoi ne dirait-il pas cela, celui qui, quand on lui demandait : *Quand t'avons-nous vu avoir faim, avoir soif ou être en prison sans te rendre service ?*, a répondu qu'il l'avait dit au nom de son Corps : *Quand vous ne l'avez pas fait à l'un de ces plus petits, à moi non plus vous ne l'avez pas fait*[88] ? Pourquoi ne dirait-il pas *à la vue de mes péchés*, celui qui a dit à Saul : *Saul, Saul, pourquoi me persécutes-tu*[89] ?, lui qui au ciel n'avait certainement plus personne pour le persécuter ? Mais, tout comme dans ce passage la Tête parlait pour le Corps, ici, la Tête dit les paroles du Corps, et vous, vous entendez les paroles de la Tête. Mais quand vous entendez les paroles du Corps, n'en séparez pas la Tête, et quand vous entendez les paroles de la Tête, n'en séparez pas le Corps, parce qu'ils ne sont plus deux, mais une seule chair.

7. *Il n'est rien de sain dans ma chair face à ta colère.* Mais peut-être que Dieu est injustement en colère contre toi, ô Adam ? Ô genre humain, peut-être

ENARRATIONES IN PSALMOS

genus humanum, iniuste iratus est Deus? Quia dixisti iam agnoscens ipsam poenam tuam, iam in corpore Christi constitutus homo: *Non est sanitas in carne mea a uultu irae tuae*, expone iustitiam irae Dei, ne te excusare uidearis, illum accusare. Sequere et dic unde ira Domini. *Non est sanitas in carne mea a uultu irae tuae; non est pax ossibus meis.* Repetiuit id quod dixit: *Non est sanitas in carne mea*; hoc est enim *non est pax ossibus meis.* Non autem repetiuit, *a uultu irae tuae*, sed causam dixit irae Dei: *Non est pax*, inquit, *ossibus meis a facie peccatorum meorum.*

v. 5 **8. Quoniam iniquitates meae sustulerunt caput meum, sicut fascis grauis grauatae sunt super me.** Et hic causam praemisit et effectum subiecit. Quid, unde contigerit dixit: *Iniquitates meae sustulerunt caput meum.* Nemo enim superbus nisi iniquus cui sustollitur caput. Sursum tollitur qui erigit caput aduersus Deum. Audistis cum lectio legeretur libri Ecclesiastici: *Initium superbiae hominis apostatare a Deo.* Ille qui prior noluit audire praeceptum, sustulit iniquitas ipsius caput aduersus Deum. Et quia iniquitates sustulerunt caput eius, quid illi fecit Deus? *Sicut fascis grauis grauatae sunt super me.* Leuitatis est erigere caput, quasi nihil portat qui erigit caput. Quia ergo leue est quod potest erigi, accipit pondus unde possit comprimi: *Conuertitur enim labor eius in caput eius et iniquitas eius in uerticem eius descendit. Sicut fascis grauis grauatae sunt super me.*

---

90. Sir 10, 14.
91. Il s'agit évidemment d'Adam.

IN PSALMVM XXXVII

que Dieu est injustement en colère? Parce qu'établi désormais dans le Corps du Christ et reconnaissant ce qu'est ton châtiment, tu as dit: *Il n'est rien de sain dans ma chair face à ta colère*, explique la justice de la colère de Dieu, pour ne pas paraître t'excuser et l'accuser. Poursuis et dis l'origine de la colère de Dieu: *Il n'est rien de sain dans ma chair face à ta colère; il n'y a pas de paix dans mes os*. Il a répété: *Il n'est rien de sain dans ma chair face à ta colère*, qui est la même chose que: *Il n'y a pas de paix dans mes os*. S'il n'a pas répété *face à ta colère*, il a dit la cause de la colère de Dieu: *il n'y a pas de paix dans mes os à la vue de mes péchés*.

8. *Parce que mes iniquités m'ont haussé la tête, comme un faix pesant elles ont pesé sur moi.* Ici, il a d'abord dit la cause et mis l'effet ensuite. Ce qui est advenu et pourquoi, il l'a dit: *Mes iniquités m'ont haussé la tête*. Personne n'est orgueilleux sans être un inique dont la tête se hausse. Il se hausse vers le haut celui qui dresse sa tête contre Dieu. Vous l'avez entendu quand on a fait la lecture du livre de l'Ecclésiastique: *Le commencement de l'orgueil de l'homme, c'est de s'éloigner de Dieu*[90]. À celui qui, le premier, n'a pas voulu écouter le précepte, l'iniquité a fait hausser la tête contre Dieu[91]. Et parce que les iniquités ont haussé sa tête, que lui a fait Dieu? *Comme un faix pesant elles ont pesé sur moi*. On dresse la tête quand le poids est léger; celui qui dresse la tête a l'impression de ne rien porter. Parce que donc le poids que peut dresser la tête est trop léger, on lui en donne un qui puisse la faire baisser: *Son entreprise lui revient sur la tête et son iniquité retombe sur son crâne*[92]. *Comme un faix pesant elles ont pesé sur moi.*

---

92. Ps 7, 17. Le verset n'est cité que dans *In Ps*. 5, 10; dans *In Ps*. 7, 18, Augustin commente ainsi: «L'homme sera soumis à son iniquité qui le dominera et retombera sur lui, parce qu'elle l'alourdit, pèse sur lui et l'empêche de prendre son essor vers le lieu du repos des saints.»

47

ENARRATIONES IN PSALMOS

v. 6 **9. Computruerunt et putuerunt liuores mei.** Iam qui liuores habet, non est sanus; adde quia ipsi liuores computruerunt et putuerunt. Vnde putuerunt? Quia computruerunt. Iam quomodo hoc explicetur in uita humana quis hoc non nouit? Habeat aliquis sanum olfactum animae, sentit quomodo puteant peccata. Cui putori peccatorum contrarius erat odor ille, de quo dicit apostolus: *Christi bonus odor sumus Deo, in omni loco, iis qui salui fiunt.* Sed unde nisi de spe? Vnde nisi de recordatione sabbati? Aliud enim plangimus in hac uita, aliud praesumimus in illa uita. Quod plangitur putet, quod praesumitur fragrat. Ergo nisi esset ille talis odor qui nos inuitaret, nunquam sabbatum recordaremur. Sed quia habemus per Spiritum ipsum odorem, ut dicamus sponso nostro: *Post odorem unguentorum tuorum curremus,* auertimus a putoribus nostris olfactum et conuertentes nos ad ipsum aliquantum respiramus. Sed nisi ad nos oleant et mala nostra, nunquam istis gemitibus confitemur: *Computruerunt et putuerunt liuores mei.* Vnde? *A facie insipientiae meae.* Vnde? Dixit superius: *A facie peccatorum meorum,* inde nunc: *A facie insipientiae meae.*

v. 7 **10. Miseriis afflictus sum et curuatus sum usque in finem.** Vnde curuatus est? Quia elatus erat. Si fueris humilis, erigeris; si fueris elatus, curuaberis; non enim deerit Deo pondus unde te curuet. Illud erit pondus,

---

93. 2 Co 2, 15.

94. Le parfum – dans l'Antiquité, c'est toujours une huile parfumée – évoque l'onction de l'Esprit: cf. *In Ps.* 132, 7.

95. Ct 1, 4. Cf. *Conf.* 9, 7, 16; 13, 15, 18. *In Ioh.* 26, 5 applique le verset à l'âme attirée à Dieu par l'amour; cf. A.-M. La Bonnardière, « Le Cantique des Cantiques dans l'œuvre de saint Augustin », *Revue des études augustiniennes,* 1, 1955, p. 225-237 (p. 229). La même association de textes (Ps 37, 6; 2 Co 2, 15; Ct 1, 4) se lit dans la traduction latine que Jérôme a donnée des homélies d'Origène sur

IN PSALMVM XXXVII

9. *Mes plaies se sont gangrénées et empestent.*
Déjà celui qui a des blessures n'est pas sain ; ajoute à
cela que ces plaies *sont gangrénées et empestent.* Pourquoi
empestent-elles ? Parce qu'elles sont gangrénées. Qui ne
sait comment cela arrive dans la vie humaine ? Quand
l'odorat de l'âme est sain, on sent comment le péché
empeste. Le contraire de cette puanteur des péchés est
l'odeur dont l'Apôtre dit : *Nous sommes la bonne odeur
du Christ en tout lieu parmi ceux qui se sauvent*[93]. Mais
d'où vient ce parfum, sinon de l'espérance ? D'où, sinon
du souvenir du sabbat ? Autre en effet est ce qu'on
déplore dans cette vie-ci, autre ce que l'on pressent de
cette vie-là. Ce qu'on déplore empeste ; ce qu'on pressent
embaume. Si donc il n'y avait un parfum de ce genre qui
nous attire, jamais nous ne nous souviendrions du sabbat. Mais parce que grâce à l'Esprit[94] nous avons cette
odeur qui nous fait dire à notre Époux : *Nous courrons à
l'odeur de tes parfums*[95], nous détournons notre odorat
de notre puanteur, nous nous tournons vers ce parfum
et le respirons un peu[96]. Mais si nous ne sentons pas
l'odeur de nos maux, jamais nous ne confessons avec ces
gémissements : *Mes plaies se sont gangrénées et empestent.*
Pourquoi ? *À la vue de ma folie.* Pourquoi ? Il a dit plus
haut : *À la vue de mes péchés* ; il dit pareillement maintenant : *À la vue de ma folie.*

10. *Je suis accablé de misères et courbé jusqu'à la
fin.* Pourquoi est-il courbé ? Parce qu'il s'était élevé. Si
tu as été humble, tu seras élevé ; si tu t'es élevé, tu seras
courbé ; car Dieu ne manquera pas de poids pour te
courber. Le poids, ce sera le faix de tes péchés, c'est cela

---

le Cantique, et qu'Augustin a lues très tôt : ORIG. *Hom. Cant.* 2, 5,
SC 37b, p. 72-75.

96. L'attirance que l'au-delà exerce sur l'homme est ici comparée
à celle d'un parfum qui s'exhale du monde divin (cf. *Conf.* 9, 7, 16),
et à celle d'une musique dans *In Ps.* 41, 9.

ENARRATIONES IN PSALMOS

fascis peccatorum tuorum: hoc replicabitur in caput tuum, et curuaberis. Quid est autem curuari? Non se posse erigere. Talem inuenit Dominus mulierem per decem et octo annos curuam: non se poterat erigere. Tales sunt qui in terra cor habent. At uero quia inuenit mulier illa Dominum et sanauit eam, audiat: Sursum cor! In quantum tamen curuatur, adhuc gemit. Curuatur enim ille qui dicit: *Corpus enim quod corrumpitur, aggrauat animam, et deprimit terrena inhabitatio sensum multa cogitantem.* In his gemat, ut illud accipiat, recordetur sabbatum, ut ad sabbatum peruenire mereatur. Quod enim celebrabant Iudaei signum erat. Cuius rei signum? Quam iste recordatur qui dicit: *Miseriis afflictus sum et curuatus sum usque in finem.* Quid est *usque in finem*? Vsque in mortem. **Tota die contristatus ambulabam.** *Tota die*, sine intermissione. Hoc dicit *tota die*: tota uita. Sed ex quo cognouit? Ex quo sabbatum recordari coepit. Quamdiu enim recordatur quod nondum habet, non uis ut contristatus incedat? *Tota die contristatus ambulabam.*

---

97. Cf. Lc 13, 11. La femme courbée est la figure de l'âme qui ploie sous le poids des péchés et que seul le Christ peut redresser: Ambr. *Ep.* 18, 5, *CSEL* 82/1, p. 131, 54 s.; *In Luc.* 7, 186, *SC* 52, p. 78; elle est tournée vers la terre, c'est-à-dire vers les choses terrestres; et incapable de voir «la grâce céleste»: *Hexam.* 3, 12, 50, *CSEL* 32/1, p. 93, 3-9. La même interprétation se trouve chez Augustin: la femme courbée est l'âme alourdie par les convoitises; cf. *Ser. Dolbeau* 17, 6: «Tout le genre humain était mené courbé par le diable.» On trouve dans Didym. *In Ps.* 37, 7 (Gronewald, § 264; Prinzivalli, p. 647) le même rapprochement que chez Augustin avec la femme courbée.

98. C'est l'invitation liturgique de l'évêque à la foule avant la prière eucharistique, où il semble qu'à Hippone le singulier *cor* a pu alterner avec le pluriel *corda*: cf. M. Pellegrino, «*Sursum cor* nelle opere di s. Agostino», *Recherches augustiniennes*, 3, 1965, p. 179-206. Jésus ne dit pas à la femme de se redresser, mais lui annonce d'emblée qu'elle est guérie. Mais Augustin associe plusieurs fois la formule liturgique à la guérison de la femme courbée. Le corps appesantit

IN PSALMVM XXXVII

qui reviendra sur ta tête, et tu seras courbé. Qu'est-ce en effet qu'être courbé? Ne pas pouvoir se redresser. Tel était l'état de la femme que le Seigneur a rencontrée et qui était courbée depuis dix-huit ans[97] : elle ne pouvait se redresser. Tels sont ceux qui ont le cœur sur la terre. Mais parce que cette femme a rencontré le Seigneur et qu'il l'a guérie, elle peut entendre : Élevons nos cœurs[98]! Mais tant qu'elle est courbée, elle gémit encore. Car il est courbé, celui qui dit : *Le corps corruptible appesantit l'âme, et sa demeure terrestre grève l'esprit aux multiples pensées*[99]. Qu'il gémisse dans les maux présents pour recevoir l'autre vie, qu'il se souvienne du sabbat pour mériter de parvenir au sabbat. Car le sabbat que célébraient les Juifs était un symbole[100]. Un symbole de quelle réalité? De celle dont se souvient celui qui dit : *Je suis accablé de misères et courbé jusqu'à la fin.* Que signifie *jusqu'à la fin*? Jusqu'à la mort. **Tout le jour je marchais dans la tristesse.** *Tout le jour*, sans cesse. Il dit *tout le jour* pour dire "toute la vie"[101]. Mais depuis quand sait-il cela? Depuis qu'il a commencé à se souvenir du sabbat. Comment veux-tu que, tant qu'il se souvient de ce qu'il ne possède pas encore, il ne s'avance pas plein de tristesse? *Tout le jour je marchais dans la tristesse.*

---

l'âme, dit-il dans l'*Ep.* 131, *CSEL* 44, p. 78, 4-8, citant Sg 9, 15 comme dans notre *Enarratio*: «C'est pourquoi notre Sauveur est venu, et la femme de l'Évangile qui était courbée depuis dix-huit ans, qui signifie peut-être cela, il l'a redressée par sa parole de salut, pour que l'âme chrétienne puisse n'entendre pas en vain : *Sursum cor!*, ni répondre en vain que son cœur est tourné vers le Seigneur»; cf. *In Ps.* 68, 2, 8; *Ser.* 110, 2 (= *Ser. Morin* 2); *Ser.* 392, 1.

99. Sg 9, 15.

100. *Signum*; cf. *In Ioh.* 17, 13, qui parle du sabbat comme *sacramentum* et *signum*.

101. *Tota die: sine intermissione*; même formule dans *In Ps.* 51, 8; 70, 1, 10; 139, 5.

ENARRATIONES IN PSALMOS

v. 8   **11. *Quoniam anima mea completa est illusionibus et non est sanitas in carne mea.*** Vbi ergo est
totus homo, anima et caro est; anima completa est
illusionibus, caro sanitatem non habet: quid remanet
unde sit laetitia? Nonne oportet ut contristetur? *Tota
die contristatus ambulabam.* Tristitia nobis sit, donec et
anima nostra exuatur illusionibus et corpus nostrum
induatur sanitate. Illa est enim uera sanitas quae est
immortalitas. Quantae sint autem illusiones animae
si uoluero dicere, tempus quando sufficit? Cuius enim
anima ista non patitur? Breue est quod admoneo, quomodo anima nostra completa est illusionibus. A facie
ipsarum illusionum aliquando uix orare permittimur.
De corporibus cogitare non nouimus nisi imagines, et
saepe irruunt quas non quaerimus, et uolumus ex hac
in hanc ire, et ab illa in illam transire; et aliquando uis
redire ad id quod cogitabas et dimittere unde cogitas,
et aliud tibi occurrit; uis recordari quod oblitus eras,
et non tibi uenit in mentem et uenit potius aliud quod
nolebas. Vbi erat quod oblitus eras? Nam quare postea
uenit in mentem, cum iam non quaereretur? Cum
autem quaereretur, occurrerunt pro illo innumerabilia
quae non quaerebantur. Rem dixi breuem, fratres;

---

102. « Mon âme » : cette leçon est très fréquente dans la Vetus
Latina, et suit le grec du *Vaticanus* et du *Sinaiticus* ; Ambr. *In Ps.* 37,
33, *CSEL* 64, p. 161-162 la commente, tout en signalant *lumbi*, qu'on
lit dans le Psautier Gallican (cf. R. Weber, *Le Psautier romain*, p. 81)
et qui correspond au texte grec expliqué par Orig. *In Ps.* 37, 1, 6,
SC 411, p. 290, 2 ; Did. *In Ps.* 37, 8 (Gronewald, § 264 ; Prinzivalli,
p. 649) commente les deux variantes ; cf. A. Rahlfs, *Septuaginta.
Vetus Testamentum graecum, X. Psalmi cum Odis*, Göttingen, 1979,
p. 139. Eusèbe connaît ce texte et son commentaire est analogue à
celui d'Augustin : le verset parle de la confusion de l'intelligence obscurcie et troublée après la chute : Eus. *In Ps.* 37, 8, *PG* 30, 544 B-C
(ce commentaire est imputé à Basile dans la Patrologie)

103. Cf. *Ver. rel.* 34, 64 : « D'où vient donc que mon âme est
remplie d'illusions ? » ; 10, 18 ; *Gen. Mani.* 2, 20, 30 : « Il est difficile
de résister aux images illusoires qui pénètrent par les sens dans

52

IN PSALMVM XXXVII

11. *Car mon âme est emplie d'images illusoires et il n'est rien de sain dans ma chair*[102]. Là où il y a un homme entier, il y a âme et chair; l'âme est emplie d'images illusoires, il n'est rien de sain dans la chair: quel sujet de joie reste-t-il? Ne faut-il pas s'attendre à ce qu'il soit plein de tristesse? *Tout le jour je marchais dans la tristesse.* Il nous faut être tristes jusqu'à ce que notre âme soit dépouillée des images illusoires et notre corps revêtu de la santé. Car la véritable santé n'est autre que l'immortalité. Si je veux énumérer les nombreuses illusions de l'âme[103], le temps n'y suffira pas. Quelle âme en effet n'a pas à les subir? Je rappelle brièvement la manière dont notre âme est emplie d'images illusoires. Parfois ces illusions nous permettent à peine de prier[104]. Nous ne savons penser les objets corporels que par des images; souvent ce sont celles que nous ne cherchons pas qui font irruption et nous voulons laisser celle-ci pour une autre et passer de celle-là à une autre; parfois tu veux revenir à ce que tu pensais auparavant et laisser ce à quoi tu es en train de penser, et c'est autre chose qui te vient à l'esprit; tu veux te souvenir de ce que tu avais oublié; cela ne te vient pas à l'esprit, et il te vient plutôt une autre chose que tu ne voulais pas. Où était ce que tu avais oublié? Pourquoi cela est-il revenu plus tard à l'esprit, quand on ne le cherchait plus? Quand on le cherchait, se sont présentées d'innombrables choses qu'on ne cherchait pas[105]. Je l'ai dit en bref, frères; je

---

notre âme.» Les *illusiones*, souvent appelées ailleurs *phantasmata*, désignent ici toutes les images stockées dans la mémoire qui se jouent de l'esprit qui cherche à être attentif à un objet précis; cf. *AugLex*, s. v. *Imaginatio(nes)*, c. 504-507 (Chr. Pietsch).

104. Cassiod. *In Ps.* 37, 8, *CCL* 97, p. 347, 180-187 évoque aussi à propos du v. 8 les vaines imaginations encombrant l'âme au temps de la prière.

105. Ces réflexions sur la mémoire rappellent *Conf.* 10, 19, 28; *Nat. orig.* 4, 7, 10.

ENARRATIONES IN PSALMOS

aspersi nescio quid uobis, quo accepto cetera uos ipsi cogitantes inueniatis quid sit plangere illusiones animae nostrae. Accepit ergo poenam illusionis, amisit ueritatem. Sicut enim poena est animae illusio, sic praemium animae ueritas. Sed in his illusionibus constituti cum essemus, uenit ad nos ueritas, et inuenit nos coopertos illusionibus, suscepit carnem nostram uel potius a nobis, id est a genere humano. Apparuit oculis carnis, ut per fidem sanaret eos quibus ueritatem fuerat monstraturus, ut sanato oculo ueritas patesceret. Ipse enim est ueritas quam nobis promisit, cum caro eius uideretur, ut fides inchoaretur cuius praemium ueritas esset. Non enim se ipse Christus demonstrauit in terra, sed demonstrauit carnem suam. Nam si seipsum demonstraret, uiderent illum Iudaei et cognoscerent; sed *si cognouissent, nunquam Dominum gloriae crucifixissent.* Sed forte discipuli uiderunt, quando illi dicebant: *Ostende nobis Patrem, et sufficit nobis?* Et ille, ut ab eis se non uisum esse monstraret, subiecit: *Tanto tempore uobiscum sum, et non cognouistis me? Philippe, qui me uidet, uidet et Patrem.* Si ergo Christum uidebant, quomodo adhuc Patrem quaerebant? Si enim uiderent Christum, uiderent et Patrem. Nondum itaque Christum uidebant, qui Patrem sibi ostendi cupiebant. Audi quia nondum uidebant; in

---

106. Cf. *Ver. rel.* 35, 65, *BA* 8, p. 119: «Le tourbillon de ces imaginations boursouflées empêche de voir l'inaltérable unité»; à cette agitation de l'âme s'oppose le repos auquel Dieu l'invite; 36, 66: aux vaines images s'oppose le Verbe, «parfaite image et donc Vérité»; *Trin.* 4, 1, 1: opposition entre les *figmenta* de l'esprit et la Vérité qu'est Dieu.

107. Cf. *Ep.* 140, 3, 7: «Il a assumé un homme que les hommes pouvaient voir pour que, guéris par la foi *(sanati per fidem)*, ils puissent voir ensuite celui qu'ils étaient incapables de voir»; *In Ioh.* 2, 16: c'est le thème du collyre de l'Incarnation, qui guérit l'œil aveuglé de l'homme. Voir aussi *Trin.* 4, 18, 24.

108. 1 Co 2, 8.

109. Jn 14, 8.

IN PSALMVM XXXVII

vous ai aspergés de ces quelques gouttes, pour qu'après les avoir reçues, vous y pensiez par vous-mêmes et découvriez ce que c'est que de déplorer les illusions de notre âme. Elle a reçu le châtiment de l'illusion, elle a perdu la vérité. L'illusion est le châtiment de l'âme, tout comme la vérité est sa récompense[106]. Mais alors que nous étions plongés dans ces images illusoires, la Vérité est venue à nous, elle nous a trouvés accablés de nos illusions, elle a pris notre chair, ou plutôt a pris chair de nous, c'est-à-dire du genre humain. Elle est apparue aux yeux de chair, pour guérir par la foi ceux à qui elle montrerait la vérité, pour que la vérité pût se découvrir à un œil devenu sain[107]. Le Seigneur est lui-même la vérité qu'il nous a promise quand on voyait sa chair, pour que puisse naître la foi dont la récompense serait la vérité. Car ce n'est pas lui-même que le Christ a montré sur la terre, il a montré sa chair. Si en effet il s'était montré lui-même, les Juifs l'auraient vu et reconnu ; mais *s'ils l'avaient reconnu, jamais ils n'auraient crucifié le Seigneur de gloire*[108]. Peut-être toutefois les disciples l'ont-ils vu, quand ils disaient : *Montre-nous le Père et cela nous suffit*[109] ? Pour prouver qu'il n'avait pas été vu d'eux, il a ajouté : *Il y a si longtemps que je suis avec vous, et vous ne me connaissez pas ? Philippe, qui me voit, voit aussi le Père*[110]. Si donc ils voyaient le Christ, comment cherchaient-ils encore le Père ? Si en effet ils avaient vu le Christ, ils auraient vu aussi le Père. Ainsi, ceux qui désiraient que leur fût montré le Père ne voyaient pas encore le Christ[111]. Écoute ce qui montre qu'ils

---

110. Jn 14, 9.

111. Voir le commentaire de Jn 14, 8-9 dans *In Ioh.* 14, 12, *BA* 71, p. 751-753 : « L'homme pouvait voir l'homme, il ne pouvait pas saisir Dieu. » « Il s'est fait homme pour les yeux du corps afin que, croyant en celui qui pouvait être vu corporellement, tu sois guéri pour voir celui que tu ne pouvais pas voir spirituellement. » « Ils voyaient la chair, mais la majesté leur était cachée. »

55

ENARRATIONES IN PSALMOS

praemio illud promisit alio loco dicens: *Qui diligit me, mandata mea custodit; et qui diligit me, diligetur a Patre meo, et ego diligam eum.* Et tamquam diceretur ei: Quid illi dabis diligens eum? *Et ostendam,* inquit, *meipsum illi.* Si ergo diligentibus eum hoc in praemio promisit, quia ostendet seipsum illis; manifestum est, quia illa uisio ueritatis talis nobis promittitur, qua uisa iam non dicamus: *Impleta est anima mea illusionibus.*

v. 9   **12. *Infirmatus sum et humilatus sum usque nimis.*** Qui recordatur altitudinem sabbati, ipse uidet quantum sit humilatus. Nam qui non potest cogitare quae sit illa quietis altitudo, non uidet ubi nunc sit. Propterea alius psalmus dixit: *Ego dixi in ecstasi mea: Proiectus sum a facie oculorum tuorum.* Assumpta enim mente uidit nescio quid sublime, et quod uidit nondum ibi totus erat: et quadam, si dici potest, quasi coruscatione facta luminis aeterni, ubi sensit non se ibi esse, quod potuit utcumque intellegere, uidit ubi esset et quemadmodum malis humanis infirmatus et coartatus esset, et ait: *Ego dixi in ecstasi mea: Proiectus sum a facie oculorum tuorum.* Tale est nescio quid quod uidi in ecstasi ut inde sentiam quam longe sum qui nondum ibi sum.

---

112. Jn 14, 21. *In Ioh.* 19, 18, *BA* 71, p. 218-221 : « Il était au milieu de ceux à qui il parlait ainsi, mais ils voyaient sa forme de serviteur, ils ne voyaient pas sa forme de Dieu. »

113. *In Ioh.* 21, 15, *BA* 72, p. 306 : « Je me montrerai dans la forme de Dieu ; vous voyez maintenant la forme du serviteur. »

114. Ps 30, 23.

115. La même formule se trouve dans le *Ser.* 7, 7 (en 412-413) à propos de la vision de Moïse : « Assumpta enim mente uidit nescio quid sublime. »

116. *Coruscatione* : Augustin emploie l'image pour parler de l'intuition (*Cat. rud.* 2, 3), mais surtout du flash qui, le temps d'un éclair, découvre à l'âme la réalité spirituelle : *Ser. Dolbeau* 22, 5 ; *Ser.* 52, 6, 16 (en 414-415, avec citation du Ps 30, 23 comme ici) ; *Trin.* 8, 2, 3.

117. Augustin use à mainte reprise du Ps 30, 23 pour évoquer une expérience mystique aussi intense qu'éphémère. La sienne, en

IN PSALMVM XXXVII

ne voyaient pas encore le Christ; il leur a promis cette vision en récompense à un autre endroit où il dit: *Celui qui m'aime garde mes commandements; celui qui m'aime sera aimé de mon Père et je l'aimerai.* Et comme si on lui demandait: Que lui donneras-tu, quand tu dis que tu l'aimeras? *Je me montrerai moi-même à lui*, dit-il[112]. Si donc il a promis en récompense à ceux qui l'aiment de se montrer lui-même à eux, il est manifeste que c'est une semblable vision de la vérité qui nous est promise[113], pour qu'après l'avoir vue nous ne disions plus: *Mon âme est emplie d'images illusoires.*

12. *J'ai été affaibli et abaissé à l'extrême.* Celui qui se souvient des hauteurs du sabbat voit combien il a été abaissé. Celui en effet qui n'est pas capable de se représenter ce qu'est cette hauteur du sabbat ne voit pas où il est maintenant. C'est pourquoi un autre psaume a dit: *J'ai dit dans mon extase: j'ai été rejeté loin de ta face et de ton regard*[114]. Son esprit a été ravi, il a vu je ne sais quoi de sublime[115], et il n'était pas encore totalement dans ce qu'il a vu; par une sorte d'éclair de la lumière éternelle[116], si on peut s'exprimer ainsi, il a perçu qu'il n'était pas en ce lieu-là – c'est ce qu'il a en tout cas pu comprendre –, il a vu où il était et comment il était affaibli et limité par les maux de l'humanité, et il s'est écrié: *J'ai dit dans mon extase: j'ai été rejeté loin de ta face et de ton regard.* Ce je ne sais quoi que j'ai vu dans l'extase était de nature à me faire percevoir combien j'en suis loin, moi qui ne suis pas encore là-bas[117]. Il y était

---

Conf. 7, 10, 16, et 10, 41, 66: «J'ai vu ta splendeur avec un cœur blessé, et repoussé par le choc, j'ai dit: Qui peut y atteindre? *J'ai été projeté loin du regard de tes yeux.*» Celle de Moïse au buisson ardent aussi, avec l'image de la *coruscatio* et la compréhension par Moïse qu'il est très éloigné et incapable de voir ce dont un aperçu lui a été donné (dans le *Ser.* 7, 7, en 412-413); le *Ser.* 52, 6, 16, en 414-415, présente encore un passage très semblable.

ENARRATIONES IN PSALMOS

Iam ibi erat qui dixit assumptum se in tertium caelum et ibi audiebat ineffabilia uerba quae non licet homini loqui. Sed reuocatus est ad nos, ut gemeret prius perficiendus in infirmitate et sic postea indueretur uirtute; animatus tamen, quia uidit aliquid rerum illarum pro dispensatione officii sui, adiecit dicens: *Audiui ineffabilia uerba, quae non licet homini loqui.* Iam ergo quid opus est ut a me aut a quoquam quaeratis quae non licet homini loqui: si illi non licuit loqui, cui licuit audire? Plangamus tamen et gemamus in confessione, agnoscamus ubi simus, recordemur sabbatum, et patienter exspectemus quod ille promisit, qui nobis et in se ipso exemplum patientiae demonstrauit. *Infirmatus sum et humilatus sum usque nimis.*

13. *Rugiebam a gemitu cordis mei.* Attenditis plerumque interpellare gemitibus seruos Dei; et quaeritur causa, et non apparet nisi gemitus alicuius serui Dei, si tamen ad aures hominis circa illum positi peruenerit. Est enim gemitus occultus qui ab homine non auditur: tamen si tanta occupauerit cor cogitatio desiderii cuiusdam, ut uoce clariore exprimatur uulnus interioris hominis, quaeritur causa; et dicit homo apud semetipsum: Forte illud est unde gemit et forte illud illi factum est. Quis potest intellegere nisi ille in cuius

---

118. Cf. 2 Co 12, 2. 4.

119. Augustin a déjà traité plusieurs fois de l'apôtre ravi au troisième ciel qui « revient » sur terre pour le bien d'autrui : *C. Faust.* 12, 26; *In Ioh.* 7, 23; ici, comme en *In Ps.* 30, 2, 1, 2, ses propos sont rapides; sur ce thème, voir M.-F. BERROUARD, « Saint Augustin et le ministère de la prédication », *Recherches augustiniennes*, 2, 1962, p. 447-501 (p. 461-470).

120. 2 Co 12, 4.

121. *In Ioh.* 34, 7 : « Tu désires Dieu. Qui le voit, sinon Dieu? »; le passage cite Ps 37, 10b. Pour l'*occultus gemitus*, voir *Conf.* 10, 38, 63; *Enchir.* 17, 65 : « En général, la douleur d'une âme est cachée à une autre et n'arrive à la connaissance d'autrui ni par des paroles ni par un quelconque autre signe, alors même qu'elle existe devant celui

IN PSALMVM XXXVII

déjà, celui qui a dit avoir été ravi jusqu'au troisième ciel et il a entendu là des paroles ineffables qu'il n'est pas permis à l'homme de redire[118]. Mais il a été rappelé auprès de nous[119], en sorte qu'il gémisse d'abord dans sa faiblesse pour être rendu parfait, et afin d'être ensuite revêtu de force ; cependant, encouragé parce qu'il a vu quelque chose de ces réalités-là pour l'exercice de sa fonction, il a ajouté ces mots : *J'ai entendu des paroles ineffables qu'il n'est pas permis à l'homme de redire*[120]. À quoi donc vous sert-il de demander, à moi ou à un autre, ce qu'il n'est pas permis à l'homme de répéter ? S'il ne lui a pas été permis de le redire, à qui a-t-il été permis de l'entendre ? Déplorons-le cependant et gémissons en le confessant, reconnaissons où nous sommes, souvenons-nous du sabbat, et attendons avec patience ce que nous a promis celui qui nous a montré en lui-même l'exemple de la patience : *J'ai été affaibli et abaissé à l'extrême*.

13. *Je rugissais du gémissement de mon cœur.* Vous remarquez que souvent des serviteurs de Dieu prient avec des gémissements ; on se demande quelle en est la cause, et on ne voit rien là que les gémissements propres à un serviteur de Dieu, si toutefois cela parvient aux oreilles de ceux qui l'entourent[121]. Car il existe un gémissement caché que l'homme n'entend pas ; cependant, si la pensée du désir s'empare du cœur de quelqu'un au point que la blessure de l'homme intérieur s'exprime à voix haute[122], on se demande quelle en est la cause ; et l'homme se dit en lui-même : Peut-être que c'est cela qui le fait gémir, et peut-être qu'on lui a fait cela. Qui peut le comprendre, sinon celui aux yeux et aux oreilles

---

auquel le psalmiste disait : *Mon gémissement n'est pas caché de toi.* » Sur le gémissement du désir de Dieu inspiré par l'Esprit Saint, voir *AugLex*, s. v. *Gemitus*, c. 107 (B. Müller).

122. Cf. *Ep.* 130, 10, 20 : la prière consiste surtout en gémissements et larmes et « notre gémissement n'est pas caché de lui ».

ENARRATIONES IN PSALMOS

oculis et auribus gemit? Propterea *rugiebam*, inquit, *a gemitu cordis mei*, quia homines si quando audiunt gemitum hominis, plerumque gemitum carnis audiunt; gementem a gemitu cordis non audiunt. Abstulit nescio quis res huius; rugiebat, sed non a gemitu cordis; alius, quia extulit filium, alius, quia uxorem; alius, quia grandinata est uinea, quia cuppa acuit, quia diripuit iumentum ipsius nescio quis; alius, quia damnum aliquod passus est; alius, quia timet hominem inimicum: omnes isti a gemitu carnis rugiunt. At uero seruus Dei, quia ex recordatione sabbati rugit, ubi est regnum Dei quod caro et sanguis non possidebunt: *Rugiebam*, inquit, *a gemitu cordis mei.*

v. 10 **14.** Et quis agnoscebat unde rugiebat? Subiecit: ***Et ante te est omne desiderium meum***; non enim ante homines qui cor uidere non possunt, sed *ante te est omne desiderium meum*. Sit desiderium tuum ante illum; et *Pater qui uidet in occulto reddet tibi*. Ipsum enim desiderium tuum oratio tua est, et si continuum desiderium continua oratio. Non enim frustra dixit apostolus: *Sine intermissione orantes*. Numquid sine intermissione genu flectimus, corpus prosternimus aut manus leuamus, ut dicat: *Sine intermissione orate*? Aut si sic dicimus nos orare, hoc puto sine intermissione non possumus facere. Est alia interior sine intermissione oratio quae est desiderium. Quidquid aliud agas, si desideras illud sabbatum, non intermittis orare. Si non uis intermittere orare, noli

---

123. Le Ps 37, 10 est cité en *In Ioh.* 34, 7 pour opposer les désirs terrestres des hommes et le désir de Dieu qu'il est le seul à voir.

124. Cf. 1 Co 15, 50.

125. Mt 6, 6.

126. 1 Th 5, 17. Cf. A.-M. La Bonnardière, *Biblia Augustiniana. N.T., Les Épîtres aux Thessaloniciens, à Tite et à Philémon*, Paris, 1964, p. 24: le verset est peu cité par Augustin (5 fois) et il n'est commenté que dans *Ep.* 130, 9, 18 et surtout *In Ps.* 37, 14.

IN PSALMVM XXXVII

de qui il gémit[123]? C'est la raison pour laquelle il est dit: *Je rugissais du gémissement de mon cœur*, parce que si parfois des hommes entendent le gémissement d'un homme, c'est généralement le gémissement de la chair qu'ils entendent; ils n'entendent pas celui qui gémit du gémissement du cœur. Untel s'est fait prendre ce qu'il possède; il gémissait, mais ce n'était pas le gémissement du cœur; un autre gémit parce qu'on a enterré son fils, un autre sa femme; un autre encore parce que sa vigne a subi la grêle, que son tonneau a tourné à l'aigre, qu'on ne sait qui lui a volé sa monture; un autre parce qu'il a subi quelque dommage, un autre parce qu'il craint son ennemi; tous ceux là rugissent du gémissement de la chair. Mais, parce qu'il rugit au souvenir du sabbat, là où est le Royaume de Dieu que ne posséderont pas la chair et le sang[124], le serviteur de Dieu dit: *Je rugissais du gémissement de mon cœur.*

14. Et qui reconnaissait l'origine de ce rugissement? Le psalmiste a ajouté: ***Et devant toi est tout mon désir***; il n'est pas en effet devant les hommes, qui ne peuvent voir le cœur, mais *devant toi est tout mon désir.* Que ton désir soit toujours devant lui, et *le Père qui voit dans le secret te le rendra*[125]. En effet, ton désir est ta prière, et si le désir est continuel, la prière est continuelle. Car ce n'est pas pour rien que l'Apôtre a dit: *Priant sans cesse*[126]. Est-ce que nous pouvons sans cesse fléchir les genoux, prosterner notre corps ou lever les mains, qu'il nous dise: *Priez sans cesse*? Si nous appelons cela prier, à mon avis, nous ne pouvons pas le faire sans cesse[127]. Il y a une autre prière, intérieure celle-là, qui se fait sans cesse, et c'est le désir. Quelle que soit ton autre activité, si tu désires le sabbat, tu ne cesses pas de prier. Si tu ne

---

127. Voir la note complémentaire 3: «La prière continuelle».

ENARRATIONES IN PSALMOS

intermittere desiderare. Continuum desiderium tuum continua uox tua est. Tacebis, si amare destiteris. Qui tacuerunt? De quibus dictum est: *Quoniam abundauit iniquitas, refrigescet caritas multorum.* Frigus caritatis silentium cordis est; flagrantia caritatis clamor cordis est. Si semper manet caritas, semper clamas; si semper clamas, semper desideras; si desideras, requiem recordaris. Et rugitus cordis tui ante quem sit, oportet ut intellegas. Iam quale desiderium debeat esse ante oculos Dei, considera. Numquid ut moriatur inimicus noster, quod quasi iuste optant homines? Nam aliquando oramus quod non debemus. Illud quod quasi iuste orant homines uideamus. Nam orant ut moriatur aliquis et ad illos hereditas ueniat. Sed et illi qui orant ut moriantur inimici, audiant Dominum dicentem: *Orate pro inimicis uestris.* Non ergo hoc orent ut moriantur inimici, sed hoc orent ut corrigantur, et mortui erunt inimici; iam enim correcti non erunt inimici. *Et ante te omne desiderium meum.* Quid si desiderium ante illum est et ipse gemitus non est ante illum? Vnde fieri potest, quando ipsum desiderium uocem suam habet gemitum? Ideo sequitur: *Et gemitus meus non est absconditus a te.* A te non est absconditus, a multis autem hominibus absconditus est. Videtur aliquando humilis seruus Dei dicere: *Et gemitus meus non est absconditus a te.* Videtur aliquando et ridere seruus Dei; numquid desiderium illud mortuum est in corde? Si autem inest desiderium, inest et gemitus; non semper peruenit ad aures hominum, sed nunquam recedit ab auribus Dei.

---

128. Mt 24, 12.
129. Mt 5, 44.

IN PSALMVM XXXVII

veux pas cesser de prier, ne cesse pas de désirer. Si ton désir est continuel, ta parole est continuelle. Tu te tairas si tu cesses d'aimer. Qui sont ceux qui se sont tus? Ceux dont il a été dit: *Parce que l'iniquité a abondé, la charité de beaucoup se refroidira*[128]. Le refroidissement de la charité, voilà le silence du cœur; la ferveur de la charité est le cri du cœur. Si la charité demeure toujours, tu cries toujours vers Dieu; si tu cries toujours, tu désires toujours; si tu désires, tu te souviens du repos. Et tu dois comprendre devant qui va le rugissement de ton cœur. Considère le type de désir qui doit être sous le regard de Dieu. Serait-ce désirer la mort de notre ennemi, ce que les hommes souhaitent en pensant que c'est juste? Parfois, en effet, nous demandons ce qu'il ne faut pas dans la prière. Voyons un peu ce pour quoi les hommes prient en pensant que c'est justifié. Ils prient pour que quelqu'un meure et que l'héritage leur revienne. Mais que ceux qui prient pour voir la mort de leurs ennemis écoutent le Seigneur qui dit: *Priez pour vos ennemis*[129]. Qu'ils ne prient donc pas pour que leurs ennemis meurent, mais qu'ils prient pour qu'ils se corrigent, et alors leurs ennemis seront morts; car une fois corrigés, ce ne seront plus des ennemis. *Et devant toi est tout mon désir.* Mais si mon désir est devant lui, sans que mon gémissement soit devant lui? Comment cela pourrait-il être, puisque le désir a pour langage le gémissement? C'est pourquoi la suite dit: **Et mon gémissement n'est pas caché de toi.** De toi, il n'est pas caché, mais de beaucoup d'hommes, il est caché. On voit quelquefois l'humble serviteur de Dieu dire: *Et mon gémissement n'est pas caché de toi.* On voit aussi quelquefois le serviteur de Dieu rire; le désir serait-il mort dans son cœur? Mais si le désir est dans son cœur, le gémissement y est aussi; il ne parvient pas toujours aux oreilles des hommes, mais il n'est jamais loin des oreilles de Dieu.

ENARRATIONES IN PSALMOS

v. 11 **15. Cor meum conturbatum est.** Vnde conturbatum est? *Et deseruit me fortitudo mea.* Plerumque irruit nescio quid repentinum : fit conturbatio cordis ; contremiscit terra, tonitrus datur de caelo, horribilis fit impetus uel strepitus, leo forte uidetur in uia : fit conturbatio ; latrones insidiantur : fit conturbatio cordis, pauetur, undique sollicitudo incutitur. Vnde hoc? Quia *deseruit me fortitudo mea.* Si enim maneret illa fortitudo, quid timeretur? Quidquid nuntiaretur, quidquid frenderet, quidquid sonaret, quidquid caderet, quidquid horreret, non terreret. Sed unde illa perturbatio? *Deseruit me fortitudo mea.* Vnde deseruit fortitudo? *Et lumen oculorum meorum non est mecum.* Latuerat ergo Adam lumen oculorum ipsius ; nam lumen oculorum ipsius ipse Deus erat quem, cum offendisset, fugit ad umbram et abscondit se inter ligna paradisi. Pauebat a facie Dei et quaesiuit umbram arborum. Iam inter arbores lumen oculorum non habebat ad quod gaudere consueuerat. Si ergo ille de origine, et nos de propagine ; et redeunt ad illum secundum uel nouissimum Adam membra ista, quia nouissimus Adam in spiritum uiuificantem, et clamant de corpore eius in ista confessione : *Et lumen oculorum memorum non est mecum.* Iam confitens, iam redemptus, iam in corpore Christi est, et lumen oculorum ipsius non est cum ipso? Plane non est cum ipso. Sed est quidem tamquam adhuc recordantium sabbatum, tamquam cernentium in spe ; sed nondum

---

130. Cf. Gn 3, 8.

131. *De propagine*: un corps humain naît d'un autre, il y a transmission de l'un à l'autre (*Ep.* 202 A, 6 ; *Quaest. eu.* 1, 43 ; *Nat. orig.* 1, 16, 26), et donc de la mortalité, conséquence de la transgression d'Adam (*Cat. rud.* 18, 30 : « de propagine mortalitatis » ; cf. § 26).

132. Cf. 1 Co 15, 45.

IN PSALMVM XXXVII

15. *Mon cœur est troublé.* D'où vient ce trouble ? ***Et mon courage m'a abandonné.*** Souvent, quand arrive un événement soudain, le cœur est troublé ; la terre tremble, le ciel tonne, il se fait un mouvement ou un vacarme effrayants, on voit un lion sur le chemin : le cœur est troublé ; les brigands attaquent : le cœur est troublé, on a peur, tout suscite l'inquiétude. Pourquoi cela ? Parce que *mon courage m'a abandonné.* Si en effet le courage demeurait, que craindrait-on ? Toute annonce, toute menace, tout bruit, toute chute, tout ce qui fait peur, rien ne terrifierait. Mais pourquoi ce trouble ? *Mon courage m'a abandonné.* Pourquoi le courage l'a-t-il abandonné ? ***La lumière de mes yeux n'est plus avec moi.*** La lumière des yeux d'Adam lui était cachée ; car la lumière de ses yeux était Dieu même ; quand il l'eut offensé, il a fui dans l'ombre et s'est caché parmi les arbres du paradis[130]. Saisi de peur devant la face de Dieu, il a cherché l'ombre des arbres. Il n'avait plus parmi les arbres la lumière des yeux qui faisait auparavant sa joie. Si donc il a connu cela parce qu'il en a été l'origine, nous, c'est par transmission[131]. Et ces membres que nous sommes reviennent au second ou nouvel Adam, parce que le nouvel Adam a été fait esprit vivifiant[132], et ce sont eux qui depuis son Corps crient dans cette confession : *La lumière de mes yeux n'est plus avec moi*[133]. Déjà il confesse, déjà il est racheté, déjà il est dans le corps du Christ, et la lumière de ses yeux n'est plus avec lui ? Non, elle n'est plus avec lui. Elle existe cependant, dans la mesure où on persiste à se souvenir du sabbat, où on voit en espérance ; mais ce n'est pas encore la lumière

---

133. *Ser. Dolbeau* 25, 4 : le Ps 37, 11b est le cri d'Adam et de tous ses descendants, incapables de voir la lumière véritable ; *Trin.* 12, 8, 13 : le verset dit bien qu'Adam a perdu la vision des biens éternels et de la vérité. En *Gen. Mani.* 2, 16, 24, c'est le fait que l'homme se cache de Dieu *le soir*, quand il se promène dans le paradis, qui signifie que «la lumière intérieure de la vérité leur était enlevée».

ENARRATIONES IN PSALMOS

est illud lumen de quo dicitur: *Ostendam meipsum illi.*
Est quiddam luminis, quia filii Dei sumus, et utique
hoc in fide retinemus: sed nondum est illud lumen quod
uidebimus. *Nondum enim apparuit quod erimus; scimus
quia, cum apparuerit, similes ei erimus, quoniam uidebimus eum sicuti est.* Nam modo lumen fidei et lumen
spei est. *Quamdiu enim sumus in corpore, peregrinamur
a Domino; per fidem enim ambulamus, non per speciem.
Et quamdiu quod non uidemus speramus, per patientiam
exspectamus.* Voces sunt ergo istae peregrinantium,
nondum in patria constitutorum. Et recte dicit et uere
dicit et, si non sit dolosus, ueraciter confitetur: *Et lumen
oculorum meorum non est mecum.* Haec patitur homo
intus, ibi secum, in seipso, et seipsum, de nemine ad
neminem praeter se. Haec sibi ipse poena sua esse
meruit, quidquid superius enumerauit.

v. 12 **16.** Sed numquid hoc solum est quod patitur homo?
Patitur enim ex se intrinsecus, forinsecus autem ex
eis inter quos uiuit; patitur mala sua, cogitur pati et
aliena. Inde sunt illae duae uoces: *Ab occultis meis
munda me, Domine, et ab alienis parce seruo tuo.* Iam de
occultis suis confessus est a quibus se cupit mundari;
dicat et de alienis a quibus sibi uult parci. *Amici mei.*
Quid dicam iam de inimicis? *Amici mei et proximi
mei aduersum me appropinquauerunt et steterunt.*
Hoc quod ait, *aduersum me steterunt*, intellege. Si enim

---

134. Jn 14, 21; cf. § 11.
135. 1 Jn 3, 2.
136. 2 Co 5, 6-7.
137. Ro 8, 25.
138. Ps 18, 13-14.

IN PSALMVM XXXVII

dont il est dit : *Je me montrerai moi-même à lui*[134]. Il y a bien quelque lumière, parce que nous sommes des fils de Dieu et c'est par la foi que nous la conservons ; mais ce n'est pas encore la lumière que nous verrons. *Ce que nous serons n'a pas encore apparu ; nous savons que lorsqu'il apparaîtra, nous lui serons semblables, parce que nous le verrons tel qu'il est*[135]. Maintenant en effet, nous avons la lumière de la foi et la lumière de l'espérance. *Aussi longtemps que nous sommes dans le corps, nous sommes en exil loin du Seigneur ; car nous marchons dans la foi, non dans la claire vision*[136]. *Et aussi longtemps que nous ne voyons pas, nous espérons et nous attendons dans la patience*[137]. Ce sont là les paroles d'hommes en exil, pas encore établis dans la patrie. Et il dit bien, il dit vrai et, s'il ne triche pas, il confesse en toute vérité : *La lumière de mes yeux n'est plus avec moi*. De cela, l'homme souffre intérieurement, là où il est avec lui-même, en lui-même ; et c'est de lui-même qu'il souffre et non de quelqu'un d'autre, cela ne concerne personne sinon lui-même. Cela, tout ce qu'il a énuméré plus haut, il l'a lui-même mérité en châtiment.

16. Mais est-ce de cela seulement que souffre l'homme ? À l'intérieur, il se fait souffrir lui-même, à l'extérieur, ceux parmi lesquels il vit le font souffrir ; il souffre de ses propres maux, et il lui faut aussi souffrir de maux venant d'autrui. D'où ces deux formules : *Purifie-moi, Seigneur, de mes obscurités et préserve ton serviteur des agissements d'autrui*[138]. Il a déjà confessé ses propres obscurités, dont il désire être purifié ; qu'il dise maintenant ce que sont les agissements d'autrui dont il veut être préservé. **Mes amis** – que dire alors encore des ennemis ? –, **mes amis et mes proches se sont approchés et se sont tenus là contre moi.** Comprends ce que veut dire : *ils se sont tenus là contre moi* ; car si c'est contre moi qu'ils se sont tenus, c'est contre eux-

ENARRATIONES IN PSALMOS

aduersum me steterunt, aduersus se ceciderunt. *Amici mei et proximi mei aduersum me appropinquauerunt et steterunt.* Iam intellegamus capitis uoces, iam incipiat illucescere caput nostrum in passione. Sed rursum cum coeperit caput dicere, noli inde separare corpus. Si caput noluit se separare a uocibus corporis, corpus se audeat separare a passionibus capitis? Patere in Christo, quia tamquam peccauit in infirmitate tua Christus. Modo enim peccata tua tamquam ex ore suo dicebat et ea dicebat sua. Dicebat enim: *A facie peccatorum meorum,* quae non erant ipsius. Quomodo ergo peccata nostra sua esse uoluit propter corpus suum, sic et nos passiones eius nostras esse uelimus propter caput nostrum. Non enim ille ex amicis passus est inimicos et nos non. Immo et nos ad hoc paremus in eodem conuiuari; talem calicem non respuamus ut celsitudinis eius desiderium per humilitatem eius inueniamus. Respondit enim celsitudini eius haerere uolentibus, qui eius adhuc humilitatem non cogitabant, et ait illis: *Potestis bibere calicem quem ego bibiturus sum?* Ergo et illae passiones Domini passiones nostrae sunt. Et unusquisque si bene seruiat Deo, bene seruet fidem, exhibeat quod debet et uersetur inter homines iuste, uolo uidere si non patitur etiam quod hic enumerat in passione sua Christus.

17. *Amici mei et proximi mei aduersum me appropinquauerunt et steterunt; **et proximi a longe steterunt**.*

---

139. Cette affirmation forte de la solidarité du Christ avec l'humanité pécheresse est expliquée dans les lignes qui suivent.

140. Cf. *In Ps.* 61, 4 : « S'il n'y a de souffrances du Christ que dans le Christ seul, dans la Tête seule, pourquoi l'apôtre Paul, qui est un de ses membres dit-il : *Je complète en ma chair ce qui manque aux souffrances du Christ* (Col 1, 24) ? Si tu fais partie des membres du Christ [...], tout ce que tu souffres de la part de ceux qui ne font pas partie de ses membres manquait aux souffrances du Christ. [...] Le total de ces souffrances ne sera complet qu'à la fin des siècles. » Voir sur ce thème E. AUMONIER, *La Passion du Christ dans la prédication*

IN PSALMVM XXXVII

mêmes qu'ils sont tombés. *Mes amis et mes proches se sont approchés et se sont tenus là contre moi.* Comprenons que ce sont désormais les paroles de la Tête ; que désormais notre Tête en sa passion commence à apparaître dans la lumière. Mais si c'est la Tête qui se met à parler, ne la désolidarise pas du Corps. Si la Tête n'a pas voulu se désolidariser des paroles du Corps, le Corps oserait-il se désolidariser des souffrances de la Tête ? Souffre dans le Christ, parce que d'une certaine façon le Christ a péché dans ta faiblesse[139]. Tout à l'heure en effet, parlant de sa propre bouche, il disait tes péchés, et il les disait siens. Il disait en effet : *À la vue de mes péchés*, péchés qui n'étaient pas les siens. De même donc qu'il a voulu que nos péchés soient les siens à cause de son Corps, il nous faut vouloir de même que ses souffrances soient les nôtres à cause de notre Tête[140]. Car on ne peut dire qu'il a eu à souffrir d'amis devenus des ennemis, et que nous n'aurions pas à en souffrir. Bien plus, nous devons nous préparer à partager cela avec lui ; ne repoussons pas la coupe qui peut nous faire trouver, par son abaissement, le désir de son élévation. Il a en effet répondu à ceux qui voulaient être associés à son élévation et ne pensaient pas encore à son abaissement : *Pouvez-vous boire la coupe que je vais boire*[141] ? Ainsi, ces souffrances du Seigneur sont les nôtres. Supposons quelqu'un qui servirait bien Dieu, conserverait bien la foi, ferait ce qu'il doit et se comporterait justement parmi les hommes ; je voudrais bien voir s'il ne souffre pas aussi ce que le Christ en sa passion énumère ici.

17. *Mes amis et mes proches se sont approchés et se sont tenus là contre moi ;* **et des proches se sont tenus à**

---

de saint Augustin, Rome, 1983, IV. «Passion du Christ et passion de l'Église».

141. Mt 20, 22.

ENARRATIONES IN PSALMOS

Qui proximi appropinquauerunt, et qui proximi a longe steterunt? Proximi erant Iudaei, quia cognati erant; appropinquauerunt et quando crucifixerunt. Proximi et apostoli; et tamen ipsi a longe steterunt, ne cum illo paterentur. Potest etiam hoc sic intellegi: *Amici mei*, id est qui se finxerunt amicos meos. Amicos enim se finxerunt, quando dixerunt: *Scimus quia in ueritate uiam Dei doces.* Quando illum tentare uoluerunt utrum soluendum esset tributum Caesari, quando illos conuicit ore ipsorum, amici uideri uolebant; sed *non illi erat opus ut quisquam ei testimonium perhiberet de homine; ipse enim sciebat quid esset in homine*, adeo ut, cum amica uerba dixissent, responderet eis: *Quid me*, inquit, *tentatis hypocritae?* Ergo *amici mei et proximi mei aduersum me appropinquauerunt et steterunt; et proximi a longe steterunt.* Nostis quid dixi. Proximos dixi qui appropinquauerunt, et tamen a longe steterunt. Appropinquauerunt enim corpore, sed longe steterunt corde. Qui tam propinqui corpore quam qui in crucem leuauerunt? Qui tam longe corde quam qui blasphemauerunt? Audite istam longinquitatem ab Isaia propheta, uidete istam propinquitatem et longinquitatem: *Populus hic labiis me honorat* – ecce propinquat corpore – ; *cor autem eorum longe est a me.* Iidem propinqui, iidem longinqui: propinqui labiis, longinqui corde. Verumtamen quia longe steterunt timentes apostoli, absolutius et planius de illis accipimus, ut alios propinquasse, alios longe stetisse intellegamus;

---

142. Sur le Ps 37, 12 comme prophétie de la Passion, voir l'Introduction, note 12.
143. Mt 22, 16.
144. Cf. Mt 22, 17-22.
145. Jn 2, 25.
146. Mt 22, 18.
147. Cf. Mt 27, 39.
148. Is 29, 13.

IN PSALMVM XXXVII

distance. Qui sont les proches qui se sont approchés et les proches qui se sont tenus à distance[142]? Les proches étaient les Juifs, car ils avaient une parenté avec lui; ils se sont approchés quand ils l'ont crucifié. Les apôtres aussi étaient des proches; eux cependant se sont tenus à distance, pour ne pas souffrir avec lui. On peut encore comprendre cela ainsi: *Mes amis*, c'est-à-dire ceux qui ont feint d'être mes amis. Ils ont en effet feint d'être ses amis quand ils ont dit: *Nous savons que tu enseignes les voies de Dieu en vérité*[143]. Quand ils ont voulu le mettre à l'épreuve en demandant s'il fallait ou non payer le tribut à César, quand il les a confondus par leurs propres paroles[144], ils voulaient passer pour ses amis; mais *il n'avait pas besoin qu'on lui rendît témoignage sur l'homme, car lui savait ce qu'il y a dans l'homme*[145], si bien que malgré leurs paroles amicales il leur répondait: *Pourquoi me mettez-vous à l'épreuve, hypocrites*[146]? Donc *mes amis et mes proches se sont approchés et se sont tenus là contre moi; et des proches se sont tenus à distance*. Vous avez compris ce que j'ai dit. J'ai appelé proches ceux qui se sont approchés, et qui cependant se sont tenus à distance. Ils se sont approchés physiquement, mais dans leur cœur, ils se sont tenus à distance. Qui a été plus proche de lui physiquement que ceux qui l'ont élevé sur la croix? Qui a été à distance par le cœur autant que ceux qui ont blasphémé[147]? Écoutez ce que dit Isaïe de cette distance, voyez ce qu'il en est de cette proximité et de cette distance: *Ce peuple m'honore des lèvres* – il s'approche physiquement –; *mais leur cœur est à distance de moi*[148]. Ce sont les mêmes qui sont proches, les mêmes qui sont à distance: proches par les lèvres, à distance par le cœur. Cependant, parce que les apôtres se sont tenus à distance par crainte, nous recevrons le texte avec plus de clarté et d'exactitude en comprenant qu'autres sont ceux qui se sont approchés et autres ceux

ENARRATIONES IN PSALMOS

quandoquidem et Petrus qui audacius secutus fuerat, ita adhuc longe erat ut interrogatus et perturbatus ter negaret Dominum cum quo se moriturum esse promiserat. Qui postea, ex longinquo ut propinquus fieret, audiuit post resurrectionem: *Amas me?* Et dicebat: *Amo.* Et dicendo propinquabat qui negando longe factus erat, donec trina uoce amoris, solueret trinam uocem negationis. *Et proximi mei a longe steterunt.*

v. 13 **18. *Et uim faciebant qui quaerebant animam meam.*** Iam manifestum est qui quaerebant animam ipsius: qui non habebant animam eius, quia non erant in corpore eius. Qui quaerebant animam eius, longe erant ab anima eius; sed quaerebant ut occiderent eam. Quaeritur enim anima eius et bene. Nam alio loco arguit quosdam dicens: *Et non est qui requirat animam meam.* Arguit quosdam non quaerentes animam eius et rursus arguit alios quaerentes animam eius. Quis est qui quaerit bene animam ipsius? Qui eius passiones imitatur. Qui sunt qui quaerebant male animam eius? Qui ei uim faciebant et crucifigebant eum.

19. Sequitur: ***Qui quaerebant mala mea, locuti sunt uanitatem.*** Quid est: *Qui quaerebant mala mea?* Multa quaerebant et non inueniebant. Forte hoc dixerit: quaerebant crimina mea. Quaesierunt enim quae in

---

149. Cf. Mt 26, 70.

150. Cf. Mt 26, 35.

151. Même jeu *propinquus/longinquus* à propos de Pierre dans *In Ps.* 34, 2, 6.

152. Jn 21, 17.

153. Ps 141, 5; cf. *In Ps.* 34, 1, 6.

154. Cf. *In Ps.* 141, 11; 34, 1, 6.

155. L'idée qu'il faut imiter la Passion du Christ revient au § 27; le § 16 fait comprendre ce qu'Augustin entend par là : le chrétien doit boire la coupe que le Seigneur a le premier bue pour lui, ce qu'il fera inévitablement s'il consent à servir Dieu. Cf. *In Ioh.* 124, 5 : «Suis-moi», dit Jésus à Pierre (Jn 21, 22); Augustin commente:

IN PSALMVM XXXVII

qui se sont tenus à distance. Car même Pierre, qui avait suivi Jésus avec une certaine audace, était encore à une telle distance que lorsqu'on l'a interrogé, troublé, il a trois fois renié le Seigneur[149] avec qui il avait promis de mourir[150]. Par la suite, pour revenir de cette distance et devenir proche[151], il a entendu après la résurrection cette question: *M'aimes-tu?*, et il a répondu: *Je t'aime*[152]. En le disant, il s'approchait, alors qu'en reniant il s'était mis à distance, jusqu'au moment où la triple confession d'amour a annulé le triple reniement. *Même mes proches se sont tenus à distance.*

18. *Et ceux qui cherchaient mon âme me faisaient violence.* C'est évident: ceux qui cherchaient son âme sont ceux qui n'avaient pas son âme parce qu'ils n'étaient pas dans son Corps. Ceux qui cherchaient son âme étaient à distance de son âme, mais ils la cherchaient pour la faire périr. Car on peut aussi chercher son âme d'une bonne manière. Car dans un autre passage, le Seigneur accuse certains par ces paroles: *Il n'est personne pour chercher mon âme*[153]. Il accuse certains de ne pas chercher son âme, et inversement, il en accuse d'autres de chercher son âme[154]. Qui est celui qui cherche son âme d'une bonne manière? Celui qui imite ses souffrances[155]. Qui sont ceux qui cherchaient son âme d'une mauvaise manière? Ceux qui lui faisaient violence et le crucifiaient.

19. La suite dit: *Ceux qui cherchaient le mal en moi ont tenu des propos vains.* Que veut dire: *Ceux qui cherchaient le mal en moi?* Ils cherchaient bien des choses et ne trouvaient pas. Peut-être que le Seigneur a voulu dire: "Ils cherchaient mes crimes." Ils ont en effet

---

« Toi, suis-moi par l'imitation en supportant les maux temporels. » Sur l'imitation selon Augustin, voir *AugLex*, s. v. *Imitatio*, c. 519-525 (V. H. DRECOLL), ici c. 521-522.

ENARRATIONES IN PSALMOS

illum dicerent, et non inueniebant. Quaerebant enim mala de bono, quaerebant scelera de innocente: quando inuenirent in eo qui nullum peccatum habebat? Sed quia peccata quaerebant in eo qui nullum peccatum habebat, restabat ut fingerent quod non inueniebant. Ideo: *Qui quaerebant mala mea locuti sunt uanitatem*, non ueritatem. **Et dolum tota die meditabantur**, hoc est: fallaciam sine cessatione meditabantur. Nostis quanta falsa testimonia dicta sunt in Dominum, antequam pateretur. Nostis quanta falsa testimonia dicta sunt, etiam cum resurrexisset. Nam illi milites custodes sepulcri de quibus Isaias dixit: *Ponam malos pro sepultura eius* – mali enim erant, et ueritatem dicere noluerunt et corrupti mendacium seminauerunt –, attendite qualem uanitatem locuti sunt. Interrogati sunt etiam ipsi et dixerunt: *Cum dormiremus, uenerunt discipuli eius et abstulerunt eum.* Hoc est loqui uanitatem. Si enim dormiebant, unde sciebant quod gestum erat?

v. 14-15 **20.** Ergo ait: **Ego autem uelut surdus non audiebam.** Qui ad ea quae audiebat non respondebat, tamquam non audiebat. *Ego autem uelut surdus non audiebam,* **et sicut mutus non aperiens os suum.** Et repetit eadem: **Et factus sum sicut homo non audiens et non habens in ore suo argutiones.** Quasi non esset quod illis diceret, quasi non esset unde illos argueret. Nonne iam antea multa increpauerat, multa

---

156. Cf. Mt 26, 59-60.

157. Cf. 1 Jn 3, 5.

158. Is 53, 9; le texte n'est cité par ailleurs qu'en *Ciu.* 18, 29, 1, dans un long extrait du prophète donné comme prophétie de la Passion.

159. Mt 28, 13.

IN PSALMVM XXXVII

cherché ce qu'ils pouvaient dire contre lui et ne trouvaient pas[156]. Car ils cherchaient le mal chez celui qui est bon, ils cherchaient des crimes chez un innocent; comment pouvaient-ils les trouver en celui qui n'avait aucun péché[157]? Étant donné qu'ils cherchaient des péchés en celui qui n'avait aucun péché, il leur restait à inventer ce qu'ils n'avaient pas trouvé. C'est pourquoi: *Ceux qui cherchaient le mal en moi ont tenu des propos vains*, non véridiques. **Et tout le jour ils méditaient la ruse**, c'est-à-dire: ils méditaient sans cesse des faussetés. Vous savez combien de faux témoignages ont été portés contre le Seigneur avant sa passion. Vous savez combien de faux témoignages ont été portés contre lui, même après sa résurrection. Car les soldats gardant le tombeau, dont Isaïe avait dit: *Je placerai des hommes mauvais devant sa sépulture*[158] – c'étaient en effet des mauvais, ils n'ont pas voulu dire la vérité et ils se sont laissés corrompre et ont répandu un mensonge –, notez quel propos vain ils ont tenu. Ils furent interrogés eux aussi et dirent: *Alors que nous dormions, ses disciples sont venus et l'ont emporté*[159]. C'est bien là tenir un propos vain. Car, s'ils dormaient, comment pouvaient-ils savoir ce qui s'était passé[160]?

20. Donc, il dit: **Mais moi, comme un sourd, je n'entendais pas.** Celui qui ne répondait pas à ce qu'il entendait, c'est comme s'il n'entendait pas. *Mais moi, comme un sourd, je n'entendais pas*, **et comme un muet je n'ouvrais pas la bouche.** Il répète la même chose: **Je suis devenu comme un homme qui n'entend pas et n'a pas d'accusations à la bouche.** Comme s'il n'avait rien à leur dire, comme s'il n'avait rien dont il veuille les accuser! Ne leur avait-il pas auparavant fait de

---

160. Même thème dans *In Ps.* 36, 2, 17; 58, 1, 3; 63, 15; voir aussi *In Ps.* 55, 9; 65, 8; *Ser. Guelf.* 30, 4 (= 299 E).

ENARRATIONES IN PSALMOS

dixerat et dixerat: *Vae uobis, scribae et pharisaei, hypocritae,* et multa talia? Tamen quando passus est, nihil
horum dixit, non quia non habebat quod diceret, sed
exspectabat ut complerent illi omnia et implerentur
omnes prophetiae de illo de quo dictum erat: *Et sicut
ouis coram tondente se sine uoce non aperuit os suum.*
Oportebat ergo ut taceret in passione non taciturus in
iudicio. Iudicandus enim uenerat qui postea iudicaturus
ueniret: et ideo cum magna potestate iudicaturus quia
cum magna humilitate iudicatus.

v. 16 **21.** ***Quoniam in te, Domine, speraui, tu exaudies, Domine, Deus meus.*** Tamquam si ei diceretur:
"Quare non aperuisti os tuum? Quare non dixisti:
Parcite? Quare non in cruce pendens iniquos arguisti?",
sequitur et dicit: *Quoniam in te, Domine, speraui, tu
exaudies, Domine, Deus meus.* Monuit te quid facias, si
forte occurrerit tribulatio. Quaeris enim te defendere,
et forte nemo accipit defensionem tuam. Iam tu pertur-
baris, quasi perdideris causam tuam, quia nullius habes
defensionem aut testimonium. Custodi intus innocentiam tuam, ubi nemo opprimit causam tuam. Praeualuit
in te falsum testimonium, sed apud homines; numquid
apud Deum ualebit, ubi causa tua dicenda est? Quando
Deus iudex erit, alius testis quam conscientia tua non
erit. Inter iudicem iustum et conscientiam tuam noli
timere nisi causam tuam: si causam malam non habue-
ris, nullum accusatorem pertimesces, nullum falsum

---

161. Mt 23, 13.

162. Même application du v. 14 au silence du Christ devant
Pilate, avec citation d'Is 53, 7 (ou Jr 11, 19) dans AMBR. *In Ps.* 37, 45,
CSEL 64, p. 173 ; HIER. *Com. Ps.* 37, *CCL* 72, p. 207, 13-18.

163. Is 53, 7.

164. *Iudicandus/iudicaturus* : l'opposition revient plusieurs fois
chez Augustin pour caractériser les deux venues du Christ, dans
l'humilité de l'Incarnation et la gloire de la Parousie : voir *In Ioh.* 28,
6, *BA* 72, avec la n. c. 75, p. 836-837 : « Les deux venues du Christ ».

IN PSALMVM XXXVII

nombreux reproches, dit bien des choses, dit : *Malheur à vous, scribes et pharisiens hypocrites*[161], et bien d'autres paroles analogues ? Pourtant, lors de sa Passion, il n'a rien dit de tel[162], non qu'il n'eût rien à dire, mais il attendait qu'ils aient achevé pour lui toutes choses et accompli toutes les Écritures le concernant, lui dont il est écrit : *Et comme une brebis devant celui qui la tond, il resta sans parole, il n'ouvrit pas la bouche*[163]. Il fallait donc que se tût lors de la Passion celui qui ne se tairait pas lors du jugement. Car il était venu pour être jugé, lui qui par la suite viendrait pour juger, et qui jugerait avec une grande puissance du fait qu'il avait été jugé dans une grande humilité[164].

21. *Parce qu'en toi j'ai espéré, Seigneur, tu m'exauceras, Seigneur mon Dieu.* Comme si on lui demandait : "Pourquoi n'as-tu pas ouvert la bouche ? Pourquoi n'as-tu pas dit : Épargnez-moi ! Pourquoi, pendu à la croix, n'as-tu pas accusé les iniques ?", il poursuit en disant : *Parce qu'en toi j'ai espéré, Seigneur, tu m'exauceras, Seigneur mon Dieu.* Il t'a instruit de ce que tu dois faire, si survient la tribulation. Car tu cherches à te défendre, et peut-être que personne ne reçoit ta défense. Te voilà bouleversé, à la pensée que ta cause est perdue parce que tu n'as personne pour te défendre ou témoigner. Garde ton innocence intérieurement, là où personne ne charge ta cause. Un faux témoignage a prévalu contre toi, mais devant les hommes ; cela vaudra-t-il devant Dieu, où ta cause doit être plaidée ? Quand Dieu sera le juge, il n'y aura pas d'autre témoin à charge que ta conscience[165]. Entre le juge juste et ta conscience, ta cause seule doit t'inspirer des craintes ; si ta cause n'est pas mauvaise, tu n'auras aucun accusateur à redouter, aucun faux témoin à réfuter, aucun témoin

---

165. Cf. *In Ps.* 66, 7 ; 147, 1.

ENARRATIONES IN PSALMOS

testem refelles, nullum uerum requires. Tu tantum bonam conscientiam affer, ut possis dicere : *Quoniam in te, Domine, speraui, tu exaudies, Domine, Deus meus.*

v. 17   **22. *Quia dixi: Nequando exsultent in me inimici mei; et dum commouentur pedes mei, in me magna locuti sunt.*** Iterum redit ad infirmitatem corporis sui, et rursus caput illud attendit pedes suos; non sic est in caelo ut deserat quod habet in terra; attendit plane et uidet nos. Aliquando enim, ut est ista uita, commouentur pedes nostri et labuntur in aliquo peccato; ibi exsurgunt linguae nequissimae inimicorum. Hinc ergo intellegimus, etiam cum tacebant quid quaerebant. Loquuntur tunc aspere immites gaudentes se inuenisse quod dolere debuerunt. Et *dixi: Ne aliquando insultent in me inimici mei.* Dixi hoc, et tamen forte ad emendationem fecisti eos magna loqui de me, *dum mouerentur pedes mei,* id est: elati sunt, multa mala dixerunt, cum commouerer. Misereri enim debuerunt infirmis, non insultare, quomodo apostolus dicit: *Fratres, si praeoccupatus fuerit homo in aliquo delicto, uos qui spiritales estis, instruite huiusmodi in spiritu mansuetudinis.* Et complectitur quare: *Intendens,* inquit, *teipsum, ne et tu tenteris.* Non erant isti tales de quibus dicit: *Et dum commouerentur pedes mei, in me magna locuti sunt;* sed erant tales de quibus alibi dicit: *Qui me premunt, exsultabunt si motus fuero.*

---

166. *Commouentur/commouerentur*: les manuscrits de la Vieille Latine ont les deux formes, et Rufin, dans sa traduction de l'homélie d'Origène, présente comme Augustin les deux formes: ORIG. *In Ps.* 37, 2, 4, *SC* 411, p. 312, 9 ; 314, 16.

167. Ga 6, 1 ; cf. *In Gal.* 56 : rien ne montre mieux qu'un homme est un spirituel que la façon dont il traite le péché d'autrui, sans orgueil, avec douceur, car il se sait fragile : « Nihil enim ad misericordiam sic inclinat quam proprii periculi cogitatio. »

168. Ps 12, 5, avec la même variante (*premunt*, qui ne semble pas attestée ailleurs) que dans *In Ps.* 139, 12 (en 414-415), avec un

IN PSALMVM XXXVII

véridique à rechercher. Contente-toi de présenter une conscience pure, pour pouvoir dire: *Parce qu'en toi j'ai espéré, Seigneur, tu m'exauceras, Seigneur mon Dieu.*

22. J'ai dit: Que jamais mes ennemis ne triomphent de moi; tandis que mes pieds chancelaient[166], ils ont eu contre moi des paroles arrogantes. Il revient à la faiblesse de son Corps, et de nouveau la Tête prête attention à ses pieds; elle n'est pas dans le ciel d'une façon telle qu'elle abandonne ce qui lui appartient sur la terre; elle y prête une grande attention et nous voit. Parfois en effet, étant donné les conditions de cette vie-ci, nos pas vacillent et glissent dans quelque péché; alors les langues pleines de méchanceté de nos ennemis se font entendre. À cela nous comprenons ce qu'ils cherchaient déjà quand ils se taisaient. Alors, impitoyables, ils ont d'âpres paroles et se font une joie d'avoir trouvé ce dont ils auraient dû s'affliger. Et *j'ai dit: Que jamais mes ennemis ne triomphent de moi.* J'ai dit cela, et pourtant, c'est peut-être pour me corriger que tu les as fait tenir contre moi des paroles arrogantes *tandis que mes pieds chancelaient,* c'est-à-dire: ils se sont dressés avec orgueil, ont dit beaucoup de mal de moi tandis que je chancelais. Ils auraient dû avoir compassion des faibles, et non triompher, selon ce que dit l'Apôtre: *Frères, si un homme a été pris en faute, vous qui êtes des spirituels, instruisez un tel homme avec un esprit de douceur.* Et il écrit pourquoi: *Prenant garde à toi-même pour n'être pas toi aussi tenté[167].* Tels n'étaient pas ceux dont il est dit: *Tandis que mes pieds chancelaient, ils ont eu contre moi des paroles arrogantes*; mais ils étaient comme ceux dont il est dit ailleurs: *Ceux qui me harcèlent triompheront si je vacille[168].*

---

commentaire analogue sur ceux qui se réjouissent du péché d'autrui. Augustin a très peu cité ce texte: *In Ps.* 12, 5; *C. Faust.* 12, 13, avec le verbe courant *(tribulant).*

79

ENARRATIONES IN PSALMOS

v. 18 **23. *Quoniam ego in flagella paratus sum.*** Omnino magnifice, tamquam diceret: Ad hoc natus sum, ut flagella sufferam; non enim nasceretur nisi de Adam, cui flagella debentur. Sed aliquando peccatores in hac uita aut non, aut minus flagellantur, quia iam desperata est intentio eorum. At uero illi quibus paratur uita sempiterna, necesse est ut hic flagellentur, quia uera est illa sententia: *Fili, ne deficias in disciplina Domini neque fatigeris cum ab illo increparis; quem enim diligit Dominus, corripit; flagellat autem omnem filium quem recipit.* Ideo ergo non insultent inimici mei, non magna loquantur; et si flagellat me Pater meus, *in flagella paratus sum,* quia mihi hereditas praeparatur. Non uis flagellum, non tibi datur haereditas. Omnis enim filius necesse est ut flagelletur. Vsque adeo omnis flagellatur ut nec illi pepercerit qui peccatum non habuit. *Quoniam ego in flagella paratus sum.*

v. 18-19 **24. *Et dolor meus ante me est semper.*** Quis dolor? Forte de flagello. Et uere, fratres mei, uere dicam uobis, flagella sua dolent homines; quare flagellantur non dolent. Non erat iste sic. Audite, fratres mei. Nescio quis si damnum patitur, procliuior est ut dicat: "Indigne passus sum", quam ut consideret quare passus

---

169. Littéralement: *in flagella*, pour les coups de fouet. Le terme revient avec insistance dans tout le paragraphe. *Paratus/praeparatus*: prédisposition de l'homme né d'Adam et préparation pour lui de l'héritage céleste. Il est difficile de rendre tout cela en français.

170. *In Ps.* 93, 17: ce sont les fils qu'il désespère de pouvoir corriger que le père laisse vivre à leur guise.

171. C'est une manière biblique de parler, comme en Mt 20, 23 ou 25, 34, et n'implique pas l'idée de prédestination.

172. Pr 3, 11-12. Le Ps 37, 18 amène la même citation chez ORIG. *In Ps.* 37, 2, 5, *SC* 411, p. 316, et DIDYM. *In Ps.* 37, 18 (Gronewald, § 270; Prinzivalli, p. 664). Si le v. 12 est souvent cité par Augustin (le plus souvent à travers He 12, 6), le v. 11 l'est très rarement: *Pat.* 11, 14; *Grat. lib. arb.* 2, 4; 4, 9. Cf. A.-M. LA BONNARDIÈRE, *Biblia Augustiniana. A.T., Le livre des Proverbes*, Paris, 1973, p. 198-199; 102 s.

IN PSALMVM XXXVII

23. ***Parce que je suis préparé pour le châtiment***[169]. C'est parfaitement exprimé ; c'est comme s'il disait : je suis né pour endurer le châtiment ; car il ne pouvait naître que d'Adam, à qui est dû le châtiment. Mais parfois les pécheurs ne sont pas châtiés en cette vie, ou le sont peu, parce que l'orientation qui est la leur est déjà désespérée[170]. Mais ceux pour qui est préparée la vie éternelle[171] doivent nécessairement être châtiés ici-bas, parce qu'elle est vraie, cette sentence : *Mon fils, ne défaille pas sous la correction du Seigneur, et ne sois pas accablé quand il te blâme ; car le Seigneur reprend celui qu'il aime ; il châtie tout fils qu'il agrée*[172]. Que donc mes ennemis ne m'insultent pas, qu'ils n'aient pas contre moi des paroles arrogantes ; même si mon Père me châtie, *je suis préparé pour le châtiment*, parce que l'héritage est préparé pour moi[173]. Si tu refuses le châtiment, on ne te donne pas l'héritage, car tout fils doit nécessairement être châtié. Que tout fils doive être châtié, c'est si vrai que le Père n'a même pas épargné celui qui fut sans péché[174]. *Parce que je suis préparé pour le châtiment.*

24. ***Et ma douleur est toujours devant moi.*** Quelle douleur ? Peut-être celle du châtiment. Et en vérité, mes frères, en vérité, je vais vous le dire : devant le châtiment les hommes éprouvent de la douleur, mais ils n'en éprouvent pas devant ce qui cause ce châtiment. Il n'en allait pas ainsi pour le psalmiste. Écoutez bien, mes frères. Si quelqu'un subit une perte, il est plus enclin à dire : "Je ne mérite pas cela" qu'à considérer pourquoi il

---

173. Thème fréquent : le père corrige le fils pour qu'il soit capable de gérer le domaine familial et ainsi de devenir son héritier ; cf. *In Ps.* 32, 2, 1, 3 ; 62, 10 ; 93, 17 etc.

174. Cf. Ro 8, 32 ; 1 P 2, 22. Augustin rapproche plusieurs fois Ro 8, 32 de Pr 3, 12 à partir du *Contre Fauste* : *C. Faust.* 22, 14 ; *In Ps.* 40, 6 ; 79, 5 ; 36, 3, 9 ; A.-M. La Bonnardière, *Le livre des Proverbes*, p. 108-109.

ENARRATIONES IN PSALMOS

sit; dolens damnum pecuniae, non dolens iustitiae. Si peccasti, thesaurum tuum interiorem dole; nihil habes in domo, sed forte inanior es corde. Si autem plenum est cor bono suo, Deo tuo, quare non dicis: *Dominus dedit, Dominus abstulit; sicut Domino placuit, ita factum est; sit nomen Domini benedictum*? Vnde ergo iste dolebat? De flagello quo flagellabatur ? Absit. *Et dolor meus*, inquit, *ante me est semper*. Et quasi diceremus: "Quis dolor? Vnde dolor?": ***Quoniam iniquitatem meam ego pronuntio, et curam geram pro peccato meo.*** Ecce unde dolor. Non de flagello dolor, de uulnere, non de medicina. Nam flagellum medicamentum est contra peccata. Audite, fratres. Christiani sumus, et tamen plerumque, si filius cuiusquam moriatur, plangit illum; si peccet, non illum plangit. Tunc plangeret, tunc doleret, cum peccantem uideret, tunc modum imponeret, tunc normam uiuendi doceret, disciplinam daret. Aut si fecit, et ille non audiuit, tunc erat plangendus, tunc peius mortuus luxuriose uiuens quam moriendo luxuriam finiens; tunc ergo quando ista faciebat in domo tua, non solum mortuus erat, sed et putebat. Haec dolenda sunt, illa sustinenda; illa ferenda, ista plangenda. Plangenda autem, quomodo audistis plangere istum: *Quoniam iniquitatem meam ego pronuntio et curam geram pro peccato meo*. Ne securus sis, cum confessus fueris peccatum tuum, tamquam semper praeparatus ad confitendum

---

175. Jb 1, 21 (LXX).

176. Les tribulations de la vie présente sont les remèdes amers du médecin divin: cf. *AugLex*, s. v. *Medicina, medicus*, c. 1232 (I. Bochet); S. Poque, *Le langage symbolique dans la prédication de saint Augustin*, Paris, 1984, p. 183-184.

IN PSALMVM XXXVII

l'a subie ; une perte d'argent lui cause de la douleur, mais pas la perte de la justice. Si tu as péché, éprouve de la douleur pour la perte de ton trésor intérieur ; tu n'as plus rien dans ta maison, mais peut-être que ton cœur est plus vide encore. Cependant, si ton cœur est rempli de ton Dieu, qui est son bien véritable, pourquoi ne dis-tu pas : *Le Seigneur a donné, le Seigneur a enlevé ; il en a été comme il a plu au Seigneur ; que le nom du Seigneur soit béni*[175] ? D'où venait donc la douleur du psalmiste ? Du châtiment qu'il subissait ? Pas du tout. *Et ma douleur est toujours devant moi*. Et comme si nous demandions : "Quelle douleur ? D'où vient cette douleur ?", il répond : ***Je déclare mon iniquité et je me soucierai de mon péché.*** Voilà d'où vient la douleur. La douleur ne vient pas du châtiment, elle ne vient pas du remède, mais de la blessure. Car le châtiment est un remède contre le péché[176]. Écoutez bien, mes frères. Nous sommes chrétiens, et pourtant, la plupart du temps, quand quelqu'un vient à perdre son fils, il le pleure ; mais si son fils pèche, il ne le pleure pas. C'est alors qu'il aurait dû pleurer, alors qu'il aurait dû éprouver de la douleur, quand il le voyait en train de pécher ; c'est alors qu'il devait lui imposer la mesure, alors qu'il devait lui apprendre une règle de conduite et lui imposer une discipline. S'il l'a fait et que son fils ne l'a pas écouté, c'est alors qu'il fallait le pleurer ; car vivre dans la débauche est une mort pire que la mort corporelle qui met fin à la débauche ; car lorsqu'il faisait cela chez toi, non seulement il était mort, mais il empuantissait la maison. Voilà les maux qui doivent causer de la douleur ; les autres, il faut les supporter ; il faut endurer les seconds et pleurer les premiers. Il faut les pleurer comme vous avez entendu pleurer le psalmiste qui dit : *Je déclare mon iniquité et je me soucierai de mon péché*. Ne te crois pas en sécurité quand tu auras confessé ton péché en homme préparé à toujours le

83

ENARRATIONES IN PSALMOS

et committendum peccatum. Sic pronuntia iniquitatem tuam ut curam geras pro peccato tuo. Quid est, curam gerere pro peccato tuo? Curam gerere pro uulnere tuo. Si diceres: Curam geram pro uulnere meo; quid intellegeretur, nisi: Dabo operam ut sanetur? Hoc est enim curam gerere pro delicto, semper niti, semper intendere, semper studiose et sedulo agere ut sanes peccatum. Ecce de die in diem plangis peccatum tuum, sed forte lacrimae currunt et manus cessant. Fiant eleemosynae, redimantur peccata, gaudeat indigens de dato tuo, ut et tu gaudeas de dato Dei. Eget ille, eges et tu; eget ille ad te, eges et tu ad Deum. Tu contemnis egentem tui, Deus non te contemnet egentem sui? Ergo impleto tu egentis inopiam, ut impleat Deus interiora tua. Hoc est: *Curam geram pro peccato meo*, faciam omnia quaecumque facienda sunt ad abolendum et sanandum peccatum meum. *Et curam geram pro peccato meo.*

v. 20   **25. *Inimici autem mei uiuunt.*** Bene est eis, gaudent in saeculi felicitate, ubi ego laboro, et rugio a gemitu cordis mei. Quomodo uiuunt inimici illius, quia iam dixit de illis, quoniam locuti sunt uanitatem? Audi et in alio psalmo: *Quorum filii sicut nouellae constabilitae* – sed superius dixerat: *Quorum os locutum est uanitatem –; filiae eorum compositae sicut similitudo templi; cellaria eorum plena, eructantia ex hoc in hoc; boues eorum crassi, boues eorum fecundae, multiplicantes in exitibus suis; non est ruina sepis neque clamor in plateis eorum.* Viuunt ergo inimici mei; haec uita est, hanc laudant, hanc amant, hanc malo suo habent. Quid enim

---

177. Sur cette fonction de l'aumône, voir *AugLex*, s. v. *Eleemosyna*, c. 763-764 (A. KESSLER).

178. Ps 143, 11.

179. Ps 143, 12-14: *constabilitae, fecundae, multiplicantes* sont des leçons du *Veronensis*, mais pas *sepis* ni *exitibus*. *Oues* et *boues* sont ici intervertis.

IN PSALMVM XXXVII

confesser et toujours le commettre. Déclare ton péché
en te souciant de ton péché. Que signifie te soucier de
ton péché? Te soucier de ta blessure. Si tu disais: "Je me
soucierai de ma blessure", que comprendrait-on, sinon:
"Je vais faire en sorte qu'elle soit guérie"? Se soucier
de sa faute, c'est toujours chercher, toujours s'évertuer,
toujours s'appliquer avec zèle et énergie à guérir le
péché. Voici maintenant que jour après jour tu pleures
ton péché, mais peut-être que tes larmes coulent, tandis
que tes mains sont inertes. Que l'on fasse des aumônes,
que l'on rachète ses péchés, que l'indigent trouve sa joie
dans tes dons pour que tu puisses trouver ta joie dans
les dons de Dieu[177]. Il est dans le besoin, toi aussi; il
est dans le besoin par rapport à toi, et toi tu es dans le
besoin par rapport à Dieu. Tu ne fais pas de cas de celui
qui a besoin de toi, et Dieu fera cas de toi qui as besoin
de lui? Comble donc la misère de l'indigent pour que
Dieu te comble intérieurement. C'est cela que veut dire:
Je me soucierai de mon péché: je ferai tout ce qu'il faut
faire pour supprimer et guérir mon péché, et alors *je me
soucierai de mon péché.*

25. *Mais mes ennemis vivent.* Tout va bien pour
eux, ils se réjouissent des félicités du siècle, quand moi je
peine et rugis du gémissement de mon cœur. Comment
vivent ses ennemis, dont il a déjà dit qu'ils ont tenu des
propos vains? Écoute ce qu'il y a dans un autre psaume:
Leurs fils sont comme des jeunes pousses bien enracinées
– pourtant, il était dit auparavant: *Leur bouche a tenu
de vains propos*[178] –, *leurs filles sont ornées comme la
statue d'un temple; leurs celliers sont pleins, débordants
de ci de là; leurs bœufs sont gras, leurs brebis fécondes se
multiplient à leurs portes; il n'est pas de brèche dans leur
haie ni de clameur sur leurs places*[179]. Donc mes ennemis
vivent; c'est cela leur vie, celles qu'ils vantent, celles
qu'ils aiment, celles qu'ils ont pour leur malheur. Que

ENARRATIONES IN PSALMOS

sequitur? *Beatum dixerunt populum cui haec sunt.* Quid autem tu qui curam geris pro peccato tuo? Quid tu qui pronuntias iniquitatem tuam? *Beatus*, inquit, *populus cuius est Dominus Deus ipsius. Inimici autem mei uiuunt; et confirmati sunt super me, et multiplicati sunt qui me oderunt inique.* Quid est, *qui oderunt inique*? Bona sibi uolentem oderunt. Qui si redderent mala pro malis, boni non essent; qui si non redderent bona pro bonis, ingrati essent; reddunt autem mala pro bonis qui oderunt inique. Tales fuerunt Iudaei: uenit ad illos Christus cum bonis, reddiderunt illi mala pro bonis. Cauete hoc malum, fratres; cito subintrat. Quia diximus: "Tales erant Iudaei", ne putet unusquisque uestrum longe se exceptum. Corripiat te aliquis frater tuum bonum tibi uolens, oderis illum, et talis es. Et uidete quam cito fiat, quam facile, et uitatote tam magnum malum, tam agile peccatum.

v. 21 **26.** *Detrahebant mihi qui retribuunt mala pro bonis, quoniam persecutus sum iustitiam.* Ideo mala pro bonis. Quid est, *persecutus sum iustitiam*? Non dimisi. Ne forte persecutionem semper in malo intellegas, *persecutus* dixit: perfecte secutus. *Quoniam persecutus sum iustitiam.* Et audi caput nostrum eiulans in passione: *Et proiecerunt me dilectum tamquam mortuum abominatum.* Parum erat *mortuum*, quare *abominatum*? Quia crucifixum. Etenim haec mors crucis magna apud eos abominatio erat, non intellegentes in prophetia dictum esse: *Maledictus omnis qui pendet*

---

180. Ps 143, 15. Augustin fait très souvent de longues citations du Ps 143, 12-15 pour opposer à la possession des richesses de ce monde, où les hommes s'imaginent qu'est le bonheur, celle du bien véritable qu'est Dieu: *In Ps.* 51, 15; 55, 16; 53, 6; 120, 8; 136, 16; *Ser. Lambot* 4; *Ep.* 155, 2, 7-8; *Ser.* 113, 5.

IN PSALMVM XXXVII

dit en effet la suite? *On a proclamé heureux le peuple qui a de tels biens.* Mais que dit-on de toi, toi qui te soucies de ton péché, toi qui déclares ton iniquité? *Bienheureux le peuple qui a pour Dieu le Seigneur*[180]. *Mes ennemis vivent **et se sont affermis plus que moi, et ceux qui me haïssent injustement se sont multipliés.*** Que veut dire: *ils me haïssent injustement*? Ils haïssent celui qui leur veut du bien. S'ils rendaient le mal pour le mal, ils ne seraient pas bons, et s'ils ne rendaient pas le bien pour le bien, ils seraient ingrats; mais ceux qui haïssent injustement rendent le mal pour le bien. Tels furent les Juifs: le Christ est venu à eux porteur de biens, ils lui ont rendu le mal pour le bien. Méfiez-vous de ce mal, frères; il a vite fait de s'insinuer. Et parce que nous avons dit: "Tels étaient les Juifs", qu'aucun d'entre vous ne s'imagine faire exception. Que ton frère te réprimande parce qu'il te veut du bien, et voilà que tu le hais: tu es comme eux. Voyez comme c'est vite fait, comme c'est facile, et évitez ce grand mal, ce péché qu'il est si aisé de commettre.

26. *Ceux qui rendent le mal pour le bien me dénigraient, parce que j'ai poursuivi la justice.* Voilà le mal pour le bien. Que veut dire: *J'ai poursuivi la justice*? Je n'y ai pas renoncé. Pour que tu ne prennes pas toujours la poursuite en mauvaise part, il est dit: *J'ai poursuivi*, au sens de: "j'ai parfaitement suivi". *Parce que j'ai poursuivi la justice.* Écoute maintenant la plainte de notre Tête lors de sa Passion: ***Et ils m'ont rejeté, moi le bien-aimé, comme un mort qu'on abomine***[181]. Était-ce trop peu de dire *un mort*? Pourquoi *qu'on abomine*? Parce qu'il a été crucifié. La mort sur la croix était en effet chez eux une abomination, parce qu'ils ne comprenaient pas ce qui avait été dit en prophétie: *Maudit*

---

181. Sur ce texte, voir la note complémentaire 4: «*Proiecerunt me dilectum tamquam mortuum abominatum*».

ENARRATIONES IN PSALMOS

in ligno. Non enim ipse attulit mortem, sed hic inuenit de maledicto primi hominis propagatam; et eamdem mortem nostram suscipiens in ligno suspendit quae uenerat de peccato. Ergo ne putarent aliqui, sicut putant quidam haeretici, Dominum nostrum Iesum Christum falsam carnem habuisse et non ueram mortem in cruce soluisse, intendit hoc propheta et ait: *Maledictus omnis qui pendet in ligno.* Ostendit ergo quia et Filius Dei uera morte mortuus est quae mortali carni debebatur, ne non maledictum, putares non uere mortuum. Quia uero illa mors non erat falsa, sed ex illa propagine descenderat quae uenerat de maledicto, cum diceret Deus: *Morte moriemini*; omnino et ad ipsum quia peruenit uera mors, ut ad nos perueniret uera uita, etiam ad ipsum peruenit mortis maledictio, ut ad nos perueniret uitae benedictio. *Et proiecerunt me dilectum, tamquam mortuum abominatum.*

v. 22   **27. *Ne derelinquas me, Domine Deus meus, ne discesseris a me.*** Dicamus in illo, dicamus per illum – ipse enim interpellat pro nobis – et dicamus: *Ne derelinquas me, Domine Deus meus.* Et tamen dixerat: *Deus meus, Deus meus, utquid me dereliquisti?,* et dicit: *Deus meus, ne discesseris a me.* Si a corpore non recedit, recessit a capite? Cuius ergo uox erat nisi primi hominis. Ex illo ergo se ostendens ueram carnem portare dicit: *Deus meus, Deus meus, utquid me dereliquisti?* Non illum dimisit Deus. Si te non dimittit credentem in se, Christum dimitteret Pater et Filius et Spiritus

---

182. Dt 21, 23; Ga 3, 13.

183. *Falsam carnem*: les «hérétiques» ici mentionnés sont les manichéens: le *Ser. Mai* 95, 2 les mentionne expressément à ce sujet; voir les références données dans *In Ioh.* 8, 7, *BA* 71, p. 485, n. 4.

184. Pour l'interprétation de Ga 3, 13, voir P.-M. HOMBERT, «*Le Christ s'est fait pour nous malédiction*: l'interprétation patristique de Ga 3, 13» (voir plus haut n. 33).

IN PSALMVM XXXVII

soit tout homme qui est suspendu au bois[182]. Ce n'est pas le Christ qui a apporté la mort, mais il l'a trouvée chez nous qui s'était propagée depuis la malédiction encourue par le premier homme ; et notre mort, qui venait du péché, il l'a assumée et suspendue au bois. Donc, pour que d'aucuns n'aillent pas penser, comme le font certains hérétiques, que notre Seigneur Jésus Christ a eu une chair fictive[183] et n'a pas subi une mort véritable sur la croix, le prophète qui avait cela en vue a dit : *Maudit soit tout homme qui est suspendu au bois.* Il montre donc que le Fils de Dieu est mort de la mort véritable qui était la dette de la chair mortelle, pour que tu ne penses pas, s'il n'avait pas été maudit, qu'il n'est pas véritablement mort. Il montre que cette mort n'était pas fictive, mais qu'elle remontait à celle qui était issue de la malédiction prononcée par Dieu : *Vous mourrez de mort* ; oui, parce que la mort véritable est venue jusqu'à lui pour que la vie véritable parvienne jusqu'à nous ; la malédiction de la mort est parvenue aussi à lui pour que nous parvienne la bénédiction de la vie[184]. *Et ils m'ont rejeté, moi le bien-aimé, comme un mort qu'on abomine.*

27. *Ne m'abandonne pas, Seigneur, mon Dieu, ne t'éloigne pas de moi.* Disons-le en lui, disons-le par lui – lui-même en effet intercède pour nous – et disons : *Ne m'abandonne pas, Seigneur mon Dieu.* Pourtant, il avait dit : *Mon Dieu, mon Dieu, pourquoi m'as-tu abandonné*[185] ?, et il dit ici : *Mon Dieu, ne t'éloigne pas de moi.* S'est-il éloigné de la Tête, s'il ne s'éloigne pas du Corps ? De qui était-ce la voix sinon du premier homme ? Pour montrer qu'il portait une chair véritable issue de lui, il dit : *Mon Dieu, mon Dieu, pourquoi m'as-tu abandonné ?* Dieu ne l'a pas délaissé. S'il ne t'abandonne pas quand tu crois en lui, le Dieu unique, Père, Fils et Saint Esprit

185. Ps 21, 2.

ENARRATIONES IN PSALMOS

sanctus unus Deus? Sed personam in se transfigurauerat primi hominis. Scimus dicente apostolo quia *uetus homo noster confixus est cruci cum illo*. Non autem careremus uetustate, nisi crucifigeretur in infirmitate. Ad hoc enim uenit ut renouemur in illo, quia desiderando eum et passionem eius imitando renouamur. Ergo uox erat infirmitatis, uox erat nostra qua dictum est: *Quare me dereliquisti?* Inde ibi dictum est: *Verba delictorum meorum*, tamquam diceret: haec uerba ex persona peccatoris in me transfigurata sunt. *Ne discesseris a me.*

v. 23   **28. *Intende in adiutorium meum, Domine salutis meae.*** Ipsa est salus, fratres, de qua salute exquisierunt prophetae, sicut dicit apostolus Petrus; et non acceperunt qui exquisierunt, sed inquisierunt et praenuntiauerunt, et uenimus nos et inuenimus quod illi exquisierunt. Et ecce nos nondum accepimus; et nascentur post nos et inuenient quod nec ipsi accipient et transient, ut omnes simul in fine diei cum patriarchis et prophetis et apostolis denarium salutis accipiamus. Etenim nostis mercenarios uel operarios diuersis temporibus ductos ad uineam mercedem tamen pariter acceperunt. Et prophetae ergo et apostoli et martyres et nos et qui post nos erunt usque in finem saeculi,

---

186. *In Ps.* 21, 2, 3: «Dieu ne l'avait pas abandonné, puisqu'il était lui-même Dieu»; *In Ps.* 70, 1, 12.

187. *Transfigurauit* : il l'a à la fois figuré et transformé ; cf. *In Ps.* 30, 2, 1, 3; *BA* 58/A, n. c. 7: «*Transfigurauit nos in se*». *In Ps.* 30, 2, 1, 11: «Il a configuré en lui la voix du Corps, car jamais le Père n'a abandonné son Fils unique.»

188. Ro 6, 6.

189. Cf. Mt 20, 9. Le denier reçu par tous ceux qui ont travaillé à la vigne du Seigneur représente la vie bienheureuse ; *Virg.* 26, 26: *ipsa uita aeterna*; *In Ioh.* 17, 4: *quietis et felicitatis denarius*; *In Ps.* 150, 1: *aeternitas*; *Ser.* 87, 4, 6: *uita aeterna*; *Ser. Lambot* 23, 5 (= 335 M), *Revue bénédictine*, 59, 1949, p. 80, 15: *uita aeterna*. En raison de

IN PSALMVM XXXVII

pouvait-il délaisser le Christ[186]? Mais il avait configuré *(transfigurauerat)* en lui la personne du premier homme[187]. Nous savons, d'après la parole de l'Apôtre, que *notre vieil homme a été cloué à la croix avec lui*[188]. Nous ne pouvions en effet être dégagés de cette vétusté s'il n'était crucifié dans la faiblesse. Il est en effet venu pour que nous soyons renouvelés en lui, parce que c'est en le désirant et en imitant sa Passion que nous sommes renouvelés. C'était donc la voix de la faiblesse, notre voix, qui a dit: *Pourquoi m'as-tu abandonné?* De là aussi les mots de ce psaume: *Paroles de mes fautes*; c'est comme s'il disait: ces paroles qui sont dites au nom du pécheur ont été configurées *(transfigurata)* en moi. *Ne m'abandonne pas.*

28. *Hâte-toi de me secourir, Dieu de mon salut.* Ce salut, mes frères, c'est le salut qui fut l'objet des recherches des prophètes, comme le dit l'apôtre Pierre; ils n'ont pas reçu ce qu'ils avaient recherché, mais ils l'ont cherché et annoncé, et nous, nous sommes venus et avons trouvé ce qu'ils ont recherché. Voilà pourtant que nous non plus, nous ne l'avons pas reçu; des hommes naîtront après nous et trouveront ce qu'ils ne recevront pas non plus, puis ils passeront, pour que tous ensemble, avec les patriarches, les prophètes et les apôtres, nous recevions à la fin de la journée le denier du salut[189]. Vous le savez, en effet, bien qu'amenés à la vigne à des heures diverses, les salariés ou ouvriers ont reçu le même salaire. Et donc prophètes, apôtres et martyrs, nous et ceux qui viendront après nous jusqu'à la fin des siècles,

---

l'étymologie du mot *denarius* (dizième), Augustin interprète généralement le denier selon une symbolique des nombres où dix renvoie à l'état de perfection du temps de la résurrection (*Diu. Quaest.* 57, 1; *Ser.* 252, 11, 11; *Ser.* 343, 4; *In Ioh.* 17, 4); l'application eschatologique est moins évidente chez Irénée ou Origène.

ENARRATIONES IN PSALMOS

in ipso fine accepturi sumus salutem sempiternam, ut contemplantes gloriam Dei et eius faciem intuentes eum laudemus in aeternum, sine defectu, sine aliqua poena iniquitatis, sine aliqua peruersitate peccati, laudantes Deum et non iam suspirantes, sed inhaerentes illi cui usque in finem suspirauimus et in spe laetati sumus. In illa enim ciuitate erimus ubi bonum nostrum Deus est, lumen Deus est, panis Deus est, uita Deus est; quidquid est bonum nostrum a quo peregrinantes laboramus in illo inueniemus. In illo erit quies quam modo recordantes necesse est ut doleamus. Illud enim sabbatum recordamur in cuius recordatione tanta dicta sunt, et nos tanta dicere debemus et dicentes nunquam tacere, non ore, sed corde, quia sic ore tacemus ut corde clamare possimus.

IN PSALMVM XXXVII

nous recevrons à la fin le salut éternel[190] ; ainsi, contemplant la gloire de Dieu et voyant sa face, nous le louerons éternellement, sans défaillance, sans le moindre châtiment de l'iniquité désormais, sans le désordre du péché désormais, louant Dieu et non plus soupirant vers lui, unis à Celui vers qui nous avons soupiré jusqu'à la fin dans la joie de l'espérance. Nous serons en effet dans cette cité où Dieu est notre bien, où Dieu est la lumière, Dieu est le pain, Dieu est la vie ; tout ce qui est pour nous un bien loin duquel nous peinons dans notre exil, nous le trouverons en lui[191]. En lui sera le repos dont le souvenir aujourd'hui ne peut être que douloureux. Car nous nous souvenons de ce sabbat sur le souvenir duquel tant de choses ont été dites, et dont nous devons dire tant de choses sans jamais nous taire, les disant non de bouche, mais du cœur, parce que notre bouche se tait pour que notre cœur puisse les crier.

---

190. Ce passage suppose une interprétation de la parabole des ouvriers à la vigne (Mt 20, 1-16) où les différentes heures de l'embauche des ouvriers par le maître du domaine figurent les étapes de l'histoire du salut ; on ne retrouve cela que dans le *Ser.* 87, 4, 5, qu'on ne sait pas dater précisément, mais qui est en tout état de cause tardif. Cette interprétation, qu'on lit chez Origène (*In Mat.* 15, 28, 32, *GCS* 40, p. 446-447), avait été reprise par Ambroise (AMBR. *In Luc.* 7, 223, *SC* 52, p. 92-93). Ailleurs, Augustin applique la parabole aux âges divers où les hommes sont appelés par Dieu à la foi (*Ser.* 87, 5, 7). Sur l'exégèse de la parabole, cf. J. M. TEVEL, « The Labourers in the Vineyard : The Exegesis of Matthew 20, 1-7 in the Early Church », *Vigiliae Christianae*, 46, 1992, p. 356-380 ; et surtout : A. ORBE, « San Ireneo y la parabola de los obreros de la vina : Mt 20, 1-16 », *Estudios Eclesiásticos*, 46, 1971, p. 35-62 (ici p. 44 ; 51 ; 46, 1971, p. 183-206).

191. Cf. *In Ioh.* 13, 5, *BA* 71, p. 683 : « Dieu se fait tout pour toi car il est pour toi la totalité de ce que tu aimes. [...] Dieu est tout pour toi : si tu as faim, il est ton pain ; si tu as soif, il est ton eau ; si tu es au milieu des ténèbres, il est ta lumière, car il demeure incorruptible » ; *Ep.* 130, 14, 27 : « Notre âme sera rassasiée de ses biens, et nous n'aurons plus rien à chercher en gémissant, mais nous le posséderons dans la joie. » Cf. *In Ps.* 36, 1, 12.

IN PSALMVM XXXVIII

PSAUME 38

Idithun

La mention «Pour Idithun» dans le titre rattache le Ps 38 aux Ps 61 et 76 où elle figure également. Les trois commentaires correspondants développent une thématique similaire à partir de l'interprétation spirituelle du nom «Idithun». Augustin n'exclut pas que l'on puisse chercher qui était historiquement – «selon la naissance du vieil homme» – le personnage appelé Idithun (§ 1), mais il opte d'emblée pour une interprétation spirituelle fondée sur la traduction latine du nom hébreu «Idithun» qu'il a trouvée dans un *Onomasticon*: *transiliens eos*. Cette traduction correspond à une de celles que donne Jérôme dans son *Liber interpretationis hebraicorum nominum*: «Idithun qui les dépasse ou qui les franchit en sautant» *(Idithun transsiliens eos siue saliens eos[1])*.

La manière dont Augustin interprète les Ps 38, 61 et 76 à partir de cette signification d'Idithun paraît tout à fait originale[2]. De fait, si Origène, Ambroise ou Jérôme mentionnent Idithun, ils se contentent d'indiquer

---

1. Hier. *Nom. hebr.*, CCL 72, p. 119, 22. On trouve une traduction similaire dans un *Onomasticon* syriaque, comme l'indique F. Wutz, *Onomastica sacra*, t. 2, p. 797 : Ἰδιθουμ᾽ *transiliens eos*. Augustin emploie à la fois *transilire* et *salire* dans le § 2: «...non quaerat leuitate corporis transilire fossas aut aliqua altiuscula praeuolare saliendo».

2. Hilaire le mentionne comme l'un des auteurs des psaumes (*In Ps., Instr.* 2, SC 515, p. 128-129).

ENARRATIONES IN PSALMOS

son rôle de chantre[3] (1 Ch 16, 42). Origène, dans sa première *Homélie sur le Psaume* 38 (dans la traduction de Rufin), précise que David qui a composé ce psaume «l'a donné à Idithun à qui l'on avait confié la charge de chanter des hymnes à Dieu[4]». Ambroise note de même, dans son *Commentaire du Psaume* 38, que ce n'est pas Idithun qui a composé le psaume, mais David, et que ce dernier l'a donné à chanter à Idithun en raison de sa compétence dans l'art du chant[5]. Jérôme précise brièvement, à propos du Ps 76, que ce n'est pas pour Idithun que ce psaume fut composé, mais qu'il fut chanté par lui[6].

La récurrence de *transilire* tout au long de commentaire (74 occurrences) confère une forte unité à l'interprétation augustinienne du Ps 38 et lui donne une tonalité très spécifique. Ambroise, qui s'inspire assez largement d'Origène, voit exprimé dans le psaume «le modèle de la patience[7]»; Augustin y voit d'abord la description de «celui qui les dépasse», c'est-à-dire de celui qui dépasse «les hommes attachés au sol, courbés vers la terre, qui pensent à ce qui est en bas, qui mettent

---

3. Cf. I. Bochet, «Le commentaire augustinien des Psaumes pour Idithun: les *Enarrationes in Psalmos* 38, 61 et 76», dans *Praedicatio Patrum. Studies on Preaching in Late Antique North Africa* (Instrumenta Patristica et Mediaevalia 75), G. Partoëns, A. Dupont et S. Boodts (éd.), Turnhout, 2016.

4. *In Ps.* 38, 1, 2, *SC* 411, p. 334-335. Voir, de façon similaire, *In Ps.* 76, 1, 1, dans *Die neuen Psalmenhomilien, Eine kritische Edition des Codex Monacensis Graecus 314*, hrsg. L. Perrone, in Zusammenarbeit mit M.M. Pradel, E. Prinzivalli und A. Cacciari (GCS 19), Berlin-München-Boston, 2015, p. 294.

5. Ambr. *In Ps.* 38, 1, *CSEL* 64, p. 183: «Ergo quia non Idithun scripsit hunc psalmum, sed propheta Dauid et Idithun uiro canendi perito psallendum dedit, ideo sic inscriptus est titulus.»

6. Hier. *Com. Ps.* 76, *CCL* 72, p. 218: «In hebraeo "per Idithun" habet: ut significet, non pro eo, sed per eum psalmum fuisse cantatum.»

7. Cf. Ambr. *In Ps.* 38, 1, *CSEL* 64, p. 183: *patientiae forma*.

IN PSALMVM XXXVIII

leur espoir dans les choses qui passent» (§ 1). Idithun est donc pour Augustin le type de l'homme spirituel qui, dans sa quête de Dieu, ne s'arrête ni aux plaisirs terrestres (§ 2), ni aux obstacles qui entravent sa course – tentations, scandales, calomnies (§ 5). À l'instar de Paul (Ph 3, 12-15), « oublieux de ce qui est derrière, tendu vers ce qui est devant [lui], [il] poursui[t] dans cette tension la palme de l'appel céleste dans le Christ Jésus» et se sait imparfait (cf. § 6, 8 et 14) ; ou plutôt, il sait qu'il « ne peut être parfait autrement qu'en sachant qu'[il] ne peut être parfait» (§ 14). Comme l'a noté L. Brésard [8], «ce thème du dépassement, du progrès infini» s'apparente à «l'épectase» qui est un thème très présent dans l'œuvre de Grégoire de Nysse.

La structure de l'Enarratio

Cette thématique du dépassement continuel dans la quête de Dieu ôte à la lecture du Ps 38 son caractère tragique, voire énigmatique. Les lectures contemporaines du psaume soulignent souvent l'étrangeté du verset sur lequel il s'achève : «Dégage-moi, pour que je me rafraîchisse avant que je m'en aille et ne sois plus [9].» Le psaume qui décrit un juste souffrant, en butte à la

---

8. Cf. «Le thème du dépassement chez saint Augustin. Les "Enarrationes" sur "Idithun" », *Collectanea Cisterciensia*, 39, 1977, p. 222-230 (voir ici p. 222-223 et p. 225).

9. Ce dernier verset est ainsi traduit dans la Bible de Jérusalem : «Détourne ton regard que je respire, avant que je m'en aille et ne sois plus.» Gary W. CHARLES note : «Les derniers mots du Psaume 39 sont peut-être les plus provocateurs et les plus troublants de tout le psautier, puisqu'ils ne demandent pas la présence de Dieu, mais implorent l'absence de Dieu» («Preaching the Psalms. Psalm 39», *Journal for Preachers*, Pentecost 2008, p. 17-20 ; voir ici p. 17). G. RAVASI (*Il libro dei Salmi. Commento e attualizzazione*, Volume 1 [1-50], Bologne, 1986, p. 719) et J.-L. VESCO (*Le Psautier de David traduit et commenté*, I, Paris, 2006, p. 366) rapprochent ce verset de Jb 10, 20-21.

ENARRATIONES IN PSALMOS

calomnie, s'articule en deux temps : l'évocation du passé (v. 2-7), la situation présente (v. 8-14). On y trouve trois thématiques dominantes : se taire ou parler (v. 2-4) ; la connaissance de la fin (v. 5-7) ; le châtiment divin (v. 8-12)[10].

Augustin introduit son commentaire par un long développement sur Idithun (§ 1-2) ; il décrit ensuite l'itinéraire qui mène Idithun de la résolution de se taire au milieu des calomniateurs à la décision de parler (§ 3-5). Il expose alors la tension d'Idithun vers «la fin», vers «le jour qui demeure, qui n'est pas précédé par un hier ni chassé par un demain» : la connaissance de sa fin lui fait mesurer ce qui lui manque et comprendre l'écart entre «les vieux jours dus à Adam» dont il doit se dépouiller et «l'homme nouveau, le jour nouveau» qui doit les remplacer ; en comparaison de cette fin qui n'a pas de fin et qui est l'objet de son désir, la vie sur terre est pour lui «vanité» (§ 6-10). Le v. 7 qui évoque l'homme qui « thésaurise et ne sait pour qui il amassera» est l'occasion pour Augustin de revenir sur ce qu'Idithun a dépassé : il met en garde ses auditeurs attachés aux richesses – à quoi sert d'amasser même pour ses enfants, alors qu'ils passeront ? – et les invite à donner leurs biens aux pauvres, car c'est ainsi qu'on les retrouve au ciel (§ 11-12).

Le v. 8 : «Et maintenant…», qui ouvre la seconde partie du psaume, est interprété par Augustin comme une manière pour Idithun de mesurer le point où il est arrivé : il a dépassé bien des choses et pourtant, il

---

10. Cf. J.-N. Aletti et J. Trublet, *Approche poétique et théologique des Psaumes. Analyses et méthodes*, Paris, 1983, p. 49-50. Pour une approche générale du Psaume, voir aussi G. Ravasi, *Il libro dei Salmi*, vol. I, p. 705-719 ; J.-L. Vesco, *Le Psautier de David traduit et commenté*, I, p. 358-366.

IN PSALMVM XXXVIII

n'est pas encore parfait, il attend que le Seigneur se donne lui-même à lui et il implore encore le pardon de ses péchés; sa perfection est de savoir qu'il ne peut être parfait et de continuer à dépasser d'autres degrés (§ 13-14). Le combat qu'il doit encore vivre en étant «livré en opprobre à l'insensé» (v. 9) prend sens dans ce contexte: c'est la manière dont Dieu corrige son iniquité et l'amène à confesser sa faiblesse et à reconnaître que tout le bien qu'il peut faire est don de Dieu (§ 16-18). Dans l'incertitude qui est le lot de toute vie humaine – «seule est certaine la mort» –, il ne peut que gémir au milieu des scandales, dans l'attente de la venue du Seigneur; locataire ici-bas, il aspire à partir vers la maison éternelle et, dans l'attente de ce départ, il demande à être délivré de ses péchés, afin de pouvoir connaître le repos, c'est-à-dire la plénitude d'être, et non le néant ou plutôt la souffrance éternelle (§ 19-22).

L'ordre des trois prédications consacrées à Idithun

S. Zarb a souligné la parenté thématique des trois *Enarrationes* consacrées aux psaumes *pro Idithun* et estime qu'elles ont été prêchées à Carthage en 412[11]. La localisation à Carthage de l'*In Ps.* 38 est bien attestée, en raison du titre: «Sermon prononcé un mercredi à Carthage à la *mensa* de saint Cyprien». Il n'en est pas de même pour les deux autres *Enarrationes*. Mais l'allusion de l'*In Ps.* 61 à une explication antérieure de la signification du nom Idithun[12] peut laisser supposer qu'Augustin renvoie ses auditeurs à l'*In Ps.* 38, où le nom est longuement expliqué (§ 1); ce qui conduirait à placer l'*In Ps.* 61 également à Carthage. Toutefois, le *post tractatum*

---

11. Voir S.M. ZARB, *Chronologia enarrationum S. Augustini in Psalmos*, Valetta, 1948, p. 85-89.

12. *In Ps.* 61, 1: «Je me rappelle que je vous ai déjà expliqué ce que c'est qu'Idithun.»

de l'*In Ps.* 61 (§ 23) rend problématique sa localisation dans la métropole selon A. Primmer : Augustin mentionne en effet la présence d'un astrologue pénitent au fond de l'église. Il explique que l'astrologue avait déjà demandé à l'Église, avant Pâques, sa «guérison», mais qu'on avait alors différé de l'admettre, «parce que la profession qu'il a exercée est suspecte de mensonge et de tromperie»; il explique qu'on ne peut différer davantage son admission et invite les fidèles à prier pour lui. Selon A. Primmer[13], un tel propos suppose qu'Augustin est lui-même l'évêque de la communauté dans laquelle il prêche et qu'il a depuis longtemps des contacts personnels avec cet astrologue. A. Primmer suppose alors qu'Augustin aurait pu donner précédemment à Hippone une explication plus longue du nom «Idithun» dans une prédication que nous n'avons pas. P.-M. Hombert[14] estime, pour sa part, qu'Augustin ferait allusion dans l'*In Ps.* 61 à la brève explication que l'on trouve dans l'*In Ps.* 76[15] qu'il faudrait en ce cas situer aussi à Hippone; mais la brièveté de cette explication rend problématique son affirmation.

On peut se demander si les arguments invoqués par A. Primmer pour situer à Hippone l'*In Ps.* 61 sont vraiment décisifs: il faut d'abord rappeler qu'Augustin était pour ainsi dire «chez lui» à Carthage; en outre, l'emploi de formules passives *dilatus est*, *admissus est*, s'explique parfaitement si Augustin n'a pas lui-même différé d'admettre l'astrologue:

---

13. A. Primmer, «Augustinus und der Astrologe. Zu Enarratio in Psalmum 61», *Chartulae. Festschrift für Wolfgang Speyer, Jahrbuch für Antike und Christentum*, 28, 1998, p. 253-262; voir ici p. 257.

14. Cf. P.-M. Hombert, *Nouvelles recherches de chronologie augustinienne*, p. 599.

15. Cf. *In Ps.* 76, 1.

IN PSALMVM XXXVIII

> «Sachez mes frères qu'il a frappé, il y a longtemps, à la porte de l'Église, avant Pâques: avant Pâques, en effet, il a commencé à demander à l'Église sa guérison. Mais, parce que la profession qu'il avait exercée est telle qu'elle est suspecte de mensonge et de tromperie, on a différé *(dilatus est)* de l'admettre, de peur qu'il ne soit source de tentation; et pourtant, enfin, on l'a admis *(admissus est)*, de peur qu'il ne soit lui-même tenté trop dangereusement.» (*In Ps.* 61, 23)

A. Primmer voit dans ces tournures passives l'expression de la «discrétion» d'Augustin, qui éviterait de se nommer en tant qu'évêque détenant le pouvoir des clés[16], mais cette explication est faible. Il estime en outre qu'en demandant au peuple de confirmer par son témoignage la vérité de la conversion de l'astrologue, Augustin ne peut s'adresser qu'à la communauté d'Hippone, mais l'emploi de *nobis* peut très bien correspondre ici à un pluriel, englobant à la fois Augustin lui-même et l'évêque de Carthage. L'argument n'a donc rien de décisif. On ne peut alors exclure que l'*In Ps.* 61 ait été prêchée à Carthage, tout comme l'*In Ps.* 38 à laquelle elle semble renvoyer.

La longue explication qu'Augustin donne du nom «Idithun» dans l'*In Ps.* 38 conviendrait de fait parfaitement au rappel que l'on trouve au début de l'*In Ps.* 61:

> «Selon ce que nous avons pu trouver en consultant la liste des noms que nous ont traduits de l'hébreu en latin des hommes versés dans les saintes Écritures, la traduction d'Idithun est: "Celui qui les dépasse". Qui est donc celui qui dépasse, et qui dépasse-t-il? Car il n'est pas dit "celui qui dépasse" dans l'absolu, mais "celui qui les dépasse".» (*In Ps.* 38, 1)

Augustin mentionne explicitement son recours à un *Onomasticon*; il note la présence du complément *eos* et

---

16. A. Primmer, «Augustinus und der Astrologe», p. 253, n. 5.

ENARRATIONES IN PSALMOS

s'interroge sur l'identité de ceux qui sont ici désignés. L'explication qu'il donne dans l'*In Ps.* 61 est déjà beaucoup plus rapide, même si elle fait encore allusion à la signification du mot en hébreu:

> «Je me rappelle que je vous ai déjà expliqué ce que signifie Idithun. D'après une interprétation de la langue hébraïque, telle qu'elle est parvenue jusqu'à nous, Idithun veut dire en latin "celui qui les dépasse".» (*In Ps.* 61, 1)

Dans l'*In Ps.* 76 (§ 1), Augustin se contente de mentionner la signification du mot Idithun, comme si elle allait de soi: «Idithun se traduit "Celui qui les dépasse", Asaph se traduit "assemblée".» Dans la suite de son commentaire, il ne retient pas l'expression précise: *eos transiliens*, qui invite à situer Idithun dans son rapport aux autres hommes; il explique, de façon beaucoup plus générale, qu'Idithun est «celui qui dépasse tout ce qui est en-dessous» (§ 2), ou encore qu'il «se dépasse lui-même» (§ 12; 16), ou même qu'il est tout simplement «celui qui dépasse» (§ 1 ; 2). La comparaison de ces explications du nom Idithun suggère avec une forte probabilité qu'Augustin a commenté les Psaumes pour Idithun dans l'ordre suivant: 38, 61 et 76. L'hypothèse d'une prédication manquante dans laquelle Augustin aurait expliqué longuement le nom Idithun manque de plausibilité: une telle explication supposerait qu'Augustin ait commenté une autre fois l'un des psaumes pour Idithun, car elle ne s'imposait nullement dans le cas d'une simple allusion à l'un de ces psaumes, comme le montrent les rares allusions à Idithun que l'on trouve ailleurs dans l'œuvre augustinienne[17].

---

17. D'après le CAG 3, on ne trouve que deux autres textes dans lesquels Augustin mentionne allusivement Idithun: *In Ps.* 80, 2; *Ser. Morin* 16, 5.7.8.

104

IN PSALMVM XXXVIII

Datation

Le renvoi de l'*In Ps.* 61 à l'*In Ps.* 38 suppose un lien temporel étroit des deux prédications. On ne peut l'affirmer avec la même certitude dans le cas de l'*In Ps.* 76, même si sa proximité thématique avec les deux autres *Enarrationes*[18] invite à ne pas supposer un écart temporel trop important avec celles-ci.

Rappelons brièvement les datations proposées pour ces *Enarrationes* consacrées à Idithun. S. M. Zarb [19] estime que les trois *Enarrationes* ont été prêchées à Carthage en 412, plus précisément entre septembre et novembre 412. Son argumentation repose sur les indications contenues dans le *titulus* de l'*In Ps.* 38, sur les liens qu'il estime très étroits entre les trois prédications et sur quelques autres remarques : notamment, les allusions au pélagianisme naissant (*In Ps.* 38, 18 et *In Ps.* 61, 13) et au thème des deux cités (*In Ps.* 61, 6). Il établit en outre un lien de ces trois *Enarrationes* avec *In Ps.* 85 et 86, qui ont été prêchées la veille et le jour de la fête de saint Cyprien, les 13 et 14 septembre[20]. Puisque Augustin n'est plus revenu à Carthage entre la mort de Marcellinus (le 13 septembre 413) et l'année 416,

---

18. Voici quelques-uns des points de contact de l'*In Ps.* 76 avec l'*In Ps.* 38 et l'*In Ps.* 61 : la tentation du repli dans le silence (*In Ps.* 76, 7 ; *In Ps.* 38, 3-4) ; la méditation sur les années éternelles et sur la fuite du temps (*In Ps.* 76, 8 ; *In Ps.* 38, 7) ; l'opposition entre les *delectationes* terrestres et célestes (*In Ps.* 76, 14 ; *In Ps.* 38, 2) ; la citation du Ps 4, 3 (*In Ps.* 76, 15 ; *In Ps.* 61, 23) ; la figure de Joseph (*In Ps.* 76, 17 ; *In Ps.* 61, 5) ; les petits poissons dévorés par les gros (*In Ps.* 76, 20 ; *In Ps.* 38, 11).

19. S. M. Zarb, *Chronologia Enarrationum S. Augustini in Psalmos*, p. 85-89 ; p. 172-173 et p. 176.

20. *Ibid.*, p. 99-101 et p. 172.

ENARRATIONES IN PSALMOS

S. M. Zarb juge qu'il faut situer toutes ces prédications à Carthage en 411 ou 412[21]; il opte finalement pour l'année 412[22].

H. Rondet, O. Perler et A. Primmer envisagent des dates plus tardives: H. Rondet[23] reste prudent sur la date à retenir pour ces trois *Enarrationes*; O. Perler[24] suppose pour sa part que les trois *Enarrationes* sont à dater de septembre 416, dans la mesure où Augustin a délibérément choisi de ne plus revenir à Carthage pendant plusieurs années après la mort de Marcellinus le 13 septembre 413. A. Primmer[25], sans recherche approfondie sur la datation, estime que l'*In Ps.* 61 a pu être prêchée aux environs de 415 ou après 415, en raison du thème de la *commixtio ciuitatum*.

P.-M. Hombert revient à la date de 412 que proposait S. M. Zarb, en prenant appui sur les parallèles scripturaires qu'il décèle entre ces trois *Enarrationes* et les textes du début de la controverse antipélagienne[26]. Il semble, de fait, à peu près certain que ces trois *Enarrationes* datent du début de la controverse antipélagienne et ont été prêchées alors qu'Augustin commençait à

---

21. S. M. Zarb, *Chronologia Enarrationum S. Augustini in Psalmos*, p. 89.

22. *Ibid.*, p. 172-176.

23. H. Rondet, «Essais sur la chronologie des *Enarrationes in Psalmos* de saint Augustin», *Bulletin de littérature ecclésiastique*, 65, 1964, p. 131; *Bulletin de littérature ecclésiastique*, 71, 1970, p. 186; *Bulletin de littérature ecclésiastique*, 75, 1974, p. 184-185.

24. Cf. *Ep.* 151, 3 et 12-13, *CSEL* 44, p. 384 et p. 391; O. Perler, *Les voyages de saint Augustin*, p. 322-324 et p. 333-334.

25. A. Primmer, «Augustinus und der Astrologe», p. 257.

26. P.-M. Hombert, *Nouvelles recherches de chronologie augustinienne*, p. 599-602. On ne peut néanmoins suivre le calendrier précis qu'il propose, si on admet, comme je viens de le montrer, qu'Augustin a prêché l'*In Ps.* 38, l'*In Ps.* 61 et l'*In Ps.* 76 dans cet ordre, et non dans l'ordre supposé par P.-M. Hombert (*In Ps.* 76; *In Ps.* 61; *In Ps.* 38).

IN PSALMVM XXXVIII

rédiger la *Cité de Dieu*. Puisqu'on doit exclure pour l'*In Ps.* 38, prêchée à Carthage, la période qui va du 14 septembre 413 à l'été 416, il reste à se demander si les trois *Enarrationes* sont antérieures au 14 septembre 413 ou s'il faut les dater au plus tôt de 416. Les rapprochements que l'on peut établir avec les œuvres du début de la controverse antipélagienne invitent à retenir une datation antérieure au 14 septembre 413 ; la date de 412 paraît la plus probable.

L'écho d'une expérience

Si, dans l'*In Ps.* 38, Augustin invite ses auditeurs à devenir Idithun et à pouvoir se reconnaître en lui[27], il parle lui-même de son expérience et sait que seul celui qui a fait la même expérience peut le comprendre : « qu'on ne me juge pas si l'on n'est pas encore "celui qui dépasse" ; qu'il dépasse et fasse l'expérience de ce dont je parle... » (§ 3) ; « ce désir, je le sais, n'est que dans un petit nombre, et seuls ceux qui ont goûté à ce dont je parle me comprennent pleinement » (§ 6). Cette expérience est certes celle du désir de la patrie (§ 6), mais elle est aussi celle de la contradiction, de la calomnie auxquelles on ne sait comment réagir (§ 3). Est-il possible de préciser ce à quoi Augustin peut faire allusion, ne serait-ce qu'indirectement ?

Si l'on date l'*Enarratio* de 412, on peut penser à l'expérience faite par Augustin lors de l'hiver 410-411 : il avait dû s'absenter d'Hippone en raison de son mauvais état de santé, comme en témoigne la *Lettre* 118 à Dioscore[28]

---

27. Cf. § 2 : « À chacun de voir s'il se reconnaît ici » ; § 4 : « si donc tu es de ceux qui dépassent... ».

28. *Ep.* 118, 5, 34 : « Tout ceci, je ne l'aurais pas fait si, après la maladie que j'avais quand ton messager est venu, je ne m'étais assez éloigné d'Hippone. Ces jours encore, j'ai eu de nouveau des troubles dans ma santé et j'ai été repris par les fièvres... » Texte cité par O. PERLER, *Les voyages de saint Augustin*, p. 284.

et comme le mentionnent les *Lettres* 122 et 124. Or ces deux dernières lettres font allusion au scandale suscité à Hippone par l'absence d'Augustin : certains ont profité de son absence pour soulever une partie du peuple contre lui[29]. Le *Sermon* 357, qui fut prêché à Carthage le 17 mai 411[30], fait en outre allusion aux calomnies des donatistes contre l'Église et contre l'évêque : Augustin demande au peuple de se taire et de ne pas entrer en débat avec eux[31].

La question de l'impeccantia

> « Ici-bas, tu ne peux être parfait autrement qu'en sachant que tu ne peux être parfait. Ta perfection, ce sera donc d'avoir dépassé certains degrés en te hâtant vers d'autres, d'avoir dépassé certains degrés en sachant qu'une fois qu'ils ont tous été franchis, il en reste toujours un à dépasser. C'est là une foi certaine. Quiconque en effet s'imagine être déjà arrivé s'installe sur une hauteur d'où il tombera. » (§ 14)

L'insistance sur l'imperfection constitutive de l'homme ici-bas et sur le péché dont nul ne peut se dire indemne, si parfait soit-il, est une allusion à la question de l'*impeccantia* soulevée dès le début de la controverse antipélagienne. De fait, la sixième proposition condamnée au concile de Carthage en 411 concerne précisément l'*impeccantia* : « Qu'avant le Christ il y eut des hommes sans péché. »

---

29. Cf. *Ep.* 122, 1 ; 124, 2 : « Naguère, lorsque je suis rentré, j'ai trouvé [le peuple d'Hippone] scandalisé de la manière la plus dangereuse à cause de mon absence. [...] Surtout parce qu'il y en a ici beaucoup qui, en détournant de nous les esprits de ceux qui paraissent nous aimer, s'efforcent de les soulever contre nous, de sorte qu'ils font place en eux au diable. »

30. Cf. O. PERLER, *Les voyages de saint Augustin*, p. 287-288.

31. *Ser.* 357, 4 : « Il dénigre, dit-il, mon évêque, il accuse mon évêque, et je me tairai ? »

IN PSALMVM XXXVIII

Dès le livre 2 du *De peccatorum meritis et remissione*, en 411, Augustin s'interroge longuement sur la possibilité d'un homme sans péché en cette vie. Il reprend la question en 412 dans le *De spiritu et littera* à la suite d'une question de Marcellinus. La réponse d'Augustin est claire : s'il serait de soi possible qu'un homme soit sans péché avec la grâce de Dieu et le bon usage de son libre arbitre (*Pecc. mer.* 2, 6, 7), il faut néanmoins affirmer que, de fait, aucun homme ne peut se dire sans péché (*Pecc. mer.* 2, 7, 8 – 16, 25). Augustin invoque déjà dans ce contexte l'exemple de Paul[32] qui affirme qu'il n'est pas encore parfait (Ph 3, 12), tout en se rangeant peu après parmi les parfaits (Ph 3, 15), et il conclut : « si un homme est dit parfait en un sens, cela ne signifie pas pour autant qu'il soit absolument sans péché » (*Pecc. mer.* 2, 15, 22). Il argumente également, comme dans l'*In Ps.* 38, 14, en associant Mt 6, 12 : « Remets-nous nos dettes comme nous les remettons à nos débiteurs » et 1 Jn 1, 8 : « Si nous disons que nous n'avons pas de péché, nous nous trompons nous-mêmes et la vérité n'est pas en nous » (*Pecc. mer.* 3, 13, 23 ; *Spir. litt.* 36, 65) : comme l'a montré A.-M. La Bonnardière, l'association de ces deux versets est très caractéristique de la polémique antipélagienne, même si l'on trouve deux textes antérieurs à 411 qui offrent simultanément ces deux versets[33].

---

32. Sur l'usage de Ph 3, 13-14 dans la polémique antipélagienne, voir N. Cipriani, « L'utilizzazione di Fil. 3, 13-14 nell'opera di S. Agostino », *Augustiniana*, 56, 2006, p. 299-320 ; voir ici p. 306-312.

33. A.-M. La Bonnardière, « Les commentaires simultanés de Mt 6, 12 et de 1 Jn 1, 8 dans l'œuvre de saint Augustin », *Revue des études augustiniennes*, 1, 1955, p. 129-147 ; voir en particulier p. 131-132 et p. 135-136.

ENARRATIONES IN PSALMOS

La correspondance entre les *Enarrationes* consacrées aux psaumes « pour Idithun » et la thématique des débuts de la controverse antipélagienne invite à se demander si Augustin n'aurait pas choisi d'expliquer précisément le Psaume 38 avec cette visée : quelle antidote plus efficace à la prétention pélagienne que cette description d'Idithun dont toute l'existence n'est que dépassement dans l'attente de la patrie céleste ?

IN PSALMVM XXXVIII

Sermon habitus Carthagine
ad mensam sancti Cypriani quarta feria

v. 1   **1.** Psalmi huius quem modo cantauimus et tractan-
dum suscepimus titulus est: ***In finem pro Idithun
canticum ipsi Dauid.*** Cuiusdam ergo qui uocatur
Idithun uoces exspectandae et audiendae sunt; et si esse
unusquisque nostrum potuerit Idithun, in eo quod cantat inuenit se et audit se. Videris enim quis uocatus fuerit
Idithun secundum hominum priscam natiuitatem: nos
autem audiamus quid interpretetur hoc nomen, et in
ipsa interpretatione nominis quaeramus intellegentiam
ueritatis. Sicut ergo inquirentes reperire potuimus in
eis nominibus quae nobis a studiosis litterarum diuinarum ex Hebraeo eloquio in Latinum interpretata
sunt, Idithun interpretatur "transiliens eos". Quis
est ergo iste "transiliens", uel quos transiliuit? Quia

---

34. *Mensa Cypriani*: sur la localisation, voir N. DUVAL, « L'état
actuel des recherches archéologiques sur Carthage chrétienne »,
Antiquité tardive, 5, 1997, p. 315 (compte rendu critique de
L. ENNABLI, *Carthage. Une métropole chrétienne du IVe à la fin du
VIIe s.*, Paris, 1997) : il y avait probablement deux basiliques dédiées à
Cyprien, la *memoria*, érigée au lieu de la sépulture, la *mensa*, au lieu
du martyre (= le n° 9 de L. Ennabli, p. 24-26).

35. Sur le sens du nom « Idithun », voir l'introduction à l'*In
Ps.* 38 ; sur l'expression « in finem », voir *BA* 57/A, n. c. 15 : « In
finem », p. 570-574. L'expression « in finem » n'est pas commentée
dans l'exorde de l'*Enarratio* ; mais le thème de la « fin » est repris
quand Augustin cite et commente le v. 5 : « Fais-moi connaître ma
fin » (§ 5-6, 8-10, 14 et 22).

SUR LE PSAUME 38

Sermon prononcé un mercredi à Carthage
à la *mensa*[34] de saint Cyprien

1. Le titre de ce psaume que nous venons de chanter
et que nous avons entrepris de commenter est: ***Pour
la fin, pour Idithun, cantique de David pour lui-
même***[35]. On s'attend donc à entendre les paroles d'un
certain Idithun; et si chacun d'entre nous a pu devenir
Idithun, c'est lui-même qu'il trouve et entend dans ce
qu'il chante[36]. On peut chercher qui est le personnage
appelé Idithun selon la naissance du vieil homme[37];
mais nous, écoutons la traduction de ce nom et cherchons dans cette traduction du nom l'intelligence de la
vérité. Selon ce que nous avons pu trouver en consultant
la liste des noms que nous ont traduits de l'hébreu en
latin des hommes versés dans les saintes Écritures, la
traduction d'Idithun est: "Celui qui les dépasse[38]". Qui
est donc "celui qui dépasse", et qui dépasse-t-il? Car il

---

36. À comparer à la remarque d'Origène-Rufin (*In Ps.* 38, 1, 3,
SC 411, p. 334-337): «Nous regardant nous-mêmes comme dans un
miroir, considérons si nous pouvons lui être semblables, ou s'il s'en
faut de beaucoup, ou si du moins nous en sommes déjà proches bien
que nous n'y soyons pas arrivés pleinement.»

37. Littéralement: «selon la naissance ancienne des hommes»;
cf. Greg. I. *In Ps.* 91, 12, *CCL* 69, p. 215, 74: «Sont appelés anciens
et vieillards ceux qui sont engendrés selon la *prisca natiuitas* de
l'homme terrestre.»

38. Cette traduction semble empruntée à Hier. *Nom. hebr.*,
CCL 72, p. 119; voir n. 50. Sur la difficulté habituelle à identifier
les *Onomastica* utilisés par Augustin, voir *BA* 57/A, p. 281, n. 6;
BA 58/B, n. c. 5: «Achis et Abimelech», p. 580.

ENARRATIONES IN PSALMOS

"transiliens" non nude positum est, sed "transiliens eos". Transiliendo enim cantat an cantando transilit? Siue transiliendo cantet siue cantando transiliat, transilientis tamen canticum paulo ante cantauimus: utrum et nos simus transilientes, uiderit Deus cui cantauimus. Sed si quis transiliens cantauit, gaudeat se esse quod cantauit; si quis autem terrae adhuc inhaerens cantauit, optet esse quod cantauit. Quosdam enim inhaerentes humo curuatos in terram, ea quae ima sunt cogitantes, in rebus transeuntibus spem ponentes, transiliuit iste qui uocatur "transiliens eos". Quos enim transiliuit nisi remanentes?

2. Nostis quosdam psalmos inscribi Canticum graduum: et ibi quidem in graeca lingua satis euidens est, quid dicat ἀναβαθμῶν. Anabathmi enim gradus sunt, sed ascendentium, non descendentium. Latinus, quia non potuit proprie dicere, generaliter dixit et, quoniam gradus appellauit, ambiguum reliquit utrum ascendentium essent an descendentium. Sed quia *non sunt loquelae neque sermones, quorum non audiantur uoces eorum*, exponit sequentem lingua praecedens, et fit certum in alia quod ambiguum erat in alia. Quomodo ergo ibi ascendens quidam cantat, sic et hic transiliens.

---

39. *Curuatos in terram*: à comparer à l'explication qu'Augustin donne de la femme courbée en *In Ps.* 37, 10, avec n. 97.

40. Dans l'*In Ps.* 61, 1, Augustin se demande pareillement quels sont ceux qu'Idithun a dépassés, mais il insiste surtout sur le lieu dans lequel il est arrivé: au-dessus des «paresseux», certes, mais au-dessous de Dieu.

41. Le préfixe ἀνα indique clairement qu'il s'agit d'une montée. Voir *In Ps.* 119, 1, où Augustin explique le titre, «cantique des degrés», lorsqu'il commence l'explication des cantiques des degrés (*In Ps.* 119-133) fin 406 (cf. A.-M. LA BONNARDIÈRE, *Recherches de chronologie augustinienne*, Paris, 1965, p. 46-53): «En grec, il est écrit ἀναβαθμῶν. Il y a des degrés que l'on monte ou que l'on descend, mais les degrés, lorsqu'ils sont placés dans les psaumes, sont des

IN PSALMVM XXXVIII

n'est pas dit simplement "celui qui dépasse", mais "celui qui les dépasse". Est-ce en dépassant qu'il chante, ou en chantant qu'il dépasse? Qu'il chante en dépassant ou dépasse en chantant, c'est le cantique de celui qui dépasse que nous avons chanté il y a peu. Et nous, sommes-nous aussi de ceux qui dépassent? C'est à Dieu, pour qui nous avons chanté, d'en juger. Si quelqu'un a chanté en dépassant, qu'il se réjouisse d'être ce qu'il a chanté; mais s'il a chanté en étant encore attaché à la terre, qu'il aspire à être ce qu'il a chanté. Car certains sont attachés au sol, courbés vers la terre[39], ils pensent à ce qui est en bas, ils mettent leur espoir dans les choses qui passent; ce sont eux qu'a dépassés l'homme appelé "Celui qui les dépasse". Qui a-t-il dépassé, sinon ceux qui restent sur place[40]?

2. Vous savez que certains psaumes ont pour titre *Cantique des degrés*, et là, en grec, ce qu'on appelle ἀναβαθμῶν est tout à fait clair. Les *anabathmi* sont des degrés que l'on monte, non des degrés que l'on descend[41]. Le latin a employé un mot général, faute de disposer d'un terme approprié, et quand il a parlé de degrés, il a laissé planer l'ambiguïté: degrés que l'on monte, ou degrés que l'on descend. Mais parce qu'*il n'est pas de langages, pas d'idiomes dans lesquels leurs paroles ne soient entendues*[42], la langue qui a précédé explique celle qui a suivi, et ce qui était ambigu dans l'une devient manifeste dans l'autre[43]. De la même façon que chante dans ces cantiques un homme qui monte, ici chante un

---

degrés que l'on monte. » Voir aussi *In Ps.* 121, 2; 122, 1; 123, 1; 125, 1, etc. Mais l'*In Ps.* 38 est la seule à donner une transcription latine d'ἀναβαθμῶν (*anabathmi*) et à mentionner l'équivoque du terme latin *gradus*, à la différence du terme grec.

42. Ps 18, 4.

43. Sur la nécessité de recourir au grec pour lever l'ambiguïté de certaines traductions latines, voir *Doctr.* 3, 3, 7 – 4, 8.

115

ENARRATIONES IN PSALMOS

Est autem haec ascensio et ista transilitio, non pedibus, non scalis, non pennis; et tamen si interiorem hominem adtendas, et pedibus et scalis et pennis. Nam si non pedibus, quomodo dicit homo interior: *Non ueniat mihi pes superbiae*? Si non scalis, quid sunt quas uidit Iacob, ubi erant ascendentes angeli et descendentes? Si non pennis, quis est qui dicit: *Quis dabit mihi pennas sicut columbae, et uolabo, et requiescam?* Sed in rebus corporalibus aliud sunt pedes, aliud scalae, aliud pennae. Intus autem et pedes et scalae et pennae affectus sunt bonae uoluntatis. His ambulemus, his ascendamus, his uolemus. Cum ergo audit quisque transilientem hunc et imitari eligit, non quaerat leuitate corporis transilire fossas aut aliqua altiuscula praeuolare saliendo; sed quod ad corpora attinet dico; nam fossas etiam transilit. *Succensa igni et effossa, quae ab increpatione uultus tui peribunt.* Quae sunt enim *succensa igni et effossa quae ab increpatione* Domini *peribunt*, nisi peccata? Succensa

---

44. *Transilitio*: hapax repris à Augustin par Cassiod. *In Ps.* 61, 1, *CCL* 97, p. 542, 7, pour expliquer le sens d'Idithun.

45. Augustin a le souci de justifier, à partir de citations scripturaires (Ps 35, 12 ; Gn 28, 12 et Ps 54, 7), la pertinence de chacun de ces termes lorsqu'on les applique à l'homme intérieur. Augustin identifie « le pied de l'âme » à l'amour *(amor)* ou aux dispositions du cœur *(cordis affectus)* en *In Ps.* 9, 15 ou 64, 2 ; les ailes ou les plumes correspondent à la *dilectio* ou à la *caritas* selon *In Ps.* 103, 1, 13-14 ou *In Ps.* 138, 13 ; il n'est pas besoin d'une échelle, car les degrés sont les *affectus* et c'est en aimant que l'on monte *(In Ps* 85, 6). Sur ces images de l'ascension et sur leurs sources (Plotin, *Enn.* 1, 6 [1], 8 ; Ambr. *Isaac* 8, 78, *CSEL* 32/1, p. 696), voir S. Poque, *Le langage symbolique dans la prédication d'Augustin d'Hippone. Images héroïques*, Paris, 1984, p. 311-315 et P. Courcelle, *Recherches sur les* Confessions *de saint Augustin*, Paris, 1950, p. 112-113 et p. 127.

46. Ps 35, 12. Le verset, qui est également cité en *In Ps.* 61, 2, est fréquent dans l'œuvre augustinienne ; on le trouve dans les premiers écrits antipélagiens: *Spir. litt.* 7, 11 et 12, 19 ; *Ep.* 140, 30, 72.

47. Cf. Gn 28, 12. Voir *In Ps.* 119, 2 ; *In Ioh.* 7, 23.

48. Ps 54, 7.

49. Voir de même *Ser.* 344, 1 : « Nous allons à Dieu, non avec des ailes ou par les pieds, mais par nos dispositions *(affectibus)*. »

116

IN PSALMVM XXXVIII

homme qui dépasse. Il y a montée d'un côté, dépasse-ment[44] de l'autre, mais sans les pieds, sans échelle, sans ailes ; pourtant, à considérer l'homme intérieur, il le fait avec les pieds, avec une échelle et avec des ailes[45]. Car si ce n'est pas avec les pieds, pourquoi l'homme intérieur dit-il : *Que le pied de l'orgueil ne vienne pas sur moi*[46] ? Si ce n'est avec une échelle, quelle est celle qu'a vue Jacob, sur laquelle des anges montaient et descendaient[47] ? Si ce n'est avec des ailes, pourquoi quelqu'un dit-il : *Qui me donnera des ailes comme à la colombe ? Je volerai et me reposerai*[48] ? Dans le domaine corporel, autres sont les pieds, autre l'échelle, autres les ailes ; mais intérieure-ment, les dispositions de la volonté bonne sont à la fois des pieds, une échelle et des ailes[49]. C'est avec eux qu'il nous faut marcher, monter, voler. Quand donc chacun entend parler de cet homme qui dépasse et qu'il choisit de l'imiter, il ne doit pas chercher à passer des fossés par l'agilité physique ni à franchir d'un bond une certaine hauteur[50] ; je le dis pour ce qui est du corps, car il passe aussi des fossés : *Brûlé au feu et jeté dans la fosse, cela périra du fait des reproches de ta face*[51]. Qu'est-ce en effet qui *périra brûlé au feu et jeté dans la fosse du fait des reproches du Seigneur*, sinon les péchés ? Ils sont brûlés au feu,

---

50. Le latin emploie *transilire* et *salire*. À comparer à Hier. *Nom. Hebr.*, *CCL* 72, p. 119 : *Idithun transsiliens eos siue saliens eos.*

51. Ps 79, 17. On ne trouve pas d'autre citation de ce verset, hormis dans l'*Enarratio* correspondante (*In Ps.* 79, 13), dans laquelle Augustin donne une explication similaire, mais plus développée. Ce qui est brûlé et jeté dans la fosse correspond aux péchés ; tous les péchés proviennent en l'homme du désir ou de la crainte. Comment comprendre alors la manière dont les péchés sont brûlés et jetés dans la fosse ? L'amour mauvais avait comme allumé un feu, la crainte mauvaise avait comme creusé une fosse ; or la crainte bonne, c'est-à-dire la crainte de Dieu, humilie aussi ; l'amour bon, c'est-à-dire la charité envers Dieu et le prochain, enflamme aussi, mais de façon bien différente : en produisant une humilité pieuse et en engendrant les bonnes œuvres.

117

ENARRATIONES IN PSALMOS

igni sunt quae facit male ardens cupiditas, et effossa sunt quae facit male iacens timiditas. Hinc enim peccata omnia, aut cupiendo aut timendo. Transiliat ergo iste omnia quibus teneri posset in terra; erigat scalas suas, exserat pennas suas; uideat utrum quisquam agnoscat hic se; immo uero in Domini gratia multi se agnoscunt, qui forte iam uilem habentes mundum et omnia quae delectant in mundo, eligunt recte uiuere, dum hic uiuunt in gaudiis quibusdam spiritalibus. Et haec unde erunt adhuc ambulantibus super terram, nisi ex diuinis eloquiis, ex uerbo Dei, ex parabola aliqua scripturarum scrutata et inuestigata, ex dulcedine inuentionis quam praecessit labor inquisitionis? Sunt quaedam deliciae sanctae et bonae in libris. Neque enim sunt in auro et argento, in epulis atque luxuria, in uenatibus et piscatibus, in ludo et ioco, in theatricis nugis, in affectandis et apprehendendis ruinosis honoribus; neque enim uera sunt gaudia in his omnibus, et in his libris nulla sunt: immo uero anima illa ima transiliens et in his delectata dicat, quia uerum dicit et secura dicit: *Narrauerunt mihi iniusti delectationes, sed non sicut lex tua Domine.* Veniat adhuc iste Idithun, transiliat eos qui delectantur

---

52. *Aut cupiendo aut timendo*: le désir *(cupiditas)* est «l'amour qui aspire à posséder ce qu'il aime»; la crainte *(timor)* est l'amour «qui fuit ce qui lui répugne» (*Ciu.* 14, 7, 2); la crainte est donc en quelque sorte l'envers du désir. Désir et crainte ne sont mauvais que s'ils procèdent d'un amour mauvais, mais «l'usage s'est établi de ne prendre qu'en mauvaise part la "cupidité" ou "concupiscence" si leur objet n'est pas indiqué» *(ibid.).* En attribuant ici au désir et à la crainte la source de tous les péchés, Augustin se réfère implicitement à 1 Tm 6, 10: *radix est enim omnium malorum cupiditas* (cf. *Mor.* 1, 19, 35; *In Ps.* 9, 14; *Diu. quaest.* 35, 1; *C. Fort.* 21; *Ser. Wilmart* 2, 5).

53. Augustin souligne souvent, à propos de la lecture de l'Écriture, qu'on trouve avec plus de joie ce qu'on a dû chercher avec quelque peine. Voir *Doctr.* 2, 6, 7-8: «ce qu'on a cherché avec quelque difficulté se découvre avec plus de plaisir»; *C. mend.* 10, 24; *In Ps.* 103, 1, 18; cf. I. BOCHET, «Simplicité et profondeur mystérieuse de l'Écriture», *BA* 11/2, n. c. 9, p. 498-500.

IN PSALMVM XXXVIII

parce que la convoitise produit une ardeur mauvaise, et ils sont jetés dans la fosse, parce que la crainte entraîne un mauvais abattement. Tous les péchés proviennent de là : de la convoitise ou de la crainte[52]. Qu'Idithun dépasse donc tout ce qui pourrait le retenir sur la terre, qu'il dresse son échelle, qu'il déploie ses ailes. À chacun de voir s'il se reconnaît ici. En vérité, par la grâce du Seigneur, beaucoup se reconnaissent : ceux qui peut-être déjà font peu de cas du monde et de tout ce qui plaît dans le monde, qui choisissent une vie droite, en vivant ici-bas dans des joies spirituelles. Et ces joies, d'où leur viendront-elles, alors qu'ils marchent encore sur la terre, sinon des propos divins, de la parole de Dieu, de quelque parabole des Écritures qu'ils ont scrutée et explorée, de la douceur d'une trouvaille qu'a précédée la peine de la recherche[53] ? On trouve dans ces livres de bonnes et saintes délices. Elles ne sont pas dans l'or et l'argent, dans les festins et le luxe, la chasse et la pêche, le jeu et la plaisanterie, dans les frivolités du théâtre, dans la quête et l'obtention d'honneurs ruineux ; on ne peut dire qu'il y a dans tout cela de vraies joies, tandis qu'il n'y en aurait pas dans ces livres[54]. Bien au contraire ; que l'âme qui dépasse ces basses réalités et s'est plu dans ces livres le dise, parce que c'est vrai et qu'elle le dit en toute sécurité : *Les iniques m'ont raconté leurs plaisirs, mais ils ne sont pas comparables à ta loi, Seigneur*[55]. Que vienne encore Idithun, qu'il dépasse ceux qui trouvent

---

54. De façon analogue, l'*In Ps.* 76, 14 oppose les plaisirs pris à un tableau, au théâtre, à la chasse aux bêtes et aux oiseaux, à la pêche, d'une part, et les affections suscitées par les œuvres de Dieu et par la contemplation de Dieu que l'on découvre en regardant le spectacle de la nature, d'autre part.

55. Ps 118, 85.

ENARRATIONES IN PSALMOS

imis et delectetur in his et gaudeat in uerbo Domini, in delectatione legis altissimi. Sed quid dicimus? Et hinc transiliendum est in aliud? An huc usque habet quo transiliat qui transilire desiderat? Voces potius eius audiamus. Iam enim iste transiliens uidetur mihi quod habitabat in eloquiis Dei, et ibi didicit haec quae audituri sumus.

v. 2   **3. Dixi: Custodiam uias meas, ut non delinquam in lingua mea.** Credas quod legendo, disserendo, praedicando, monendo, obiurgando, hortando, cum uersaretur in opere, cum exerceretur in difficultatibus quibusdam humanis, homo agens inter homines, quamuis iam transiliens eos qui non delectantur his – quia difficile est ut quisque lingua non labatur et peccet, et *qui lingua non peccauit*, ut scriptum est, *hic perfectus est uir* – aliqua forte paenitenda dixerat, et lapsa erant ab ore quae uellet reuocare nec posset. Non enim lingua frustra in udo est, nisi quia facile labitur. Videns ergo quam esset difficile, ut necessitatem loquendi haberet homo, et in loquendo non aliquid diceret quod se dixisse nollet, et taedio affectus ex his peccatis quaesiuit euitare talia. Patitur hanc difficultatem transiliens. Non me iudicet qui nondum est transiliens; transiliat et

---

56. Cf. *Conf.* 11, 2, 3, où l'Écriture est comparée à « ces belles forêts » dans lesquelles «les cerfs viennent se ressaisir et se restaurer, se promener et pâturer, se coucher et ruminer». Augustin exclut ici un dépassement de l'Écriture : de fait, si la médiation de l'Écriture devient inutile dans la vision, elle reste nécessaire à notre pèlerinage ici-bas (*In Ioh.* 35, 9 ; *Ser.* 57, 7, 7).

57. Jc 3, 2.

58. Dans le *Ser. Denis* 20, 2-3, Augustin évoque comme péchés de la langue le mensonge ou l'habitude de jurer ; ici, il s'agit plutôt des péchés qui guettent le prédicateur ou l'évêque dans son ministère, en lien avec «les difficultés de l'action » (cf. *In Ioh.* 57, 6, avec citation de Jc 3, 2), ou plutôt, comme la suite du paragraphe le précise, des paroles qu'il peut regretter d'avoir prononcées, parce qu'elles ont scandalisé les auditeurs ; voir de même *In Ioh.* 27, 8, *BA* 72,

IN PSALMVM XXXVIII

leur plaisir dans ce qui est bas, et qu'il trouve son plaisir dans ces livres, qu'il trouve sa joie dans la parole de Dieu, qu'il se plaise dans la loi du Très-Haut. Mais que disons-nous là ? Cela aussi, faut-il qu'il le dépasse pour autre chose ? Ou est-ce ici la limite de ce que doit dépasser celui qui désire le dépassement ? Écoutons plutôt ses paroles. Car il me semble que cet Idithun, "celui qui dépasse", habitait les paroles de Dieu[56], et c'est là qu'il a appris ce que nous allons entendre.

3. Je l'ai dit : je garderai mes voies pour ne pas pécher par ma langue. On peut penser qu'Idithun, à force de lire, commenter, prêcher, avertir, réprimander, exhorter, tandis qu'il exerçait son activité et était aux prises avec des difficultés humaines, en tant qu'il était homme parmi les hommes, même s'il dépassait déjà ceux qui n'y prennent pas plaisir – il est en effet difficile que la langue ne fasse pas tomber et pécher, et *celui qui ne pèche pas par la langue est un homme parfait*[57] –, Idithun donc avait peut-être prononcé des paroles regrettables qu'une fois tombées de sa bouche, il aurait voulu, mais ne pouvait rappeler[58]. Ce n'est pas pour rien que la langue est en milieu humide ; c'est parce qu'elle glisse facilement[59]. Voyant donc combien il était difficile pour l'homme de devoir parler, sans rien dire en parlant qu'il voudrait ne pas avoir dit, las de ces péchés, il a cherché à les éviter. "Celui qui dépasse" connaît cette difficulté. Qu'on ne me juge pas si l'on n'est pas encore "celui qui dépasse" ;

---

p. 552-553 : « ...il arrive parfois qu'un homme dise la vérité, que ce qu'il dit ne soit pas compris et que, dès lors, ceux qui l'entendent se scandalisent et s'en aillent. Cet homme regrette d'avoir dit la vérité ; il se dit en lui-même : Je n'aurais pas dû parler ainsi, je n'aurais pas dû dire cela. »

59. Même remarque en *Ser.* 180, 11, 12, à propos de l'habitude de jurer : « La langue a une facilité de mouvement, elle est placée en milieu humide, elle trébuche facilement en terrain glissant. »

ENARRATIONES IN PSALMOS

experiatur quod loquor; tunc enim erit et testis et filius ueritatis. Cum ergo haec ei contigissent, statuerat non loqui, ne aliquid diceret quod locutum se esse paeniteret. Hoc indicant prima uerba eius: *Dixi: Custodiam uias meas, ut non delinquam in lingua mea*. Custodi ergo uias tuas, o Idithun, et noli delinquere in lingua tua; perpende quod dicturus es, examina, consule interiorem ueritatem et sic profer ad exteriorem auditorem. Quaeris ista plerumque in perturbatione rerum, in occupatione animorum, dum ipsa infirmitas animae quam aggrauat corpus quod corrumpitur et audire uult et dicere, audire intus, dicere foris, aliquando perturbata studio dicendi, deficit indiligentia agnoscendi, et in his dicit aliquid quod forte non esset dicendum. Contra haec remedium melius est silentium. Stat enim peccator, propria quadam nota peccator, superbus quisquam et inuidus; audit loquentem transilientem, captat uerba, proponit laqueos; difficile est ut non inueniat aliquid non ita dictum ut dici debuisset, nec audiendo ignoscit, sed calumniatur inuidendo. Contra hos iste Idithun transiliens eos silere delegerat; unde ita cantauit: *Dixi: Custodiam uias meas, ut non delinquam in lingua mea*. Quamdiu capior a calumniosis, aut captor, etsi non capior: *Custodiam uias meas, ut non delinquam in lingua mea*. Quamuis transilierim delectationes terrenas, quamuis non me capiant temporalium rerum uolatici

---

60. *Filius ueritatis*: C. Mend. 16, 33.

61. C'est la condition d'une prédication utile : « Il est au-dehors un prédicateur inutile de la parole de Dieu *(forinsecus praedicator)*, celui qui n'en est pas au-dedans l'auditeur *(intus auditor)*» (Ser. 179, 1). Voir aussi *Ser*. 179, 2 et 7 : Augustin souligne qu'il est beaucoup plus en sécurité en écoutant la parole de Dieu qu'en la prêchant.

62. Cf. Sg 9, 15. Augustin cite souvent Sg 9, 15 pour souligner que le corps constitue en cette vie un obstacle à la connaissance de la vérité : cf. A.-M. LA BONNARDIÈRE, *Le livre de la Sagesse*, Paris, 1970, p. 214-215 ; I. BOCHET, « Le corps : un poids pour l'âme ? L'exégèse

IN PSALMVM XXXVIII

qu'il dépasse et fasse l'expérience de ce dont je parle ; alors il sera témoin et fils de la vérité[60]. Vu les circonstances, il avait donc décidé de ne plus parler, pour éviter de dire des paroles qu'il regretterait d'avoir dites. C'est ce qu'indiquent ses premiers mots : *Je l'ai dit : je garderai mes voies pour ne pas pécher par ma langue.* Garde donc tes voies, ô Idithun, et ne pèche pas par ta langue ; pèse ce que tu vas dire, examine, consulte la vérité intérieure, et produis-la à l'extérieur pour l'auditeur[61]. Tu cherches généralement à faire cela dans le trouble des affaires, les préoccupations de l'esprit, quand la faiblesse de l'âme, appesantie par le corps qui se corrompt[62], veut à la fois entendre et dire, entendre à l'intérieur, dire à l'extérieur ; parfois, tourmentée par son empressement à parler, elle pèche par sa négligence à connaître, et dit quelque chose qu'il faudrait peut-être ne pas dire. Le meilleur remède à cela est le silence. Car un pécheur se trouve là, un pécheur d'un genre particulier : un orgueilleux, un malveillant ; il écoute parler "celui qui dépasse", s'empare de ses paroles, lui tend des pièges ; il est difficile qu'il ne trouve pas quelque chose qui n'a pas été dit comme cela aurait dû l'être ; il ne l'excuse pas quand il l'entend, mais il calomnie par malveillance[63]. C'est à l'encontre de ces gens-là qu'Idithun, "celui qui les dépasse", avait choisi de se taire, ce qui lui a fait chanter : *Je l'ai dit : je garderai mes voies pour ne pas pécher par ma langue.* Aussi longtemps que les calomniateurs me tiennent ou cherchent à me piéger, même s'ils n'y réussissent pas, *je garderai mes voies pour ne pas pécher par ma langue.* J'ai dépassé les plaisirs terrestres, il est vrai, un attachement frivole aux choses de la terre ne me retient pas, déjà je méprise ces

---

augustinienne de Sg 9, 15 », *Revue des sciences philosophiques et théologiques*, 100, 2016, p. 27-43 (ici p. 28-31).

63. Augustin évoque la même expérience d'Idithun dans l'*In Ps.* 76, 7, avec le même effet : Idithun choisit de se taire.

ENARRATIONES IN PSALMOS

affectus, quamuis iam haec ima despiciam et ad meliora consurgam, in ipsis tamen melioribus sufficit mihi delectatio intellegentiae coram Deo. Quid mihi opus est captanda loqui et dare aditum calumniantibus? *Dixi* ergo: *Custodiam uias meas, ut non delinquam in lingua mea.* **Posui ori meo custodiam.** Hoc quare? Propter pios, propter studiosos, propter fideles et sanctos? Absit. Illi sic audiunt ut quod probant laudent; quod autem improbant inter multa forte quae laudant, ueniam dent potius quam calumniam parent. Propter quos ergo uis custodire uias tuas, ut non delinquas in lingua tua, et ponis ori tuo custodiam? Audi: **Dum consistit aduersum me peccator.** Non consistit ad me, sed *consistit aduersum me*. Quid dicturus postremo, unde satisfaciam? Carnali de spiritalibus loquor, foris uidenti et audienti, intus surdo et caeco. *Animalis enim homo non percipit quae sunt Spiritus Dei.* Nisi autem animalis inueniretur, quando calumniaretur? Beatus qui narrat uerbum auri audienti, non auri peccatoris adstantis aduersum se. Tales enim multi circumstabant et circumfremebant, quando ille uelut ouis ad immolandum ductus est et sicut agnus coram tondente sine uoce sic non aperuit os suum. Quid enim dicas turgidis,

---

64. En *Conf.* 10, 4, 5 (*BA* 14, p. 148-149), Augustin oppose de même « l'âme étrangère » qui ne fera pas bon usage de ses confessions, à « l'âme fraternelle » : « celle qui en m'approuvant se réjouit sur moi et en me désapprouvant s'attriste pour moi ».

65. 1 Co 2, 14. Augustin assimile, à la suite de Paul, l'homme psychique, c'est-à-dire l'homme laissé à sa seule nature, à l'homme charnel (1 Co 3, 1-3) et il l'oppose à l'homme spirituel, c'est-à-dire à l'homme animé par l'Esprit de Dieu. L'homme psychique et charnel est incapable de comprendre les réalités spirituelles.

66. Cf. Sir 25, 12 ; le verset, absent de la Septante, se trouvait dans l'ancienne traduction africaine ; cf. Cypr. *Quir.* 3, 95, *CCL* 3, p. 168, 7 : *Felix ... qui enarrat iustitiam auri audienti* ; cf. W. Thiele, A. J. Forte, *Vetus Latina, Sirach (Ecclesiasticus)* 11/10 (à paraître) ; Vulgate : *Beatus ... qui enarrat iustitiam auri audienti.*

IN PSALMVM XXXVIII

basses réalités et m'élève vers des réalités meilleures; le plaisir que l'intelligence prend devant Dieu à ces réalités meilleures me suffit donc; qu'ai-je besoin de prononcer des paroles dont ils peuvent s'emparer et de donner prise aux calomniateurs? Donc, *je l'ai dit: je garderai mes voies pour ne pas pécher par ma langue. **J'ai mis une garde à ma bouche.*** Pourquoi cela? À cause des hommes pieux, à cause de ceux qui sont désireux de s'instruire, fidèles et saints? Absolument pas. Ceux-là écoutent en louant ce qu'ils approuvent, et, si parmi les nombreuses paroles qu'ils louent, il en est qu'ils désapprouvent, ils l'excusent au lieu d'échafauder des calomnies[64]. À cause de qui veux-tu donc garder tes voies pour ne pas pécher par ta langue, à cause de qui mets-tu une garde à ta bouche? Écoute: ***Tant que le pécheur prend position contre moi.*** Il ne dit pas qu'il prend position près de moi, mais qu'il *prend position contre moi.* En fin de compte, que puis-je dire qui le satisfasse? Je parle de choses spirituelles à un charnel, qui extérieurement voit et entend, mais intérieurement est sourd et aveugle. *Car l'homme psychique ne perçoit pas ce qui est de l'Esprit de Dieu*[65]. Et s'il n'était un psychique, comment calomnierait-il? Heureux celui qui dit la parole à une oreille qui écoute[66], et non à l'oreille d'un pécheur qui prend position contre lui[67]. Telle était la multitude qui entourait et grondait, quand le Seigneur, comme une brebis, fut conduit à l'immolation et, comme un agneau sans voix devant celui qui le tond, n'ouvrit pas la bouche[68]. Que dire en effet à des hommes gonflés d'orgueil, emportés,

---

67. La suite du paragraphe développe cette opposition: autre est le petit enfant qui n'est pas encore capable de comprendre, mais qui écoute pour devenir capable de comprendre, autre l'orgueilleux qui prétend comprendre ce qu'il ne comprend pas et qui calomnie le prédicateur.

68. Cf. Is 53, 7.

125

ENARRATIONES IN PSALMOS

turbidis, calumniosis, litigiosis, uerbosis? Quid dicas sanctum et pium, et de religione transiliens eos, quando ipsis libenter audientibus, discere cupientibus, ueritatis cibo inhiantibus, auide accipientibus et Dominus ait: *Adhuc multa habeo uobis dicere, sed non potestis illa portare modo*? Et apostolus: *Non potui uobis loqui quasi spiritalibus, sed quasi carnalibus*, non tamen desperandis, sed nutriendis. Sequitur enim: *Tamquam paruulis in Christo lac uobis potum dedi, non escam; nondum enim poteratis*. Ergo uel nunc dic: *Sed neque adhuc quidem potestis*. Noli ergo festinare audire quod non capis, sed cresce ut capias. Sic paruulum alloquimur, in sinu matris ecclesiae pio lacte nutriendum et ad escam mensae dominicae idoneum faciendum. Quid autem uel tale dicam peccatori adstanti aduersus me, idoneum se putanti aut fingenti, ad ea quae non capit, ut, cum ei dixero et ille non ceperit, non se putet non cepisse, sed me defecisse? Ergo propter hunc peccatorem astantem aduersus me, *posui ori meo custodiam*.

v. 3   **4.** Et quid secutum est? ***Obsurdui et humilatus sum et silui a bonis.*** Patitur enim difficultatem iste transiliens in quodam gradu quo iam transiliuit, et quaerit et inde transilire ad uitandam hanc difficultatem. Peccare metuebam, ut non loquerer, ut silentium mihi

---

69. Traduction conjecturale d'un texte où l'on a supprimé le *et*. *Dicat* se lit pour *dicas* dans quelques manuscrits; Érasme remplace *transiliens* par *transilienti*.

70. Jn 16, 12.

71. 1 Co 3, 1-2.

72. *Obsurdui* est la leçon du Codex Veronensis; le Psautier romain comporte la leçon *obmutui*.

126

IN PSALMVM XXXVIII

calomniateurs, querelleurs, bavards? Que peux-tu dire de saint, de pieux, de religieux, toi qui les dépasses[69], lorsque le Seigneur même a dit à ceux qui l'écoutaient volontiers, désiraient apprendre, étaient affamés de la nourriture de la vérité et l'accueillaient avidement: *J'ai encore beaucoup de choses à vous dire, mais vous ne pouvez les porter maintenant*[70]? L'Apôtre dit aussi: *Je n'ai pu vous parler comme à des spirituels, mais comme à des charnels*, dont il ne fallait cependant pas désespérer, mais qu'il fallait nourrir; la suite dit en effet: *Comme à des petits enfants dans le Christ, je vous ai donné à boire du lait, non une nourriture solide; car vous ne pouviez encore la supporter*[71]. Dis-le donc maintenant aussi: *Mais vous ne le pouvez pas encore.* Ne te presse donc pas d'entendre ce que tu ne comprends pas, mais grandis pour le comprendre. Voilà comment nous nous adressons au petit enfant qui dans le sein de sa mère l'Église doit être nourri d'un saint lait pour devenir capable de participer à la table du Seigneur. Mais que dire, cela ou quelque chose d'analogue, au pécheur qui prend position contre moi, qui s'estime capable – ou feint de l'être – de comprendre ce qu'il ne comprend pas, pour qu'il ne s'imagine pas, lorsque je lui aurai parlé sans qu'il comprenne, que ce n'est pas lui qui n'a pas compris, mais moi qui suis en défaut? C'est donc à cause de ce pécheur qui prend position contre moi que *j'ai mis une garde à ma bouche.*

4. Et quelle en est la conséquence? *Je suis devenu sourd*[72]*, j'ai été humilié, et j'ai tu le bien.* Idithun, "celui qui dépasse", rencontre une difficulté au degré où ce dépassement l'a déjà fait parvenir, et ce degré aussi, il cherche à le dépasser pour échapper à cette difficulté[73]. Je craignais de pécher, si bien que je ne parlais plus et

---

73. Augustin souligne, de même, dans l'*In Ps.* 76, 7, qu'Idithun, après avoir cessé de parler, n'a pourtant «pas cessé de travailler à dépasser aussi cet obstacle».

ENARRATIONES IN PSALMOS

imponerem. Hoc enim dixeram: *Custodiam uias meas, ut non delinquam in lingua mea*, et dum timeo loqui ne peccem, *obsurdui et humilatus sum et silui a bonis*. Dum nimis timeo, ne loquar aliqua mala, tacui omnia bona: *Obsurdui, et humilatus sum et silui a bonis*. Vnde enim dicebam bona, nisi quia audiebam? *Auditui enim meo dabis exsultationem et laetitiam*. Et *amicus sponsi stat, et audit eum, et gaudio gaudet propter uocem*, non suam, sed sponsi. Vt uera dicat, audit quae dicat. Nam *qui loquitur mendacium, de suo loquitur*. Quiddam ergo triste et molestum passus est iste; et hac sua confessione id quod passus est cauendum admonet, non imitandum. Timendo enim nimis, ut dixi, ne diceret aliqua non bona, statuit sibi nulla dicere uel bona, et quoniam statuit tacere, coepit non audire. Stas enim si transiliens es, exspectas a Deo audire quid dicas hominibus: inter diuitem Deum et inopem quaerentem quid audiat intercurris transiliens, qui possis et hinc audire et hac dicere; si eligis hac non dicere, non mereberis hinc audire; contemnis pauperem, contemneris a diuite. Oblitus es seruum te esse, quem constituit Dominus super familiam suam dare conseruis cibaria? Quid ergo quaeris accipere quod piger es erogare? Merito ergo quoniam quod acceperas dicere noluisti, impediris ne accipias quod accipere cupiebas. Aliquid enim uolebas, aliquid

---

74. Ps 50, 10.

75. Jn 3, 29. Le verset exprime, pour Augustin, l'expérience d'être enseigné intérieurement par le Verbe: voir *Conf.* 11, 8, 10; *In Ioh.* 57, 3; *In Ps.* 61, 19; *Ser.* 23, 1; *Ser.* 179, 2.

76. Jn 8, 44.

IN PSALMVM XXXVIII

m'imposais le silence; car j'avais dit: *Je garderai mes voies pour ne pas pécher par ma langue*; et en craignant de parler pour éviter de pécher, *je suis devenu sourd, j'ai été humilié, et j'ai tu le bien.* Dans ma crainte excessive de dire des choses mauvaises, j'ai tu toutes celles qui étaient bonnes: *Je suis devenu sourd, j'ai été humilié, et j'ai tu le bien.* D'où provenaient en effet les choses bonnes que je disais, sinon du fait que j'écoutais? *Tu me feras entendre exultation et joie*, est-il dit[74]. Et *l'ami de l'Époux se tient là, il l'écoute et éprouve une grande joie en entendant sa voix*[75], celle de l'Époux, pas la sienne. Pour pouvoir dire le vrai, il écoute ce qu'il doit dire. Car *celui qui dit des mensonges parle de son propre fonds*[76]. Idithun a donc souffert de quelque chose de triste et de fâcheux, et par sa confession, il avertit de se garder de ce qu'il a souffert, non de l'imiter. Car une crainte excessive de dire une parole qui ne serait pas bonne, je l'ai dit, l'a décidé à ne plus rien dire, fût-ce une parole bonne, et comme il a décidé de se taire, il a cessé d'entendre. Si tu es de ceux qui dépassent, en effet, tu te tiens là et attends d'entendre de Dieu ce que tu dois dire aux hommes; entre Dieu qui est riche et le pauvre qui demande à entendre, tu arrives en intermédiaire, toi qui dépasses et peux d'un côté entendre et de l'autre parler; si tu choisis de ne pas parler, tu ne mériteras pas d'entendre; tu méprises le pauvre, tu seras méprisé par Celui qui est riche. As-tu oublié que tu es le serviteur que le Seigneur a établi sur sa maison pour donner la nourriture à ses compagnons de service[77]? Pourquoi donc demandes-tu de recevoir ce que tu es paresseux à distribuer? Puisque tu n'as pas voulu dire ce que tu avais reçu, c'est justement que tu es empêché de recevoir ce que tu désirais recevoir. Tu voulais quelque chose, tu

---

77. Cf. Mt 24, 45.

ENARRATIONES IN PSALMOS

habebas : da quod habes, ut merearis accipere quod non habes. Ergo cum quasi posuissem ori meo custodiam, mihique indixissem silentium, quia uidebam ubique periculosum eloquium, factum est, inquit, in me quod nolebam : *Obsurdui et humilatus sum* ; non me humilaui, sed *humilatus sum*. *Obsurdui, et humilatus sum et silui a bonis*. Coepi non dicere bona, cum timeo ne dicam aliqua mala, et reprehendi consilium meum. *Silui* enim *a bonis*. **Et dolor meus renouatus est.** A dolore quippe quodam quem mihi inflixerant calumniatores et reprehensores, tamquam requieueram in silentio et cessauerat dolor ille qui factus erat a calumniantibus, sed ubi silui a bonis, renouatus est dolor meus. Coepi plus dolere tacuisse me quae dicere deberem quam dolueram dixisse quae dicere non deberem. *Renouatus est dolor meus.*

v. 4-5 **5. *Et in meditatione mea exardescet ignis.*** Coepit esse inquietum cor meum. *Videbam insensatos et tabescebam*, non arguebam : et me sic tacentem zelus domus tuae comedebat. Respexi enim ad Dominum

---

78. En *Doctr.* 1, 1, 1, Augustin remarque : « Tout bien dont on ne se prive pas soi-même en le donnant, tant qu'on le possède sans le donner, n'est pas encore possédé comme il doit être possédé. Le Seigneur a dit : "On donnera à celui qui a." Il donnera donc à ceux qui ont, c'est-à-dire que pour ceux qui font un généreux usage de ce qu'ils ont reçu, il accroîtra et multipliera ses dons. »

79. Le *Ser. Denis* 20, 8 propose une interprétation différente de Ps 38, 4 : le choix du silence est présenté comme une manière d'attendre le temps favorable pour la correction fraternelle, car l'interlocuteur n'est pas encore prêt à entendre.

80. À comparer à *In Ps.* 76, 10 : « Il n'était nulle part en sécurité. C'était un mal pour lui de se taire, de peur de faire silence sur le bien ; parler et se répandre en paroles au-dehors était aussi dangereux, de peur que tous ses ennemis, l'emportant sur lui en vigilance, ne cherchent dans ses paroles de quoi le calomnier. »

81. Augustin ne donne pas ici le début du verset, qu'il cite en *Ser. Denis* 20, 8 – « caluit cor meum intra me » – et auquel il fait

IN PSALMVM XXXVIII

possédais quelque chose ; donne ce que tu possèdes pour mériter de recevoir ce que tu ne possèdes pas[78]. Donc, comme j'avais d'une certaine façon mis une garde à ma bouche et m'étais imposé le silence, parce que je voyais partout du péril à parler, il m'est arrivé, dit-il, ce que je ne voulais pas : *Je suis devenu sourd, j'ai été humilié* ; non pas "je me suis humilié", mais *j'ai été humilié. Je suis devenu sourd, j'ai été humilié, et j'ai tu le bien.* J'ai commencé à ne pas dire le bien par crainte de dire quelque chose de mauvais, et j'ai ensuite blâmé cette décision, car *j'ai tu le bien*[79]. **Et ma douleur s'est réveillée.** J'avais assurément trouvé dans mon silence une sorte de répit dans la douleur que m'avaient infligée les calomniateurs et les critiques, et la douleur que me causaient les calomnies avait cessé ; mais lorsque j'ai tu le bien, ma douleur s'est réveillée[80]. J'ai commencé à ressentir une douleur plus intense d'avoir tu ce que je devais dire que celle que j'avais ressentie en disant ce que je ne devais pas dire. *Ma douleur s'est réveillée.*

5. *Dans ma méditation s'allumera un feu*[81]. Mon cœur a commencé à n'être plus en repos[82]. *Je voyais les insensés, et je me desséchais*[83], sans les reprendre ; et quand je me taisais ainsi, le zèle de ta maison me dévorait[84]. J'ai en effet songé à mon Seigneur qui disait : *Serviteur*

---

allusion en *Op. mon.* 28, 36 : «Nonne "calescit cor [uestrum] intra [uos], et in meditatione [uestra] exardescit ignis"…?»

82. Origène interprète tout autrement ce verset : «Moi aussi je médite les paroles du Seigneur et souvent je les étudie ; mais je ne sais pas si je suis tel que, dans ma méditation, un feu jaillisse de chaque parole de Dieu, embrase mon cœur et enflamme mon âme pour me faire accomplir ce que je médite» (ORIG. *In Ps.* 38, 1, 7, *SC* 411, p. 348-349). Ambroise envisage plusieurs interprétations : le feu peut être celui de la honte qui, par son ardeur, détruit la faute ou celui qui est avivé par la méditation des Écritures (AMBR. *In Ps.* 38, 15, *CSEL* 64, p. 195).

83. Ps 118, 158.

84. Cf. Ps 68, 10.

ENARRATIONES IN PSALMOS

meum dicentem : *Serue nequam et piger, dares pecuniam meam nummulariis, et ego ueniens cum usuris exigerem.* Et quod sequitur auertat Deus a dispensatoribus suis : *Proiciatur in tenebras exteriores* ligatis manibus et pedibus, seruus, non euersor ad perdendum, sed piger ad erogandum. Quid exspectare debent qui cum luxuria consumpserunt, si damnantur qui cum pigritia seruauerunt ? *In meditatione mea exardescet ignis.* Et positus in hac fluctuatione dicendi et tacendi, inter eos qui calumniari parati sunt et eos qui affectant instrui, inter abundantes et inopes, factus opprobrium his qui abundabant et despectio superbis, respiciens eos beatos qui esuriunt et sitiunt iustitiam, laborans in utroque, afflictus in utroque, periclitans ne proiciat margaritas ante porcos, periclitans ne non eroget cibaria conseruis, in hoc aestu quaesiuit alium meliorem locum ab hac dispensatione in qua sic laborat homo et periclitatur, et suspirans in finem quemdam ubi ista non erat passurus, in illum, inquam, finem quo dicturus est bono erogatori Dominus : *Intra in gaudium Domini tui,* **Locutus sum,** inquit, *in lingua mea.* Inter aestus, inter pericula haec, inter difficultates, quia ita delectat lex Domini, ut tamen

---

85. Mt 25, 26-27. Ces versets sont souvent cités par Augustin dans les cas où l'on est tenté de se taire au lieu d'annoncer l'Évangile : *Cat. rud.* 14, 22 ; *Doctr.*, pr., 8 ; *In Ps.* 75, 7 ; *In Ps.* 101, 1, 7 ; *Ser.* 351, 3, 4. De fait, dans la tradition patristique, l'argent de la parabole symbolise souvent la parole de Dieu : TERT. *Praescr.* 26, 3, *SC* 46, p. 122 ; ORIG. *Hom. Jer.* 20, 3, *SC* 238, p. 260 ; HIL. *In Mat.* 27, 6-7, *SC* 258, p. 210 ; AMBR. *In Luc.* 8, 93, *SC* 62, p. 139. Placer l'argent à la banque signifie donc enseigner ou interpréter l'Écriture : ORIG. *Hom. Ex.* 13, 1, *SC* 321, p. 374 ; AMBR. *In Ps.* 36, 43, *CSEL* 64, p. 104 ; AUG. *Op. mon.* 1, 2 ; *Fid. op.* 17, 32 ; *In Ps.* 115, 1 ; *Quaest Eu.* 2, 46. Sur l'exégèse de la parabole dans la tradition patristique et sur sa réception par le jeune Augustin, voir M. DULAEY, « L'apprentissage de l'exégèse biblique par Augustin (2). Années 390-392 », *Revue des études augustiniennes*, 49, 2003, p. 56-61.

86. Mt 25, 30.

IN PSALMVM XXXVIII

mauvais et paresseux, tu aurais pu donner mon argent aux banquiers, et à mon retour, je l'aurais retiré avec les intérêts[85]. Quant à la suite, veuille le Seigneur l'épargner à ses ministres : *Qu'on le jette dans les ténèbres extérieures pieds et mains liés*[86], ce serviteur qui, s'il n'est pas dissipateur au point de perdre l'argent, est paresseux pour le placer. À quoi doivent s'attendre ceux qui l'auront dépensé dans la débauche, si ceux qui l'ont conservé avec paresse sont ainsi condamnés ? *Dans ma méditation s'allumera un feu.* Pris dans l'alternative de parler ou de se taire, entre ceux qui sont prêts à la calomnie et ceux qui désirent être instruits, entre les nantis et les indigents, le psalmiste est devenu un sujet d'opprobre pour les nantis, de mépris pour les orgueilleux[87] et il songe aux bienheureux qui ont faim et soif de la justice[88] ; des deux côtés, c'est la peine, des deux côtés, l'affliction ; il court le danger de jeter les perles aux pourceaux[89], et il court le danger de ne pas distribuer la nourriture à ses compagnons de service[90] ; il a cherché dans ces remous un lieu meilleur, loin de cette situation où l'homme connaît cette peine et ce danger, et il soupire après une fin où il ne subirait plus cela, oui, vers cette fin où le Seigneur dira au bon dispensateur de ses biens : *Entre dans la joie de ton maître*[91]. **Ma langue a parlé**, dit-il. Au milieu de ces remous, de ces périls, de ces difficultés, parce que la loi du Seigneur fait mes délices, mais que

---

87. Cf. Ps 122, 4.

88. Cf. Mt 5, 6.

89. Cf. Mt 7, 6. « Jeter les perles aux pourceaux », c'est dévoiler à ses interlocuteurs ce qu'ils ne peuvent encore porter, parce qu'ils sont encore charnels (*Ser. Dom.* 2, 20, 67-68, qui cite Jn 16, 12 et 1 Co 3, 1-2, tout comme *In Ps.* 38, 3).

90. Cf. Mt 24, 45.

91. Mt 25, 21.

ENARRATIONES IN PSALMOS

propter abundantiam scandalorum refrigescat caritas multorum, inter hos ergo aestus: *Locutus sum*, inquit, *in lingua mea*. Cui? Non auditori quem uolo erudire, sed exauditori a quo uolo erudiri. *Locutus sum in lingua mea*, illi a quo intus audio, si quod bonum, si quod uerum audio. Quid locutus es? ***Notum***, inquit, ***mihi fac, Domine, finem meum.*** Transiliui enim quaedam, et ueni ad quaedam, et ea in quae ueni, meliora sunt eis a quibus transiliui, sed restat adhuc quod transiliendum sit. Non enim hic remanebimus ubi tentationes, ubi scandala, ubi auditores et calumniatores patimur. *Finem meum notum mihi fac*: finem qui mihi deest, non cursum qui mihi adest.

6. Finem illum dicit quem currens intuebatur apostolus, et de sua imperfectione confitebatur, aliud in se intuens, aliud alibi quaerens. Ait enim: *Non quia iam acceperim, aut iam perfectus sim, fratres, ego meipsum non arbitror apprehendisse.* Et ne diceres: "Si non apprehendit apostolus, ego apprehendi? Si perfectus non est apostolus, ego perfectus sum?", uide quid agat, adtende quid dicat. Quid ergo agis, apostole? Nondum apprehendisti, nondum perfectus es? Quid agis? Ad quam actionem me hortaris? Quid mihi imitandum sequendumque proponis? *Vnum autem*, inquit, *quae retro sunt oblitus, in ea quae ante sunt extentus, secundum intentionem sequor ad palmam supernae uocationis Dei in Christo Iesu*: secundum intentionem, nondum secundum peruentionem, nondum secundum apprehensionem. Non relabamur unde iam

---

92. Cf. Mt 24, 12.

93. Jeu sur *auditor/exauditor*.

94. On ne peut reconnaître le vrai sans être enseigné par le Maître intérieur, c'est-à-dire par le Christ (cf. *Mag.* 14, 45-46).

95. Ph 3, 12-13. Voir la note complémentaire 6: «L'exemple de Paul en Ph 3, 12-15», § 1: «Le désir des réalités d'en-haut».

IN PSALMVM XXXVIII

cependant la charité du grand nombre se refroidit[92] à cause de l'abondance des scandales, au milieu de ces remous, donc, *ma langue a parlé*, dit-il. Non à un auditeur que je veux instruire, mais à celui qui exauce, celui par qui je veux être instruit[93]. *Ma langue a parlé* à celui que j'entends intérieurement, si j'entends ce qui est bon, ce qui est vrai[94]. Qu'as-tu dit ? **Fais-moi connaître ma fin, Seigneur.** J'ai dépassé certaines choses, je suis arrivé à d'autres, et celles auxquelles je suis arrivé sont meilleures que celles que j'ai dépassées ; mais il m'en reste encore à dépasser. Car nous ne demeurerons pas au lieu où nous endurons les tentations, les scandales, les auditeurs qui nous calomnient. *Fais-moi connaître ma fin* : la fin qui me manque encore, pas la course qui est mon présent.

6. Il parle de cette fin qu'avait en vue l'Apôtre quand il courait et confessait son imperfection, voyant en lui quelque chose, cherchant ailleurs autre chose. Il dit en effet : *Ce n'est pas que je l'aie déjà reçu ou que je sois déjà parfait, frères ; je ne pense pas l'avoir déjà saisi*[95]. Et pour que tu n'ailles pas dire : "Si l'Apôtre ne l'a pas saisi, le saisirai-je, moi ? Si l'Apôtre n'est pas parfait, puis-je l'être, moi ?", vois ce qu'il fait et écoute ce qu'il dit. Que fais-tu donc, ô Apôtre ? Tu n'as pas encore saisi, tu n'es pas encore parfait ? Que fais-tu ? Que m'exhortes-tu à faire ? Que me proposes-tu d'imiter et quel exemple me donnes-tu à suivre ? *Une seule chose*, dit-il ; *oublieux de ce qui est derrière moi, tendu vers ce qui est devant moi, je poursuis dans cette tension la palme de l'appel céleste de Dieu dans le Christ Jésus*[96] ; je la poursuis, je n'y suis pas encore parvenu, je ne l'ai pas encore saisie. Ne retombons pas dans ce que déjà nous avons dépassé et ne

---

96. Ph 3, 13-14.

ENARRATIONES IN PSALMOS

transiliuimus nec remaneamus in illis in quae iam uenimus. Curramus, intendamus, in uia sumus; nec tam sis securus ex eis quae transisti quam sollicitus pro eis ad quae nondum peruenisti. *Quae retro*, inquit, *oblitus, in ea quae ante sunt extentus, secundum intentionem sequor ad palmam supernae uocationis Dei in Christo Iesu.* Ipse est enim finis. *Vnum autem*, hoc est illud unum: *Domine ostende nobis Patrem, et sufficit nobis. Vnum autem*, quae et una dicitur in alio psalmo: *Vnam petii a Domino, hanc requiram. Quae retro oblitus, in ea quae ante sunt extentus: Vnam petii a Domino, hanc requiram, ut inhabitem in domo Domini per omnes dies uitae meae.* Propter quid? *Vt contempler delectationem Domini.* Ibi enim gaudebo de socio, non timebo de aduersario; ibi enim contemplator mecum erit amicus, non calumniator inimicus. Hoc desiderauit iste Idithun notum fieri sibi, cum hic esset, ut sciret quid sibi deesset, et non tam gauderet de his ad quae peruenerat quam desideraret ea ad quae nondum peruenerat, et quibusdam iam transilitis, non remaneret in uia, sed desiderio raperetur in superna, usque quo ille qui quaedam transilierat, omnia transiliret, et ab irroratione quadam guttarum dominicarum de scripturarum nube uenientium, ueniret sicut ceruus ad fontem uitae et in illo lumine uideret lumen et absconderetur in uultu Dei a conturbatione hominum, ubi diceret: Bene est, ultra nihil uolo, omnes hic

---

97. Sur le Christ, « fin », voir *BA* 57/A, n. c. 15 : « *In finem* (*In Ps.* 4, 1) », p. 570-574.

98. Jn 14, 9.

99. Ps 26, 4.

100. *Ibid.*

101. Voir M. DULAEY, « Les nuages et la pluie : Écriture et connaissance de Dieu », *BA* 50, n. c. 17, p. 538-541.

102. Cf. Ps 41, 2.

103. Cf. Ps 35, 10.

IN PSALMVM XXXVIII

demeurons pas où déjà nous sommes arrivés. Courons, tendons au but, nous sommes encore en chemin. Conçois moins d'assurance pour ce que tu as dépassé que de souci pour ce à quoi tu n'es pas encore parvenu. *Oublieux de ce qui est derrière moi*, dit l'Apôtre, *tendu vers ce qui est devant moi, je poursuis dans cette tension la palme de l'appel céleste de Dieu dans le Christ Jésus.* Le Christ est la fin [97]. *La seule chose*, c'est celle qui est demandée par ces mots : *Seigneur, montre-nous le Père, et cela nous suffit* [98]. *La seule chose*, c'est aussi celle qui est demandée dans un autre psaume : *J'ai demandé une seule chose au Seigneur, c'est elle que je rechercherai* [99]. *Oublieux de ce qui est derrière moi, tendu vers ce qui est devant moi, j'ai demandé une seule chose au Seigneur, c'est elle que je rechercherai : habiter la maison du Seigneur tous les jours de ma vie.* Dans quel but ? *Pour contempler les délices du Seigneur* [100]. Là, je me réjouirai d'avoir un compagnon, je ne craindrai plus un adversaire ; là, celui qui contemplera avec moi sera un ami, non un calomniateur et un ennemi. Voilà ce que cet Idithun a désiré qu'on lui fît connaître tant qu'il était ici : il voulait savoir ce qui lui manquait, il voulait moins se réjouir de ce à quoi il était parvenu que désirer ce à quoi il n'était pas encore parvenu, et, après avoir déjà dépassé certains degrés, ne pas demeurer en chemin, mais être entraîné par le désir vers les réalités d'en-haut, jusqu'à dépasser tous les degrés, lui qui déjà en avait dépassé certains ; après avoir été humecté par les gouttes venues de la nuée des Écritures du Seigneur [101], il voulait, tel le cerf, arriver à la source de la vie [102], dans cette lumière voir la lumière [103], être caché dans le visage de Dieu loin des troubles des hommes [104], et, là, dire : Tout est bien, je ne veux rien de plus, ici j'aime tout le monde, ici je ne crains plus

---

104. Cf. Ps 30, 21.

ENARRATIONES IN PSALMOS

amo, neminem hic timeo. Bonum desiderium, sanctum desiderium. Qui iam hoc habetis, congaudete nobis, et orate ut perseueranter habeamus, ne inter scandala deficiamus. Nam et nos pro uobis hoc idem rogamus. Non enim et nos digni qui pro uobis oremus, et uos indigni qui pro nobis oretis. Auditoribus suis quibus praedicabat uerbum Dei se commendabat apostolus. Orate ergo pro nobis, fratres, ut et quod uidendum est bene uideamus et quod dicendum est bene dicamus. Ceterum hoc desiderium, noui, in paucis est, nec me optime intellegunt, nisi qui gustauerint unde loquor. Loquimur tamen omnibus et habentibus tale desiderium et nondum habentibus: habentibus, ut nobiscum in illa suspirent, non habentibus, ut pigritiam excutiant, ima transiliant, ad dulcedinem legis dominicae ueniant, non in delectationibus iniquorum remaneant. Narrant enim multa multi, et laudant multa multi, iniqua iniqui. Et reuera et illa iniqua habent delectationem, *sed non sicut lex tua, Domine.* Dicant ergo nobiscum qui credunt haec dicere et nos. Negotium enim hoc intus est, nullis uerbis ostendi potest. Sed qui hoc agit, credat esse et in alio : non solum se putet accepisse quod Dei

---

105. Cf. Col 4, 3. Voir de même *In Ep. Ioh.* 1, 8, *BA* 76, p. 86-87 : « L'apôtre dit au peuple : "En priant aussi pour nous". L'apôtre prie pour le peuple ; le peuple prie pour l'apôtre. Nous prions pour vous, mes frères ; mais, vous, de votre côté, priez pour nous. Que, réciproquement, tous les membres prient les uns pour les autres ; que la tête intercède pour tous. » Dans le *C. Petil.* 2, 105, 241 (*BA* 30, p. 548-551), Augustin fait appel à Col 4, 2-4 pour justifier, contre l'assertion contraire de Petilianus, la nécessité de prier pour le prêtre ou l'évêque : ne pas l'admettre reviendrait à se croire « plus juste que Paul, plus parfait que ce grand apôtre qui se recommandait aux prières de ceux qu'il instruisait ». Dans l'*In Ps.* 36, 2, 20, 3 (*BA* 58/B, p. 498-499), en réponse aux donatistes qui pensaient que seul le prêtre peut intercéder pour les fidèles, Augustin remarque : « Même les apôtres ont écrit aux communautés en leur demandant de prier pour eux… »

106. Ps 118, 85 : reprise du verset cité au § 2.

IN PSALMVM XXXVIII

personne. Voilà un bon désir, un saint désir. Vous qui l'avez déjà, réjouissez-vous avec nous, et priez pour que nous persévérions à l'avoir pour ne pas défaillir au milieu des scandales. Nous faisons pour vous la même prière. Car il n'est pas vrai que nous serions dignes de prier pour vous, et vous indignes de prier pour nous. L'Apôtre se recommandait aux prières des auditeurs à qui il prêchait la parole de Dieu[105]. Priez donc pour nous, frères, pour que nous voyions bien ce qu'il faut voir et disions bien ce qu'il faut dire. Mais ce désir, je le sais, n'est que dans un petit nombre, et seuls ceux qui ont goûté à ce dont je parle me comprennent pleinement. Nous parlons toutefois à tous, à ceux qui ont ce désir et à ceux qui ne l'ont pas encore ; à ceux qui l'ont pour qu'ils soupirent avec nous vers ces réalités, à ceux qui ne l'ont pas pour qu'ils secouent leur paresse, qu'ils dépassent ce qui est bas, qu'ils parviennent à goûter la douceur de la loi du Seigneur et n'en restent pas à ce qui fait les délices des hommes iniques. Beaucoup racontent bien des choses, beaucoup vantent bien des choses, et ce sont des iniquités quand ils sont iniques. À la vérité, ces iniquités ont aussi leurs plaisirs, *mais ils ne sont pas comparables à ta loi, Seigneur*[106]. Que le disent donc avec nous ceux qui croient que nous le disons ; car c'est là une affaire tout intérieure, aucune parole ne le peut manifester[107]. Mais que celui qui fait cela croie qu'il en va de même chez l'autre ; qu'il ne s'imagine pas être seul

---

107. Cf. *Conf.* 10, 3, 3, *BA* 14, p. 144-145 : « Comment savent-ils, à m'entendre parler moi-même de moi-même, si je dis vrai, puisqu'aussi bien nul ne "sait" parmi les hommes "ce qui se passe dans l'homme, si ce n'est l'esprit de l'homme qui est en lui" ? [...] Mais parce que "la charité croit tout", entre ceux-là du moins qu'à elle-même elle attache ensemble et rend "un", moi aussi Seigneur, encore une fois, c'est ainsi que je te dis ma confession, pour qu'entendent les hommes à qui je ne puis prouver si, oui ou non, je dis vrai ; mais ceux-là me croient qui ont pour moi des oreilles qu'ouvre la charité. »

ENARRATIONES IN PSALMOS

est. Dicat ergo in his Idithun: *Notum fac mihi, Domine, finem meum.*

7. *Et numerum dierum meorum qui est.* Numerum dierum quaero *qui est.* Sic possum dicere, sic possum intellegere numerum sine numero, quomodo possunt dici anni sine annis. Vbi enim anni, utique quasi numerus; sed tamen: *Tu idem ipse es, et anni tui non deficient.* Numerum dierum meorum mihi notum fac, sed *qui est.* Quid ergo? Iste numerus in quo tu es, non est? Plane, si adtendam bene, non est: si haeream, quasi est; si transiliam, non est: si ab istis me excutiens superna contempler, si transeuntia manentibus comparem, uideo quid uerum sit: quid autem magis uideatur esse quam sit? Dicturusne sum esse istos dies meos? Hos, inquam, dies esse dicturus sum, et tam magnum hoc uerbum, huic cursui rerum labentium temere dabo? Ita ergo ipse deficiens paene non sum, ut exciderit mihi qui dixit: *Ego sum qui sum.* Est ergo aliquis numerus dierum? Vere est et sine fine est. In his autem diebus dicam aliquid esse, si teneo de quo die me interrogas utrum sit; ut uel interroges me, tene unde me interrogas. Tenes diem istum? Si tenuisti hesternum, tenes et hodiernum. Sed hesternum, inquis, non teneo, quia iam non est: istum autem teneo in quo sum et qui mecum est. Itane de isto excidit tibi iam quantum a prima luce transierit? Nonne iste dies a prima hora coepit? Da mihi primam horam eius, da mihi et secundam eius, quia forte et ipsa transuolauit. Tertiam, inquis, dabo

---

108. Voir la note complémentaire 5: «Idithun entre l'être véritable et le non-être».

109. Ps 101, 28.

110. Ex 3, 14.

IN PSALMVM XXXVIII

à avoir reçu ce don de Dieu. Qu'Idithun dise donc en eux : *Fais-moi connaître ma fin, Seigneur.*

7. *Et le nombre de mes jours qui est.* Je cherche le nombre des jours *qui est*[108]. Je peux parler ainsi, je peux comprendre un nombre sans nombre, comme on peut parler d'années sans années. Car là où il y a années, il y a quasiment nombre ; pourtant il est dit : *Toi, tu es toujours le même, et tes années ne failliront pas*[109]. Fais-moi connaître le nombre de mes jours, mais celui *qui est.* Quoi donc ? Ce nombre dans lequel tu es ne serait pas ? En vérité, si j'y réfléchis bien, il n'est pas ; si je m'y arrête, il est en quelque sorte ; si je le dépasse, il n'est pas ; si je me dégage des réalités d'ici-bas pour contempler les réalités d'en-haut, si je compare ce qui passe à ce qui demeure, je vois ce qui est vraiment et ce qui paraît être plutôt qu'être vraiment. Vais-je dire que ces jours que je vis sont vraiment ? Oui, vais-dire que ce sont des jours, et vais-je donner de façon irréfléchie un nom aussi grand au flux rapide des choses ? Ainsi, moi qui suis presque défaillant, suis-je si près de n'être pas, que me soit sorti de la mémoire celui qui a dit : *Je suis celui qui suis*[110] ? Y a-t-il donc un nombre des jours ? En vérité, il y en a un, qui est sans fin. Mais dans nos jours présents, j'admettrai que quelque chose est, si je peux tenir ce jour dont tu me demandes s'il est ; du moins, pour m'interroger, il te faut tenir ce jour où tu m'interroges. Est-ce que tu le tiens, ce jour ? Si tu tiens celui d'hier, tu tiens aussi celui d'aujourd'hui. – Mais le jour d'hier, dis-tu, je ne le tiens pas, parce qu'il n'est plus ; en revanche, je tiens celui où je suis, qui est avec moi. Est-ce que le temps passé depuis le lever du jour ne t'échappe pas déjà ? Ce jour n'a-t-il pas commencé à la première heure ? Donne-moi la première heure, donne-moi aussi la seconde, parce que peut-être elle aussi s'est envolée. Je vais te donner la troisième, dis-tu, car c'est

ENARRATIONES IN PSALMOS

tibi; forte enim in ipsa nunc sumus. Certe ergo sunt isti dies et est tertia dies; et si tertiam dabis, non diem, sed horam dabis. Verumtamen ne hoc quidem tibi concedo, si mecum ista utcumque transilisti. Da mihi uel horam tertiam, ipsam mihi da in qua es. Si enim aliquid eius iam praeteriit, et aliquid eius adhuc restat; nec quod praeteriit mihi potes dare, quia iam non est; nec quod restat, quia nondum est. Quid mihi de hora ista quae nunc peragitur dabis? Quid de illa mihi dabis cui committam hoc uerbum ut dicam: *Est*? Cum dicis ipsum *est*, certe una syllaba est et momentum unum est, et tres litteras syllaba habet, in ipso ictu ad secundam huius uerbi litteram non peruenis, nisi prima finita fuerit; tertia non sonabit, nisi cum et secunda transierit. Quid mihi de hac una syllaba dabis? Et tenes dies, qui unam syllabam non tenes? Momentis transuolantibus cuncta rapiuntur, torrens rerum fluit; de quo torrente ille in uia bibit pro nobis qui iam exaltauit caput. Isti ergo dies non sunt, ante abeunt paene quam ueniant, et cum uenerint, stare non possunt; iungunt se, sequuntur se et non se tenent. Nihil de praeterito reuocatur; quod futurum est transiturum exspectatur; nondum habetur, dum non uenit; non tenetur, dum uenerit. *Numerum* ergo *dierum meorum qui est*: non istum qui non est et, quod me difficilius et periculosius perturbat, et est et non est; nec esse possumus dicere quod non stat, nec

---

111. Cf. *Conf.* 11, 15, 19-20.

112. Cf. Ps 109, 7. Augustin voit dans ce verset une image de la Pâque du Christ. Cf. *In Ps.* 109, 20, *BA* 66, p. 157 : «Boire à ce torrent, c'était pour lui naître et mourir. Naissance et mort, voilà ce qui caractérise le torrent. Cela, le Christ l'a assumé: il est né, il est mort; c'est ainsi qu'en chemin il boit au torrent.» Relever la tête est l'image de la résurrection. Sur cette interprétation, voir *BA* 66, p. 156, n. 139.

142

IN PSALMVM XXXVIII

peut-être celle où nous sommes présentement. Donc, assurément, ces jours sont, et il y a un troisième jour ; et si tu me donnes un troisième élément, ce sera non un jour, mais une heure. Cependant, cela même, je ne te l'accorde pas, si tu as un tant soit peu expérimenté avec moi ce dépassement. Donne-moi du moins la troisième heure, cette heure dans laquelle tu es. Si en effet une partie en est déjà passée, il en reste encore une partie ; tu ne peux me donner ce qui est déjà passé, parce que cela n'est plus, ni ce qui reste, parce que cela n'est pas encore. Que me donneras-tu de cette heure qui s'écoule maintenant ? Que me donneras-tu de cette heure à quoi je puisse appliquer le mot *est* ? Quand tu dis *est*, c'est une unique syllabe, un unique moment, et cette syllabe comporte trois lettres, et tu ne parviens pas d'un seul coup à la seconde lettre sans avoir fini la première ; la troisième ne s'entendra que lorsque la seconde aura passé. Que me donneras-tu de cette unique syllabe ? Peux-tu tenir un jour, si tu ne peux tenir une seule syllabe[111] ? Tout est emporté avec les moments qui s'envolent, le torrent des choses s'écoule ; c'est à ce torrent qu'a bu pour nous en chemin celui qui déjà a relevé la tête[112]. Donc ces jours-ci ne sont pas, ils s'en vont presque avant d'arriver, et quand ils sont arrivés, ils ne peuvent s'arrêter ; ils se joignent, se suivent et ne se maintiennent pas. On ne peut faire revenir rien du passé ; on attend un futur qui passera ; on ne l'a pas encore, tant qu'il n'est pas arrivé ; on ne le tient pas quand il est arrivé[113]. Donc, *le nombre de mes jours qui est* : non pas celui qui n'est pas, et qui, chose troublante, source de plus de difficulté et d'erreur, tout à la fois est et n'est pas ; nous ne pouvons dire qu'est ce qui ne s'arrête pas, ni que n'est pas ce qui

---

113. Cf. *Conf.* 11, 14, 17.

ENARRATIONES IN PSALMOS

non esse quod uenit et transit. Est illud simplex quaero,
est uerum quaero, est germanum quaero. Est quod est
in illa Ierusalem sponsa Domini mei, ubi non erit mors,
non erit defectus, non erit dies transiens, sed manens,
qui nec hesterno praeceditur nec crastino impellitur.
Hunc, inquam, *numerum dierum meorum qui est notum
mihi fac.*

8. *Vt sciam quid desit mihi.* Hoc enim mihi deest
hic laboranti; et quamdiu mihi deest, non me dico perfectum; quamdiu hoc non accipio, dico: *Non quia iam
acceperim aut iam perfectus sim; sequor autem ad palmam
supernae uocationis Dei.* Hanc accipiam pro mercede
cursus mei. Mansio quaedam erit finis currendi; et in
ipsa mansione patria sine peregrinatione, sine seditione,
sine tentatione. Ergo: *Notum fac mihi* hunc *numerum
dierum meorum qui est, ut sciam quid desit mihi,* quia
nondum ibi sum, ne superbiam ex eo in quo iam sum,
ut inueniar in illo non habens meam iustitiam. In comparatione enim illius quod est adtendens ista quae non ita
sunt, et plus mihi uidens deesse quam adesse, ero humilior ex eo quod deest quam elatior ex eo quod adest.
Nam qui putant se aliquid habere cum hic uiuunt,
superbiendo non accipiunt quod deest, quia magnum
putant esse quod adest; *qui enim putat se esse aliquid,*

---

114. Dieu est «ce qui est simplement», dans la mesure où «pour
lui, c'est la même chose d'être et d'être tout ce qui est dit de lui
respectivement à lui, comme "grand", "tout-puissant", "bon", et tout
ce qui peut être dit de tel au sujet de Dieu de manière appropriée»
(*Trin.* 7, 5, 10).

115. Cf. Ap 21, 4.

116. Ph 3, 12. 14. Cf. § 6. Voir la note complémentaire 6 :
«L'exemple de Paul en Ph 3, 12-15 », § 1 : «Le désir des réalités
d'en-haut».

117. Ph 3, 9. En Ph 3, 9, Paul oppose la justice qui vient de la Loi,
que l'homme peut attribuer à ses propres forces, à la justice par la foi
au Christ qui vient de Dieu. Augustin ne retient pas ici l'opposition

144

IN PSALMVM XXXVIII

arrive et passe. Je cherche ce qui est simplement[114], ce qui est vraiment, ce qui est purement. Ce qui est, dans cette Jérusalem qui est l'Épouse de mon Seigneur, où il n'y aura plus de mort[115], plus de défaillance, plus de jour qui passe mais le jour qui demeure, qui n'est pas précédé par un hier ni chassé par un demain. Oui, ce nombre de jours-là, *le nombre de mes jours qui est, fais-le moi connaître.*

8. *Pour que je sache ce qui me manque.* Car c'est cela qui me manque, tant que je peine ici-bas; et aussi longtemps que cela me manque, je ne peux me dire parfait; aussi longtemps que je ne le reçois pas, je dis: *Ce n'est pas que je l'aie déjà reçu ou que je sois déjà parfait; mais je poursuis la palme de l'appel céleste de Dieu*[116]. Voilà le prix que je recevrai pour ma course. Le terme de la course sera une demeure fixe; dans cette demeure est la patrie où il n'y a plus ni pérégrination ni trouble ni tentation. *Fais-moi donc connaître* ce *nombre de mes jours qui est, pour que je sache ce qui me manque*, car je ne suis pas encore là-bas; fais-le moi connaître pour que je ne m'enorgueillisse pas du point où je suis déjà, *afin d'être trouvé dans le Christ en n'ayant plus ma justice à moi*[117]. En effet, en considérant ce qui n'est pas par comparaison avec ce qui est vraiment, voyant qu'il me manque plus que je n'ai, je serai humble en raison de ce qui me manque plutôt que suffisant à cause de ce que j'ai. Car à ceux qui s'imaginent posséder quelque chose dans la vie présente, l'orgueil ne permet pas de recevoir ce qui leur manque, parce qu'ils s'imaginent que ce qu'ils ont est important; et *celui qui s'imagine être*

---

entre justice de la Loi et justice par la foi; il oppose l'orgueil de celui qui croit avoir atteint la justice parfaite à l'humilité de celui qui ne s'attribue pas sa propre justice et qui sait ce qui lui manque pour être parfait.

ENARRATIONES IN PSALMOS

cum nihil sit, semetipsum seducit. Nec isti ex hoc magni sunt ; nam et inflatio et tumor imitatur magnitudinem, sed non habet sanitatem.

v. 6 **9.** Iam ergo iste transiliens agens quiddam in corde occultum quod non nouit nisi qui pariter agit, tamquam noto sibi facto fine suo impetrans quod rogauit, noto sibi facto numero dierum suorum, non qui transit, sed qui est, adtendit ad haec quae transiliuit et comparauit notitiae superiori, et tamquam diceres ei : Quare desiderasti numerum dierum tuorum qui est ? Quid enim de diebus istis dicis ?, de illo alio adtendens haec ait : *Ecce ueteres posuisti dies meos.* Veterascunt enim hi, ego nouos uolo, nouos nunquam ueterascentes, ut dicam, *Vetera transierunt, ecce facta sunt noua*, nunc in spe, tunc in re. Innouati enim fide et spe quanta adhuc uetera agimus ! Non enim sic Christo induti sumus ut ex Adam iam nihil portemus. Videte ueterascentem Adam et innouari Christum in nobis : *Et si exterior*, inquit, *homo noster corrumpitur, sed interior renouatur de die in diem.* Ergo ad peccatum, ad mortalitatem, ad praeteruolantia tempora, ad gemitum et laborem et sudorem, ad aetates succedentes, non manentes, ab infantia usque ad senectutem sine sensu transeuntes, ad haec adtendentes, uideamus hic ueterem hominem, ueterem diem, uetus canticum, uetus testamentum. Conuersi autem ad interiorem, ad ea quae innouanda sunt, pro his quae immutabuntur, inueniamus

---

118. Ga 6, 3.

119. On trouve une opposition similaire entre *magnitudo* et *inflatio* ou *tumor* en *Ser.* 351, 1, 1 et *Ser.* 142, 5, 5 (= *Ser. Wilmart* 11, 5) : « La grandeur a la solidité, l'enflure n'a que le gonflement. »

120. 2 Co 5, 17.

121. À comparer à *Ep.* 140, 8, 22 : « Vous avez été vieux par le vieil homme, soyez nouveaux par l'homme nouveau : hommes par Adam, fils de l'homme par le Christ. »

IN PSALMVM XXXVIII

quelque chose quand il n'est rien se trompe lui-même[118].
Ces gens-là ne sont pas grands pour autant; car enflure
et gonflement[119] donnent l'impression de la grandeur,
mais sont malsains.

9. Ainsi, "Celui qui dépasse", portant en son cœur
une pensée secrète que connaît seulement celui qui
la porte également, a obtenu ce qu'il avait demandé,
quand sa fin lui est connue, quand le nombre de ses
jours – pas celui qui passe, mais celui qui est – lui est
connu; il a alors porté le regard vers ce qu'il a dépassé
et l'a comparé avec une connaissance supérieure, et,
comme si on lui demandait: "Pourquoi as-tu désiré le
nombre de tes jours qui est? Que dis-tu en effet des
jours présents?", portant le regard sur cet autre jour,
il dit: ***Voici que tu as fait vieillir mes jours.*** Car ils
vieillissent, ces jours que je voudrais nouveaux, nouveaux sans jamais de vieillissement, pour pouvoir dire:
Ce qui est vieux a passé, voici que c'est devenu neuf[120],
en espérance aujourd'hui, en réalité alors. En effet,
renouvelés par la foi et l'espérance, que de vieux comportements nous avons encore! Car nous n'avons pas
revêtu le Christ au point que nous ne portions plus rien
d'Adam. Voyez Adam vieillir et le Christ être renouvelé
en nous[121]: *Si notre homme extérieur se corrompt*, est-il
dit, *l'homme intérieur se renouvelle de jour en jour*[122].
Ainsi, en portant le regard sur le péché, sur la mortalité, sur les temps qui s'envolent, sur les gémissements,
le labeur et la sueur, sur les âges qui se succèdent sans
demeurer et passent insensiblement de la petite enfance
à la vieillesse, voyons là le vieil homme, le vieux jour, le
vieux cantique, le Vieux Testament. Mais tournés vers
l'homme intérieur, vers le nouveau qui doit être mis à
la place de ce qui est sujet au changement, trouvons

---

122. 2 Co 4, 16.

ENARRATIONES IN PSALMOS

hominem nouum, diem nouum, canticum nouum, testamentum nouum, et sic amemus istam nouitatem ut non ibi timeamus uetustatem. Nunc ergo in hoc cursu transimus a ueteribus ad noua; ipse transitus agitur cum corrumpuntur exteriora et innouantur interiora, donec etiam hoc ipsum quod exterius corrumpitur reddat debitum naturae, ueniat in mortem, renouetur et hoc in resurrectione. Tunc fient reuera omnia noua, reliqua quae nunc sunt in spe. Agis ergo aliquid nunc a ueteribus te exuendo et in noua currendo. In noua ergo currens iste et in ea quae ante sunt extentus: *Notum*, inquit, *Domine, fac mihi finem meum et numerum dierum meorum qui est, ut sciam quid desit mihi.* Ecce trahit adhuc Adam, et sic festinat ad Christum. *Ecce*, inquit, *ueteres posuisti dies meos.* Veteres dies ex Adam, ueteres illos posuisti; ueterascunt quotidie; et sic ueterascunt ut aliquando etiam consumantur. ***Et substantia mea tamquam nihil ante te.*** *Ante te*, Domine, tamquam nihil substantia mea, *ante te* qui uides hoc; et ego cum hoc uideo, *ante te* uideo, ante homines non uideo. Quid enim dicam? Quibus uerbis ostendam nihil esse quod sum in comparatione eius quod est? Sed intus dicitur, intus utcumque sentitur. *Ante te*, Domine, ubi oculi tui sunt, non ubi oculi humani sunt; quid ubi oculi tui sunt? *Substantia mea tamquam nihil.*

---

123. En *In Ioh.* 65, 1 (*BA* 74/A, p. 194-195), Augustin note que c'est la charité, c'est-à-dire «le commandement nouveau», qui fait de nous des hommes nouveaux : «Cette dilection nous renouvelle pour que nous soyons des hommes nouveaux, héritiers du Testament nouveau, chantres du cantique nouveau.» Voir aussi *In Ps.* 149, 1 : «Qui aime les choses de la terre chante le vieux cantique; celui qui veut chanter le cantique nouveau, qu'il aime les choses éternelles. Cet amour nouveau est aussi éternel : il est même toujours nouveau, parce qu'il ne vieillit jamais.»

IN PSALMVM XXXVIII

l'homme nouveau, le jour nouveau, le cantique nouveau, le Testament Nouveau, et aimons cette nouveauté sans plus craindre ce qui a vieilli[123]. Maintenant donc, dans le cours de cette vie, nous passons de l'ancien au nouveau; ce passage se fait quand ce qui est extérieur se corrompt, tandis que ce qui est intérieur se renouvelle, jusqu'à ce que cela même qui est extérieur et se corrompt paie la dette de la nature, arrive à la mort et connaisse le renouveau lors de la résurrection. Alors tout ce qui est maintenant nouveau en espérance en comparaison de ce qui est vraiment le deviendra en toute réalité. Tu fais donc quelque chose d'important maintenant, quand tu te dépouilles des choses anciennes et cours vers les nouvelles. C'est quand il courait vers les nouvelles et était tendu vers l'avant que le psalmiste a dit: *Fais-moi connaître ma fin, Seigneur, et le nombre de mes jours qui est, pour que je sache ce qui me manque.* Vois, il traîne encore Adam et se hâte ainsi vers le Christ. *Voici que tu as fait vieillir mes jours,* dit-il. Les vieux jours dus à Adam, tu les as fait vieillir; ils vieillissent chaque jour, et ils vieillissent au point même de disparaître. ***Et ma substance est comme rien devant toi***[124]. *Devant toi,* Seigneur, ma substance est comme rien, *devant toi* qui vois cela; et quand moi je le vois, c'est *devant toi* que je le vois, pas devant les hommes. Que puis-je dire en effet? Par quelles paroles montrer que ce que je suis n'est rien en comparaison de ce qui est? C'est intérieurement qu'on le dit, intérieurement qu'on le perçoit en quelque façon. *Devant toi,* Seigneur, où sont tes yeux et non les yeux des hommes; que voit-on, là où sont tes yeux? Que *ma substance est comme rien.*

---

124. Voir note complémentaire 5: «Idithun entre l'être véritable et le non-être», § 2: «L'Être de Dieu et le néant de l'homme».

ENARRATIONES IN PSALMOS

10. *Verumtamen uniuersa uanitas, omnis homo uiuens.* *Verumtamen*: quid enim dicebat? Iam ecce transiliui mortalia omnia et ima contempsi, calcaui terrena, ascendi ad delectationem legis Domini, fluctuaui in dispensatione numerorum dierum dominicorum, desideraui etiam finem illum cuius non est finis, desideraui numerum dierum meorum qui est, quia numerus dierum istorum non est; ecce iam talis sum, tanta transiliui, in ea quae stant sic inhio. *Verumtamen*, sic quomodo hic sum, quamdiu hic sum, quamdiu in hoc saeculo sum, quamdiu carnem mortalem porto, quamdiu tentatio uita humana est super terram, quamdiu inter scandala suspiro, quamdiu timeo ne cadam qui sto, quamdiu mihi incerta sunt et mala mea et bona mea, *uniuersa uanitas, omnis homo uiuens. Omnis*, inquam, et haerens et transiliens, et ipse Idithun ad uniuersam uanitatem adhuc pertinet, quia *omnia uanitas*, et *uanitas uanitantium*; *quae abundantia homini in omni labore suo quo ipse laborat sub sole?* Numquid et Idithun sub sole adhuc est? Habet aliquid sub sole, habet aliquid ultra solem. Sub sole habet euigilare, dormire, manducare, bibere, esurire, sitire, uigere, fatigari, puerascere, iuuenescere, senescere,

---

125. *Verumtamen* peut être utilisé pour reprendre le fil du discours après une digression. Les lignes suivantes résument le commentaire des versets précédents du psaume.

126. D'ordinaire, Augustin n'utilise *dies dominicus* que pour désigner le dimanche, parfois au sens symbolique: cela désigne le huitième jour qui est figure de l'éternité (*Ciu.* 22, 30, 5) ou de la résurrection (*In Ps.* 150, 1). Voir aussi *Ser.* 169, 2, 3: «La résurrection du Seigneur est pour nous la promesse du jour éternel et a consacré pour nous le jour du Seigneur. Il est appelé "jour du Seigneur", parce qu'il semble appartenir en propre au Seigneur, puisque le Seigneur a choisi ce jour-là pour ressusciter.» Sur la perplexité des copistes et des traducteurs, voir M. BOULDINGS, p. 180, n. 36.

127. Cf. Jb 7, 1.

128. Cf. 1 Co 10, 12: «Que celui qui se flatte d'être debout prenne garde de ne pas tomber.»

IN PSALMVM XXXVIII

10. *En vérité, oui, tout est vanité, tout homme vivant est vanité.* En vérité, oui : que disait-il, en effet[125] ? Voici que j'ai maintenant dépassé toutes les choses mortelles, j'ai méprisé ce qui est bas, foulé aux pieds le terrestre, je me suis élevé jusqu'aux délices de la loi du Seigneur, j'ai hésité à propos du nombre de ces jours que le Seigneur accorde[126], j'ai même désiré cette fin qui n'a pas de fin ; j'ai désiré le nombre de mes jours qui est, parce que le nombre des jours d'ici-bas n'est pas ; voilà ce que je suis maintenant, j'ai dépassé tant de choses, et j'aspire à celles qui sont stables et demeurent. *En vérité, oui,* tel que je suis aujourd'hui, tant que je suis ici-bas, tant que je suis en ce siècle, tant que je porte une chair mortelle, tant que la vie humaine sur la terre est tentation[127], tant que je soupire au milieu des scandales, tant que, bien qu'étant debout, je crains de tomber[128], tant que demeure incertain à mes yeux ce qui est pour moi le mauvais et le bon, *tout est vanité, tout homme vivant est vanité.* Oui, *tout homme,* celui qui s'arrête comme celui qui dépasse, et Idithun lui-même est encore maintenant touché par l'universelle vanité, parce *que tout est vanité* et *vanité de ceux qui recherchent la vanité*[129] ; *quelle abondance l'homme tire-t-il de toute la peine qu'il prend à peiner sous le soleil*[130] ? Est-ce qu'Idithun aussi est encore sous le soleil ? Il est en partie sous le soleil, en partie au-delà du soleil[131]. Sous le soleil, il doit veiller et dormir, manger et boire, avoir faim et soif, être en forme et fatigué, passer par l'enfance, la jeunesse et la

---

129. Sur cette version, voir *BA* 57/A, n. c. 17 : « *Vanitas uanitantium* ».

130. Cf. Qo 1, 2-3.

131. Il est « en partie sous le soleil », parce qu'il est assujetti au temps et parce qu'il en expérimente les vicissitudes ; mais il est aussi « en partie au-delà du soleil », parce que, déjà, il contemple les réalités éternelles et y trouve joie et stabilité.

151

ENARRATIONES IN PSALMOS

incerta habere quae optat et timet; haec omnia sub sole habet et ipse Idithun, etiam ipse transiliens eos. Vnde ergo transiliens? Ex illo desiderio: *Notum fac mihi, Domine, finem meum.* Hoc enim desiderium ultra solem est, non est sub sole. Sub sole omnia uisibilia: quidquid uisibile non est, sub sole non est. Non est uisibilis fides, non est uisibilis spes, non est uisibilis caritas, non est uisibilis benignitas, non est uisibilis postremo timor ille castus permanens in saeculum saeculi. In his omnibus dulcedinem habens consolationemque Idithun, et ultra solem conuersans, quia conuersatio eius in caelis est, ex his quae adhuc habet sub sole gemit et ista contemnit et dolet, in illa inardescit quae desiderat. Locutus est de illis, loquatur et de istis. Audistis concupiscenda, audite contemnenda. *Verumtamen uniuersa uanitas omnis homo uiuens.*

v. 7 **11. *Quamquam in imagine ambulat homo...*** In qua imagine, nisi illius qui dixit: *Faciamus hominem ad imaginem et similitudinem nostram? Quamquam in imagine ambulat homo.* Ideo enim *quamquam*, quia magnum aliquid imago haec. Et hoc *quamquam*, secutum est *tamen*, ut illud quod audistis *quamquam* ultra solem sit, hoc autem quod sequitur *tamen* sub sole sit, et illud pertineat ad ueritatem, hoc ad uanitatem. *Quamquam*

---

132. Cf. Ps 18, 10. Sur la crainte chaste, voir M.-F. BERROUARD, «Crainte servile et crainte chaste», *BA* 73/A, n. c. 35, p. 519-522; D. DIDEBERG, «Crainte et charité d'après l'exégèse augustinienne de 1 Ioh. 4, 18», *BA* 76, n. c. 32, p. 504-508.

133. Cf. Ph 3, 20.

IN PSALMVM XXXVIII

vieillesse, être dans l'incertitude devant ce qu'il désire et craint ; à tout cela est assujetti sous le soleil Idithun lui-même, même lui, "celui qui les dépasse". En quoi donc les dépasse-t-il ? Par le désir qu'il manifeste : *Fais-moi connaître ma fin, Seigneur.* Car l'objet de ce désir est au-delà du soleil, il n'est pas sous le soleil. Tout le visible est sous le soleil, l'invisible n'est pas sous le soleil. La foi n'est pas visible, l'espérance n'est pas visible, la charité n'est pas visible, la bonté n'est pas visible, cette chaste crainte[132] enfin qui demeure pour les siècles des siècles n'est pas visible. En tout cela, Idithun trouve douceur et consolation, et il vit au-delà du soleil, parce que sa vie est dans les cieux[133] ; en ce qu'il éprouve encore sous le soleil, il gémit, il méprise ces réalités, il souffre, il s'enflamme pour celles qu'il désire. Il a parlé de ces dernières, il lui faut aussi parler des premières. Vous avez entendu ce qui est à désirer, écoutez ce qui est à mépriser. *En vérité, oui, tout est vanité, tout homme vivant est vanité.*

11. *Quoique l'homme marche dans l'image...* Quelle image, sinon celle de Celui qui a dit : *Faisons l'homme à notre image et ressemblance*[134] ? *Quoique l'homme marche dans l'image. Quoique*, parce que cette image est quelque chose de grand. Et ce *quoique* est suivi d'un *cependant* ; ainsi, le *quoique* que vous avez entendu est au-delà du soleil, mais le *cependant* qui suit est sous le soleil, le premier est du ressort de la vérité, le second de la vanité. Donc, *quoique l'homme marche dans l'image,*

---

134. Gn 1, 26. Pour Origène (ORIG. *In Ps.* 38, 2, 1, *SC* 411, p. 370-373), l'image que mentionne Ps 38, 7 n'est pas l'image de Dieu, mais l'image du céleste ou l'image du terrestre, selon qu'il s'agit d'un juste ou d'un pécheur.

ENARRATIONES IN PSALMOS

ergo *in imagine ambulat homo,* **tamen uane conturbatur.** Audi conturbationem eius, et uide si non est uana, ut calces eam, transilias eam et habites in excelsis, ubi non est ista uanitas. Quae uanitas? **Thesaurizat et non cognoscit cui congregabit ea.** O insana uanitas! *Beatus cuius est Dominus spes eius, et non respexit inuanitates et insanias mendaces.* Delirare tibi uideor, auare, cum haec loquor, anicularia tibi uidentur haec uerba. Tu enim uidelicet homo magni consilii magnaeque prudentiae excogitas quotidie genera acquirendae pecuniae, de negotio, de agricultura, fortassis et de eloquio, de iuris consultatione, de militia, addis et de fenore. Homo cordatus nihil praetermittis omnino unde nummus super nummum et in occulto diligentius castigetur. Depraedaris hominem, caues depraedatorem; quod facis times ne patiaris, et in eo quod pateris non te corrigis. Sed non pateris; prudens enim homo es, bene seruas, non solum bene colligis, habes ubi ponas, cui committas, quomodo nihil pereat ex eo quod congregasti. Interrogo cor tuum, discutio prudentiam tuam. Ecce collegisti, ecce ita seruasti, ut nihil possis amittere eorum quae seruasti; dic mihi cui seruas? Non tecum ago, non commemoro, non exaggero quidquid aliud mali habet auaritia uanitatis tuae; hoc unum propono, hoc discutio, quod mihi dat occasio lectionis huius

---

135. L'opposition qu'Augustin remarque entre les deux parties du verset n'existe pas dans le texte hébreu, comme le manifestent les traductions contemporaines: «Rien qu'une ombre, l'humain qui va» (BJ); «Oui, l'homme va et vient comme un reflet» (littéralement: «image», ce qui est «peut-être une allusion négative et ironique à Gn 1, 27» selon la TOB). En *Trin.* 14, 4, 6 (*BA* 14, p. 358-359), Augustin souligne également l'opposition entre les deux parties du verset, tout en précisant que l'ordre pourrait en être inversé. Il voit en Ps 38, 7 l'indication que la déformation de l'image de Dieu en l'homme ne va pas jusqu'à la disparition de l'image et il conclut ainsi son commentaire: «Quelque grande qu'elle soit, la nature [de l'homme] a pu être viciée, parce qu'elle n'est pas la nature souveraine;

IN PSALMVM XXXVIII

cependant, il se trouble vainement[135]. Écoute ce qu'il en est de son trouble et vois s'il n'est pas vain ; tu pourras alors le fouler aux pieds, le dépasser, et habiter dans les hauteurs où cette vanité n'existe pas. De quelle vanité parle-t-on ? *Il thésaurise et ne sait pour qui il amassera cela.* Ô vanité insensée ! *Heureux l'homme dont le Seigneur est l'espérance et qui n'a pas de regard pour les vanités et les folies mensongères*[136]. Avare, il te semble que je délire quand je dis cela, cela te semble un radotage de vieille femme. Car toi, qui es apparemment un homme de grand jugement et de grande prudence, tu imagines chaque jour des moyens d'acquérir de l'argent, par le commerce, l'agriculture, peut-être aussi par l'éloquence, le droit, l'armée, voire l'usure. En homme avisé, tu n'omets absolument rien pour entasser les écus et les resserrer[137] avec soin en lieu sûr. Tu voles, tu crains le voleur ; ce que tu fais, tu crains de le subir, et quand tu le subis, cela ne te corrige pas. Mais tu ne le subis pas, n'est-ce pas ? Car tu es un homme prudent, tu sais bien conserver, pas seulement bien amasser ; tu sais où placer ton bien, à qui le confier, le moyen de ne rien perdre de ce que tu as accumulé. J'interroge ton cœur, j'examine ta prudence. C'est fait, tu as amassé, tu as conservé de façon à ne rien perdre de ce que tu as conservé. Dis-moi pour qui tu le conserves. Tout ce que comporte par ailleurs de mauvais ta vaine avarice, je ne l'aborde pas, je ne le mentionne pas, je ne le grossis pas. Ma seule question, la seule que j'examine est celle dont la lecture qu'on a faite de ce psaume me donne l'occasion de poser. Ainsi,

---

cependant, bien qu'elle ait pu être viciée parce qu'elle n'est pas la nature souveraine, comme elle est ordonnée à la nature souveraine et qu'elle peut la posséder par participation, elle est une grande nature. »

136. Ps 39, 5.

137. *Castigetur* est fautif ; certains manuscrits ont *congregetur, collocetur* ou encore *acquiratur,* toutes tentatives pour corriger le texte.

ENARRATIONES IN PSALMOS

psalmi. Prorsus colligis, thesaurizas. Non dico: Ne forte dum colligis, colligaris; non dico: Ne forte cum uis esse praedo, sis praeda. Hoc apertius eloquar; fortassis enim caecus auaritia non audisti aut intellexisti. Non dico, inquam: Ne forte cum uis esse praedo minoris, sis praeda maioris; non enim sentis esse te in mari nec cernis minores pisces a maioribus deuorari. Non dico ista, non dico difficultates et pericula in ipsa conquisitione pecuniae, quanta patiantur qui eam colligunt, quam in omnibus periclitentur, in omnibus paene mortem uideant; transeo haec omnia. Prorsus colligis nullo contradicente, seruas nullo auferente; excute cor tuum ac prudentiam tantam qua me derides, qua me insipientem putas haec loquentem et dic mihi: Thesaurizas; cui congregabis ea? Video quid uelis dicere, quasi quod uis dicere huic non occurrerit; dicturus es: Filiis meis seruo. Haec est uox pietatis excusatio iniquitatis: Filiis meis, inquis, seruo. Etiam, seruas filiis tuis. Itane hoc non nouerat Idithun? Nouerat ea plane, sed in diebus ueteribus computabat et ideo contemnebat quia ad nouos dies festinabat.

12. Nam ecce discutio te cum filiis tuis. Seruas transiturus transituris, immo uero transiens transeuntibus. Nam transiturum te sic dixi, quasi nunc maneas. Ipsum hodie ex quo loqui coepimus usque ad hoc momentum, sentis quia senuimus? Neque enim cernis et incrementa

---

138. Cf. *In Ps.* 64, 9; *In Ps.* 76, 20; *Ser. Dolbeau* 16, 16.

IN PSALMVM XXXVIII

tu amasses, tu thésaurises. Je ne dis pas : Attention à n'être pas ramassé en amassant ; je ne dis pas : Attention à n'être pas la proie en voulant être prédateur. Je vais m'exprimer plus clairement, car peut-être qu'aveuglé par l'avarice tu n'as pas entendu ou pas compris. Je ne dis pas : Attention à n'être pas la proie d'un plus fort en voulant être le prédateur d'un plus faible, car tu ne t'aperçois pas que tu es dans la mer et tu ne vois pas que les petits poissons sont dévorés par les gros[138]. Je ne dis pas cela, je ne parle pas des difficultés et des périls que l'on rencontre quand on cherche l'argent, de tout ce que souffrent ceux qui l'amassent, comment ils rencontrent partout des dangers, affrontent pratiquement partout la mort ; je passe sur tout cela. Ainsi, tu amasses sans personne qui te résiste, tu conserves sans personne qui te prenne ; examine ton cœur et la grande prudence du haut de laquelle tu me railles et penses que je parle en insensé, et réponds-moi. Tu thésaurises, pour qui amasseras-tu cela ? Je vois ce que tu veux dire, t'imaginant que ce que tu veux dire n'est pas venu à l'esprit du psalmiste ; tu vas dire : "Je le conserve pour mes enfants." Cette parole d'amour paternel sert d'excuse à l'iniquité : "Je le garde pour mes enfants", dis-tu. D'accord, tu le gardes pour tes enfants. Cela, Idithun ne le savait-il pas ? Il le savait, évidemment, mais il le portait au compte des vieux jours et le méprisait, parce qu'il se hâtait vers les jours nouveaux.

12. Bien, j'examine ton attitude vis-à-vis de tes enfants. Tu vas passer et tu conserves pour des êtres qui passeront, ou plutôt, tu passes et conserves pour des êtres qui passent. Car j'ai dit que tu passerais, comme si maintenant tu demeurais. Aujourd'hui même, depuis que nous avons commencé à parler jusqu'au moment présent, est-ce que tu sens que nous avons vieilli ? Tu ne vois pas non plus la croissance de tes cheveux ; et

ENARRATIONES IN PSALMOS

capillorum tuorum; et nunc cum stas, cum hic es, cum agis aliquid, cum loqueris, in te crescunt capilli tui; neque enim repente creuerunt, ut tonsorem quaereres. Agitur ergo aetas transuolans et in intellegentibus et non sentientibus et in aliud male occupatis. Transis tu et seruas transeunti filio tuo. Primo hoc a te quaero: Scis eum possessurum cui seruas? Aut si nondum natus est, scis nasciturum? Seruas filiis, incertum est an futuris an possessuris, nec reponis thesaurum ubi reponendus est. Non enim Dominus tuus seruo suo tale consilium daret ut peculium suum perderet. Peculiosus seruus es cuiusdam magni patris familias. Quod amas et quod habes ipse tibi dedit, et non uult ut perdas quod tibi dedit, qui et seipsum tibi dabit. Sed nec hoc, inquam, quod tibi ad tempus dedit uult ut perdas. Multum est, exuberat, supergreditur uires necessitatis tuae, iam certe superfluum deputatur; nec hoc uolo ut perdas, ait Dominus tuus. Et quid facio? Migra, ubi posuisti non est tutus locus. Certe seruire uis auaritiae: uide ne forte et ipsi auaritiae congruat consilium meum. Habere enim uis quod habes et non perdere; ostendo tibi locum ubi ponas. Ne thesaurizes in terra, nesciens cui congreges ea et postea quemadmodum consumpturus sit qui possidebit, qui tenebit. Forte enim possessus possidebit et quod a te habebit non tenebit. Forte cum ei seruas, antequam ille ueniat tu perdes. Sollicitudini tuae consilium do: *Thesaurizate uobis thesaurum in caelo*. Hic in terra si uelles seruare diuitias, quaereres

---

139. À comparer à *Ser.* 86, 8, 9, où Augustin rétorque à ceux qui veulent garder leur bien en vue de l'avenir : « "Mes fils le posséderont", dit-il. Cela est incertain ; je ne dis pas : cela est faux ; mais : ce que tu auras fait est incertain. »

140. *Dominus* : le Seigneur, mais aussi le maître du domaine.

141. Mt 6, 20.

IN PSALMVM XXXVIII

quand tu es là maintenant, que tu te tiens ici, que tu fais quelque chose, que tu parles, tes cheveux poussent ; ce n'est pas une brusque croissance qui te ferait aller chez le coiffeur. Donc, le temps s'envole pour ceux qui le comprennent et pour ceux qui n'en ont pas conscience parce qu'ils sont fort occupés à autre chose. Tu passes, et tu conserves pour ton fils qui passe. D'abord, je te pose la question : Sais-tu si celui pour qui tu conserves le possédera[139] ? Et s'il n'est pas encore né, sais-tu s'il naîtra ? Tu conserves pour des enfants dont tu ne sais ni s'ils existeront ni s'ils posséderont, et tu ne places pas ton trésor où il faut le placer. Car ton Seigneur[140] ne donnerait pas à son serviteur un conseil qui lui ferait perdre son pécule. Tu es le serviteur d'un grand propriétaire et tu as un pécule. C'est lui qui t'a donné ce que tu aimes et ce que tu as, et il ne veut pas que tu perdes ce qu'il t'a donné, lui qui va se donner lui-même à toi. Non, je te le dis, même ce qu'il t'a donné pour un temps, il ne veut pas que tu le perdes. C'est beaucoup, surabondant, cela dépasse de beaucoup ce dont tu as besoin, et peut même être considéré comme excessif ; même cela, je ne veux pas que tu le perdes, dit ton Seigneur. – "Que ferai-je ?" – Change-le de place, car l'endroit où tu l'as placé n'est pas sûr. Tu veux certainement servir ton avarice : vois si par hasard mon conseil n'est pas en accord avec ton avarice. Tu veux en effet avoir ce que tu as et ne pas le perdre ; je te montre l'endroit où le placer. Ne thésaurise pas sur la terre, où tu ne sais pour qui tu le conserves ni comment par la suite le dépensera celui qui le possédera, qui le tiendra. Peut-être que celui qui l'aura en main sera lui-même aux mains d'un autre et ne pourra maintenir ce qu'il aura reçu de toi. Peut-être que tu le lui conserves, mais que tu le perdras avant qu'il ne vienne. Je donne un conseil à ton inquiétude : *Thésaurisez-vous un trésor dans le ciel*[141]. Ici, sur la terre, si tu voulais conserver des richesses, tu chercherais un

ENARRATIONES IN PSALMOS

horreum; forte non crederes domui tuae propter domesticos tuos, commendares ad uicum argentarium; difficilis est enim ibi casus, fur non facile accedit, bene omnia seruantur. Quare ista cogitas, nisi quia non habes melius ubi serues? Quid si dabo melius? Dicam tibi: Noli commendare huic minus idoneo, sed est quidam idoneus, illi commenda; habet magna horrea ubi perire non possint diuitiae; magnus super omnes diuites diues est. Iam forte dicturus es: Et quando audeo tali commendare? Quid si ipse te hortatur? Agnosce illum, non solum pater familias est, sed et Dominus tuus est. Nolo, inquit, serue meus, perdas peculium tuum, agnosce ubi ponas; quare ibi ponis ubi possis amittere, ubi etsi non amittas, ibi permanere perpetuo tu non potes? Est alius locus, quo te transferam. Praecedat te quod habes. Noli timere ne perdas: dator ego eram, custos ego ero. Dicit tibi hoc Dominus tuus: fidem tuam interroga, uide si uelis illi credere. Dicturus es: Perditum habeo quod non uideo, hic illud uolo uidere. Dum uis hic uidere, nec hic uidebis et ibi nihil habebis. Nescio quos thesauros habes absconditos in terra; cum procedis, non eos tecum portas. Venisti ad audiendum sermonem, ad colligendas interiores diuitias, cogitas de exterioribus: numquid eas huc tecum adduxisti? Ecce nec nunc eas uides. Credis te habere in domo quod scis te posuisse; numquid scis te non perdidisse? Quam multi redierunt ad domos suas et quod posuerant non inuenerunt! Hinc fortasse expauerunt corda cupidorum

---

142. Augustin oppose de même richesses extérieures et intérieures en *Ser.* 36, 8: «Pourquoi donc cherches-tu des richesses qui ne flattent que les yeux de l'homme, que les yeux du corps? L'or brille, mais la foi brille davantage. Choisis ce que tu dois avoir dans le cœur. Sois riche à l'intérieur, là où Dieu voit tes richesses, alors que l'homme ne les voit pas.»

IN PSALMVM XXXVIII

entrepôt ; peut-être que tu n'aurais pas confiance dans ta propre maison, à cause de tes domestiques, et que tu irais au quartier des banquiers les déposer ; car là, il est difficile qu'arrive un accident, les voleurs n'y pénètrent pas facilement, tout est bien gardé. Pourquoi cette pensée, sinon parce que tu ne connais pas d'endroit plus sûr pour conserver tes richesses ? Et si je t'en indiquais un autre ? Je te dirai donc : Ne les confie pas à quelqu'un qui n'est pas qualifié ; il y a quelqu'un de qualifié, confie-les lui ; il a de grands entrepôts où les richesses ne peuvent se perdre ; il est riche, plus que tous les riches. Peut-être diras-tu : "Et comment oserai-je confier mes biens à un tel homme ?" Et si c'est lui qui t'y engage ? Reconnais-le : ce n'est pas seulement un propriétaire, mais il est ton Seigneur. "Je ne veux pas que tu perdes ton pécule, ô mon serviteur, dit-il ; rends-toi compte de l'endroit où tu le places ; pourquoi le places-tu là où tu peux le perdre et là où, même si tu ne le perds pas, tu ne peux toi-même demeurer toujours ? Il y a un autre endroit où je vais te transférer ; que ton bien t'y précède. Ne crains pas de le perdre : c'est moi qui te l'avais donné, c'est moi qui en serai le gardien." Voilà ce que dit ton Seigneur ; interroge ta foi, vois si tu veux lui faire confiance. Tu vas dire : "Ce que je ne vois pas, je le considère comme perdu ; c'est ici que je veux voir mon bien." En voulant le voir ici, d'abord tu ne le verras pas ici, et tu n'auras rien là-bas. Tu as je ne sais quels trésors cachés sur la terre ; tu ne les emportes pas avec toi quand tu sors. Tu es venu pour écouter le sermon, pour amasser des richesses intérieures ; tu penses à tes richesses extérieures[142], mais les as-tu apportées ici avec toi ? Voilà, même maintenant, tu ne les vois pas. Tu crois les avoir à la maison, parce que tu sais les y avoir déposées ; mais sais-tu si tu ne les as pas perdues ? Nombreux sont ceux qui sont rentrés chez eux et n'y ont plus trouvé ce qu'ils y avaient déposé ! Peut-être que mes paroles ont semé la frayeur dans le cœur de

161

ENARRATIONES IN PSALMOS

et, quoniam dixi multos saepe ad domum suam rediisse et quod posuerant non inuenisse, dixit quisque in corde suo : Absit, episcope ! Bonum opta, ora pro nobis ; absit ut contingat, absit ut ita fiat ! Credo in Deum, quoniam quod posui saluum inuenio. Credis in Deum et non credis ipsi Deo ? Credo in Christum, quia saluum erit quod posui, nemo accedet, nemo auferet. Securus uis esse credendo in Christum, ut nihil perdas de domo tua ; securus eris potius credendo Christo, ut ibi ponas ubi consilium dedit. An securus es de seruo tuo et sollicitus es de Domino tuo ? Securus es de domo tua et sollicitus de caelo ? Sed ego, inquis, quomodo pono in caelo ? Dedi tibi consilium : ubi dico, pone. Quomodo perueniat ad caelum, nolo scias. Pone in manibus pauperum, da egentibus ; quid ad te quomodo perueniat ? Non perducam quod ego accipio ? An oblitus es : *Cum uni ex minimis meis fecistis, mihi fecistis* ? Si haberet quispiam amicus tuus quosdam lacus uel cisternas et quaeque receptacula fabricarum ad seruandum aliquem liquorem uel uini uel olei, quaereres ubi absconderes uel seruares fructus tuos, et diceret tibi : "Ego tibi seruo", haberetque ad illa receptacula occultos canales quosdam transitusque, ut per hos clanculo iret quod palam funderetur, et diceret tibi : "Quod habes, hic funde", uideres autem tu non esse

---

143. Mt 25, 40.

144. Le cas concret évoqué ici par Augustin est celui d'un petit producteur de vin ou d'huile dont les capacités de stockage sont d'ordinaire limitées : la production d'une saison le plus souvent, qui tient dans des cuves reliées au pressoir. En cas de surproduction, il peut faire appel au propriétaire d'une vaste installation viticole ou oléicole qui faisait le commerce du vin ou de l'huile. On a fouillé des installations de ce type en Afrique proconsulaire ou en Numidie : cf. J.-P. Brun, *Archéologie du vin et de l'huile dans l'Empire romain*, Paris, 2004, p. 199-229 (en particulier p. 210-211 ; 227) et p. 234-235. Une entreprise des environs de Sphax comportait des cuves

162

IN PSALMVM XXXVIII

ceux qui sont cupides, et, parce que j'ai dit que beaucoup étaient souvent revenus chez eux sans retrouver ce qu'ils y avaient déposé, chacun s'est dit en son cœur: "À Dieu ne plaise, évêque! Souhaite-nous du bien, prie pour nous; que cela n'arrive pas, qu'il n'en soit pas ainsi! Je crois en Dieu, je crois qu'il va me faire retrouver intact ce que j'y ai placé." Tu crois en Dieu, et tu ne fais pas confiance à ce même Dieu? "Je crois au Christ, je crois qu'il va me faire retrouver intact ce que j'ai placé à la maison, que personne n'y accédera, que personne ne le prendra." Tu veux par ta foi au Christ être sûr que tu ne perdras rien de ce qui est chez toi; mais tu seras plus sûr si tu fais confiance au Christ en plaçant tes richesses là où il t'a conseillé de le faire. À moins que tu ne sois sûr de ton serviteur et suspicieux à l'égard de ton Seigneur? Sûr de ta maison et suspicieux à l'égard du ciel? "Mais, dis-tu, comment placer mon bien au ciel?" – Je t'ai donné un conseil; place-le où je te dis. Comment il arrivera au ciel, je ne veux pas que tu le saches. Place-le dans les mains des pauvres, donne-le aux indigents; que t'importe la façon dont il arrive au ciel? N'y porterai-je pas ce que je reçois? As-tu oublié cette parole: *Quand vous l'avez fait au plus petit des miens, c'est à moi que vous l'avez fait*[143]? Si un de tes amis avait des cuves ou des citernes et un réservoir quelconque où conserver un liquide, vin ou huile[144], que tu lui demandais où abriter ou entreposer ta production, et qu'il te dise: "Je vais te la conserver"; s'il avait des tuyaux et conduits invisibles reliés à ces réservoirs pour y conduire de façon cachée le liquide qui y serait versé sous tes yeux, s'il te disait: "Verse ici ce que tu as", mais que tu voyais que ce n'est

---

enterrées pouvant contenir 250 hl, et des rigoles allant du pressoir aux cuves qui font penser aux *canales* dont parle ici Augustin.

163

ENARRATIONES IN PSALMOS

illum locum ubi ponere cogitabas et timeres fundere, ille qui sciret machinamenta quaedam occulta locorum suorum, non tibi diceret: "Funde securus, hinc illuc peruenit; non uides qua, sed crede mihi, qui fabricaui"? Fabricauit enim per quem facta sunt omnia mansiones omnibus nobis: illuc uult praecedere quod habemus, ne hoc in terra perdamus. Cum autem seruaueris in terra, dic mihi cui congregabis ea? Filios habes: unum plus numera et da aliquid et Christo. *Thesaurizat et non cognoscit cui congregabit ea. Vane conturbatur.*

v. 8   **13. *Et nunc***, quando, inquit iste Idithun respiciens uanitatem quamdam, suspiciens ueritatem quamdam, in medio positus quiddam sub se habens, quiddam supra se – sub se habet unde transiliuit, supra se habet quo se extendit – *et nunc*, ait, quando quiddam transiliui, quando multa calcaui, quando temporalibus iam non teneor, nondum sum perfectus, nondum accepi. *Spe enim salui facti sumus: spes autem quae uidetur, non est spes. Quod enim uidet quis, quid sperat? Si autem quod non uidemus speramus, per patientiam exspectamus.* Ergo: *Et nunc **quae est exspectatio mea? Nonne Dominus?*** Ipse est exspectatio mea qui dedit omnia ista quae contemnam; ipse mihi dabit et se, qui est super omnia et per quem facta sunt omnia et a quo factus sum inter omnia, ipse est exspectatio mea Dominus. Videtis Idithun, fratres, uidetis quomodo exspectet. Nemo ergo se dicat perfectum hic; decipit se, fallit se, seducit se, non potest hic habere perfectionem. Et

---

145. Voir de même *Ser.* 86, 11, 13 : Augustin invite ses auditeurs à supposer qu'ils ont un enfant de plus et à donner la part correspondante au Christ.

146. Allusion à Ph 3, 12, cité dans les § 6 et 8. Voir note complémentaire 6 : «L'exemple de Paul en Ph 3, 12-15 », § 1 : «Le désir des réalités d'en-haut».

147. Ro 8, 24-25.

IN PSALMVM XXXVIII

pas l'endroit où tu pensais le mettre et craignais de le verser, celui qui connaîtrait les installations cachées de ses réservoirs ne te dirait-il pas : "Verse en toute sécurité ; d'ici, cela parvient là ; tu ne vois pas où, mais fais-moi confiance, c'est moi qui l'ai construit" ? Celui qui a fait toutes choses nous a construit à tous des demeures ; c'est là qu'il veut que nous précède ce que nous possédons, pour que nous ne le perdions pas sur terre. Mais si tu le conserves sur terre, dis-moi pour qui tu l'amasseras ? Tu as des enfants ; tu n'as qu'à en compter un de plus et donner aussi quelque chose au Christ[145]. *Il thésaurise et ne sait pour qui il amassera cela. Il se trouble vainement.*

13. *Et maintenant*, dit cet Idithun, qui regarde derrière lui et voit une certaine vanité, qui regarde vers le haut et voit une certaine vérité, qui se trouve au milieu, avec quelque chose sous lui et quelque chose au-dessus de lui – il a sous lui ce qu'il a dépassé, il a au-dessus de lui ce vers quoi il tend – ; *et maintenant*, dit-il, maintenant que j'ai dépassé un certain degré, que j'ai foulé aux pieds bien des choses, que je ne suis plus prisonnier des choses temporelles, je ne suis pas encore parfait, je n'ai pas encore reçu ce que je désire[146]. *Car c'est en espérance que nous avons été sauvés ; or, si l'on voit ce que l'on espère, il n'y a plus d'espérance. Ce que l'on voit, pourquoi l'espérer ? Mais si nous espérons ce que nous ne voyons pas, nous l'attendons dans la patience*[147]. Donc, et maintenant, **quelle est mon attente ? N'est-ce pas le Seigneur ?** Mon attente, c'est Celui qui m'a donné ce dont je fais peu de cas ; il se donnera lui-même à moi, lui qui est au-dessus de tout, lui par qui tout a été fait, par qui j'ai été fait dans ce tout, c'est lui mon attente, le Seigneur. Vous voyez Idithun, mes frères, vous voyez quelle est son attente. Que nul ici-bas ne se dise parfait ; qui le fait s'abuse, il se trompe, il s'égare, il ne peut avoir ici la perfection. Que gagne-t-il à perdre l'humilité ?

ENARRATIONES IN PSALMOS

quid prodest quia perdit humilitatem? *Et nunc quae est exspectatio mea? Nonne Dominus?* Cum uenerit, iam non exspectatur; tunc erit illa perfectio; nunc autem quantumcumque transilierit Idithun, adhuc exspectat. *Et substantia mea ante te est semper.* Iam proficiens, iam ad ipsum tendens et esse aliquantum incipiens, ante te est semper substantia mea. Substantia autem ista et ante homines est. Aurum habes, argentum habes, mancipia, praedia, arbores, pecora, seruos; haec uideri et ab hominibus possunt. Est quaedam substantia ante te semper: *Et substantia mea ante te est semper.*

v. 9 **14. *Ab omnibus iniquitatibus meis erue me.*** Multa transiliui, multa quidem transiliui, sed *si dixerimus quia peccatum non habemus, nos ipsos decipimus, et ueritas in nobis non est.* Multa transiliui, sed adhuc tundo pectus et dico: *Dimitte nobis debita nostra, sicut et nos dimittimus debitoribus nostris.* Tu ergo exspectatio mea, finis meus: *Finis enim legis Christus ad iustitiam omni credenti.* *Ab omnibus*, non solum ab eis, ne reuoluar in ea quae transiliui, sed ab omnibus omnino propter quae mihi modo pectus tundens dico: *Dimitte nobis debita nostra.* *Ab omnibus iniquitatibus meis erue me*, ita sapientem et tenentem quod ait apostolus: *Quotquot ergo perfecti sumus hoc sapiamus.* Cum enim se diceret nondum esse perfectum, ibi continuo secutus ait: *Quotquot ergo perfecti sumus hoc sapiamus.* Quid est: *Quotquot perfecti*

---

148. *Substantia* a ici le sens de «biens, richesse, fortune», alors que, à la fin du § 9, *substantia mea* était équivalent à *quod sum* et désignait donc la «substance».

149. Énumération analogue dans *In Ioh.* 8, 4; *In Ps.* 32, 2, 2, 15; *In Ps.* 48, 2, 7; *Ser. Denis* 21, 5 (= 15A).

150. 1 Jn 1, 8.

151. Mt 6, 12.

152. Ro 10, 4.

166

IN PSALMVM XXXVIII

Et maintenant, quelle est mon attente? N'est-ce pas le Seigneur? Quand il sera venu, on ne l'attendra plus ; alors la perfection existera ; mais maintenant, quels que soient les degrés qu'a dépassés Idithun, il attend encore. ***Et ce que je possède est toujours devant toi***[148]. Parce que déjà je progresse, que je tends vers toi, et que je commence à être quelque peu, devant toi toujours est ce que je possède. Mais ici, ce que l'on possède est aussi devant les hommes. Tu as de l'or, tu as de l'argent, des propriétés, des terres, des arbres, du bétail, des serviteurs[149] ; cela, les hommes aussi peuvent le voir. Mais il y a un genre de possessions qui est toujours devant toi : *Et ce que je possède est toujours devant toi.*

14. ***De toutes mes iniquités délivre-moi.*** J'ai dépassé bien des choses, j'ai dépassé bien des choses, en vérité, mais *si nous disons que nous n'avons pas de péché, nous nous trompons nous-mêmes, et la vérité n'est pas en nous*[150]. J'ai dépassé bien des choses, mais je me frappe encore la poitrine en disant: *Remets-nous nos dettes comme nous les remettons aussi à nos débiteurs*[151]. Ainsi, tu es mon attente, tu es ma fin : *Car la fin de la Loi est le Christ pour la justification de tout croyant*[152]. Délivre-moi de *toutes* mes iniquités, pas seulement de celles que j'ai dépassées, pour que je n'y retombe pas, mais absolument de toutes celles pour lesquelles je me frappe maintenant la poitrine en disant: *Remets-nous nos dettes. De toutes mes iniquités délivre-moi*, moi qui comprends et tiens pour vrai ce que dit l'Apôtre : *Nous tous qui sommes des parfaits, comprenons cela*[153]. Bien qu'en effet il ait dit n'être pas encore parfait, il continue en disant immédiatement: *Nous tous qui sommes des parfaits, comprenons cela.* Que veut dire *nous tous qui*

---

153. Ph 3, 15. Voir note complémentaire 6 : « L'exemple de Paul en Ph 3, 12-15 », § 2 : « Parfait parce que je sais cela même qui me manque ».

ENARRATIONES IN PSALMOS

sumus? Iam dudum tu dixeras: *Non quia iam acceperim, aut iam perfectus sim.* Sequere ordinem dictorum. *Vnum autem, quae retro oblitus, in ea quae ante sunt extentus, secundum intentionem sequor, ad palmam supernae uocationis Dei in Christo Iesu.* Ideo nondum perfectus quia sequitur ad palmam supernae uocationis Dei, quam nondum inuenit, ad quam nondum peruenit. Si autem non est perfectus, quia non illuc peruenit, quis nostrum perfectus est? Tamen sequitur et ait: *Quotquot enim perfecti hoc sapiamus.* Tu non es perfectus, o apostole, et nos perfecti? Sed excidit uobis quia se modo perfectum dixit? Non enim ait: Quotquot perfecti hoc sapiatis; sed: *Quotquot*, inquit, *perfecti, hoc sapiamus*: cum paulo ante dixisset: *Non quia iam acceperim aut iam perfectus sim.* Aliter ergo hic non potes esse perfectus, nisi scias hic te non esse posse perfectum. Haec ergo erit perfectio tua, sic te quaedam transilisse ut ad quaedam properes, sic quaedam te transilisse ut restet aliud ad quod omnibus transactis transiliendum est. Haec tuta fides est. Nam quisquis se iam peruenisse putat in alto se ponit, ut cadat.

15. Quia ergo ita sapio, quia me et imperfectum dico et perfectum, imperfectum quidem, quia nondum aliquid accepi quod uolo, perfectum autem, quia scio hoc ipsum quod mihi desit; quia ergo sic sapio, quia humana contemno, quia laetari in rebus pereuntibus nolo, quia irrideor ab auaro iactante se quod sit prudens et me irridente quod desipiam, quia sic ago, quia hanc uiam carpo: ***Opprobrium***, inquit, ***insipienti dedisti me.***

---

154. Ph 3, 12-14.

IN PSALMVM XXXVIII

sommes des parfaits? Tu venais de dire : *Ce n'est pas que j'aie déjà atteint ou que je sois déjà parfait.* Suis l'ordre de ses paroles. *Une seule chose,* dit-il ; *oublieux de ce qui est derrière moi, tendu vers ce qui est devant moi, je poursuis dans cette tension la palme de l'appel céleste de Dieu dans le Christ Jésus*[154]. Il n'est pas encore parfait pour la raison qu'il poursuit la palme de l'appel céleste de Dieu, qu'il n'a pas encore atteinte, à laquelle il n'est pas encore parvenu. Or, s'il n'est pas parfait parce qu'il n'y est pas encore parvenu, qui d'entre nous est parfait ? Il continue pourtant en disant : *Nous tous qui sommes des parfaits, comprenons cela.* Tu n'es pas parfait, ô apôtre, et nous serions parfaits ? Mais avez-vous oublié qu'il vient de se dire parfait ? Car il n'a pas dit : "Vous tous qui êtes parfaits, sachez cela", mais : *Nous tous qui sommes des parfaits, comprenons cela,* bien qu'il ait dit peu auparavant : *Ce n'est pas que j'aie déjà atteint ou que je sois déjà parfait.* Donc, ici-bas, tu ne peux être parfait autrement qu'en sachant que tu ne peux être parfait. Ta perfection, ce sera donc d'avoir dépassé certains degrés en te hâtant vers d'autres, d'avoir dépassé certains degrés en sachant qu'une fois qu'ils ont tous été franchis, il en reste toujours un à dépasser. C'est là une foi certaine. Quiconque en effet s'imagine être déjà arrivé, s'installe sur une hauteur d'où il tombera.

15. Parce que donc je comprends ainsi les choses, que je me déclare à la fois imparfait et parfait, imparfait parce que je n'ai pas encore atteint une chose que je veux, mais parfait parce que je sais cela même qui me manque, parce que donc je comprends cela, parce que je méprise les choses humaines, parce que je ne veux pas mettre ma joie dans les réalités périssables, parce que je suis raillé par l'avare qui se vante de sa prudence et me raille en me trouvant insensé, parce que j'agis ainsi et prends cette voie, il est dit : *Tu m'as livré en*

169

ENARRATIONES IN PSALMOS

Inter eos me uiuere uoluisti, inter eos praedicare ueritatem qui amant uanitatem, et non possum nisi irrideri ab eis, *quia spectaculum facti sumus huic mundo et angelis et hominibus*; angelis laudantibus, hominibus opprobrantibus, immo et angelis laudantibus et uituperantibus, et hominibus laudantibus et uituperantibus. A dextris et a sinistris habemus arma in quibus militamus, *per gloriam et ignobilitatem, per infamiam et bonam famam, ut seductores et ueraces.* Haec apud angelos, haec apud homines, quia et apud angelos sunt sancti angeli quibus bene uiuendo placeamus, et sunt praeuaricatores angeli quibus bene uiuendo displiceamus; et inter homines sunt sancti uiri quibus placeat uita nostra, sunt nequissimi homines qui irrideant bonam uitam nostram. Et haec arma sunt, illa dextra, illa sinistra, utraque tamen arma sunt; utrisque armis, et dextris et sinistris utor, et laudantibus et uituperantibus, et honorem deferentibus et ignominiam irrogantibus, in his utrisque armis confligo cum diabolo, utrisque eum ferio, prosperis, si non corrumpor, aduersis, si non frangor.

v. 10-11   **16.** *Dedisti* ergo *me opprobrium insipienti.* **Obsurdui et non aperui os meum.** Sed contra insipientem *obsurdui, et non aperui os meum.* Cui enim dicerem

---

155. Le texte hébreu comporte une négation : « Ne me fais pas la risée de l'insensé » (trad. BJ). Ambroise commente également la version : *Obprobrium insipienti dedisti me*; il note que certains manuscrits ont : *Obprobrium insipienti ne tradas me*, mais il donne la préférence à l'autre version (Ambr. *In Ps.* 38, 30, *CSEL* 64, p. 206).

156. 1 Co 4, 9.

157. Cf. 2 Co 6, 7-8. Cf. *C. Cresc.* 1, 16, 20; *Trin.* 8, 9, 13; *Doctr.* 4, 20, 42; *Spec.* 32.

158. C'est-à-dire les armes offensives et défensives. 2 Co 6, 7-8 commande l'interprétation qu'Augustin fait «des armes de la droite et de la gauche» ; voir *C. Petil.* 3, 12, 13, *BA* 30, p. 614-617 (citant 1 Co 6, 7-8) : «Quand Paul les cita en disant: "Par les armes de la droite et de la gauche que manie la justice", il sembla commenter aussitôt ces paroles en ajoutant: "Par l'honneur et l'ignominie, par

170

opprobre à l'insensé[155]. Tu as voulu que je vive parmi eux, que je prêche la vérité parmi eux qui aiment la vanité, et je ne peux qu'être raillé par eux, *parce que nous avons été donnés en spectacle à ce monde, aux anges et aux hommes*[156], aux anges qui louent, aux hommes qui couvrent d'opprobre, ou plutôt, aux anges qui louent et blâment, et aux hommes qui louent et blâment. Nous avons à droite et à gauche des armes avec lesquelles nous combattons, *par la gloire et l'ignominie, par l'infamie et la bonne renommée, tenus pour imposteurs et pour véridiques*[157]. Cela vaut auprès des anges, cela vaut auprès des hommes, parce que chez les anges, il y a de saints anges à qui nous plaisons en vivant bien, et des anges prévaricateurs, à qui nous déplaisons en vivant bien ; parmi les hommes aussi il y a des hommes saints à qui plaît notre vie, et de très mauvais qui raillent notre vie bonne. Nous trouvons ici et là des armes, les armes de la main droite, les armes de la main gauche[158] ; elles sont de deux sortes, mais ce sont cependant des armes ; je me sers des deux types d'armes, celles de la droite et celles de la gauche, de ceux qui me louent et de ceux qui me blâment, de ceux qui m'honorent et de ceux qui m'infligent le déshonneur ; avec ces deux types d'armes, je livre combat au diable, je le frappe avec les deux, avec la prospérité, si elle ne me corrompt pas, avec l'adversité, si elle ne m'abat pas.

16. *Tu m'as livré en opprobre à l'insensé.* **Je suis devenu sourd et n'ai pas ouvert la bouche**[159]. C'est vis-à-vis de l'insensé que *je suis devenu sourd et n'ai pas ouvert la bouche.* Car à qui dirais-je ce qui se passe en

---

la mauvaise et la bonne réputation", etc. ; il rangeait donc l'honneur et la bonne renommée dans les armes de la droite, l'ignominie et la mauvaise réputation dans les armes de la gauche » ; *In Ps.* 93, 28.

159. Ici comme au v. 3, le Psautier Romain comporte la leçon : *obmutui.*

ENARRATIONES IN PSALMOS

quod agitur in me? *Audiam enim quid loquatur in me Dominus Deus, quoniam loquetur pacem populo suo,* sed *non est pax impiis,* dicit Dominus. *Obsurdui et non aperui os meum.* **Quoniam tu es qui fecisti me.** Ideo non aperuisti os tuum quia Deus est qui fecit te? Mirum est. Os enim tibi Deus non fecit ad loquendum? Qui plantauit aurem, non audit? Qui finxit oculum, non uidet? Os tibi Deus ad loquendum dedit, et dicis: *Obsurdui et non aperui os meum, quoniam tu es qui fecisti me!* An *quoniam tu es qui fecisti me,* ad posteriorem uersum pertinet? *Quoniam tu es qui fecisti me,* **amoue a me flagella tua.** *Quoniam tu es qui fecisti me,* noli exterminare me; tantum caede ut proficiam, non ut deficiam; tantum tunde ut producar, non ut comminuar. *Quoniam tu es qui fecisti me, amoue a me flagella tua.*

v. 12   **17. *A fortitudine manus tuae ego defeci in argutionibus,*** hoc est: cum argueres me, defeci. Et arguere tuum quid est, nisi quod sequitur? ***Pro iniquitate erudisti hominem et contabescere fecisti sicut araneam animam meam.*** Multum est quod intellegit iste Idithun, si quis cum illo intellegat, si quis cum illo transiliat. Dicit enim in argutionibus Dei se defecisse, et uult a se amoueri flagella, quoniam ipse est qui fecit

---

160. Ps 84, 9. En dehors d'*In Ps.* 84, 10-11, où il cite le texte avec *in plebem suam,* qui est la leçon commune, Augustin a toujours *populo suo: In Ps.* 49, 23; 61, 18.

161. Is 48, 22 (LXX): il n'est pas de χαίρειν pour les impies. Texte rarement cité; cf. Hier. *In Is.* 13 (48, 20), *CCL* 73A, p. 532, 7.

162. *Quoniam tu es qui fecisti me*: *me* est omis dans certaines versions latines du psaume (R. Weber, *Le Psautier Romain,* p. 84). Augustin note qu'il est problématique de rattacher logiquement la fin du verset 10 à son début; la difficulté n'est plus la même si le texte à commenter ne comporte pas le *me.* Voir par exemple Origène-Rufin, *In Ps.* 38, 2, 6, *SC* 411, p. 388-389 : «Il semble sage de rechercher pourquoi le prophète a dit: "C'est toi qui l'as fait", sans pourtant ajouter ce qu'il a fait. Mais l'enchaînement même de sa pensée nous l'apprend, puisqu'il décrit comme un combat entre

IN PSALMVM XXXVIII

moi ? *J'écouterai ce que le Seigneur Dieu dit en moi, parce qu'il parlera de paix à son peuple*[160], mais *il n'y a pas de paix pour les impies*, dit le Seigneur[161]. *Je suis devenu sourd et n'ai pas ouvert la bouche, **puisque c'est toi qui m'as fait***[162]. Tu n'as pas ouvert la bouche pour la raison que Dieu t'a fait ? Étonnant. Dieu ne t'a-t-il pas fait une bouche pour parler ? Celui qui a planté en toi l'oreille n'entend-il pas ? Celui qui a façonné l'œil ne voit-il pas ? Dieu t'a donné une bouche pour parler, et tu dis : *Je suis devenu sourd et n'ai pas ouvert la bouche, puisque c'est toi qui m'as fait !* Ou bien *puisque c'est toi qui m'as fait* se rattache-t-il à la ligne suivante : *puisque c'est toi qui m'as fait, **éloigne de moi tes coups** ? Puisque c'est toi qui m'as fait*, ne me supprime pas ; frappe-moi juste assez, pour que je progresse, non pour que je succombe ; frappe-moi juste assez, pour que j'avance, non pour que je sois brisé. *Puisque c'est toi qui m'as fait, éloigne de moi tes coups.*

17. *Sous la force de ta main, j'ai défailli devant tes accusations*, c'est-à-dire : j'ai défailli quand tu m'accusais. Et en quoi consiste ton accusation, sinon dans ce que dit la suite ? ***Tu as corrigé l'homme pour son iniquité et tu as fait sécher mon âme comme une araignée.*** C'est une chose importante que comprend cet Idithun, si on la comprend avec lui, si on dépasse avec lui. Il dit en effet avoir défailli devant les accusations de Dieu et veut que ses coups s'éloignent de lui, puisque Dieu est

---

nous et le pécheur qui se dresse contre nous : il montre cela même que Dieu a fait, c'est-à-dire que Dieu a fait ces combats pour nous exercer et nous faire progresser. » Ambroise, tout en commentant la version *qui fecisti me*, ne voit pas de difficulté dans la suite logique des v. 9-10 qu'il paraphrase ainsi : « Tu m'as livré en opprobre à l'insensé : c'est pourquoi je me suis tu et je n'ai pas ouvert la bouche, afin de ne pas contracter des péchés plus grands. J'ai reconnu ta volonté que je rougisse pour un temps et qu'ensuite je sois sauvé en demandant le pardon » (AMBR. *In Ps.* 38, 31, *CSEL* 64, p. 206).

ENARRATIONES IN PSALMOS

illum. Qui fecit ipse reficiat, et qui creauit ipse recreet. Sed tamen quod ita defecit ut uelit se et recreari et reformari, sine causa putamus, fratres, factum fuisse? *Pro iniquitate,* inquit, *erudisti hominem.* Totum quod defeci, quod infirmus sum, quod de immo clamo, hoc totum pro iniquitate, et in hoc erudisti, non damnasti: *Pro iniquitate erudisti hominem.* Audi hoc planius ex alio psalmo: *Bonum est mihi quod humilasti me, ut discam iustificationes tuas.* Et humilatus sum, et bonum est mihi: et poena est et gratia est. Quid seruat post poenam qui per gratiam exhibet poenam? Ipse enim est de quo dictum est: *Humilatus sum, et saluum me fecit,* et: *Bonum est mihi quod humilasti me, ut discam iustificationes tuas. Pro iniquitate erudisti hominem.* Et quod scriptum est: *Qui fingis dolorem in praecepto,* Deo dici nonnisi a transiliente potuit, quia nonnisi a transiliente uideri potuit. *Fingis,* inquit, *dolorem in praecepto,* de dolore praeceptum mihi facis. Formas ipsum dolorem meum: non eum relinquis informem, sed formas illum: et formatus dolor meus inflictus a te praeceptum mihi erit, ut liberer a te. Fingis enim, dictum est, dolorem, formas dolorem, plasmas dolorem, non simulas dolorem: quomodo fingit artifex, unde et figulus dicitur a fingendo. Ergo: *Pro iniquitate erudisti*

---

163. Ps 118, 71.

164. Ps 114, 16.

165. Ps 93, 20. Cité en *Conf.* 2, 2, 4.

166. L'homme est plutôt porté à accuser Dieu d'injustice, lorsqu'il souffre (cf. *In Ps.* 61, 21: «Et ne dis pas: "Pourquoi Dieu donne-t-il au démon tant de puissance?" [...]. Voici que tu fais presque à Dieu le reproche d'injustice»); seul, celui qui sait qu'il ne peut y avoir d'injustice en Dieu (cf. Ro 9, 14), parce qu'il s'est élevé jusqu'à la contemplation de Dieu (*In Ps.* 61, 19-22), peut reconnaître dans la souffrance un enseignement venu de Dieu.

167. *Figulus,* potier, a la même racine que *fingere,* façonner. Cf. *In Ps.* 93, 23: «"Tu façonnes" signifie "tu fais, tu formes, tu modèles"; de là vient qu'on appelle *figuli* les potiers et *fictile* le vase qu'ils

174

IN PSALMVM XXXVIII

celui qui l'a fait. Lui qui l'a fait, qu'il le refasse, lui qui l'a créé, qu'il le recrée. Cependant, pensons-nous, frères, que c'est sans raison qu'il a défailli au point de vouloir être recréé et formé de nouveau ? *Tu as corrigé l'homme pour son iniquité*, dit le psalmiste. Tout cela, ma défaillance, ma faiblesse, mon cri depuis les profondeurs, tout cela est dû à mon iniquité, et en cela, tu m'as corrigé, pas condamné. *Tu as corrigé l'homme pour son iniquité*. Écoute cela dit plus clairement dans un autre psaume : *Il est bon pour moi que tu m'aies humilié, pour que j'apprenne tes justes ordonnances*[163]. J'ai été humilié, et c'est bon pour moi ; c'est à la fois un châtiment et une grâce. Que réserve après le châtiment celui qui inflige le châtiment par grâce ? C'est en effet de lui qu'il est dit : *J'ai été humilié et il m'a sauvé*[164], et : *Il est bon pour moi que tu m'aies humilié, pour que j'apprenne tes justes ordonnances*. *Tu as corrigé l'homme pour son iniquité*. Et cette parole : *Avec la souffrance tu façonnes un enseignement*[165], n'a pu être dite à Dieu que par "celui qui dépasse", parce que cela n'a pu être vu que de "celui qui dépasse"[166]. *Avec la souffrance tu façonnes un enseignement*, dit le psalmiste : tu me fais de la souffrance un enseignement. Tu donnes forme même à ma souffrance, tu ne la laisses pas informe, mais tu lui donnes forme ; et cette souffrance à laquelle tu as donné forme et qui m'est infligée par toi sera pour moi un enseignement, pour que je sois délivré par toi. Car tu façonnes la souffrance, comme cela a été dit, tu donnes forme à la souffrance, tu modèles la souffrance, tu ne fais pas une apparence de souffrance ; tu la façonnes comme l'artisan, dont le nom de potier vient des poteries qu'il façonne[167]. Ainsi, *tu as corrigé*

---

façonnent ; il n'est pas *fictum*, au sens de chose feinte qui est mensonge, mais *fictum* parce qu'il est formé pour exister et pour avoir une certaine forme. » Le double sens de *fingere* explique pourquoi Augustin précise ici que *fingis dolorem* ne signifie pas que Dieu ferait « une apparence de souffrance » *(non simulas dolorem)*.

ENARRATIONES IN PSALMOS

hominem. Video me in malis, uideo me in poena, et apud te non uideo iniquitatem. Si ergo ego in poena sum et apud te iniquitas non est, nonne restat ut pro iniquitate erudieris hominem?

18. Et quomodo, *erudisti*? Dic ipsam eruditionem, o Idithun, quomodo eruditus es? *Et tabescere fecisti sicut araneam animam meam.* Haec est eruditio. Quid tabidius aranea? Animal ipsum dico; quamquam et ipsis telis aranearum quid tabidius? Adtende et ipsum animal quam tabidum est. Pone supra leuiter digitum, ruina est. Nihil omnino tabidius. Talem fecisti animam meam, inquit, erudiendo me pro iniquitate. Quando eruditio infirmum fecit, quaedam fortitudo erat uitium. Video quosdam praeuolasse et intellexisse, sed a celerioribus non sunt deserendi tardiores, ut pariter uiam sermonis carpant. Hoc dixi, hoc intellegite: si eruditio iusti Dei hanc infirmitatem fecit, fortitudo quaedam erat uitium. Fortitudine quadam displicuit homo, ut erudiretur infirmitate, quia superbia quadam displicuit, ut erudiretur humilitate. Fortes se esse dicunt omnes superbi. Ideo uicerunt multi ab oriente et occidente uenientes, ut recumbant cum Abraham et Isaac et Iacob in regno caelorum. Quare uicerunt? Quia fortes esse noluerunt. Quid est: fortes esse noluerunt? De se praesumere timuerunt; iustitiam suam non constituerunt, ut iustitiae Dei subicerentur. Denique quando dixit Dominus hoc: *Multi ab oriente et occidenteuenient, et recumbent*

---

168. Même remarque sur la fragilité de l'araignée en *In Ps.* 122, 6: Augustin y voit une image de la faiblesse de l'âme soumise aux tentations et aux inquiétudes, tant qu'elle ne s'attache pas à la stabilité céleste. Voir *AugLex*, s. v. *Aranea*, c. 432 (D. Lau).

169. Cf. Mt 8, 11.

170. Cf. Ro 10, 3.

IN PSALMVM XXXVIII

l'homme pour son iniquité. Je vois les maux, je vois le châtiment qui me frappe, et je ne vois pas d'iniquité en toi. Si donc je suis touché par un châtiment et qu'il n'est pas d'iniquité en toi, ne faut-il pas en conclure que tu as corrigé l'homme pour son iniquité ?

18. Et comment l'*as-tu corrigé* ? Dis ce qu'il en est de cette correction, ô Idithun ; comment as-tu été corrigé ? *Tu as fait sécher mon âme comme une araignée.* Voilà la correction. Quoi de plus sec et fragile que l'araignée ? Je parle de l'animal ; encore que des toiles d'araignées aussi on peut dire : quoi de plus fragile ? Observe combien l'animal est fragile. Si tu mets ton doigt dessus, même légèrement, tu l'écrases. Il n'est vraiment rien de plus fragile[168]. Voilà ce que tu as fait de mon âme en me corrigeant pour mon iniquité. Quand la correction rend faible, c'est que la force qu'on avait était un défaut. J'en vois qui ont vite compris en devançant les autres, mais les plus rapides ne doivent pas abandonner les plus lents, il faut qu'ils puissent suivre pareillement le cheminement du sermon. Je l'ai dit, comprenez-le : si la correction du Dieu juste a fait cette faiblesse, c'est qu'une certaine force était un défaut. Il est une force par laquelle l'homme a déplu à Dieu, si bien qu'il devait être corrigé par la faiblesse ; parce qu'il a déplu par un certain orgueil, il devait être corrigé par l'humilité. Tous les orgueilleux déclarent être forts. Ceux qui sont venus de l'Orient et de l'Occident pour prendre place au festin avec Abraham, Isaac et Jacob dans le royaume des cieux[169] sont des vainqueurs. Pourquoi ont-ils été vainqueurs ? Parce qu'ils ont refusé d'être des forts. Que veut dire : ils ont refusé d'être des forts ? Ils ont craint de présumer d'eux-mêmes ; ils n'ont pas établi leur propre justice, voulant se soumettre à la justice de Dieu[170]. C'est pourquoi, quand le Seigneur a dit cela : *Beaucoup viendront de l'Orient et de l'Occident et prendront place*

177

ENARRATIONES IN PSALMOS

cum *Abraham et Isaac et Iacob in regno caelorum, filii autem regni*, id est Iudaei ignorantes iustitiam Dei, et suam uolentes statuere, *ibunt in tenebras exteriores*, recordamini fidem illam centurionis unius ex populo gentium, ita in se infirmi, ita non fortis ut diceret : *Non sum dignus ut sub tectum meum intres*. Non erat dignus qui Christum domo reciperet, et iam corde receperat. Etenim magister ille humilitatis, Filius hominis iam inuenerat in eius pectore ubi caput reclinaret. Ad hoc uerbum centurionis Dominus respiciens ad sequentes se dixit : *Amen dico uobis, in nullo inueni tantam fidem in Israel*. Hunc infirmum inuenit, Israelitas fortes inuenit, ut inter utrosque diceret : *Non est opus medicus sanis, sed male habentibus*. Propter hoc ergo, id est propter hanc humilitatem : *Multi ab oriente et occidente uenient, et recumbent cum Abraham et Isaac et Iacob in regno caelorum ; filii autem regni ibunt in tenebras exteriores*. Ecce mortales estis, ecce carnem putrescentem portatis, et *sicut unus ex principibus cadetis* ; *sicut homines moriemini* et cadetis sicut diabolus. Quid uobis prodest medicina

---

171. Mt 8, 11-12.

172. Mt 8, 8.

173. Même commentaire en *Ser.* 77, 8, 12 : «Il ne le recevait pas sous son toit, il l'avait reçu dans son cœur. Plus il était humble, plus il était capable de le recevoir, plus il était comblé. »

174. *Magister humilitatis* : même expression en *In Ioh.* 25, 16 ; 51, 3 ; 59, 1 ; *Ser.* 62, 1, 1 ; 207, 2. Augustin présente l'humilité comme l'enseignement central et spécifique du Christ : *Ep.* 118, 3, 22 – 4, 23 ; *In Ps.* 31, 2, 18. Cf. M.-F. Berrouard, «Le Maître de l'humilité», n. c. 51, *BA* 72, p. 798-799 ; P. Adnès, «L'humilité, vertu spécifiquement chrétienne d'après saint Augustin», *Revue d'ascétique et de mystique*, 28, 1952, p. 208-223.

175. Cf. Mt 8, 20.

176. Mt 8, 10.

177. Mt 9, 12.

IN PSALMVM XXXVIII

au festin avec Abraham, Isaac et Jacob dans le royaume des cieux, mais les fils du royaume – c'est-à-dire les Juifs, qui ignorent la justice de Dieu et veulent établir la leur propre – iront dans les ténèbres extérieures[171], il faut vous rappeler la foi d'un centurion du peuple des Nations, si faible en lui-même, si peu fort qu'il disait : Je ne suis pas digne que tu entres sous mon toit[172]. Il n'était pas digne de recevoir le Christ dans sa maison, et déjà il l'avait reçu dans son cœur[173]. Car dans son cœur, le maître de l'humilité[174], le Fils de l'homme, avait déjà trouvé où reposer sa tête[175]. À cette parole du centurion, le Seigneur se retourna et dit à ceux qui le suivaient : En vérité, je vous le dis, en personne je n'ai trouvé une si grande foi en Israël[176]. Il trouva ce centurion faible, et il trouva les Israélites forts, ce qui lui faisait dire en parlant des uns et des autres : Ce ne sont pas les gens en bonne santé qui ont besoin du médecin, mais les malades[177]. Ainsi, c'est à cause de cela, à cause de cette humilité que beaucoup viendront de l'Orient et de l'Occident et prendront place au festin avec Abraham, Isaac et Jacob dans le royaume des cieux, mais les fils du royaume iront dans les ténèbres extérieures. Voici que vous êtes mortels, voici que vous portez une chair putrescible, et comme l'un des princes vous tomberez ; comme des hommes vous mourrez, et vous tomberez comme le diable[178]. En quoi vous est utile ce

---

178. Cf. Ps 81, 7. Augustin commente ainsi le verset en In Ps. 81, 6 : « C'est comme s'il disait : alors que les jours de votre vie sont si peu nombreux, puisque, comme des hommes, vous mourrez rapidement, cela ne sert pas à votre correction ; mais, comme le diable, dont les jours sont nombreux en ce monde, puisqu'il n'a pas à mourir du fait de la chair, vous vous élevez de sorte que vous tombez. » Sur l'interprétation de Ps 81, 6-7, voir I. BOCHET, « Augustin et les Psaumes d'Asaph », dans Judaïsme et christianisme dans les commentaires patristiques des Psaumes, éd. par M.-A. Vannier, Bern, 2015, p. 93-125 (p. 113-122).

ENARRATIONES IN PSALMOS

mortalitatis? Superbus diabolus, tamquam angelus non habens carnem mortalem; tu autem qui accepisti mortalem carnem, et nec hoc tibi prodest, ut tanta infirmitate humilieris, sicut unus ex principibus cades. Ipsa est ergo gratia beneficii Dei prima, redigere nos ad confessionem infirmitatis, ut quidquid boni possumus, quidquid potentes sumus, in illo simus, ut *qui gloriatur, in Domino glorietur. Quando infirmor*, inquit, *tunc potens sum. Pro iniquitate erudisti hominem et tabescere fecisti sicut araneam animam meam.*

19. *Verumtamen uane conturbatur omnis homo uiuens.* Redit ad illud quod paulo ante commemorauit: quamuis hic proficiat, *uane conturbatur omnis homo uiuens*, uiuens utique in incerto. Quis enim uel de ipso bono suo securus est? *Vane conturbatur.* Iactet in Dominum curam suam, in illum iactet quidquid sollicitus est, ipse nutriat, ipse custodiat. Quid enim in hac terra certum est nisi mors? Considerate omnia omnino uel bona uel mala uitae huius, uel in ipsa iustitia uel in ipsa iniquitate, quid hic certum est nisi mors? Profecisti: quid sis hodie, scis, quid futurus sis crastino, nescis. Peccator es: quid sis hodie, scis, quid sis crastino, nescis. Speras pecuniam; incertum est an proueniat. Speras uxorem: incertum est an accipias uel qualem accipias. Speras filios : incertum est an nascantur; nati sunt: incertum est an uiuant; uiuunt: incertum est an proficiant an deficiant. Quocumque

---

179. *Medicina mortalitatis*: l'expression est unique dans l'œuvre d'Augustin. Elle exprime de façon très condensée le sens qu'Augustin donne aux conséquences du péché (*ignorantia, difficultas, mortalitas*) : nous enseigner l'humilité, autrement dit remédier à ce qui est la racine même du péché, l'orgueil (*Ser. Dolbeau* 21, 11-13). Cf. J. CLÉMENCE, « Saint Augustin et le péché originel », *Nouvelle revue théologique*, 70, 1948, p. 727-754; voir ici p. 741-744.

180. 1 Co 1, 31.

181. 2 Co 12, 10.

IN PSALMVM XXXVIII

remède qu'est la mortalité[179]? Le diable est orgueilleux, lui qui en sa qualité d'ange n'a pas une chair mortelle; mais toi qui as reçu une chair mortelle et à qui n'est pas même utile l'humiliation d'une si grande faiblesse, tu tomberas comme l'un des princes. La première grâce que nous confère la bonté de Dieu est de nous amener à confesser notre faiblesse et à reconnaître que tout le bien que nous pouvons faire, toute la puissance que nous pouvons avoir, c'est en lui, pour que *celui qui se glorifie se glorifie en lui*[180]. *Quand je suis faible*, dit Paul, *c'est alors que je suis fort*[181]. *Tu as corrigé l'homme pour son iniquité et tu as fait sécher mon âme comme une araignée.*

19. *En vérité, tout homme se trouble vainement en cette vie.* Le psalmiste renvoie à ce qu'il a mentionné un peu auparavant. Bien qu'il progresse, *tout homme se trouble vainement en cette vie*, car il vit dans l'incertitude. Qui en effet peut être sûr même de son propre bien? *Il se trouble vainement.* Qu'il jette en Dieu son souci[182], qu'il jette en lui tout ce qui l'inquiète, qu'il laisse Dieu le nourrir, le garder. Qu'y a-t-il en effet de certain sur terre sinon la mort? Considérez tout, absolument tout ce qui est bon ou mauvais en cette vie, dans la justice ou l'iniquité, qu'y a-t-il de certain sinon la mort? Tu as progressé: tu sais ce que tu es aujourd'hui, tu ne sais pas ce que tu seras demain. Tu es pécheur: tu sais ce que tu es aujourd'hui, tu ne sais pas ce que tu seras demain. Tu espères de l'argent; cela arrivera-t-il, c'est incertain. Tu espères une épouse: l'auras-tu, et quelle épouse auras-tu, c'est incertain. Tu espères des enfants: naîtront-ils, c'est incertain; ils sont nés, vivront-ils, c'est incertain; ils sont vivants: vont-ils bien grandir ou dépérir, c'est incertain.

---

182. Cf. Ps 54, 23: *Iacta in Dominum curam tuam et ipse te enutriet.* Même invitation à jeter son souci dans le Seigneur en *In Ps.* 39, 27.

ENARRATIONES IN PSALMOS

te uerteris, incerta omnia, sola mors certa. Pauper es : incertum est an ditescas ; indoctus : incertum est an erudiaris ; imbecillus : incertum est an conualescas. Natus es, certum est quia morieris, et in hoc ipso quia mors ipsa certa est, dies mortis incertus est. Inter haec incerta, ubi sola mors certa cuius etiam hora incerta, et sola multum cauetur quae nullo modo deuitatur, *omnis homo uiuens uane conturbatur.*

v. 13   **20.** Ergo inter haec iam transiliens, iam in quibusdam superioribus agens, haec imma contemnens, inter haec positus : *Exaudi*, inquit, *orationem meam.* De quibus gaudeam, de quibus gemam ? De transactis gaudeo, pro his quae restant gemo. *Exaudi orationem meam et deprecationem meam ; auribus percipe lacrimas meas.* Numquid enim quia tanta transiliui, quia tanta transcendi, iam non fleo ? Nonne multo magis fleo ? Quia *qui apponit scientiam, apponit dolorem.* Nonne quanto magis quod abest desidero, tanto magis donec ueniat gemo, tanto magis donec ueniat fleo ? Nonne tanto magis quanto magis crebrescunt scandala, quanto magis abundat iniquitas, quanto magis refrigescit caritas multorum ? Dico : *Quis dabit capiti meo aquam, et oculis meis fontem lacrimarum ? Exaudi orationem meam et deprecationem meam ; auribus percipe lacrimas meas. Ne sileas a me.* Ne obsurdescam in aeternum. *Ne sileas*

---

183. Cf. *Ser.* 97, 3, 3 : « Tous les événements de notre vie, bons et mauvais, sont incertains : seule, la mort est certaine. Qu'est-ce que je veux dire ? Un enfant a été conçu, il se peut qu'il naisse, il se peut qu'il soit un avorton. La même incertitude règne pour le reste : il se peut qu'il grandisse, il se peut qu'il ne grandisse pas ; il se peut qu'il vieillisse, il se peut qu'il ne vieillisse pas ; peut-être sera-t-il riche, peut-être pauvre ; peut-être sera-t-il honoré, peut-être humilié ; peut-être aura-t-il des enfants, peut-être n'en aura-t-il pas ; peut-être prendra-t-il une épouse, peut-être n'en prendra-t-il pas… »

184. Qo 1, 18.

185. Cf. Mt 24, 12.

186. Jr 9, 1. A.-M. La Bonnardière (*Le livre de Jérémie*, Paris, 1972, p. 31) remarque à propos de ce verset : « Trois fois, en face du

IN PSALMVM XXXVIII

De quelque côté que tu te tournes, tout est incertain ; seule la mort est certaine[183]. Tu es pauvre : t'enrichiras-tu, c'est incertain ; tu es illettré : seras-tu instruit, c'est incertain ; tu es faible, guériras-tu, c'est incertain. Tu es né, tu mourras, c'est certain ; mais même ici, si la mort est certaine, le jour de la mort est incertain. Au milieu de toutes ces incertitudes, quand seule est certaine la mort, dont même l'heure est incertaine, et que la seule chose que l'on redoute fort ne peut d'aucune façon être évitée, *tout homme se trouble vainement en cette vie.*

20. Ainsi, au milieu de tout cela, celui qui déjà les dépasse, qui déjà vit à un niveau supérieur, méprisant les réalités d'en bas, mais établi parmi elles, dit : ***Écoute ma prière.*** À quel sujet dois-je me réjouir, à quel sujet gémir ? Je me réjouis de ce que j'ai passé, je gémis de ce qui me reste à passer. ***Écoute ma prière et ma supplication ; prête l'oreille à mes pleurs.*** Parce que j'ai dépassé tant de choses, que je me suis élevé au-dessus de tant de choses, je ne pleurerais plus ? Est-ce que je n'en pleure pas bien davantage ? En effet, *celui qui ajoute à sa connaissance ajoute à sa douleur*[184]. N'est-il pas vrai que, plus je désire ce qui est absent, plus je gémis dans l'attente de sa venue, plus je pleure dans l'attente de sa venue ? Que je pleure d'autant plus que les scandales se multiplient, d'autant plus que l'iniquité abonde, d'autant plus que la charité de beaucoup se refroidit[185] ? Et je dis : *Qui donnera de l'eau à ma tête et à mes yeux une source de larmes*[186] ? *Écoute ma prière et ma supplication ; prête l'oreille à mes pleurs.* ***Ne te tais pas envers moi.*** Que je ne sois pas sourd pour l'éternité[187]. *Ne te tais pas*

---

schisme donatiste, Augustin laisse échapper la plainte de Jérémie » : *C. Parm.* 2, 7, 13 ; *In Ps.* 21, 2, 1 ; *In Ioh.* 13, 11. En *C. Iul.* 5, 6, 24, Jr 9, 1 est invoqué par Julien.

187. *Ne obsurdescam in aeternum* : en écho à Ps. 38, 3 *(Obsurdui et humilatus sum…)* et 10 *(Obsurdui et non aperui os meum…).*

ENARRATIONES IN PSALMOS

a me, audiam te. Occulte enim dicit Deus, multis in corde loquitur; et magnus ibi sonus in magno silentio cordis, quando magna uoce dicit: *Salus tua ego sum*. *Dic*, inquit, *animae meae: Salus tua ego sum*. Ab hac uoce qua dicit Deus animae: *Salus tua ego sum*, optat ne sileatur ab illo. *Ne sileas a me*.

21. *Quoniam inquilinus ego sum apud te.* Sed apud quem inquilinus? Apud diabolum cum essem, inquilinus eram, sed malum domnaedium habebam; nunc autem iam quidem apud te, sed adhuc inquilinus. Quid est, *inquilinus*? Vnde migraturus sum, non ubi perpetuo mansurus. Vbi perpetuo sum mansurus, dicatur domus mea; unde migraturus sum, inquilinus sum; sed tamen apud Deum meum sum inquilinus, apud quem domo accepta mansurus sum. Sed quae domus est quo migrandum est ex hoc inquilinatu? Recognoscite illam domum de qua dicit apostolus: *Habitationem habemus ex Deo, domum non manu factam, aeternam in caelis*. Si domus haec aeterna est in caelis, cum ad eam uenerimus, inquilini non erimus. Quomodo enim eris inquilinus in aeterna domo? Hic autem, ubi dicturus est Dominus

---

188. *In magno silentio cordis*: à rapprocher du *magnum silentium* d'Idithun en *In Ps.* 76, 8; un «grand silence» requis pour méditer sur «les années éternelles»; voir aussi *Ser. Dolbeau* 22, 16. Sur le silence nécessaire pour contempler et louer Dieu de façon digne, voir G. Madec, «Le bonheur et le repos», *BA* 11/1, n. c. 5, p. 255.

189. Ps 34, 3.

190. *Inquilinus* est l'une des traductions latines du grec πάροικος, qui peut être traduit également par *incola* et parfois aussi par *aduena*, comme le note Augustin en *In Ps.* 118, 8, 1, en précisant: «Les locataires *(inquilini)* n'ont pas de maison à eux, ils habitent chez un autre; les hôtes *(incolae)* ou les étrangers *(aduenae)* sont présentés de toute façon comme ceux qui viennent du dehors *(aduentitii)*.» Augustin se demande en quel sens l'homme peut être dit un locataire sur la terre; il opte pour la signification suivante: «…nous disons que nous sommes des locataires ou des étrangers sur la terre, parce

IN PSALMVM XXXVIII

envers moi, que je t'entende. Car Dieu parle de façon cachée, il parle à beaucoup d'hommes dans leur cœur; on l'entend très fort dans le grand silence du cœur[188], quand il dit d'une voix forte: *C'est moi qui suis ton salut*[189]. *Dis à mon âme: c'est moi qui suis ton salut*, s'écrie le psalmiste. Il demande que ne se taise pas cette voix avec laquelle Dieu dit à l'âme: *C'est moi qui suis ton salut. Ne te tais pas envers moi.*

21. *Parce que je suis un locataire chez toi*[190]. Un locataire chez qui? Quand j'étais chez le diable, j'étais un locataire, mais j'avais un mauvais propriétaire[191]; maintenant, désormais, je suis chez toi, mais encore en tant que locataire. Qu'est-ce qu'être *un locataire*? C'est habiter en un lieu que je vais quitter, où je ne vais pas rester perpétuellement. Le lieu où je vais demeurer perpétuellement peut être appelé ma maison; dans le lieu que je vais quitter, je suis locataire: pourtant, si je ne suis qu'un locataire, je le suis auprès de mon Dieu, et c'est auprès de lui que je demeurerai quand j'aurai ma maison. Quelle est donc la maison où il me faut aller en quittant cette location? Reconnaissez là la maison dont parle l'Apôtre: *Nous tenons de Dieu une habitation, qui n'est pas une maison faite de main d'homme, mais qui est éternelle, dans les cieux*[192]. Si cette maison dans les cieux est éternelle, quand nous y serons parvenus, nous ne serons plus des locataires. Comment pourras-tu être un locataire dans la maison éternelle? Ici, en revanche,

---

que nous trouvons une patrie céleste, d'où nous avons reçu un gage et d'où nous n'émigrerons jamais lorsque nous y serons parvenus. » Voir aussi *In Ps.* 60, 6 : « Nous sommes ici des locataires *(inquilini)*, au ciel nous aurons une demeure *(habitatores)* » ; *In Ps.* 61, 12 ; *In Ps.* 81, 5 ; *In Ps.* 93, 7 : *Quaest. Hept.* 1, 156 ; *Ser. Lambot* 4.

191. *Domnaedius*: cf. *C. Petil.* 2, 83, 184 ; *ThLL*, s. v. *Dom(i) naedius*, c. 1877, 44-71.

192. 2 Co 5, 1.

ENARRATIONES IN PSALMOS

domus: Migra, et quando dicturus est nescis, paratus esto. Desiderando autem domum aeternam paratus eris. Nec succenseas ei, quia cum uult dicit: Migra. Non enim cautionem tecum fecit et placito quodam se obstrinxit et conductor domus accessisti certa pensione ad certum tempus: quando uult Dominus eius, migraturus es. Ideo enim gratis manes. *Quia inquilinus ego sum apud te **et peregrinus***. Ergo ibi patria, ibi domus: *inquilinus apud te, et peregrinus*, et hic subauditur *apud te*. Multi enim peregrini sunt cum diabolo; qui autem iam crediderunt et fideles sunt, peregrini quidem sunt, quia nondum ad illam patriam domumque uenerunt, sed tamen apud Deum sunt. *Quamdiu enim sumus in corpore, peregrinamur a Domino; et ambimus siue hic manentes siue peregrinantes placentes illi esse. Et peregrinus et inquilinus, **sicut omnes patres mei***. Si ergo sicut omnes patres mei, dicturus sum me non migraturum, cum illi migrauerint? Alia conditione mansurus sum, quam illi manserunt?

v. 14   **22.** Quid ergo restat ut petam, quia hinc sine dubio migraturus sum? ***Remitte mihi ut refrigerer priusquam eam.*** Vide, uide Idithun, quos nodos habeas remittendos tibi, quibus remissis refrigerari uis priusquam eas. Habes enim aliquos aestus a quibus uis refrigerari, et dicis: *Refrigerer*, et dicis: *Remitte mihi*. Quid remittet tibi, nisi forte illum scrupulum ubi dicis

---

193. Même formule en *In Ps.* 60, 6: « Tu n'es qu'un locataire icibas, d'où tu entendras la voix du Seigneur ton Dieu te dire: "Pars!" »

194. À Rome, les baux sont en principe régis par la loi et la durée d'un bail est souvent de cinq ans, mais il semble que dans les faits les droits du locataire aient été assez mal protégés, le propriétaire pouvant congédier le locataire non seulement s'il a besoin de la maison, mais s'il veut y faire des travaux. Voir *REPW*, s. v. *Locatio*, c. 941-943; DAREMBERG, SAGLIO, *Dictionnaire des antiquités grecques et romaines*, Paris, 1916, s. v. *locatio conductio*, p. 1286-1288. 195. 2 Co 5, 6.

196. 2 Co 5, 9.

IN PSALMVM XXXVIII

quand le maître de la maison te dira : "Pars !"[193] – et tu ne sais quand il le dira –, sois prêt[194]. Tu seras prêt si tu désires la maison éternelle. N'en veuille pas à celui qui te dit de partir quand il le veut. Il ne t'a pas établi de contrat et ne s'est lié par aucun engagement, et tu n'as pas loué la maison pour un loyer donné et un temps donné ; quand son propriétaire le voudra, il te faudra la quitter. C'est en effet pour cela que tu y habites gratuitement. *Parce que je suis un locataire chez toi* **et un hôte**. Ainsi, ma patrie est là-bas, ma maison est là-bas : *Je suis un locataire chez toi et un hôte*, sous-entendu ici aussi : *chez toi*. Beaucoup en effet sont des hôtes du diable ; mais ceux qui déjà ont cru et sont des fidèles sont certes des hôtes, parce qu'ils ne sont pas encore parvenus à leur patrie et à leur maison, mais ils sont cependant chez Dieu. *Aussi longtemps que nous sommes dans le corps, nous sommes en chemin loin de Dieu*[195] ; *et soit que nous demeurions ici, soit que nous soyons en chemin, nous aspirons à lui plaire*[196]. *Un hôte et un locataire,* **comme tous mes pères**. Si donc je suis comme tous mes pères, vais-je dire que je ne vais pas partir, alors qu'ils sont partis ? Vais-je demeurer ici dans d'autres conditions qu'eux ?

22. Que me reste-t-il donc à demander, puisque sans aucun doute je vais partir ? ***Dégage-moi, pour que je me rafraîchisse avant que je m'en aille.*** Vois, Idithun, vois tous les nœuds[197] dont tu dois être dégagé pour connaître le rafraîchissement que tu veux avant de t'en aller. Il y a en effet des échauffements dont tu veux être rafraîchi, et tu dis : *que je me rafraîchisse*, et tu dis : *dégage-moi*. De quel embarras Dieu te dégagera-t-il, sinon de celui dont tu parles et qui te fait dire :

---

197. Les «nœuds» ici mentionnés par Augustin sont ceux du péché. Cf. *In Ps.* 101, 2, 3 : «Chacun est délivré des liens des convoitises mauvaises ou des nœuds de ses propres péchés *(a nodis peccatorum suorum)*. La rémission des péchés, voilà ce qui en délivre.»

187

ENARRATIONES IN PSALMOS

et unde dicis: *Dimitte nobis debita nostra*? *Remitte mihi priusquam eam, et amplius iam non ero*. Immunem me fac a peccatis priusquam eam, ne cum peccatis eam. Remitte mihi, ut requiescam in conscientia mea, ut exonerata sit aestu sollicitudinis, qua sollicitudine curam gero pro peccato meo. *Remitte mihi ut refrigerer*, ante omnia, *priusquam eam, et amplius iam non ero*. Si enim mihi non remiseris ut refrigerer, ibo et non ero. *Priusquam eam* quo, si iero, iam non ero. *Remitte mihi ut refrigerer*. Est quaestio oborta: Quomodo iam non erit? Ecce iam non it ad requiem. Quod auertat Deus ab Idithun! Ibit enim plane Idithun, ad requiem ibit. Sed fac aliquem iniquum, non Idithun, non transilientem, hic thesaurizantem, incubatorem, iniquum, superbum, iactantem, elatum, pauperis ante ianuam iacentis contemptorem, nonne et ipse erit? Quid est ergo: *non ero*? Si enim diues ille non erat, quis est qui ardebat? Quis est qui guttam aquae de digito Lazari stillari in linguam suam desiderabat? Quis est qui dicebat: *Pater Abraham, mitte Lazarum*? Vtique qui loqueretur erat, et qui arderet erat, et qui resurgat in finem et qui cum diabolo aeterno igne damnetur. Quid est ergo: *non ero*, nisi respiciat iste Idithun quid est esse et non esse? Videbat enim illum finem quo corde poterat, qua mentis acie ualebat quem sibi ostendi desiderauerat dicens:

---

198. Mt 6, 12. La demande du Notre Père: *Dimitte nobis debita nostra* est comme appelée par l'expression *Remitte mihi* («dégage-moi»).

199. Cf. Ps 37, 19.

200. Voir note complémentaire 5: «Idithun entre l'être véritable et le non-être», § 3: «Un anéantissement final de l'homme?».

201. Il va de soi, pour Augustin, que le méchant sera lui aussi dans l'au-delà: sinon il n'y aurait pour lui aucun tourment.

202. Lc 16, 24.

203. Origène fait une distinction analogue: «Ce n'est donc pas la mort de l'âme qui est signifiée par là, mais on dit que l'homme n'est

IN PSALMVM XXXVIII

Remets-nous nos dettes[198]? *Dégage-moi, avant que je m'en aille **et ne sois plus**.* Délivre-moi de mes péchés avant que je m'en aille, pour que je ne m'en aille pas avec des péchés. Dégage m'en, pour que ma conscience soit en repos, qu'elle soit déchargée de son vif souci, ce souci que j'ai de mon péché[199]. *Dégage-moi, pour que je me rafraîchisse,* avant tout, *avant que je m'en aille et ne sois plus.* Si en effet tu ne m'as pas dégagé pour que je me rafraîchisse, je m'en irai et ne serai plus. *Avant que je m'en aille* au lieu où je ne serai plus si j'y vais. *Dégage-moi, pour que je me rafraîchisse.* Une question se pose : comment ne sera-t-il plus ? C'est qu'alors il n'est pas allé dans le repos[200]. Puisse Dieu épargner cela à Idithun ! Assurément, Idithun ira, il ira dans le repos. Mais suppose un homme inique, quelqu'un qui n'est pas Idithun, quelqu'un qui n'est pas "celui qui dépasse", mais un individu qui thésaurise ici-bas, usurpateur du bien d'autrui, inique, orgueilleux, vantard, arrogant, méprisant le pauvre qui gît à sa porte, ne sera-t-il pas, lui aussi[201] ? Que veut donc dire : *Je ne serai plus* ? Si le riche n'était plus, qui donc est celui qui brûlait ? Qui est celui qui désirait que du doigt de Lazare coule sur sa langue une goutte d'eau ? Qui est celui qui disait : *Père Abraham, envoie Lazare*[202] ? Celui qui parlait était, celui qui brûlait était, celui qui devait ressusciter à la fin était, ainsi que celui qui devait être condamné au feu éternel avec le diable. Pourquoi donc ce *je ne serai plus*, sinon parce qu'Idithun considère ce qu'est être et ne pas être[203] ? Par le cœur, autant qu'il le pouvait, avec la pénétration d'esprit dont il était capable, il voyait en effet la fin dont il avait désiré qu'elle lui fût montrée

---

pas lorsqu'il ne demeure pas en Celui qui est vraiment et toujours, celui de qui lui-même a son être » (Orig. *In Ps.* 38, 2, 12, *SC* 411, p. 402-405).

ENARRATIONES IN PSALMOS

Notum fac mihi, Domine, finem meum. Videbat numerum dierum suorum qui est; adtendebat infra omnia quae sunt in comparatione illius esse, non esse, et se non esse dicebat. Illa enim permanent, ista mutabilia sunt, mortalia, fragilia, et dolor ipse aeternus, plenus corruptionis, ad hoc non finitur, ut sine fine finiatur. Respexit ergo beatam illam regionem, beatam patriam, beatam domum, ubi participes sunt sanctiuitae sempiternae atque incommutabilis ueritatis, et timuit extra ire ubi non est esse, ibi desiderans esse ubi est summum esse. Propter hanc ergo comparationem inter utrumque constitutus, adhuc timens dicit: *Remitte mihi, ut refrigerer priusquam eam, et amplius iam non ero.* Si enim mihi non remiseris peccata, ibo in aeternum abs te. Et a quo ibo in aeternum? Ab illo qui dixit: *Ego sum qui sum*; ab illo qui dixit: *Dic filiis Israel: Qui est misit me ad uos.* Ab eo ergo qui uere est qui in contrarium pergit, ad non esse pergit.

23. Itaque fratres mei, etsi onerosus fui labori corporis uestri, ferte, quia et ego laboraui, et uere dico quia istum laborem uosuobis facitis. Si enim sentirem uos fastidire quod dicitur, cito tacerem.

---

204. Ps 38, 5.

205. *Plenus corruptionis*: AMBR. *Noe* 12, 28, *CSEL* 32, 1, p. 431, 18, applique le qualificatif au fumier et aux excréments. Augustin associe la douleur à l'expérience de la corruption: «Qu'est-ce que la douleur physique, sinon l'altération *(corruptio)* soudaine de l'intégrité de ce corps que l'âme, par le mauvais usage qu'elle en a fait, a mis à la merci de l'altération?» (*Ver. rel.* 12, 23, *BA* 8, p. 54-55); «Qu'est-ce que la douleur, sinon un sentiment de résistance à la division ou à la corruption?» (*Lib. arb.* 3, 23, 69, *BA* 6, p. 512-513). Il n'y a donc douleur que là où il y a corruption, altération. Voir *AugLex*, s. v. *Dolor*, c. 581-591 (J. LÖSSL).

IN PSALMVM XXXVIII

quand il disait : *Fais-moi connaître, Seigneur, ma fin*[204]. Il voyait le nombre de ses jours qui est ; il considérait que tout ce qui est en-dessous n'est pas en comparaison de ce qui est vraiment, et il disait que lui-même n'était pas vraiment. Les réalités célestes demeurent, mais les choses d'en bas sont mutables, mortelles, fragiles ; et même la souffrance éternelle, grosse de corruption[205], ne finit pas, pour finir indéfiniment. Idithun a donc porté le regard sur la région bienheureuse, la patrie bienheureuse, la demeure bienheureuse, où les saints participent de la vie éternelle et de la vérité immuable, et il a craint d'en être exclu, d'aller là où l'être véritable n'est pas, désirant être là où est la plénitude de l'être. Parce qu'il compare les deux réalités et se trouve dans un état intermédiaire, il est encore dans la crainte et dit : *Dégage-moi, pour que je me rafraîchisse, avant que je m'en aille et ne sois plus.* Si en effet tu ne me remets pas mes péchés, je m'en irai loin de toi pour l'éternité. Loin de qui irai-je pour l'éternité ? Loin de celui qui a dit : *Je suis celui qui suis* ; loin de celui qui a dit : *Dis aux fils d'Israël : Celui qui est m'a envoyé vers vous*[206]. Celui qui se dirige à l'opposé de Celui qui est véritablement, se dirige vers le non-être.

23. C'est pourquoi, mes frères, si j'ai imposé cette peine à votre corps[207], supportez-le, parce que j'ai peiné, moi aussi, et je vais vous dire la vérité : c'est vous qui êtes responsables de votre fatigue ; car si je sentais que vous vous ennuyez en écoutant ce qu'on vous dit, je me tairais bien vite.

---

206. Ex 3, 14.
207. Les fidèles écoutent debout.

IN PSALMVM XXXIX

PSAUME 39

Le Psaume 39 est composite, comme l'admettent quasiment tous les exégètes. Pour s'en persuader, il suffit d'ailleurs de constater qu'il intègre dans sa seconde partie (v. 14-18) la totalité du Psaume 70 (69). Sa structure est simple : « Une action de grâce pour une délivrance passée (v. 6-11), que l'auteur évoque à grands traits pour commencer (v. 2-5), sert d'introduction, devant un péril grave survenu depuis lors (v. 11-13), à une imploration de l'assistance divine (v. 14-18)[1]. »

La prédication d'Augustin donne cependant, à première lecture, le sentiment d'être complexe, voire confuse, mêlant de nombreux thèmes théologiques, spirituels, exégétiques, pastoraux, tout en évoquant les circonstances particulières qui furent les siennes. Pour bien la comprendre, il faut d'abord avoir à l'esprit l'Évangile qui l'a précédée, ainsi que la date et le lieu où elle fut donnée.

Contexte et date de la prédication

L'Évangile du jour a été Mt 24, 2-22 comme l'attestent de nombreux propos du prédicateur. Le § 1 cite Mt 24, 13 que les fidèles ont entendu (« Gardez à l'esprit cette brève formule que nous venons tous d'entendre dans l'Évangile : "Celui qui persévérera jusqu'à la fin sera

---

1. L. Jacquet, *Les psaumes et le cœur de l'homme. Étude textuelle, littéraire et doctrinale*, t. 1, *s.l.*, 1975, p. 806. Voir aussi E. Podechard, *Le Psautier*, t. 1, Lyon, 1949, p. 180.

ENARRATIONES IN PSALMOS

sauvé" »), Mt 24, 2 (« il ne restera pas pierre sur pierre »),
Mt 24, 12 («La charité de beaucoup se refroidira ») et
Mt 24, 23 («Voici que le Christ est ici, voici qu'il est
là»). Le § 28 dit également que l'on a entendu Mt 24,
22 («Si ces jours n'avaient pas été abrégés, nul ne serait
sauvé ») et 24, 19 («Malheureuses les femmes qui seront
enceintes et celles qui allaiteront»). Après avoir été cité
au § 1, Mt 24, 13 l'est encore au § 2, puis au § 3, et
plusieurs expressions du commentaire en sont l'écho :
sequitur [Christum] usque in finem (§ 6) ; *perseueranter
currant* (§ 11) ; *durarem perseuerare* (§ 20).

À cet égard, il est curieux de constater que le commentaire du Ps 39 par Ambroise s'ouvre par la citation
de Mt 24, 13, sans doute appelé par le v. 1 du psaume :
sustinens sustinui. Le psaume est en effet l'expression de
ceux qui ont «attendu d'une grande attente », autrement
dit qui ont «persévéré» dans l'attente du salut. Il est
donc possible que le choix de la *lectio* évangélique soit
dû à une réminiscence du commentaire ambrosien.
Mais Augustin avait aussi, ou surtout, un autre motif
de faire lire Mt 24. La péricope matthéenne commence
en effet par les propos de Jésus sur le Temple, dont tout
le monde admire la grandeur et la beauté, mais dont il
ne restera pas pierre sur pierre. Or cette prédiction sur
la ruine de Jérusalem et la fragilité des choses d'ici-bas,
même des villes, si grandes fussent-elles, était opportune
en regard du lieu de la prédication – Carthage, la plus
grande ville d'Afrique – et de sa date – la veille de la
grande fête où l'on célébrait avec de multiples spectacles
la fondation de la ville[2].

---

2. La date correspond non à la fondation mythique de la ville par
Didon, mais à sa fondation en tant que ville romaine par Octavien-
Auguste en -28 *(Carthago restituta)* qui accordera ensuite le droit de
cité à ses habitants : cf. *REPW*, s. v. *Karthago*, c. 2162. C'est le mérite
de A.-M. La Bonnardière, «Les *Enarrationes in Psalmos* prêchées

IN PSALMVM XXXIX

L'*Enarratio* a en effet été prêchée à Carthage, comme l'avait déjà établi S. Zarb[3]. Augustin ne nomme pas la ville, mais les nombreuses références aux spectacles, aux jeux du cirque, du théâtre, de l'amphithéâtre (§ 9), aux auriges, bestiaires et histrions (§ 8 ; 9), laissent supposer qu'il parle dans la métropole africaine. Augustin évoque les débordements populaires que l'anniversaire de la fondation de la ville occasionnera (§ 6 : «turbas [...] implentes crastinum circum, ciuitatis natalem clamando celebrantes, ciuitatem ipsam male uiuendo turpantes»). Cette fête avait lieu aux ides de Juillet. Augustin prêche donc l'*In Ps.* 39 un 14 juillet. Mais en quelle année?

Zarb avait placé cette prédication après le début de la crise pélagienne, avec un unique argument : le commentaire de la parabole du pharisien et du publicain au § 20[4]. Il est vrai qu'elle est très utilisée après 411, époque où l'accent est mis sur l'orgueil du pharisien qui ne se reconnaît pas pécheur. Mais avant cette date, l'évêque d'Hippone usait déjà de la parabole contre les donatistes qui prétendaient être les seuls justes[5]. Dans les propos d'Augustin sur le pharisien et le publicain en *In Ps.* 39, 20, il n'y a rien qui fasse penser aux commentaires de l'époque antipélagienne. L'argument majeur de Zarb ne tient pas. Il considérait par ailleurs comme «non improbable» que l'*Enarratio* 39 ait été prêchée la veille de l'*Enarratio* 50. La raison en était selon lui que, dans l'introduction de cette dernière, Augustin se plaignait,

---

par saint Augustin à l'occasion des fêtes de martyrs», *Recherches augustiniennes*, 7, 1971, p. 73-104 (p. 80) d'avoir identifié la fête dont parle Augustin.

3. S. Zarb, *Chronologia Enarrationum S. Augustini in Psalmos*, Malte, 1948, p. 127-128.

4. *Ibid.*, p. 129-130.

5. Voir *BA* 58/A, n. c. 12 : «La parabole du pharisien et du publicain», p. 424-429 (M. Dulaey).

ENARRATIONES IN PSALMOS

comme dans *In Ps.* 39, que des chrétiens préfèrent se rendre aux jeux du cirque plutôt que de venir à la liturgie, et disait que son homélie de la veille avait été longue, ce qui est le cas d'*In Ps.* 39. Les arguments sont faibles[6]. L'*Enarratio* 50 renfermant des développements prouvant clairement qu'elle date de l'époque où Augustin lutte contre les idées pélagiennes, cela confirmait aux yeux de Zarb ce qu'il avait dit de l'*In Ps.* 39 ; il la datait en conséquence entre 411 et 413[7].

A.-M. La Bonnardière a marché dans les pas de Zarb, tout en précisant la date du *natalis ciuitatis* pour lequel étaient donnés les jeux dont parle Augustin. Cette date correspondait chez les chrétiens à la fête du martyr Catulinus ; l'*In Ps.* 39, 16 faisant allusion à la célébration des martyrs, elle avait suggéré que celle-ci pouvait avoir été décalée d'un jour et reportée au 14 juillet[8]. S'étant laissée convaincre par Zarb que l'*In Ps.* 39 avait été prêchée la veille d'*In Ps.* 50[9], elle a voulu en

---

6. Les longues homélies ne manquent pas dans le recueil des *Enarrationes*, et on trouve la même plainte sur la désaffection des chrétiens lors des jeux dans *In Ps.* 80, 2, qu'on date maintenant de décembre 403. En fait, Zarb aurait pu enrichir la liste des rapports d'*In Ps.* 50 avec *In Ps.* 39. Les deux textes ont en commun la citation de Mt 24, 13 (*In Ps.* 50, 19), qui fait partie de la lecture liturgique du jour où est prêchée *In Ps.* 39, et celle du Ps 33, 17 (*In Ps.* 39, 2 ; *In Ps.* 50, 14). Mais ces versets sont plusieurs fois cités et commentés avant la période antipélagienne. Le thème du sacrifice spirituel qui remplace les sacrifices d'animaux (*In Ps.* 50, 21 ; *In Ps.* 39, 12) rattache aussi les deux prédications, mais Augustin l'avait déjà développé dans *C. Faust.* 6, 5 ; 20, 18 ; *Ser. Dolbeau* 23, 19.

7. S. Zarb, *Chronologia Enarrationum*, p. 135 ; 130.

8. A.-M. La Bonnardière , «Les *Enarrationes in Psalmos* prêchées par saint Augustin à l'occasion des fêtes de martyrs», p. 80 ; voir *infra* la note 126.

9. «Si l'on veut bien admettre la relation des *Enarrationes in Psalmos* 39 et 50», écrit-elle ; la formule était prudente.

198

IN PSALMVM XXXIX

voir une confirmation dans le fait qu'en *In Ps.* 50, 1, Augustin exprime sa réprobation des jeux du cirque au moyen d'une formule reprise au Ps 39, 5 qui les taxe de *uanitates et insanias mendaces*, ce qui aurait été une manière de rappeler le psaume commenté la veille[10]. Or, dans l'*In Ps.* 50, Augustin combat déjà les idées pélagiennes[11]. Si donc l'*Enarratio* 39 était prêchée la veille de l'*Enarratio* 50, il fallait qu'on fût après 411. Par conséquent, en dépit du fait qu'*In Ps.* 39 «ne présente aucune résonance antipélagienne», et qu'au contraire la coutume donatiste de rebaptiser les catholiques passant au schisme est vilipendée au § 1, ce qu'elle reconnaît, A.-M. La Bonnardière avait placé l'*Enarratio* 39 en 412 ou en 413[12].

Toute cette construction, dont on a fait remarquer la fragilité, s'est effondrée depuis que A. Primmer a retrouvé dans un manuscrit la rubrique de l'*Enarratio* 50, qui affirme qu'elle a été prêchée à Carthage aux ides d'août, soit un mois après l'anniversaire de la

---

10. En réalité, ce n'est guère significatif, car la formule tirée du psaume revient une vingtaine de fois chez Augustin : *Conf.* 8, 2, 4 ; *Ep.* 101, 2, 6 ; *In Ps.* 38, 11 ; 61, 16 etc.

11. De fait, l'*In Ps.* 50, 10 développe une longue réflexion sur le péché originel et le baptême des petits enfants qui suppose le début de la controverse pélagienne et doit être rapprochée des *Ser.* 293-294 de juin 413. S. POQUE, «L'écho des événements de l'été 413 à Carthage dans la prédication de saint Augustin», dans *Homo Spiritalis. Festgabe für Luc Verheijen*, Würzburg, 1987, p. 394, a décelé en *In Ps.* 50, 8 une allusion probable aux événements de l'été 413 à Carthage et à l'exécution du comte Marcellinus.

12. Les propos de H. RONDET, «Essais sur la chronologie des *Enarrationes in Psalmos*», *Bulletin de littérature ecclésiastique*, 65, 1964, p. 134 (entre 405 et 415, peut-être même entre 411 et 415) montrent surtout la perplexité de l'auteur, qui ne donne aucun argument sérieux.

ENARRATIONES IN PSALMOS

fondation de Carthage aux ides de juillet[13]. Il est donc évident que les *Enarrationes* 39 et 50 n'ont pas été prêchées deux jours de suite, et il n'y a plus aucune raison de faire des contorsions pour les placer la même année. L'*Enarratio* 50 appartient clairement à la période antipélagienne, et l'*Enarratio* 39, comme cela saute aux yeux du lecteur en plusieurs endroits, à l'époque où Augustin combat les donatistes[14].

C'est en effet dans des textes antérieurs à la lutte contre Pélage qu'on trouve les parallèles les plus significatifs avec l'*In Ps.* 39. En 404-407 revient plusieurs fois la protestation, qu'on lit ici au § 1, contre les donatistes qui prétendent que les catholiques ne sont pas chrétiens et doivent donc se faire baptiser à nouveau, en déclarant officiellement n'être pas chrétiens[15]; la comparaison entre le baptême et la marque ineffaçable de l'empereur que continue à porter le soldat, même s'il est déserteur, apparaît aussi à cette période[16]. C'est en 407-408 qu'Augustin verse au dossier du non-renouvellement du baptême la citation de Mt 24, 2, «on ne laissera pas pierre sur pierre», pour dire qu'on ne peut «superposer le Christ au Christ» en redoublant le baptême[17]. Au § 6 est cité le Ps 120, 1-2, avec un développement caractéristique de la lutte antidonatiste des années 406-407, où

---

13. Voir A. Primmer, «Die Mauriner-Handschriften der „Enarrationes in Psalmos"», dans *Troisième centenaire de l'édition Mauriste de saint Augustin*, Paris, 1990, p. 184: «Habitus in Carthagine in basilica Restituta die idus Augustas». M. Margoni-Kögler, *Die Perikopen im Gottesdienst bei Augustinus*, p. 426, n. 1047, a justement fait remarquer que cette date rendait caduc ce qui avait été dit précédemment du lien entre *In Ps.* 39 et *In Ps.* 50.

14. Voir les notes 25; 30-34; 73; 116; 128; 139; 150; 163.

15. *Bapt.* 2, 7, 10; *In Ioh.* 5, 13. Voir la note 31.

16. *Bapt.* 1, 4, 5; *C. Cresc.* 1, 30, 35; voir la note 34.

17. *In Ps.* 95, 2 (en 407); *Ser.* 46, 15, 37 (407-408).

IN PSALMVM XXXIX

ces versets n'apparaissent pas moins de huit fois, avec l'image des monts éclairés qui ne sont pas eux-mêmes la lumière[18].

On peut encore trouver d'autres rapprochements entre l'*Enarratio* 39 et des thèmes développés essentiellement en 403-407, et plus particulièrement en 407[19]. Les lignes où Augustin évoque «les discussions, les réfutations, les rencontres» que les catholiques ne se lassent pas de susciter malgré le peu de réponse positive de la part des donatistes (§ 1) peuvent avoir comme toile de fond les démarches décidées par les évêques catholiques au concile d'août 403, mais aussi les événements du second trimestre 407, quand, après le concile de Carthage du 13 juin, qui avait pris des mesures pour l'accueil des communautés donatistes ralliées, Augustin était occupé au règlement des litiges[20]. Une datation d'*In Ps.* 39 au second semestre de 407 ou en 408 paraît vraisemblable. On a dit que l'*Enarratio* avait été prêchée un 14 juillet à Carthage; ce fut probablement en 407; en effet, le déplacement d'Augustin à Calama en juin 408 rend peu vraisemblable sa participation au concile de Carthage du 16 juin (O. Perler, p. 269) et donc sa présence dans la métropole en juillet de cette année.

---

18. *In Ioh.* 1, 6-7; 4, 11; *In Ps.* 124, 4 (le thème est en 120, 4 aussi, mais avec le seul v. 1); *In Ps.* 35, 9; 75, 7; *Ser.* 46, 8, 17 et 11, 25; *In Ps.* 34, 1, 6 (thème visant directement les donatistes en *In Ps.* 75, 7 et *Ser.* 46, 11, 25).

19. La citation de Pr 18, 3 au § 3 se rencontre plusieurs fois dans ces années-là: *Adn. Iob* 38, 16 (400-405); *In Ps.* 113, 2, 12 (Pâques 404); 35, 10.18 (en 406-407); 129, 1 (printemps 407). Au § 9, le motif des spectacles spirituels qui sont bien supérieurs à toutes les attractions du théâtre et des jeux romains est récurrent dans les années 403-407; voir la note 83.

20. S. Lancel, « Saint Augustin et les donatistes dans les nouveaux Sermons Dolbeau», dans *Africa Cristiana. Storia, religione letteratura*, M. Marin, Cl. Moreschini (éd.), Brescia, 2002, p. 201-219 (p. 213).

ENARRATIONES IN PSALMOS

Argument de la prédication

Malgré la dualité thématique du psaume (action de grâce et supplication) et les contraintes d'un commentaire linéaire avec ses exigences textuelles, malgré les circonstances événementielles (veille de la fête de la ville) et sans doute liturgiques (fête de martyr), Augustin va offrir une prédication au souffle indéniable dont l'unité se laisse peu à peu découvrir. Le génie théologique, pastoral et oratoire de l'évêque va en effet unifier ces données multiples à la manière d'un accord musical qui reprend et «résout» les différentes modulations tonales d'une œuvre. Entendue de cette manière, la prédication délivre un message simple: s'appuyant sur les prédictions du Christ, et fort de ses promesses, le fidèle, qui a déjà fait l'expérience du salut et se le rappelle avec action de grâce, doit vivre tout entier tendu vers les biens qu'il espère, sans se laisser séduire par les «vanités et les folies mensongères» qu'il a connues et qui passionnent encore les foules. Il doit relancer sa quête, en marchant avec persévérance et vigilance en Christ dont il est un membre, les yeux fixés sur lui et sur l'exemple des martyrs.

Le psaume est expliqué en définitive à la lumière de l'Évangile du jour et du contexte d'une ville sans doute surexcitée dans l'attente des jeux du lendemain. Sachant que toute chose périra et qu'il a été arraché à la mort, le fidèle, quant à lui, doit être «tendu d'une grande attente» (*sustinens sustinui*: Ps 39, 1) vers les biens véritables et «persévérer jusqu'à la fin» (Mt 24, 13) sans défaillir ni retourner en arrière.

La prédication s'ouvre par un rappel de la *lectio* évangélique et des deux attaques auquel le chrétien doit faire face: la persécution violente (hier) et les tentations insidieuses du démon (aujourd'hui). Ces dernières peuvent

202

IN PSALMVM XXXIX

venir des donatistes qui, bien que défaits officiellement à la récente Conférence de 411, continuent leur propagande perfide (§ 1), ou des tentations de ce monde, comme il sera dit plus loin. Pour demeurer ferme, le fidèle doit se remémorer de quel «abîme» il a été tiré et le «roc» ferme sur lequel il a été placé, le Christ, afin de «marcher droit» pour obtenir ce qui lui est promis et vers quoi il doit se tendre avec «persévérance» en chantant un «cantique nouveau» (§ 2-4). Ce cantique est le sien, mais aussi celui du Christ qui parle en lui et le «dirige» (§ 5). En se rappelant qu'il est «dirigé», le fidèle ne veut que «suivre» son Seigneur, même si la voie est étroite (§ 6). Il ne regarde pas la «voie large», celle que suivent ceux qui s'adonnent aux «vanités et folies mensongères» des jeux et des faux spectacles (§ 7-9). Lui-même n'est d'ailleurs pas sans spectacles, Dieu et l'Évangile lui en offrant de magnifiques (§ 9). La confession de ces *mirabilia Dei* (§ 10-11) remplace tous les sacrifices anciens et converge dans le «véritable sacrifice», le sacrifice eucharistique qui accomplit toutes les promesses faites aux Juifs (§ 12-13). Ce faisant, le fidèle perpétue dans la «grande assemblée» qu'est l'Église ce que le Christ lui-même a fait. Mais c'est bien sa vie, autant que ses lèvres, qui doit publier la louange de Dieu (§ 14-16). En cela, il suit l'exemple des martyrs (§ 16). Mais «persévérer» dans cette «voie» ne peut se faire sans en appeler à la miséricorde et au secours de Dieu. Intervient ici la dernière partie du psaume : la supplication. Conscient de ses faiblesses et de ses nombreux péchés, le fidèle demande à Dieu d'être «proche». Mais Dieu le sera d'autant plus qu'il confessera ses fautes, même les petites (§ 20-22), sans jamais présumer de lui-même (§ 23). En butte aux attaques et aux railleries de ses adversaires (§ 24-25), ou à leurs louanges perfides (§ 26), le fidèle place son espérance dans le Seigneur

ENARRATIONES IN PSALMOS

en qui seul il veut se glorifier *(ibid.)*. Se reconnaissant « pauvre et indigent », il est sûr que Dieu « prendra soin » de lui. S'appuyant sur la promesse du Christ disant que les jours de détresse et de tribulation seront « abrégés » (cf. Mt 24, 22), ce ne sont pas les fausses espérances du monde qui gonflent son cœur (§ 28), mais le salut final qui lui a été promis.

Malgré d'évidentes digressions, l'*In Ps.* 39 se révèle en définitive une prédication bien unifiée, riche et très personnelle, dont on appréciera le style vivant et les accents vibrants. Alors que le lendemain des hommes courront dans le stade pour remporter un prix illusoire, Augustin exhorte les fidèles à courir « avec persévérance » pour que s'accomplisse en eux la promesse du Christ. La prédication est ainsi traversée par un vrai souffle et un dynamisme que l'attention au vocabulaire permet de goûter (7 occurrences de *perseuerare*, 8 de *currere*, 25 de *sequi*, 26 de *ambulare*, 31 de *promissum/promittere*, 32 de *uia*).

IN PSALMVM XXXIX

Sermo ad populum

1. Omnia quae praedixit Dominus noster Iesus Christus partim facta cognoscimus, partim futura speramus; cuncta tamen complebuntur, quia ueritas haec dicit, et quam fideliter dicit, tam fideles requirit. Qui credit uenientibus laetabitur; qui non credit uenientibus confundetur. Venient tamen illa siue uolentibus hominibus siue nolentibus, siue credentibus siue non credentibus, sicut ait apostolus: *Si negauerimus, et ipse nos negabit; si non credimus, ille fidelis permanet, negare seipsum non potest.* Prae ceteris tamen, fratres, hoc mementote breue et hoc tenete quod modo ex euangelio omnes audiuimus: *Qui perseuerauerit usque in finem, hic saluus erit.* Iam patres nostri traditi sunt in concilia, dixerunt causas apud inimicos quos diligebant; praestiterunt eis et quantam potuerunt correptionem et quantam ualuerunt dilectionem; et sparsus est sanguis iustus et illo sanguine, tamquam seminatione per totum mundum facta, seges surrexit ecclesiae. Consequens autem tempus est scandalorum et simulationis et

---

21. Le thème de l'accomplissement des prédictions fait directement écho au début de l'Évangile qui vient d'être lu: l'annonce de la destruction du Temple (cf. Mt 24, 2). Mais Augustin ne va pas s'y attarder. Il se réfère aussi à l'annonce du salut assuré pour ceux qui persévéreront (cf. Mt 24, 13), ce que le prédicateur va en revanche longuement développer.

22. 2 Tm 2, 12-13.

23. Mt 10, 22.

SUR LE PSAUME 39

Sermon au peuple

1. Nous constatons que tout ce qu'a prédit notre Seigneur Jésus Christ est en partie déjà réalisé, et nous espérons que le reste le sera ; tout s'accomplira, parce que la Vérité l'a dit, et elle requiert des fidèles autant de fidélité qu'elle en met dans ses paroles[21]. Celui qui croit se réjouira de ce qui vient ; celui qui ne croit pas sera confondu par ce qui vient. Quoi qu'il en soit, cela viendra, que les hommes le veuillent ou non, qu'ils y croient ou non, selon ce que dit l'Apôtre : *Si nous le renions, lui aussi nous reniera ; si nous ne croyons pas, il demeure fidèle et ne peut se renier lui-même*[22]. Avant tout, mes frères, rappelez-vous et gardez à l'esprit cette brève formule que nous venons tous d'entendre dans l'Évangile : *Celui qui persévérera jusqu'à la fin sera sauvé*[23]. Dans le passé, nos pères ont été traduits devant des assemblées, ils ont plaidé leur cause auprès d'ennemis pour qui ils avaient de l'amour ; ils leur ont prodigué des avertissements autant qu'ils le pouvaient et de l'amour autant qu'ils en étaient capables ; le sang des justes a été répandu, et la moisson de l'Église a surgi de ce sang comme d'une semence répandue dans le monde entier[24]. Mais la période qui a suivi est celle des scandales, de l'imposture et de la

---

24. L'expression *seges ecclesiae* est souvent utilisée par Augustin, presque toujours pour une fête de martyr. Cf. *In Ps.* 32, 2, 2, 6 (*BA* 57/B, p. 86 et la note 21) ; 58, 1, 5 ; 70, 2, 4 ; 88, 1, 10 ; 140, 20 et 21 ; *Ser.* 22, 4 ; 286, 4, 3 ; 301, 1, 1 ; *Ser. Dolbeau* 25, 19. Le thème du sang fécondant remonte à Tert. *Apol.* 50, 13, *CUF*, p. 108.

ENARRATIONES IN PSALMOS

tentationum per eos qui dicunt: *Ecce hic est Christus, ecce illic.* Hostis ille noster tunc leo fuit, cum aperte saeuiebat; modo draco est, cum occulte insidiatur. Ille autem cui dictum est: *Conculcabis leonem et draconem,* quoniam corpus eius et membra eius sumus, sicut conculcauit leonem pedibus patrum nostrorum aperte saeuientem et ad passiones martyres adtrahentem, ita modo draconem conculcet, ne nobis insidietur. De quo dracone nos cautos faciens apostolus ait: *Aptaui uos uni uiro uirginem castam exhibere Christo; timeo autem ne, sicut serpens Euam seduxit astutia sua, sic et uestrae mentes corrumpantur a castitate quae est in Christo Iesu.* Serpens ergo iste adulter antiquus uirginitatem corrumpendam non carnis, sed cordis inquirit. Sicut autem adulter homo laetatur in nequitia sua, cum carnem corrumpit, sic et diabolus laetatur, quando mentem corrumpit. Sicut autem patribus nostris aduersus leonem opus erat patientia, sic nobis aduersus draconem uigilantia. Persecutio tamen siue a leone siue a dracone numquam cessat ecclesiae; et magis metuendus est cum fallit quam cum saeuit. Illo tempore cogebat christianos negare Christum; isto autem tempore docet christianos negare Christum; tunc cogebat, nunc docet. Tunc ergo ingerebat uiolentias, nunc insidias; uidebatur tunc fremens, lubricus nunc et oberrans difficile uidetur. Quomodo

---

25. Mt 24, 23. Nouvelle évocation de la *lectio* évangélique (cf. Mt 24, 9-10), avec une claire allusion aux donatistes qui affirment « Le Christ est ici », c'est-à-dire dans la seule Afrique. En disant un peu plus haut que les persécutés de jadis avaient de l'amour pour leurs ennemis, Augustin fait sans doute allusion à sa propre attitude à l'égard des schismatiques qu'il veut corriger avec affection.

26. Ps 90, 13.

27. Même explication du lion et du dragon en *In Ioh.* 10, 1; *In Ps.* 40, 4; 69, 2; 90, 2, 9; *Adn. Iob* 38, 39 ; *Ser. Denis* 13, 2; *Ser. Dolbeau* 2, 14-15. Les deux tactiques de l'Adversaire – la violence qui effraie et les séductions qui font tomber – se rattachent aux deux grandes passions des Anciens : la crainte de la souffrance et l'amour

208

IN PSALMVM XXXIX

mise à l'épreuve, œuvre de ceux qui disent: *Voici que le Christ est ici, voici qu'il est là*[25]. Notre ennemi était un lion quand il se déchaînait ouvertement; c'est un dragon maintenant qu'il tend insidieusement ses pièges. Mais, de même que Celui à qui il a été dit: *Tu fouleras aux pieds le lion et le dragon*[26], a foulé aux pieds de nos pères le lion qui se déchaînait ouvertement et entraînait les martyrs vers leur passion, de même aujourd'hui qu'il foule aux pieds le dragon pour qu'il ne nous prenne pas au piège, puisque nous sommes son Corps et ses membres[27]. C'est contre ce dragon que nous met en garde l'Apôtre quand il dit: *Je vous ai fiancés à un époux unique, comme une vierge pure à présenter au Christ; mais je crains qu'à l'exemple d'Ève, que le serpent a séduite par son astuce, vos esprits ne se corrompent en perdant la pureté qui est dans le Christ Jésus*[28]. Ainsi, le serpent, cet antique adultère, cherche à corrompre la pureté non de la chair, mais du cœur. De même qu'un homme commettant l'adultère se réjouit de sa perversité quand il corrompt la chair, le diable se réjouit de corrompre l'esprit. Et si nos pères devaient faire preuve de patience face au lion, il nous faut faire preuve de vigilance face au dragon. Qu'elle vienne du lion ou du dragon, la persécution de l'Église ne cesse jamais; et le diable est plus à craindre quand il trompe que lorsqu'il se déchaîne. Au temps jadis, il forçait les chrétiens à renier le Christ; de notre temps, il enseigne aux chrétiens à renier le Christ; il forçait alors, il enseigne maintenant. Alors, il attaquait par la violence, maintenant, c'est par la ruse; alors on le voyait, quand il grondait; maintenant, il glisse, se faufile, et on le voit difficilement. Les moyens par

---

du plaisir. Si les martyrs ont surtout été en butte au lion, l'Église est aujourd'hui principalement confrontée au dragon. Mais c'est le même ennemi qui sévit, car «le diable est appelé et lion et dragon» (*Gen. litt.* 7, 10, 14).

28. 2 Co 11, 2-3.

ENARRATIONES IN PSALMOS

autem tunc cogebat christianos negare Christum, apertum est. Adtrahebantur enim ut negarent Christum et confitentes Christum coronabantur. Nunc autem docet negare Christum, et ideo fallit quia qui docetur negare Christum quasi non sibi uidetur recedere a Christo. Modo enim quid dicitur ab haereticis hominibus christiano catholico? "Veni, esto christianus." Ad hoc dicitur: "Esto", ut dicat: "Non sum." Aliud longe est "ueni, esto christianus", aliud "ueni, nega Christum": apertum malum, fremitus leonis a longe auditur, a longe cauetur. Applicat se lubricus draco, occultis lapsibus serpens, leni tractu subrepens, astuto sibilo immurmurans, et non dicit: "Nega Christum." Nam eum coronatis martyribus quis audiret? Sed dicit: "Esto christianus." Et ille mirabili uoce percussus, si nondum ueneno penetratus est, respondet: "Plane christianus sum." Si autem mouetur et dente draconis captus est, respondet: "Quare mihi dicis: Esto christianus? Quid enim, non sum christianus?" Et ille: "Non." – "Ergo non sum?" – "Non." "Ergo nunc fac me christianum, si non sum." "Veni. Sed cum interrogari coeperis ab episcopo quid

---

29. On aura noté les ressources rhétoriques du prédicateur et comment l'opposition lion/dragon est commentée avec neuf antithèses: chair/cœur, chair/esprit, patience/vigilance, se déchaîner/tromper, forcer/enseigner, violence/ruse, gronder/glisser, voir/voir difficilement, alors/maintenant.

30. Le donatiste schismatique peut être appelé hérétique: cf. *In Ps.* 21, 2, 28 et la note 102 (*BA* 57/B, 191). C'est surtout la réitération du baptême qui a fait percevoir le donatisme comme une hérésie. Cf. *Code Théodosien* XVI, 6, 4, *SC* 497, p. 345: «On dit que ceux qui sont appelés donatistes se sont tellement avancés sur la voie du crime qu'ils auraient renouvelé le sacro-saint baptême par une coupable témérité, foulant à nouveau aux pieds les mystères. Ainsi, à ce qu'il a été rapporté, des hommes lavés une première fois par la grâce divine, ils les auraient corrompus en les contaminant par une réitération sacrilège. *C'est ainsi qu'il arriva que de l'hérésie naquit le schisme.*»

31. *Esto christianus*: voir aussi § 26. Cf. OPT. *C. Don.* 3, 11, 5-7, *SC* 413, p. 74-75: «"Soyez chrétiens!" C'est ce que disent les donatistes aux fidèles catholiques, voire aux clercs. Ils prétendent en effet

210

IN PSALMVM XXXIX

lesquels il forçait alors les chrétiens à renier le Christ, on les connaît bien. Ils étaient poussés à renier le Christ, ils confessaient le Christ et recevaient la couronne. Mais maintenant il enseigne à renier le Christ, et il trompe, parce que celui à qui on enseigne à renier le Christ n'a quasiment pas l'impression de s'éloigner du Christ[29]. Que disent en effet aujourd'hui les hérétiques[30] à un chrétien catholique? "Viens, deviens chrétien[31]."On lui dit: "Deviens", pour qu'il dise: "Je ne le suis pas." C'est fort différent de dire: "Viens, deviens chrétien", et de dire: "Viens, renie le Christ"; alors le mal est évident, on entend de loin le grondement du lion, on le voit venir de loin et on s'en garde. Mais aujourd'hui, le dragon s'approche en glissant, il rampe avec une reptation secrète, se faufile tout doucement, murmure des siffle-ments pleins d'astuce; il ne dit pas: "Renie le Christ." Qui l'écouterait en effet, maintenant que les martyrs ont reçu la couronne? Mais il dit: "Sois chrétien." L'autre, frappé par cette parole surprenante, répond, s'il n'a pas encore été imprégné par le venin: "Je suis bel et bien chrétien." Mais s'il se laisse impressionner, s'il a déjà été pris par la dent du dragon, il répond: "Pourquoi me dis-tu de devenir chrétien? Quoi donc, ne suis-je pas chrétien?". Et l'autre: "Non." – "Je ne le suis donc pas?" – "Non." – "Eh bien, fais maintenant de moi un chrétien, si je ne le suis pas." – "Viens! Mais quand l'évêque[32] te demandera ce que tu es, ne réponds pas:

---

que ceux qu'ils rebaptisent étaient non pas chrétiens, mais païens.» À quoi OPT. *C. Don.* 5, 3, 11, *SC* 413, p. 127, répond: «Celui qui est rebaptisé était déjà chrétien; comment peut-on dire qu'il est chrétien pour la deuxième fois?» Voir aussi *In Ps.* 32, 2, 2, 29; *Bapt.* 2, 7, 10; *In Ps.* 145, 16; *In Ioh.* 5, 13, avec la remarque de M.-F. BERROUARD: «Sans doute aussi les donatistes s'efforçaient-ils de leur arracher cet aveu pour mieux échapper à l'amende qui frappait le clergé rebapti-seur» (*BA* 71, p. 318 n. 2).

32. Il s'agit de l'évêque donatiste devant lequel le catholique qui s'est laissé entraîner est conduit pour être baptisé.

ENARRATIONES IN PSALMOS

sis, noli dicere: 'Christianus sum', aut: 'Fidelis sum', sed dic non te esse, ut possis esse." Cum enim audierit confessionem christiani fidelis, rebaptizare non audet; cum autem audierit quod non sit, dat illi tamquam quod non habebat, ut quasi ipse sit extra culpam, quia secundum uocem eius facit. Vbi quaero abs te, haeretice, cur te extra culpam putas? Quid hac uoce audio? Quia non tu negas, sed ille negat? Si habet culpam qui negat, quid qui docet negare eum qui negat? Itane uero tu extra culpam es, quia facis docendo christianus quod faciebat minando paganus? Et quid agis? Numquid tollis quod habet, quia negauit quod habet? Non facis ut non habeat, sed ut ad poenam habeat. Quod enim habet, habet. Baptismus ille tamquam character infixus est; ornabat militem, conuincit desertorem. Quid enim facis? Christum imponis super Christum. Si simplex esses, Christum non duplicares. Deinde, quaeso te, oblitus es quod lapis est Christus, et *lapidem quem reprobauerunt aedificantes, hic factus est in caput anguli*?

---

33. La validité du baptême des hérétiques et la nécessité ou non de les rebaptiser sont des questions anciennes. On connaît la controverse célèbre entre Cyprien et le pape Étienne au milieu du IIIe s. Pour leur part, les donatistes rebaptisaient les catholiques qui venaient chez eux et défendaient leur pratique en s'appuyant sur Cyprien. Augustin les réfute longuement dans le *De baptismo* (404), puis, à la veille de la Conférence de Carthage de 411, dans le *De unico baptismo* (hiver 410-411). Les lois impériales ne cesseront de condamner la réitération du baptême et de prononcer de lourdes sanctions à l'égard des contrevenants. Cf. *Code Théodosien* XVI, 6, 1 (févr. 373); 6, 2 (oct. 377); 5, 5 (août 379); 7, 4 (juin 391); 6, 3-4-5 (févr. 405) (*SC* 497, 341-343; 233; 363; 345-349). Voir aussi M. LABROUSSE, « Le baptême des hérétique d'après Cyprien, Optat et Augustin: influences et divergences », *Revue des études augustiniennes*, 42, 1996, p. 223-242.

34. Le « caractère » était la marque indélébile que portait le soldat et qui demeurait sur le déserteur. Cf. *Bapt.* 1, 4, 5; *Ep.* 185, 10, 43; *Ad Don.* 35, 58. « Avant de devenir un terme technique dans la doctrine sacramentelle latine, le terme "caractère" a été largement utilisé

IN PSALMVM XXXIX

'Je suis chrétien', ni: 'Je suis un fidèle', mais dis que tu
ne l'es pas pour pouvoir le devenir." Quand en effet il
entend confesser qu'on est un chrétien, un fidèle, il n'ose
pas rebaptiser; mais quand il entend qu'on ne l'est pas,
il donne le baptême comme si on ne l'avait pas reçu,
pour être d'une certaine manière non fautif, puisqu'il
agit d'après les paroles de l'autre[33]. Ici, je te le demande,
ô hérétique: pourquoi estimes-tu n'être pas fautif?
Qu'est-ce que j'entends derrière cette parole? Que toi,
tu ne renies pas, mais que c'est lui qui renie? Si celui qui
renie est fautif, qu'en est-il de celui qui enseigne à l'autre
à renier? N'es-tu pas fautif, quand, étant chrétien, tu
fais par ton enseignement ce que le païen faisait par ses
menaces? Et à quel résultat arrives-tu? Lui enlèves-tu
ce qu'il a du simple fait qu'il a nié l'avoir? Tu ne peux
pas faire qu'il ne l'ait pas, mais seulement qu'il subisse
le châtiment. Car ce qu'il a, il l'a. Le baptême a été
imprimé en lui comme une marque; elle était l'honneur
du soldat, elle dénonce le déserteur[34]. Que fais-tu en
effet? Tu superposes le Christ au Christ. Si tu avais
un cœur simple, tu ne redoublerais pas le Christ[35]. Et
puis, je te le demande, as-tu oublié que le Christ est la
pierre, et que *la pierre rejetée par les bâtisseurs est devenue*

---

par Augustin comme une métaphore tirée de la vie militaire romaine
pour prouver contre les donatistes la non réitération du baptême, qu'il
ait été reçu dans l'Église ou dans le schisme. Il fallait faire admettre
que le baptisé conservait un effet permanent du baptême, même s'il
ne possédait pas la charité», écrit D. DIDEBERG (*BA* 76, n. c. 19, «Le
caractère sacramentel», p. 475). Voir aussi *BA* 29, n. c. 2, p. 579-582:
«La doctrine du caractère» (G. BAVAUD); *BA* 28, n. c. 29, p. 738-
739: «La théologie du caractère sacramentel» (Y.-M. CONGAR);
S. POQUE, *Le langage symbolique dans la prédication de saint Augustin*,
Paris, 1984, t. 1, p. 41-46 ; t. 2, p. 31-35; *AugLex*, s. v. *Character*,
c. 835-840 (E. DASSMANN).

35. Augustin joue sur le double sens de *simplex*: simple (et non
double) et innocent.

213

ENARRATIONES IN PSALMOS

Si ergo lapis est Christus, et Christum uis imponere super Christum, excidit tibi quod audiuisti in euangelio, quia *lapis super lapidem non stabit*? Tantum autem ualet iunctura caritatis ut, quamuis multi lapides uiui in structura templi Dei conueniant, unus lapis ex omnibus fiat. Tu autem discidisti te; ab aedificatione reuocas, ad ruinam uocas; et abundant hae insidiae et non quiescunt; et uidemus et toleramus et, quantum possumus reprimere, conamur disputando, conuincendo, conueniendo, terrendo, tamen in omnibus diligendo. Et cum haec nobis agentibus perseuerant in malo et cor nostrum de fraternis mortibus contabescit, cum eos qui foris sunt dolet, his qui intus sunt timet, per angustias multiformes et incessabiles tentationes, quibus abundat haec uita, quid facturi sumus? Ex abundantia enim iniquitatis fit quidam torpor caritatis: *quoniam abundauit iniquitas, refrigescit caritas multorum*. Et quid sumus facturi, nisi quod sequitur, si tamen ipso adiuuante possimus: *Qui perseuerauerit usque in finem, hic saluus erit*?

v. 2-3   **2.** Ergo dicamus quod iste psalmus: **Sustinens sustinui Dominum.** *Sustinens sustinui*, non quemlibet hominem promissorem qui possit fallere et falli, non quemlibet hominem consolatorem qui potest tristitia sua ante tabescere quam me reficere. Consoletur me

---

36. Mt 21, 42 (= Ps 117, 22).

37. Mt 24, 2. Le verset appartient à la *lectio* du jour, mais pour un même usage antidonatiste, voir *In Ps.* 95, 2 (en 407); *Ser.* 46, 15, 37; *Ad Don.* 20, 32.

38. Mt 24, 12. Sur ce verset, voir M. Aubineau, « Exégèse patristique de Mt 24, 12: 'Quoniam abundavit iniquitas, refrigescet charitas multorum' », dans *Studia patristica* IV (*TU* 79), Berlin, 1961, p. 3-19 (repris dans M. Aubineau, *Recherches patristiques: enquêtes sur des manuscrits, textes inédits*, Amsterdam, 1947, p. 333-349).

39. Mt 24, 13.

40. Fort habilement, Augustin a terminé son long prologue (§ 1) avec la citation de Mt 24, 13 où le verbe *perseuerare* est immédiatement rapproché de l'expression *sustinens sustinui* du Ps 39, 2. La

IN PSALMVM XXXIX

la pierre d'angle[36]? Si le Christ est la pierre et que tu veux superposer le Christ au Christ, oublies-tu la parole entendue dans l'Évangile, qu'*il ne restera pas pierre sur pierre*[37]? Si forte est l'union opérée par la charité que, bien que de nombreuses pierres vivantes entrent dans la construction du temple de Dieu, elles deviennent toutes une pierre unique. Mais toi, tu t'en es coupé ; tu les appelles à quitter l'édifice, tu les invites à la ruine. Ces comportements insidieux abondent et ne cessent pas ; nous les voyons et nous les supportons ; nous nous efforçons de les empêcher autant que nous le pouvons, par des discussions, des réfutations, des rencontres, par la crainte, mais toujours avec amour. Et quand, malgré ce que nous faisons, ils persévèrent dans le mal et que notre cœur se consume en voyant des frères qui meurent, quand il souffre pour ceux qui sont dehors et craint pour ceux qui sont dedans, au milieu des difficultés de toute sorte et des épreuves incessantes qui abondent en cette vie, qu'allons-nous faire ? Quand abonde l'iniquité, il y a comme un engourdissement de la charité : *Parce que l'iniquité a abondé, la charité de beaucoup se refroidit*[38]. Et qu'allons-nous faire, si du moins l'aide de Dieu nous en rend capables, sinon ce que dit le verset suivant : *Celui qui persévérera jusqu'à la fin sera sauvé*[39] ?

2. Disons donc comme notre psaume : ***J'ai attendu le Seigneur d'une grande attente***[40]. *J'ai attendu d'une grande attente* non un homme quelconque qui me fait une promesse, qui pourrait tromper et se tromper, non un homme quelconque qui me console, et qui pourrait succomber à sa propre tristesse avant de me réconforter.

---

transition est parfaite, soulignée par l'adverbe *ergo*. Le thème de la promesse qui va suivre renoue d'ailleurs avec le tout début de la prédication. On persévère, soutenu par une promesse et tendu vers son accomplissement. Voir *AugLex*, s. v. *Promissio(nes) (promissa, promissor)*, col. 934-938 (M. DULAEY).

215

ENARRATIONES IN PSALMOS

frater homo cum tristis est mecum; simul gemamus, simul fleamus, simul oremus, simul sustineamus: quem, nisi Dominum qui promissa non aufert, sed differt? Exhibebit profecto, exhibebit, quia multa iam exhibuit; et nihil de Dei ueritate formidare deberemus, etiamsi nihil adhuc exhiberet. Ecce iam putemus ita, omnia promisit, nondum aliquid dedit; idoneus promissor est, fidelis redditor ; tu tantum esto pius exactor, etsi paruulus, etsi infirmus, exige misericordiam. Non uides teneros agnos capitibus pulsare ubera matrum, ut lacte satientur? *Sustinens,* inquit, *sustinui Dominum.* Et quid ille? An auertit se a te, an sustinentem contempsit, an forte non uidit? Non plane ita. Sed quid? ***Et adtendit mihi, et exaudiuit deprecationem meam.*** Attendit et exaudiuit. Ecce non frustra sustinuisti; super te oculi eius, ad te aures eius. *Oculi* enim *Domini super iustos et aures eius in preces eorum.* Quid ergo, cum male faceres, cum eum blasphemares, non uidebat? non audiebat? Et ubi est quod in ipso psalmo dictum est: *Vultus autem Domini super facientes mala*? Sed utquid? *Vt perdat de terra memoriam eorum.* Ergo et cum malus esses, adtendebat te, sed non adtendebat tibi. Proinde iste qui sustinens sustinuit Dominum, parum ei fuit dicere: "Attendit me": *Attendit mihi,* inquit, id est, consolando adtendit, ut mihi prodesset. Quid adtendit? *Et exaudiuit deprecationem meam.*

---

41. Ps 33, 16.

42. Ps 33, 17. Vers la fin de la prédication, Augustin reviendra sur le thème de Dieu qui voit les justes et les impies, mais les uns « de près » et les autres « de loin ». Cf. § 20 et la note *ad loc.*

43. Les verbes *intendere/adtendere* se construisent normalement avec l'accusatif *(adtendere aliquem)*. La forme *adtendere alicui* est rare, et la plupart des psautiers ont ici *intendit me*. Mais celui d'Augustin transcrit littéralement le datif de la LXX (προσέσχεν μοι) et porte *adtendit mihi,* tout comme le Psautier Gallican *(intendit mihi).* Le prédicateur charge alors ce datif d'un sens fort: l'engagement résolu de Dieu à l'égard de son fidèle.

216

IN PSALMVM XXXIX

Je désire que me console un frère, un homme partageant ma tristesse, pour que nous gémissions ensemble, pleurions ensemble, priions ensemble ; pour que nous attendions ensemble : qui, sinon le Seigneur, qui ne supprime pas ses promesses, mais en diffère seulement l'exécution ? Il les exécutera certainement, il les exécutera, car il en a déjà exécuté beaucoup ; et même s'il n'exécutait encore aucune de ses promesses, nous ne devrions avoir aucune crainte pour ce qui est de la fidélité de Dieu. Faisons un instant cette supposition, qu'il ait tout promis et encore rien donné ; il est fiable en ses promesses, fidèle à les exécuter ; sois seulement un pieux créancier ; même petit, même faible, réclame ton dû : la miséricorde. Ne vois-tu pas que les jeunes agneaux donnent des coups de tête aux mamelles de leur mère pour se rassasier de lait ? *J'ai attendu le Seigneur d'une grande attente*, dit le psalmiste. Et lui, qu'a-t-il fait ? S'est-il détourné de toi, a-t-il dédaigné celui qui l'attendait, ou ne l'aurait-il pas vu ? Absolument pas. Quoi donc ? ***Il m'a prêté attention et il a exaucé ma prière.*** Il a prêté attention et exaucé. Tu n'as donc pas attendu en vain ; ses yeux sont sur toi, ses oreilles tournées vers toi. Car *les yeux du Seigneur sont sur les justes et ses oreilles sont attentives à leurs prières*[41]. Mais quoi ? Quand tu agissais mal, quand tu blasphémais, il ne le voyait pas, il ne l'entendait pas ? Qu'en serait-il alors des paroles de ce même psaume : *La face du Seigneur est sur ceux qui font le mal* ? Et pourquoi cela ? *Pour effacer de la terre leur mémoire*[42]. Donc, même quand tu étais mauvais, il était attentif, mais il ne te prêtait pas attention. C'est la raison pour laquelle celui qui a attendu le Seigneur d'une grande attente a trouvé insuffisant de dire : "Il était attentif" ; il a dit : *Il m'a prêté attention*, il a été attentif à me consoler, pour mon bien[43]. Comment a-t-il été attentif ? *Il a exaucé ma prière.*

ENARRATIONES IN PSALMOS

v. 4 **3.** Et quid tibi praestitit, quid tibi fecit? *Et eduxit me de lacu miseriae et de luto limi; et statuit supra petram pedes meos et direxit gressus meos. Et immisit in os meum canticum nouum, hymnum Deo nostro.* Magna bona praestitit, et adhuc debitor est : sed qui haec reddita iam tenet, de ceteris credat, qui credere debuit et antequam aliquid sumeret. Rebus etiam ipsis persuasit nobis Dominus noster fidelem se esse promissorem, largum datorem. Quid ergo nunc fecit? *Eduxit me de lacu miseriae.* Quis est lacus miseriae? Profunditas iniquitatis, ex carnalibus concupiscentiis ; hoc est enim *et de luto limi.* Vnde te eduxit? De profundo quodam, unde in alio psalmo clamabas : *De profundis clamaui ad te, Domine.* Et qui iam de profundo clamant non penitus in profundo sunt : clamor ipse iam leuat. Sunt alii profundius in profundo qui nec sentiunt se esse in profundo. Tales sunt superbi contemptores, non pii deprecatores, non lacrimosi clamatores, sed tales quales alio loco scriptura designat : *Peccator, cum uenerit in profundum malorum, contemnit.* Cui enim parum est esse peccatorem, nisi etiam non sit peccatorum suorum confessor, sed defensor, altius in profundo est. Ille autem qui de profundo exclamauit iam ab imo profundi caput ut clamaret leuauit ; auditus est, eductus est de lacu miseriae et de luto limi. Iam habet fidem quam non habebat ; habet spem sine qua erat ; in Christo ambulat

---

44. Cf. Eus. *In Ps.* 39, *PG* 23, 352 D : « On peut dire sans se tromper que *l'abîme de misère* est la profondeur du péché, et *le bourbier de la fange* les fangeuses voluptés du corps dans lesquelles l'âme qui y est tombée est immergée et précipitée comme dans un abîme. »

45. Ps 129, 1.

46. Pr 18, 3.

47. « Le mal le plus profond », ou encore l'« abîme » qu'évoquent beaucoup de psaumes, est de nier son péché ou de le défendre avec

IN PSALMVM XXXIX

3. Et que t'a-t-il accordé, qu'a-t-il fait pour toi ? *Il m'a tiré de la fosse de misère et de la souillure de la boue ; il a placé mes pieds sur le roc et dirigé mes pas ; il a mis en ma bouche un cantique nouveau, un hymne à notre Dieu.* Il m'a donné de grands biens et il est encore en dette ; mais celui qui a déjà en main ce qui lui a été donné doit avoir confiance pour le reste, lui qui aurait dû avoir confiance avant même de recevoir quelque chose. C'est par les faits eux-mêmes que notre Seigneur nous a persuadés qu'il était fidèle à ses promesses, généreux dans ses dons. Qu'a-t-il fait maintenant ? *Il m'a tiré de la fosse de misère.* Quelle est cette fosse de misère ? L'abîme de l'iniquité, creusé par les convoitises de la chair. Ce sont elles que désigne *la souillure de la boue*[44]. D'où le Seigneur t'a-t-il tiré ? D'un abîme, celui du fond duquel tu criais dans un autre psaume : *Des profondeurs j'ai crié vers toi, Seigneur*[45]. Ceux qui déjà crient depuis l'abîme ne sont plus tout à fait au fond de l'abîme ; déjà leur cri les soulève. Il y en a d'autres qui sont dans un abîme plus profond, ceux qui ne se rendent même pas compte qu'ils sont dans l'abîme. Tels sont les orgueilleux, les méprisants, qui ne supplient pas avec piété, ne crient pas avec des larmes, mais qui sont pareils à ceux dont parle ailleurs l'Écriture quand elle dit : *Quand le pécheur est tombé dans l'abîme du mal, il n'en a cure*[46]. Celui qui ne se contente pas d'être pécheur, mais qui va jusqu'à défendre ses péchés au lieu de les confesser, est dans un abîme plus profond[47]. En revanche, celui qui depuis l'abîme a poussé un cri a déjà relevé la tête depuis le tréfonds de l'abîme pour crier ; il a été exaucé, il a été tiré de la fosse de misère et de la souillure de la boue. Déjà il a la foi qu'il n'avait pas ; il a l'espérance dont il était dépourvu ; il marche selon le Christ, lui qui marchait

---

arrogance au lieu de le confesser. Même utilisation et même explication de Pr 18, 3 en *In Ps.* 35, 10 ; 68, 1, 19 ; 129, 1.

ENARRATIONES IN PSALMOS

qui in diabolo errabat. Ideo enim: *Posuit*, inquit, *supra petram pedes meos et direxit gressus meos. Petra* autem *erat Christus.* Simus super petram, dirigantur gressus nostri; opus est tamen adhuc ut ambulemus, ut ad aliquid peruentamus. Nam Paulus apostolus iam super petram, iam directis pedibus suis, quid dicebat? *Non quia iam acceperim aut iam perfectus sim; fratres, ego non arbitror me apprehendisse.* Quid ergo tibi praestitum est, si non apprehendisti? Vnde gratias agis, cum dicis: *Sed misericordiam consecutus sum?* Quia directi sunt pedes, quia iam supra petram ambulat. Quid enim ait? *Vnum autem: quae retro oblitus.* Quae retro? Lacus miseriae. Quid est, retro? Limus luti, concupiscentiae carnales, tenebrae iniquitatum. *Quae retro oblitus, in ea quae ante sunt extentus.* Non se diceret extentum, si iam peruenisset. Extenditur enim animus desiderio rei concupitae, non laetitia consecutae. *In ea quae ante sunt*, inquit, *extentus, sequor ad palmam supernae uocationis Dei in Christo Iesu.* Currebat, sequebatur ad palmam. Et alio loco iam proximus palmae: *Cursum*, inquit, *consummaui.* Quando ergo dicebat: *Sequor ad palmam supernae uocationis*, quia iam pedes eius in petra directi erant, iam uiam bonam ambulabat, habebat unde gratias ageret, habebat quod peteret, gratias agens de acceptis, petens debita. De quibus acceptis? De indulgentia peccatorum, de illuminatione fidei, de robore spei, de flamma caritatis. Vnde autem adhuc Dominum

---

48. 1 Co 10, 4. Le rapprochement des deux versets est aisé et somme toute banal. On le trouve chez Orig. *In Ps.* 39, 3, J.-B. Pitra, *Analecta Sacra* III, p. 34; Ambr, *In Ps.* 39, 2, *CSEL* 64, p. 215; Athan. [?], *In Ps.* 39, 3, *PG* 27, 192 A.

49. Ph 3, 12-13. Voir N. Cipriani, «L'utilizzazione di Fil 3, 13-14 nell'opera di S. Agostino», *Augustiniana*, 56, 2006, p. 299-320.

50. 1 Tm 1, 13.

51. Ph 3, 13.

52. Ph 3, 13-14.

IN PSALMVM XXXIX

en errant selon le diable. Aussi dit-il: *Il a placé mes pieds sur le roc et dirigé mes pas.* Or *le roc était le Christ*[48]. Mais même si nous sommes sur le roc et que nos pas sont dirigés, il nous faut encore marcher pour parvenir quelque part. Que disait en effet l'apôtre Paul, quand déjà il était sur le roc et que ses pas étaient dirigés? *Ce n'est pas que j'aie déjà obtenu ni que je sois déjà parfait; frères, je ne pense pas que j'aie saisi*[49]. Qu'est-ce donc qui t'a été donné, si tu n'as pas saisi? De quoi rends-tu grâce, quand tu dis: *Mais j'ai obtenu miséricorde*[50]? Il rend grâce parce que déjà ses pas sont dirigés, parce que déjà il marche sur le roc. Que dit-il en effet? *Une seule chose: je suis oublieux de ce qui est derrière*[51]. Qu'est-ce qui est derrière? La fosse de misère. Qu'y a-t-il derrière? La souillure de la boue, les convoitises de la chair, les ténèbres de l'iniquité. *Oublieux de ce qui est derrière, tendu vers ce qui est devant.* Il ne parlerait pas de tension s'il était déjà arrivé; c'est en effet le désir de la chose convoitée, pas la joie de l'avoir trouvée, qui provoque la tension de l'âme. *Tendu vers ce qui est devant*, dit l'Apôtre, *je poursuis ma course pour recevoir le prix attaché à l'appel d'en-haut que Dieu nous adresse en Jésus Christ*[52]. Il courait, il poursuivait sa course pour obtenir le prix, et dans un autre passage, quand déjà il était tout proche du prix, il dit: *J'ai achevé ma course*[53]. Quand donc il disait: *Je poursuis ma course pour recevoir le prix attaché à l'appel d'en-haut*, il marchait déjà dans le bon chemin, parce que ses pas avaient été dirigés sur le roc; il avait de quoi rendre grâce, il savait que demander, rendant grâce pour ce qu'il avait reçu, demandant ce qui était dû. Qu'avait-il reçu? Le pardon des péchés, l'illumination de la foi, la force de l'espérance, le feu de la charité. Mais en quoi considérait-il que le Seigneur était

---

53. 2 Tm 4, 7.

ENARRATIONES IN PSALMOS

debitorem tenebat? *De cetero*, inquit, *superest mihi corona iustitiae.* Adhuc ergo mihi aliquid debetur. Quid debetur? *Corona iustitiae quam reddet mihi Dominus in illa die iustus iudex.* Primo benignus pater, ut erueret de lacu miseriae, ut donaret peccata, ut liberaret de luto limi; postea iustus iudex, reddens bene ambulanti quod promisit, cui primo ut bene ambularet donauit. Reddet ergo iustus iudex, sed quibus? *Qui perseuerauerit usque in finem, hic saluus erit.*

4. *Immisit in os meum canticum nouum.* Quod canticum nouum? ***Hymnum Deo nostro.*** Dicebas forte hymnos diis alienis, ueteres hymnos; quia uetus homo dicebat, non nouus homo; fiat nouus homo, dicat canticum nouum, innouatus amet noua quibus renouatur. Nam quid antiquius Deo qui est ante omnia et sine fine et sine initio? Tibi fit nouus redeunti, quia discedendo factus eras uetus et dixeras: *Inueteraui in omnibus inimicis meis.* Dicimus ergo hymnum Deo nostro, et ipse hymnus liberat nos. *Laudans* enim *inuocabo Dominum et ab inimicis meis saluus ero.* Hymnus est enim canticum laudis. Laudans inuoca, non reprehendens. Quando enim inuocas Deum, ut premat inimicum tuum, quando de malo alieno gaudere uis, et ad hoc malum inuocas Deum, participem eum facis malitiae tuae. Si participem eum facis malitiae, non ergo laudans inuocas, sed reprehendens. Talem enim putas Deum qualis tu es. Vnde tibi alio loco dicitur: *Haec fecisti, et tacui; suspicatus es iniquitatem, quod ero*

---

54. 2 Tm 4, 8.
55. Ps 6, 8.
56. Ps 17, 4.

222

encore en dette à son égard ? *Pour le reste, la couronne de justice m'attend*[54]. Il y a donc encore quelque chose qui m'est dû. Qu'est-ce qui m'est dû ? *La couronne de justice que me donnera ce jour-là le Seigneur, le juste juge.* Il s'est d'abord montré un père bienveillant qui tirait de la fosse de misère, qui remettait les péchés, qui délivrait de la souillure de la boue ; par la suite, il est le juste juge, qui donne ce qu'il a promis à celui qui a marché dans le bien et à qui il avait commencé par donner de marcher dans le bien. Donc, il donnera en juste juge, mais à qui ? *Celui qui persévérera jusqu'à la fin, celui-là sera sauvé.*

4. *Il a mis en ma bouche un cantique nouveau.* Quel est ce cantique nouveau ? *Un hymne à notre Dieu.* Peut-être que tu disais des hymnes à des dieux étrangers, des hymnes vieillis, parce que c'était le vieil homme qui les disait, pas l'homme nouveau. Qu'advienne l'homme nouveau, qu'il dise un cantique nouveau ; que l'homme renouvelé aime les nouveautés qui le renouvellent. Quoi de plus antique que Dieu, qui est avant toutes choses, sans fin et sans commencement ? C'est pour toi qu'il se fait nouveau, quand tu reviens à lui, parce que tu t'étais fait vieux en t'en éloignant et tu avais dit : *J'ai vieilli parmi tous mes ennemis*[55]. Nous disons donc un hymne à notre Dieu, et cet hymne nous libère. En effet, *j'invoquerai le Seigneur en le louant et je serai sauvé de mes ennemis*[56]. Car un hymne est un chant de louange. Invoque Dieu en le louant, pas en le blâmant. Quand en effet tu invoques le Seigneur pour qu'il écrase ton ennemi, quand tu veux te réjouir du malheur d'autrui et que tu invoques Dieu en lui demandant ce malheur, tu le fais participer à ta méchanceté. Si tu le fais participer à la méchanceté, tu ne l'invoques pas en le louant, mais en le blâmant. Car tu te représentes Dieu pareil à toi. C'est pourquoi il t'est dit ailleurs : *Voilà ce que tu as fait, et je me suis tu ; tu as soupçonné une chose*

ENARRATIONES IN PSALMOS

tibi similis. Laudans ergo inuoca Dominum, noli eum putare similem tibi, ut similis fias illi. *Estote enim sicut Pater uester perfecti qui solem suum oriri facit super bonos et malos et pluit super iustos et iniustos.* Sic ergo lauda Dominum ut nolis male inimicis tuis. "Et quantum eis, inquis, uelim bonum?" Quantum tibi. Non enim de tuo accepturi sunt ut boni sint, aut quod illis dabitur tibi minuetur. Inimicus tuus, quia malus est, inimicus est; fit bonus, et amicus erit et socius erit; ut simul uelis possidere quod amabas, iam frater erit. Laudans ergo inuoca, hymnum dic Deo tuo. *Sacrificium laudis,* ait, *glorificabit me.* Et quid? Maior gloria erit Deo, quia glorificas eum? Aut addimus gloriam Deo, quando ei dicimus: Glorifico te, Deus meus? Aut sanctiorem eum facimus, quando dicimus: Benedico te, Deus meus? Ipse quando nos benedicit, facit nos sanctiores, facit nos feliciores; quando nos glorificat, facit nos gloriosiores, facit nos honoratiores; quando eum glorificamus, nobis prodest, non illi. Quomodo enim eum glorificamus? Gloriosum dicendo, non faciendo. Proinde quid secutus ait, cum diceret: *Sacrificium laudis glorificabit me?* Ne putares te aliquid praestare Deo offerendo illi sacrificium laudis: *Et ibi est uia*, inquit, *ubi ostendam illi salutare meum.* Vides quia tibi proderit laudare Deum, non Deo. Laudas Deum? Ambulas uiam. Reprehendis Deum? Perdidisti uiam.

---

57. Ps 49, 21.

58. Mt 5, 47. 45.

59. Ps 49, 23.

60. *Ibid.*

61. Les citations du Ps 49, 21 (associé à Mt 5, 45) et du Ps 49, 23, avec les propos qui les accompagnent – ne pas croire que Dieu nous ressemble ; louer Dieu est utile à nous, non à lui – rapprochent ce paragraphe de l'*In Ps.* 49, 28 et 30, prêchée selon toute vraisemblance

IN PSALMVM XXXIX

inique, pensant que je te serai semblable[57]. Invoque donc
Dieu en le louant ; ne t'imagine pas qu'il t'est semblable,
deviens-lui plutôt semblable. *Soyez parfaits comme votre
Père, qui fait lever son soleil sur les bons et les méchants et
fait pleuvoir sur les justes et les injustes*[58]. Loue le Seigneur
sans vouloir de mal à tes ennemis. "Et dans quelle
mesure dois-je leur vouloir du bien", dis-tu ? Autant que
tu en veux pour toi. Ce n'est pas en effet de ton bien
qu'ils recevront pour devenir bons, et ce qui leur sera
donné ne diminuera pas ta part. Ton ennemi n'est ton
ennemi que parce qu'il est mauvais ; s'il devient bon, il
sera ton ami, il sera ton compagnon, si bien que, lorsque
tu voudras posséder ce que tu aimais, il sera désormais
un frère. Invoque donc en louant, dis un hymne à ton
Dieu. *Le sacrifice de louange*, dit Dieu, *me glorifiera*[59].
Eh quoi ? La gloire de Dieu sera plus grande parce que
tu le glorifieras ? Est-ce que nous ajoutons à la gloire de
Dieu quand nous lui disons : "Je te glorifie, mon Dieu" ?
Ou le rendons-nous plus saint quand nous lui disons :
"Je te bénis, mon Dieu" ? Lui, quand il nous bénit, il
nous rend plus saints, il nous rend plus heureux ; quand
il nous glorifie, il fait que nous avons plus de gloire,
plus d'honneur ; mais quand nous le glorifions, cela
nous est utile à nous, pas à lui. Comment en effet le
glorifions-nous ? En le disant glorieux, non en le rendant
glorieux. D'ailleurs, qu'a-t-il dit dans les lignes suivant
cette parole : *Le sacrifice de louange me glorifiera* ? Pour
que tu ne t'imagines pas apporter quelque chose à Dieu
en lui offrant le sacrifice de louange, il ajoute : *Voilà la
route où je lui montrerai mon salut*[60]. Tu vois que c'est à
toi, pas à Dieu, qu'il sera utile de louer Dieu. Tu loues
Dieu ? Tu marches sur la route. Tu blâmes Dieu ? Tu as
perdu ta route[61].

---

durant l'hiver 412-413. Cf. P.-M. Hombert, *Nouvelles recherches*,
p. 607-609.

ENARRATIONES IN PSALMOS

5. *Et immisit in os meum canticum nouum, hymnum Deo nostro.* Forte quaerit aliquis quae persona loquatur in hoc psalmo. Breuiter dixerim: Christus est. Sed sicut nostis, fratres, et saepe dicendum est, Christus aliquando loquitur ex se, id est ex capite nostro; est enim ipse Saluator corporis, caput nostrum, Filius Dei natus ex uirgine, passus pro nobis, resurgens ad nos iustificandos, sedens ad dexteram Dei ad interpellandum pro nobis, retributurus omnia in iudicio bona bonis, mala malis. Caput nostrum ille, caput dignatus est corporis fieri carnem assumendo a nobis in qua moreretur pro nobis; quam etiam resuscitauit propter nos, ut in illa carne resurrectionis nobis praeberet exemplum, ut sperare disceremus quod desperabamus et haberemus iam pedes in petra, ambularemus in Christo. Loquitur ergo aliquando ex capite nostro, loquitur aliquando et ex nobis, id est ex membris suis, quia etiam quando dixit: *Esuriui, et dedistis mihi manducare*, ex membris suis loquebatur, non ex se. Et quando dixit: *Saule, Saule, quid me persequeris?*, caput pro membris clamabat, et tamen non dixit: "Quid persequeris membra mea?", sed: *Quid me persequeris?* Si in nobis ipse patitur, et nos in illo coronabimur. Haec est caritas Christi. Quid huic comparari potest? Huius rei hymnum immisit in os nostrum et dicit hoc ex membris suis.

---

62. On peut s'étonner qu'après avoir appliqué le Ps 39, 4 au fidèle sauvé du péché, Augustin l'applique subitement au Christ. Il faut certainement y voir un réflexe christologique et didactique de la part du prédicateur: l'homme qui a été «renouvelé», ne l'a été que dans et par le Christ dont il est un membre. La phrase «pour qu'ayant déjà les pieds sur le roc (cf. Ps 39, 3), nous marchions en Christ» assure l'unité entre les développements précédents (le roc est le Christ: § 3) et la lecture christologique du v. 4.

63. Mt 25, 35.

226

IN PSALMVM XXXIX

5. *Et il a mis en ma bouche un cantique nouveau, un hymne à notre Dieu.* Peut-être se demande-t-on quel personnage parle dans ce psaume. Pour le dire en bref, c'est le Christ[62]. Mais comme vous savez, frères, et il faut souvent le redire, parfois le Christ parle en son nom propre, c'est-à-dire selon qu'il est notre Tête; car il est le Sauveur du Corps, notre Tête, le Fils de Dieu né de la Vierge, qui a souffert pour nous, qui est ressuscité pour nous justifier, qui siège à la droite de Dieu pour intercéder pour nous, qui lors du jugement apportera toute rétribution, des biens pour les bons, des maux pour les mauvais. Il est notre Tête, en recevant de nous la chair dans laquelle il mourrait pour nous, il a daigné devenir la Tête du Corps; cette chair, il l'a aussi ressuscitée pour nous, afin de nous donner le modèle de la résurrection de la chair, pour que nous apprenions à espérer ce dont nous désespérions et qu'ayant déjà les pieds sur le roc nous marchions en Christ. Donc, il parle parfois en tant qu'il est notre Tête, parfois en tant qu'il est l'un de nous, qui sommes ses membres; parce que lorsqu'il a dit: *J'ai eu faim et vous m'avez donné à manger*[63], il parlait au nom de ses membres, pas en son nom propre. Et quand il a dit: *Saul, Saul, pourquoi me persécutes-tu?*, la Tête criait pour les membres et n'a pourtant pas dit: "Pourquoi persécutes-tu mes membres", mais: *Pourquoi me persécutes-tu*[64]? Si lui-même souffre en nous, nous serons couronnés en lui. Telle est la charité du Christ. Qu'est-ce qui peut lui être comparé? Il a mis en notre bouche un hymne à cette charité et il le dit en ses membres[65].

---

64. Act 9, 4.

65. Sur le thème de le Tête et du Corps et de l'*una uox*, voir *In Ps.* 30, 2, 1, 3-4 et les notes dans *BA* 58/A, p. 210-214; *In Ps.* 85, 1; *Ep.* 140, 6, 15-18, etc.

ENARRATIONES IN PSALMOS

6. Videbunt iusti et timebunt et sperabunt in Dominum. *Videbunt iusti.* Qui iusti? Fideles, quia *iustus ex fide uiuit.* Etenim in ecclesia iste ordo est: alii praecedunt, alii sequuntur, et qui praecedunt exemplo se praebent sequentibus, et qui sequuntur imitantur praecedentes. Sed et illi qui se exemplo praebent sequentibus, numquid neminem sequuntur? Si neminem sequuntur, errabunt. Sequuntur ergo et illi aliquem, ipsum Christum. Meliores quique in ecclesia, quibus non remansit iam homo quem imitentur, quia omnes proficiendo superauerunt, ipse Christus eis remanet quem usque in finem sequantur. Et cernitis ordinatos gradus per Paulum apostolum dicentem: *Imitatores mei estote, sicut et ego Christi.* Ergo qui iam directos gressus habent in petra, forma sint fidelibus: *Sed forma,* inquit, *esto fidelibus* . Ipsi fideles sunt iusti qui adtendentes eos qui se in bono praecedunt imitando sequuntur. Quomodo sequuntur? *Videbunt iusti et timebunt.* Videbunt et timebunt sequi uias malas, cum uident quosque meliores iam elegisse uias bonas et dicunt in animo suo, quemadmodum solent dicere uiatores, adtendentes alios cum praesumptione ambulantes in uia, ipsi adhuc incerti uiae et quasi fluctuantes qua eant, dicunt sibi: Non frustra illi hac eunt, quando illo eunt quo nos ire uolumus; et quare cum magna fiducia hac eunt, nisi quia illac ire perniciosum est?

---

66. Augustin va commenter successivement chacun des membres du verset: a) «Les justes verront»: les vrais fidèles regardent devant eux, c'est-à-dire «suivent» (13 occurrences de *sequi* dans le paragraphe) ceux qui sont à imiter, donc ultimement le Christ; b) «Ils craindront»: ils redoutent de s'égarer hors de la voie droite comme ceux qui s'adonnent aux faux plaisirs ou comptent sur leurs forces; c) «Ils espéreront dans le Seigneur»: ils ne veulent suivre et imiter que le Christ, lors même qu'ils ont tout reçu des grands spirituels de l'Église.

67. Hb 2, 4. Augustin cite toujours ce verset avec le présent *uiuit* et non avec le futur, comme en Ro 1, 17.

IN PSALMVM XXXIX

6. *Les justes verront, ils craindront et espéreront dans le Seigneur*[66]. *Les justes verront.* Qui sont les justes? Les croyants, parce que *le juste vit de la foi*[67]. Dans l'Église en effet règne l'ordre que voici : les uns précèdent, les autres suivent, ceux qui précèdent donnent l'exemple à ceux qui suivent, et ceux qui suivent imitent ceux qui précèdent. Mais ceux qui donnent l'exemple à ceux qui suivent ne suivent-ils personne? S'ils ne suivent personne, ils tomberont dans l'erreur. Donc eux aussi suivent quelqu'un, et c'est le Christ lui-même. Dans l'Église, les meilleurs, ceux qui ne trouvent plus aucun homme à imiter, parce que leurs progrès leur ont fait dépasser tout le monde, ont encore le Christ à suivre jusqu'au bout. Vous voyez ces degrés bien ordonnés dans ces paroles de Paul : *Soyez mes imitateurs comme je suis, moi, l'imitateur du Christ*[68]. Ainsi, que ceux dont les pas sont déjà dirigés sur le roc soient le modèle des croyants : *Sois le modèle des croyants*[69], dit Paul. Les justes, ce sont les croyants qui, attentifs à ceux qui les précèdent dans le bien, les suivent en les imitant. Comment les suivent-ils? *Les justes verront et ils craindront.* Ils verront, et ils craindront de suivre des voies mauvaises, voyant que déjà les meilleurs ont choisi des voies bonnes; et ils se disent, comme font d'ordinaire les voyageurs, quand ils en voient d'autres marcher avec une grande assurance sur le chemin, alors qu'eux-mêmes sont encore incertains et hésitent sur le chemin à prendre, ils se disent: "Ce n'est pas sans motif qu'ils vont par là, puisqu'ils vont là où nous voulons aller nous aussi; et pourquoi vont-ils par là avec une grande assurance, sinon parce qu'il est dangereux de prendre l'autre chemin?" Donc,

---

68. 1 Co 4, 16.
69. 1 Tm 4, 12.

ENARRATIONES IN PSALMOS

Videbunt ergo *iusti et timebunt.* Angustam uiam uident hac, latam uiam uident illac; hac uident paucos, illac multos. Sed si iustus es, noli numerare, sed appende; stateram affer aequam, non dolosam, quia iustus appellatus es: *Videbunt iusti et timebunt,* dictum est de te. Noli ergo numerare turbas hominum incedentes latas uias, implentes crastinum circum, ciuitatis natalem clamando celebrantes, ciuitatem ipsam male uiuendo turpantes. Noli ergo illos adtendere; multi sunt, et quis numerat? Pauci autem per uiam angustam. Profer, inquam, stateram, appende: uide contra pauca grana quantam paleam leues. Hoc agant fideles iusti qui sequuntur. Quid illi qui praecedunt? Non superbiant, non se exaltent, non decipiant sequentes. Quomodo possunt decipere sequentes? Promittendo illis in se salutem. Quid ergo debent illi qui sequuntur? *Videbunt iusti et timebunt et sperabunt in Dominum*; non in eos a quibus praeceduntur, sed adtendendo praecedentes se, sequuntur quidem et imitantur, sed quia cogitant a quo acceperint illi ut praecedant, et in eum sperant. Quamuis ergo istos imitentur, spem suam tamen in illo ponunt a quo et isti acceperunt unde tales sunt. *Videbunt iusti et timebunt et sperabunt in Dominum*: quemadmodum in alio psalmo: *Leuaui oculos meos in montes,* intellegimus montes claros quosque et magnos ecclesiae spiritales uiros, magnos soliditate, non tumore. Per ipsos nobis scriptura omnis dispensata est; prophetae

---

70. Augustin prêche la veille de l'anniversaire de la fondation de Carthage et des jeux qui seront donnés à cette occasion. Voir *Introduction.*

71. Le cirque de Carthage était par sa taille le troisième de l'Empire romain; voir *AugLex*, s. v. *Circus*, c. 930-940 (W. WEISMANN); *REPW*, s. v. *Karthago*, c. 2215-2216.

72. Ps 120, 1.

73. Le thème des monts véritables, et des faux, les hérétiques, est antidonatiste. Cf. *In Ps.* 124, 5; *In Ps.* 35, 9; *Ser.* 46, 8, 17; *Ser.* 47, 10, 17.

230

IN PSALMVM XXXIX

les justes verront et ils craindront. Ils voient d'un côté la voie étroite, ils voient de l'autre la voie large ; ils voient peu de monde d'un côté, beaucoup de l'autre. Mais si tu es juste, tu ne dois pas compter, mais peser ; prends une balance exacte et non faussée, puisque on t'a appelé un juste : *Les justes verront et ils craindront*, c'est de toi que cela a été dit. Ne compte donc pas les hommes qui en foule prennent les voies larges, qui demain vont remplir le cirque, qui fêtent la fondation de la cité à grands cris[70], et déshonorent cette même cité en vivant mal. Ne fais pas attention à ces gens-là ; ils sont nombreux, et qui peut les compter[71] ? Mais peu nombreux sont ceux qui empruntent la voie étroite. Apporte la balance, te dis-je, et pèse ; vois un petit nombre de grains contrebalancer une grande quantité de paille. Voilà ce que doivent faire les fidèles qui suivent, eux qui sont justes. Et ceux qui précèdent ? Qu'ils ne s'enorgueillissent pas, qu'ils ne se glorifient pas, qu'ils ne trompent pas ceux qui les suivent. Comment peuvent-ils tromper ceux qui les suivent ? En leur promettant le salut dans leur personne. Que doivent donc faire ceux qui suivent ? *Les justes verront, ils craindront et ils espéreront dans le Seigneur*, pas dans ceux qui les précèdent ; attentifs à ceux qui les précèdent, ils les suivent en les imitant, mais parce qu'ils songent à celui qui leur a donné de les précéder, c'est en lui qu'ils espèrent. Donc, bien qu'ils imitent ces hommes, ils placent leur espérance en celui qui a donné à ces hommes d'être ce qu'ils sont. *Les justes verront, ils craindront et ils espéreront dans le Seigneur.* De la même façon, quand il est dit dans un autre psaume : *J'ai levé les yeux vers les monts*[72], nous entendons par ces monts les spirituels de l'Église, des hommes grands et illustres, qui sont grands parce qu'ils sont solides, non parce qu'ils se gonflent[73]. C'est par eux que toute l'Écriture nous a été dispensée ; ce sont les prophètes, les évangélistes, les

231

ENARRATIONES IN PSALMOS

sunt, euangelistae sunt, doctores boni sunt: illuc *leuaui oculos meos in montes, unde ueniet auxilium mihi*. Et ne humanum putares auxilium, sequitur et dicit: *Auxilium meum a Domino, qui fecit caelum et terram. Videbunt iusti, et timebunt, et sperabunt in Dominum*.

v. 5 **7.** Eia qui uolunt sperare in Dominum, qui uident et timent, timeant ambulare uias malas, uias latas; eligant uiam angustam ubi iam supra petram quorumdam directi sunt gressus, quid facere debeant audiant modo. *__Beatus uir cuius est nomen Domini spes eius et non respexit in uanitates et insanias mendaces.__* Ecce qua uolebas ire, ecce turba uiae latae; non frustra ipsa ducit ad amphitheatrum, non frustra ipsa ducit ad mortem. Via lata mortifera est, latitudo eius delectat ad tempus, finis eius angustus in aeternum. Sed turbae strepunt, turbae festinant, turbae collaetantur, turbae concurrunt. Noli imitari, noli auerti; uanitates sunt et insaniae mendaces. Sit Dominus Deus tuus spes tua; non aliud aliquid a Domino Deo tuo speres, sed ipse Dominus tuus sit spes tua. Namque multi de Deo sperant pecuniam, multi de Deo sperant honores caducos et perituros, aliud quodlibet a Deo praeter ipsum Deum; sed tu ipsum Deum tuum pete: immo uero contemptis aliis perge ad illum, obliuiscens alia memento illius, relinquens retro alia extendere in illum. Ipse certe auersum correxit, ipse

---

74. Ps 120, 2.

75. Le Ps 39, 5 figure souvent dans l'œuvre d'Augustin, mais c'est presque toujours le second stique qui est cité. Les «vanités et folies mensongères» sont alors interprétées de différentes manières et signifient: a) l'idolâtrie (*Conf.* 8, 2, 4; *Ciu.* 6, 1, 1; 7, 17); b) les fausses philosophies (*Ser.* 156, 7, 7; *Ep.* 155, 2, 6); c) l'avarice et l'amour des richesses (*In Ps.* 39, 7; 61, 16); d) les futilités d'un monde adonné aux plaisirs (*In Ps.* 39, 7-11; 50, 1).

76. D'après Theod. Cyr. *Hist. eccl.* 5, 27 (26), 3, *SC* 530, p. 454, Honorius a interdit les combats de gladiateurs vers 405 (certains

232

IN PSALMVM XXXIX

bons docteurs ; c'est dans cette direction que *j'ai levé les yeux, vers les monts, d'où viendra mon secours*. Et pour que tu ne penses pas à un secours humain, le psalmiste poursuit en disant : *Mon secours vient du Seigneur qui a fait le ciel et la terre*[74]. *Les justes verront, ils craindront et ils espéreront dans le Seigneur*.

7. Eh bien, que ceux qui veulent espérer dans le Seigneur, qui voient et craignent, craignent de marcher sur les voies mauvaises, les voies larges ; qu'ils choisissent la voie étroite où déjà les pas de certains ont été dirigés sur le roc, et qu'ils écoutent maintenant ce qu'il leur faut faire. *Heureux l'homme qui met son espérance dans le nom du Seigneur et n'a pas regardé les vanités et les folies mensongères*[75]. Voilà où tu voulais aller, voilà la foule de la voie large ; ce n'est pas pour rien qu'elle mène à l'amphithéâtre, qu'elle mène à la mort[76]. La voie large est mortelle ; sa largeur plaît un temps, ensuite, elle devient étroite pour l'éternité. Mais les foules font grand bruit, les foules se hâtent, les foules s'y réjouissent ensemble, les foules y viennent de toutes parts. Ne les imite pas, ne te laisse pas détourner ; ce sont là vanités et folies mensongères. Que le Seigneur ton Dieu soit ton espérance ; n'espère rien d'autre du Seigneur ton Dieu, mais que le Seigneur ton Dieu soit lui-même ton espérance. Car beaucoup espèrent de Dieu de l'argent, beaucoup espèrent de Dieu des honneurs précaires et périssables, ils espèrent de Dieu autre chose que Dieu lui-même ; mais toi, demande ton Dieu lui-même ; bien plus, dédaigne le reste et dirige-toi vers lui ; oublie le reste, souviens-toi de lui ; laisse derrière le reste, sois tendu vers lui. C'est assurément lui qui a corrigé celui qui se détournait, lui qui mène celui qui marche droit,

---

reportent cette interdiction à 434-438 : *ibid.*, n. 1) ; mais les *uenationes*, avec mise à mort d'animaux, ont toujours du succès.

ENARRATIONES IN PSALMOS

ducit rectum, ipse perducit; ergo sit ipse spes tua qui ducit et perducit. Quo ducit et quo perducit terrena auaritia? Fundos quaerebas, terram possidere cupiebas, uicinos excludebas; illis exclusis aliis uicinis inhiabas, et tamdiu tendebas auaritiam, donec ad littora peruenires; perueniens ad littora insulas concupiscis; possessa terra caelum forte uis prendere. Relinque omnes amores; pulchrior est ille qui fecit caelum et terram.

8. *Beatus uir, cuius est nomen Domini spes eius, et non respexit in uanitates et insanias mendaces.* Vnde enim insaniae mendaces? Insania mendax, sanitas uerax. Quae uides bona putas, falleris; sanus non es, nimia febre phreneticus factus es; uerum non est quod amas. Laudas aurigam, clamas aurigae, insanis in aurigam. Vanitas est, insania mendax est. "Non est", ait, "nihil melius, nihil delectabilius". Quid facio febrienti? Si est in uobis misericordia, orate pro talibus. Quia et ipse medicus plerumque in desperatione conuertitur ad eos qui circumstant lacrimantes in domo, qui pendent ex ore eius audire sententiam de aegroto et periclitante; stat anceps medicus, non uidet bonum quod promittat, timet malum pronuntiare, ne terreat; modestam plane iste concipit sententiam: "Bonus Deus omnia potest, orate pro illo." Quem itaque comprehendam istorum insanorum? Quis me audiat? Quis eorum nos non miseros dicat? Quia cum eis non insanimus, amisisse nos putant magnas et uarias uoluptates in quibus ipsi

---

77. L'engouement pour les auriges et la fièvre suscitée par les jeux sont souvent dénoncés par Augustin, presque toujours dans des prédications données à Carthage : *Ser.* 90, 6; 343, 10; *Ser. Dolbeau* 11, 8; 26, 3; *In Ps.* 33, 2, 6. Sur l'*insania* liée aux jeux, cf. *In Ps.* 149, 10 et 12; *Ep.* 138, 2, 4. Voir L. LUGARESI, *Il teatro di Dio. Il problema degli spettacoli nel cristianesimo antico (II-IV secolo)*, Brescia, 2008, p. 619-621.

IN PSALMVM XXXIX

lui qui le conduit jusqu'au bout; que donc celui qui mène et conduit jusqu'au bout soit ton espérance. Où mène, où conduit l'avarice terrestre? Tu recherchais des domaines, tu voulais posséder de la terre, tu éliminais les voisins; une fois ceux-là éliminés, tu lorgnais sur d'autres voisins; et tu développais ton avarice aussi longtemps que tu n'étais pas parvenu au rivage; parvenu au rivage, tu convoites les îles; une fois que tu auras possédé la terre, tu voudras peut-être t'en prendre au ciel! Laisse là tous ces désirs; celui qui a fait le ciel et la terre est plus beau que tout cela.

8. *Heureux l'homme qui met son espérance dans le nom du Seigneur et n'a pas regardé les vanités et les folies mensongères.* D'où viennent en effet les folies mensongères? La folie est mensongère, la santé véridique. Tu t'imagines que ce que tu vois, ce sont des biens; tu te trompes; tu n'es pas en bonne santé, une trop forte fièvre t'a rendu fou; ce que tu aimes n'est pas vrai. Tu loues un aurige, tu acclames un aurige, tu raffoles d'un aurige[77]. C'est là une vanité, une folie mensongère. "Il n'y a rien de mieux, rien de plus divertissant", dis-tu. Que faire contre cette fièvre? S'il y a de la miséricorde dans votre cœur, priez pour de telles gens. Parce que souvent le médecin lui-même, devant un cas désespéré, se tourne vers ceux de la maison qui l'entourent en larmes, qui sont pendus à ses lèvres pour entendre son diagnostic sur le malade en danger; le médecin est partagé, il ne voit pas d'amélioration à promettre, il craint d'effrayer en disant le mal qu'il appréhende; il trouve une formule mesurée: "Dieu est bon, il peut tout, priez pour lui." Lequel de ces fous mon discours va-t-il atteindre? Qui va m'écouter? Lequel d'entre eux ne prétendra pas que nous sommes des malheureux? Car lorsque nous ne partageons pas leur folie, ils pensent que nous sommes passés à côté des plaisirs grands et

235

ENARRATIONES IN PSALMOS

insaniunt, nec uident quia mendaces sunt. Quando illi ouum do uel inuito, uel calicem salutarem porrigo saucio; et quomodo reficiam, quando inuenio? Ne inedia deficiat et ad sanitatem non perueniat, hortor ut reficiat; pugnos parat, saeuire uult in medicum. Et si percusserit, diligatur, et si iniuriam fecerit, non relinquatur; rediturus est ad mentem, gratias acturus. Quam multi hic cognoscunt se, uident se inuicem et loquuntur de se in ecclesia Dei; in ecclesiae sanctae gremio adtendunt studia sua iam bona circa uerbum Dei, circa officia et obsequia caritatis, ad frequentandum gregem Christi non recedere de ecclesia, uident et loquuntur ad inuicem de inuicem. "Quis est iste circissarius? Quis est iste amator et laudator illius uenatoris, illius histrionis?" De alio loquitur, et ille de ipso. Certe ista sunt, certe gaudemus de talibus. Si gaudemus de talibus, non desperemus de talibus. Oremus pro ipsis, fratres carissimi; inde crescit numerus sanctorum, de numero qui erat impiorum. *Et non respexit in uanitates et insanias mendaces.* "Ille uicit, talem equum iunxit"; pronuntiat, quasi diuinus uult esse; affectat diuinitatem amittendo fontem diuinitatis, et saepe pronuntiat et saepe fallitur. Quare hoc? Quia insaniae mendaces sunt. Quare autem aliquando proueniunt quae dicunt?

---

78. On parlerait aujourd'hui de "supporters"; le terme rare *circissarius* se trouve dans un canon du concile d'Arles de 314: «Pour les cochers du cirque *(de circissariis agitatoribus)* qui sont fidèles, il a été décidé que, tant qu'ils conduisent, ils soient tenus à l'écart de la communion» (*SC* 241, p. 45).

79. *In Ps.* 119, 5: «Vous entendez les hommes dire avec étonnement: "J'ai connu cette personne; quel ivrogne c'était! Quel scélérat, quel amateur de cirque et d'amphithéâtre, quel voleur! Et maintenant, comme il est au service de Dieu, comme il est devenu impeccable! [...] Tu te réjouis de voir vivant celui dont tu pleurais la mort.»

80. Littéralement: il a attelé tel cheval.

IN PSALMVM XXXIX

variés dont ils raffolent, et ils ne voient pas qu'ils sont mensongers. Comment faire prendre un œuf au malade s'il le refuse, ou tendre un breuvage salutaire au blessé, et comment lui rendre des forces quand je le rencontre? Craignant que, faute de nourriture, il ne défaille et ne recouvre pas la santé, je l'exhorte à reprendre des forces; il montre le poing, il veut faire du mal au médecin. Il faut l'aimer, même s'il frappe; il ne faut pas l'abandonner, même s'il use de violence; il reprendra ses esprits, il remerciera. Combien se reconnaissent là, se regardent l'un l'autre, et parlent d'eux maintenant qu'ils sont dans l'Église de Dieu! Étant dans le giron de la sainte Église, ils sont maintenant pleins d'un beau zèle pour la parole de Dieu, pour les devoirs et services de la charité, pour fréquenter le troupeau du Christ et ne pas s'éloigner de l'Église; ils se voient et parlent entre eux les uns des autres: "Ce passionné de courses[78], qui est-ce? Celui qui aime et couvre de louanges tel matador, tel acteur, qui est-ce?" L'un parle d'un autre, et l'autre de lui. Oui, c'est ainsi; oui, nous avons plaisir à voir ces gens-là[79]. Si nous avons plaisir à voir ces gens-là dans l'église, ne désespérons pas de leurs semblables. Prions pour eux, mes très chers frères; à partir de ce qui était le nombre des impies grandit le nombre des saints. *Il n'a pas regardé les vanités et les folies mensongères.* "Untel a été vainqueur, il montait tel cheval[80]"; il fait un pronostic, il veut faire le devin; il se pique de divination alors qu'il perd la source qu'est la divinité[81]; souvent il fait un pronostic exact, et souvent il se trompe. Pourquoi cela? Parce que ce sont des folies mensongères. Mais pourquoi ce qu'ils disent se révèle-t-il parfois exact? Pour séduire les fous,

---

81. Augustin joue sur deux sens possibles de *diuinitas*: divinité/divination.

237

ENARRATIONES IN PSALMOS

Vt abducant insanos, ut amando ibi speciem ueritatis, incurrant laqueum falsitatis; retro sint, relinquantur, amputentur. Si membra nostra erant, mortificentur: *Mortificate*, inquit, *membra uestra quae sunt super terram*. Sit spes nostra Deus noster. Qui fecit omnia melior est omnibus, qui pulchra fecit pulchrior est omnibus, qui fortia, fortior est, qui magna maior est; quidquid amaueris ille tibi erit. Disce amare in creatura creatorem et in factura factorem, ne teneat te quod ab illo factum est, et amittas eum a quo et ipse factus es. Ergo: *Beatus uir cuius est nomen Domini spes eius et non respexit in uanitates et insanias mendaces.*

v. 6 **9.** Forte nobis dicturus est qui uersu isto percussus corrigi uoluerit, et quem occupauerit timor ille iustitiae fidei et uolens coeperit ambulare angustam uiam, dicturus est nobis: Ambulare non durabo, si nihil spectabo. Quid ergo facimus, fratres? Dimissuri eum sumus sine spectaculo? Morietur, non subsistet, non nos sequetur. Quid ergo facimus? Demus pro spectaculis spectacula. Et quae spectacula daturi sumus christiano homini quem uolumus ab illis spectaculis reuocare? Gratias ago Domino Deo nostro: sequenti uersu psalmi ostendit nobis quae spectatoribus spectare uolentibus spectacula praebere et ostendere debeamus. Ecce auersus fuerit a circo, a theatro, ab amphitheatro, quaerat quod spectet, prorsus quaerat; non eum relinquimus sine spectaculo. Quid pro illis dabimus? Audi quid sequitur: *Multa fecisti tu, Domine Deus meus, mirabilia tua.*

---

82. Col 3, 5.

83. Thème fréquent dans la prédication d'Augustin (voir *In Ps.* 32, 2, 2, 25; 80, 23; 147, 8; *Ser.* 51, 2; *In Ioh.* 7, 6), mais ici richement développé avec divers parallèles établis entre les spectacles recherchés par les hommes et ceux offerts par Dieu ou par les vrais chrétiens, et que les yeux de la foi *(oculus spectantis fides est)* permettent de contempler. Voir L. Lugaresi, *Il teatro di Dio*, p. 622 et 676-684: « Spettacolo del teatro interiore ».

IN PSALMVM XXXIX

afin qu'ils se précipitent dans le lacet de la fausseté pour avoir aimé là une apparence de vérité. Qu'ils se retirent, qu'on les abandonne, qu'on les retranche. S'ils étaient nos membres, il faudrait les mortifier : *Mortifiez vos membres qui sont sur la terre*[82], est-il dit. Que notre Dieu soit notre espérance. Celui qui a fait toutes choses vaut mieux que tout ; celui qui a fait la beauté est plus beau que tout ; celui qui a fait la force est plus fort ; celui qui a fait la grandeur est plus grand. Il sera pour toi tout ce que tu aimes. Apprends à aimer le Créateur dans la créature, l'artisan dans l'œuvre, pour n'être pas retenu par ce qu'il a fait en perdant celui par qui toi-même as été fait. Donc : *Heureux l'homme qui met son espérance dans le nom du Seigneur et n'a pas regardé les vanités et folies mensongères.*

9. Celui qui, frappé par ce verset, voudra se corriger, qui sera touché par la crainte de la justice de la foi et qui voudra se mettre à marcher sur la voie étroite, va peut-être nous dire : "Si je ne peux voir aucun spectacle, je ne tiendrai pas dans cette voie." Que ferons-nous donc, frères ? Allons-nous le renvoyer sans spectacle ? Il mourra, il ne survivra pas, il ne nous suivra pas. Que ferons-nous donc ? Donnons-lui d'autres spectacles en échange. Et quels spectacles allons-nous donner à un chrétien que nous voulons soustraire à ces spectacles-là ? J'en rends grâce au Seigneur notre Dieu : au verset suivant, le psaume nous montre quels spectacles nous devons donner et montrer à ces spectateurs qui veulent des spectacles. Supposons un homme qui s'est détourné du cirque, du théâtre, de l'amphithéâtre, supposons qu'il réclame un spectacle, qu'il le réclame avec insistance ; nous ne le laisserons pas sans spectacle[83]. Que lui donnerons-nous en échange ? Écoute ce qui suit : *Que de choses tu as faites, toi, Seigneur mon Dieu, des merveilles.* Il regardait les prodiges que font les

ENARRATIONES IN PSALMOS

Miracula hominum intuebatur, intendat mirabilia Dei. Multa fecit Dominus mirabilia sua; haec respiciat. Quare illi uiluerunt? Aurigam laudat regentem quattuor equos, et sine labe atque offensione currentes; forte talia miracula spiritalia non fecit Dominus? Regat luxuriam, regat ignauiam, regat iniustitiam, regat imprudentiam, motus istos qui nimium lapsi haec uitia faciunt regat et subdat sibi, et teneat habenas et non rapiatur; ducat quo uult, non trahatur quo non uult. Aurigam laudabat, auriga laudabitur; clamabat ut auriga ueste cooperiretur, immortalitate uestietur. Haec munera, haec spectacula edit Deus. Clamat de caelo: Specto uos; luctamini, adiuuabo; uincite, coronabo. *Multa fecisti tu, Domine Deus meus, mirabilia tua,* **et cogitationibus tuis non est qui similis sit tibi.** Nunc specta histrionem. Didicit enim homo magno studio in fune ambulare, et pendens te suspendit. Illum adtende editorem maiorum spectaculorum. Didicit iste in fune ambulare, numquid fecit in mari ambulare? Obliuiscere theatrum tuum, adtende Petrum nostrum, non funambulum, sed, ut ita dicam, mariambulum. Ambula et tu non in illis aquis, ubi Petrus aliquid significans ambulauit, sed in aliis, quia hoc saeculum mare est. Habet amaritudinem noxiam, habet fluctus tribulationum, tempestates tentationum; habet homines uelut pisces de suo malo gaudentes et

---

84. Sur la distinction *miracula/mirabilia*, voir *AugLex*, s. v. *Mirabilia, miraculum* (J.-M. ROESSLI).

85. L'homme doit tenir ses passions, comme le cocher ses chevaux : *Ver. Rel.* 45, 83. C'est le vieux thème platonicien de l'âme figurée par un attelage que dirigent deux chevaux disparates. Cf. PLATON, *Phèdre* 246 a – 254 e.

86. On donnait de riches vêtements aux auriges vainqueurs. Cf. *In Ps.* 149, 10. Voir P. BROWN, *Through the Eye of a Needle: Wealth, the*

IN PSALMVM XXXIX

hommes ; il n'a qu'à observer les merveilles de Dieu[84]. Dieu a fait de nombreuses merveilles ; qu'il les considère. Pourquoi ont-elles perdu leur prix à ses yeux ? Il chante les louanges d'un aurige conduisant quatre chevaux qui courent sans chute ni faute ; le Seigneur n'a-t-il pas fait des miracles spirituels analogues ? Qu'il commande à la débauche, à la paresse, à l'injustice, au manque de prudence ; qu'il commande aux mouvements qui, si on ne les contrôle pas assez, produisent ces vices, qu'il se les soumette, qu'il tienne les rênes et ne se laisse pas emporter ; qu'il les conduise où il veut, qu'il ne se laisse pas entraîner où il ne veut pas[85]. Il louait un aurige, on louera en lui un aurige ; ses cris réclamaient qu'on revête l'aurige de la casaque du vainqueur[86], lui-même sera revêtu d'immortalité. Voilà les jeux, voilà les spectacles que Dieu donne. Du ciel il crie : Je vous regarde ; luttez, je vous aiderai ; remportez la victoire, je vous couronnerai. *Que de choses tu as faites, toi, Seigneur mon Dieu, des merveilles ; **dans tes pensées, il n'est personne qui soit semblable à toi.*** Regarde maintenant l'histrion. À grand effort, cet homme a appris à marcher sur une corde, et ainsi suspendu, il te tient en suspens. Que ton attention se porte sur celui qui donne de plus grands spectacles. L'histrion a appris à marcher sur une corde, mais a-t-il fait marcher quelqu'un sur la mer ? Oublie ton théâtre, que ton attention se porte sur notre Pierre, qui n'est pas un funambule, mais un mariambule, si on me passe le mot. Marche toi aussi, non sur les eaux où la marche de Pierre avait un sens symbolique, mais sur d'autres eaux, car notre siècle est une mer. On y trouve l'amertume néfaste, les vagues des tribulations, les tempêtes des tentations ; on y trouve des hommes qui, tels les poissons, se complaisent dans leurs maux et

---

Fall of Rome, and the Making of Christianity in the West, 350-550 AD, Princeton University Press, 2012, p. 354.

ENARRATIONES IN PSALMOS

tamquam se inuicem deuorantes; hic ambula, hoc calca. Spectare uis, esto spectaculum. Ne deficias, uide praecedentem et dicentem: *Spectaculum facti sumus huic mundo et angelis et hominibus.* Calca mare, ne mergaris in mari. Non ibis, non calcabis, nisi ille iusserit qui prior in mari ambulauit. Sic enim ait Petrus: *Si tu es, iube me uenire ad te super aquas.* Et quia ipse erat, audiuit petentem, tribuit desideranti, uocauit ambulantem, erexit mergentem. Haec mirabilia fecit Dominus, ipsa intuere; oculus spectantis fides sit. Et fac tu talia; quia etsi uenti turbauerint, etsi fluctus infremuerint, et te humana fragilitas ad aliquam dubitationem tuae salutis adduxerit, habes clamare; dicis: Domine, pereo. Non sinit ille perire qui iussit te ambulare. Quia enim iam in petra ambulas, nec in mare times; si sine petra fueris, in mare mergeris, quia in tali petra ambulandum est quae in mari non mersa est.

10. Vide mirabilia Dei. *Annuntiaui et locutus sum, multiplicati sunt super numerum.* Est numerus, sunt super numerum. Numerus certus est pertinens ad illam caelestem Ierusalem. *Nouit* enim *Dominus qui sunt eius*, christianos timentes, christianos fideles, christianos praecepta seruantes, Dei uias ambulantes, a peccatis abstinentes, si ceciderint confitentes; ipsi ad numerum pertinent. Sed numquid soli sunt? Sunt et

---

87. Sur la mer et les poissons qui se dévorent entre eux, image du monde, cf. *In Ps.* 64, 9; *Ser.* 252, 2, 2.

88. 1 Co 4, 9.

89. Mt 14, 28.

90. Cf. *In Ps.* 93, 22; 54, 5 et 10; 30, 2, 3, 10; *Ser.* 75, 9, 10; 76, 3, 5. À chaque fois qu'Augustin évoque cette péricope, il exprime de la même façon l'appel au secours de Pierre: *Domine, pereo.* En Mt 14, 28 (sans parallèle), on a: *Domine, saluum me fac*, ce qui correspond au grec. On trouve la même formule qu'Augustin dans QUODVULTD. *Cant.* 2, 13, *CCL* 50, p. 383, 32; *Catacl.* 3, p. 411, 24. S'agit-il d'une Vielle Latine africaine?

242

IN PSALMVM XXXIX

en quelque sorte se dévorent mutuellement[87]; marche
là-dessus, foule cela aux pieds. Tu veux être spectateur,
sois toi-même le spectacle. Ne défaille pas, vois celui qui
marche devant et dit: *Nous avons été donnés en spectacle
à ce monde, aux anges et aux hommes*[88]. Foule aux pieds
la mer, ne coule pas dans la mer. Tu ne pourras pas aller
la fouler aux pieds sans l'ordre de Celui qui le premier
a marché sur la mer. Car Pierre lui a dit: *Si c'est toi,
ordonne que je vienne à toi sur les eaux*[89]. Et parce que
c'était bien lui, il a entendu sa demande, il a exaucé son
désir, il l'a appelé à marcher, il l'a relevé quand il coulait.
Voilà les merveilles que fit le Seigneur, contemple-les;
c'est la foi qui doit être l'œil du spectateur. Fais toi aussi
de semblables merveilles, parce qu'en dépit de la tourmente des vents, en dépit du grondement des vagues,
même si l'humaine fragilité t'a amené à douter de ton
salut, tu peux crier; tu dis: "Seigneur, je péris[90]!" Celui
qui t'a donné l'ordre de marcher ne te laisse pas périr. En
effet, parce que tu marches désormais sur le roc, même
dans la mer, tu es sans crainte; sans le roc, tu couleras
dans la mer, parce qu'il faut marcher sur ce roc qui n'a
pas coulé dans la mer.

10. Vois les merveilles de Dieu. *Je l'ai annoncé et
j'ai parlé, ils se sont multipliés et sont en surnombre.*
Il y a un nombre, ceux-là sont en surnombre. Il y a
un nombre fini en rapport avec la Jérusalem céleste.
Le Seigneur connaît ceux qui sont à lui[91], des chrétiens
qui ont la crainte de Dieu, des chrétiens fidèles, des
chrétiens qui observent les préceptes, qui marchent
dans les voies de Dieu, qui s'abstiennent de pécher et
qui, s'ils sont tombés, le confessent; ceux-là font partie
du nombre. Mais sont-ils seuls? Il y a aussi ceux qui

---

91. 2 Tm 2, 19. *Nouit Dominus qui sunt eius*: c'est généralement
ainsi qu'Augustin cite ce verset.

ENARRATIONES IN PSALMOS

super numerum. Nam etsi modo pauci sunt, pauci in comparatione multitudinis maiorum frequentiarum, quantis turbis implentur ecclesiae, stipantur parietes, pressuris se urgent, prope se suffocant multitudine. Rursus ab eis ipsis, si munus est, curritur ad amphitheatrum: isti super numerum sunt. Sed ideo ista dicimus ut in numero sint, quia non adsunt, non audiunt a nobis; sed cum exieritis, audiant a uobis. *Annuntiaui*, inquit, *et locutus sum*. Christus dicit, annuntiauit ipse ex capite nostro, ipse annuntiauit ex membris suis, ipse misit annuntiatores, ipse misit apostolos; *in omnem terram exiuit sonus eorum et in fines orbis terrae uerba eorum*. Quanti fideles agglomerantur, quantae turbae concurrunt, multi uere conuersi, multi falso conuersi; et pauciores sunt uere conuersi, plures falso conuersi, quia *multiplicati sunt super numerum*.

v. 7 **11.** *Annuntiaui et locutus sum, multiplicati sunt super numerum.* **Sacrificium et oblationem noluisti.** Haec miracula Dei sunt, hae cogitationes Dei sunt, quibus nemo est similis: ut spectator ille abducatur a

---

92. Sur ce thème, voir M. LICHNER, *Vers une ecclésiologie de la « tolerantia ». Recherche sur saint Augustin*, Paris, 2014, p. 125-127.

93. Voir *AugLex*, s. v. *Amphitheatrum*, c. 303 (W. WEISMANN); *REPW*, s. v. *Karthago,* c. 2214-2215. Augustin évoque souvent cette réalité qui occupait une grande place dans la vie des païens, mais aussi des chrétiens! Il fait plusieurs fois allusion aux fidèles qui y vont: *In Ps*. 25, 2, 9; 99, 12; 30, 2, 2, 2 et 5; *Ser*. 51, 1-2; 250, 3. Sur la concurrence spectacle/église, voir L. LUGARESI, *Il teatro di Dio*, p. 655-660. *In Ps*. 80, 2 se réfère précisément à des jeux qui ont lieu le jour-même, et *In Ps*. 39, 6 à des jeux qui auront lieu le lendemain; les autres textes sont généraux.

94. Le nombre de ceux qui régneront pour l'éternité dans la Jérusalem d'en-haut est déjà connu de Dieu dont la prescience transcende le temps. Il est fixe et symbolisé par le nombre précis des 153 poissons de la pêche d'après la Résurrection (cf. Jn 21, 11). Or cette Église céleste diffère de l'Église présente, car aujourd'hui la paille est mêlée au grain, les méchants aux bons, les injustes aux

IN PSALMVM XXXIX

sont en surnombre[92]. Car bien que les premiers soient actuellement peu nombreux, peu nombreux par rapport à la multitude des grandes assemblées, de quelles foules les églises ne sont-elles pas emplies! Les murs sont trop étroits, on s'écrase, on étouffe presque à cause de la multitude. Mais s'il y a des jeux, les mêmes courent à l'amphithéâtre[93]; voilà ceux qui sont en surnombre[94]. Ces mots, nous les disons pour qu'ils fassent partie du nombre; n'étant pas présents, ils ne les entendent pas; puissent-ils les entendre de votre bouche quand vous sortirez. *Je l'ai annoncé et j'ai parlé.* C'est le Christ qui parle; il l'a annoncé en tant qu'il est notre Tête, il l'a annoncé par ses membres, c'est lui qui a envoyé les porteurs de l'annonce, lui qui a envoyé les apôtres: *En toute terre a pénétré le son de leur voix, et jusqu'aux extrémités de l'univers leurs paroles*[95]. Quels grands attroupements de fidèles, quels grands concours de peuples, où il y a beaucoup de vrais convertis, beaucoup de faux convertis; les vrais convertis sont en plus petit nombre, les faux en plus grand, parce qu'*ils se sont multipliés et sont en surnombre.*

11. *Je l'ai annoncé et j'ai parlé, ils se sont multipliés et sont en surnombre.* **Tu n'as voulu ni sacrifice ni offrande.** Tels sont les prodiges de Dieu, telles sont les pensées de Dieu à qui nul n'est semblable; voilà qui peut arracher le spectateur à sa vaine curiosité et

---

justes, les faux chrétiens aux vrais. Les premiers sont en « surnombre » car, bien qu'étant aujourd'hui dans l'Église, ils n'entreront pas dans la Jérusalem céleste. Cf. *Bapt.* 5, 27, 38; *In Ps.* 128, 2; 146, 9; *Ser.* 250, 3; 270, 7; *Ser. Wilmart* 13, 4; *Ser. Guelf.* 15, 1; *In Ioh.* 122, 7; *Ciu.* 18, 49. *In Ps.* 30, 2, 2, 2 (été 412 ou 413) présente un développement analogue à *In Ps.* 39, 10, avec la mention des théâtres et amphithéâtres, le thème des faux chrétiens en « surnombre » et les citations de Mt 24, 12 *(La charité de beaucoup se refroidira)* et Mt 24, 13 *(Qui persévérera jusqu'à la fin sera sauvé).*

95. Ps 18, 5.

ENARRATIONES IN PSALMOS

curiositate, et quaerat ista nobiscum meliora, fructuo-
siora, de quibus inuentis gaudebit; et sic gaudebit, ut
non timeat ne uincatur quem amat: amat enim aurigam,
quo uicto insultationes ferat. Quando uincit auriga,
ipse uestitur. Numquid pauper qui illi clamat? Victor
ipse uestitur, pro uicto illi insultatur. Quare pro illo
percipis reprehensionem, cum quo non diuidis uestem?
Hac aliud in spectaculis nostris. *Omnes quidem currunt*,
Paulus apostolus dixit, in illo stadio, in illo spectaculo,
unus tamen accipit brauium, ceteri uicti discedunt. Et
perseuerauerunt in currendo, sed cum acceperit unus,
remanent ceteri qui similiter laborauerunt. Hac non est
sic. Quotquot currunt, perseueranter currant, omnes
accipiunt; et qui prior uenerit exspectat ut cum poste-
riore coronetur. Agonem quippe istum non cupiditas,
sed caritas facit: omnes currentes amant se, et ipse amor
cursus est.

12. *Sacrificium et oblationem noluisti*, ait psalmus Deo. Antiqui enim, quando adhuc sacrificium
uerum quod fideles norunt in figuris praenuntiabatur,
celebrabant figuras futurae rei, multi scientes, sed
plures ignorantes. Nam prophetae et sancti patriarchae
nouerant quod celebrabant; cetera autem multitudo
iniqua, carnalis sic erat ut fieret de illa quod significaret
posteriora uentura; et uenit sublato illo sacrificio primo,
sublatis holocaustis arietum, hircorum, uitulorum,

---

96. Cf. *In Ps.* 96, 10: «Nam et aliquando quem amat quisque in
theatro, uincitur in illo. Nemo uero uincitur in Christo: non est de
quo erubescere.»

97. Selon le texte célèbre de *Ciu.* 10, 6, le «vrai sacrifice est toute
œuvre qui contribue à nous unir à Dieu dans une sainte société». Mais
l'expression désigne aussi par excellence le sacrement de l'eucharistie
que seuls les baptisés connaissent. *Verum* s'oppose alors à *figura*, tout

246

IN PSALMVM XXXIX

lui faire chercher avec nous des réalités meilleures, plus fructueuses, dont la découverte le réjouira ; et il se réjouira sans avoir la crainte que celui qu'il aime ne soit vaincu ; car il aime un aurige dont la défaite lui vaudra des huées. Quand l'aurige est vainqueur, c'est l'aurige qui reçoit la casaque du vainqueur. Est-ce le pauvre qui l'acclame ? Vainqueur, l'aurige obtient le vêtement, mais s'il est vaincu, c'est le pauvre qui se fait huer[96]. Pourquoi reçois-tu le blâme pour quelqu'un qui ne partage pas son vêtement avec toi ? Chez nous, dans nos spectacles, c'est différent. Au stade, dans les jeux, a dit l'apôtre Paul, *tous participent à la course, mais un seul remporte le prix* ; les autres sortent vaincus. Ils ont couru jusqu'au bout, mais un seul ayant reçu le prix, les autres, qui ont pareillement peiné, en sont tous privés. Chez nous, il n'en va pas ainsi. Quel que soit le nombre de ceux qui courent, s'ils courent jusqu'au bout, tous reçoivent le prix, et le premier arrivé attend pour être couronné celui qui vient derrière. Car cette lutte n'est pas celle de la cupidité, mais de la charité. Tous les coureurs s'aiment ; la course, c'est l'amour même.

12. *Tu as refusé sacrifice et offrande*, dit à Dieu le psalmiste. Au temps où les anciens annonçaient encore en figures le sacrifice véritable que connaissent les fidèles[97], leurs célébrations étaient des figures de la réalité à venir ; beaucoup le savaient, mais la plupart l'ignoraient. Car si les prophètes et les saints patriarches savaient ce qu'ils célébraient, tous les autres, la foule inique, était charnelle : les faits qui la concernaient étaient seulement le symbole des réalités à venir ; celles-ci advinrent, quand fut supprimé le premier sacrifice, supprimés les holocaustes de béliers, de boucs, de veaux

---

en renvoyant au sacrifice de la croix qui est lui-même « vrai sacrifice pour le péché, parce que le Christ n'avait aucun péché » : *In Ioh.* 41, 5.

247

ENARRATIONES IN PSALMOS

ceterarumque uictimarum; noluit illa Deus. Quare illa noluit? Quare primo uoluit? Quia illa omnia quasi uerba erant promittentis, et uerba promissiua, cum uenerit quod promittunt, non iam enuntiantur. Tamdiu quisque promissor est donec det; cum dederit, mutat uerba. Non dicit adhuc: "Dabo", quod se daturum dicebat, sed dicit: "Dedi"; mutauit uerbum. Quare illi primo placuit hoc uerbum et quare illud mutauit? Quia temporis sui uerbum fuit et pro tempore suo placuit. Quando promittebatur, tunc dicebatur; cum autem datum est quod promissum est, ablata sunt uerba promissiua, data sunt completiua. Sacrificia ergo illa tamquam uerba promissiua ablata sunt. Quid est quod datum est completiuum? Corpus quod nostis, quod non omnes nostis; quod utinam qui nostis omnes non ad iudicium noueritis. Videte quando dictum est. Christus enim ille est Dominus noster modo loquens ex membris suis, modo loquens ex persona sua. *Sacrificium*, inquit, *et oblationem noluisti*. Quid ergo? Nos iam hoc tempore sine sacrificio dimissi sumus? Absit: **Corpus autem perfecisti mihi.** Ideo illa noluisti ut hoc perficeres; illa uoluisti antequam hoc perficeres. Perfectio promissorum abstulit uerba promittentia. Nam si adhuc sunt

---

98. Sur le culte vétérotestamentaire, comme «signe utile d'institution divine», compris par les seuls «spirituels», mais aujourd'hui périmé, parce qu'est advenu ce qu'il annonçait, voir *Doctr.* 3, 8, 12 – 9, 13 et la n. c. 14, § 2, *BA* 11, 2, p. 548-550 : «La valeur du culte de l'Ancien Testament» (I. Bochet).

99. Formule identique dans *In Ps* 50, 21 : «Nos iam hoc tempore sine sacrificio dimissi sumus? Absit.» La même idée apparaît en termes différents dans *In Ps.* 146, 5 : «Sine sacrificii oblatione remanebimus?»; *In Ps.* 130, 4; *Ser.* 19, 3.

100. «Tu m'as parfait un corps.» La LXX a le verbe κατ αρτίζειν qui signifie arranger, disposer, ordonner, avec l'idée d'harmonie, de convenance, de parfaite adaptation. En le traduisant par *perficere*, le latin restitue fort bien cette idée, tandis que les traductions françaises habituelles – «façonner» (BJ, TOB), «former» (Liturgie) – la rendent

IN PSALMVM XXXIX

et autres victimes; Dieu les a refusés. Pourquoi n'en a-t-il plus voulu, pourquoi en avait-il voulu précédemment? Parce que tous ces sacrifices étaient comme les mots de sa promesse, et quand une promesse est accomplie, on n'énonce plus les mots qui promettent. On promet tant qu'on n'a pas donné; quand on a donné, on change d'expression. On ne dit plus: "Je donnerai", ce qu'on disait vouloir donner, mais on dit: "J'ai donné"; on a changé d'expression[98]. Pourquoi la première expression a-t-elle semblé adéquate auparavant, et pourquoi l'a-t-on changée? Parce que l'expression correspondait au temps où elle a été énoncée et paraissait adéquate en ce temps-là. Quand on promettait, on s'exprimait ainsi; mais quand a été donné ce qui avait été promis, le langage de la promesse a été supprimé, celui de l'accomplissement l'a remplacé. Donc les anciens sacrifices ont été supprimés parce qu'ils n'étaient que les mots de la promesse. Quel est l'accomplissement qui a été donné? Ce corps que vous connaissez, que vous ne connaissez pas tous; et puissent tous ceux qui le connaissent ne pas le connaître pour leur jugement. Voyez quand cela a été dit; celui qui le dit est en effet le Christ notre Seigneur, qui parle tantôt par ses membres, tantôt par lui-même. *Tu as refusé sacrifice et offrande*, dit-il. Quoi donc? Sommes-nous en ce temps-ci laissés sans sacrifice[99]? Pas du tout: ***Tu m'as parfait un corps***[100]. Tu as refusé les sacrifices anciens pour parfaire cela; tu les as voulus avant de parfaire cela. Le parfait accomplissement des promesses a supprimé les paroles des promesses. Car si

---

mal. Augustin est très sensible aux harmoniques du verbe *perficere*, qui vont inspirer son propos. Le corps est «parfait», parce qu'il est la «perfection des promesses», c'est-à-dire le «vrai sacrifice» dont les sacrifices anciens n'étaient qu'une image imparfaite. De plus, nous y avons part dans le sacrement de l'autel pour devenir nous-mêmes parfaits en lui. Ce qui impose de le recevoir dignement.

ENARRATIONES IN PSALMOS

promittentia, nondum impletum est quod promissum est. Hoc promittebatur quibusdam signis; ablata sunt signa promittentia, quia exhibita est ueritas promissa. In hoc corpore sumus, huius corporis participes sumus, quod accipimus nouimus; et qui non nostis noueritis et, cum didiceritis, utinam non ad iudicium accipiatis. *Qui enim manducat et bibit indigne, iudicium sibi manducat et bibit.* Perfectum est nobis corpus, perficiamur in corpore.

v. 8 **13.** *Sacrificium et oblationem noluisti, corpus autem perfecisti mihi.* **Holocausta etiam pro delicto non petisti: tunc dixi: Ecce uenio.** Numquid exponendum est: *Sacrificium et oblationem noluisti, corpus autem perfecisti mihi*? *Holocausta etiam pro delicto non petisti*, quae petebat antea. *Tunc dixi: Ecce uenio.* Tempus est ut ueniant quae promittebantur, quia auferuntur ea per quae promittebantur. Et uere, fratres mei, adtendite illa ablata, haec impleta. Det mihi modo gens Iudaica sacerdotem. Vbi sunt sacrificia illorum? Certe perierunt, certe ablata sunt nunc. Numquid tunc reprobaremus ea? Reprobamus modo, quia si modo uelis facere, intemporale est, non est opportunum, non congruit. Adhuc promittis, iam accepi. Remansit illis quiddam quod celebrent, ne omnino sine signo remanerent. Cain enim maior frater qui occidit minorem fratrem accepit signum, ne quis eum occideret, sicut scriptum est in

---

101. 1 Co 11, 29, qu'Augustin cite toujours avec la variante *indigne*, qui a un correspondant dans quelques manuscrits grecs.

102. Cette dernière phrase contient en substance toute la théologie eucharistique augustinienne: devenir ce que nous recevons, c'est-à-dire un corps parfaitement un dans la charité. Cette interprétation repose sur une application du psaume au fidèle, et non au Christ. C'est le fidèle qui dit en substance à Dieu: "Tu as parfait *pour moi* un corps, celui que tu *me* donnes dans le sacrement."

103. Voir la note complémentaire 7: « Tu as refusé sacrifice et offrande, mais tu m'as parfait un corps ».

IN PSALMVM XXXIX

ces paroles subsistent, c'est que ce qui a été promis n'a pas encore été accompli. Ces promesses étaient exprimées par certains signes; les signes qui promettaient ont été supprimés parce que la vérité promise a été manifestée. Nous sommes dans ce Corps, nous sommes participants de ce corps, nous connaissons ce que nous recevons; et vous qui ne le connaissez pas, vous le connaîtrez, et lorsque vous l'aurez appris, puissiez-vous ne pas le recevoir pour le jugement. *Car celui qui boit et mange indignement mange et boit sa propre condamnation*[101]. Un corps parfait nous a été donné, devenons parfaits dans ce corps[102].

13. *Tu as refusé sacrifice et offrande, mais tu m'as parfait un corps.* **Tu n'as pas demandé des holocaustes pour la faute; alors j'ai dit: Voici, je viens**[103]. Est-il nécessaire d'expliquer: *Tu as refusé sacrifice et offrande, mais tu m'as parfait un corps? Tu n'as pas demandé des holocaustes pour la faute*, comme tu le demandais auparavant. *Alors j'ai dit: Voici, je viens.* C'est le temps où advient ce qui était promis, parce que ce qui le promettait est supprimé. Et c'est vrai, mes frères, notez bien ce qui a été supprimé et ce qui a été accompli. Que la nation juive me montre aujourd'hui un prêtre. Où sont leurs sacrifices? C'est un fait, ils n'existent plus; c'est un fait, ils ont maintenant été supprimés. En ce temps-là, les aurions-nous réprouvés? Nous les réprouvons aujourd'hui, car si on veut les accomplir aujourd'hui, il n'en est plus temps, c'est inopportun, cela ne convient pas[104]. Tu continues à promettre ce que j'ai déjà reçu. Mais il a été laissé aux Juifs un rite à célébrer, pour qu'ils ne restent pas absolument sans signe. En effet Caïn, le frère aîné qui a tué son cadet, a reçu un signe pour empêcher qu'on ne le tue,

---

104. Cf. *C. Faust.* 19, 16 et la n. 101 ci-dessus.

ENARRATIONES IN PSALMOS

Genesi: *Posuit Deus Cain signum, ut nemo eum occideret*. Proinde et ipsa gens Iudaea manet. Omnes gentes subditae iuri Romano, in ius Romanum confluxerunt, superstitiones communicauerunt; postea inde coeperunt per gratiam Domini nostri Iesu Christi separari; illa uero sic mansit cum signo suo, cum signo circumcisionis, cum signo azymorum sic mansit; non est occisus Cain: non est occisus, habet signum suum. Maledictus est a terra quae aperuit os suum excipere sanguinem fratris eius de manu eius. Ille enim fudit sanguinem, non excepit; ille fudit, alia terra excepit, et ab ea terra quae os aperuit et excepit ille maledictus est, et ipsa terra quae ore excepit sanguinem ecclesia est. Ab hac ergo ille maledictus est. Et ille sanguis clamat de terra ad me; de hac enim terra dixit Dominus: *Vox sanguinis fratris tui clamat ad me de terra*. Clamat, inquit, ad me de terra. Clamat ad Dominum, sed surdus est qui sanguinem fudit, quia non bibit. Illi ergo ita sunt, tamquam Cain cum signo. Sacrificia uero quae ibi fiebant ablata sunt, et quod eis remansit ad signum Cain iam perfectum est, et nesciunt. Agnum occidunt, azyma comedunt: *Pascha nostrum immolatus est Christus*. Ecce agnosco agnum occisum, quia immolatus est Christus. Quid de azymis? *Itaque*, inquit, *diem festum celebremus, non in*

---

105. Gn 4, 15.

106. Sur la marque de Caïn, voir *C. Faust.* 12, 12-13, et *BA* 18/A, n. c. 14: « Le signe de Caïn et les "sept vengeances" » (M. DULAEY). Sur la permanence du peuple juif qui atteste la vérité des Écritures et rend témoignage malgré lui à la prédication évangélique, voir A. MASSIE, *Peuple prophétique et nation témoin. Le peuple juif dans le* Contra Faustum manichaeum *de saint Augustin*, Paris, 2011, p. 346-348.

107. Le propos repose sur une typologie élémentaire: Abel, figure du Christ; cf. *AugLex*, s.v. *Abel*, c. 2-4 (Y. CONGAR). Cette exégèse du sang répandu par Caïn, mais non « recueilli » comme l'est celui d'Abel, le Christ, dans l'Église, est propre à Augustin. Elle est

IN PSALMVM XXXIX

comme il est écrit dans la Genèse : *Dieu mit sur Caïn un signe, pour que personne ne le tue*[105]. C'est pourquoi la nation juive aussi a survécu. Toutes les nations qui ont été soumises à l'autorité romaine, se sont fondues dans l'empire Romain, elles ont partagé ses vaines croyances, dont ensuite, par la grâce de Jésus Christ notre Seigneur, elles ont commencé à se séparer. Mais la nation juive est restée avec son signe, avec le signe de la circoncision, avec le signe des azymes ; Caïn n'a pas été tué : il n'a pas été tué, il porte son signe[106]. Il a été maudit de la terre qui a ouvert sa bouche pour recevoir de sa main le sang de son frère. Car s'il a répandu le sang, il ne l'a pas reçu ; il l'a répandu, une autre terre l'a reçu ; et il a été maudit de cette autre terre qui a ouvert la bouche et l'a reçu ; la terre qui a reçu le sang est l'Église[107]. C'est donc par elle qu'il a été maudit. Et ce sang crie de la terre jusqu'à moi ; car de cette terre le Seigneur a dit : *La voix du sang de ton frère crie jusqu'à moi depuis la terre*[108]. Elle crie vers moi depuis la terre, dit-il. Elle crie vers le Seigneur, mais celui qui a répandu le sang est sourd, parce qu'il ne l'a pas bu. Ainsi, les Juifs sont comme Caïn avec son signe. Mais les sacrifices qu'on faisait chez eux ont été supprimés ; et ce qui leur a été laissé en tant que signe de Caïn a été accompli, mais ils l'ignorent. Ils tuent un agneau, ils mangent les azymes : *Le Christ notre pâque a été immolé*[109]. Je reconnais l'agneau tué, parce que le Christ a été immolé. Et les azymes ? *Aussi*, est-il dit, *célébrons la fête, non avec un vieux levain, avec un levain*

---

développée en *C. Faust.* 12, 10 et ne se retrouve que chez ses utilisateurs : QUODVULTD. *Prom.* 1, 6, 8, *SC* 101, p. 172, 10-14 ; *Fer.* 3, 3, 22-23, *CCL* 60, p. 399, 66-71 ; ISID. *In Gen.* 6, 7, *PL* 83, 224 B. Voir *BA* 18/A, n. c. 13 : « La malédiction de la terre : signification typologique » (A. MASSIE).

108. Gn 4, 10.

109. 1 Co 5, 7.

253

ENARRATIONES IN PSALMOS

fermento ueteri neque in fermento malitiae et malignitatis – ostendit quid sit uetus: uetus farina est, acuit –, *sed in azymis sinceritatis et ueritatis*. In umbra remanserunt, solem gloriae ferre non possunt; iam nos in luce sumus, tenemus corpus Christi, tenemus sanguinem Christi. Si habemus nouam uitam, cantemus *canticum nouum, hymnum Deo nostro. Holocausta pro delicto non petisti: tunc dixi: Ecce uenio.*

v. 9 **14. *In capite libri scriptum est de me, ut faciam uoluntatem tuam; Deus meus, uolui et legem tuam in medio cordis mei.*** Ecce ad membra respexit, ecce et ipse fecit uoluntatem Patris. Sed in quo capite libri scriptum est de illo? Fortasse in capite libri huius psalmorum. Quid enim longe petamus aut alios libros inquiramus? Ecce in capite libri huius psalmorum, scriptum est: *Beatus uir qui non abiit in consilio impiorum et in uia peccatorum non stetit et in cathedra pestilentiarum non sedit, sed in lege Domini uoluntas eius fuit*; hoc est: *Deus meus, uolui et legem tuam in medio cordis mei*; hoc est: *et in lege eius meditabitur die ac nocte.*

v. 10 **15. *Bene nuntiaui iustitiam tuam in ecclesia magna.*** Adloquitur membra sua, hortatur quod fecit ut faciant. Annuntiauit, annuntiemus; passus est, compatiamur; glorificatus est, conglorificabimur. *Adnuntiaui iustitiam tuam in ecclesia magna.* Quam magna? Toto orbe terrarum. Quam magna? In omnibus gentibus. Quare in omnibus gentibus? Quia semen est Abrahae

---

110. 1 Co 5, 8.

111. Cf. Ps 39, 4.

112. Voir la note complémentaire 8 : « En tête du livre, il est écrit à mon sujet ».

113. Ps 1, 1-2.

IN PSALMVM XXXIX

de malice et de méchanceté (l'Apôtre montre ce qu'est le vieux levain : c'est de la vieille pâte, elle est acide), *mais avec des azymes de pureté et de vérité*[110]. Ils sont restés dans l'ombre, ils ne peuvent supporter le soleil de gloire ; nous, nous sommes désormais dans la lumière, nous avons le corps du Christ, nous avons le sang du Christ. Si nous avons une vie nouvelle, chantons *un cantique nouveau, un hymne à notre Dieu*[111]. *Tu n'as pas demandé des holocaustes pour la faute ; alors j'ai dit : Voici, je viens.*

14. *En tête du livre, il est écrit à mon sujet que je dois faire ta volonté ; mon Dieu, je l'ai voulu, et j'ai voulu ta loi au centre de mon cœur*[112]. Voici qu'il a considéré ses membres, et voici que lui-même a fait la volonté du Père. Mais en tête de quel livre est-il écrit à son sujet ? Peut-être en tête du livre des Psaumes. Qu'avons-nous besoin, en effet, d'aller chercher bien loin et de quérir d'autres livres ? Voyez ce qui est écrit en tête du livre des Psaumes : *Heureux l'homme qui n'est pas allé au conseil des impies, qui ne s'est pas arrêté dans la voie des pécheurs et n'a pas siégé sur la chaire de pestilence, mais dont la volonté s'est tenue dans la loi du Seigneur*[113] ; c'est la même chose que ce qu'on a ici : *Mon Dieu, je l'ai voulu, et j'ai voulu ta loi au centre de mon cœur*, qui équivaut aussi à ces mots : *Il méditera sa loi jour et nuit.*

15. *J'ai bien annoncé ta justice dans la grande assemblée.* Il s'adresse à ses membres, il les exhorte à faire ce qu'il a fait. Il a annoncé la justice de Dieu, annonçons-la ; il a souffert, souffrons avec lui ; il a été glorifié, nous serons glorifiés avec lui[114]. *J'ai annoncé ta justice dans la grande assemblée.* Dans quelle grande assemblée ? Dans le monde entier. Dans quelle grande assemblée ? Dans toutes les nations. Pourquoi dans toutes les nations ? Parce que le Christ est la

---

114. Cf. Ro 8, 17.

255

ENARRATIONES IN PSALMOS

in quo benedicentur omnes gentes. Quare in omnibus gentibus? Quia *in omnem terram exiuit sonus eorum. In ecclesia magna.* **Ecce labia mea non prohibebo, Domine, tu cognouisti.** Labia mea loquuntur, non ea prohibebo loqui. Sonant quidem labia mea ad aures hominum, sed tu cognouisti cor meum. *Labia mea non prohibebo, Domine, tu cognouisti.* Aliud audit homo, aliud agnoscit Deus. Ne in labiis solis esset annuntiatio et diceretur de nobis. *Quae dicunt uobis facite, quae autem faciunt facere nolite,* aut ipsi populo laudanti Deum ore, non corde, diceretur: *Populus hic labiis me honorat, cor autem eorum longe est a me*: sona labiis, propinqua corde. *Corde enim creditur ad iustitiam, ore autem confessio fit ad salutem.* Qualis ille latro inuentus est pendens in cruce cum Domino, agnoscens in cruce Dominum. Alii non cognouerunt miracula facientem, agnouit ille in ligno pendentem. Erat ille confixus omnibus membris, manus claui inhaerebant, pedes transfixi erant, totum corpus adiungebatur ligno; corpus illud non uacabat ceteris membris, lingua uacabat et cor; corde credidit, ore confessus est: *Memento mei,* inquit, *Domine, cum ueneris in regnum tuum.* Salutem suam longe futuram sperabat et post longum tempus

---

115. Gn 12, 3.

116. Ps 18, 5. Petit rappel, antidonatiste, que l'Église n'est pas limitée à l'Afrique. Augustin avait ouvert sa prédication en évoquant clairement les schismatiques.

117. L'attention au moindre mot (ici: «lèvres») et une grande mémorisation des textes bibliques vont entraîner le prédicateur à un long développement où l'opposition lèvres/cœur (ou langue/cœur; bouche/cœur), illustrée par une série de textes scripturaires, va permettre une riche synthèse sur la connaissance que Dieu a (il entend les lèvres et voit le cœur) et sur le comportement que le chrétien doit avoir à l'égard de lui-même (unité entre la parole et les actes, la foi et la confession de foi), et à l'égard des autres (vérité, audace et liberté); le modèle à suivre étant le bon larron ou les martyrs, mais en tout premier le Christ: «Il s'adresse à ses membres, il les exhorte à faire ce qu'il a fait. Il a annoncé la justice de Dieu, annonçons-la.»

IN PSALMVM XXXIX

descendance d'Abraham, en qui *seront bénies toutes les nations*[115]. Pourquoi dans toutes les nations? Parce que *en toute terre a pénétré le son de leur voix*[116]. *Dans la grande assemblée.* ***Vois, je ne retiendrai pas mes lèvres, Seigneur, tu le sais.*** Mes lèvres parlent, je ne les empêcherai pas de parler[117]. Mes lèvres font entendre un son aux oreilles des hommes, mais toi, tu connais mon cœur. *Je ne retiendrai pas mes lèvres, Seigneur, tu le sais.* L'homme entend une chose, Dieu en perçoit une autre. Pour que l'annonce ne soit pas seulement celle des lèvres, et qu'on ne dise pas de nous: *Faites ce qu'ils vous disent, mais ne faites pas ce qu'ils font*[118], ou qu'on ne dise au peuple qui loue Dieu de bouche et non de cœur: *Ce peuple m'honore des lèvres, mais son cœur est loin de moi*[119], fais résonner tes lèvres, approche ton cœur de Dieu. *Par le cœur, en effet, on croit pour la justice, mais de la bouche on confesse pour le salut*[120]. Ce fut le cas du larron: suspendu à la croix avec le Seigneur, il a reconnu le Seigneur sur la croix[121]. Les autres l'ont méconnu quand il faisait des miracles, lui l'a reconnu suspendu au bois. Il était cloué par tous ses membres; ses mains étaient attachées aux clous, ses pieds étaient transpercés, son corps tout entier était fixé au bois; les autres membres de son corps n'étaient pas libres, mais sa langue était libre, et son cœur; il crut en son cœur et confessa de sa bouche. *Souviens-toi de moi, Seigneur,* dit-il, *quand tu viendras dans ton royaume.* Il espérait son salut pour un avenir lointain et se contentait de le

---

118. Mt 23, 3.

119. Is 29, 13.

120. Ro 10, 10.

121. Cf. Lc 23, 42-43. Sur la conversion du larron chez Augustin, voir M. G. BILBY, *As the Bandit will I confess you. Luke 23, 39-43 in Early Christian Interpretation*, dans *Cahiers de Biblia Patristica* 13, Strasbourg, 2014, p. 179-180.

ENARRATIONES IN PSALMOS

accipere contentus erat; in longum sperabat, dies non est dilatus. Ille dixit: *Memento mei, cum ueneris in regnum tuum*; ille respondit: *Amen dico tibi, hodie mecum eris in paradiso. Hodie*, inquit, *mecum eris in paradiso.* Paradisus habet ligna felicia; hodie mecum in ligno crucis, hodie mecum in ligno salutis.

16. *Ecce labia mea non prohibebo, Domine, tu cognouisti.* Ne credat corde et prae timore labia prohibeat annuntiare quod credidit. Sunt enim christiani, habent fidem in corde, etsi inter paganos amaros, misere urbanos, sordidos, infideles, ineptos, insultatores, si exagitari coeperint, quia christiani sunt; habent in corde fidem et timent confiteri per labia, prohibent labia sua sonare quod norunt, sonare quod intus habent. Sed reprehendit hos Dominus: *Qui me confusus fuerit coram hominibus, confundar de illo coram Patre meo*, id est: non eum cognoscam; quia erubuit me confiteri coram hominibus, non eum confitebor coram Patre meo. Dicant ergo labia quod habet cor, hoc contra timorem. Habeat cor quod dicunt labia, hoc contra simulationem. Aliquando enim timor est, et non audes dicere quod nosti, quod credis; aliquando simulatio est, dicis et non habes in corde. Consentiant labia tua cordi tuo. Quaerens pacem a Deo, tibi ipse esto pacatus: non sit inter os tuum et cor tuum mala rixa. *Ecce labia mea non prohibebo, Domine, tu cognouisti.* Quomodo ille? Quid cognouit Dominus? Intus in corde ubi non uidet

---

122. Mc 8, 38.

258

IN PSALMVM XXXIX

recevoir longtemps après ; il l'espérait pour un avenir lointain, mais le jour n'en a pas été différé. Il avait dit : *Souviens-toi de moi, quand tu viendras dans ton royaume* ; Jésus lui répondit : *En vérité je te le dis, aujourd'hui tu seras avec moi au paradis. Aujourd'hui*, a-t-il dit, *tu seras avec moi au paradis.* Il y a des arbres féconds au paradis ; tu es aujourd'hui avec moi sur l'arbre de la croix, tu es aujourd'hui avec moi sur l'arbre du salut.

16. *Vois, je ne retiendrai pas mes lèvres, Seigneur, tu le sais.* Il ne faut pas qu'il croie en son cœur et empêche par crainte ses lèvres d'annoncer ce en quoi il a cru. Il y a en effet des chrétiens qui ont la foi dans le cœur, bien qu'ils soient au milieu de païens agressifs, à l'assurance excessive, vils, incrédules, ineptes, outrageants ; si on commence à les harceler parce qu'ils sont chrétiens, ils gardent la foi dans le cœur, mais ils craignent de la confesser de leurs lèvres, ils retiennent leurs lèvres et les empêchent de faire entendre ce qu'ils savent, de faire entendre ce qu'ils croient intérieurement. Mais le Seigneur leur fait ce reproche : *Celui qui aura honte de moi devant les hommes, j'aurai honte de lui devant mon Père*[122], c'est-à-dire : je ne le reconnaîtrai pas ; parce qu'il a rougi de me confesser devant les hommes, je ne le confesserai pas devant mon Père. Que donc les lèvres disent ce qui est dans le cœur : cela contre la crainte. Qu'il y ait dans le cœur ce que disent les lèvres : cela contre la dissimulation. En effet, parfois la crainte fait que tu n'oses pas dire ce que tu connais, ce que tu crois ; parfois, la dissimulation te fait dire ce qui n'est pas dans ton cœur. Que tes lèvres soient en accord avec ton cœur. Quand tu demandes à Dieu sa paix, sois en paix avec toi-même ; qu'il n'y ait pas de mauvaise querelle entre ta bouche et ton cœur. *Vois, je ne retiendrai pas mes lèvres, Seigneur, tu le sais.* Comment le sait-il ? que sait le Seigneur ? Il sait ce qu'il y a à l'intime du cœur, là où

ENARRATIONES IN PSALMOS

homo. Ideo et ille: *Credidi*, inquit. Ecce cor habet, iam habet quod uideat Deus; non prohibeat labia sua. Non prohibet. Quid enim dicit? *Propter quod locutus sum.* Et quia locutus est quod credidit quaerens quid retribuat Domino pro omnibus quae retribuit ei, adiungit: *Calicem salutaris accipiam et nomen Domini inuocabo.* Non exhorruit Dominum dicentem: *Potestis bibere calicem quem ego bibiturus sum?* Confitetur enim per labia quod habebat in corde, peruenit ad passionem. Et quia peruenit ad passionem, hostis quid nocuit? Nempe *pretiosa in conspectu Domini mors iustorum eius.* Mortes in quas pagani saeuierunt in illis hodie reficimur. Natalem martyrum celebramus, exempla martyrum nobis proponimus, adtendimus fidem, quomodo inuenti, quomodo attracti, quomodo steterunt ante iudices. In ecclesia catholica nihil habentes simulationis, compaginati iunctura unitatis confessi sunt Christum; caput quod praecesserat sicut membra sequi concupierunt. Sed qui concupierunt? In tormentis patientes, in confessione fideles, in sermone ueraces. Iaculabantur enim in ora interrogantium se sagittas Dei et uulnerabant

---

123. Ps 115, 12-13.

124. Mt 20, 22.

125. Ps 115, 15.

126. A.-M. La Bonnardière, «Les *Enarrationes in Psalmos* prêchées par saint Augustin à l'occasion des fêtes de martyrs», *Recherches augustiniennes*, 7, 1971, p. 80 : la phrase signifie que l'*Enarratio* a été prêchée lors d'une fête de martyr; aucun martyr n'étant connu au *Calendrier de Carthage* le 14 juillet, elle avait pensé que la fête du martyr Catulinus (un diacre de Carthage dont le nom figure au *Martyrologe Hiéronymien* et dont la tombe était dans la *basilica Fausti*: H. Delehaye, *Les origines du culte des martyrs*, Bruxelles, 1933[2], p. 388) pouvait peut-être être anticipée. Augustin parlant ici de martyrs au pluriel (*mortes, martyrum*); *natalem martyrum celebramus* peut renvoyer au culte des martyrs en général, *hodie* signifiant "aujourd'hui" au sens de "à notre époque".

260

IN PSALMVM XXXIX

l'homme ne voit pas. C'est pourquoi le psalmiste dit: *J'ai cru*. Il a un cœur, il a ce que Dieu peut voir; qu'il ne retienne pas ses lèvres. Il ne les retient pas. Que dit-il en effet? *C'est pourquoi j'ai parlé*. Et parce qu'il a parlé en disant ce qu'il a cru, cherchant ce qu'il va rendre au Seigneur pour tout ce qu'il lui a donné, il ajoute: *Je prendrai le calice du salut et j'invoquerai le nom du Seigneur*[123]. Il n'a pas été effrayé par le Seigneur qui disait: *Pouvez-vous boire le calice que je vais boire*[124]? Il confesse des lèvres ce qu'il avait dans le cœur, il parvient à la passion. Et parce qu'il est parvenu à la passion, en quoi l'ennemi a-t-il pu lui nuire? Assurément, *elle est précieuse aux yeux du Seigneur la mort de ses justes*[125]. Ces morts causées par le déchaînement des païens refont aujourd'hui nos forces. Nous célébrons la fête des martyrs[126], nous mettons sous nos yeux l'exemple des martyrs, nous considérons leur foi, comment on les a découverts, comment on les a traînés devant les juges et comment ils ont été fermes devant eux[127]. Étant dans l'Église catholique sans simulation aucune, solidement attachés à elle par le lien de l'unité, ils ont confessé le Christ[128]. Membres du Corps, ils ont désiré suivre la Tête qui les avait précédés. Mais quels hommes étaient ceux qui ont eu ce désir? Des hommes patients dans les tortures, fidèles dans la confession, véridiques dans leur discours. Ils lançaient les flèches de Dieu à la face de ceux qui les interrogeaient et ils les blessaient,

---

127. Les mots « nous considérons comment on les a traînés devant les juges » font écho à l'Évangile du jour (cf. Mt 24, 9).

128. Thème antidonatiste: il n'est d'authentique martyre qu'au sein de l'Église catholique. Pour le lien d'unité dans l'Église, cf. *In Ps.* 56, 13; *In Ioh.* 27, 6 *(compagine ecclesiae)*; *Ciu.* 15, 27 *(unitatis compagine)*.

ENARRATIONES IN PSALMOS

ad iram; multos uulnerauerunt et ad salutem. Haec omnia proponimus nobis, et intuemur illa et optamus imitari. Haec sunt spectacula christiana, haec uidet desuper Deus, ad haec hortatur, ad haec adiuuat; his certaminibus praemia proponit et donat. *Ecce labia mea non prohibebo*: uide ne timeas et prohibeas labia tua. *Domine, tu cognouisti*: quia est et in corde quod sonat et in labiis.

v. 11   **17. *Iustitiam meam non abscondi in corde meo.*** Quid est *iustitiam meam*? Fidem meam, quia *iustus ex fide uiuit*. Vt puta, interrogat sub poena persecutor, quod eis licuit aliquando: "Quid es? Paganus an christianus?" – "Christianus." Ipsa est iustitia eius: credidit, ex fide uiuit. Non abscondit in corde suo iustitiam suam. Non dixit apud se: credo quidem in Christum, sed huic persecutori meo saeuienti et minanti non dicam quod credidi; nouit Deus meus intus in corde meo quia credo, ipse scit quia illi non renuntio. Ecce hoc dicis te intus habere in corde, in labiis quid? "Non sum christianus." Contra cor tuum testimonium dicunt labia tua. *Iustitiam meam non abscondi in corde meo.*

   18. *Veritatem tuam et salutare tuum dixi.* Christum tuum dixi, hoc est: *Veritatem tuam et salutare tuum dixi.* Vnde ueritas Christus? *Ego sum ueritas.* Vnde salutare ipsius Christus? Simeon agnouit infantem in manibus matris in templo, et dixit: *Quoniam uiderunt oculi mei salutare tuum.* Agnouit infantem senex,

---

129. *Iaculabantur sagittas Dei.* Les flèches de Dieu sont un symbole bivalent. Elles suscitent amour et non douleur: *In Ps.* 37, 5: amour et non mort: *In Ps.* 119, 5; amour: *In Ps.* 127, 2.

130. Hb 2, 4; Ro 1, 17. Augustin se souvient peut-être ici d'Ambroise, *In Ps.* 39, 25, *CSEL* 64, p. 229, 18-21, qui attribue le verset au Christ parlant en son nom propre, mais ajoute: « L'homme aussi peut dire sans arrogance qu'il s'agit de "sa" justice, lui qui croit en Dieu et proclame que sa foi lui est comptée comme justice (cf. Ro 4, 5). »

IN PSALMVM XXXIX

provoquant leur colère; mais ils en ont aussi blessé beaucoup en provoquant leur salut[129]. Tout cela, nous l'exposons à nos yeux, nous le contemplons et souhaitons l'imiter. Voilà là les spectacles chrétiens, voilà ce que Dieu voit d'en-haut, c'est à cela qu'il nous exhorte, pour cela qu'il nous aide; c'est pour ces combats qu'il nous offre et nous donne des prix. *Vois, je ne retiendrai pas mes lèvres*: veille à ne pas craindre et à ne pas retenir tes lèvres. *Seigneur, tu le sais*: tu sais que ce que font entendre les lèvres est dans le cœur.

17. *Je n'ai pas caché ma justice dans mon cœur.* Que signifie *ma justice*? Ma foi, parce que *le juste vit de la foi*[130]. Par exemple, le persécuteur interroge en menaçant du supplice, comme cela leur fut permis jadis: "Qu'es-tu? Païen ou chrétien?" – "Chrétien." C'est cela sa justice: il a cru, il vit de la foi. Il n'a pas caché sa justice en son cœur. Il ne s'est pas dit en lui-même: "Sans doute, je crois au Christ, mais je ne vais pas dire ce que j'ai cru à mon persécuteur qui se déchaîne et menace; mon Dieu voit en mon cœur que je crois, il sait que je ne renonce pas à lui." Tu dis avoir cela à l'intime de ton cœur, mais qu'as-tu sur les lèvres sinon: "Je ne suis pas chrétien"? Tes lèvres témoignent contre ton cœur. *Je n'ai pas caché ma justice dans mon cœur.*

18. *J'ai dit ta vérité et ton salut.* J'ai dit ton Christ; c'est cela que signifie: *J'ai dit ta vérité et ton salut.* D'où vient que le Christ est vérité? Il a dit: *Je suis la Vérité*[131]. D'où vient que le Christ est le salut du psalmiste? Au Temple, Syméon a reconnu le nourrisson dans les bras de sa mère et il a dit: *Car mes yeux ont vu ton salut*[132]. Le vieillard a reconnu le nourrisson, et, renouvelé par

---

131. Jn 14, 6.
132. Lc 2, 30.

263

ENARRATIONES IN PSALMOS

factus in puero puer, innouatus fide. Acceperat enim responsum et hoc dixit; dixerat ei Dominus quia non exiturus erat de hac uita, priusquam uideret salutare Dei. Hoc salutare Dei bonum est ut ostendatur hominibus; sed clament: *Ostende nobis, Domine, misericordiam tuam, et salutare tuum da nobis*. Salutare autem Dei in omnibus gentibus, quia cum dixisset quodam loco: *Deus misereatur nobis et benedicat nos, illuminet uultum suum super nos, ut cognoscamus in terra uiam tuam*, adiecit: *In omnibus gentibus salutare tuum*. Primo dixit: *Vt cognoscamus in terra uiam tuam*, et secutus est: *In omnibus gentibus salutare tuum*, quasi diceretur ei: "Quae est uia quam cupis agnoscere?" Homines ad uiam ueniunt, numquid uia uenit ad homines? Via nostra uenit ad homines, inuenit errantes, uocauit ad se extra ambulantes. In me, inquit, ambulate, et non errabitis: *Ego sum uia et ueritas et uita*. Ne diceres: "Vbi est uia Dei? Ad quam regionem ibo? Quem montem ascendam? Quos campos inquiram?" Viam Dei inquiris? Salutare Dei est uia Dei et ubique haec est, quia *in omnibus gentibus salutare tuum. Veritatem tuam et salutare tuum dixi*.

19. *Non celaui misericordiam tuam et ueritatem tuam a congregatione multa*. Ibi simus, in hoc corpore numeremur et nos, non celemus misericordiam Domini et ueritatem Domini. Vis audire misericordiam Domini? Recede a peccatis, donabit peccata. Vis audire ueritatem Domini? Tene iustitiam, coronabitur iustitia. Modo enim misericordia tibi praedicatur, postea

---

133. Ps 84, 8.

134. Ps 66, 2-3. Même développement associant Jn 14, 6, Lc 2, 30 et Ps 66, 2 dans l'*In Ps.* 66, 5.

135. *Via uenit*: cf. *In Ioh.* 34, 9; *In Ps.* 70, 2, 3; *Ser.* 141, 4, 4; 150, 8, 10; 233, 3, 4.

136. Jn 14, 6.

IN PSALMVM XXXIX

la foi en cet enfant il est redevenu un enfant. Il avait reçu un oracle, et il l'a dit ; le Seigneur lui avait dit qu'il ne sortirait pas de cette vie avant de voir le salut de Dieu. Ce salut de Dieu, il est bon qu'il soit manifesté aux hommes. Mais il leur faut clamer : *Montre-nous, Seigneur, ta miséricorde, et donne-nous ton salut*[133]. Ce salut de Dieu est présent dans toutes les nations, parce qu'après avoir dit quelque part : *Que le Seigneur nous prenne en pitié et nous bénisse, qu'il illumine sur nous sa face, pour que nous connaissions ton chemin sur la terre*, il a ajouté : *ton salut dans toutes les nations*[134]. Il a d'abord dit : *Pour que nous connaissions ton chemin sur la terre*, et il a poursuivi : *ton salut dans toutes les nations*, comme si on lui demandait : "Quel est ce chemin que tu désires connaître ?" D'habitude, les hommes cherchent le chemin, est-ce le chemin qui vient aux hommes ? Notre chemin est venu aux hommes[135], il les a trouvés égarés, il a appelé à lui ceux qui marchaient en dehors du chemin. Marchez en moi, dit-il, et vous ne vous égarerez pas : *Je suis le chemin, la vérité et la vie*[136]. C'était pour que tu ne dises pas : "Où est le chemin de Dieu ? Dans quelle direction irai-je ? De quelle montagne ferai-je l'ascension ? Quelles plaines vais-je explorer ?" Tu t'enquiers du chemin de Dieu ? Le chemin de Dieu est le salut de Dieu, et il est partout, parce que *ton salut est dans toutes les nations. J'ai dit ta vérité et ton salut.*

19. *Je n'ai pas caché ta miséricorde et ta vérité à la nombreuse assemblée.* Voilà où il nous faut être, il nous faut faire partie de ce corps, nous aussi, et ne pas cacher la miséricorde et la vérité du Seigneur. Veux-tu entendre ce qu'est la miséricorde du Seigneur ? Éloigne-toi du péché, il te pardonnera tes péchés. Veux-tu entendre ce qu'est la vérité du Seigneur ? Attache-toi à la justice, la justice sera couronnée. Aujourd'hui, on t'annonce la miséricorde, par la suite la vérité sera manifestée. Car

ENARRATIONES IN PSALMOS

ueritas exhibebitur. Non enim sic est Deus misericors ut iniustus sit, nec sic iustus ut misericors non sit. Paruane misericordia tibi est? Non imputabit priora omnia. Male uixisti usque in hodiernum diem? Adhuc uiuis: bene uiue hodie, hanc misericordiam non celabis. Si haec est misericordia, quae ueritas? *Congregabuntur ante eum omnes gentes, et diuidet eas sicut pastor diuidit oues ab haedis; oues ponet ad dexteram, haedos ad sinistram.* Ouibus quid? *Venite, benedicti Patris mei, percipite regnum quod uobis paratum est.* Haedis quid? *Ite in ignem aeternum.* Ibi paenitentiae locus non est. Quia misericordiam Dei contempsisti, ueritatem senties; si autem non contempsisti misericordiam, ueritate gaudebis.

v. 12-13 **20. *Tu autem, Domine, ne elonginquaueris misericordias tuas a me.*** Respexit ad membra saucia. Quia misericordiam tuam et ueritatem tuam non celaui a congregatione multa, ab ecclesia unitatis orbis terrarum, adtende membra saucia, adtende delictores et peccatores, et noli remouere misericordias tuas. ***Misericordia tua et ueritas tua semper susceperunt me.*** Non auderem conuerti, nisi securus de remissione; non durarem perseuerare, nisi securus de promissione. *Misericordia tua et ueritas tua semper susceperunt me.* Adtendo quia bonus es, adtendo quia iustus es, amo bonum, timeo

---

137. Le couple « miséricorde – justice » ou « miséricorde – vérité » est récurrent chez Augustin, qui souligne toujours le caractère inséparable des deux vertus. Cf. *In Ps.* 143, 8 : « La miséricorde n'efface point en lui la justice, non plus que la justice n'efface la miséricorde » ; *Ep.* 186, 4, 12 : « Ces jugements divins sont insondables, comme Dieu, mais ne peuvent pas être injustes, parce que toutes les voies du Seigneur sont miséricorde et vérité (Ps 24, 10). [...] Nulle part il n'y a injustice dans sa conduite, mais partout miséricorde et vérité » ; *In Ps.* 102, 16 ; 114, 5 ; 140, 11 ; *Ser.* 22, 5 ; *In Ioh.* 33, 7 ; *Quaest. Hept.* 1, 66 ; 1, 161. Voir M.-A. Giusto, « La notion de miséricorde dans les *Enarrationes in Psalmos* de saint Augustin », Thèse EPHE, Paris, 2012 (désormais *Agostino e la misericordia*, Canterano, 2016),

266

IN PSALMVM XXXIX

Dieu n'est pas miséricordieux au point d'être injuste, ni juste au point d'être sans miséricorde[137]. Est-elle petite, sa miséricorde à ton égard? Elle ne t'imputera aucune faute antérieure. Tu as mal vécu jusqu'à aujourd'hui? Tu es encore en vie : vis bien aujourd'hui, et tu ne cacheras pas cette miséricorde. Si c'est là la miséricorde, la vérité, quelle est-elle? *Devant lui seront rassemblées toutes les nations et il les séparera, comme le berger sépare les brebis des boucs ; il placera les brebis à sa droite, les boucs à sa gauche.* Aux brebis, que dira-t-il? *Venez, les bénis de mon Père, recevez le royaume qui a été préparé pour vous.* Aux boucs, que dira-t-il? *Allez au feu éternel*[138]. Là, il n'y a plus place pour le repentir. Parce que tu as méprisé la miséricorde de Dieu, tu expérimenteras sa vérité ; mais si tu n'as pas méprisé sa miséricorde, tu jouiras de sa vérité.

20. *Mais toi, Seigneur, n'éloigne pas de moi tes miséricordes.* Le Christ a jeté le regard sur ses membres malades. Parce que je n'ai pas caché ta miséricorde et ta vérité à la nombreuse assemblée, à l'Église qui est une sur toute la terre[139], prête attention à tes membres malades, prête attention aux coupables et aux pécheurs, et n'écarte pas tes miséricordes. *Ta miséricorde et ta vérité toujours m'ont accueilli.* Je n'oserais pas me tourner vers toi si je n'étais sûr du pardon ; je ne continuerais pas à persévérer si je n'étais sûr de la promesse. *Ta miséricorde et ta vérité toujours m'ont accueilli.* Je constate que tu es bon, je constate que tu es juste ; j'aime cette bonté, je crains cette justice. Amour et

---

p. 180-190 et 234-264 : « *Misericordia, ueritas, iustitia et iudicium* s'harmonisent ensemble pour décrire des facettes du mystère de Dieu qui se révèle à l'homme dans et par le plan du salut » (p. 262).

138. Mt 25, 32.34.41.

139. *Ecclesia unitatis orbis terrarum* : la formule se ressent de la lutte antidonatiste ; cf. *In Ps.* 83, 7 ; *C. Parm.* 3, 2, 9.11.

267

ENARRATIONES IN PSALMOS

iustum. Amor et timor perducunt me, quia *misericordia et ueritas tua semper susceperunt me.* Quare ipsa suscipiunt, et ab eis oculus auertendus non est? **Quoniam circumdederunt me mala quorum non est numerus.** Quis numerat peccata? Quis numerat iniquitates alienas et proprias? Sub quo cumulo gemebat qui dicebat: *Ab occultis meis munda me, Domine, et ab alienis parce seruo tuo?* Parua erant nostra, imponuntur aliena: timeo mihi, timeo bono fratri, tolero malum fratrem; et sub isto cumulo quid erimus, si cesset misericordia Dei? *Tu autem, Domine, ne elonginquaueris,* prope esto. Cui prope est Dominus? His qui obtriuerunt cor. Longe a superbis, prope ad humiles. *Excelsus est* enim *Dominus et humilia respicit.* Sed non se putent latere qui superbi sunt; excelsa enim a longe cognoscit. Cognoscebat a longe iactantem se pharisaeum, subueniebat de proximo confitenti publicano. Iactabat ille merita sua et tegebat uulnera sua; non iactabat ille merita, sed offerebat uulnera. Ad medicum uenerat, sciebat se languidum, sciebat se sanandum; oculos ad caelum leuare non audebat, pectus percutiebat, sibi non parcebat, ut ille

---

140. Ps 18, 13-14. Cf. *In Ps.* 18, 2, 13 : « "Purifie-moi, Seigneur, de mes obscurités et préserve ton serviteur des fautes d'autrui." Mes fautes me souillent, dit-il, les fautes d'autrui m'accablent ; purifie-moi des premières, préserve-moi des secondes. Enlève de mon cœur la pensée mauvaise, repousse loin de moi le conseiller mauvais ; c'est cela que veut dire : "Purifie-moi, Seigneur, de mes obscurités et préserve ton serviteur des fautes d'autrui." »

141. Cf. Ps 33, 19.

142. Ps 137, 6.

143. Cf. Lc 18, 11. Dieu connaît tout homme, juste ou pécheur, et ce dernier ne peut se cacher, même si Dieu le voit «de loin». Car «de loin» ne signifie pas que Dieu voit peu ou mal, mais que le pécheur est «loin» de Dieu. Le thème est amplement développé dans l'*In Ps.* 137, 11 : «Parce que tu as entendu : "Dieu regarde les humbles" (Ps 137, 6), ne va pas devenir orgueilleux et dire dans ton âme : "Dieu regarde les humbles, il ne me regarde pas ; je ferai ce que je veux". [...]

IN PSALMVM XXXIX

crainte me conduisent, parce que *ta miséricorde et ta vérité toujours m'ont accueilli*. Pourquoi m'accueillent-elles et pourquoi ne dois-je pas en détourner le regard? *Parce que des maux sans nombre m'ont entouré.* Qui peut dénombrer ses péchés? Qui peut dénombrer les iniquités d'autrui et les siennes propres? C'est sous ce tas de péchés que gémissait celui qui disait: *Purifie-moi de mes fautes cachées, Seigneur, et préserve ton serviteur de celles d'autrui*[140]. Les nôtres étaient peut-être en petit nombre, mais le poids de celles d'autrui s'y ajoute; je crains pour moi, je crains pour un frère qui est bon, je supporte un frère qui est mauvais. Et que deviendrons-nous sous ce tas de fautes, si jamais cesse la miséricorde de Dieu? *Mais toi, Seigneur, ne t'éloigne pas*, sois proche. De qui le Seigneur est-il proche? De ceux qui ont broyé leur cœur[141]. Il est loin des superbes, proche des humbles. Car *le Seigneur est le très haut et il voit ce qui est humble*[142]. Que les superbes ne s'imaginent pas être cachés de lui, car il reconnaît de loin ce qui est hautain. Il reconnaissait de loin le pharisien qui se vantait, il venait tout près en aide au publicain qui confessait ses fautes[143]. Le premier se vantait de ses mérites et cachait ses plaies; le second ne se vantait pas de ses mérites et présentait ses plaies. Il était venu au médecin, il savait qu'il était malade, il savait qu'il lui fallait être guéri; il n'osait pas lever les yeux au ciel, il se frappait la poitrine; il ne s'épargnait pas pour être épargné par le médecin;

Quand tu fais le mal, tu ne saurais détourner les yeux du Seigneur. Qu'y a-t-il en effet ensuite? "Mais la face du Seigneur est sur ceux qui font le mal." Et pour quoi? "Pour détruire leur mémoire sur la terre." Tu vois que tu es vu, tu vois que tu ne peux te cacher. [...] Que gagne donc l'orgueilleux? Non de ne pas être vu, mais d'être vu de loin.» Cf. aussi *Ser.* 351, 1; *Ser. Mai* 127, 2. Voir aussi *In Ps.* 31, 2, 11 (hiver 412-413): «publicanus de longinquo stabat; sed deus ad illum de longinquo non stabat», et la n. c. 12 «La parabole du pharisien et du publicain», *BA* 58/A, p. 424-429 (M. DULAEY).

ENARRATIONES IN PSALMOS

parceret; se agnoscebat, ut ille ignosceret; se puniebat, ut ille liberaret. Tales hic uoces sunt; audiamus eas pie et amemus pie; corde, lingua, omnibus medullis nostris haec dicamus. Nemo se iustum putet; uiuit qui loquitur; uiuit, et utinam uiuat! Adhuc hic uiuit, adhuc cum morte uiuit; et si spiritus uita est propter iustitiam, corpus tamen mortuum est propter peccatum. Et *corpus quod corrumpitur aggrauat animam et deprimit terrena inhabitatio sensum multa cogitantem.* Pertinet ergo ad te clamare, pertinet gemere, pertinet confiteri, non te exaltare, non te iactare, non te tuis meritis gloriari, quia et si habes aliquid gaudendum, quid est quod non accepisti? *Quoniam circumdederunt me mala, quorum non est numerus.*

21. *Comprehenderunt me iniquitates meae, et non potui ut uiderem.* Est aliquid quod uideamus; quid premit ut non uideamus? Nonne iniquitas? Oculum tuum, ne istam lucem uidere posses, premebat fortassis humor irruens, premebat fortasse fumus, puluis, aliquid iniectum, et leuare oculum saucium non poteras ad istam lucem; quid ergo, cor saucium leuabis ad Deum? Nonne prius sanandum est, ut uideas? Nonne superbus inueniris, cum dicis: "Primo uideam et sic credam"? Quis dicit? Quis enim uisurus dicit: "Videam et sic

---

144. Le corps peut vivre tandis que l'âme est morte. Le thème est longuement développé en *Ser.* 65, 5, 6 : « Lorsque j'entends le corps parler, je comprends qu'il vit ; je cherche ce qu'il dit, et si l'âme aussi vit. »

145. Cf. Ro 8, 10.

146. Sg 9, 15.

147. Cf. 1 Co 4, 7.

148. Cf. *Ser. Dolbeau* 25, 20 : « Qu'ils croient : ils verront. Qu'ils ne soient pas si pervertis au point de nous dire : "Que je voie d'abord et ensuite, je croirai." Qu'est-ce à dire : "Que je voie d'abord et ensuite, je croirai" ? En effet, celui qui voit, croit-il ? Celui-là croit,

270

IN PSALMVM XXXIX

il reconnaissait ce qu'il était pour qu'il lui pardonne; il se châtiait pour qu'il le délivre. Les paroles du psalmiste comportent une leçon analogue; écoutons-les pieusement, aimons-les pieusement; disons-les avec notre cœur, notre langue, nos moelles. Que personne ne se croie juste; celui qui parle est en vie; il est en vie, mais puisse-t-il être vivant[144]! Il vit encore en ce monde, il vit avec la mort, et si l'esprit est vie en raison de la justice, le corps pourtant est mort en raison du péché[145]. *Le corps corruptible appesantit l'âme, et sa demeure terrestre grève l'esprit aux multiples pensées*[146]. À toi donc de crier, à toi de gémir, à toi de te confesser, mais non de te hausser, non de te vanter, non de te glorifier de tes mérites, parce que, même si tu as quelque chose dont tu puisses te réjouir, qu'as-tu que tu n'aies reçu[147]? *Parce que des maux sans nombre m'ont entouré.*

21. *Mes iniquités se sont emparées de moi, et je n'ai pu réussir à voir.* Il y a quelque chose à voir; qu'est-ce qui fait obstacle à ce que nous le voyions? N'est-ce pas l'iniquité? Ce qui faisait obstacle à ce que ton œil voie la lumière du soleil, c'était peut-être l'écoulement d'une humeur, c'était peut-être la fumée, la poussière, quelque chose que tu avais dans l'œil, et tu ne pouvais élever ton œil malade vers la lumière. Et tu élèverais vers Dieu ton cœur malade? Ne faut-il pas d'abord le guérir pour que tu puisses voir? Ne fais-tu pas montre d'orgueil quand tu dis: "Je veux voir d'abord, et alors je croirai"[148]? Qui dit cela? Quel est celui qui veut voir et dit: "Je veux

---

qui ne voit pas. Une chose est de voir, une autre de croire. Crois, parce que tu ne vois pas, de sorte qu'en croyant ce que tu ne vois pas, tu mérites de voir ce que tu crois. Le mérite de la vision, c'est la foi. La récompense de la foi, la vision»; *Ser. Denis* 24, 4; *Ser.* 43, 1, 1-2; 126, 1, 2 – 2, 3. Le thème peut être décliné avec le couple «voir – comprendre». Voir I. BOCHET, «"Comprends pour croire, crois pour comprendre" (Augustin)», dans *La vérité dans ses éclats. Foi et raison*, B. Lagrut - E. Vetö (éd.), Genève, 2014, p. 61-82.

ENARRATIONES IN PSALMOS

credam"? Lucem ostensurus sum, immo uero ipsa se lux ostendere uult. Cui? Caeco non potest, non uidet. Vnde non uidet? Grauato oculo multis peccatis. Quid enim ait? *Comprehenderunt me iniquitates meae, et non potui ut uiderem.* Remoueantur ergo iniquitates, dimittantur peccata, leuetur pondus ab oculo, sanetur quod saucium est, adhibeatur mordax praeceptum quasi collyrium. Prius effice quod tibi praecipitur: sana cor, munda cor, dilige inimicum tuum. "Et quis diligit inimicum suum?" Hoc iubet medicus; amarum est, sed salubre. Quid tibi faciam, inquit? Ita uexatus es, ut inde saneris. Et plus dicit: sanato non erit onerosum, uoluptuose diliges inimicum sanatus; conare tu ut saneris. In tribulationibus, in angustiis, in tentationibus fortis esto, perdura; medici manus est, non latronis. "Ecce, inquit, praeceptis acceptis et fide retenta, prius sicut iubes sanabo cor, ut dicis; sanato corde et mundato corde quid uidebo?" – *Beati mundo corde, quoniam ipsi Deum uidebunt.* "Hoc modo, inquit, non possum": *Comprehenderunt me iniquitates meae, et non potui ut uiderem.*

22. *Multiplicatae sunt super capillos capitis mei.* Capillos capitis ad numeri multitudinem reuocat. Quis numerat capillos capitis sui? Multo minus peccata quae excedunt numerum capillorum. Minuta uidentur, sed multa sunt. Praecauisti magna; iam non facis adulterium, iam non facis homicidium, non rapis res alienas, non blasphemas, non dicis falsum testimonium; moles

---

149. Le précepte est un collyre: *Ser. Dolbeau* 25, 16; *In Ioh.* 18, 11.

150. Augustin a peut-être en tête les crimes des circoncellions qui aveuglaient parfois les catholiques avec un mélange de vinaigre et de chaux, faisant alors, dit-il, pire que les brigands: *Ep.* 88, 8 et 11 (406-407).

IN PSALMVM XXXIX

voir, et alors je croirai" ? Je veux te montrer la lumière, ou plutôt, la lumière elle-même veut se montrer. À qui ? À un aveugle, elle ne le peut, il ne voit pas. D'où vient qu'il ne voit pas ? Son œil est appesanti par de nombreux péchés. Que dit en effet le psalmiste ? *Mes iniquités se sont emparées de moi, et je n'ai pu réussir à voir.* Il faut donc que les iniquités soient écartées, que les péchés soient remis, que l'œil soit délesté du poids, que soit guéri ce qui est malade, qu'on applique en guise de collyre le précepte qui brûle[149]. Commence par faire ce qui t'est prescrit : guéris ton cœur, purifie ton cœur, aime ton ennemi. "Mais qui donc aime son ennemi ?" C'est l'ordonnance du médecin, elle est amère, mais salutaire. "Que puis-je faire pour toi ?", dit-il ; "cela te fait souffrir, mais c'est pour te guérir". Il dit davantage encore : ce ne sera pas pénible quand tu seras guéri ; une fois guéri tu auras plaisir à aimer ton ennemi ; tâche de guérir. Sois courageux dans les tribulations, les angoisses, les tentations, endure-les ; c'est là la main du médecin, pas d'un brigand[150]. "Voilà, dit le malade, j'ai accepté les préceptes et gardé la foi, et, selon ce que tu dis, je commencerai par guérir mon cœur, comme tu l'ordonnes. Une fois mon cœur guéri, mon cœur purifié, que verrai-je ?" – *Heureux les cœurs purs, car ils verront Dieu.* Je ne le peux maintenant, dit le psalmiste : *Mes iniquités se sont emparées de moi, et je n'ai pu voir.*

22. Elles se sont multipliées plus que les cheveux de ma tête. Les cheveux de la tête sont utilisés pour évoquer le grand nombre. Qui peut compter les cheveux de sa tête ? Encore moins les péchés, dont le nombre dépasse celui des cheveux. Apparemment, ils sont menus, mais ils sont nombreux. Tu t'es gardé des gros péchés ; tu ne commets plus d'adultère, tu ne commets plus d'homicide, tu ne voles pas le bien d'autrui, tu ne blasphèmes pas, tu ne fais pas de faux témoignage ;

ENARRATIONES IN PSALMOS

istae sunt peccatorum. Magna praecauisti, de minutis quid agis? An non times minuta? Proiecisti molem, uide ne arena obruaris. *Multiplicatae sunt super capillos capitis mei.*

v. 13-14

23. *Et cor meum dereliquit me.* Quid mirum est, si cor tuum desertum est a Deo tuo, quando seipsum deseruit? Quid est: *Cor meum dereliquit me?* Non est idoneum cor meum ad cognoscendum se. Hoc dixit: *Cor meum dereliquit me*; corde meo Dominum uolo uidere et non possum prae multitudine peccatorum meorum; parum est, nec cor meum se comprehendit. Nemo enim se comprehendit, nemo de se praesumat. Numquid comprehendit corde suo cor suum Petrus, qui dixit: *Tecum usque ad mortem ero?* In corde erat prae-sumptio falsa, in corde latebat timor uerus et non erat idoneum cor ad comprehendendum cor. Cor aegrotum latebat, sed medico patebat. Quod de illo pronuntiatum est, hoc impletum est. Nouerat in illo Deus quod in se ipse non nouerat; quia cor eius dereliquerat eum, cor eius latebat cor eius: *Et cor meum dereliquit me.* Quid ergo? Quid clamamus, quid dicimus? ***Placeat tibi, Domine, eruere me***, tamquam diceret: *Si uis, potes me mundare. Placeat tibi eruere me, **Domine, in adiuuandum mihi respice***. Membra paenitentia, membra in doloribus posita, membra sub ferramentis medici clamantia, sed sperantia. *Domine, in adiuuandum mihi respice.*

---

151. Cf. *In Ioh.* 12, 14: «De petits péchés, en se multipliant, arrivent à tuer l'âme si on les néglige. Elles sont toutes petites les gouttes d'eau qui remplissent les fleuves; les grains de sable sont tout petits, mais ils s'entassent en une lourde charge, ils accablent et ils écrasent.» Voir n. c. 89, *BA* 12, p. 933-934: «La vigilance à l'égard des fautes légères» (M.-F. BERROUARD).

152. Mt 26, 35.

153. Pierre est souvent évoqué comme exemple de celui qui s'ignore lui-même. Voir les références données *BA* 72, p. 673 n. 25, et D. LOUIT, «Le reniement et l'amour de Pierre dans la prédication de saint Augustin», *Recherches augustiniennes*, 10, 1975, p. 217-269.

IN PSALMVM XXXIX

ces péchés-là sont de gros pavés. Tu t'es gardé des gros péchés, mais que fais-tu des menus péchés? Ne crains-tu pas les menus péchés? Tu t'es débarrassé des pavés, veille à ne pas te laisser enfouir sous le sable[151]. *Elles se sont multipliées plus que les cheveux de ma tête.*

23. *Et mon cœur m'a abandonné.* Qu'y a-t-il d'étonnant à ce que ton cœur ait été déserté par ton Dieu, quand il s'est déserté lui-même? Que veut dire: *Mon cœur m'a abandonné?* Mon cœur n'est pas capable de se connaître lui-même. C'est cela que signifie: *Mon cœur m'a abandonné.* Je veux voir Dieu par le cœur et je ne le peux en raison de la multitude de mes péchés; mais ce n'est pas tout: mon cœur ne se comprend même pas lui-même. Personne en effet ne se comprend, que nul ne présume de lui-même. Le cœur de Pierre comprend-il son cœur quand il dit: *Je te suivrai jusqu'à la mort*[152]? En son cœur était une fausse présomption, en son cœur était cachée une crainte véritable, et son cœur n'était pas capable de comprendre son cœur[153]. Son cœur malade lui était caché, mais il était à découvert pour le médecin. L'annonce faite à son sujet s'est accomplie. Dieu connaissait en lui ce que lui-même ne connaissait pas, parce que son cœur l'avait abandonné, son cœur était caché à son cœur: *Et mon cœur m'a abandonné.* Quoi donc? Que crions-nous, que disons-nous? ***Qu'il te plaise, Seigneur, de me délivrer.*** C'est comme si le psalmiste disait: *Si tu veux, tu peux me purifier*[154]. *Qu'il te plaise de me délivrer,* ***Seigneur, jette sur moi ton regard pour me venir en aide.*** Tel est le langage des membres pénitents, des membres en proie à la douleur, des membres qui crient sous le scalpel du médecin, mais qui espèrent: *Seigneur, jette sur moi ton regard pour me venir en aide.*

---

154. Mt 8, 2.

ENARRATIONES IN PSALMOS

v. 15 **24. Confundantur et reuereantur simul qui quaerunt animam meam ut auferant eam.** Quodam enim
loco accusat et dicit: *Aspiciebam in dexteram et uidebam,
et non erat qui requireret animam meam*, id est: non erat
qui me imitaretur – Christus in passione loquitur –, et
adtendebam in dexteram, id est: non ad impios Iudaeos,
sed ad ipsam dexteram, ad ipsos apostolos, *et non erat
qui requireret animam meam.* Vsque adeo non erat qui
requireret animam meam ut qui praesumpserat negaret
animam meam. Sed quia duobus modis quaeritur homo,
aut quo fruaris aut quem persequaris, ideo hic alios dicit
quos uult confundi et reuereri qui quaerunt animam
suam. Sed ne sic intellegeres quomodo cum queritur de
nonnullis non quaerentibus animam suam – *ut auferant eam*, inquit, id est: ad mortem quaerunt animam
meam –, adiecit: *Confundantur et reuereantur.* Et uere
multi quaesierunt animam ipsius et confusi et reueriti
sunt; quaesierunt animam ipsius, et sicut illis uisum est,
abstulerunt animam ipsius, sed ille potestatem habuit
ponendi animam suam et potestatem habuit recipiendi
animam suam. Ergo illi gauisi sunt cum posuit, confusi
sunt cum recepit. *Confundantur et reuereantur simul qui
quaerunt animam meam ut auferant eam.*

**25. Conuertantur retrorsum et reuereantur qui
uolunt mihi mala.** *Conuertantur retrorsum*: nec hoc
in malum accipiamus. Bene illis optat, et uox illius est

---

155. Ps 141, 5.

156. Cf. Mt 26, 70.

157. L'ambiguïté de l'expression «chercher mon âme», qui peut
être comprise en bonne ou en mauvaise part – chercher par amour et
pour imiter, ou chercher pour faire périr – est pareillement soulignée
dans l'*In Ps.* 141, 11 où les Ps 39, 15 et 141, 5 sont opposés comme
ici. Voir aussi *In Ps.* 69, 3 (le Ps 69, 3 comporte, comme Ps 141, 5,
la même formule que le Ps 39, 15); *In Ioh.* 50, 3; *Loc. Hept.* 2, 22.

IN PSALMVM XXXIX

24. *Qu'ils soient confondus et couverts de honte tout à la fois, ceux qui cherchent mon âme pour me l'enlever.* Il y a en effet un passage où il est dit avec reproche: *Je regardais à ma droite et voyais, et il n'était personne pour rechercher mon âme*[155], c'est-à-dire: il n'était personne pour m'imiter – c'est le Christ qui parle lors de sa Passion –; et je regardais à droite, c'est-à-dire non vers les Juifs impies, mais à droite même, vers les apôtres eux-mêmes, *et il n'était personne pour rechercher mon âme*. Il n'était personne pour rechercher mon âme, tant et si bien que l'apôtre qui avait présumé de lui-même reniait mon âme[156]. Mais il y a deux façons de chercher un homme, pour jouir de sa présence ou pour le poursuivre; c'est pourquoi ici il parle d'autres personnes qui cherchent son âme et dont il veut la confusion et la honte[157]. Mais pour que tu ne le comprennes pas comme lorsqu'il se plaint de certains qui ne cherchent pas son âme – il dit: ils cherchent mon âme *pour me l'enlever*, c'est-à-dire: ils la cherchent pour me faire mourir –, il a ajouté: *Qu'ils soient confondus et couverts de honte tout à la fois.* Beaucoup, en vérité, ont cherché son âme, et ils ont été confondus et couverts de honte; ils ont cherché son âme et ils se sont imaginés lui avoir enlevé son âme; mais lui, il eut le pouvoir de déposer son âme et le pouvoir de reprendre son âme[158]. Ainsi, ils se sont réjouis quand il l'a déposée, ils ont été confondus quand il l'a reprise. *Qu'ils soient confondus et couverts de honte tout à la fois, ceux qui cherchent mon âme pour me l'enlever.*

25. *Qu'ils retournent en arrière et soient couverts de honte, ceux qui veulent mon malheur.* *Qu'ils retournent en arrière:* ne le prenons pas en mal; il leur souhaite du bien; c'est la voix de celui qui a dit

---

158. Cf. Jn 10, 18.

ENARRATIONES IN PSALMOS

qui dixit de cruce: *Pater, ignosce illis, quia nesciunt quid faciunt*. Quare illis ergo dicit ut retrorsum redeant? Quia qui ante superbi erant ut caderent retro, humiles facti sunt ut resurgant. Quando enim ante sunt, praecedere uolunt Dominum, meliores uolunt esse quam Dominus; si autem retro sunt, ipsum agnoscunt meliorem, ipsum priorem, se posteriores, ut ille praecedat, illi sequantur. Proinde Petrum male sibi dantem consilium sic redarguit. Passurus enim Dominus erat pro salute nostra, et de ipsa passione quae futura erant praedicabat et ait Petrus: *Absit Domine; propitius tibi esto, non fiet hoc*. Praecedere uolebat Dominum et consilium dare magistro. Dominus autem ut non eum faceret praecedentem, sed sequentem: *Redi*, inquit, *retro Satanas*. Ideo, inquit, Satanas, quia uis antecedere eum quem debes sequi; si autem retro fueris, et secutus fueris, iam non Satanas. Quid ergo? *Super hanc petram aedificabo ecclesiam meam*.

v. 16-17   **26.** *Conuertantur retrorsum et reuereantur qui uolunt mihi mala*. Maleuoli sunt qui etiam cum benedicunt, quantum in corde eorum est maledicunt. Dicis alicui: "Esto christianus. Sis christianus, sed tu". Bonam rem dixit, sed non illi imputatur quod dixit, sed quo animo dixit, quomodo imputatum est et Iudaeis, quando ille ex caeco nato factus est uidens; cum eum premerent

---

159. Lc 23, 34.

160. Mt 16, 22-23. La variante *propitius tibi esto*, qui est une traduction littérale du grec qu'*absit Domine* rend par une expression courante, se trouve dans plus de la moitié des citations augustiniennes de ce verset.

161. Thème souvent développé par Augustin. Voir *In Ps.* 34, 1, 8; 55, 15; 62, 17; 69, 4; 126, 4; *Ser.* 297, 1, 1.

162. Mt 16, 18.

163. En détaillant l'action des hommes malveillants, soit qu'ils maudissent secrètement, soit qu'ils flattent, le paragraphe fait écho au thème développé au début de la prédication avec le couple «lion-

IN PSALMVM XXXIX

du haut de la croix: *Père, pardonne-leur, car ils ne savent pas ce qu'ils font*[159]. Pourquoi donc leur dit-il de revenir en arrière? Parce que ceux que leur orgueil avait fait tomber en arrière sont devenus humbles et se sont relevés. Lorsqu'ils sont devant, en effet, ils veulent précéder le Seigneur, ils veulent être meilleurs que le Seigneur; mais s'ils sont derrière, ils reconnaissent qu'il est meilleur, qu'il vient avant eux et eux après lui, en sorte que lui précède et qu'eux suivent. C'est pourquoi le Seigneur désavoue Pierre qui lui donnait un mauvais conseil. Le Seigneur allait en effet souffrir pour notre salut, il annonçait sa Passion à venir, et Pierre lui dit: *Non, Seigneur! Montre-toi propice envers toi-même, cela ne t'arrivera pas*[160]! Il voulait précéder le Seigneur et donner un conseil à son maître. Mais, pour faire en sorte qu'il le suive au lieu de le précéder, le Seigneur lui dit: *Arrière, Satan!* Satan, parce que tu veux précéder celui que tu dois suivre[161]; mais si tu es derrière et le suis, tu n'es plus Satan. Tu es quoi? Une pierre, et *sur cette pierre je bâtirai mon Église*[162].

26. *Qu'ils retournent en arrière et soient couverts de honte, ceux qui me veulent du mal.* Il y a des gens, malveillants, qui, même quand ils vous bénissent, vous maudissent en fait dans leur cœur[163]. Tu dis à quelqu'un: "Sois chrétien." "C'est toi qui devrais être chrétien!" répond-il. Il a dit une bonne chose; ce n'est pas ce qu'il a dit qu'on lui reproche, mais l'intention dans laquelle il l'a dit; ce fut le cas des Juifs dans le passage de l'Évangile où l'aveugle-né s'est mis à voir.

---

dragon» (§ 1). On notera à cet égard que le cri de ces hommes : «Bravo! Bravo!» sur lequel Augustin va s'attarder, s'il est le plus souvent une louange pernicieuse (œuvre du dragon; cf. *Conf.* 1, 36, 59; *In Ps.* 39, 26; 69, 5 et 8; *Ser.* 274), est pareillement un cri de haine accompagnant la persécution du Christ ou des justes (œuvre du lion; cf. *In Ps.* 34, 2, 11 et 15).

ENARRATIONES IN PSALMOS

insultationibus et urgerent, ait illis: *Numquid et uos discipuli eius uultis esse?* Et illi maledixerunt ei. Hoc ait euangelista: *Maledixerunt ei dicentes: Tu sis discipulus eius.* Illis maledicentibus, Dominus benedixit; fecit quod illi dixerunt, retribuit autem illis quod maledixerunt. *Conuertantur retrorsum et reuereantur qui uolunt mihi mala.* Sunt autem alii non boni qui bona uolunt, et ipsi cauendi. Quomodo enim illi maledicunt et dicunt bona nostra, sed malo animo, sic multi mala nostra bono animo. Hoc dico: qui dixerit tibi, "Tu sis christianus", bonum tuum dicit malo animo; qui autem dixerit tibi ita: "Te melior nemo", si in factis malis, *quoniam laudatur peccator in desideriis animae suae et qui iniqua gerit benedicitur,* mala tua dicit laudans. Quomodo ille bona tua dicebat maledicens, sic iste mala tua benedicens; sed utrumque genus hostis fuge, utrumque caue. Ille saeuit, iste blanditur, uterque malus; ille iracundus est et iste in laude subdolus; ille reprehensor est, iste laudator, sed et ille in reprehensione inimicus est et ille in laude subdolus. Caue utrumque, contra utrumque ora. Qui enim orauit: *Conuertantur retrorsum et confundantur qui uolunt mihi mala,* respexit ad aliud genus dolose maleuolum et falso benedicum: **Ferant confestim confusionem suam qui dicunt mihi: Euge, euge.** Laudant falso: "Magnus uir, bonus uir, litteratus,

---

164. Jn 9, 27-28. Le verset est utilisé dans un contexte semblable (dire du bien et être maudit) en *In Ps.* 21, 1, 1; 49, 9; 108, 20; *In Ioh.* 40, 12.

165. Voir *AugLex,* s. v. *Intentio,* c. 662-665 (L. Alici).

166. Ps 9, 24.

IN PSALMVM XXXIX

Comme ils l'injuriaient et le harcelaient, il leur dit: *Vous aussi, vous voulez donc être ses disciples?* Et ils le maudirent. L'évangéliste dit ceci: *Ils le maudirent en disant: Sois son disciple, toi*[164]! Ils le maudissaient, mais Dieu l'a béni; il a fait ce qu'ils lui avaient dit de faire, et il retourna contre eux leur malédiction. *Qu'ils retournent en arrière et soient couverts de honte ceux qui me veulent du mal.* Il en est d'autres qui nous souhaitent du bien, mais ne sont pas bons, et dont il faut également se méfier. Car, de la même façon que les uns maudissent tout en disant ce qui est bon pour nous, mais avec une mauvaise intention, de même beaucoup disent avec une bonne intention ce qui est mauvais pour nous. Je veux dire ceci: celui qui t'a dit: "Toi, sois chrétien!" a dit quelque chose qui est bon pour toi avec une mauvaise intention[165]; mais celui qui te dit: "Il n'est personne de meilleur que toi", si c'est à propos d'œuvres mauvaises – *car le pécheur est loué dans les désirs de son âme, et on dit du bien de l'auteur d'œuvres iniques*[166] –, il loue ce qui est mauvais chez toi. L'un disait ce qui est bon pour toi en maudissant, l'autre dit ce qui est mauvais pour toi en bénissant. Fuis ces deux types d'ennemis, méfie-toi de l'un et de l'autre. L'un est irrité contre toi, l'autre te flatte, les deux sont mauvais; l'un est en colère, l'autre sournois dans la louange; l'un te blâme, l'autre te loue, mais le premier te blâme par hostilité et l'autre te loue avec sournoiserie. Méfie-toi de l'un et de l'autre, prie quand tu es en face de l'un et de l'autre. Car celui qui a fait cette prière: *Qu'ils retournent en arrière et soient couverts de honte, ceux qui me veulent du mal*, a pris en considération la deuxième catégorie d'hommes, celle qui maudit insidieusement et bénit faussement: **Qu'ils éprouvent incontinent la confusion ceux qui me disent: Bravo, bravo!** Ils louent faussement: "Tu es un grand homme, un homme de bien, cultivé, savant, mais

ENARRATIONES IN PSALMOS

doctus, sed quare christianus?" Ea tua laudant quae nolles laudari; illud reprehendunt unde gaudes. Sed si forte dicis: "Quid in me laudas, o homo, quia uir bonus, quia uir iustus sum? Si hoc putas, Christus me hoc fecit, ipsum lauda." At ille: "Absit; noli tibi iniuriam facere, tu te ipse talem fecisti." *Confundantur, qui dicunt mihi: Euge, euge.* Et quid sequitur? **Exsultent et iucundentur omnes qui te quaerunt, Domine.** Non quaerunt me, sed quaerunt te; non mihi: *Euge, euge* dicunt, sed in te me gloriari uident, si quid habeo gloriae. *Qui* enim *gloriatur, in Domino glorietur. Exsultent et iucundentur omnes qui te quaerunt, Domine,* **et dicant: Semper magnificetur Dominus.** Quia etsi ex peccatore fit iustus, da gloriam illi *qui iustificat impium.* Siue ergo peccator sit, laudetur qui ad indulgentiam uocat; siue quis iam ambulet in uia iustitiae, laudetur qui ad coronam uocat. *Semper magnificetur Dominus,* ab his **qui diligunt salutare tuum.**

v. 18 **27. Ego autem**, cui quaerebant mala. *Ego autem,* cuius animam quaerebant, ut auferrent eam… Sed conuerte te ad aliud genus hominum. *Ego autem,* cui dicebant: "Euge, euge", **egenus et pauper sum.** Non est quod in me meum laudetur. Discindat ille saccum meum, cooperiat me stola sua; *uiuo enim iam non ego, uiuit autem in me Christus.* Si uiuit in te Christus, et totum quod boni habes Christi est, totum quod habebis Christi est; tu per te ipsum quid es? *Ego egenus et pauper.* Ego autem non diues, quia non sum superbus. Diues

---

167. Même formule dans *In Ps.* 49, 26.

168. 1 Co 1, 31. Sur ce thème, fondamental dans la pensée d'Augustin, voir P.-M. HOMBERT, Gloria gratiae. *Se glorifier en Dieu, principe et fin de la théologie augustinienne de la grâce,* Paris, 1996.

169. Ro 4, 5.

170. Cf. Ps 29, 12; *In Ps.* 29, 1, 12.

171. Ga 2, 20.

IN PSALMVM XXXIX

pourquoi faut-il que tu sois chrétien ?" Ils louent chez toi
ce que tu ne voudrais pas voir louer, ils blâment ce qui
fait ta joie. Mais si tu dis : "Pourquoi me loues-tu, mon
ami, d'être un homme de bien, un homme juste ? Si tu
le penses, loue le Christ, car c'est lui qui m'a fait ce que
je suis", il réplique : "Pas du tout ! Ne te fais pas injure,
c'est toi qui t'es fait ce que tu es !" *Qu'ils soient confondus, ceux qui me disent : Bravo, bravo*[167] *!* Et quelle est la
suite ? **Qu'ils exultent et soient dans la joie tous ceux
qui te cherchent, Seigneur.** Ceux-là ne me cherchent
pas, c'est toi qu'ils cherchent. Ce n'est pas à moi qu'ils
disent : *Bravo, bravo !*, mais ils voient que je me glorifie
en toi, si j'ai quelque sujet de gloire. *Celui qui se glorifie,
qu'il se glorifie dans le Seigneur*[168]. *Qu'ils exultent et
soient dans la joie tous ceux qui te cherchent, Seigneur,* **et
qu'ils disent : Que toujours le Seigneur soit magnifié.**
Si en effet quelqu'un devient juste de pécheur qu'il était,
il faut glorifier celui *qui justifie l'impie*[169]. Si donc il
est pécheur, qu'on loue celui qui l'invite au pardon ; si
quelqu'un marche déjà sur la voie de la justice, qu'on
loue celui qui appelle à recevoir la couronne. *Que toujours le Seigneur soit magnifié* par **ceux qui aiment ton
salut.**

27. **Mais moi**, moi dont ils cherchaient le malheur,
mais moi, moi dont ils cherchaient l'âme pour me
l'enlever… Tourne-toi maintenant vers l'autre catégorie d'hommes dont je parlais. *Mais moi*, moi à qui ils
disaient : "Bravo, bravo !", **je suis pauvre et miséreux**. Il
n'est rien à louer en moi qui soit mien. Que le Seigneur
déchire mon sac[170], qu'il me couvre de son vêtement,
*car désormais ce n'est plus moi qui vis, c'est le Christ qui
vit en moi*[171]. Si le Christ vit en toi et que tout ce que tu
as de bon vient du Christ, tout ce que tu auras appartient au Christ ; toi, qu'es-tu par toi-même ? *Moi, je suis
pauvre et miséreux*. Je ne suis pas un riche, parce que je

283

ENARRATIONES IN PSALMOS

erat ille qui dicebat: *Gratias tibi ago, Domine, quia non sum sicut ceteri homines*; publicanus autem erat pauper qui dicebat: *Domine, propitius esto mihi peccatori*. Ille de saturitate ructabat, ille de fame plorabat. *Egenus et pauper sum*. Et quid facturus es, o egene et pauper? Mendica ante ianuam Dei; pulsa, et aperietur tibi. *Ego autem egenus et pauper sum; **Dominus curam habebit mei**. Iacta in Dominum curam tuam et spera in eum, et ipse faciet*. Quid tibi curaturus es, quid tibi prouisurus? Habeat tui curam qui fecit te. Qui habuit tui curam antequam esses, quomodo non habebit curam cum iam hoc es quod uoluit ut esses? Iam enim fidelis es, iam ambulas in uia iustitiae. Curam tui non habebit, qui facit solem suum oriri super bonos et malos et pluit super iustos et iniustos? Te iam iustum ex fide uiuentem negleget, deseret, dimittet? Immo uero et hic fouet et hic adiuuat et hic necessaria subministrat et noxia resecat. Dando consolatur ut permaneas, auferendo corripit ne pereas. Dominus curam habet tui, securus esto. Ille portat qui te fecit; ab artificis tui manu noli cadere; si cecideris a manu artificis, frangeris. Vt autem permaneas in manu artificis, bona uoluntas facit. Dic: "Deus meus uoluit", et portabit ipse et tenebit ipse. Iacta te in illum; noli putare inane esse, ut quasi praecipiteris;

---

172. Lc 18, 11.13.

173. Cf. *In Ps.* 49, 30: « Quasi saturatus ructabat; non dicebat: "Ego autem egenus et pauper", quod dicebat publicanus ille: "Domine, propitius esto mihi peccatori" » ; *Ser. Mai* 130, 2 (= 136 A); 290, 6, 6; *C. Pel.* 4, 7, 17.

174. *Curam habebit*: le Codex de Vérone a le futur; plus loin, Augustin a la leçon courante: *curam habet*.

175. Ps 54, 23.

176. Cf. Mt 5, 45.

177. Cf. Ro 1, 17.

284

IN PSALMVM XXXIX

ne suis pas orgueilleux. Était un riche celui qui disait : *Je te rends grâce, Seigneur, de ce que je ne suis pas comme le reste des hommes* ; mais c'était un pauvre, le publicain qui disait : *Seigneur, sois miséricordieux pour le pécheur que je suis*[172]. La satiété faisait éructer le premier, la faim faisait pleurer le second[173]. *Je suis pauvre et miséreux.* Et que vas-tu faire, toi qui es pauvre et miséreux ? Va mendier à la porte de Dieu ; frappe, et on t'ouvrira. *Mais moi, je suis pauvre et miséreux ; **le Seigneur prendra soin de moi**[174]. Jette ton souci dans le Seigneur, espère en lui, et lui agira*[175]. Pourquoi te soucier de toi, pourquoi chercher à être prévoyant ? À celui qui t'a créé de prendre soin de toi. Celui qui a pris soin de toi avant que tu existes, comment ne prendra-t-il pas soin de toi, maintenant que tu es celui qu'il a voulu que tu sois ? Car déjà tu es croyant, déjà tu marches sur la voie de la justice. Il n'aurait pas soin de toi, celui qui fait lever son soleil sur les bons et les méchants et qui fait pleuvoir sur les justes et les injustes[176] ? Te négligerait-il quand déjà tu es juste, et que tu vis de la foi[177], te délaisserait-il, t'abandonnerait-il ? Bien au contraire, maintenant encore, il te montre sa tendresse, maintenant encore il t'aide, maintenant encore il te procure le nécessaire et écarte ce qui t'est nuisible. En te donnant, il te réconforte pour que tu tiennes bon, en reprenant, il te corrige pour que tu n'ailles pas à ta perte ; le Seigneur prend soin de toi, sois en sécurité. Celui qui t'a créé te porte ; ne tombe pas des mains de ton artisan[178] ; si tu tombes des mains de l'artisan, tu te briseras. C'est la volonté bonne qui te fait tenir dans la main de l'artisan. Dis : "Mon Dieu l'a voulu", et c'est lui qui te portera, lui qui te tiendra. Jette-toi en lui ; ne va pas penser que c'est dans le vide

---

178. *In Ps.* 94, 5 : « Agit quibusdam ferramentis suis ; ipsa sunt scandala huius saeculi : tu tantum de manu artificis noli cadere. »

ENARRATIONES IN PSALMOS

non ita tibi uideatur. Ille dixit: *Caelum et terram ego impleo*. Nusquam tibi deest; tu illi noli deesse, tu tibi noli deesse: *Dominus curam habet mei*.

28. *Adiutor meus et protector meus tu es: Deus meus, ne tardaueris.* Inuocat, implorat, timet ne deficiat: *Ne tardaueris*. Quid est, *Ne tardaueris? Nisi breuiati essent dies illi, non fieret salua omnis caro*: modo lectum est de diebus tribulationum. Quasi enim unus homo rogat Deum, membra Christi, corpus Christi ubique diffusum, unus mendicus, unus pauper, quia et ille pauper qui diues pauper factus est, de quo ait apostolus: *Cum diues esset, pauper factus est, ut ipsius paupertate uos ditaremini*; ueros pauperes ditat, falsos diuites pauperat. Clamat ad eum: *A finibus terrae ad te clamaui, cum taederet animam meam*. Venient dies tribulationum et maiorum tribulationum; uenient, sicut dicit scriptura; et quantum accedunt dies, augentur tribulationes. Nemo sibi promittat quod euangelium non promittit. Fratres mei, obsecro uos, adtendite scripturas nostras, si aliquid fefellerunt, si aliquid dixerunt, et aliter accidit quam dixerunt; necesse est ut usque in finem sic fiant omnia quemadmodum dixerunt. Non nobis promittunt scripturae nostrae in hoc saeculo nisi tribulationes, pressuras, angustias, augmenta dolorum, abundantiam tentationum. Ad ista nos praecipue paremus, ne imparati deficiamus. *Vae praegnantibus et*

---

179. Voir le discours de la continence en *Conf.* 8, 11, 27: «Jette-toi en lui, sans aucune crainte: il ne va pas se dérober pour que tu tombes. Jette-toi, rassuré: il te recevra et te guérira.»

180. Jr 23, 24.

181. Mt 24, 22.

IN PSALMVM XXXIX

que tu te précipites[179], ne vois pas les choses ainsi. Dieu a dit : *J'emplis le ciel et la terre*[180]. Nulle part il ne te fait défaut ; ne lui fais pas défaut, toi non plus, ne te fais pas défaut à toi-même. *Le Seigneur prend soin de moi.*

28. *Tu es mon aide et mon protecteur ; mon Dieu, ne tarde pas.* Le psalmiste invoque, il implore, il craint de défaillir : *Ne tarde pas.* Pourquoi *ne tarde pas* ? Parce que, *si ces jours n'étaient abrégés, aucune chair ne serait sauvée*[181] ; la lecture qu'on a faite tout à l'heure portait sur les jours des tribulations. Les membres du Christ, le Corps du Christ répandu partout, prient comme un seul homme, un seul mendiant, un seul pauvre, parce qu'il est pauvre lui aussi, celui qui de riche s'est fait pauvre et dont l'Apôtre dit : *Bien qu'il fût riche, il s'est fait pauvre pour vous enrichir de sa pauvreté*[182] ; il enrichit les pauvres véritables, il appauvrit les faux riches. Le pauvre crie vers lui : *Des extrémités de la terre j'ai crié vers toi, quand le découragement envahissait mon âme*[183]. Viendront les jours des tribulations, de tribulations plus grandes ; ils viendront, comme le dit l'Écriture ; et à mesure qu'ils approchent, les tribulations augmentent. Personne ne doit se promettre ce que l'Évangile ne promet pas. Mes frères, je vous en prie, soyez attentifs à nos Écritures, voyez si elles se sont trompées, si elles ont fait une prédiction que les événements ont démentie ; il est nécessaire que jusqu'à la fin tout se passe comme elles l'ont dit. Nos Écritures ne nous promettent en ce monde que tribulations, afflictions, angoisses, augmentation des douleurs, abondance des tentations. Préparons-nous particulièrement à cela, pour ne pas défaillir faute de préparation. *Malheur aux femmes enceintes et à celles*

---

182. 2 Co 8, 9.
183. Ps 60, 3.

ENARRATIONES IN PSALMOS

mammantibus; modo audistis. Praegnantes sunt qui spe intumescunt; mammantes autem, id est lactantes, qui iam adepti sunt quod concupierant. Etenim mulier praegnans in spe tumet filii, nondum uidet filium ; quae autem iam lactat, amplectitur quod sperabat. Ergo similitudinem uerbi gratia ponamus. "Bona est ista uilla uicini; o si mea esset, o si adiungerem illam et facerem de isto fundo et de illo unitatem!" Amat et auaritia unitatem; quod amat bonum est, sed ubi amandum sit nescit. Ecce concupiuit uillam proximi, sed iste proximus diues est, non indigens, habens honorem, habens etiam potentiam, a cuius forte etiam potentia tibi metuendum sit, non de illius fundo aliquid sperandum; nihil sperans non concipit, non est praegnans anima. Si uero iuxta uicinus sit pauper, qui uel in necessitate positus est ut possit uendere, uel premi potest ut cogatur uendere, inicitur oculus, speratur uilla: impraegnata est anima, sperat se posse adipisci uillulam et possessionem uicini pauperis. Et cum patitur iste pauper necessitatem, uenit ad ditiorem uicinum suum cui forte obsequi solet, cui deferre, cui uenienti assurgere, quem inclinato capite salutare: "Da mihi, rogo te; patior necessitatem, urgeor a creditore." Et ille: "Non habeo modo in manibus." Si uellet uendere, haberet. Agnoscimus hoc; fuerunt in nobis, iam non sint in nobis. Nonne hesterno

---

184. Mt 24, 19. «Vae praegnantibus et *mammantibus*»: cette variante se retrouve dans *In Ps.* 95, 14; *Trin.* 9, 9 14. Elle figure encore en Bed. *In Luc.* 6 (21, 23), *CCL* 120, p. 368, 195, mais elle est inconnue ailleurs. Dans *Ep.* 199, 9, 27, Augustin a *nutrientibus*, comme Ambroise, Jérôme, et la Vulgate. Tertullien a *nutricantibus*.

185. Cette phrase et le long développement qui précède se comprennent mieux si Augustin fait allusion à un fait précis qui a sans doute fait grand bruit dans la ville, mais qui nous échappe.

IN PSALMVM XXXIX

qui donnent le sein, avez-vous entendu tout à l'heure[184]. Les femmes enceintes représentent ceux que gonflent leurs attentes ; celles qui donnent le sein, c'est-à-dire qui allaitent, représentent ceux qui ont déjà obtenu ce qu'ils désiraient. Car la femme enceinte a le ventre qui gonfle quand elle attend un enfant et ne voit pas encore l'enfant ; mais celle qui allaite serre déjà sur son cœur ce qu'elle espérait. Par exemple, prenons une comparaison : la propriété de mon voisin est bien belle ; si seulement elle était à moi ! Si seulement je pouvais l'adjoindre à la mienne et réunir ce fonds-ci à celui-là ! L'avarice aussi aime l'unité ; c'est une bonne chose que ce qu'elle aime, mais elle ne sait où il faut aimer. Notre homme a convoité la propriété du voisin ; mais ce voisin est riche, il n'a besoin de rien, il a des honneurs, il a même du pouvoir ; un pouvoir qu'il te faudrait peut-être craindre plutôt que d'espérer quelque chose de son fonds ; si l'âme n'espère rien, elle ne conçoit pas de désir, elle n'est pas une femme enceinte. Mais si jamais le voisin d'à côté est un pauvre, qui est peut-être dans le besoin, si bien qu'il pourrait vendre, ou sur qui on peut faire pression pour le forcer à vendre, on jette le regard sur la propriété, on l'espère. L'âme se gonfle, elle espère pouvoir obtenir la petite propriété et les biens de son voisin pauvre. Et quand le pauvre en est réduit à cette nécessité, il va trouver son voisin plus riche, envers qui d'ordinaire il se montre sans doute empressé et déférent, se levant à sa venue, le saluant d'une inclinaison de tête : "Donne-moi de l'argent, je t'en prie ; je suis en grande nécessité, je suis harcelé par mon créancier." Et lui de répondre : "Je n'ai pas actuellement d'argent disponible." Si l'autre voulait vendre, il en aurait ! Nous connaissons bien la situation[185]. Des hommes comme cela, il y en a eu chez nous, et puisse-t-il ne plus en avoir chez nous ! Nous avons vécu hier et nous sommes en vie

ENARRATIONES IN PSALMOS

uiximus et hodie uiuimus? Est corrigendi locus; nondum facta est illa disiunctio, aliorum ad dexteram, aliorum ad sinistram; nondum apud inferos sumus ubi diues ille fuit, sitiens et stillam desiderans; audiamus cum uiuimus, corrigamur. Non speremus res alienas et impraegnati tumeamus, nec perueniamus ad illas et eas adipiscendo tamquam filios osculemur. *Vae enim praegnantibus et mammantibus illis diebus.* Mutandum est cor, leuandum est cor, non hic habitandum corde: mala regio est. Sufficiat quod adhuc carne hic esse necesse est; quod non est necesse, non fiat: sufficiat diei malitia sua; sursum corde habitemus. *Si surrexistis cum Christo,* dicit fidelibus, corpus et sanguinem Domini accipientibus dicit: *Si resurrexistis cum Christo, quae sursum sunt sapite, ubi Christus est in dextera Dei sedens; quae sursum sunt quaerite, non quae super terram. Mortui enim estis, et uita uestra abscondita est cum Christo in Deo.* Non enim apparet quod uobis promissum est, et iam paratum est, sed non uidetis. Impraegnari uis, hinc impraegnare; ipsa sit spes tua; certus erit partus tuus, non erit abortiuus, non temporalis; amplecteris quod pepereris in aeternum. Sic enim per Isaiam dicitur: *Concepimus et parturiuimus spiritum salutis.* Ergo retro est et non datur modo, sed dabitur. Quanta data sunt, fratres mei, quis illa numerat secundum scripturas? Ibi scriptum est de

---

186. Cf. Mt 25, 33.

187. Cf. Lc 16, 22.

188. Mt 24, 19.

189. Col 3, 1-3.

190. Is 26, 18. Augustin reprend ici une interprétation qu'on lit plusieurs fois chez Ambroise, qui la tenait des Pères grecs; cf. R. Gryson, «"Enfanter un esprit de salut". L'interprétation de *Isaïe* 26, 17.18 chez les Pères grecs», *Revue théologique de Louvain*, 32, 2001, p. 189-217.

290

IN PSALMVM XXXIX

aujourd'hui, n'est-ce pas? Il est donc encore possible de se corriger, elle n'est pas encore faite, la séparation qui met les uns à droite et les autres à gauche[186]; nous ne sommes pas encore aux enfers où se trouvait le riche assoiffé aspirant à une goutte d'eau[187]. Écoutons tant que nous sommes en vie et corrigeons-nous. N'espérons pas les biens d'autrui, en nous gonflant comme des femmes enceintes, ne cherchons pas à les atteindre et, quand nous les obtenons, ne les serrons pas sur notre cœur comme des fils. *Malheur aux femmes enceintes et à celles qui donnent le sein en ces jours-là*[188]. Il faut changer son cœur, il faut élever son cœur, il ne faut pas habiter de cœur en ce monde; la contrée est mauvaise. Contentons-nous de ce que la chair ici rend encore nécessaire; ce qui n'est pas nécessaire, qu'on ne le fasse pas; qu'à chaque jour suffise sa peine; habitons là-haut par le cœur. *Si vous êtes ressuscités avec le Christ*, dit Paul aux fidèles (il le dit à ceux qui reçoivent le corps et le sang du Seigneur), *si vous êtes ressuscités avec le Christ, ayez le goût des choses d'en-haut, là où se trouve le Christ qui siège à la droite de Dieu; recherchez les choses d'en-haut, non celles de la terre. Vous êtes morts, en effet, et votre vie est cachée avec le Christ en Dieu*[189]. Si ce qui vous a été promis n'apparaît pas encore, ces biens déjà sont préparés, mais vous ne les voyez pas encore. Si tu veux que ton âme soit enceinte, qu'elle le soit de cela, que cela soit ton espérance; ton enfantement sera sûr, ce ne sera pas un avortement, ce ne sera pas pour un temps; tu serreras pour l'éternité sur ton cœur ce que tu auras enfanté. Car Isaïe l'a dit: *Nous avons conçu et nous avons enfanté un esprit de salut*[190]. Donc, cela est prêt à l'arrière-plan, ce n'est pas donné pour le moment, mais ce sera donné. Que de choses nous ont été données, mes frères! Qui peut les dénombrer, en suivant les Écritures? Les Écritures annoncent l'Église, et elle existe, on le

291

ENARRATIONES IN PSALMOS

ecclesia, et uidetur quia est; ibi scriptum est de idolis quia non erunt, et uidetur quia non sunt; ibi scriptum est quia perdituri erant Iudaei regnum, et uidetur, ibi scriptum est de haereticis, quia futuri erant, et uidetur; ibi scriptum est et de die iudicii; ibi scriptum est et de praemio bonorum et de poena malorum; in omnibus Deum fidelem inuenimus; in ultimo deficiet et fallet? *Dominus curam habebit mei. Adiutor meus et protector meus tu es: Deus meus, ne tardaueris. Nisi minorarentur dies illi, nulla caro perduraret: sed propter electos breuiabuntur.* Dies illi erunt tribulationis, sed non tam longi quam sperantur. Cito illi transibunt; requies ueniens non transibit. Quamquam longum, ferri debuit malum pro infinito bono.

IN PSALMVM XXXIX

voit; elles annoncent que les idoles ne seront plus, et on le voit; elles annoncent pour les Juifs la perte de leur royaume, et on voit qu'ils l'ont perdu; elles annoncent la venue d'hérétiques, et on les voit[191]; elles annoncent aussi le jour du jugement; elles annoncent la récompense des bons et le châtiment des méchants; nous avons trouvé Dieu fidèle en tout; fera-t-il défaut et nous trompera-t-il sur le dernier point? *Le Seigneur prendra soin de moi. Tu es mon aide et mon protecteur; mon Dieu, ne tarde pas. Si ces jours n'étaient écourtés, aucune chair ne subsisterait; mais, à cause des élus, ils seront abrégés*[192]. Ce seront des jours de tribulation, mais ils ne seront pas aussi longs qu'on l'appréhende. Ils passeront vite, tandis que le repos qui vient ne passera pas. Même si cela devait être long, il faudrait le supporter, pour recevoir en échange un bonheur infini.

---

191. À comparer avec *Ser. Dolbeau* 5, 5 (déc. 403) et *Ser. Dolbeau* 24, 5 (403-404), qui tiennent des propos très semblables. Voir aussi *Ep.* 137, 4, 16.

192. Mt 24, 22.

IN PSALMVM XL

PSAUME 40

L'*Enarratio* 40 a été prêchée à l'occasion d'une fête de martyrs, peut-être un groupe de soldats[1]. La liturgie de la fête comprenait la lecture d'une partie du ch. 10 de l'Évangile de Matthieu, probablement Mt 10, 17-33[2]; on a lu le Ps 40 et l'assemblée a chanté en répons le v. 6 (§ 1). Augustin prêchait-il à Hippone[3]? Le texte ne livre aucune information sur le sujet.

Analyse

Parmi les psaumes dont Augustin rappelle, au dix-septième livre de la *Cité de Dieu*, qu'ils constituent une annonce du Christ et de l'Église, le Ps 40 est présenté comme une prophétie particulièrement claire de la trahison de Judas, de la Passion et de la Résurrection (*Ciu.* 17, 18). La même interprétation se lit dans dans cette *Enarratio* et dans le *De fide rerum inuisibilium* (4, 7). L'introduction (§ 1-2) souligne que les persécutions,

---

1. § 1; voir la note 17. A.-M. LA BONNARDIÈRE, «Les *Enarrationes in Psalmos* prêchées par saint Augustin à l'occasion des fêtes de martyrs», *Recherches augustiniennes*, 7, 1971, p. 73-104 (p. 88-89).

2. § 2: *modo audiebamus.* L'Évangile du jour comportait Mt 10, 28 a-b, également 10, 16-17 et 24-25. Cf. M. MARGONI-KÖGLER, *Die Perikopen im Gottesdienst bei Augustinus*, p. 429.

3. A.-M. LA BONNARDIÈRE , *ibid.*, se contente de dire que rien ne laisse supposer qu'*In Ps.* 40 fut prêché en dehors d'Hippone. Les trois interpellations des *fratres* (§ 1, 12 et 14) ne fournissent pas d'argument décisif.

ENARRATIONES IN PSALMOS

que ce soient celles qui sont infligées au Christ par les Juifs ou aux chrétiens par les païens, ont pour but de «faire disparaître le nom du Christ», mais obtiennent l'effet contraire. C'est en effet dans la mort des martyrs que se manifeste sa gloire et que s'affermit la foi de l'Église. Dans l'épreuve, le fidèle ne doit pas, découragé, prêter l'oreille à des prophéties païennes annonçant la disparition du christianisme, mais tenter de comprendre le sens de la Passion du Christ. Le second verset du psaume : *Beatus qui intelligit super egenum et pauperem*, qui constitue le fil directeur de l'*Enarratio*, souligne en effet que ce fut précisément lorsque les Juifs crurent triompher que s'est pleinement manifestée la grandeur du Christ en croix. Paradoxalement, les ennemis de l'Église ne parviennent qu'à la faire croître.

Le bonheur offert à celui qui «comprend l'indigent et le pauvre» ne se trouve toutefois pas seulement dans l'éternité ; le chrétien doit repousser la tentation de n'honorer Dieu que pour la vie éternelle, en s'en remettant aux superstitions pour le bonheur terrestre (§ 3). Ce serait là succomber à une ruse du diable qui, ayant échoué à ruiner le nom du Christ, tente de décourager les fidèles en les persuadant qu'il est impossible d'accomplir ses commandements. Il est vrai que l'homme ne peut compter sur ses propres forces pour obéir au Christ ; il peut en revanche s'en remettre à la grâce de Dieu, qui vient soigner l'infirmité du corps (§ 4). C'est afin de nous rappeler la faiblesse de notre condition et la nécessité de la grâce que les tribulations sont mêlées à la vie terrestre, jusque dans des plaisirs apparemment innocents : l'homme doit supporter les remèdes, même amers, que lui impose son médecin (§ 5), car ils sont rendus indispensables par son péché, qui engage pleinement sa responsabilité, quoi que prétendent les astrologues (§ 6-7).

IN PSALMVM XL

La seconde partie de l'*Enarratio* développe le thème de l'impuissance des ennemis de l'Église. Le v. 7 du psaume, prophétie de la trahison de Judas, annonce également celle de mauvais chrétiens qui ruinent la réputation de l'Église. Leur présence doit être tolérée, car l'Église est mélangée, comme l'illustrent les images tirées des paraboles de l'aire, de l'ivraie et du filet (§ 8). Les pécheurs sont condamnés à l'impuissance, mais leurs trahisons ne demeureront pas pour autant impunies, car c'est leurs intentions qui seront jugées (§ 9). Dieu peut tout mettre à profit: le Christ l'a montré en sa Passion, lorsqu'il a toléré une épreuve qu'il aurait pu s'épargner, pour que naisse et croisse son Église (§ 10). C'est parce qu'il figure l'Église tout entière, dont il est la Tête (§ 11) que le Christ a «espéré» en Judas, dont le nom signifie «l'homme de sa paix» (v. 10).

Le cas du peuple juif permet de reprendre, en conclusion, l'ensemble des thèmes de l'*Enarratio*. Les Juifs qui n'ont pas su comprendre la pauvreté du Christ ont perdu leur place au profit des chrétiens: le bois vert de l'Église remplace les épines de la Synagogue (§ 12). Les persécuteurs ont cru causer la perte du Christ, alors que celui-ci choisissait de ne pas descendre de la croix, manifestant sa puissance de manière plus éclatante encore, en sa Résurrection (§ 13). En punition, le peuple juif devient le serviteur involontaire de l'Église, dont il porte les livres – c'est-à-dire qu'il atteste l'authenticité des prophéties et révèle la vérité du christianisme. La Passion du Christ ne fait que causer la perte de ses persécuteurs, qui sont mis à profit par Dieu pour le bien de son Église (§ 14).

Datation

À quelle date Augustin a-t-il prononcé cette homélie? Comme l'a fait remarquer A.-M. La Bonnardière, il n'y

ENARRATIONES IN PSALMOS

a pas trace de la controverse antipélagienne dans l'*Enarratio*[4], et il n'y a aucune allusion au sac de Rome et aux discussions qui s'ensuivirent avec les païens[5]. Elle est donc antérieure à 410. Pour préciser la datation, deux choses sont à prendre en compte : la polémique avec les païens occupe le devant de la scène et le donatisme passe à l'arrière-plan.

Dans l'*Enarratio*, l'accent est mis sur la vérité des prophéties bibliques, qui ont annoncé la défaite du paganisme (§ 1 ; 26) ; l'argument est récurrent dans l'apologétique augustinienne des années 400-405 et, quand Augustin l'aborde dans *In Ps.* 40, 14, la formule qu'il utilise indique qu'il a l'habitude d'en parler[6]. Le ton triomphaliste de plusieurs passages, et notamment du § 1, n'est pas sans rappeler l'enthousiasme suscité par l'empereur Honorius quand, lors de son *aduentus* solennel à Rome à l'automne 403, il était allé se prosterner sur la tombe de l'apôtre Pierre ; l'écho en est perceptible dans plusieurs sermons augustiniens de 404[7]. Désormais, alors que les païens se moquaient des chrétiens qui adorent un mort et proclament une

---

4. La conclusion du § 4, qui cite 1 Co 4, 7 et oppose la confiance en la grâce divine et celle que l'homme a de ses propres forces, ne suffit pas à placer *In Ps.* 40 dans le cadre de la polémique contre Célestius et Pélage. Une formule comme *de uiribus suis praesumere* se lit notamment dans *In Ioh.* 3, 2 (hiver 406-407) ; *Ser.* 47, 10, 16 (407-408) ; *praesumere de gratia* : *Ser.* 32, 16 (en 403).

5. A.-M. La Bonnardière , «Les *Enarrationes in Psalmos* prêchées par saint Augustin à l'occasion des fêtes de martyrs», p. 88. H. Rondet, «Essais sur la chronologie des *Enarrationes in Psalmos* de saint Augustin», *Bulletin de littérature ecclésiastique*, 65, 1964, p. 111-136 (p. 134-136) était très hésitant sur la date d'*In Ps.* 40, qu'il jugeait «relativement ancien, peut-être antérieur à 400», en tout cas antérieur à *In Ps.* 39.

6. *In Ps.* 40, 14 : «Lorsque nous discutons avec les païens, et que nous leur montrons que ce qui arrive aujourd'hui dans l'Église du Christ a été prédit à l'avance… ».

7. Cf. F. Dolbeau, *Vingt-six sermons au peuple d'Afrique*, p. 626.

300

IN PSALMVM XL

loi impossible à observer, le monde entier accourt vers le crucifié qu'on n'ose plus critiquer franchement (§ 4). Ces thèmes rapprochent l'*Enarratio* du livre I du *De consensu euangelistarum*, qu'on date de 404-405, et de plusieurs homélies contemporaines[8].

Le païen qui prédisait la fin du christianisme « a vu qu'au nom du crucifié on détruit des temples, on brise des idoles, on supprime les sacrifices » (§ 1). Ce n'est là qu'un rappel abstrait des lois impériales de 399, comme dans le livre I du *Contre Parménien* à l'automne 403[9]. Il n'y a pas d'allusion à des événements récents. Les excès de zèle des comtes Gaudentius et Jovius, ainsi que les actes de vandalisme de la population, qui ont provoqué une crise à Carthage en 399-401, appartiennent visiblement au passé[10]. Par ailleurs, l'évêque d'Hippone affirme que les païens n'osent plus manifester ouvertement leur aversion pour le christianisme ; leur opposition subsiste, mais elle est devenue sournoise (§ 4). Les troubles suscités par l'affichage à Carthage, en juin 408, du décret impérial du 25 novembre 407, qui maintenait et renforçait les mesures antipaïennes, et l'émeute violente qui secoua alors Calama, où Augustin se rendit pour tenter d'apaiser les tensions, ne sont pas à l'horizon du texte, qui leur est certainement antérieur[11]. Dans l'*Enarratio* 40, les termes de la polémique antipaïenne donnent donc à penser qu'elle a été prêchée entre le début 404 et le printemps 408.

---

8. *Ser. Dolbeau* 5, 6 (décembre 403) ; *In Ps.* 134, 24 (403-404) ; *Ser. Denis* 24, 5 (25 septembre 404) ; *Ser. Dolbeau* 24, 5 (probablement 405). Voir *AugLex*, s. v. *Praedicta, impleta*, c. 865-868 (M. DULAEY).

9. *C. Parm.* 1, 9, 15.

10. Voir O. PERLER, *Les voyages de saint Augustin*, p. 235 ; *Code Théodosien* 16, 10, 19, *SC* 497, p. 454, n. 1.

11. *Code Théodosien* 16, 5, 43, *SC* 497, p. 293-295 ; O. PERLER, *Les voyages de saint Augustin*, p. 266-269.

ENARRATIONES IN PSALMOS

Il est possible de restreindre cette fourchette chronologique. On peut en effet penser que la défaite de l'Ostrogoth Radagaise, qui ravageait le nord de l'Italie depuis la fin 405 et marchait sur Rome, mais qui fut arrêté à Fiesole par Stilicon en août 406, est inconnue d'Augustin quand il tient son discours[12]. Il atteste dans la *Cité de Dieu* qu'à Carthage, on suivait avec inquiétude les événements italiens, et qu'on y savait que les païens rendaient responsables du désastre les chrétiens qui avaient interdit les cultes traditionnels ; ils mettaient les succès militaires de l'Ostrogoth au compte de son paganisme, répétant qu'il « ne pouvait absolument pas être vaincu par des hommes qui n'offraient plus et ne permettaient plus à personne d'offrir de tels sacrifices aux dieux de Rome[13] ». On peut imaginer que si Augustin avait connu la victoire de Stilicon, considérée comme miraculeuse par les chrétiens, il s'en serait servi ici. L'*In Ps.* 40 doit donc se situer entre le début 404 et l'été 406.

On peut peut-être préciser encore davantage. Il est vrai qu'au § 8 on rencontre un thème récurrent dans la polémique antidonatiste : dans l'histoire présente, l'Église doit supporter en son sein le mélange des bons et des mauvais, qui ne finira qu'au jugement dernier[14]. Mais le donatisme est très peu présent dans l'*Enarratio*. Or, en 403-404, la confrontation est rude, comme en témoignent de nombreux textes ainsi que la décision du concile de Carthage en juin 404 d'appeler

---

12. Sur ces événements, voir P. Courcelle, *Histoire littéraire des grandes invasions germaniques*, Paris, 1964³, p. 26-27 ; *BA* 33, n. c. 70 : « Radagaise et la victoire romaine à Fiesole » (G. Bardy).

13. *Ciu.* 5, 23, *BA* 33, p. 747.

14. Voir M. Lichner, *Vers une ecclésiologie de la « tolerantia ». Recherche sur saint Augustin*, Paris, 2014.

IN PSALMVM XL

l'empereur à l'aide en lui envoyant une légation[15]. Les années 406-407 aussi voient bien des difficultés lors des tentatives faites pour appliquer les mesures prévues par l'édit d'union de février 405, et les attaques contre les idées donatistes abondent dans les prédications de cette période[16]. Il semble au contraire qu'*In Ps.* 40 soit prêché dans une période d'accalmie. Ce pourrait être durant l'hiver 404-405, quand on attend un résultat positif de l'appel à l'empereur, ou au printemps 405, quand l'euphorie de l'obtention de l'édit d'union peut faire espérer une solution rapide de la crise. Compte tenu de toutes les remarques précédentes, une datation de l'*Enarratio* 40 au premier semestre 405 est probable.

15. O. Perler, *Les voyages de saint Augustin*, p. 249-254; S. Lancel, *Saint Augustin*, Paris, 1999, p. 414-415.

16. *Code Théodosien* 16, 5, 38-39, *SC* 497, p. 283-285. S. Lancel, *Saint Augustin*, p. 409-411.

IN PSALMVM XL
Sermo ad plebem

v. 6 **1.** Quoniam sollemnis dies martyrum illuxit propter gloriam passionis Christi imperatoris martyrum, qui sibi non pepercit militibus imperans pugnam, sed prior pugnauit, prior uicit, ut pugnantes exemplo suo hortaretur et maiestate sua adiuuaret et promissione coronaret, audiamus aliquid in isto psalmo quod pertineat ad eius passionem. Commendamus autem saepius, nec nos piget iterare quod uobis utile est retinere, Dominum nostrum Iesum Christum plerumque loqui ex se, id est ex persona sua, quod est caput nostrum, plerumque ex persona corporis sui, quod sumus nos et ecclesia eius, sed ita quasi ex unius hominis ore sonare uerba, ut intellegamus caput et corpus in unitate integritatis consistere nec separari ab inuicem, tamquam coniugium illud de quo dictum est: *Erunt duo in carne una*. Si ergo agnoscimus duos in carne una, agnoscamus duos in uoce una. Primo quod legenti respondentes cantauimus, quamquam de medio psalmo sit, hinc tamen sermonis ducamus exordium: *Inimici mei dixerunt mala mihi: Quando morietur, et peribit nomen*

---

17. *Imperator martyrum*: hapax augustinien (on lit *rex martyrum* en *Ser.* 276, 1); cette expression et les métaphores militaires des premières lignes font penser que l'on fête ce jour-là des soldats martyrs.

18. Gn 2, 24; Eph 5, 31. Le verset paulinien est fréquemment cité par Augustin pour justifier l'union de voix du Christ et de l'Église, comme de la Tête et du Corps: voir par exemple *Ep.* 140, 6, 18, et l'ample développement sur ce thème en *In Ps.* 140, 3; voir

304

SUR LE PSAUME 40

Sermon au peuple

1. Puisque est venu le jour de la fête des martyrs, que nous célébrons à la gloire de la Passion du Christ, le chef des martyrs[17] qui, en appelant ses soldats au combat, ne s'est pas épargné lui-même, mais fut le premier à combattre et le premier à vaincre afin d'encourager les combattants par son exemple, de les aider de sa majesté et de les couronner selon sa promesse, écoutons dans ce psaume un passage qui concerne sa Passion. Nous le rappelons bien souvent, et nous ne nous lassons pas de répéter ce qu'il vous est utile de retenir : notre Seigneur Jésus-Christ parle souvent en son propre nom, c'est-à-dire en sa propre personne, qui est notre Tête, souvent aussi au nom de son Corps, c'est-à-dire de nous-mêmes et de son Église ; il semble pourtant que les mots sortent de la bouche d'un seul et même homme, en sorte que nous comprenons que la Tête et le Corps sont liés en une parfaite unité, et ne sont pas séparés l'un de l'autre, comme en cette union dont il a été dit : *Ils seront deux en une seule chair*[18]. Si donc nous reconnaissons qu'ils sont deux en une seule chair, reconnaissons qu'ils sont deux en une seule voix ! Partons, même s'il se trouve au milieu du psaume, de ce verset que nous avons chanté en réponse au lecteur : ***Mes ennemis ont tenu contre moi de méchants propos : Lorsqu'il mourra, son nom***

---

aussi A.-M. La Bonnardière, « L'interprétation augustinienne du *magnum sacramentum* de Éphés. 5, 32 », *Recherches augustiniennes*, 12, 1977, p. 3-45.

ENARRATIONES IN PSALMOS

eius. Persona est haec Domini nostri Iesu Christi; sed uidete, si non ibi intelleguntur et membra. Dictum est et hoc, cum ipse Dominus noster hic in terra in carne ambularet. Cum enim uiderent multitudinem sequi auctoritatem eius et diuinitatem et maiestatem miraculis praesentatam, cum hoc uiderent Iudaei de quibus ipse Dominus similitudinem posuit, quia dixerunt: *Hic est heres; uenite occidamus eum, et nostra erit hereditas, dixerunt apud semetipsos,* id est inter se, unde pontificis illius Caiphae uox est: *Videtis quod turba multa eum sequitur et saeculum post illum abiit; si dimiserimus eum uiuere, uenient Romani et tollent nobis et locum et gentem. Expedit ut unus moriatur homo quam tota gens pereat.* Euangelista autem uerba nescientis quid diceret exposuit nobis et ait: *Hoc autem non a se dixit, sed cum esset pontifex, prophetauit quia oportebat Iesum mori pro populo et gente.* Tamen illi cum uiderent populum post illum ire, dixerunt: *Quando morietur et peribit nomen eius,* id est, cum occiderimus eum, iam nomen eius non erit in terra nec seducet aliquos mortuus, sed ipsa eius interfectione intellegent homines quia hominem sequebantur, quia non erat in eo spes salutis, et deserent nomen eius, et non erit.

---

19. Ps 40, 6. Origène (*In Ps.* 40, 6, *PG* 12, 1413B) considérait que le terme *inimici* pouvait également désigner les disciples, qui continuèrent à pécher alors même qu'ils suivaient le Christ, et particulièrement Pierre qui le renia. Augustin pour sa part ne s'intéresse qu'à la seconde partie du verset.

20. Mt 21, 38.

21. Jn 12, 19 (parole des pharisiens attribuée par erreur à Caïphe); 11, 48-50. De Caïphe, le pire des hommes (*C. Faust.* 16, 23: *homo pessimus*), l'Esprit a pu faire un prophète involontaire: voir *Quaest. Simpl.* 2, 1, 1; *Trin.* 4, 17, 22; *Cons. eu.* 2, 70, 136; *Gen. litt.* 12, 22, 45; *Quaest. Hept.* 7, 49, 11. Quoiqu'il dise la vérité, il ne saurait être qualifié de *uerax* (*C. Petil.* 2, 30, 69); on peut renvoyer aux développements d'Augustin sur le menteur qui dit vrai à son insu: *In Ps.* 14, 3; *Ser.* 133, 4; voir A.-M. LA BONNARDIÈRE, «Le dol et le jeu d'après saint Augustin», dans *Forma futuri. Studi in onore del Cardinale Michele Pellegrino*, Turin, 1975, p. 868-883.

306

IN PSALMVM XL

aussi périra[19]. C'est notre Seigneur Jésus-Christ qui
parle ici, mais voyez si l'on ne peut pas entendre cela
également de ses membres. Ces paroles ont été dites
quand notre Seigneur vivait dans la chair sur notre
terre. En effet, comme les Juifs voyaient que la foule
suivait son autorité, que des miracles manifestaient sa
divinité et sa majesté, comme les Juifs voyaient tout
cela, eux que visait une parabole du Seigneur où ils
disaient : *Voici l'héritier ; venez, tuons-le, et l'héritage
sera à nous, ils ont parlé en eux-mêmes*[20], c'est-à-dire
entre eux, d'où la parole du grand-prêtre Caïphe : *Vous
voyez qu'une grande foule le suit, que le monde s'en est
allé derrière lui ; si nous le laissons vivre, les Romains
viendront, et ils nous enlèveront notre ville et notre nation.
Il vaut mieux qu'un seul homme meure, plutôt que périsse
le peuple tout entier*[21]. Il ne savait ce qu'il disait, mais
l'évangéliste nous l'a expliqué en disant : *Il ne parla pas
ainsi de lui-même, mais comme il était grand-prêtre, il
prophétisa qu'il fallait que Jésus meure pour le peuple et la
nation*[22]. Cependant, comme ils voyaient que le peuple
le suivait, ils dirent : *Lorsqu'il mourra, son nom périra
avec lui*, c'est-à-dire lorsque nous l'aurons tué, son nom
disparaîtra de la terre, et une fois mort il ne séduira
plus personne, mais son exécution fera comprendre aux
hommes qu'ils ne suivaient qu'un homme, qu'il n'y avait
pas en lui d'espoir de salut ; ils abandonneront son nom,
et son nom disparaîtra[23].

---

22. Jn 11, 50-51.

23. D'après SOZOMÈNE, *Histoire ecclésiastique* 7, 22, 5, *SC* 516,
p. 186-187, Nicomaque Flavien aurait annoncé en 394 à l'usurpateur
Eugène que la religion chrétienne serait renversée. Sur les oracles
concernant la fin du christianisme, voir *In Ps.* 70, 2, 12 (datable de
413-414), qui cite Ps 40, 6 ; *Ciu.* 18, 54 offre l'exemple d'un oracle
qui, étant donné le soin qu'Augustin met à le réfuter, avait dû impressionner bien des lecteurs : voir *BA* 36, n. c. 59, p. 774 : « L'oracle sur la
durée de l'Église » ; I. HUBAUX, « Saint Augustin et la crise cyclique »,
dans *Augustinus Magister*, Paris, 1954, t. 2, p. 943-950 ; L. STORONI-
MAZZOLANI, *Sant'Agostino e i pagani*, Palerme, 1988.

ENARRATIONES IN PSALMOS

Mortuus est, et non periit nomen eius, sed seminatum est nomen eius; mortuus est, sed granum fuit, quo mortificato seges continuo exsurgeret. Glorificato ergo Domino nostro Iesu Christo, coeperunt multo magis multoque numerosius credere in illum et coeperunt membra eius audire quod caput audiebat. Iam ergo Domino nostro Iesu Christo in caelo constituto, et ipso in nobis in terra laborante, dixerunt adhuc inimici eius: *Quando morietur, et peribit nomen eius.* Hinc enim persecutiones diabolus in ecclesia concitauit ad perdendum nomen Christi. Nisi forte putatis, fratres, quia illi pagani, quando saeuiebant in christianos, non hoc sibi dicebant, delere nomen Christi de terra. Vt moreretur iterum Christus non in capite, sed in corpore suo, occisi sunt et martyres. Ad multiplicandam ecclesiam ualuit sanctus sanguis effusus, seminationi accessit et mors martyrum. *Pretiosa in conspectu Domini mors iustorum eius.* Multiplicati sunt magis magisque christiani, et non est impletum quod dixerunt inimici: *Quando morietur, et peribit nomen eius.* Adhuc et modo dicitur. Sedent pagani et computant sibi annos, audiunt fanaticos suos dicentes: "Aliquando christiani non erunt, et idola illa coli habent quemadmodum antea colebantur"; adhuc dicunt: *Quando morietur, et peribit nomen eius.* Bis uicti uel tertio sapite: mortuus est Christus, non peribit nomen eius; mortui sunt martyres, multiplicata est

---

24. Cf. Jn 12, 24. Voir *In Ps.* 39, note 27.

25. Cf. Tert. *Apol.* 50, 13, *CUF*, p. 108: «Nous devenons plus nombreux chaque fois que vous nous moissonnez: c'est une semence que le sang des chrétiens.»

26. Ps 115, 15.

27. *Sedent pagani et computant*: cf. Lc 14, 28 *(sedens computat sumptus)*. Chez Augustin, il peut s'agir soit d'une réminiscence du texte biblique (cité en *Ep.* 243, 2; *Ser. Denis* 17, 2), soit d'une référence à l'habitude antique de s'asseoir pour faire usage d'un boulier.

IN PSALMVM XL

Il est mort, et son nom n'a pas péri, mais son nom s'est répandu comme une semence. Il est mort, mais il était le grain dont la mort fait aussitôt se lever une moisson[24]. Quand donc notre Seigneur Jésus-Christ fut glorifié, les hommes ont commencé à croire en lui bien davantage et en bien plus grand nombre, et les membres ont commencé à entendre ce que la Tête entendait. Aussi, alors que notre Seigneur Jésus-Christ était désormais établi dans le ciel et qu'il peinait en nous sur la terre, ses ennemis dirent encore : *Lorsqu'il mourra, son nom aussi périra.* Voilà en effet le motif des persécutions que le diable a soulevées contre l'Église : il voulait faire disparaître le nom du Christ. À moins que vous ne pensiez, frères, que ces païens, lorsqu'ils poursuivaient les chrétiens de leur cruauté, ne se promettaient pas de faire disparaître le nom du Christ de la terre ? Afin que meure une seconde le fois le Christ, non en sa Tête mais en son Corps, ses martyrs ont été mis à mort à leur tour. Mais la sainte effusion de leur sang n'a servi qu'à multiplier l'Église, et la mort des martyrs a favorisé l'ensemencement[25]. *La mort de ses justes est précieuse aux yeux du Seigneur*[26]. Les chrétiens se sont multipliés encore et encore, et ce qu'avaient dit les ennemis ne s'est pas accompli : *Lorsqu'il mourra, son nom aussi périra.* Aujourd'hui encore on entend ces mots. Les païens s'installent pour compter les années[27], ils entendent leurs vaticinateurs[28] dire : "Un jour les chrétiens ne seront plus ; il faut rendre aux idoles le culte qu'on leur rendait auparavant" ; ils disent encore : *Lorsqu'il mourra, son nom aussi périra.* Deux fois vaincus, comprenez au moins à la troisième ! Le Christ est mort, son nom ne périra pas ; les martyrs sont morts, l'Église s'est multipliée davantage, le nom du

---

28. *Fanaticos suos* : on retrouve ce terme associé à la pratique de la divination in *Cons. eu.* 1, 32, 50 ; *Diu. daem.* 7, 11 ; *Ser.* 88, 22, 25.

ENARRATIONES IN PSALMOS

magis ecclesia, crescit per omnes gentes nomen Christi. Qui de morte sua et de resurrectione sua praedixit, qui de mortibus martyrum suorum et de corona praedixit, ipse et de ecclesia sua futura praedixit; si uerum dixit bis, tertio mentitus est?

Vanum est ergo quod creditis contra illum; melius est ut credatis in illum, ut *intellegatis super egenum et pauperem* quoniam *pauper factus est, cum diues esset, ut ipsius*, inquit, *paupertate uos ditaremini*. Nunc autem quia pauper factus est, contemnitur, et dicitur: "Homo erat. Quid erat? Mortuus est, crucifixus est; hominem colitis, in hominem spem habetis, mortuum adoratis." Falleris. Intellege super egenum et pauperem, ut illius paupertate diues efficiaris. Quid est: Intellege super egenum et pauperem? Vt ipsum Christum egenum et pauperem accipias, dicentem in alio psalmo: *Ego autem egenus et pauper sum, Dominus curam habet mei*. Quid est intellegere super egenum et pauperem? Quia *semetipsum exinaniuit, formam serui accipiens, in similitudine hominum factus, et habitu inuentus ut homo*: diues apud Patrem, et pauper apud nos; diues in caelo, pauper in terra; diues Deus, pauper homo. Hoc te ergo turbat quod hominem uides, quod carnem intueris, quod mortem respicis, quod crucem irrides? Hoc te turbat? Intellege

---

29. Ps 40, 2.

30. 2 Co 8, 9. Sur la pauvreté du Christ, voir *AugLex*, s. v. *Paupertas*, c. 560-566 (J.-M. SALAMITO): la *summa paupertas* du Christ, qui se manifeste dans la succession de l'Incarnation et de la Passion, donne au chrétien un exemple d'humilité et de patience; les deux textes bibliques généralement invoqués par Augustin pour définir cette pauvreté sont, comme dans notre *Enarratio*, 2 Co 8, 9 et Ph 2, 6-8.

31. Cf. *Ser.* 62, 6, 10; 120, 3, 3. Voir P. COURCELLE, «Propos antichrétiens rapportés par saint Augustin», *Recherches augustiniennes*, 1, 1958, p. 156-158. Cette attaque sera développée au § 4.

32. Origène (*In Ps.* 40, 2, *PG* 12, 1412 C-D) considère que le psalmiste engage son lecteur à lire dans ce verset sa propre infirmité, puis à prêter attention à tout pauvre; Eusèbe (*In Ps.* 40, 2-4, *PG* 23,

IN PSALMVM XL

Christ croît dans toutes les nations. Lui qui a annoncé sa mort et sa résurrection, lui qui a annoncé la mort et le couronnement de ses martyrs, a également annoncé son Église future ; s'il a dit vrai par deux fois, a-t-il menti la troisième ?

Ce que vous croyez contre lui est vain ; mieux vaudrait que vous croyiez en lui, afin de *comprendre l'indigent et le pauvre*[29], car *il s'est fait pauvre, alors qu'il était riche*, dit l'Apôtre, *pour que vous soyez enrichis par sa pauvreté*[30]. Or voilà que, parce qu'il s'est fait pauvre, il est méprisé, et l'on dit : "C'était un homme. Qu'était-il ? Il est mort, il a été crucifié ; vous rendez un culte à un homme, vous placez votre espoir en un homme, vous adorez un mort[31]." Tu te trompes. Comprends l'indigent et le pauvre, afin de devenir riche grâce à sa pauvreté. Que signifie : comprends l'indigent et le pauvre[32] ? Cela veut dire reconnaître en cet indigent et ce pauvre le Christ lui-même, qui dit en un autre psaume : *Pour moi, je suis indigent et pauvre, mais le Seigneur prend soin de moi*[33]. Que signifie comprendre l'indigent et le pauvre ? C'est comprendre qu'*il s'est anéanti lui-même, prenant la forme d'esclave, fait à la ressemblance des hommes, reconnu comme homme par son apparence*[34], il est riche auprès du Père, et pauvre auprès de nous ; riche au ciel, pauvre sur la terre ; riche en tant que Dieu, pauvre en tant qu'homme. Cela te trouble, parce que tu as sous les yeux un homme, tu vois sa chair, tu regardes sa mort, tu tournes en dérision sa croix ? Cela te trouble ? Comprends *l'indigent et*

---

361) propose cinq explications, dont la première renvoie au Christ ; Ambroise (*In Ps.* 40, 3-5, *CSEL* 64, p. 231-233) comprend d'abord ce verset comme une incitation à se montrer attentif aux pauvres, et livre ensuite une interprétation christologique (fondée sur 2 Co 8, 9), en des formules proches de celles d'Augustin (*diues in caelo, pauper in terra, diues Deus, pauper homo*).

33. Ps 39, 18.
34. Ph 2, 7.

311

ENARRATIONES IN PSALMOS

super egenum et pauperem. Quid est hoc? Intellege
quia, ubi tibi exposita est infirmitas, ibi latet diuinitas.
Diues, quia sic est; pauper, quia iam tu sic eras. Sed
tamen paupertas ipsius, diuitiae nostrae sunt; quomodo
infirmitas ipsius fortitudo nostra est, quomodo stultum
ipsius sapientia nostra est, quomodo mortalitas ipsius,
immortalitas nostra est. Quid sit pauper attende; non
cum ex aliorum paupertate metiaris. Implere uenit
pauperes qui pauper effectus est. Propterea aperi sinum
fidei, suscipe pauperem, ne pauper remaneas.

v. 2 **2. *Beatus qui intellegit super egenum et pauperem, in die mala liberabit eum Dominus.*** Veniet
enim dies mala; uelis nolis, ueniet; dies iudicii aderit,
mala dies, si non intellexeris super egenum et pauperem.
Quod enim modo non uis credere, manifestum erit in
fine. Sed non fugies, cum fuerit manifestum, quia non
credis cum est occultum. Inuitaris ut quod non uides
credas, ne cum uideris erubescas. Intellege ergo super
egenum et pauperem, id est super Christum; intellege
in eo occultas diuitias quem pauperem uides. In eo sunt
enim omnes thesauri sapientiae et scientiae absconditi.
Hinc enim te in die mala liberabit, ex eo quod Deus
est; ex eo autem quod homo est, et illud quod in illo
humanum erat resuscitauit, et in melius conuertit, in
caelum leuauit. Ille autem qui Deus est, qui unam personam habere in homine et cum homine uoluit, nec
decrescere nec crescere potuit nec mori nec resurgere.
Mortuus est ex infirmitate hominis, ceterum Deus non

---

35. Cf. 1 Co 1, 27.

36. Pour Ambroise (*In Ps.* 40, 7, *CSEL* 64, p. 233-234), *dies mala*
renvoie aussi au jour du jugement.

37. Cf. Col 2, 3.

IN PSALMVM XL

le pauvre. Qu'est-ce que cela signifie ? Comprends que là où t'a été montrée la faiblesse se cache la divinité. Il est riche, parce que telle est sa nature ; pauvre, parce que tu étais devenu tel. Et pourtant sa pauvreté est notre richesse, tout comme sa faiblesse est notre force, sa folie notre sagesse[35], sa mortalité notre immortalité. Considère en quoi il est pauvre, ne le mesure pas à l'aune de la pauvreté des autres. Il est venu combler les pauvres, lui qui s'est fait pauvre. Ouvre donc ton cœur à la foi ; accueille le pauvre, pour ne pas rester pauvre.

2. *Heureux qui comprend l'indigent et le pauvre ; au jour du malheur, le Seigneur le libérera.* Car le jour du malheur viendra ; que tu le veuilles ou non, il viendra. Le jour du jugement arrivera, jour de malheur si tu n'as pas compris l'indigent et le pauvre[36]. Car ce que tu te refuses à croire aujourd'hui sera manifeste à la fin. Tu n'y échapperas pas lorsque cela sera manifeste, car tu n'y crois pas lorsque c'est caché. Tu es engagé à croire ce que tu ne vois pas, afin de ne pas rougir de honte lorsque tu le verras. Comprends donc l'indigent et le pauvre, c'est-à-dire le Christ ; comprends les richesses qui se cachent en celui que tu vois pauvre. En lui sont en effet cachés tous les trésors de la sagesse et de la science[37]. C'est par là qu'il te libérera au jour du malheur, en tant qu'il est Dieu ; mais en tant qu'il est homme, il a ressuscité ce qu'il avait en lui d'humain, il l'a changé en mieux et l'a élevé au ciel. Mais celui qui est Dieu, qui a voulu ne faire qu'une personne en l'homme et avec l'homme[38], n'a pu ni décroître ni croître, ni mourir ni ressusciter. Il est mort du fait de la faiblesse

---

38. Sur la formule *unam personam habere*, qui permet à Augustin de dire l'unité du Christ, Dieu et homme, voir H. R. Drobner, *Person-Exegese und Christologie bei Augustinus. Zur Herkunft der Formel* una persona, Leiden, 1986, p. 63-64 et 249-253.

ENARRATIONES IN PSALMOS

moritur. Nam quod Verbum Dei non moritur ne mireris, quando non moritur anima in martyre. Modo non audiebamus ipsum Dominum dicentem : *Nolite timere eos qui corpus occidunt, animam autem non possunt occidere*? Ergo morientibus martyribus animae martyrum mortuae non sunt, et moriente Christo moriturum erat Verbum ? Vtique Verbum Dei multo amplius est quam anima hominis, quia anima hominis facta est a Deo ; et si facta est a Deo, per Verbum facta est, quia omnia per ipsum facta sunt. Ergo nec moritur Verbum, cum non moriatur anima facta per Verbum. Sed quomodo recte dicimus : Mortuus est homo, etsi anima ipsius non moriatur, sic recte dicimus : Mortuus est Christus, etsi diuinitas eius non moriatur. Mortuus unde ? Quia egenus et pauper. Non te perstringat mors ipsius et auertat te a contuenda diuinitate. *Beatus qui intellegit super egenum et pauperem.* Respice et pauperes, egentes, esurientes et sitientes, peregrinantes, nudos, aegrotos, in carcere constitutos ; intellege et super talem pauperem, quia et si super talem intellegis, super illum intellegis qui dixit : *Esuriui, sitiui, nudus, peregrinus, aeger, in carcere fui.* Ita in die maligna eruet te Dominus.

v. 3   **3.** Et uide beatitudinem tuam. ***Dominus conseruet eum.*** Propheta bene optat homini intellegenti super egenum et pauperem. Ista optatio promissio est ; securi exspectent qui hoc agunt. ***Dominus conseruet eum et uiuificet eum.*** Quid est *conseruet eum et uiuificet eum*? Quo pertinet *uiuificet eum*? Ad futuram uitam.

---

39. Mt 10, 28. On trouve la même analogie (âme-corps, Verbechair) et la même citation biblique, dans *In Ps.* 130, 10 : si l'âme ne meurt pas, il est absurde de soutenir que le Verbe peut mourir ; l'union du Verbe à la chair justifie toutefois que l'on affirme que Dieu souffre lors de la Passion du Christ.

40. Cf. Jn 1, 3.

IN PSALMVM XL

humaine, mais Dieu ne meurt pas. Ne t'étonne pas de ce que le Verbe de Dieu ne meure pas, puisque l'âme ne meurt pas dans le martyr. N'entendons-nous pas tout à l'heure le Seigneur lui-même nous dire : *Ne craignez pas ceux qui tuent le corps, mais ne peuvent tuer l'âme*[39] ? Ainsi donc, les âmes des martyrs ne sont pas mortes lorsque sont morts les martyrs, et lorsque le Christ est mort, le Verbe devrait mourir ? Le Verbe de Dieu est pourtant bien plus grand que ne l'est l'âme humaine, puisque l'âme de l'homme a été créée par Dieu ; et si elle a été créée par Dieu, elle a été créée par le Verbe, puisque tout a été créé par lui[40]. Le Verbe ne meurt donc pas, puisque ne meurt pas l'âme qu'a créée le Verbe. Mais tout comme nous disons avec raison : L'homme est mort, même si son âme ne meurt pas, nous disons avec raison : Le Christ est mort, même si sa divinité ne meurt pas. Pourquoi est-il mort ? Parce qu'il était indigent et pauvre. Que sa mort ne te choque pas et ne t'empêche pas de découvrir sa divinité. *Heureux celui qui comprend l'indigent et le pauvre.* Regarde également ceux qui sont pauvres, indigents, ceux qui ont faim et soif, ceux qui sont étrangers, ceux qui sont nus, malades, en prison. Comprends aussi un tel pauvre, car si tu comprends un tel pauvre, tu comprends celui qui a dit : *J'ai eu faim, j'ai eu soif, j'étais nu, étranger, malade, en prison*[41]. Ainsi, au jour du malheur, le Seigneur te délivrera.

3. Et vois ton bonheur : ***Que le Seigneur le préserve.*** Le prophète souhaite du bien à l'homme qui comprend l'indigent et le pauvre. Ce souhait est une promesse : que ceux qui agissent ainsi l'attendent en toute tranquillité. ***Que le Seigneur le préserve et le vivifie.*** Que signifie : *Qu'il le préserve et le vivifie* ? À quoi renvoie : *Qu'il le vivifie* ? À la vie future. C'est en effet celui qui était

---

41. Cf. Mt 25, 35-36.

ENARRATIONES IN PSALMOS

Viuificatur enim qui mortuus erat. Numquid autem potest mortuus intellegere super egenum et pauperem? Sed uiuificationem nobis illam promittit de qua dicit apostolus: *Corpus quidem mortuum est propter peccatum, spiritus autem uita est propter iustitiam; si autem qui suscitauit Christum a mortuis habitat in uobis, qui suscitauit Christum a mortuis uiuificabit et mortalia corpora uestra propter inhabitantem Spiritum eius in uobis.* Haec est ergo uiuificatio quae promittitur intellegenti super egenum et pauperem. Sed quia dicit apostolus ad Timotheum: *Promissionem habens uitae praesentis et futurae,* ne putarent illi qui intellegunt super egenum et pauperem recipiendos quidem se esse in caelum, sed neglegi in terra, et non sperarent nisi quod futurum est in aeternum, quod autem ad praesens est, putarent Deum non curare in sanctis et fidelibus suis, ubi dixit, quod maxime exspectare debemus, *Dominus conseruet eum et uiuificet eum,* respexit ad istam uitam: *Et beatum,* inquit, *faciat eum in terra.* Erige ergo oculos in haec promissa christiana fide; non te deserit Deus in terra et aliquid promittit in caelo. Multi enim mali christiani inspectores ephemeridarum et inquisitores atque obseruatores temporum et dierum, cum coeperint ibi obiurgari a nobis uel a quibusdam bonis melioribusque christianis quare ista faciant, respondent: "Haec propter tempus hoc necessaria sunt; christiani autem sumus propter uitam aeternam; propterea in Christum

---

42. Ro 8, 10-11.

43. 1 Tm 4, 8.

44. La dispensation égale des biens temporels entre justes et impies risque de pousser le chrétien imparfait à désespérer de Dieu: le Ps 72 montre ainsi comment un homme se trouble de voir les impies prospérer, et se détourne un temps de Dieu; voir par exemple *In Ps.* 72, 19; *Ep.* 140, 5, 13.

IN PSALMVM XL

mort qui est vivifié. Un mort peut-il donc comprendre l'indigent et le pauvre? La vie qui nous est promise est celle dont l'Apôtre dit: *Le corps est certes mort à cause du péché, mais l'esprit est vie grâce à la justice. Or si celui qui a ressuscité le Christ d'entre les morts habite en vous, celui qui a ressuscité le Christ d'entre les morts vivifiera aussi vos corps mortels par son Esprit qui habite en vous*[42]. Voilà donc la vie qui est promise à celui qui comprend l'indigent et le pauvre. Mais comme l'apôtre dit à Timothée: *Tu as la promesse de la vie présente et future*[43], pour que ceux qui comprennent l'indigent et le pauvre n'aillent pas penser qu'ils seront reçus dans le ciel et négligés sur la terre, pour qu'ils ne mettent pas leur espérance seulement en ce qui sera dans l'éternité et n'aillent pas penser que, pour ce qui relève du temps présent, Dieu ne se soucie pas de ses saints et de ses fidèles[44], quand il a dit ce que nous devons espérer par dessus tout: *Que le Seigneur le préserve et le vivifie*, il a également considéré cette vie: **Et qu'il le rende heureux sur terre.** Lève donc les yeux vers ce que la foi chrétienne te promet: Dieu ne t'abandonne pas sur terre, et te promet quelque chose dans le ciel. Nombreux sont en effet les mauvais chrétiens qui consultent les horoscopes[45], interrogent et observent les temps et les jours, et répondent, dès lors que nous ou d'autres bons et meilleurs chrétiens commencent à les réprimander, en leur demandant la raison de leur comportement: "Tout cela est nécessaire pour le temps présent; mais pour la vie éternelle, nous sommes chrétiens; nous avons cru dans le Christ pour qu'il

---

45. Le substantif *ephemeris* n'est employé par Augustin que dans ce texte et en *In Gal.* 35, toujours pour renvoyer aux pratiques des astrologues. Voir *AugLex*, s. v. *Astrologia, Astronomia* (D. PINGREE). Sur les chrétiens qui consultent des horoscopes, voir F. DOLBEAU «Le combat pastoral d'Augustin contre les astrologues, les devins et les guérisseurs», dans *Augustinus Afer*, t. 1, Fribourg, 2003, p. 167-182.

ENARRATIONES IN PSALMOS

credidimus ut det nobis uitam aeternam; nam uita ista temporalis in qua uersamur, ad curam ipsius non pertinet." Relinquitur, ut hoc breuiter dicant, ut propter uitam aeternam Deus et propter uitam praesentem diabolus colatur. Respondet illis ipse Christus: *Non potestis duobus dominis seruire*. Et alium colis propter id quod exspectas in caelo et alium colis propter id quod exspectas in terra; quanto melius unum colis qui fecit caelum et terram! Qui curauit ut esset terra imaginem suam neglegit in terra? Ergo: *Conseruet eum Dominus et uiuificet eum*, intellegentem super egenum et pauperem. Insuper quamuis in aeternum uiuificet, *beatum faciat eum in terra*.

4. ***Et non tradat eum in manus inimici eius.*** Inimicus ille diabolus est. Nemo attendat inimicum suum hominem, quando audit uerba ista. Iam forte de uicino suo cogitabat, de illo qui cum illo litem in foro habebat, de illo qui illi uult auferre possessionem, qui illum uult premere ut uendat illi domum suam. Nolite ista cogitare, sed illum inimicum cogitate de quo dicit Dominus: *Inimicus homo hoc fecit*. Ipse est enim qui suggerit ut propter res terrenas colatur, quia non potest euertere nomen christianum inimicus iste; uidit enim se uictum fama et laudibus Christi, uidit in eo quod occidit martyres Christi, illos coronatos et se triumphatum, et coepit non posse hoc persuadere hominibus quod nihil sit Christus; et quia uituperando Christum

---

46. Le *Sermon Dolbeau* 26, prêché le 1ᵉʳ janvier 404, rappelle avec insistance que le chrétien ne doit pas succomber à la tentation de s'en remettre aux puissances démoniaques pour obtenir les biens matériels et que s'en remettre à un faux médiateur, c'est honorer le diable (26, 24: «a te decepto uult coli Mercurium, ut, dum colis Mercurium, colas diabolum»). L'expression *diabolum colere* est très rare (voir *Ser. Denis* 20, 6). Même affirmation que, pour les affaires temporelles, certains chrétiens s'adressent aux dieux païens, dans *In Ps.* 26, 2, 19; 31, 2, 6; 34, 1, 6-7; 72, 6.

IN PSALMVM XL

nous donne la vie éternelle; car cette vie temporelle en laquelle nous nous trouvons ne relève pas de son soin." Il s'ensuit, en somme, que l'on adore Dieu pour la vie éternelle, et le diable pour la vie présente[46]. Le Christ en personne leur répond: *Vous ne pouvez servir deux maîtres*[47]. Et tu en adores un pour ce que tu attends au ciel, et l'autre pour ce que tu attends sur terre; combien vaudrait-il mieux adorer uniquement celui qui a fait le ciel et la terre! Celui qui a pris soin que la terre soit, néglige-t-il son image sur la terre? Ainsi donc: *Que le Seigneur préserve et vivifie* celui qui comprend l'indigent et le pauvre. De plus, bien qu'il doive le vivifier pour l'éternité, *qu'il le rende heureux sur terre.*

4. *Et qu'il ne le livre pas aux mains de son ennemi.* Cet ennemi est le diable. Que nul, en entendant ces mots, ne songe à quelque ennemi humain. Peut-être pensait-il déjà à son voisin, à un homme avec qui il est en procès sur le forum, à celui qui veut le dépouiller de son bien, qui veut le forcer à lui vendre sa maison. Ne pensez pas à cela, mais pensez à cet ennemi dont le Seigneur dit: *C'est l'homme ennemi qui a fait cela*[48]. C'est en effet lui qui nous suggère de l'honorer en vue des biens terrestres, parce que cet ennemi ne peut renverser le nom de chrétien. Il s'est vu en effet vaincu par la renommée et les louanges du Christ; il a vu qu'en tuant les martyrs du Christ, il n'a obtenu que leur couronnement, et sa défaite, et il commence à ne plus pouvoir convaincre les hommes que le Christ n'est rien; et comme il lui est désormais difficile de les tromper en attaquant le Christ,

---

47. Mt 6, 24.
48. Mt 13, 28.

ENARRATIONES IN PSALMOS

iam difficile decipit, laudando Christum conatur decipere. Antea quid dicebat? "Quem colitis? Iudaeum mortuum, crucifixum, nullius momenti hominem qui non potuit a se mortem depellere." Vbi in nomine eius uidit currere genus humanum, uidit quia in nomine crucifixi templa subuertuntur, idola franguntur, sacrificia exstinguuntur, et haec omnia praedicta in prophetis attenduntur ab hominibus admiratione stupentibus et claudentibus iam cor aduersus uituperationem Christi, induit se laudibus Christi et coepit a fide alio modo deterrere. "Magna lex est christiana, potens illa lex, diuina, ineffabilis, sed quis illam implet?" In nomine Saluatoris nostri conculcate leonem et draconem. Aperte reprehendendo fremebat leo, astute laudando insidiatur draco. Veniant ad fidem qui dubitabant ; non dicant: "Quis hoc implet?" Si de uiribus suis praesumunt, non implebunt. Praesumendo de gratia Dei credant, praesumendo ueniant, adiuuandi ueniant, non iudicandi. Viuunt omnes fideles in nomine Christi, quisque pro

---

49. Cf. *Ser.* 361, 15, 15 (déc. 403). Sur ces louanges hypocrites des païens qui n'osent plus attaquer ouvertement le Christ, voir G. MADEC, «Le Christ des païens d'après le *De consensu euangelistarum* de saint Augustin», *Recherches augustiniennes*, 26, 1993, p. 20, qui renvoie à *Cons. eu.* 1, 15, 23 (dénonciation de *christianae religionis obliqui obtrectatores*) ; 1, 31, 47 *(mali laudatores Christi)* ; 1, 32, 49 *(peruersi laudatores).* On retrouve l'image du serpent associée à celle de la louange pernicieuse en *Ser.* 361, 15, 15.

50. *Ser. Dolbeau* 25, 17 (déc. 403): «Qualem Deum habiturus sum? Natum, passum, sputis illitum, spinis coronatum, in cruce suspensum?» ; *Ser.* 124, 3, 3. L'occurrence la plus frappante de cette attaque se trouvera en *Ciu.* 19, 23, 1 (*BA* 37, p. 146-149): Augustin rapporte une accusation que Porphyre prête à l'oracle d'Apollon dans la *Philosophie des oracles*: le chrétien «s'obstine dans ses sottes erreurs et chante ses mensongères lamentations sur la mort d'un Dieu que des juges équitables ont condamné et que la pire des morts, celle liée au fer, a tué à la fleur de l'âge».

51. *Ser. Dolbeau* 25, 25 (décembre 403): «in nomini crucifixi concurrere et confluere genus humanum» ; *Ser. Cai* 2, 11, 8 (= 112A) (en 403 -404): «in nomine Christi currere genus humanum». Voir

320

IN PSALMVM XL

il tente de les tromper en louant le Christ[49]. Auparavant, que disait-il? "Qui adorez-vous? Un Juif mort, un crucifié, un homme de rien qui n'a pu éviter la mort[50]." Lorsqu'il a vu le genre humain accourir en son nom[51], il a vu qu'au nom du crucifié les temples sont renversés, les idoles brisées, les sacrifices abolis, et que les hommes, comprenant que tout cela avait été prédit par les prophètes, étaient stupéfaits d'admiration et fermaient désormais leur cœur aux attaques contre le Christ, il s'est revêtu des louanges du Christ et a commencé à détourner les hommes de la foi d'une autre manière. "C'est une grande loi, que cette loi chrétienne, une loi puissante, divine, ineffable. Mais qui l'accomplit[52]?" Au nom de notre Sauveur, piétinez le lion et le dragon[53]! Le lion grondait en de franches attaques, le dragon tend son piège en d'astucieuses louanges. Qu'ils viennent à la foi, ceux qui doutaient. Qu'ils ne disent pas: "Qui accomplit cette loi?" S'ils comptent sur leurs propres forces, ils ne l'accompliront pas. Qu'ils croient en comptant sur la grâce de Dieu, qu'ils viennent en comptant sur elle, qu'ils viennent pour être aidés, non pour être jugés. Tous les fidèles vivent au nom du Christ, chacun

---

encore *Ciu.* 18, 51 («in nomine uidit currere genus humanum»): le diable, voyant l'accroissement de l'Église, suscite des hérétiques pour la diviser.

52. Cf. *Quaest. eu.* 2, 13: les Géraséniens qui, frappés de stupeur par un miracle accompli par le Christ, prient Jésus de s'éloigner, figurent les pécheurs qui «honorent la loi chrétienne, mais refusent de s'y soumettre, en disant qu'ils sont incapables de l'accomplir *(dum dicunt quod eam implere non possint)*; ils admirent toutefois le peuple fidèle, qui a été guéri de son ancienne conduite perdue».

53. Cf. Ps 90, 13. Sur cette double image, voir S. POQUE, *Le langage symbolique*, p. 13-18 et, par exemple, *In Ioh.* 10, 1 (*BA* 71, p. 546-549): «Mais qu'est-il promis au Christ? *Tu fouleras au pied le lion et le dragon.* Lion à cause de sa furie déclarée, dragon à cause de ses embûches cachées. Dragon, il a précipité Adam du paradis; lion, il a persécuté l'Église…»

321

ENARRATIONES IN PSALMOS

gradu suo implens praecepta Christi; siue coniuges siue caelibes et uirgines, uiuunt quantum donat Dominus eis uiuere, neque de suis uiribus praesumunt, sed nouerunt se in illo debere gloriari. *Quid enim habes quod non accepisti? Si autem accepisti, quid gloriaris quasi non acceperis?* Noli dicere mihi : "Quis illud implet?" Ille in me implet qui uenit diues ad pauperem, pauper quidem ad pauperem, sed plenus ad inanem. Haec cogitans, quia intellegit super egenum et pauperem et non aspernatur paupertatem Christi, intellegit diuitias Christi, fit beatus in terra et non traditur in manus inimici sui uolentis ei persuadere ut Deus colatur propter caelestia, diabolus colatur propter terrena. *Non tradat eum in manus inimici eius.*

v. 4 **5. *Dominus opem ferat illi.*** Sed ubi? Forte in caelo, forte in uita aeterna, ut restet colendum diabolum propter inopiam terrenam, propter necessitates huius uitae? Absit. Promissionem habes uitae praesentis et futurae. Ille ad te uenit in terram, per quem factum est caelum et terra. Denique attende quid dicat : ***Dominus opem ferat illi super lectum doloris eius.*** Lectus doloris infirmitas est carnis. Ne dicas : "Non possum tenere et portare et frenare carnem meam"; adiuuaris ut possis. Dominus opem ferat tibi super lectum doloris tui.

---

54. Sur les différents états de vie (du mariage au célibat) et le rapport de cette question avec la doctrine de la grâce, voir P.-M. HOMBERT, *Gloria gratiae*, p. 141-146. C'est l'objet, dans les années 405-408, du *De sancta uirginitate*.

55. 1 Co 4, 7. Le verset (dont P.-M. Hombert a montré l'importance dans la théologie augustinienne de la grâce) sert ici à répondre à la question : *quis illam implet?* Le *Ser. Wilmart* 13, 6 (= 252A) apporte la première partie de la réponse : personne ne peut accomplir la Loi s'il n'est aidé *(sine adiutorio? Prorsus nemo)*. Notre *Enarratio* complète le propos : cette impossibilité ne doit pas désespérer le chrétien, mais l'engager à reconnaître sa faiblesse et à demander l'aide divine.

56. Cf. 1 Tm 4, 8.

IN PSALMVM XL

accomplissant les préceptes du Christ selon sa position; qu'ils soient époux, célibataires, vierges, ils vivent selon ce que Dieu leur donne de vivre[54]; ils ne comptent pas sur leurs propres forces, mais savent qu'ils doivent se glorifier en lui. *Qu'as-tu en effet, que tu n'aies reçu? Or, si tu l'as reçu, pourquoi te glorifies-tu comme si tu ne l'avais pas reçu*[55]*?* Ne me dis pas: "Qui accomplit cette loi?" L'accomplit en moi celui qui, riche, est venu vers le pauvre; il est certes venu pauvre vers le pauvre, mais plein de richesses vers qui n'avait rien. En entretenant ces pensées, comme il comprend l'indigent et le pauvre et ne méprise pas la pauvreté du Christ, il comprend ses richesses, il devient heureux sur terre et n'est pas livré aux mains de son ennemi, qui veut le persuader de rendre un culte à Dieu en vue des biens célestes et au diable en vue des biens terrestres. *Qu'il ne le livre pas aux mains de son ennemi.*

5. *Que le Seigneur lui apporte son aide.* Mais où? Peut-être au ciel, peut-être dans la vie éternelle, en sorte qu'il lui reste à rendre un culte au diable en raison de son dénuement terrestre, en raison des nécessités de cette vie? Loin de nous cette idée! Tu as la promesse de la vie présente et de la vie future[56]. Il est venu à toi sur terre, lui par qui ont été faits le ciel et la terre. Prête attention à ce qu'il dit ensuite: *Que le Seigneur lui apporte son aide sur son lit de douleur.* Le lit de douleur, c'est l'infirmité de la chair[57]. Ne dis pas: "Je ne peux dominer, porter et refréner ma chair"; tu es aidé pour y parvenir. Que le Seigneur t'apporte son aide sur ton

---

57. Même interprétation chez Ambroise (*In Ps.* 40, 12, *CSEL* 64, p. 235, 23-24): *Quis est lectus doloris nisi caro infirmitatis?* Origène (*In Ps.* 40, 4, *PG* 12, 1413) parle du «corps d'humilité». Sur le symbole du lit et le sens de la guérison du paralytique, voir M. DULAEY, «Les paralytiques des Évangiles dans l'interprétation patristique. Du texte à l'image», *Revues d'études augustiniennes et patristiques*, 52, 2006, p. 287-328.

323

ENARRATIONES IN PSALMOS

Portabat te lectus, non tu portabas lectum; sed paralyticus intus eras; adest qui dicat tibi: *Tolle grabatum tuum, et uade in domum tuam. Dominus opem ferat illi super lectum doloris eius.* Et ad ipsum Dominum conuertit se, tamquam quaereretur: "Quare ergo, cum opem ferat nobis Deus, tanta mala patimur in ista uita, tanta scandala, tantos labores, tantam inquietudinem carnis et saeculi?" Conuertit se ad Deum, et tamquam consilium medicinae eius nobis exponens: **Totum stratum eius**, inquit, **uertisti in infirmitate eius**. Quid est: *Totum stratum eius uertisti in infirmitate eius*? Per stratum intellegitur aliquid terrenum. Omnis anima infirma in hac uita quaerit sibi aliquid terrenum ubi requiescat, quoniam intentionem laboris et mentis extentae in Deum difficile potest perpetuo tolerare; aliquid sibi in terra conquirit ubi requiescat et quodammodo pausatione quadam recumbat, ueluti sunt ista quae diligunt et innocentes. Neque enim de cupiditatibus malorum nunc loquendum est, quia multi acquiescunt in theatris, multi acquiescunt in circo, in amphitheatro, multi acquiescunt in alea, multi in luxuria popinarum, multi in libidine adulteriorum, multi in uiolentiis rapinarum, multi in dolo et insidiis fraudium: acquiescunt in his omnibus homines. Quid est: acquiescunt? Delectantur illic. Sed remoueamus haec omnia, ad innocentem

---

58. L'image de la paralysie intérieure est rare chez Augustin : *In Ps.* 36, 3, 3 (septembre 403) ; *Ser.* 46, 6, 13 (406-407).

59. Mc 2, 11.

60. La seule autre citation du Ps 40, 4 fait du lit une image du péché *(stratum peccati)* : ce n'est pas parce que le Christ est venu pour les pécheurs qu'il faut s'endormir dans le péché *(Ser.* 175, 8, 9, vers 413-414).

61. Le jeu de mots entre *intentionem* et *extentae* rappelle *Conf.* 11, 29, 39 *(BA* 14, p. 338-339) : «Ainsi, *oubliant le passé*, tourné non pas vers les choses futures et transitoires mais *vers celles qui sont en avant*, et vers lesquelles je suis non pas distendu *(distentus)*, mais *tendu (extentus), je poursuis*, dans un effort non pas de distention mais

IN PSALMVM XL

lit de douleur. C'était ton lit qui te portait, non toi qui portais ce lit, mais tu étais paralysé intérieurement[58]. Le Christ est là, pour te dire : *Prends ton grabat, et va dans ta maison*[59]. *Que le Seigneur lui apporte son aide sur son lit de douleur.* Il se tourne vers le Seigneur et, comme si on lui demandait : "Pourquoi donc, alors que Dieu nous apporte son aide, souffrons-nous de tels maux en cette vie, de tels scandales, de telles épreuves, un tel trouble de la chair et du monde ?" ; il se tourne vers Dieu et, nous exposant en quelque sorte sa décision médicale, il dit : ***Tu as retourné toute la couche de son infirmité.*** Que signifie : *Tu as retourné toute la couche de son infirmité* ? Par sa couche on entend quelque chose de terrestre[60]. Toute âme faible, en cette vie, recherche quelque chose de terrestre pour se reposer, car il lui est difficile de supporter continuellement la tension que représente le labeur de l'esprit dirigé vers Dieu[61]. Elle cherche sur terre où se reposer, et, en quelque sorte, s'allonger et s'arrêter un instant, elle cherche une de ces choses qu'aiment les âmes innocentes. Car il n'est pas question d'évoquer ici les passions mauvaises qui poussent nombre d'hommes à se délasser au théâtre, au cirque, à l'amphithéâtre, au jeu, dans les ripailles des tavernes, dans la débauche de l'adultère, dans les violences des larcins, dans la ruse et les pièges des tromperies ; les hommes se délassent en tout cela[62]. Que signifie : ils s'y délassent ? Ils y prennent du plaisir. Mais laissons tout cela, venons-en à l'homme

---

d'*intention (non secundum distentionem sed secundum intentionem)*, mon chemin *vers la palme à laquelle je suis appelé là-haut...* » ; sur la notion d'*intentio*, voir *AugLex*, s. v. *Intentio* (L. Alici).

62. On trouve une énumération semblable en *Cat. rud.* 16, 25 (fin 403 ; *BA* 11/1, p. 136-137) : « Il est aussi des gens qui ne cherchent pas à être riches, qui n'ambitionnent pas de parvenir aux vaines pompes des honneurs ; mais ils veulent trouver la joie et le repos dans les cabarets, dans les fornications, dans les théâtres et les spectacles de vanité qui leur sont offerts pour rien dans les grandes villes. »

325

ENARRATIONES IN PSALMOS

hominem ueniamus; acquiescit in domo sua, in familia sua, in coniuge, in filiis, in paupertate, in praediolo suo, in nouella manibus suis consita, in aedificio aliquo suo studio fabricato; acquiescunt innocentes in his. Sed tamen Deus uolens nos amorem non habere nisi uitae aeternae et istis uelut innocentibus delectationibus miscet amaritudines, ut et in his patiamur tribulationes, et uniuersum stratum nostrum uertit in infirmitate nostra. *Vniuersum stratum eius uertisti in infirmitate eius.* Non ergo conqueratur, quando in his quae innocenter habet patitur aliquas tribulationes. Docetur amare meliora per amaritudinem inferiorum, ne uiator tendens ad patriam, stabulum amet pro domo sua. *Vniuersum stratum eius uertisti in infirmitate eius.*

v. 5   **6.** Sed quare ista? Quia *flagellat omnem filium quem recipit.* Quare ista? Quia peccanti homini dictum est: *In labore uultus tui edes panem tuum.* Ergo quia correptiones istas, in quibus uniuersum stratum nostrum uertitur in infirmitate nostra, agnoscere debet homo propter peccata se pati, conuertat se et dicat quod sequitur: **Ego dixi: Domine, miserere mei; sana animam meam, quoniam peccaui tibi.** O Domine, in tribulationibus me exerce: flagellandum iudicas omnem filium quem recepturus es, qui nec Vnico pepercisti. Ille

---

63. *Conf.* 1, 14, 23 (*BA* 13, p. 314-315) évoque les amertumes salutaires *(salubres amaritudines)* qui ramènent le chrétien à Dieu «en nous écartant des douceurs pestilentielles qui nous ont éloignés de lui»; voir aussi *Ser. Dolbeau* 5, 16: des temps difficiles *(aspera tempora)* sont nécessaires pour éloigner le chrétien de l'amour de la félicité terrestre.

64. L'idée de repos, associée à l'opposition entre l'étape et le terme du voyage, se retrouve en *Trin.* 11, 6, 10 (*BA* 16, p. 190-191): «L'agrément que nous trouvons en quelque chose peut inciter la volonté à s'y reposer avec quelque complaisance; pourtant cette chose n'est pas le but auquel on tend, mais elle est rapportée à une autre fin, en sorte qu'elle apparaisse non comme une patrie dont on

IN PSALMVM XL

innocent. Il se délasse en sa maison, en sa famille, en son épouse, ses enfants, en sa pauvreté, dans sa modeste propriété, dans la jeune vigne plantée de ses propres mains, dans quelque édifice construit par ses soins. Voilà le délassement des âmes innocentes. Et pourtant Dieu, voulant que nous n'ayons d'amour que pour la vie éternelle, mêle de l'amertume même à ces plaisirs innocents[63] ; et pour que même en eux nous souffrions des tribulations, il retourne toute la couche de notre infirmité : *Tu as retourné toute la couche de son infirmité.* Qu'il ne se plaigne donc pas lorsque, dans ces plaisirs dont il jouit en toute innocence, il souffre quelque tribulation. L'amertume des biens inférieurs lui apprend à aimer les biens supérieurs, pour que le voyageur qui marche vers sa patrie ne s'attache pas à l'hôtellerie plutôt qu'à sa maison[64]. *Tu as retourné toute la couche de son infirmité.*

6. Mais pourquoi cela ? Parce qu'*il flagelle tout fils qu'il reçoit*[65]. Pourquoi cela ? Parce qu'à l'homme pécheur il a été dit : *Tu mangeras ton pain à la sueur de ton front*[66]. Ainsi donc, comme l'homme doit reconnaître que c'est à cause de ses péchés qu'il subit ces corrections par lesquelles toute la couche de notre infirmité est retournée, qu'il se convertisse et dise ce qui suit : **Moi j'ai dit : Seigneur, prends pitié de moi, guéris mon âme, car j'ai péché contre toi**[67]. Ô Seigneur, éprouve-moi par les tribulations ! Tu juges que tout fils que tu t'apprêtes à recevoir doit être flagellé, toi qui n'as pas même épargné

---

serait citoyen, mais comme une halte ou même une étape pour le voyageur. »

65. He 12, 6.

66. Gn 3, 19.

67. Ambr. *In Ps.* 40, 14, *CSEL* 64, p. 237, 10-16, envisageait que le v. 5 constitue une prière de pénitence de David. Augustin le cite en *Spir. litt.* 27, 47 et 30, 52 pour établir que seule la grâce peut guérir le péché.

ENARRATIONES IN PSALMOS

quidem sine peccato flagellatus est ; ego autem dico : *Miserere mei, sana animam meam, quoniam peccaui tibi.* Si secatus est qui putredinem non habebat, si medicina ipsa nostra ignem medicinalem non respuit, impatienter ferre debemus urentem medicum et secantem, id est omnibus tribulationibus nos exercentem et a peccato sanantem ? Plane committamus nos medici manui ; non enim errat, ut sanum pro putri secet ; nouit quod inspicit, nouit uitium, quia ipse fecit naturam ; quid ipse condidit, quid de nostra cupiditate accessit, discernit. Scit se sano homini praeceptum dedisse, ne languorem incurreret ; dixisse in paradiso : Hoc manduca et hoc noli. Non audiuit sanus medici praeceptum, ut non caderet ; audiat uel aegrotus, ut surgat. *Ego dixi : Domine, miserere mei ; sana animam meam, quoniam peccaui tibi.* In factis meis, in peccatis meis non accuso fortunam, non dico : "Hoc mihi fecit fatum" ; non dico : "Adulterum me fecit Venus et latronem me fecit Mars et auarum me fecit Saturnus." *Ego dixi : Domine*

---

68. Cf. Ro 8, 32.

69. Sur les techniques médicales du temps, voir N. Benseddik, « La pratique médicale en Afrique au temps d'Augustin », dans *L'Africa Romana. Atti del VI Convegno di Studio,* Sassari, 1989, t. 2, p. 663-682.

70. Sur le Christ médecin, voir *AugLex,* s. v. *Medicina, medicus* (I. Bochet).

71. Dans le péché, seule est engagée la responsabilité de l'homme, qui corrompt une nature que Dieu a créée bonne ; l'existence même du *uitium* implique que la nature est un bien : voir *Ciu.* 12, 1 (*BA* 35, p. 152-153) : « Ce vice d'ailleurs fait ressortir la noble grandeur et la haute dignité de la nature elle-même. On rend hommage en effet à la nature de celui dont on blâme justement le vice : car le vice n'est juste objet de blâme que parce qu'il déshonore une nature louable. »

72. Cf. Gn 2, 16-17.

73. En *Conf.* 4, 3, 4, Augustin oppose Ps 40, 5, qui exprime une saine et humble confession, aux mensonges des astrologues qui rendent Vénus, Saturne ou Mars responsables du péché.

IN PSALMVM XL

ton Unique[68]. Lui, en vérité, c'est sans avoir péché qu'il a été flagellé; mais moi je dis: *Prends pitié de moi, guéris mon âme, car j'ai péché contre toi.* Si celui qui n'avait aucune gangrène a été incisé, si celui qui est notre remède n'a pas repoussé la cautérisation, devons-nous montrer de la répugnance devant le médecin qui brûle et incise[69], c'est-à-dire qui nous éprouve dans toutes les tribulations et nous guérit du péché? Confions-nous au contraire à la main du médecin[70]; en effet, il ne se trompe pas et n'incise pas ce qui est sain au lieu de ce qui est gangréné; il sait ce qu'il voit, il connaît le défaut, car c'est lui qui a créé la nature; il distingue ce qu'il a lui-même fait de ce que notre désir déréglé a ajouté[71]. Il sait qu'il a donné son commandement à un homme en bonne santé, pour lui éviter de tomber dans la langueur; il sait qu'il a dit au paradis: Mange ceci, ne mange pas cela[72]. L'homme en bonne santé n'a pas écouté le commandement du médecin, qui lui aurait évité de tomber. Qu'il l'écoute du moins maintenant qu'il est malade, afin de se relever. *Moi j'ai dit: Seigneur, prends pitié de moi; guéris mon âme, car j'ai péché contre toi.* Dans mes actes, dans mes péchés, je n'accuse pas la fortune, je ne dis pas: "C'est le destin qui est responsable[73]." Je ne dis pas: "C'est Vénus qui m'a fait adultère, et Mars qui m'a fait voleur, et Saturne qui m'a fait cupide[74]." *Moi j'ai*

---

74. Voir *In Ps.* 140, 9 (daté de 404 par P.-M. Hombert), qui offre un parallèle frappant à notre texte: on y retrouve l'image des astrologues qui s'assoient pour compter (non les années, mais les étoiles: *sedent, et computant sidera*) et reporter la responsabilité des péchés sur le mouvement de Vénus et de Mars; voir également *In Ioh.* 8, 11 (Saturne, Jupiter et Mercure); *In Ps.* 31, 2, 16 (Mars et Vénus); 61, 23 (Mars et Jupiter); 93, 5 (Mercure, Saturne, Jupiter); 128, 9 (Saturne, Mars, Vénus). *In Ps.* 40, 6 est le seul exemple où Mars est rendu responsable de vol, et non d'homicide; quant à Saturne, l'accusation d'avarice renvoie peut-être au fait que le trésor public romain, *aerarium Saturni*, était conservé dans le temple de Saturne; voir M. LEGLAY, *Saturne Africain. Histoire*, Paris, 1966, p. 463-466 sur sa qualité de protecteur de la richesse.

ENARRATIONES IN PSALMOS

miserere mei, sana animam meam, quoniam peccaui tibi.
Numquid hoc Christus? Numquid hoc caput illud nostrum sine peccato? Numquid ille qui ea quae non rapuit exsoluebat? Numquid ille solus in mortuis liber? Liber enim in mortuis, quia sine peccato, *quia omnis qui facit peccatum, seruus est peccati.* Numquid ergo ipse? Immo ipse ex membris suis, quia uox membrorum ipsius uox ipsius, quia et uox capitis nostri uox nostra. In illo enim eramus, quando dixit: *Tristis est anima mea usque ad mortem.* Non enim timebat mori qui uenerat mori, aut recusabat mori qui potestatem habebat animam suam ponendi et potestatem habebat iterum sumendi eam; sed loquebantur membra in capite et loquebatur caput pro membris. In illo ergo uocem nostram inuenimus: *Sana animam meam, quoniam peccaui tibi.* In illo enim eramus, cum dixit: *Deus meus, Deus meus, utquid me dereliquisti?* In ipso enim psalmo ubi in capite hic uersus est consequenter dicitur: *Verba delictorum meorum.* Quorum delictorum in illo, nisi *quia uetus homo noster simul crucifixus est cum illo,* ut euacuaretur corpus peccati et ultra non seruiamus peccato? Ad illum et in illo dicamus: *Ego dixi: Domine, miserere mei; sana animam meam, quoniam peccaui tibi.*

v. 6   **7. *Inimici mei dixerunt mala mihi: Quando morietur, et peribit nomen eius.*** Iam ista diximus et

---

75. Cf. Ps 68, 5.

76. Cf. Ps 87, 6.

77. Cf. Jn 8, 34.

78. Mt 26, 38.

79. Cf. Jn 10, 18.

80. Mt 27, 46; Ps 21, 2. Sur le cri de déréliction du Christ, voir *BA* 57/A, p. 317-322: «Dieu a-t-il abandonné son Fils? (*In Ps.* 21, 2, 3)». Sur les difficultés posées par l'expression *uerba delictorum meorum,* voir *ibid.,* p. 310: «C'est en tant qu'il a assumé l'homme pécheur, et non en tant que Verbe de Dieu, que Jésus prononce le

IN PSALMVM XL

dit: Seigneur, prends pitié de moi; guéris mon âme, car j'ai péché contre toi. Est-ce le Christ qui prononce ces mots? Est-ce notre Tête, qui est sans péché? Est-ce lui, qui restituait ce qu'il n'avait pas volé[75]? Est-ce lui, le seul qui fut libre entre les morts[76]? Libre, en effet, parmi les morts, parce que sans péché, *car tout homme qui commet le péché est esclave du péché*[77]. Est-ce donc lui? Oui, mais au nom de ses membres, car la voix de ses membres est sa voix, parce que la voix de notre Tête est aussi notre voix. Nous étions en effet en lui, lorsqu'il a dit: *Mon âme est triste jusqu'à la mort*[78]. Car il ne craignait pas de mourir, lui qui était venu pour mourir, et il ne refusait pas de mourir, lui qui avait le pouvoir de déposer son âme et le pouvoir de la reprendre[79]. Mais les membres parlaient en leur Tête, et la Tête parlait pour ses membres. C'est donc en lui que nous trouvons notre voix: *Guéris mon âme, car j'ai péché contre toi.* Nous étions en effet en lui, lorsqu'il a dit: *Mon Dieu, mon Dieu, pourquoi m'as-tu abandonné?* Car dans le psaume qui s'ouvre sur ce verset, il dit ensuite: *Paroles de mes péchés*[80]. De quels péchés peut-on parler en lui, sinon *parce que notre vieil homme a été crucifié avec lui*[81], afin que soit anéanti ce corps de péché, et que nous ne soyons plus esclaves du péché? Disons- lui donc et disons en lui: *Moi j'ai dit: Seigneur, prends pitié de moi; guéris mon âme, car j'ai péché contre toi.*

7. Mes ennemis ont tenu contre moi de méchants propos: Lorsqu'il mourra, son nom aussi périra. Nous avons déjà évoqué ces paroles, et c'est par là que

---

v. 2 à la croix.» Le commentaire du cri «Mon Dieu, pourquoi m'as-tu abandonné?» constituera en 412 l'axe directeur de l'*Ep.* 140 à Honoratus *De gratia noui Testamenti.*

81. Ro 6, 6.

ENARRATIONES IN PSALMOS

hinc coepimus; et ut alia dicamus, non opus est iterare, quod tam recenti sermone impressum est auribus et cordibus uestris.

v. 7   **8. *Et ingrediebantur ut uiderent.*** Quod passus est Christus, patitur et ecclesia; quod passum est caput, patiuntur et membra. Numquid enim seruus est maior Domino suo aut discipulus super magistrum? *Si me,* inquit, *persecuti sunt, et uos persequentur. Si patrem familias Beelzebub uocauerunt, quanto magis domesticos eius? Ingrediebantur ut uiderent.* Iudas ille ad caput nostrum erat, ad caput nostrum ingrediebatur ut uideret, id est ut exploraret, non ut haberet quod crederet, sed ut inueniret quod proderet. Ecce ingrediebatur ille ut uideret, et hoc exemplum in capite nostro propositum est. Quid illa membra post assumptionem capitis nostri? Nonne dicit apostolus Paulus: *Propter subintroductos falsos fratres qui subintroierunt proscultare libertatem nostram?* Ergo et isti ingrediebantur ut uiderent; sunt enim hypocritae, simulatores mali adiungentes se ficta caritate, captantes omnes motus, omnia uerba sanctorum, in omnibus laqueos inquirentes. Et quid illis fit? Videte quid sequitur: ***Vana locutum est cor eorum***, id est, loquuntur quasi ficta dilectione ; uanum est quod loquuntur, uerum non est, solidum non est. Et quia captant unde

---

82. Les versets 6 à 9, puis 10 et 11 sont cités en *Ciu.* 17, 18 comme annonce prophétique de la trahison de Judas; voir M. Pontet, *L'exégèse de saint Augustin prédicateur*, p. 396-397.

83. Mt 10, 24-25.

84. Cette interprétation se trouve déjà chez Ambroise (*In Ps.* 40, 16, *CSEL* 64, p. 239) et Origène (*In Ps.* 40, 7, *PG* 12, 1413 B-C). Sur Judas, voir *AugLex*, s. v. *Iudas Iscariotes* (J. van Oort). Dans le contexte antidonatiste, l'exemple de Judas permet de rappeler qu'il a toujours existé des pécheurs au milieu des justes et des saints et que Judas n'a pas souillé les apôtres par sa présence; il faut donc supporter les méchants sans se séparer d'eux: *Ep.* 44, 5, 10. *In Ioh.* 50, 9 cite le Ps 40, 7: le Christ aurait pu ne pas choisir Judas

IN PSALMVM XL

nous avons commencé ; afin de pouvoir avancer, il n'est pas nécessaire de répéter ce que de récentes paroles ont déjà imprimé en vos oreilles et en vos cœurs.

8. *Et ils entraient pour voir*[82]. Ce que le Christ a souffert, l'Église le souffre également ; ce que la Tête a souffert, les membres le souffrent également. Le serviteur est-il en effet plus grand que son Seigneur, ou le disciple que son maître ? *S'ils m'ont persécuté*, dit-il, *ils vous persécuteront aussi. S'ils ont appelé le père de famille Belzébuth, combien davantage ses serviteurs*[83] ? *Ils entraient pour voir.* Judas était proche de notre Tête, il approchait notre Tête pour voir, c'est-à-dire pour espionner – non pour avoir des motifs de croire, mais pour découvrir le moyen de le trahir[84]. Oui, il entrait pour voir, et nous en avons eu un exemple en notre Tête. Qu'en est-il des membres, après l'ascension de notre Tête ? L'apôtre Paul ne dit-il pas : *À cause de faux frères qui se sont glissés parmi nous et se sont introduits subrepticement afin d'épier notre liberté*[85] ? Ainsi donc ceux-là aussi s'approchaient pour voir, car ce sont des hypocrites, des méchants, des simulateurs qui se joignent aux autres par une charité feinte, épient tous les mouvements et toutes les paroles des saints, et cherchent partout à tendre des pièges. Et que leur arrive-t-il ? Voyez ce qui suit : *Leur cœur a prononcé de vaines paroles*, c'est-à-dire qu'ils parlent avec un amour feint ; ce qu'ils disent est vain, ce n'est pas vrai, ce n'est pas solide. Et parce qu'ils épient pour trouver des motifs

---

parmi ses disciples, puisqu'il connaissait par avance sa trahison, mais il l'a fait pour donner une leçon : Judas constitue un exemple frappant de la mise à profit du mal. Voir *BA* 57/A, n. c. 40, p. 615 : « La figure de Judas dans la polémique donatiste ».

85. Ga 2, 4. *Proscultare* est un terme rare qu'Augustin lit dans sa Vieille Latine de l'Épître : cf. *In Gal.* 11 ; 42. *Subintroductos fratres* est appliqué aux donatistes en *C. Petil.* 3, 3, 4.

ENARRATIONES IN PSALMOS

inueniant accusationem, quid ait? **Congregauerunt iniquitatem sibi.** Parantes enim calumnias inimici, quasi magni sibi uidentur, quia habent quod accusent. *Sibi congregauerunt iniquitatem. Sibi*, inquit, non mihi. Quomodo Iudas sibi, non Christo, sic et simulatores ecclesiae sibi, non nobis, quia de illis et alibi dicitur: *Et mentita est iniquitas sibi. Congregauerunt iniquitatem sibi.* Et quia intrauerunt ut uiderent: **Egrediebantur foras et loquebantur.** Ille qui intrauit ut uideret, egrediebatur foras et loquebatur. Vtinam intus esset et uera loqueretur! Non exiret foras ubi falsa loquitur: "Traditor et persecutor est", egressus foras loquitur. Si ad membra Christi pertines, ueni intro, haere capiti. Tolera zizania si triticum es; tolera paleam, si frumentum es; tolera pisces malos intra retia, si piscis bonus es. Quare ante tempus uentilationis auolasti? Quare ante tempus messis etiam frumenta eradicasti tecum? Quare antequam ad littus uenires, retia disrupisti? *Egrediebantur foras, et loquebantur.*

v. 8 **9. In idipsum aduersum me susurrabant omnes inimici mei.** Aduersum me omnes in idipsum; quanto melius mecum in idipsum? Quid est, *aduersum me in*

---

86. Ps 26, 12. Voir *In Ps.* 26, 2, 21 (*BA* 58/A, p. 80-83), qui insiste vigoureusement sur l'opposition *sibi/mihi* à partir de ce verset: « Pour elle, non pour moi; qu'elle mente toujours pour elle! Mais elle ment pour moi, si tu me livres à l'âme de ceux qui me tourmentent, c'est-à-dire si je consens à leurs volontés; alors l'iniquité n'aura plus menti pour elle seule, mais pour moi aussi. »

87. Cf. Mt 13, 29-30. L'expression *zizania tolerare* apparaît dans *C. Petil.* 2, 31, 71 en 400-401; elle est fréquente entre 403 et 407; voir par exemple *C. Parm.* 3, 1, 2; 3, 2, 11; *In Ps.* 36, 3, 17; *Bapt.* 7, 17, 33; *C. Cresc.* 2, 35, 44 etc.

88. Cf. Mt 13, 48.

89. Cf. Mt 3, 12.

IN PSALMVM XL

d'accusation, qu'est-il dit? ***Ils ont amassé contre eux l'iniquité.*** En effet, en préparant leurs calomnies, les ennemis se croient supérieurs, car ils trouvent de quoi accuser. *Ils ont amassé contre eux l'iniquité. Contre eux*, dit-il, et non contre moi. De même que Judas agissait contre lui-même, et non contre le Christ, de même les simulateurs dans l'Église agissent contre eux, et non contre nous, car c'est à leur sujet qu'il est dit en un autre passage: *Et l'iniquité s'est menti à elle-même*[86]. *Ils ont amassé contre eux l'iniquité.* Et parce qu'ils étaient entrés pour voir, ***ils sortaient au-dehors et parlaient.*** Celui qui est entré pour voir sortait au-dehors et parlait. Si seulement il était à l'intérieur, et disait la vérité! Il ne sortirait pas au-dehors, où il dit des mensonges: "C'est un traître et un persécuteur"; une fois sorti au-dehors, il parle. Si tu fais partie des membres du Christ, entre à l'intérieur, reste attaché à la Tête. Supporte l'ivraie, si tu es le bon grain[87]; supporte la paille, si tu es le froment; supporte les mauvais poissons dans le filet, si tu es un bon poisson[88]. Pourquoi t'es-tu envolé au loin, avant le temps du vannage[89]? Pourquoi as-tu arraché le froment en t'arrachant toi-même avant le temps de la moisson? Pourquoi as-tu déchiré les filets avant d'arriver au rivage[90]? *Ils sortaient au-dehors et parlaient.*

9. ***D'un commun accord, tous mes ennemis murmuraient contre moi.*** Tous contre moi, d'un commun accord; combien il aurait mieux valu qu'ils s'accordent avec moi! Que signifie: *d'un commun accord contre*

---

90. Sur cette série d'images, voir *BA* 57/A, n. c. 34, p. 606-608: «Quatre figures du caractère mélangé de l'Église d'ici-bas (*In Ps.* 8, 13)». Les trois exemples sont déjà présents dans le *Ps. c. Don.*, 8-19; 180-188 et *In Ps.* 8, 13 (394-395); on les retrouve avec une plus grande fréquence dans les années 403-404 en contexte antidonatiste: *C. Petil.* 3, 2, 3 – 3, 4 (403-404); *C. Parm.* 3, 5, 27 (403-404); *Ep. Cath.* 15, 39; 18, 48 (vers 403); *Ep.* 105, 5, 16 (409).

ENARRATIONES IN PSALMOS

idipsum? Vno consilio, una conspiratione. Christus ergo loquitur eis: Consentitis aduersum me, consentite mihi; quid aduersum me? quare non mecum? Idipsum si semper haberetis, non uos in schismata diuideretis. Apostolus enim dicit: *Obsecro uos, fratres, ut idipsum dicatis omnes, et non sint in uobis schismata. In idipsum aduersus me susurrabant omnes inimici mei: aduersum me cogitabant mala mihi.* Sibi potius, quia *congregauerunt iniquitatem sibi,* sed ideo mihi quia ex animo suo pendendi sunt. Non enim quia nihil facere potuerunt, nihil facere uoluerunt. Nam et diabolus Christum exstinguere concupiuit, et Iudas Christum occidere uoluit; occiso autem Christo et resurgente, nos uiuificati sumus; diabolo tamen et Iudae merces malae uoluntatis redditur, non nostrae salutis. Nam ut noueritis ex animo quemque pendendum ad retributionem uel praemii uel poenae, inuenimus homines bonum dixisse cuidam et tale bonum quale nos optamus, et tamen maledicos appellatos. Quando a caeco illo quondam, iam illuminato et corpore et corde conuincebantur Iudaei, uidentes corpore, caeci corde, ait illis idem iam uidens: *Numquid et uos discipuli eius uultis esse?* Et illi, inquit euangelium, *maledixerunt ei dicentes: Tu sis discipulus eius.* Hoc nobis omnibus eueniat quod illi maledicendo dixerunt. Maledictio ista appellata est ex maleuolo errore dicentium, non ex aliquo malo uerborum; quo animo dixerint, non quid dixerint attendit qui eos maledixisse narrauit. ***Aduersum me cogitabant***

---

91. 1 Co 1, 10.

92. Jn 9, 27-28. *In Ps.* 39, 26 cite également Jn 9, 28 pour montrer que c'est l'intention qui donne leur valeur aux paroles prononcées, comme aux actes accomplis; voir *BA* 76, n. c. 28, p. 493-496: « La charité, motif de l'incarnation rédemptrice du Fils de Dieu » et *BA* 75, n. c. 9, p. 478-480 : « La différence de l'intention fait la différence de l'acte ».

IN PSALMVM XL

moi? Ils avaient un unique dessein, formaient une seule conspiration. Le Christ leur dit en conséquence : vous vous mettez d'accord contre moi, mettez-vous d'accord avec moi ! Pourquoi contre moi ? Pourquoi pas avec moi ? Si vous étiez toujours d'accord entre vous, vous ne vous diviseriez pas dans des schismes. L'Apôtre dit en effet : *Je vous supplie, frères, de tous accorder votre langage, et de ne pas laisser les schismes vous diviser*[91]. *D'un commun accord, tous mes ennemis murmuraient contre moi ; ils tramaient le mal contre moi.* Ou plutôt, contre eux, puisqu'*ils ont amassé l'iniquité contre eux*; mais aussi contre moi, car il faut les juger selon leur intention. Ce n'est pas en effet parce qu'ils ne purent rien faire, qu'ils ne voulurent rien faire. Car le diable a désiré supprimer le Christ, et Judas a voulu tuer le Christ ; mais par la mort et la résurrection du Christ, nous avons été vivifiés ; pourtant le diable et Judas sont payés en raison de leur volonté mauvaise et non en raison de notre salut. Car, afin que vous sachiez que c'est d'après son intention que chacun doit être jugé pour recevoir ce qu'il mérite, récompense ou peine, nous voyons des hommes souhaiter du bien à un autre, un bien comparable à celui que nous souhaitons, et être pourtant accusés de l'avoir maudit. Lorsque cet homme jadis aveugle, mais dorénavant illuminé en son corps et en son cœur, confondait les Juifs, dont le corps voyait mais l'âme demeurait aveugle, il leur dit, lui qui désormais voyait : *Est-ce que vous voulez être ses disciples, vous aussi ?* Et eux, nous dit l'Évangile, *le maudirent en lui disant : Toi, sois son disciple*[92] *!* Que ce qu'ils lui dirent en le maudissant nous advienne à tous ! Si ces mots ont été appelés une malédiction, c'est à cause de l'erreur malveillante de ceux qui les prononcèrent, et non parce qu'ils étaient mauvais. Ce que considère l'évangéliste, qui écrit qu'ils le maudirent, c'est l'intention en laquelle ils parlèrent, non ce qu'ils dirent. *Ils tramaient le mal*

ENARRATIONES IN PSALMOS

mala mihi. Et quae mala Christo, quae mala martyribus? Omnia in bonum uertit Deus.

v. 9 **10. Verbum iniquum disposuerunt aduersus me.** Quale uerbum iniquum? Ipsum caput attende: *Occidamus eum, et nostra erit hereditas.* Stulti, quomodo uestra erit hereditas? Quia occidistis eum? Ecce et occidistis eum, et uestra non erit hereditas. **Numquid qui dormit non adiciet ut resurgat?** Quando uos exsultastis occidisse eum, ille dormiuit; dicit enim et in alio psalmo: *Ego dormiui.* Illi saeuierunt et occidere uoluerunt, *ego dormiui.* Nam si noluissem, nec dormissem. *Ego dormiui,* quia *potestatem habeo ponendi animam meam et potestatem habeo iterum sumendi eam. Ego dormiui et somnum cepi et exsurrexi.* Saeuiant ergo Iudaei, terra tradatur in manus impii, caro permittatur manibus persequentium, suspendant in ligno, clauis transfigant, lancea perfodiant: *Numquid qui dormit non adiciet ut resurgat?* Vtquid dormiuit? Quia Adam forma erat futuri, et Adam dormiuit, quando de latere eius Eua facta est. Adam in figura Christi, Eua in figura ecclesiae, unde est appellata mater uiuorum. Quando fabricata est Eua? Dum dormiret Adam. Quando de latere Christi sacramenta ecclesiae profluxerunt? Cum dormiret in cruce. *Numquid qui dormit non adiciet ut resurgat?*

---

93. Mt 21, 38.

94. Ps 3, 6. Dès 394-395, *In Ps.* 3, 5 (*BA* 57/A, p. 160-162) associe Ps 3, 6 et Jn 10, 17-18 : « "Moi je me suis endormi et j'ai pris mon sommeil." Il n'est pas hors de propos de remarquer que *moi* est mis ici pour bien montrer que c'est volontairement qu'il a enduré la mort, selon cette parole : "Si le Père m'aime, c'est que je dépose ma vie pour la reprendre ensuite, personne ne me l'ôte ; j'ai pouvoir de la déposer et pouvoir de la reprendre ensuite." »

95. Jn 10, 18.

96. Ps 3, 6.

IN PSALMVM XL

contre moi. Et quel mal ont-ils fait au Christ, quel mal aux martyrs ? Dieu tourne tout en bien.

10. *Ils ont formulé contre moi une parole inique.* Quelle parole inique ? Pense à la Tête : *Tuons-le, et l'héritage sera à nous*[93]. Imbéciles ! Comment l'héritage sera-t-il à vous ? Parce que vous l'avez tué ? Voilà que vous l'avez tué, et l'héritage ne sera pas à vous. ***Celui qui dort ne se relèvera-t-il pas ?*** Lorsque vous vous êtes réjouis de l'avoir tué, il s'est endormi ; il dit en effet également en un autre psaume : *Je me suis endormi*[94]. Eux se sont déchaînés, et ont voulu le tuer. *Je me suis endormi.* Car si je ne l'avais pas voulu, je ne me serais pas endormi. *Je me suis endormi, car j'ai le pouvoir de déposer mon âme, et j'ai le pouvoir de la reprendre*[95]. *Je me suis endormi, et j'ai pris mon sommeil, et je me suis réveillé*[96]. Que les Juifs se déchaînent donc, que la terre soit remise aux mains de l'impie, que la chair soit livrée aux mains des persécuteurs, qu'ils la suspendent à la croix, qu'ils la percent de clous, qu'ils la transpercent de leur lance : *Celui qui dort ne se relèvera-t-il pas ?* Pourquoi s'est-il endormi ? Parce qu'Adam était le type de l'Adam qui devait venir ; Adam aussi était endormi lorsqu'Ève fut tirée de son côté[97]. Adam figurait le Christ, et Ève, l'Église ; c'est pourquoi elle a été appelée la mère des vivants[98]. Quand Ève a-t-elle été créée ? Pendant qu'Adam était endormi. Quand les sacrements de l'Église ont-ils coulé du côté du Christ[99] ? Lorsqu'il dormait sur la croix. *Celui qui dort ne se relèvera-t-il pas ?*

---

97. Cf. Gn 2, 21. Sur le parallèle entre le sommeil d'Adam et la mort du Christ sur la croix, voir *BA* 50, n. c. 25, « L'interprétation typologique de Gn 2 », p. 554-555, et *BA* 71, n. c. 69, p. 904-906 : « Mort du Christ et formation de l'Église » ; *DSp*, s. v. Ève, c. 1784-1788 (M. Planque).

98. Cf. Gn 3, 20.

99. Cf. Jn 19, 34.

ENARRATIONES IN PSALMOS

v. 10 **11.** Et unde dormiuit? Ex illo qui ingressus est ut uideret et congregauit iniquitatem sibi. *Etenim homo pacis meae, in quem speraui, qui edebat panes meos, ampliauit super me calcaneum.* Erexit super me pedem, conculcare me uoluit. Quis est iste homo pacis ipsius? Iudas. Et in illum Christus sperauit, quia dixit: *In quem speraui?* Nonne illum ab initio nouerat? Nonne antequam nasceretur futurum sciebat? Nonne omnibus discipulis suis dixerat: *Ego uos duodecim elegi, et unus ex uobis diabolus est?* Quomodo ergo in illum sperauit, nisi quia in membris suis ipse est et, quod multi fideles de Iuda sperauerunt, hoc in se transfigurauit Dominus? Quando enim uidebant Iudam multi qui crediderant in Christum ambulare inter duodecim discipulos, sperabant in illum aliqui, quia talis erat quales et ceteri; Christus autem quia in membris suis erat hoc sperantibus, quomodo in illis est esurientibus et sitientibus, quomodo dixit: *Esuriui,* sic dixit: *Speraui.* Proinde si sic illi dicamus: "Domine, quando sperasti?", quomodo illi dictum est: "Domine, quando esuristi?", quomodo nobis ibi dixit: *Cum uni ex minimis meis fecistis, mihi fecistis,* sic potest dicere: Cum unus ex minimis meis sperauit, ego speraui. In quem speraui? *Homo pacis meae in quem speraui, qui edebat panes meos.* Quomodo ipsum ostendit in passione de istis uerbis prophetiae?

---

100. Jn 6, 71. On trouve la même interprétation en *Ciu.* 17, 18 (*BA* 36 p. 446-447): «[Le Christ] a pris à son compte l'espoir que ses disciples avaient eu en Judas quand il fut compté parmi les apôtres.» Pour Eusèbe, qui suit Origène (cf. *RLAC*, s. v. *Judas Iskariot*, c. 149 [P. TERBUYKEN, C. J. KREMER]), l'espérance que le Christ place en Judas prouve que ce dernier était en possession d'un libre arbitre valide, et n'était en conséquence soumis à aucune nécessité (*In Ps.* 40, 10-14, *PG* 23, 365 A); Ambroise (*In Ps.* 40, 21, *CSEL* 64, p. 243, 6-14) souligne que l'espérance du Christ rend la faute de Judas plus grave encore.

IN PSALMVM XL

11. Et qui provoqua ce sommeil? Celui qui est entré pour voir, et qui a amassé contre lui l'iniquité. *En effet l'homme de ma paix, en qui j'ai espéré, celui qui mangeait mon pain, a levé sur moi son talon.* Il a levé son pied sur moi, il a voulu me piétiner. Qui est l'homme de sa paix? Judas. Et le Christ a-t-il espéré en lui, puisqu'il a dit: *en qui j'ai espéré*? Ne le connaissait-il pas dès l'origine? Ne savait-il pas avant même sa naissance ce qu'il serait? N'avait-il pas dit à tous ses disciples: *Je vous ai choisis, vous les Douze, et l'un de vous est un démon*[100]? Comment donc espéra-t-il en lui, sinon parce qu'il est dans ses membres, et qu'il a transposé en lui le fait que de nombreux fidèles ont espéré en Judas? Lorsqu'en effet beaucoup de ceux qui avaient cru au Christ voyaient Judas déambuler parmi les douze disciples, certains espéraient en lui, parce qu'il était semblable aux autres[101]; or, parce que le Christ était en ses membres qui espéraient ainsi, comme il est en ceux qui ont faim et soif, de même qu'il a dit: *J'ai eu faim*[102], il a dit: *J'ai espéré.* Ainsi donc, si nous lui disions: "Seigneur, quand as-tu espéré?", tout comme il lui a été demandé: "Seigneur, quand as-tu eu faim?", de la même façon qu'il nous a dit alors: *Lorsque vous l'avez fait au moindre des miens, c'est à moi que vous l'avez fait*[103], il peut dire de même: Lorsque le moindre des miens a espéré, moi aussi j'ai espéré. En qui ai-je espéré? *L'homme de ma paix, en qui j'ai espéré, celui qui mangeait mon pain.* Comment l'a-t-il désigné dans sa Passion, selon les paroles de cette

---

101. Dans le contexte de la polémique donatiste, Augustin rappelle à plusieurs reprises que certains ont été baptisés par Judas, ce qui ne remet pas en cause la validité du sacrement: voir, par exemple, *In Ioh.* 5, 18; *Ser. Dolbeau* 3, 15.

102. Mt 25, 37.

103. Mt 25, 40.

ENARRATIONES IN PSALMOS

Per buccellam illum designauit, ut appareret de illo dictum : *Qui edebat panes meos.* Rursus quando uenit ut traderet eum, osculum illi dedit, ut appareret de illo dictum : *Homo pacis meae.*

v. 11   **12. *Tu autem, Domine, miserere mei.*** Hoc ex forma serui, hoc ex forma inopis et pauperis. *Beatus* enim *qui intellegit super egenum et pauperem.* **Miserere mei et resuscita me, et reddam illis.** Videte quando dictum est ; iam factum est. Occiderunt enim Christum Iudaei, ne perderent locum ; illo occiso perdiderunt locum ; eradicati a regno, dispersi sunt. Suscitatus reddidit illis tribulationem ; reddidit ad admonitionem, nondum ad damnationem. Ciuitas enim illa in qua fremuit populus, tamquam leo rapiens et rugiens, exclamans : *Crucifige, crucifige*, eradicatis inde Iudaeis christianos habet, a Iudaeo nullo inhabitatur. Plantata est ibi ecclesia Christi unde eradicatae sunt spinae synagogae. Proinde uere ignis eorum exarsit, sicut in spinis ; Dominus autem tamquam lignum uiride erat. Hoc ipse ait, quando plangebant quaedam mulieres ueluti moriturum Christum : *Nolite flere super me, sed super uos ipsas flete et super filios uestros*, ex hoc praedicens :

---

104. Cf. Jn 13, 26. Sur ce verset en lien avec Ps 40, 10, voir A. MAZZOLA, « Note sul commento agostiniano a *Io* 13, 26-27 : la *buccella* e il traditore svelato », *Vetera Christianorum*, 25, 1988, p. 557-566.

105. Cf. Mt 26, 49.

106. Cf. Jn 11, 48.

107. Sur le lien entre la mort du Christ et la défaite juive, voir *Cons. eu.* 1, 13, 20 et J. DOIGNON, « *Occisus Christus*. La méditation d'Augustin sur la relation de cet événement à la conquête romaine et à la défaite juive », dans *Cahiers de Biblia Patristica* 3, Strasbourg, 1991, p. 43-52.

108. Cf. Ps 21, 14.

109. Lc 23, 21 ; Jn 19, 6. L'association de ce verset au Ps 21, 14 se trouve dans les trois commentaires du Ps 21 : *In Ps.* 21, 1, 14 ; 21, 2, 14 ; *Ep.* 140, 5, 14.

IN PSALMVM XL

prophétie ? Il l'a désigné par la bouchée de pain[104], afin qu'il apparût que c'est de lui qu'il avait été dit : *Celui qui mangeait mon pain.* De même encore, lorsque Judas vint pour le livrer, il lui donna un baiser[105], afin qu'il apparût que c'est de lui qu'il avait été dit : *l'homme de ma paix.*

12. Mais toi, Seigneur, prends pitié de moi. Le Christ dit cela en la forme d'esclave, en la forme du nécessiteux et du pauvre. *Heureux* en effet *qui comprend l'indigent et le pauvre.* **Prends pitié de moi et ressuscite-moi, et je leur rendrai leur dû.** Voyez quand cela a été annoncé : c'est désormais accompli. Les Juifs ont en effet tué le Christ, de peur de perdre leur pays[106] ; après l'avoir tué, ils ont perdu leur pays ; ils ont été arrachés de leur royaume et dispersés[107]. Ressuscité, il leur a rendu la tribulation ; il la leur a rendue pour les corriger, pas encore pour les condamner. En effet, cette cité en laquelle le peuple a grondé comme le lion qui ravit et rugit[108], en clamant : *Crucifie-le, crucifie-le*[109], une fois que les Juifs en ont été arrachés, n'abrite que des chrétiens, elle n'est plus habitée par aucun Juif. L'Église du Christ a été plantée au lieu où ont été arrachées les épines de la Synagogue[110]. Ensuite leur fureur a vraiment brûlé comme un feu dans les épines[111], mais le Seigneur était comme un bois vert. C'est lui-même qui l'a dit, lorsque des femmes se lamentaient sur le Christ comme s'il allait mourir : *Ne pleurez pas sur moi, mais pleurez sur vous-mêmes, et sur vos fils*[112], d'après cette

---

110. On ne trouve nulle part ailleurs chez Augustin l'expression *spinae synagogae.* L'image est chez Zénon de Vérone, pour qui la vigne qui produit des ronces et non du raisin (cf. Is 5, 6) est la Synagogue : Zen. *Tract.* 1, 10B, 2, *CCL* 22, p. 49, 7-10.

111. Cf. Ps 117, 12.

112. Lc 23, 28.

ENARRATIONES IN PSALMOS

Suscita me, et reddam illis. Si enim in uiridi ligno haec faciunt, in arido quid fiet? Quando possit uiride lignum consumi ab igne spinarum? Exarserunt enim uelut ignis in spinis. Ignis spinas consumit, et cuicumque uiridi ligno adhibetur difficile accenditur; humor enim ligni resistit flammae lentae et marcidae, tamen idoneae ad consumendas spinas. *Et suscita me, et reddam illis.* Ne forte sane, fratres, minus potentem Filium quam Patrem putetis, ex eo quia dixit: *Suscita me*, quod ipse se suscitare non possit. Hoc enim suscitauit quod mori poterat; id est caro mortua est, caro suscitata est. Ne tamen putetis quia Deus Pater Christi potuit suscitare Christum, id est carnem Filii sui, et ipse Christus, cum Verbum sit Dei aequale Patri, non poterat carnem suam suscitare, audite ex euangelio: *Soluite templum hoc, et in triduo suscitabo illud.* Hoc autem euangelista, ne etiam inde dubitaremus, *dicebat*, inquit, *de templo corporis sui, et resuscita me, et reddam illis.*

v. 12 **13.** *In hoc cognoui quoniam uoluisti me, quoniam non gaudebit inimicus meus super me.* Quia gauisi sunt Iudaei, quando uiderunt Christum crucifixum, implesse se arbitrati sunt uoluntatem nocendi; effectum fructum saeuitiae suae uiderunt Christum in cruce pendentem; agitauerunt caput: *Si Filius Dei est, descendat de cruce.* Non descendebat qui poterat, non potentiam demonstrabat, sed patientiam docebat. Si

---

113. Lc 23, 31. *In Ps.* 96, 6 (en 403-404) affirme que le chrétien doit aspirer à être du bois vert, afin de ne pas brûler lorsqu'il est attaqué par la flamme de la haine de l'ennemi; s'il n'est pas consumé par cette flamme, il ne brûlera pas non plus au jour du Jugement.

114. Sur la doctrine de la résurrection du Christ par lui-même, qui permet de réaffirmer l'égalité du Père et du Fils, voir par exemple *In Ioh.* 10, 11, qui cite Ps 40, 11, et P.-M. HOMBERT, *Gloria gratiae*, p. 473-474 (et n. 121 pour les parallèles textuels). L'idée fut en particulier employée dans la lutte contre l'arianisme, voir R. WINLING,

344

IN PSALMVM XL

prédiction : *Ressuscite-moi, et je leur rendrai leur dû. En effet, si l'on traite ainsi le bois vert, que fera-t-on du bois sec*[113] ? Comment le bois vert pourrait-il être consumé par le feu des épines ? Ils ont en effet brûlé comme un feu dans les épines. Le feu consume les épines ; mais si on lui présente du bois vert, il prend difficilement, car la sève du bois résiste à une flamme lente et sans vigueur, capable toutefois de consumer les épines. *Ressuscite-moi, et je leur rendrai leur dû.* N'allez pas penser, frères, que le Fils est moins puissant que le Père, parce qu'il a dit : *Ressuscite-moi*, comme s'il était incapable de se ressusciter lui-même. Car le Père a ressuscité ce qui pouvait mourir : c'est la chair qui est morte, la chair qui a été ressuscitée. N'allez toutefois pas penser que Dieu, le Père du Christ, a pu ressusciter le Christ, c'est-à-dire la chair de son Fils, et que le Christ lui-même, alors qu'il est le Verbe de Dieu égal au Père, ne pouvait pas ressusciter sa propre chair[114] ; écoutez l'Évangile : *Détruisez ce temple, et en trois jours je le reconstruirai.* Et l'évangéliste dit, de peur que nous doutions du sens de ces mots : *Il parlait du temple de son corps*[115]. *Ressuscite-moi, et je leur rendrai leur dû.*

13. *À ceci j'ai connu que tu m'as aimé : mon ennemi ne se réjouira pas à mes dépens.* Parce que les Juifs se sont réjouis, lorsqu'ils ont vu le Christ en croix, ils ont cru qu'ils avaient réussi dans leur volonté de lui nuire ; ils ont vu le fruit de leur cruauté dans le Christ suspendu à la croix ; ils ont hoché la tête : *S'il est le Fils de Dieu, qu'il descende de la croix*[116]. Il n'est pas descendu, lui qui le pouvait ; il ne faisait pas montre de sa puissance, mais enseignait la patience. Car s'il était

---

La résurrection et l'exaltation du Christ dans la littérature de l'ère patristique, Paris, 2000, p. 192-202.

115. Jn 2, 19. 21.

116. Mt 27, 39-40 ; Ps 21, 8.

345

ENARRATIONES IN PSALMOS

enim haec illis dicentibus de cruce descenderet, quasi insultantibus cessisse uideretur et uictus opprobria tolerare non potuisse crederetur; magis mansit in cruce illis insultantibus, fixus illis nutantibus. Ideo enim et caput agitabant, quia uero capiti non inhaerebant. Docuit nos plane ille patientiam. Nam quod est fortius fecit qui noluit facere quod Iudaei prouocabant. Multo est enim potentius de sepulcro surgere quam de cruce descendere. *Quoniam non gaudebit inimicus meus super me.* Gauisi sunt ergo tunc; resurrexit Christus, glorificatus est Christus. Vident modo in nomine ipsius conuerti genus humanum, modo insultent, modo caput agitent; immo iam caput figant aut, si agitant caput, stupendo et mirando agitent. Modo enim dicunt: "Numquid forte ille est quem dixerunt Moyses et prophetae?" De illo enim dixerunt: *Sicut ouis ad immolandum ductus est, et sicut agnus coram tondente se sine uoce, sic non aperuit os suum; uulneribus eius sanati sumus.* Videmus enim quia crucifixus iste ducit post se genus humanum, et sine causa dixerunt patres nostri: "Occidamus eum, ne saeculum post illum pergat." Forte non post eum pergeret, si non esset occisus. *In hoc cognoui quoniam uoluisti me, quoniam non gaudebit inimicus meus super me.*

v. 13-14 **14. *Me autem propter innocentiam meam suscepisti.*** Vere innocentiam: integritatem sine peccato, redditionem sine debito, flagellum sine merito. *Propter*

---

117. Le mouvement de la tête des insulteurs révèle qu'ils n'ont pas pour Tête le Christ, qui leur rendrait la stabilité: *In Ps.* 103, 1, 5 (décembre 403): «O agitantes caput ante crucem, et non figentes caput in capite quod pendebat in cruce!»

118. En refusant de céder aux provocations des Juifs, le Christ montre que la Croix sert à donner une leçon de patience. Même idée dans *In Ioh.* 3, 3: «Quel est en effet le plus extraordinaire, descendre de la croix ou ressusciter du sépulcre? Mais il a supporté ses insulteurs, car il avait pris la croix pour donner, non pas une preuve de

IN PSALMVM XL

descendu de la croix en réponse à ces paroles, il aurait semblé comme céder à leurs insultes, et on aurait cru que, vaincu, il n'avait pu tolérer l'opprobre; il a préféré demeurer sur la croix quand ils l'insultaient, immobile quand ils chancelaient. S'ils hochaient la tête, en effet, c'est qu'ils n'étaient pas attachés à la vraie Tête[117]. Il nous a enseigné parfaitement la patience. Car il a fait quelque chose de plus fort en ne voulant pas répondre aux provocations des Juifs. Il faut en effet beaucoup plus de puissance pour se lever du tombeau que pour descendre de la croix[118]. *Mon ennemi ne se réjouira pas à mes dépens.* Donc, sur le moment, ils se sont réjouis. Le Christ est ressuscité, il a été glorifié : ils voient maintenant qu'en son nom le genre humain est converti. Qu'ils l'insultent, maintenant, qu'ils hochent la tête! Ou plutôt, que leur tête demeure immobile, ou, s'ils hochent la tête, que ce soit de stupeur et d'admiration. En effet, ils disent aujourd'hui : "Serait-il donc celui qu'ont annoncé Moïse et les prophètes?" Car ils ont dit de lui : *Il a été amené au sacrifice comme une brebis, et comme un agneau face à celui qui le tond il est resté sans voix et n'a pas ouvert sa bouche; par ses blessures, nous avons été guéris*[119]. Nous voyons en effet que ce crucifié entraîne avec lui le genre humain; et c'est en vain que nos pères ont dit: "Tuons-le, de peur que tout le monde ne le suive[120]." Peut-être ne le suivrait-on pas, s'il n'avait été tué. *À ceci j'ai connu que tu m'as aimé : mon ennemi ne se réjouira pas à mes dépens.*

14. *Tu m'as soutenu en raison de mon innocence.* Véritable innocence, intégrité sans péché, restitution sans dette, châtiment immérité. *En raison de mon*

---

puissance, mais un exemple de patience »; voir les parallèles donnés par M.-F. BERROUARD, dans *BA* 71, p. 214, n. 2.

119. Is 53, 5-7.
120. Cf. Jn 12, 19.

ENARRATIONES IN PSALMOS

innocentiam meam suscepisti me **et confirmasti me in
conspectu tuo in aeternum.** Confirmasti me in aeternum, infirmasti ad tempus ; confirmasti in conspectu
tuo, infirmasti in conspectu hominum. Quid ergo ?
Laudes illi, gloria illi. **Benedictus Dominus Deus
Israel!** Ille est enim Deus Israel, Deus noster, Deus
Iacob, Deus minoris filii, Deus minoris populi. Nemo
dicat : "De Iudaeis hoc dixit, non sum ego Israel." Magis
Iudaei non sunt Israel. Maior enim filius, ipse est maior
populus reprobatus ; minor, populus dilectus. *Maior
seruiet minori*, modo impletum est ; modo, fratres, nobis
seruiunt Iudaei ; tamquam capsarii nostri sunt, studentibus nobis codices portant. Audite in quo nobis Iudaei
seruiunt, et non sine causa. Cain ille frater maior qui
occidit minorem fratrem accepit signum ne occideretur,
id est, ut maneat ipse populus. Apud illos sunt prophetae
et lex, in qua lege et in quibus prophetis Christus praedicatus est. Quando agimus cum paganis et ostendimus
hoc euenire modo in ecclesia Christi quod ante praedictum est de nomine Christi, de capite et corpore Christi,
ne putent nos finxisse illas praedictiones, et ex his rebus
quae acciderunt, quasi futurae essent nos conscripsisse,

---

121. Cf. *In Ps.* 113, 1, 2 (Pâques 404) : « Nullus itaque christianorum se a nomine Israel arbitretur extraneum. »

122. Gn 25, 23. Le lien entre Gn 25, 23 et les Juifs porte-livres se
retrouve seulement dans *Ser.* 5, 5 (403) ; *In Ps.* 136, 18 (412). Sur
l'interprétation de ce verset, voir M. DULAEY, « La figure de Jacob
dans l'exégèse paléochrétienne », *Recherches augustiniennes*, 32, 2001,
p. 75-168 (p. 100-102).

123. *Capsarii* : hapax augustinien ; on trouve d'ordinaire
des synonymes : *scrinarii* ou *librarii* : voir G. FOLLIET, « *Iudaei
tamquam capsarii nostri sunt* : Augustin, *Enarratio in Ps.* 40, 14 »,
Augustinianum, 44, 2004, p. 443-457 ; *BA* 73/A, n. c. 3, p. 461-462 :
« Le destin d'Israël et la garde des Écritures » (M.-F. BERROUARD).

348

IN PSALMVM XL

innocence tu m'as soutenu, **et tu m'as affermi en ta présence pour l'éternité.** Tu m'as affermi pour l'éternité, tu m'as affaibli pour un temps ; tu m'as affermi en ta présence, tu m'as affaibli en celle des hommes. Quoi donc ? Louanges à lui, gloire à lui ! **Béni soit le Seigneur Dieu d'Israël !** Il est en effet le Dieu d'Israël, notre Dieu, le Dieu de Jacob, Dieu du fils plus jeune, Dieu du peuple plus jeune. Que personne ne dise : "C'est des Juifs qu'il a parlé ainsi, et moi je ne suis pas Israël[121]." C'est plutôt les Juifs qui ne sont pas Israël. Car Israël est le fils aîné, le peuple aîné qui est rejeté ; le plus jeune est le peuple aimé. *L'aîné servira le plus jeune*[122] : c'est maintenant accompli. Maintenant, frères, les Juifs nous servent, ils sont comme nos porte-livres[123], ils transportent les livres et nous les étudions. Écoutez en quoi les Juifs nous servent, et pour une bonne raison. Caïn, le frère aîné qui tua son frère plus jeune, reçut une marque pour qu'on ne le tue pas[124], c'est-à-dire pour que ce peuple demeure. Chez eux sont les prophètes et la Loi ; et c'est dans cette Loi et dans ces prophètes que le Christ a été annoncé. Lorsque nous discutons avec les païens, et que nous leur montrons que ce qui arrive aujourd'hui dans l'Église du Christ a été prédit à l'avance au sujet du nom du Christ, de la Tête et du Corps du Christ, pour éviter qu'ils ne pensent que nous avons forgé ces prédictions, et que nous les avons composées après coup d'après les événements qui sont arrivés, comme s'ils étaient à venir,

---

124. Cf. Gn 4, 15. Sur la marque de Caïn, voir *In Ps.* 39, 13, avec la note 106. Tout comme Caïn reçoit un signe pour que personne ne le tue, Dieu permet que la nation juive subsiste avec sa loi et son culte, même sous la domination romaine, «pour que les fidèles chrétiens voient clairement quel assujettissement ont mérité ceux qui ont tué le Seigneur sous l'empire de l'orgueil» (*C. Faust.* 12, 12).

349

ENARRATIONES IN PSALMOS

proferimus codices Iudaeorum. Nempe Iudaei inimici nostri sunt, de chartis inimici conuincitur aduersarius. Omnia ergo Dominus distribuit, omnia pro salute nostra ordinauit. Praedixit ante nos, impleuit hoc tempore nostro, et quae nondum impleuit, impleturus est. Itaque tenemus redditorem, ut credamus debitorem, quia et illa quae nondum dedit, dabit, sicut ea quae nondum dederat, dedit. Si quis probare uult ubi sint scripta, legat Moysen et prophetas. Si aliquis perstrepit inimicus et dicit: "Vos uobis prophetias finxistis", proferantur codices Iudaeorum, quia maior seruiet minori. Ibi legant ista praedicta quae modo uidemus impleta, et dicamus omnes: *Benedictus Dominus Deus Israel, a saeculo et in saeculum.* Et dicet omnis populus: *Fiat, fiat!*

IN PSALMVM XL

nous produisons les livres des Juifs[125]. Oui, les Juifs sont nos ennemis, et ce sont les livres de notre ennemi qui convainquent notre adversaire. Le Seigneur a donc tout réglé, tout ordonné pour notre salut. Il a prédit avant nous, il a accompli à notre époque, et ce qu'il n'a pas encore accompli, il l'accomplira. Ainsi, nous savons qu'il paie ses dettes, si bien que nous le croyons quand il est encore débiteur[126]; car, ce qu'il n'a pas encore donné, il le donnera aussi, tout comme il a donné ce qu'il n'avait pas encore donné. Si quelqu'un veut vérifier où tout cela a été écrit, qu'il lise Moïse et les prophètes. Si un ennemi insiste et dit: "C'est vous qui vous êtes forgé ces prophéties", qu'on produise les livres des Juifs, car l'aîné servira le plus jeune. Qu'on y lise prédit ce que nous voyons aujourd'hui accompli, et disons tous: *Béni soit le Seigneur Dieu d'Israël, de siècle en siècle.* Et tout le peuple dira: *Ainsi soit-il, ainsi soit-il*[127] !

---

125. P. COURCELLE, «Propos antichrétiens», p. 153-154. Cf. *Cons. eu.* 1, 26, 40; *Ser. Dolbeau* 23, 15; *Ser.* 200, 2, 3; 201, 3; 373, 4; *In Ps.* 56, 9. G. MADEC, «Le Christ des païens», p. 21, souligne la répétition insistante, au livre I du *De consensu euangelistarum*, du thème du rôle providentiel des Juifs qui ont conservé les prophéties: 1, 14, 22; 1, 26, 40; 1, 27, 42; 1, 32, 50. Voir A. MASSIE, *Peuple prophétique et nation témoin*, p. 355-358: le peuple juif est «garant de l'authenticité des prophéties», car il prouve leur antiquité. Ce témoignage est d'un poids remarquable, car les Juifs témoignent malgré eux en faveur de leurs ennemis.

126. Le jeu de mots *debitor/redditor* est fréquent chez Augustin vers 400-404: *Conf.* 5, 9, 17; *In Ps.* 32, 2, 1, 9; 83, 17; *Ser.* 110, 4; *Ser. Dolbeau* 4, 7; voir *AugLex*, s. v. *Promissio, promissa* (M. DULAEY).

127. G. FOLLIET, «L'acclamation biblique et liturgique *fiat fiat* chez saint Augustin», *Mélanges T. J. Van Bavel*, *Augustiniana*, 45, 2004, p. 79-102. Cette acclamation était longuement commentée par Ambroise (*In Ps.* 40, 36, *CSEL* 64, p. 253-254), qui y voyait une confirmation de la part des fidèles *(confirmationis uerbum)*.

IN PSALMVM XLI

PSAUME 41

Le Psaume dans l'exégèse contemporaine

Les Psaumes 41 et 42[1] sont aujourd'hui considérés comme formant un tout, en raison de la reprise du refrain des v. 6 et 12 du Ps 41 dans le Ps 42, 5. Le refrain délimite les trois parties de cet ensemble[2] : Ps 41, 1-6 ; Ps 41, 7-12 ; Ps 42, 1-5. Selon certains exégètes[3], ces trois parties correspondraient successivement au passé, au présent et à l'avenir : dans la première partie, le psalmiste exprime son aspiration vers Dieu et rappelle avec nostalgie les liturgies au Temple ; dans la seconde, il déplore que Dieu l'ait abandonné et se plaint des insultes de ses ennemis qui l'accablent ; dans la troisième, il énonce sa demande et dit son espérance pour l'avenir. S'il est difficile de préciser le contexte historique du psaume, on peut du moins affirmer « que le psalmiste vit une expérience d'exil, loin de son Dieu, au milieu

---

1. Ce sont les Ps 42 et 43 des Bibles modernes.

2. Pour une étude approfondie de la structure des Psaumes 42-43, voir Th. DOCKNER, „Sicut cerva…". Text, Struktur und Bedeutung von Psalm 42 und 43 (Arbeiten zu Text und Sprache im Alten Testament 67), Sankt Ottilien, 2001.

3. Cf. L. A. SCHÖKEL, « The Poetic Structure of Psalm 42-43 », Journal of the Study of the Old Testament, 1, 1976, p. 4-11 ; L. JACQUET, Les Psaumes et le cœur de l'homme. Étude textuelle, littéraire et doctrinale, t. 2. Psaumes 42 à 100, Gembloux, 1977, p. 5-6 ; G. RAVASI, Il libro dei Salmi. Commento e attualizzazione, I (1-50), Bologne, 1986, p. 762-764.

355

ENARRATIONES IN PSALMOS

d'ennemis qui ne partagent pas sa foi et qu'il se souvient avec émotion de sa participation active, autrefois, à la liturgie[4] ».

Le Psaume se présente comme un dialogue du psalmiste avec lui-même (Ps 41, 2-12), qui se poursuit par une prière adressée directement à Dieu (Ps 42, 1-5). Sa plainte en raison des insultes de ses ennemis et de l'absence de Dieu se conjugue avec l'exhortation à la confiance et à l'espérance en Dieu qui est sa vie et son salut.

Le Psaume 41 dans l'exégèse patristique

La Septante[5] distingue clairement les Psaumes 41 et 42, comme l'indique le titre ψαλμὸς τῷ Δαυιδ qui ouvre le Ps 42. La traduction des temps des verbes semble exprimer à plusieurs reprises une interprétation eschatologisante, qui a influencé les lectures patristiques du Ps 41[6].

Eusèbe de Césarée, Diodore de Tarse et les Antiochiens privilégient la lecture littérale du Psaume : ils le situent dans le contexte de l'exil à Babylone ; le désir de Dieu exprimé par le psaume correspond à la nostalgie de Jérusalem et du Temple[7]. Grégoire de Nysse, dans

---

4. J.-L. Vesco, *Le Psautier de David traduit et commenté*, I, Paris, 2006, p. 394 ; cf. G. Ravasi, *Il libro dei Salmi*, I, p. 761.

5. Comparaison systématique de la version du Ps 41 dans la LXX avec le texte hébreu dans S. Olofsson, *As a Deer Longs for Flowing Streams. A Study of the Septuagint Version of Psalm 42-43 in its Relation to the Hebrew Text* (De Septuaginta Investigationes 1), Göttingen, 2011.

6. Noter, par exemple, la traduction au futur du *yiqtôl* du v. 5b. Cf. G. Strola, «I Salmi 42-43 nella storia dell'esegesi», *Gregorianum*, 82, 2001, p. 637-688 (p. 638-639).

7. Cf. G. Strola, «I Salmi 42-43 nella storia dell'esegesi», p. 647 et 649, avec références à Eus. *In Ps.* 41 et 42, *PG* 23, 368-384 et Diod. T. *In Ps.*, *CCG* 6, p. 252-257.

IN PSALMVM XLI

son traité *Sur les titres des Psaumes*, voit dans le Ps 41, qui ouvre la seconde partie du Psautier, le passage au second degré de la vie spirituelle :

> «Celui qui a débuté son initiation à la vie vertueuse dans la première partie du Psautier, qui a connu pour y avoir goûté, la douceur de ce à quoi il aspire, qui a supprimé toute forme rampante de désir en lui et qui, avec les dents de la tempérance, a dévoré, à la place des bêtes, les passions, celui-là a soif de la participation à Dieu plus que "le cerf ne languit après les sources d'eaux"[8].»

Cyrille d'Alexandrie voit dans le Ps 41 le cri des Juifs convertis et dans le Ps 42 la prière des païens qui demandent à être sauvés par la foi au Christ[9].

La lecture qu'Ambroise fait du Ps 41 dans le livre IV du *De interpellatione Iob et David* est particulièrement riche. Elle s'inscrit dans une méditation sur le thème du cerf : l'évêque de Milan explique que le Christ s'est fait lui-même «cerf», afin que nous soyons nous aussi des cerfs capables de marcher sur les serpents[10]. Le cerf symbolise donc à la fois le Christ et les fidèles. Dans la figure du cerf qui vient au baptême, Ambroise voit d'abord le Christ venant trouver Jean-Baptiste pour se faire baptiser parce qu'il a soif du salut de tous (*Iob. Dau.* 4, 1, 5). Suit alors le commentaire du Ps 41. Les v. 2-3 expriment le désir de David, figure de l'âme qui se

---

8. *Sur les titres des Psaumes*, 1, 5, 12, *SC* 466, p. 196-197.

9. Cf. G. Strola, «I Salmi 42-43…», p. 647 et 649, avec référence à R. Devreesse, *Les anciens commentateurs grecs des Psaumes* (Studi et Testi 264), Città del Vaticano, 1970, p. 227-228.

10. Ambr. *Iob. Dau.* 4, 1, 4-5, *CSEL* 32, 2, p. 269-270 : «Soyons nous aussi des cerfs, afin de pouvoir marcher sur les serpents. Nous serons des cerfs, si nous suivons la voix du Christ qui prépare les cerfs et fait qu'ils ne craignent pas la morsure des serpents et qui enlève leur douleur en déliant leur faute, si par hasard ils ont été blessés»; «le Seigneur s'est donc fait cerf, de sorte que la voix du Seigneur se prépare de tels cerfs…». Voir la note complémentaire 11 : «Le cerf».

ENARRATIONES IN PSALMOS

hâte vers la source de la vie éternelle (4, 2, 6[11]). Le «pain de larmes» du v. 4 est associé à la béatitude de ceux qui ont faim et soif de justice (4, 2, 7, qui cite Mt 5, 6). Pour expliquer le v. 5, Ambroise introduit le Ps 26, 4 : «J'ai demandé une chose au Seigneur, c'est elle que je rechercherai : habiter la maison du Seigneur tous les jours de ma vie, pour contempler les délices du Seigneur[12]»; il précise que «les délices du Seigneur *(delectatio Domini)* sont dans l'Église» et que «l'Église est l'image des réalités célestes», alors que la Synagogue n'en est que l'ombre (4, 2, 9). Le v. 6 : «Pourquoi es-tu triste, mon âme, et pourquoi me troubles-tu?» est appliqué au Christ, qui dit : «Maintenant mon âme est troublée» (Jn 12, 27) et qui, assumant nos faiblesses et nos sentiments, a été «triste jusqu'à la mort» (Mt 26, 38, cité en *Iob. Dau.* 4, 3, 11). La «petite montagne» du v. 7 est, pour Ambroise, une figure du Christ qui, grand par sa divinité, s'est fait petit par l'Incarnation : «Il s'est fait montagne pour toi, afin que tu montes» (4, 4, 17). «L'abîme appelant l'abîme» symbolise la relation de l'Ancien au Nouveau Testament, tandis que «les cataractes» figurent la profondeur des paroles et la force de l'éloquence céleste qui se déverse sur nous comme la pluie venant du ciel (4, 4, 18). Dans la suite du commentaire, Ambroise découvre dans la reprise du refrain (Ps 41, 6.12 et Ps 42, 5) la marque de trois *interpellationes* successives adressées par Dieu (4, 7, 26 – 8, 29) : il voit donc une continuité entre les Psaumes 41 et 42, qu'il commente l'un après l'autre.

La lecture christologique que l'évêque de Milan fait du Ps 41 est complètement absente du commentaire

---

11. Ambroise cite alors, tout comme Augustin, le Ps 35, 10 : «Auprès de toi est la source de vie, en ta lumière nous verrons la lumière.»

12. Augustin cite également le Ps 26, 4 en *In Ps.* 41, 5.

IN PSALMVM XLI

augustinien, qui en propose une interprétation mystique et eschatologique. Augustin ne retient pas davantage les étymologies des termes hébraïques indiquées par Ambroise. Les points de contact que l'on peut relever entre les deux commentaires semblent donc à attribuer à une tradition commune plus qu'à une lecture du *De interpellatione Iob et Dauid* par Augustin[13].

Jérôme, dans l'*In Ps. 41 ad neophytos*[14], centre toute son interprétation du psaume sur le baptême : les larmes sont celles de la pénitence et du jeûne ; paraître face à Dieu, c'est se tenir devant l'autel pour participer pour la première fois à l'eucharistie ; se souvenir de Dieu depuis la terre du Jourdain, c'est se souvenir de lui depuis le fleuve où Jésus a été baptisé ; l'Hermon et le petit mont sont une figure de ce monde ; la mention de l'abîme appelant l'abîme est comprise comme signifiant le rapport de l'Ancien Testament au Nouveau ; les eaux sont les paroles des Écritures.

Le Psaume 41 selon Augustin

Augustin n'établit aucun rapprochement entre les Ps 41 et 42, à la différence d'Eusèbe de Césarée qui remarque que le Ps 42 semble être une partie du psaume précédent, puisqu'il reprend le même refrain[15]. Augustin n'indique pas non plus que le Ps 41 ouvre le second livre du psautier[16], à la différence d'Origène

---

13. Cf. *infra*, n. 117 et 118.

14. HIER., *CCL* 78, p. 542-544 ; G. STROLA, « I Salmi 42-43... », p. 644-646.

15. Cf. EUS. *In Ps.* 42, *PG* 23, 380 A.

16. Cf. J.-M. AUWERS, « L'organisation du psautier chez les Pères grecs », dans *Le Psautier chez les Pères* (*Cahiers de Biblia Patristica* 4), Strasbourg, 1993, p. 37-54. Augustin opte, comme HIL. *In Ps. Instr.* 11, *CCL* 61, p. 10-11, pour une division en trois groupes de cinquante psaumes ; il dit ne pas comprendre la raison de la division en cinq livres (cf. *In Ps.* 150, 2-3).

ENARRATIONES IN PSALMOS

(*PG* 12, 1056A), d'Eusèbe (*In Ps.* 40, *PG* 23, 365D), de Grégoire de Nysse (*Sur les titres des Psaumes*, I, 5, 12, *SC* 466, p. 194-197) ou encore d'Ambroise (*In Ps.* 40, 37, *CSEL* 64, p. 254-255) et de Jérôme (*In Ps.* 40, *CCL* 72, p. 208).

L'évêque d'Hippone mentionne expressément l'usage liturgique du Psaume 41[17], en indiquant au début de l'*Enarratio*, après avoir cité le v. 2 :

> «On ne se trompe pas en y entendant la voix de ceux qui, étant encore catéchumènes, se hâtent vers la grâce du saint baptême. C'est la raison pour laquelle on chante chaque année ce psaume pour qu'ils désirent la source de la rémission des péchés *comme le cerf désire les sources des eaux.* Il en est bien ainsi, et cette façon de comprendre a réellement, annuellement, sa place dans l'Église, je vous l'accorde.» (§ 1)

Le Ps 41 était chanté par les catéchumènes, peut-être déjà au moment de l'inscription des noms pour le baptême[18], et certainement avant le baptême lors de la vigile pascale[19]. Il est significatif que le *Ser. Denis* 2, 4, qui est un sermon de la veillée pascale, cite et commente le v. 4

---

17. Cf. M. Margoni-Kögler, *Die Perikopen im Gottesdienst bei Augustinus. Ein Beitrag zur Erforschung der liturgischen Schriftlesung in der frühen Kirche*, Vienne, 2010, p. 102-103 et p. 429-430.

18. La comparaison d'*In Ps.* 41, 1 *(ad gratiam sancti lauacri festinent)* avec *Ser. Lambot* 26, 3 : «Hier j'ai encouragé Votre Charité à renvoyer tout prétexte de retard pour vous hâter, vous tous qui êtes catéchumènes, vers le bain de la régénération *(ut ad lauacrum regenerationis [...] festinetis)*», suggère, selon S. Poque, que le Ps 41 était chanté lors de l'inscription au baptême (cf. «Introduction», *SC* 116, p. 23, avec les n. 2 et 3).

19. Cf. A.-M. La Bonnardière, «Augustin ministre de la Parole de Dieu», dans *Saint Augustin et la Bible*, Paris, 1986, p. 52 : on trouve encore une mention du baptême dans le § 12 ; voir aussi *In Ps.* 117, 1.14.22, qui cite également Ps 41, 5, et le commentaire de A.-M. La Bonnardière, *Recherches de chronologie augustinienne*, Paris, 1965, p. 153-155.

IN PSALMVM XLI

du Ps 41 : « Où est-il ton Dieu ? ». Jérôme est également un témoin de cet usage liturgique dans son *In Ps.* 41 *ad neophytos*, comme nous l'avons vu.

Toutefois, l'interprétation augustinienne du psaume dans l'*In Ps.* 41 est différente. Mentionner l'usage du Ps 41 lors de la vigile pascale n'implique nullement que l'*Enarratio* a été prêchée à l'occasion d'une vigile pascale. Les indications d'Augustin suggèrent au contraire qu'il ne s'adresse pas aux catéchumènes, mais aux baptisés qui, « peut-être, s'ils savent ce qu'il en est du lieu où ils sont en exil et de celui où il leur faut aller, s'enflamment d'un désir encore plus ardent » (§ 1). De plus, Augustin laisse explicitement de côté la signification baptismale du psaume et interprète la source comme étant celle de l'intelligence *(ad fontem intellegendi)* :

> « Laissons de côté la source que désirent, pour la rémission des péchés, ceux qui vont être baptisés ; nous qui sommes déjà baptisés, désirons aussi cette source dont parle un autre passage de l'Écriture : *Car en toi est la source de vie* ; lui-même est en effet la source et la lumière, car *à ta lumière nous verrons la lumière*. Si Dieu est à la fois la source et la lumière, il est logiquement aussi l'intelligence, parce qu'il désaltère l'âme avide de connaissance, et tout homme qui parvient à l'intelligence est illuminé d'une lumière qui n'est pas corporelle, qui n'est pas charnelle, pas extérieure, mais intérieure. » (§ 2)

Augustin applique donc le psaume à tous les fidèles qui ont un désir ardent du Seigneur (§ 1) et il exhorte ses auditeurs à partager sa soif : « Ah ! Mes frères, comprenez mon empressement, partagez avec moi ce désir » (§ 2). La dimension autobiographique de l'*Enarratio* est perceptible : Augustin y fait part de sa propre expérience. On trouve, dans l'*In Ps.* 41, la description d'une ascension similaire à celle qu'Augustin décrit, lorsqu'il relate son expérience de Dieu à Milan et à Ostie, dans

361

ENARRATIONES IN PSALMOS

les livres VII et IX des *Confessions*[20]; un tel parallèle n'est pas fortuit. L'usage qu'Augustin fait du Ps 41 dans le livre XIII des *Confessions* est également significatif: il y découvre un écho de son propre itinéraire[21].

*Structure de l'*Enarratio

Les § 1-4 sont une entrée en matière : Augustin précise successivement qui parle dans le psaume (§ 1), le sens du titre : « pour les fils de Corè, en vue de l'intelligence » (§ 2), puis la symbolique du cerf (§ 3-4). Il introduit alors la signification globale du psaume, avant de le commenter verset par verset :

> « Un tel cerf bien établi dans la foi, qui ne voit pas encore ce qu'il croit et désire avoir l'intelligence de ce qu'il aime, supporte aussi l'opposition de ceux qui ne sont pas des cerfs, qui ont l'intelligence obscurcie, qui sont aveuglés par les convoitises de leurs vices, et s'en prennent de plus au croyant qui ne peut montrer ce qu'il croit, en disant : *Où est-il, ton Dieu ?* Écoutons comment notre cerf a réagi à ces attaques, pour faire comme lui, si nous le pouvons. » (§ 5)

Augustin lit donc dans le psaume l'expression du désir de voir Dieu qui habite le fidèle et sa réaction aux attaques des païens qui le pressent de montrer son Dieu : la question des païens, « Où est-il ton Dieu ? », vient comme exacerber son désir de voir ce qu'il croit (§ 7).

Dans son commentaire des v. 2-6 du psaume (§ 5-11), Augustin, après avoir exposé le désir du psalmiste et la question des païens (§ 5-6), décrit l'ascension progressive jusqu'à la demeure de Dieu (§ 7-9) et la retombée qui la suit dans la vie d'ici-bas : une retombée qui provoque les gémissements du psalmiste, mais à laquelle

---

20. Voir la note complémentaire 12 : « L'ascension vers Dieu ».
21. Cf. *Conf.* 13, 12, 13 - 13, 14. Voir *infra*, n. 116 et 134.

362

IN PSALMVM XLI

il réagit par l'espérance (§ 10-11). La fin de l'*Enarratio*
(§ 12-19) qui commente la seconde partie du psaume
(v. 7-12) expose le trouble du psalmiste et sa crainte des
jugements divins (§ 12-15), mais aussi sa prière pleine
d'espérance en la miséricorde de Dieu (§ 16-19).

Éléments de localisation et de datation

L'entrée en matière de l'*Enarratio* manifeste qu'Augustin ne prêche pas à Hippone : « Il y a longtemps que
notre âme désire se réjouir avec vous dans la parole de
Dieu et vous saluer en Celui qui est notre aide et notre
salut. » Beaucoup de remarques suggèrent une proximité
d'Augustin avec ses auditeurs, qui ont, eux aussi, désiré
l'entendre ; peut-être même a-t-on demandé expressément à Augustin d'expliquer le Ps 41 – l'expression
psalmum suscepimus indique en tout cas qu'il ne l'a
pas choisi lui-même. Le psaume qu'il doit commenter
« s'accorde avec [leur] désir » *(congruum desiderio uestro)*,
car « il commence lui-même par un saint désir »[22] :
« Comme le cerf désire les sources des eaux, ainsi mon
âme te désire, mon Dieu » ; un désir que chacun peut
faire sien, s'il le veut. Le § 13 montre à nouveau combien
la communauté a désiré entendre Augustin expliquer le
psaume : « Je vais peut-être pouvoir achever le psaume,
aidé par votre attention dont je vois la ferveur [...] ;
écoutez donc, puisque je vois que vous le désirez. »

Rien n'indique un contexte liturgique ; aucune lecture
n'est mentionnée. Les références scripturaires ne sont
pas très nombreuses. Il pourrait s'agir d'une prédication

---

22. Augustin cite et commente le v. 2 du psaume dès le § 1, avant
d'en expliquer le titre dans les § 2-4. Le titre est introduit comme
une manière de préciser le désir dont traite le Ps 41 : le désir de
l'intelligence.

ENARRATIONES IN PSALMOS

d'après-midi. La fin de l'*Enarratio* paraît plutôt abrupte : il n'y a pas de conclusion nouant les thèmes principaux de l'explication.

Dans le § 2, Augustin rappelle à ses auditeurs ses explications antérieures de l'expression « les fils de Corè », en précisant : « Ce que nous avons déjà dit ne doit pas nous empêcher de le dire encore une fois, car, en quelque endroit que nous l'ayons dit, tous n'étaient pas présents. » Cette mention exclut de localiser l'*Enarratio* dans une ville où Augustin ne prêchait pas régulièrement[23] : l'*In Ps.* 41 peut donc avoir été prêchée à Carthage ou dans une autre ville où Augustin se rendait souvent.

L'interprétation qu'Augustin donne de Corè à partir de l'étymologie *caluaria* rattache l'*In Ps.* 41 au troisième groupe des *Enarrationes* sur les Psaumes intitulés « Pour les fils de Corè » : ce qui suggère une date postérieure à 407-408[24]. On remarque, d'autre part, au début de l'*Enarratio* (§ 1), quelques expressions très caractéristiques de la polémique antidonatiste : *in agro dominico, toto orbe terrarum* ; *unitatis christianae [...] uocem*[25] ; ce qui oblige à ne pas repousser l'*Enarratio* trop au-delà de 411.

Or l'allusion précise à la signification du Psaume 72 dans le § 9[26] invite à situer l'*In Ps.* 41 peu de temps

---

23. Cf. S. ZARB, *Chronologia S. Augustini in Psalmos*, p. 170.

24. Voir la note complémentaire 9 : « Pour les fils de Corè ».

25. Voir *infra*, n. 37 et 38.

26. Cf. *infra*, n. 90 et 92. Les textes antérieurs chronologiquement à l'*In Ps.* 72, qui font référence à Ps 72, 16-17, sont plutôt allusifs et ne peuvent expliquer le développement du § 9 ; les indications précises du § 9 sur le sens global du Ps 72 et sur la signification des v. 16-17 supposent donc très probablement qu'Augustin a prêché l'*In Ps.* 72 peu de temps auparavant.

364

IN PSALMVM XLI

après l'*In Ps.* 72. Celle-ci peut être datée avec une quasi-certitude de septembre 411[27], car Augustin précise, dans la *Lettre* 140, 5, 13 qu'il a adressée à Honoratus début 412, qu'il a prêché sur le Psaume 72 au cours de la vigile de la fête de saint Cyprien (c'est-à-dire dans la nuit du 14 au 15 septembre 411). On peut alors dater, de façon assez probable, l'*In Ps.* 41 de la fin 411 ou peu après.

---

27. Cf. I. Bochet, «Augustin et les Psaumes d'Asaph», dans *Judaïsme et christianisme dans les commentaires patristiques des Psaumes*, M.-A. Vannier (éd.), Bern, 2015, p. 93-125 (p. 103) ; voir dans la n. 48 la discussion de la position de A.-M. La Bonnardière qui optait pour la date de 410. Voir aussi O. Perler, J.-L. Maier, *Les voyages de saint Augustin*, Paris, 1969, p. 293, avec n. 2.

IN PSALMVM XLI
Sermo ad plebem

v. 2 **1.** Olim est ut desiderat anima nostra in uerbo Dei gaudere uobiscum, et in illo uos salutare qui est nostrum adiutorium et salutare. Quod ergo Dominus dat audite per nos, et in illo exsultate nobiscum in sermone eius et in ueritate et in caritate eius. Psalmum enim suscepimus de quo loquendum est uobis congruum desiderio uestro. Coepit enim ipse psalmus a sancto quodam desiderio, et ait qui sic cantat: ***Quemadmodum desiderat ceruus ad fontes aquarum, ita desiderat anima mea ad te, Deus.*** Quis ergo est qui hoc dicit? Si uolumus, nos sumus. Et quid quaeras extra quisnam sit, cum in tua potestate sit esse quod quaeris? Tamen non unus homo est, sed unum corpus est; corpus autem Christi ecclesia est. Nec in omnibus qui intrant ecclesiam inuenitur tale

---

28. *Olim est ut*: expression qu'on ne retrouve qu'en *Ser. Dolbeau* 14, 2.

29. Cette entrée en matière laisse supposer qu'Augustin n'est pas à Hippone, mais dans une ville qu'il connaît bien. Voir l'introduction.

30. *De quo loquendum* suggère qu'Augustin n'a pas choisi lui-même le psaume; l'expression *psalmum suscepimus* signifie, dans ce contexte, qu'Augustin "a reçu" le psaume, mais la Providence a bien fait les choses, comme l'indique le terme *congruum*.

31. L'*In Ps.* 38, 6 mentionne également ce «saint désir», en faisant allusion à Ps 41, 2: «Après avoir été humecté par les gouttes venues de la nuée des Écritures du Seigneur, il voulait, tel le cerf, arriver à la source de la vie, dans cette lumière voir la lumière, être caché dans le visage de Dieu loin des troubles des hommes, et là, dire: Tout est bien, je ne veux rien de plus, ici j'aime tout le monde, ici je ne crains plus personne. Voilà un bon désir, un saint désir.» Voir la note complémentaire 6: «L'exemple de Paul en Ph 3, 12-15».

SUR LE PSAUME 41

Sermon au peuple

1. Il y a longtemps que[28] notre âme désire se réjouir avec vous dans la parole de Dieu et vous saluer[29] en Celui qui est notre aide et notre salut. Écoutez donc par notre entremise ce que donne le Seigneur, et en lui exultez avec nous dans sa parole, dans sa vérité et sa charité. Le psaume qui nous est proposé et dont il nous faut vous parler[30] s'accorde en effet avec votre désir. Le psaume lui-même commence par un saint désir[31], et voici ce que dit celui qui le chante : *Comme le cerf désire les sources des eaux, ainsi mon âme te désire, mon Dieu.* Quel est donc celui qui dit ces paroles ? Nous, si nous le voulons[32]. Et pourquoi irais-tu chercher au dehors qui est concerné, puisqu'il est en ton pouvoir d'être ce que tu cherches[33] ? Ce n'est toutefois pas un homme unique, mais un unique corps : le Corps du Christ qu'est l'Église[34]. On ne trouve pas pareil désir chez tous ceux qui pénètrent dans l'église[35] ; toutefois,

---

32. *Si uolumus, nos sumus* : la formule est rare ; on la trouve en *In Ps.* 30, 2, 3, 3, où elle est appliquée aussi aux membres de l'Église ; en *Ser.* 337, 3 qui cite Ps 41, 4 ; en *In Ps.* 103, 2, 6.

33. À comparer à *In Ps.* 38, 2, dans laquelle Augustin invite ses auditeurs à être eux-mêmes Idithun : « À chacun de voir s'il se reconnaît ici. »

34. Cf. Col 1, 24.

35. On pourrait aussi comprendre : « qui entrent dans l'Église ».

ENARRATIONES IN PSALMOS

desiderium, sed tamen quicumque suauitatem Domini gustauerunt et quod eis sapit agnoscunt in cantico, non putent se solos esse, sed talia semina sparsa credant in agro dominico toto orbe terrarum et cuiusdam unitatis christianae esse uocem hanc: *Quemadmodum desiderat ceruus ad fontes aquarum, sic desiderat anima mea ad te, Deus.* Et quidem non male intellegitur uox esse eorum qui, cum sint catechumeni, ad gratiam sancti lauacri festinant. Vnde et solemniter cantatur hic psalmus, ut ita desiderent fontem remissionis peccatorum *quemadmodum desiderat ceruus ad fontes aquarum.* Sit hoc habeatque locum intellectus iste in ecclesia et ueracem et solemnem. Verumtamen, fratres, uidetur mihi etiam in baptismate fidelibus nondum esse satiatum tale desiderium; sed fortassis, si norunt ubi peregrinentur et quo eis transeundum sit, etiam ardentius inflammantur.

v. 1   **2.** Denique titulus eius est: ***In finem, in intellectum filiis Core, psalmus.*** Filios Core inuenimus et in aliis psalmorum titulis, et iam tractasse nos meminimus et locutos esse quid sibi hoc nomen uelit; ita tamen nunc commemorandus est iste titulus ut non nobis quasi praeiudicet quod iam diximus, ut deinceps non dicamus; non enim ubicumque diximus omnes adfuerunt.

---

36. *Suauitatem Domini gustauerunt.* Formule très rare: on trouve une expression analogue, *gustare suauitatem Dei*, en *In Ps.* 134, 5.

37. *In agro dominico, toto orbe terrarum*: l'identification du «champ du Seigneur» à la terre entière, en lien avec l'explication de la parabole de l'ivraie (Mt 13, 38 : «le champ, c'est le monde»), est récurrente dans la polémique antidonatiste. Voir *Bapt.* 5, 11, 13; *C. Petil.* 1, 22, 24; 2, 20, 45; *C. Gaud.* 2, 3, 3; *Ep. Cath.* 2, 3; *Ep.* 76, 2-3.

38. L'expression *unitas christiana* est très caractéristique des textes appartenant à la polémique anti-donatiste: voir *C. Parm.* 1, 12, 19; 2, 5, 10; *Bapt.* 6, 1, 1; *C. Petil.* 1, 18, 20; *C. Cresc.* 1, 6, 8; 1, 12, 15; 2, 8, 10; 4, 66, 83; *Ep. Cath.* 13, 33; 20, 55; *Ep.* 43, 2, 3 et 3, 8; 89, 1; 128, 3; 173, 6; *Ser.* 269, 3. Ce constat invite à situer la prédication de l'*In Ps.* 41 dans un contexte antidonatiste.

368

IN PSALMVM XLI

tous ceux qui ont goûté à la douceur du Seigneur[36] et reconnaissent dans ce chant la saveur qu'il a pour eux ne doivent pas s'imaginer qu'ils sont seuls ; qu'ils croient plutôt que de pareilles semences ont été semées sur toute la terre dans le champ du Seigneur[37] et que c'est en quelque sorte la voix des chrétiens dans leur unité[38] que l'on entend dans ces mots : *Comme le cerf désire les sources des eaux, ainsi mon âme te désire, mon Dieu.* Et en même temps, on ne se trompe pas en y entendant la voix de ceux qui, étant encore catéchumènes, se hâtent vers la grâce du saint baptême[39]. C'est la raison pour laquelle on chante chaque année ce psaume, pour qu'ils désirent la source de la rémission des péchés *comme le cerf désire les sources des eaux.* Il en est bien ainsi, et cette façon de comprendre a réellement, annuellement, sa place dans l'Église, je vous l'accorde. Il me semble pourtant, mes frères, que même lors du baptême, les fidèles ne voient pas encore pareil désir assouvi ; mais peut-être, s'ils savent ce qu'il en est du lieu où ils sont en exil et de celui où il leur faut aller, s'enflamment-ils d'un désir encore plus ardent.

2. C'est pourquoi le titre du psaume est : **Pour la fin, pour les fils de Corè, en vue de l'intelligence, psaume.** Les fils de Corè, nous les trouvons aussi dans d'autres titres de psaumes et nous nous souvenons d'en avoir déjà traité et d'avoir dit ce que ce nom signifie[40] ; il nous faut pourtant rappeler maintenant ce titre, et ce que nous avons déjà dit ne doit pas nous empêcher de le dire encore une fois, car en quelque endroit que nous l'ayons dit, tous n'étaient pas

---

39. *Ad gratiam sancti lauacri festinent* : expression à comparer à *Ser. Lambot* 26, 3, où une expression similaire fait allusion à l'inscription des catéchumènes au baptême (voir introduction).

40. Voir la note complémentaire 9 : « Pour les fils de Corè ».

369

ENARRATIONES IN PSALMOS

Core aliquis homo fuerit, sicut fuit, habueritque filios qui appellarentur filii Core ; nos tamen arcanum sacramenti scrutemur, ut nomen hoc mysterium quo grauidum est pariat. Magni enim sacramenti res est, ut christiani appellentur filii Core. Vnde filii Core ? Filii sponsi, filii Christi. Dicti sunt enim christiani, filii sponsi. Quare ergo Core Christus? Quia Core interpretatur Caluaria. Multo remotius est hoc. Quaerebam quare Core Christus; intentius quaero quare Christus ad Caluariam pertinere uideatur. Nonne iam occurrit in loco Caluariae crucifixus? Occurrit omnino. Ergo filii sponsi, filii passionis illius, filii redempti sanguine illius, filii crucis illius, portantes in fronte quod inimici in Caluariae loco fixerunt appellantur filii Core ; illis cantatur iste psalmus *in intellectum*. Intellectu itaque excitemur et, si nobis cantatur, intellegamus.

Quid intellecturi sumus? In quem intellectum psalmus iste cantatur? Audeo dicere: *inuisibilia enim eius a creatura mundi per ea quae facta sunt intellecta conspiciuntur*. Eia, fratres, auiditatem meam capite, desiderium hoc mecum communicate; simul amemus, simul in hac siti exardescamus, simul ad fontem

---

41. Cette remarque indique que tous les psaumes de Corè n'ont pas été prêchés au même endroit; elle suppose que certains des auditeurs, au moins, ont déjà entendu l'explication relative aux «fils de Corè»: elle invite à situer l'*In Ps.* 41, sinon à Carthage, comme le pensait S. ZARB (*Chronologia S. Augustini in Psalmos*, p. 170), du moins dans une ville où Augustin se rendait régulièrement.

42. Cette interprétation se trouve chez Jérôme, mais en dehors des *Nomina hebraica*: cf. n. c. 9 : «Pour les fils de Corè».

43. La mention *in intellectum* se trouve également dans le titre du Ps 44 et fait l'objet d'un commentaire en *In Ps.* 44, 3. Mais la perspective n'est pas la même: dans l'*In Ps.* 44, 3, avoir l'intelligence, c'est pouvoir reconnaître dans le Christ crucifié le Verbe de Dieu (cf. 1 Co 2, 8 et Jn 14, 9); en *In Ps.* 41, 2 et 7, avoir l'intelligence, c'est être capable de connaître ce qu'il y a d'invisible en Dieu à travers ses œuvres (cf. Ro 1, 20).

370

IN PSALMVM XLI

présents[41]. Corè a dû être un personnage historique,
et il a dû avoir des fils qu'on appelait les fils de Corè ;
mais nous, ce sont les secrets de la figure qu'il nous faut
scruter, pour que vienne au jour le mystère dont le nom
est gros. Que les chrétiens soient appelés fils de Corè
relève en effet d'un grand mystère. Pourquoi fils de
Corè ? Fils de l'Époux, fils du Christ. Les chrétiens sont
en effet appelés les fils de l'Époux. Pourquoi donc Corè
désigne-t-il le Christ ? Parce que la traduction de Corè
est "calvaire"[42]. Ceci est bien complexe. Je cherchais
pourquoi Corè désigne le Christ ; je cherche avec plus
d'attention encore quel peut être le rapport entre Christ
et calvaire. Ne vient-il pas aussitôt à l'esprit que le Christ
a été crucifié au lieu appelé calvaire ? Si, évidemment.
Sont donc appelés fils de Corè les fils de l'Époux, les
fils de sa passion, les fils rachetés par son sang, les fils
de sa croix, qui portent sur le front ce que ses ennemis
ont planté au lieu appelé calvaire. C'est pour eux qu'est
chanté ce psaume, *en vue de l'intelligence*[43]. Stimulons
donc notre intelligence, et comprenons ce psaume, s'il
est chanté pour nous.

De quoi aurons-nous l'intelligence, en vue de quelle
intelligence ce psaume est-il chanté ? J'ose le dire : *Ce
qu'il y a d'invisible en Dieu depuis la création du monde
est vu par l'intelligence à travers ses œuvres*[44]. Ah ! Mes
frères, comprenez mon empressement, partagez avec
moi ce désir ; aimons ensemble, brûlons ensemble de
cette soif, courons ensemble à la source de l'intelligence.

---

44. Ro 1, 20 (repris également au § 7). Augustin fonde sur ce
verset la capacité donnée aux philosophes de connaître Dieu à partir
de ses œuvres : voir, par exemple, *Conf.* 10, 6, 10 ; *Trin.* 13, 19, 24.
Dans l'*In Ps.* 41, Ro 1, 20 sert de fondement scripturaire à l'ascension
progressive vers Dieu à partir du créé. Voir, de façon plus générale,
G. MADEC, « Connaissance de Dieu et action de grâces. Essai sur
les citations de l'*Ép. aux Romains* I, 18-25 dans l'œuvre de saint
Augustin », *Recherches augustiniennes*, 2, 1962, p. 273-309.

ENARRATIONES IN PSALMOS

intellegendi curramus. Desideremus ergo uelut ceruus fontem, excepto illo fonte quem propter remissionem peccatorum desiderant baptizandi, et iam baptizati desideremus illum fontem de quo scriptura alia dicit: *Quoniam apud te est fons uitae*; ipse enim fons et lumen est, quoniam *in lumine tuo uidebimus lumen*. Si et fons est, et lumen est, merito et intellectus est, quia et satiat animam auidam sciendi, et omnis qui intellegit, luce quadam non corporali, non carnali, non exteriore, sed interiore illustratur. Est ergo, fratres, quaedam lux intus quam non habent qui non intellegunt. Vnde iam eos qui desiderant hunc fontem uitae et inde aliquid carpunt, alloquitur apostolus obsecrans et dicit: *Vt iam non ambuletis sicut et gentes ambulant in uanitate mentis suae, obscurati intellegentia, alienati a uita Dei per ignorantiam quae est in illis propter caecitatem cordis ipsorum*. Si ergo illi obscurati sunt intellegentia, id est quia non intellegunt, obscurantur; ergo qui intellegunt illuminantur. Curre ad fontes, desidera aquarum fontes. Apud Deum est fons uitae et insiccabilis fons, in illius luce lumen inobscurabile. Lumen hoc desidera, quemdam fontem, quoddam lumen quale non norunt oculi tui; cui lumini uidendo oculus interior praeparatur, cui fonti hauriendo sitis interior inardescit. Curre ad fontem, desidera fontem; sed noli utcumque, noli ut

---

45. Ps 35, 10.

46. En *In Ps.* 35, 16 (*BA* 58/B, p. 368-369), Augustin note : « Ici, source et lumière sont deux choses différentes, mais pas là-bas, car ce qui est source est aussi lumière ; tu peux lui donner le nom que tu veux, parce qu'il n'est pas ce que tu nommes, parce que tu ne peux trouver un nom qui convienne, il ne tient pas dans un seul nom. » Cf. *Ser. Wilmart* 11, 9. Voir *BA* 58/B, n. c. 9, p. 588-593 : « L'interprétation patristique et augustinienne du Ps 35, 10 » (P.-M. HOMBERT).

47. Eph 4, 17-18. Cette citation est très rare dans l'œuvre augustinienne (cf. *Spec.* 34) ; la citation est plus ou moins complète en *In Ps.* 118, 18, 3, *C. Iul.* 3, 25 et *Ser.* 212, 1. *Ser. Dolbeau* 26, 15 ; *C. Faust.* 24, 2 ; *In Ps.* 138, 26 contiennent de simples allusions. On

IN PSALMVM XLI

Désirons donc la source comme le cerf; laissons de côté la source que désirent, pour la rémission des péchés, ceux qui vont être baptisés, et nous qui sommes déjà baptisés, désirons aussi cette source dont parle un autre passage de l'Écriture: *Car en toi est la source de vie*; lui-même est en effet la source et la lumière, car *à ta lumière nous verrons la lumière*[45]. Si Dieu est à la fois la source et la lumière[46], il est logiquement aussi l'intelligence, parce qu'il désaltère l'âme avide de connaissance, et tout homme qui parvient à l'intelligence est illuminé d'une lumière qui n'est pas corporelle, qui n'est pas charnelle, pas extérieure, mais intérieure. Il y a donc, mes frères, une sorte de lumière intérieure que ne possèdent pas ceux qui n'ont pas l'intelligence. C'est pourquoi l'Apôtre s'adresse à ceux qui désirent cette source de vie et y puisent déjà un peu, et il les adjure par ces paroles: *Ne vous conduisez plus comme le font les païens, dans la vanité de leur esprit, avec leur intelligence obscurcie, eux que l'aveuglement de leur cœur, dû à l'ignorance qui est en eux, éloigne de la vie de Dieu*[47]. Si donc leur intelligence est obscurcie – c'est-à-dire qu'ils sont dans l'obscurité parce qu'ils n'ont pas l'intelligence –, alors ceux qui ont l'intelligence sont dans la lumière. Cours aux sources, désire les sources des eaux. Auprès de Dieu est la source de vie, une source intarissable; dans sa lumière est une lumière que rien ne peut obscurcir[48]. Désire cette lumière, une source, une lumière que tes yeux ne connaissent pas; il y a un œil intérieur fait pour voir cette lumière, une soif intérieure qui brûle de puiser à cette source. Cours à la source, désire la source; mais ne cours pas n'importe comment, ne cours pas comme

---

remarque que les citations les plus longues appartiennent à des textes postérieurs à 410.

48. *Insiccabilis/inobscurabilis*: les deux adjectifs sont des hapax chez Augustin.

ENARRATIONES IN PSALMOS

qualecumque animal currere; ut ceruus curre. Quid est, ut ceruus? Non sit tarditas in currendo, impigre curre, impigre desidera fontem. Inuenimus enim insigne uelocitatis in ceruo.

v. 2 **3.** Sed forte non hoc scriptura solum nos in ceruo considerare uoluit, sed et aliud. Audi quid aliud est in ceruo. Serpentes necat et post serpentium interemptionem maiori siti inardescit, peremptis serpentibus ad fontes acrius currit. Serpentes uitia tua sunt; consume serpentes iniquitatis, tunc amplius desiderabis fontem ueritatis. Auaritia forte in te tenebrosum aliquid sibilat et sibilat aduersus uerbum Dei, sibilat aduersus praeceptum Dei; et quia tibi dicitur: Contemne aliquid, ne facias iniquitatem, si mauis facere iniquitatem quam aliquod commodum temporale contemnere, morderi eligis a serpente quam perimere serpentem. Cum ergo adhuc faueas uitio tuo, cupiditati tuae, auaritiae tuae, serpenti tuo, quando in te inuenio tale desiderium quo curras ad fontem aquarum? Quando concupiscis fontem sapientiae, cum adhuc labores in ueneno malitiae? Interfice in te quidquid contrarium est ueritati; et cum te uideris tamquam uacare a cupiditatibus peruersis, noli remanere quasi non sit quod desideres. Est enim aliquid quo te tollas; si iam egisti in te, ut

---

49. Voir la note complémentaire 11 : « Le cerf ».

50. Zen. *Tract.* 2, 14, *CCL* 22, p. 188, 3 : *Inuitatio fontis*, où le catéchumène est invité à courir *uelocitate ceruina* ; Greg. Naz. *Orat.* 40, 24, *SC* 358, p. 250, 20-24, utilise le psaume pour dire qu'il ne faut pas retarder le baptême.

51. Le terme *interemptio*, qui est employé deux fois dans ce paragraphe, est très rarement utilisé par Augustin ; on le trouve seulement en *C. Faust.* 22, 92 ; *Quaest. Hept.* 6, 30, 2 ; *In Ioh.* 55, 1.

52. *Fontem sapientiae* : l'expression est rare ; on la trouve en *In Ps.* 62, 6 et *Ser.* 223, 1.

53. L'image sous-jacente est celle d'une poche qu'il faut vider pour la remplir d'autre chose, tout comme il faut l'élargir si on veut

IN PSALMVM XLI

n'importe quel animal : cours comme le cerf. Que veut dire "comme le cerf"[49] ? Qu'il n'y ait pas de retard dans ta course, cours infatigablement, désire infatigablement la source. Car nous avons dans le cerf l'emblème de la rapidité[50].

3. Mais peut-être que dans le cerf l'Écriture n'a pas voulu nous faire voir seulement cela, mais encore autre chose. Écoute cette autre caractéristique du cerf. Il tue les serpents, et après les avoir tués[51], il brûle d'une soif plus grande, il court avec plus d'ardeur à la source quand il a tué les serpents. Les serpents, ce sont tes vices. Détruis les serpents de l'iniquité, et alors tu désireras davantage la source de la vérité. Peut-être qu'en toi l'avarice fait entendre un sifflement ténébreux, elle siffle contre la parole de Dieu, elle siffle contre le précepte de Dieu ; et parce qu'il t'est dit : Renonce à cela pour ne pas commettre d'iniquité, si tu aimes mieux commettre une iniquité que renoncer à un avantage temporel, tu choisis d'être mordu par le serpent plutôt que de tuer le serpent. Puisque donc tu préfères encore ton vice, ta cupidité, ton avarice, ton serpent, comment puis-je trouver en toi le désir qui te fera courir vers la source des eaux ? Comment vas-tu aspirer à la source de la sagesse[52], alors que tu es encore travaillé par le venin de la malice ? Supprime en toi tout ce qui s'oppose à la vérité, et quand tu verras que tu es d'une certaine façon vide[53] de convoitises déréglées, n'en demeure pas là, comme s'il n'y avait rien que tu puisses désirer. Il y a en effet quelque chose vers quoi tu peux monter, si tu as déjà agi sur toi-même pour qu'il n'y ait plus en toi

---

qu'elle contienne plus : pour que l'âme puisse désirer Dieu, elle doit être purifiée des convoitises, tout comme elle doit supporter l'attente qui dilate le désir et augmente ainsi la capacité de l'âme (cf. *In Ep. Ioh.* 4, 6).

ENARRATIONES IN PSALMOS

non sit impeditor contra te. Dicturus enim es forte iam mihi, si ceruus es: "Deus nouit non me iam auarum, non me iam cuiusquam rem concupiscere, non adulterii cupiditate flagrare, non cuiusquam odio inuidiaque tabescere, et cetera huiusmodi." Dicturus es: "Non habeo haec", et quaeris forte unde delecteris. Desidera unde delecteris, desidera *ad fontes aquarum*: habet Deus unde te reficiat et impleat uenientem ad se, et sitientem post interemptionem serpentium tamquam uelocem ceruum.

4. Est aliud quod animaduertas in ceruo. Traduntur cerui – et a quibusdam etiam uisi sunt; non enim de illis tale aliquid scriberetur, nisi antea uideretur – ; dicuntur ergo cerui uel quando in agmine suo ambulant uel quando natando alias terrarum partes petunt, onera capitum suorum super se inuicem ponere, ita ut unus praecedat et sequantur qui supra eum capita ponant et supra illos alii consequentes et deinde alii, donec agmen finiatur; ille autem unus qui pondus capitis in primatu portabat, fatigatus redit ad posteriora, ut alius ei succedat qui portet quod ille portabat atque ille fatigationem suam recreet posito capite, sicut et ceteri ponebant; ita uicissim portando quod graue est et uiam peragunt et inuicem se non deserunt. Nonne quosdam ceruos alloquitur apostolus dicens: *Inuicem onera uestra portate, et sic adimplebitis legem Christi*?

---

54. *Impeditor*: terme rare dans l'œuvre augustinienne; on le trouve seulement en *Ser.* 352, 1, 6 et *Ciu.* 10, 10.

55. *Desidera unde delecteris*: voir la note complémentaire 10: «Le vocabulaire de l'expérience spirituelle».

IN PSALMVM XLI

d'entrave[54]. Car tu vas peut-être me dire, si tu es un cerf :
"Dieu sait que je ne suis plus avare, que je ne convoite
plus le bien d'autrui, que je ne suis pas enflammé du
désir de l'adultère, que je ne suis pas consumé de haine
ou de jalousie pour quelqu'un, et autres passions analogues." Tu vas me dire : "Je n'ai aucun de ces vices", et tu
te demandes peut-être où tu trouveras ton plaisir. Désire
ce qui fera ton plaisir[55], désire *les sources des eaux* ; Dieu
a de quoi te désaltérer, de quoi combler celui qui vient
à lui et qui est assoiffé d'avoir tué les serpents, tel le cerf
rapide.

4. Il y a encore autre chose à remarquer dans le cerf.
Les cerfs, d'après ce qu'on raconte – certains même l'ont
vu, car on n'écrirait pas une chose semblable sans l'avoir
vue auparavant – ; on dit donc que les cerfs, quand ils
cheminent en harde ou quand ils vont à la nage chercher
d'autres territoires, appuient l'un sur l'autre leur tête
pesante : l'un d'eux marche en tête, suivent ceux qui
appuient sur lui leur tête, et sur ces derniers encore ceux
qui viennent derrière, et ainsi de suite jusqu'à la fin de la
harde ; quand le premier, qui marchait seul en avant et
portait le poids de sa tête, est fatigué, il s'en va en queue,
si bien que le deuxième lui succède pour porter le poids
que portait le premier, afin qu'il puisse se remettre de
sa fatigue en appuyant sa tête comme le faisaient tous
les autres ; c'est en portant ainsi à tour de rôle ce qui
est pesant qu'ils accomplissent leur voyage, et ils ne se
quittent pas les uns les autres. N'est-ce pas à des cerfs
de ce genre que s'adresse l'Apôtre quand il dit : *Portez
les fardeaux les uns des autres, et vous accomplirez ainsi la
loi du Christ*[56] ?

---

56. Ga 6, 2. Cf. A.-M. La Bonnardière, « "Portez les fardeaux
les uns des autres." Exégèse augustinienne de Gal. 6, 2 », *Didaskalia*,
1, 1971, p. 201-215.

ENARRATIONES IN PSALMOS

v. 3 **5.** Talis ergo ceruus in fide constitutus, nondum uidens quod credit, cupiens intellegere quod diligit, patitur et contrarios non ceruos, obscuratos intellegentia, in tenebris interioribus constitutos, uitiorum cupiditate caecatos; insuper insultantes et dicentes homini credenti et quod credit non ostendenti: *Vbi est Deus tuus?* Quid ergo iste ceruus fecerit contra haec uerba audiamus, ut et ipsi, si possumus, faciamus. Primo expressit sitim suam: ***Quemadmodum***, inquit, ***ceruus desiderat ad fontes aquarum, ita desiderat anima mea ad te, Deus.*** – "Quid si ceruus ad fontes aquarum lauandi causa desiderat? Vtrum ergo bibendi an lauandi causa nescimus." Audi quid sequitur et noli quaerere: ***Sitiuit anima mea ad Deum uiuum.*** Quod dico: *Quemadmodum ceruus desiderat ad fontes aquarum, ita desiderat anima ad te, Deus,* hoc dico: *Sitiuit anima mea ad Deum uiuum.* Quid sitiuit? ***Quando ueniam et apparebo ante faciem Dei?*** Hoc est quod sitio, uenire et apparere. Sitio in peregrinatione, sitio in cursu; satiabor in aduentu. Sed *quando ueniam?* Et quod citius est Deo tardum est desiderio. *Quando ueniam et apparebo ante faciem Dei?* Ex illo desiderio est et hoc ex quo clamatur alibi: *Vnam petii a Domino, hanc*

---

57. Il ne suffit pas de croire, il faut encore désirer avoir l'intelligence de ce que l'on croit: c'est là ce qu'Augustin cherche à montrer à Consentius qui entendait se contenter de la foi dans la Trinité (cf. *Ep.* 120, 1, 1 – 2, 12). Ne pas désirer comprendre ce que l'on croit, c'est « ignorer ce à quoi sert la foi » (*Ep.* 120, 2, 8); il faut donc « aimer fortement l'intelligence » (*intellectum ualde ama, Ep.* 120, 3, 13). Cf. I. BOCHET, « "Comprends pour croire, crois pour comprendre" (Augustin) », dans *La vérité dans ses éclats. Foi et raison*, éd. par B. Lagrut et É. Vetö, Genève, 2014, p. 61-82 (p. 76-79).

58. *Obscuratos intellegentia*: allusion à Eph 4, 18, cité au § 2.

59. *In fide constitutus / in tenebris interioribus constitutos*: l'antithèse suggère que la foi est une manière d'être établi dans la lumière, même si le croyant ne voit pas encore ce qu'il croit. Augustin parle souvent des « ténèbres extérieures » (en lien avec Mt 8, 12); la

IN PSALMVM XLI

5. Un tel cerf bien établi dans la foi, qui ne voit pas encore ce qu'il croit et désire avoir l'intelligence de ce qu'il aime[57], supporte aussi l'opposition de ceux qui ne sont pas des cerfs, qui ont l'intelligence obscurcie[58], qui sont établis dans les ténèbres intérieures[59], qui sont aveuglés par les convoitises de leurs vices, et s'en prennent de plus au croyant qui ne peut montrer ce qu'il croit, en disant : *Où est-il, ton Dieu*[60] ? Écoutons comment notre cerf a réagi à ces attaques, pour faire comme lui, si nous le pouvons. Il a commencé par exprimer sa soif : ***Comme le cerf désire les sources des eaux, ainsi mon âme te désire, mon Dieu.*** – "Mais est-ce pour s'y baigner que le cerf désire les sources des eaux ? Nous ne savons pas si c'est pour y boire ou pour s'y baigner[61]." Écoute la suite, tu ne poseras plus la question : ***Mon âme a soif du Dieu vivant.*** Quand je dis : *Comme le cerf désire les sources des eaux, ainsi mon âme te désire, mon Dieu*, je veux dire : *Mon âme a soif du Dieu vivant.* De quoi a-t-il soif ? ***Quand viendrai-je et paraîtrai-je devant la face de Dieu ?*** C'est de cela que j'ai soif : venir et paraître devant Dieu. J'ai soif dans mon exil, soif dans ma course ; je serai désaltéré à l'arrivée. Mais *quand viendrai-je* ? Ce qui est prompt pour Dieu est lent à venir pour le désir[62]. *Quand viendrai-je et paraîtrai-je devant la face de Dieu ?* C'est le même désir qui le fait s'exclamer ailleurs : *J'ai demandé une unique chose au Seigneur, c'est elle que je*

---

mention de «ténèbres intérieures» est exceptionnelle : on en trouve une seule autre occurrence en *Ad Don.* 15, 19 *(interioribus tenebris inuoluti).*

60. Ps 41, 4.

61. Nouvelle mention de la double interprétation possible du Ps 41, qu'on peut attribuer au catéchumène qui espère la purification baptismale ou au fidèle qui désire voir Dieu.

62. L'*Ep.* 199, 1, 1 (à Hésychius) commente ainsi Ps 41, 3 : «En disant : "quand viendrai-je ?", il supportait avec peine d'endurer ces délais, car même ce que le temps accélère paraît lent pour le désir.»

ENARRATIONES IN PSALMOS

requiram, ut inhabitem in domo Domini per omnes dies uitae meae. Quare hoc? *Vt contempler,* inquit, *delectationem Domini. Quando ueniam et apparebo ante faciem Domini?*

v. 4 **6.** Interim dum meditor, dum curro, dum in uia sum, antequam ueniam, antequam appaream: *Fuerunt mihi lacrimae meae panis die ac nocte, cum dicitur mihi per singulos dies: Vbi est Deus tuus?* Fuerunt mihi, inquit, *lacrimae meae,* non amaritudo, sed *panis.* Suaues erant mihi ipsae lacrimae; sitiens illum fontem, quia bibere nondum poteram, auidius meas lacrimas manducabam. Non enim dixit: "Factae sunt mihi lacrimae meae potus", ne ipsas desiderasse uideretur sicut fontes aquarum, sed seruata illa siti qua inardesco, qua rapior ad fontes aquarum, panis mihi factae sunt lacrimae meae, dum differor. Et utique manducando lacrimas suas, sine dubio plus sitit ad fontes. Die quippe ac nocte factae sunt mihi lacrimae meae panis. Cibum istum qui panis dicitur die comedunt homines, nocte dormiunt. Panis autem lacrimarum et die et nocte comeditur, siue totum tempus accipias diem et noctem, siue diem intellegas pro huius saeculi prosperitate, noctem uero pro huius saeculi aduersitate. Siue, inquit, in prosperis rebus saeculi siue in aduersis rebus saeculi ego desiderii

---

63. Ps 26, 4.

64. Sur le pain des larmes, voir M. Dulaey, «Les larmes dans les *Confessions*», dans *Le Confessioni di Agostino (402-2002): Bilancio e prospettive (Studia Ephemeridis Augustinianum* 85), Rome, 2003, p. 215-232 ; voir ici p. 229-231. Ces larmes ne sont pas celles de la conversion initiale, mais celles du fidèle qui désire Dieu et qui ne peut montrer aux autres hommes le Dieu qu'il aime. Cf. *Ser.* 216, 5, 5: «Qu'en ce pèlerinage vos larmes soient votre pain jour et nuit quand on vous dit: où est-il votre Dieu? Vous ne pouvez montrer à des hommes charnels ce que l'œil n'a pas vu, ce que l'oreille n'a pas entendu, ce qui n'est pas monté au cœur de l'homme. Ne défaillez pas avant d'arriver et de paraître face à Dieu»; voir aussi *Conf.* 12,

IN PSALMVM XLI

rechercherai : habiter la maison du Seigneur tous les jours de ma vie. Et pourquoi cela? *Pour contempler les délices du Seigneur,* répond-il[63]. *Quand viendrai-je et paraîtrai-je devant la face de Dieu?*

6. Dans l'intervalle, tandis que je médite, que je cours, que je suis sur la route, avant que je ne vienne, avant que je ne paraisse devant Dieu, *mes larmes ont été pour moi un pain jour et nuit, quand on me dit chaque jour: Où est-il, ton Dieu? Mes larmes,* dit-il, *ont été* non pas une amertume, mais *un pain*[64]. Ces larmes m'étaient douces; dans ma soif de cette source, parce que je ne pouvais encore y boire, je mangeais mes larmes avec grande avidité. Car le psalmiste n'a pas dit : "Mes larmes sont devenues pour moi une boisson", de peur qu'il ne paraisse les avoir désirées comme il désire les sources des eaux; mais tout en gardant cette soif qui me brûle, qui m'entraîne vers les sources des eaux, avant que j'y parvienne, mes larmes sont devenues pour moi un pain. Et il ne fait aucun doute qu'en mangeant ses larmes il a davantage soif des sources. En effet, jour et nuit, mes larmes sont devenues pour moi un pain. Cette nourriture qu'on appelle pain, c'est le jour que les hommes la mangent; la nuit, ils dorment. Mais le pain des larmes, on le mange jour et nuit, soit qu'on prenne "jour et nuit" pour la totalité du temps, soit que dans le jour on comprenne la prospérité du siècle et dans la nuit son adversité[65]. Donc, dit-il, soit dans les prospérités du siècle, soit dans les adversités du siècle,

---

11, 13; 13, 13, 14; *Ser. Denis* 2, 4 (= *Ser.* 223A) ; *In Ps.* 127, 10, sur la douceur de ces larmes (en 407). Le thème est déjà dans AMBR. *In Luc.* 6, 18 et *Iob Dau.* 4, 2, 7 (cf. M. DULAEY, p. 231).

65. Cette interprétation est déjà celle d'*In Ps.* 1, 2, *BA* 57/A, p. 118-119 : «Il méditera jour et nuit" : il faut comprendre soit sans interruption, soit de jour, dans la joie, de nuit, dans les tribulations. »

ENARRATIONES IN PSALMOS

mei lacrimas fundo, ego desiderii mei auiditatem non desero; et cum in mundo bene est, mihi male est, antequam apparebo ante faciem Dei. Quid ergo diei quasi gratulari me cogis, si aliqua huius saeculi prosperitas arriserit? Nonne deceptoria est? Nonne fluxa caduca mortalis? Nonne temporalis uolatica transitoria? Nonne plus habet deceptionis quam delectationis? Cur ergo non et in ipsa fiant mihi lacrimae meae panis? Siquidem et cum felicitas saeculi circumfulget, quamdiu sumus in corpore, peregrinamur a Domino, et *dicitur mihi quotidie: Vbi est Deus tuus?* Quia paganus si hoc mihi dixerit, non illi et ego possum dicere: *Vbi est Deus tuus?* Deum quippe suum digito ostendit. Intendit enim digitum ad aliquem lapidem et dicit: "Ecce est Deus meus. Vbi est Deus tuus?" Cum lapidem irrisero, et erubuerit qui demonstrauit, tollit oculum a lapide, suspicit caelum et forte in solem digitum intendens iterum dicit: "Ecce Deus meus. Vbi est Deus tuus?" Inuenit ille quod ostenderet oculis carnis; ego autem non quasi non habeam quem ostendam, sed non habet ille oculos quibus ostendam. Potuit enim ille oculis corporis mei ostendere Deum suum solem; quibus ego oculis ostendam solis creatorem?

---

66. *Fluxa caduca*: cf. *In Ps.* 58, 1, 7; *In Ps.* 72, 9; *Ser.* 19, 5. *Volatica transitoria: In Ps.* 143, 11.

67. Le païen peut montrer du doigt son dieu: *In Ps.* 113, 2, 1; *Ser.* 261, 3 (SPM 1, p. 90).

68. Même commentaire, plus développé, en *Ser. Denis* 2, 4 (trad. G. Madec, dans *Le Dieu d'Augustin*, Paris, 1998, p. 173-174): « Si je dis à un païen: "Où est ton Dieu?", il montrera les idoles. Si je brise l'idole, il montrera la montagne, il montrera l'arbre, il montrera une pierre sans valeur tirée du fleuve; toutes les pierres qu'il aura amassées et dressées sur un socle, qu'il aura adorées le dos courbé, c'est son Dieu. Voici, dit-il, tendant le doigt, voici, c'est mon Dieu. Lorsque je me serai moqué de la pierre, que je l'aurai enlevée, que je l'aurai brisée, que je l'aurai jetée, que je l'aurai méprisée, il tend le doigt vers le soleil, vers la lune, il le tend vers n'importe quelle étoile: il appelle celle-là Saturne, celle-là Mercure, celle-là Jupiter, celle-là

IN PSALMVM XLI

je répands les larmes de mon désir, je ne renonce pas
à l'avidité de mon désir ; et quand tout va bien dans le
monde, pour moi, cela va mal avant que je ne paraisse
devant la face de Dieu. Pourquoi donc me pousses-tu
à me féliciter du jour, si me sourit quelque prospérité
de ce siècle ? N'est-elle pas trompeuse ? N'est-elle pas
fugitive, périssable, mortelle ? N'est-elle pas temporaire,
éphémère[66], transitoire ? N'apporte-t-elle pas plus de
déception que de délectation ? Pourquoi donc, même
en ces circonstances, mes larmes ne deviendraient-elles
pas mon pain ? Car même lorsque la félicité du monde
nous entoure de son éclat, nous sommes en exil loin
du Seigneur aussi longtemps que nous sommes dans le
corps, et *l'on me dit chaque jour : Où est-il, ton Dieu ?*
Si en effet un païen me dit cela, je ne peux lui dire à
mon tour : *Où est-il, ton Dieu ?* Car son dieu, il me le
montre du doigt[67]. Il tend le doigt vers une pierre et
dit : "Voici mon Dieu. Où est-il, ton Dieu ?" Quand je
me ris de la pierre et que rougit celui qui l'a montrée, il
quitte la pierre du regard, il regarde le ciel, et il redit, en
dirigeant peut-être son doigt vers le soleil : "Voici mon
Dieu. Où est-il, ton Dieu[68] ?" Il a trouvé quelque chose
à montrer aux yeux de la chair ; quant à moi, ce n'est pas
que je n'aie personne à lui montrer, mais il n'a pas les
yeux auxquels je puisse le montrer. Il a pu montrer son
dieu, le soleil aux yeux de mon corps, mais à quels yeux
puis-je montrer le Créateur du soleil[69] ?

Vénus. Tout ce qu'il veut, où qu'il tende le doigt, il me répondra :
voilà, c'est mon Dieu. »

69. *Ser. Denis* 2, 4 (trad. G. Madec, dans *Le Dieu d'Augustin*,
p. 174) : « Lorsque j'entends : "Où est ton Dieu ?", je n'ai rien à montrer aux yeux, je trouve des esprits aveugles et qui aboient ; aux yeux
qu'il a pour voir, je n'ai pas de quoi montrer. Celui que j'ai à lui
montrer, il n'a pas d'yeux pour le voir. Je préfère pleurer, me nourrir
de larmes comme de pain. Car mon Dieu est invisible. Celui qui
me parle requiert des choses visibles, quand il me dit : "Où est ton
Dieu ?" »

ENARRATIONES IN PSALMOS

7. Verumtamen audiendo quotidie: *Vbi est Deus tuus?* et in lacrimis meis quotidianis pastus die ac nocte, meditatus sum quod audiui: *Vbi est Deus tuus?* Quaesiui etiam ego ipse Deum meum, ut si possem, non tantum crederem, sed aliquid et uiderem. Video enim quae fecerit Deus meus, non autem uideo ipsum Deum meum qui fecit haec. Sed quoniam sicut ceruus desidero ad fontes aquarum, et est apud eum fons uitae, et *in intellectum* scriptus est psalmus filiis Core, et inuisibilia Dei per ea quae facta sunt intellecta conspiciuntur, quid agam, ut inueniam Deum meum? Considerabo terram: facta est terra. Est magna pulchritudo terrarum, sed habet artificem. Magna miracula sunt seminum atque gignentium, sed habent ista omnia creatorem. Ostendo magnitudinem circumfusi maris, stupeo, miror, artificem quaero; caelum suspicio et pulchritudinem siderum; admiror splendorem solis exserendo diei suffi-cientem, lunam nocturnas tenebras consolantem. Mira sunt haec, laudanda sunt haec, uel etiam stupenda sunt haec; neque enim terrena, sed iam caelestia sunt haec. Nondum ibi stat sitis mea: haec miror, haec laudo, sed eum qui fecit haec sitio.

Redeo ad meipsum, et quis sim etiam ipse qui talia quaero perscrutor; inuenio me habere corpus et animam, unum quod regam, aliud quo regar, corpus seruire, animam imperare. Discerno animam melius esse aliquid quam corpus ipsumque inquisitorem talium rerum non corpus, sed animam uideo; et tamen

---

70. Reprise des citations du § 2 : Ps 35, 10 et Ro 1, 20.

71. *Stupeo, miror*: stupeur et émerveillement ponctuent la des-cription des splendeurs de la création (voir quelques lignes plus loin les termes : *mira, laudanda, stupenda*; la répétition des verbes *miror/admiror* et *laudo/laudabam*).

72. *Lunam nocturnas tenebras consolantem*: belle image, que l'on trouve aussi en *Conf.* 13, 32, 47 *(lunam et stellas consolari noctem)*; *In*

IN PSALMVM XLI

7. Cependant, à force d'entendre : *Où est-il, ton Dieu ?*, et de me nourrir quotidiennement de mes larmes jour et nuit, j'ai réfléchi à ce que j'ai entendu : *Où est-il, ton Dieu ?* J'ai moi-même demandé à mon Dieu, s'il était possible, de pouvoir non seulement croire, mais aussi voir quelque chose. Je vois ce qu'a créé mon Dieu, mais je ne vois pas mon Dieu qui a créé cela. Mais puisqu'à la manière du cerf je désire les sources des eaux, qu'auprès de lui est la source de vie, que le psaume a été écrit *en vue de l'intelligence* pour les fils de Corè, et que ce qu'il y a d'invisible en Dieu est vu par l'intelligence à travers ses œuvres[70], que puis-je faire pour trouver mon Dieu ? Je considérerai la terre : la terre a été créée. Elle est grande la beauté des terres, mais elle a un artisan. Grandes sont les merveilles des semences et des germinations, mais tout cela a un créateur. Je propose à la vue la grandeur de la mer entourant la terre, je suis dans la stupeur et l'émerveillement[71], je cherche l'artisan ; je lève les yeux vers le ciel et la beauté des astres ; j'admire la splendeur du soleil qui suffit à produire le jour, la lune qui console des ténèbres de la nuit[72]. Tout cela est admirable, digne de louange et même stupéfiant, car ce ne sont même plus des réalités de la terre, mais du ciel. Mais ma soif ne s'arrête pas encore là ; tout cela, je l'admire, je le loue, mais j'ai soif de celui qui l'a créé.

Je reviens à moi-même, et je m'interroge sur ce que je suis, moi qui cherche cela ; je trouve que j'ai un corps et une âme, l'un pour que je le dirige, l'autre pour qu'elle me dirige, un corps pour servir, une âme pour commander. Je discerne que l'âme est quelque chose de meilleur que le corps, et je vois que ce n'est pas le corps, mais l'âme, qui est à l'origine de pareilles recherches ;

Ps. 73, 19 *(luna consolans noctem)* ; en *Gen. litt.* 2, 13, 27, la lune est une consolation pour les hommes contraints de travailler de nuit.

ENARRATIONES IN PSALMOS

haec omnia quae collustraui per corpus ea me collustrasse cognosco. Terram laudabam, oculis cognoueram ;
mare laudabam, oculis cognoueram ; caelum, sidera,
solem lunamque laudabam, oculis cognoueram. Oculi
membra sunt carnis, fenestrae sunt mentis ; interior est
qui per has uidet ; quando cogitatione aliqua absens est,
frustra patent. Deus meus qui fecit haec quae oculis
uideo non istis oculis est inquirendus. Aliquid etiam per
seipsum animus ipse conspiciat, utrum sit aliquid quod
non per oculos sentiam quasi colores et lucem, non
per aures quasi cantum et sonum, non per nares quasi
odorum suauitatem, non per palatum et linguam quasi
saporem, non per totum corpus quasi duritiem et molli-
tiem, rigorem atque feruorem, asperitatem lenitatemque
pertractem ; sed utrum sit aliquid intus quod uideam.
Quid est intus uideam ? Quod neque color sit neque
sonus neque odor neque sapor neque calor aut frigus aut
duritia aut mollitudo. Dicatur ergo mihi quem colorem
habeat sapientia. Cum cogitamus iustitiam eiusque intus
in ipsa cogitatione pulchritudine fruimur, quid sonat ad
aures ? Quid tamquam uaporeum surgit ad nares, quid
ori infertur, quid manu tractatur et delectat ? Et intus

---

73. *Collustraui, collustrasse* : on ne trouve dans l'œuvre d'Augustin
que 8 emplois de *collustrare*, dont 2 ici.

74. Sur les yeux fenêtres de l'âme, voir Cic. *Tusc.* 1, 20, 46,
CUF, p. 31 ; Lact. *Opif.* 8, 11 et 9, 2, *SC* 213, p. 154, 65-67 ; 156,
8-10 ; *SC* 214, p. 313 ; Ambr. *Fug.* 1, 3, *CSEL* 32, 2, p. 164, 18.
Cf. H.-J. Horn, « *Respiciens per fenestras, prospiciens per cancellos.*
Zur Typologie des Fensters in der Antike», *Jahrbuch für Antike und
Christentum*, 10, 1967, p. 30-61 ; voir ici p. 51-59.

75. Voir de même *Ser.* 126, 2, 3 ; 241, 2, 2 ; 65, 5, 6 ; *Ser. Dolbeau* 23,
6. À comparer à Cic. *Tusc.* 1, 20, 46, *CUF*, p. 31 : «Souvent quand
on est préoccupé par une idée ou sous le coup d'une maladie, il arrive
qu'on ne voie ni n'entende, bien que les yeux et les oreilles soient
ouverts et en bon état, en sorte qu'il est facile de se rendre compte que
c'est l'âme qui voit et entend, et non ces organes dont l'on peut bien
dire qu'ils sont les fenêtres de l'âme, mais à l'aide desquels l'esprit ne
pourrait rien sentir, s'il n'y mettait de l'attention.» Platon notait

IN PSALMVM XLI

et pourtant, je reconnais que tout ce que j'ai parcouru du regard, c'est par l'intermédiaire du corps que je l'ai parcouru du regard[73]. Je louais la terre, je la connaissais par mes yeux; je louais la mer, je la connaissais par mes yeux; je louais le ciel, les astres, le soleil et la lune, et je les connaissais par mes yeux. Les yeux sont des organes de chair, ils sont les fenêtres de l'esprit[74]; à l'intérieur se trouve celui qui voit à travers elles; quand il est absent, absorbé par une pensée, elles sont vainement ouvertes[75]. Mon Dieu, qui a créé ce que je vois par les yeux, ne doit pas être recherché par ces yeux-là. L'esprit peut voir aussi quelque chose par lui-même, examiner s'il y a quelque chose que je ne perçois pas par les sens – par les yeux, comme les couleurs et la lumière, par les oreilles, comme le chant et les sons, par les narines, comme la suavité des odeurs, par le palais et la langue, comme les saveurs –, quelque chose que je ne sens pas par tout le corps, comme le dur et le mou, le froid et le chaud, le rêche et le lisse; s'il y a quelque chose que je peux voir intérieurement[76]. Qu'est-ce à dire, voir intérieurement? Il s'agit de quelque chose qui n'est ni son, ni odeur, ni goût, ni chaleur ou froid, dureté ou mollesse. Qu'on me dise donc de quelle couleur est la sagesse[77]. Quand nous pensons à la justice et jouissons intérieurement de sa beauté par la seule pensée, quel son perçoivent nos oreilles, quelle exhalaison monte à nos narines, qu'est-ce qui vient à notre bouche, qu'est-ce que la main prend plaisir à toucher? Pourtant, la justice est à l'intérieur

---

déjà, dans *Théétète* 184c, que les yeux sont «ce au moyen de quoi nous voyons» plutôt que «ce par quoi nous voyons». Sur la conception augustinienne de la perception sensible, voir G. O'DALY, *Augustine's Philosophy of Mind*, London, 1987, p. 80-87.

76. Voir la note complémentaire 10: «Le vocabulaire de l'expérience spirituelle».

77. Cf. *Ser. Dolbeau* 22, 14: «Montre-moi la couleur de la sagesse.»

387

ENARRATIONES IN PSALMOS

est et pulchra est, et laudatur et uidetur; et si in tenebris sunt oculi isti, animus illius luce perfruitur. Quid est illud quod Tobias uidebat, quando uidenti filio caecus consilium uitae dabat?

Est ergo aliquid quod animus ipse corporis dominator, rector, habitator uidet; quod non per oculos corporis sentit, non per aures, non per nares, non per palatum, non per corporis tactum, sed per seipsum; et utique melius quod per seipsum quam quod per seruum suum. Est prorsus; seipsum enim per seipsum uidet et animus ipse ut norit se, uidet se. Nec utique ut uideat se, corporalium oculorum quaerit auxilium; immo uero ab omnibus corporis sensibus tamquam impedientibus et perstrepentibus abstrahit se ad se, ut uideat se in se, ut nouerit se apud se. Sed numquid aliquid tale Deus ipsius est qualis est animus? Non quidem uideri Deus nisi animo potest, nec tamen ita ut animus uideri potest. Aliquid enim quaerit animus iste quod Deus est, de quo illi non insultent qui dicunt: *Vbi est Deus tuus?* Aliquam quaerit incommutabilem ueritatem, sine defectu substantiam. Non est talis ipse animus: deficit, proficit; nouit, ignorat; meminit, obliuiscitur; modo illud uult, modo non uult. Ista mutabilitas non cadit in Deum. Si dixero: Mutabilis est Deus, insultabunt mihi qui dicunt: *Vbi est Deus tuus?*

v. 5 **8.** Quaerens ergo Deum meum in rebus uisibilibus et corporalibus et non inueniens, quaerens eius substantiam in meipso, quasi sit aliquid qualis ego sum, neque

---

78. Cf. Tb 4, 2. *In Ioh.* 13, 3, *BA* 71, p. 675 : « Il ne faut pas penser que Tobie n'avait pas d'yeux quand, privé des yeux du corps, il donnait à son fils les préceptes de la vie » ; *In Ps.* 96, 18 ; *In Ioh.* 35, 3, *BA* 73/A, p. 154, n. 21, pour d'autres références sur ce thème.

79. *Animus habitator* : même caractéristique de l'esprit en *Ser. Denis* 2, 4 et *Ser. Dolbeau* 23, 6. Le corps est décrit comme la maison de l'âme ; les yeux en sont les fenêtres. Voir aussi *Ser.* 159, 7, 8 ; *In Ps.* 48, 2, 7.

IN PSALMVM XLI

et elle est belle, on la loue et on la voit; même si nos yeux sont dans les ténèbres, l'esprit jouit de sa lumière. Que voyait donc Tobie, quand, aveugle, il donnait des conseils de vie à son fils qui voyait[78]?

Il y a donc quelque chose que l'esprit, qui gouverne, dirige et habite le corps[79], voit lui-même, quelque chose qu'il ne perçoit pas par les yeux du corps, par les oreilles, par les narines, par le palais, par le toucher, mais par lui-même; et il voit à coup sûr mieux par lui-même que par son serviteur. C'est indubitable, car il se voit lui-même par lui-même, l'esprit se voit pour se connaître. Et assurément, pour se voir, il ne requiert pas les services des yeux du corps; au contraire, il s'abstrait de tous les sens du corps, où il voit obstacles et bruits, et il se retire en soi, pour se voir en soi, pour se connaître en soi[80]. Mais est-ce que son Dieu est quelque chose de semblable à l'esprit? Certes, Dieu ne peut être vu que par l'esprit, et cependant, il ne peut être vu de la même façon que l'esprit. Car l'esprit cherche quelque chose qui est Dieu, quelque chose que ne peuvent railler ceux qui disent: *Où est-il, ton Dieu?* Il cherche la vérité immuable, une substance indéfectible. L'esprit n'est pas ainsi: il régresse et progresse, connaît et ignore, se souvient et oublie, tantôt il veut, tantôt il ne veut pas. Cette mutabilité n'existe pas en Dieu. Si je dis: Dieu est muable, ceux qui me disent: *Où est-il, ton Dieu?* me railleront.

8. Cherchant donc mon Dieu dans les réalités visibles et corporelles et ne l'y trouvant pas, cherchant en moi-même sa substance, comme s'il était quelque chose de semblable à ce que je suis, et ne le trouvant pas, je réalise

---

80. *Vt uideat se in se, ut nouerit se apud se*: Augustin souligne expressément la dimension réflexive de l'esprit, qui doit s'abstraire du monde sensible et se retirer en soi *(abstrahit se ad se)* pour pouvoir se saisir lui-même.

ENARRATIONES IN PSALMOS

hoc inueniens, aliquid super animam esse sentio Deum meum. Ergo, ut eum tangerem: *Haec meditatus sum et effudi super me animam meam.* Quando anima mea contingeret quod super animam meam quaeritur, nisi anima mea super seipsam effunderetur? Si enim in seipsa remaneret, nihil aliud quam se uideret et, cum se uideret, non utique Deum suum uideret. Dicant iam insultatores mei: *Vbi est Deus tuus?* Dicant: Ego quamdiu non uideo, quamdiu differor, manduco die ac nocte lacrimas meas. Dicant illi adhuc: *Vbi est Deus tuus?* Quaero ego Deum meum in omni corpore siue terrestri siue caelesti et non inuenio; quaero substantiam eius in anima mea et non inuenio; meditatus sum tamen inquisitionem Dei mei, et per ea quae facta sunt inuisibilia Dei mei cupiens intellecta conspicere, *effudi super me animam meam*, et non iam restat quem tangam nisi Deum meum. Ibi enim domus Dei mei, super animam meam; ibi habitat, inde me prospicit, inde me creauit, inde me gubernat, inde mihi consulit, inde me excitat, inde me uocat, inde me dirigit, inde me ducit, inde me perducit.

9. Ille enim qui habet altissimam in secreto domum, habet etiam in terra tabernaculum. Tabernaculum eius in terra ecclesia eius est adhuc peregrina. Sed hic quaerendus est, quia in tabernaculo inuenitur uia per quam

---

81. Les trois étapes de l'ascension sont clairement indiquées: *in rebus uisibilibus et corporalibus*; *in meipso*; *super animam*. Voir la note complémentaire 12: «L'ascension vers Dieu».

82. Même image à la fin du paragraphe: «Non iam restat quem *tangam*, nisi Deum meum.» L'expression est rare; on la trouve dans un contexte similaire en *In Ioh.* 20, 11; voir aussi *Ser.* 244, 4. Comme le note S. Poque («L'expression de l'anabase plotinienne dans la prédication de saint Augustin et ses sources», *Recherches augustiniennes*, 10, 1975, p. 187-215; voir ici p. 199): «Au sommet, la métaphore tactile vient exprimer le succès ou l'insuccès de la quête.»

IN PSALMVM XLI

que mon Dieu est quelque chose qui est au-dessus de mon âme[81]. Donc, pour le toucher[82], *j'ai médité cela et répandu mon âme au-dessus de moi.* Comment mon âme pourrait-elle atteindre ce que je cherche au-dessus de mon âme, si mon âme ne se répandait au-dessus d'elle-même ? Si en effet elle demeurait en elle-même, elle ne verrait rien d'autre qu'elle, et quand elle se verrait, elle ne verrait évidemment pas son Dieu. Que ceux qui me raillent disent maintenant : *Où est-il, ton Dieu ?*, qu'ils le disent ; pour moi, aussi longtemps que je ne le vois pas, aussi longtemps que cette vision est différée, je mange mes larmes jour et nuit. Qu'ils me disent encore : *Où est-il, ton Dieu ?* Pour moi, je cherche mon Dieu dans tout ce qui est corps, terrestre ou céleste, et je ne le trouve pas ; je cherche sa substance dans mon âme, et je ne la trouve pas. J'ai médité cependant sur cette recherche de mon Dieu, et désirant voir par l'intelligence ce qu'il y a d'invisible en Dieu à travers ses œuvres[83], *j'ai répandu mon âme au-dessus de moi* ; et il ne me reste plus rien à saisir que mon Dieu[84]. En effet, la demeure de mon Dieu est là, au-dessus de mon âme ; c'est là qu'il habite, de là il me voit, de là il m'a créé, de là il me dirige, de là il me conseille, de là il me stimule, de là il m'appelle, de là il m'oriente, de là il me conduit, de là il me mène au but.

9. Car celui qui a si haut une demeure secrète a aussi une tente sur la terre. Sa tente sur la terre est son Église, qui est encore nomade[85]. C'est ici qu'il faut le chercher, car dans la tente on trouve le chemin qui mène à la

---

83. Cf. Ro 1, 20.

84. Nouvelle mention des trois étapes de l'ascension : *in omni corpore, siue terrestri, siue caelesti* ; *in anima mea* ; *super me.*

85. C'est la meilleure traduction de *peregrina* selon A. Mandouze, *Saint Augustin, l'aventure de la raison et de la grâce,* Paris, 1968, p. 712, n. 6.

ENARRATIONES IN PSALMOS

uenitur ad domum. Etenim cum effunderem super me animam meam ad attingendum Deum meum, quare hoc feci? *Quoniam ingrediar in locum tabernaculi.* Nam extra locum tabernaculi errabo quaerens Deum meum. *Quoniam ingrediar in locum tabernaculi admirabilis usque ad domum Dei.* In locum tabernaculi ingrediar, admirabilis tabernaculi, usque ad domum Dei. Iam enim multa admiror in tabernaculo. Ecce quanta admiror in tabernaculo! Tabernaculum enim Dei in terra homines sunt fideles ; admiror in eis ipsorum membrorum obsequium, quia non in eis regnat peccatum ad oboediendum desideriis eius nec exhibent membra sua arma iniquitatis peccato, sed exhibent Deo uiuo in bonis operibus ; animae seruienti Deo membra corporalia militare admiror. Respicio et ipsam animam oboedientem Deo, distribuentem opera actus sui, frenantem cupiditates, pellentem ignorantiam, extendentem se ad omnia aspera et dura toleranda, iustitiam et caritatem impendentem ceteris. Miror et istas uirtutes in anima, sed adhuc in loco tabernaculi ambulo. Transeo et haec, et quamuis admirabile sit tabernaculum, stupeo cum peruenio usque ad domum Dei. De qua domo dicit in alio psalmo, cum proposuisset sibi quamdam duram et difficilem quaestionem, quare in hac terra plerumque bene est malis et male est bonis, et ait: *Suscepi cognoscere, hoc labor est ante me, donec introeam in sanctuarium Dei et intellegam in*

---

86. *Ad adtingendum Deum meum*: expression similaire en *In Ioh.* 20, 11 ; 23, 6 ; *In Ps.* 61, 14. Voir *supra*, n. 82.

87. Voir la note complémentaire 13 : « La tente de l'Église ».

88. Cf. Ro 6, 12-13.

89. On retrouve les trois étapes de l'ascension dans cette description de la tente de Dieu sur cette terre, autrement dit des fidèles : le combat des *membra corporalia* ; l'âme elle-même obéissant à Dieu *(ipsam animam oboedientem Deo)* ; le dépassement *(transeo)* de l'âme

IN PSALMVM XLI

maison. Quand en effet je répandais mon âme au-dessus de moi pour atteindre mon Dieu[86], pourquoi l'ai-je fait ? *Parce que j'entrerai dans le lieu de la tente.* Hors du lieu de la tente, en effet, je m'égarerai en cherchant mon Dieu[87]. *Parce que j'entrerai dans le lieu de la tente admirable, jusqu'à la maison de Dieu.* J'entrerai dans le lieu de la tente, la tente admirable, jusqu'à la maison de Dieu. Dès à présent, j'admire beaucoup de choses dans la tente. Que de choses j'admire dans la tente ! La tente de Dieu sur la terre, en effet, ce sont les fidèles ; j'admire en eux l'obéissance de leurs membres, car le péché ne règne pas en eux pour les faire obéir à ses désirs, et ils ne font pas de leurs membres des armes d'injustice au service du péché, mais ils les mettent au service du Dieu vivant dans les œuvres bonnes[88] ; j'admire le combat des membres du corps pour l'âme qui sert Dieu. Je porte le regard aussi sur l'âme qui obéit à Dieu, qui organise son activité, réfrène les convoitises, repousse l'ignorance, se tend pour supporter toute sorte de situations pénibles et difficiles, accorde à tous justice et charité. J'admire ces vertus dans l'âme, et je suis encore dans le lieu de la tente. Je dépasse aussi cela, et bien que la tente soit admirable, je suis saisi de stupeur quand je parviens à la maison de Dieu[89]. C'est de cette demeure qu'il est dit dans un autre psaume où le psalmiste s'était posé une question dure et difficile, celle de savoir pourquoi souvent sur cette terre les choses vont bien pour les méchants et mal pour les bons : *J'ai entrepris de savoir, et cette peine est toujours devant moi jusqu'au jour où j'entrerai dans le sanctuaire de Dieu et*

---

qui parvient à la maison de Dieu. Augustin note l'admiration qui le saisit aux deux premières étapes (*membra corporalia ... admiror* ; *miror et istas uirtutes in anima* ; *quamuis admirabile sit tabernaculum*) et, au terme, sa stupeur (*stupeo*).

ENARRATIONES IN PSALMOS

nouissima. Ibi est enim fons intellectus, in sanctuario Dei, in domo Dei. Ibi intellexit iste in nouissima et soluit quaestionem de felicitate iniquorum et labore iustorum. Quomodo soluit? Quia mali, cum hic differuntur, ad poenas sine fine seruantur, et boni, cum hic laborant, exercentur, ut in fine hereditatem consequantur. Et hoc ille in sanctuario Dei cognouit, intellexit in nouissima.

Ascendens tabernaculum, peruenit ad domum Dei. Tamen dum miratur membra tabernaculi, ita perductus est ad domum Dei quamdam dulcedinem sequendo, interiorem nescio quam et occultam uoluptatem, tamquam de domo Dei sonaret suauiter aliquod organum; et cum ille ambularet in tabernaculo, audito quodam interiore sono, ductus dulcedine, sequens quod sonabat, abstrahens se ab omni strepitu carnis et sanguinis,

---

90. Ps 72, 16-17. La manière dont Augustin présente la question difficile qui est celle du psalmiste dans le Ps 72 peut laisser supposer qu'il l'a commenté récemment.

91. *Fons intellectus*: hapax, à rapprocher de l'expression du § 2 : *fontem intellegendi*, qui est également un hapax.

92. La présentation qu'Augustin donne ici du Ps 72 est à comparer au résumé qu'il en donne en *In Ps.* 72, 6; voir aussi *In Ps.* 72, 22-23 pour le commentaire de Ps 72, 16-17. L'interprétation proposée est exactement la même.

93. *Interiorem nescio quam et occultam uoluptatem*: l'association des termes *occultus* et *uoluptas* est unique dans l'œuvre d'Augustin, mais, en *In Ioh.* 26, 4, Augustin décrit l'action de la grâce qui attire l'homme au Christ à l'aide de l'expression *quaedam uoluptas cordis*. L'expression de l'*In Ps.* 41 est aussi à rapprocher de *Conf.* 10, 40, 65, *BA* 14, p. 258-259 : «Et parfois tu me fais entrer dans un sentiment tout à fait extraordinaire au fond de moi, jusqu'à je ne sais quelle douceur *(ad nescio quam dulcedinem)* qui, si elle devient parfaite en moi sera je ne sais quoi que cette vie ne sera pas.» Pour un commentaire de ce texte, voir A. SOLIGNAC, «Introduction», *BA* 13, p. 198-200. Voir la note complémentaire 10: «Le vocabulaire de l'expérience spirituelle».

94. *Quodam interiore sono*: la mention d'un son intérieur est unique dans l'œuvre augustinienne; le terme *quodam* souligne d'ailleurs que l'expression n'est pas à entendre au sens littéral. À rapprocher de *Conf.* 10, 6, 8, *BA* 14, p. 154-155: «Et pourtant, j'aime

394

IN PSALMVM XLI

aurai à la fin l'intelligence[90]. C'est en effet là qu'est la source de l'intelligence[91], dans le sanctuaire de Dieu, la maison de Dieu. Là, à la fin, le psalmiste a compris et résolu la question du bonheur des injustes et de la souffrance des justes. Comment l'a-t-il résolue? Il a compris que si le châtiment des méchants est différé ici-bas, des châtiments sans fin leur sont réservés, et que les bons, quand ils souffrent ici-bas, sont éprouvés pour obtenir à la fin leur héritage[92]. Cela, il l'a su dans le sanctuaire de Dieu, il l'a compris à la fin.

Montant dans la tente, il est parvenu à la maison de Dieu. En admirant les membres dans la tente, il a été conduit jusqu'à la maison de Dieu en suivant une certaine douceur, je ne sais quel plaisir intérieur et secret[93], comme si depuis la maison de Dieu résonnait doucement un instrument de musique; tandis qu'il marchait dans la tente, entendant cette sorte de musique intérieure[94], il a été attiré par sa douceur et, en suivant le son de cette musique, en se détachant de tout le vacarme de la chair et du sang[95], il est parvenu jusqu'à

---

certaine lumière et certaine voix, certain parfum et certain aliment et certaine étreinte quand j'aime mon Dieu: lumière, voix, parfum, aliment, étreinte de l'homme intérieur qui est en moi, où brille pour mon âme ce que l'espace ne saisit pas, où résonne ce que le temps rapace ne prend pas, où s'exhale un parfum que le vent ne disperse pas, où se savoure un mets que la voracité ne réduit pas, où se noue une étreinte que la satiété ne desserre pas. C'est cela que j'aime quand j'aime mon Dieu.»

95. *Strepitu carnis et sanguinis*: on trouve une expression analogue dans la description de l'extase d'Ostie en *Conf.* 9, 10, 24: *ad strepitum oris nostris*, mais, dans l'*In Ps.* 41, «le vacarme de la chair et du sang» est ce dont on se détache pour parvenir jusqu'à Dieu; en *Conf.* 9, «le bruit des lèvres» est ce à quoi on revient après un bref contact du Verbe éternel. L'expression *carnis et sanguinis* est le plus souvent liée au thème de la corruption. Augustin mentionne ailleurs le *strepitus saeculi* (*Ser.* 47, 14, 23), le *strepitus mundi* (*In Ps.* 84, 10; *Ser. Dolbeau* 25, 25), le *strepitus uanissimarum turpissimarumque cantionum* (*Ser. Dolbeau* 26, 1), le *strepitus terrenarum rerum* (*Ser. Étaix* 1).

ENARRATIONES IN PSALMOS

peruenit usque ad domum Dei. Nam uiam suam et ductum suum sic ipse commemorat quasi diceremus ei : "Miraris tabernaculum in hac terra ; quomodo peruenisti ad secretum domus Dei ?" : *In uoce*, inquit, *exsultationis et confessionis, soni festiuitatem celebrantis*. Festa cum hic homines celebrant suae quoque luxuriae, consuetudinem habent constituere organa ante domos suas aut ponere symphoniacos uel quaeque musica ad luxuriam seruientia et illicientia. Et ubi audita fuerint haec, quid dicimus qui transimus ? "Quid hic agitur?" Et respondetur nobis aliqua esse festa. "Natalitia", inquit, "celebrant, nuptiae hic sunt", ut non uideantur inepta illa cantica, sed excusetur festiuitate luxuria. In domo Dei festiuitas sempiterna est. Non enim aliquid ibi celebratur et transit. Festum sempiternum, chorus angelorum ; uultus praesens Dei, laetitia sine defectu. Dies hic festus ita est ut nec aperiatur initio nec fine claudatur. De illa aeterna et perpetua festiuitate sonat nescio quid canorum et dulce auribus cordis, sed si non perstrepat mundus. Ambulanti in hoc tabernaculo et miracula Dei in redemptionem fidelium consideranti, mulcet aurem sonus festiuitatis illius et rapit ceruum ad fontes aquarum.

v. 6 **10.** Sed quia, fratres, quamdiu sumus in corpore hoc, peregrinamur a Domino, et *corpus quod corrumpitur aggrauat animam et deprimit terrena inhabitatio sensum*

---

96. *Natalitia celebrare* : les autres emplois de *natalitia* concernent tous les fêtes des martyrs.

97. *Chorus angelorum* : fréquente chez les Pères, l'expression est rare chez Augustin ; on la trouve en *Ser. Dolbeau* 25, 21 et *In Ioh.* 1, 5.

98. *Festiuitas sempiterna, festum sempiternum* : Augustin décrit rarement l'éternité comme une fête éternelle. Voir *In Ps.* 117, 14 (qui cite Ps 41, 4) ; *In Ioh.* 28, 8 ; *Ser. Wilmart* 7, 2 (= *Ser.* 223G).

99. Cf. 2 Co 5, 6.

IN PSALMVM XLI

la maison de Dieu. Voilà en effet comment il évoque sa marche et ce qui l'a conduit, comme s'il répondait à la question que nous lui posons: "Tu admires la tente sur cette terre; comment es-tu parvenu jusqu'au secret de la maison de Dieu?": *Aux accents de l'exultation et de la louange, de la musique célébrant la fête*, dit-il. Quand en effet ici-bas les hommes célèbrent des fêtes luxueuses, ils ont coutume de placer devant leur maison des instruments, d'y mettre un orchestre ou une musique attirante au service de cette fête luxueuse. Et que disons-nous quand nous l'entendons, que disent les passants que nous sommes? "Que se passe-t-il ici?" Et on nous répond qu'il y a une fête. "On célèbre un anniversaire[96]", nous dit-on, "il y a ici un mariage", cela pour que ces chants ne paraissent pas déplacés et que les festivités servent d'excuse à ce luxe. Dans la maison de Dieu, la fête est continuelle. On n'y célèbre pas en effet quelque chose de passager. Le chœur des anges[97] donne une fête continuelle[98]; la face de Dieu toujours présente donne une joie sans défaut. C'est là un jour de fête que n'ouvre aucun commencement et ne clôt aucune fin. De cette fête éternelle et continuelle s'échappe je ne sais quelle musique qui résonne doucement aux oreilles de notre cœur, mais à condition que se taise le vacarme du monde. Les sonorités de cette fête charment l'oreille de celui qui marche dans cette tente et considère les merveilles de Dieu pour la rédemption des fidèles, et elles entraînent le cerf jusqu'aux sources des eaux.

10. Mais, mes frères, aussi longtemps que nous sommes dans ce corps nous sommes en exil loin du Seigneur[99], et *le corps corruptible appesantit l'âme et sa demeure terrestre accable l'esprit aux multiples pensées*[100];

---

100. Sg 9, 15. I. BOCHET, «Le corps: un poids pour l'âme? L'exégèse augustinienne de Sagesse 9, 15», *Revue des sciences philosophiques et théologiques*, 100, 2016, p. 27-43 (p. 30-31).

ENARRATIONES IN PSALMOS

multa cogitantem, etsi utcumque nebulis diffugatis ambulando per desiderium ad hunc sonum peruenerimus interdum, ut aliquid de illa domo Dei nitendo capiamus, onere tamen quodam infirmitatis nostrae ad consueta recidimus et ad solita ista dilabimur. Et quomodo ibi inueneramus unde gauderemus, sic hic non deerit quod gemamus. Etenim ceruus iste manducans die ac nocte lacrimas suas, raptus desiderio ad fontes aquarum, interiorem scilicet dulcedinem Dei, effundens super se animam suam, ut tangeret quod est super animam suam, ambulans in locum tabernaculi admirabilis usque ad domum Dei et ductus interioris et intellegibilis soni iucunditate, ut omnia exteriora contemneret et in interiora raperetur, adhuc tamen homo est, adhuc hic gemit, adhuc carnem fragilem portat, adhuc inter scandala huius mundi periclitatur. Respexit ergo ad se tamquam inde ueniens et ait sibi constituto inter has tristitias, et comparans haec illis ad quae uidenda ingressus est et post quae uisa egressus est : *Quare*, inquit, *tristis es, anima mea, et quare conturbas me?* Ecce iam quadam interiore dulcedine laetati sumus, ecce acie mentis aliquid incommutabile, etsi perstrictim et raptim, perspicere potuimus ; quare adhuc conturbas me, quare adhuc tristis es? Non enim dubitas de Deo tuo. Non enim non est quod tibi dicas contra illos qui dicunt : *Vbi est Deus tuus?* Iam aliquid incommutabile persensi ; quare adhuc conturbas me? *Spera in Deum.* Et quasi responderet

---

101. Augustin mentionne souvent cette retombée dans la vie courante du fait de notre faiblesse à la suite de l'expérience vive de Dieu. Voir, par exemple, *Conf.* 7, 17, 23 : « et repercussa infirmitate redditus solitis » ; 9, 10, 25 : « et remeauimus ad strepitum oris nostri, ubi uerbum et incipitur et finitur » ; 10, 40, 65 : « sed recido in haec aerumnosis ponderibus et resorbeor solitis et teneor » ; *Ser.* 52, 6, 16 : « in suam quasi aegritudinem atque langorem iterum recidisse ».

IN PSALMVM XLI

c'est pourquoi, bien que, lorsque les brouillards se sont un peu dissipés et que nous cheminons par le désir, nous parvenions parfois à percevoir ces sons, pour saisir avec effort quelque chose de la maison de Dieu, le fardeau de notre faiblesse fait que nous retombons dans la vie courante et que nous nous dispersons dans les choses habituelles[101]. Et si nous avions trouvé là de quoi nous réjouir, nous ne manquerons pas ici de raisons de gémir. En effet, ce cerf qui mange ses larmes jour et nuit, qui est entraîné par son désir vers les sources des eaux, c'est-à-dire vers la douceur intérieure de Dieu[102], qui répand son âme au-dessus de lui pour toucher ce qui est au-dessus de son âme, qui marche vers le lieu de la tente admirable jusqu'à la maison de Dieu, qui est conduit par le charme des sonorités intérieures et intelligibles à mépriser tout ce qui est extérieur et à se laisser ravir vers ce qui est intérieur, ce cerf est pourtant encore un homme, il gémit encore ici-bas, il porte encore une chair fragile, il est encore en péril au milieu des scandales de ce monde. Il s'est donc vu lui-même en homme qui revient de là-bas et, au milieu de ces tristesses, il s'est dit, en les comparant à ce qu'il a commencé à voir là-bas et qu'il a quitté après l'avoir vu : *Pourquoi es-tu triste, mon âme, et pourquoi me troubles-tu ?* Déjà nous nous sommes réjouis d'une certaine douceur intérieure, déjà nous avons pu, fût-ce brièvement et en passant, par la fine pointe de l'âme, apercevoir une réalité immuable ; pourquoi me troubles-tu encore, pourquoi es-tu encore triste ? Tu ne doutes pas de ton Dieu. Il n'est pas vrai que tu n'as rien à te répondre face à ceux qui disent : *Où est-il, ton Dieu ?* Déjà j'ai pressenti une réalité immuable ; pourquoi me troubles-tu encore ? *Espère en Dieu.* C'est

---

102. Augustin mentionne la *dulcedo Dei* en *Ciu.* 21, 24, 5 ; *Enchir.* 29, 112 ; *In Ps.* 30, 2, 3, 7 ; *Ser.* 145, 3. Il parle d'une «douceur intérieure» en *Ep.* 11, 4 et *In Ioh.* 54, 8.

ENARRATIONES IN PSALMOS

illi anima eius in silentio: Quare conturbo te, nisi quia nondum sum ibi, ubi est dulce illud quo sic rapta sum quasi per transitum? Numquid iam bibo de fonte illo nihil metuens, iam nullum scandalum pertimesco, iam de cupiditatibus omnibus tamquam edomitis uictisque secura sum? Nonne aduersus me diabolus uigilat hostis meus, nonne laqueos mihi quotidie deceptionis intendit? Non uis ut conturbem te posita in saeculo et peregrina adhuc a domo Dei mei? Sed: *Spera in Deum*, respondet conturbanti se animae suae et quasi rationem reddenti perturbationis suae propter mala quibus abundat hic mundus; interim habita in spe; *spes enim quae uidetur non est spes; si autem quod non uidemus speramus, per patientiam exspectamus.*

v. 7   **11.** *Spera in Deum.* Quare *Spera*? **Quoniam confitebor illi.** Quid ei confiteberis? **Salutare uultus mei, Deus meus.** A me mihi salus esse non potest; hoc dicam, hoc confitebor: *Salutare uultus mei, Deus meus.* Etenim ut metuat in his quae utcumque intellecta cognoscit, respexit iterum sollicitus ne obrepat inimicus; nondum dicit: "Saluus sum ex omni parte." Etenim *primitias habentes Spiritus in nobismetipsis ingemiscimus adoptionem exspectantes, redemptionem corporis nostri.* Illa perfecta in nobis salute erimus in domo Dei uiuentes

---

103. Augustin invite souvent à la vigilance contre le diable, il dit très rarement que le diable veille: *Ser. Cai* 2, 6, 2 (= 94A).

104. Même exhortation en *Ser.* 351, 5, 12; *Ser. Dolbeau* 16, 16. Voir aussi *C. Parm.* 3, 5, 27; *In Ps.* 67, 20 et 106, 13, qui citent Pr 1, 33 (LXX): «Qui me audit (in)habitabit in spe.» Sur ces citations de Pr 1, 33, voir A.-M. La Bonnardière, *Le Livre des Proverbes*, Paris, 1975, p. 138-139.

105. Ro 8, 24. 25.

106. Ro 8, 23. L'expression «les prémices de l'esprit» apparaît déjà dans la description de l'extase d'Ostie, en *Conf.* 9, 10, 24 (*BA* 14, p. 118-119): «Nous avons soupiré et nous avons laisssé là, attachées, "les prémices de l'esprit".» Sur ce texte, voir *BA* 14, p. 552-555,

IN PSALMVM XLI

comme si son âme lui répondait silencieusement : Je te trouble, mais pourquoi, sinon parce que je ne suis pas encore là où se trouve cette douceur qui m'a ravie comme en passant ? Est-ce que je bois déjà à cette source sans rien craindre, est-ce que je ne crains plus aucun scandale, est-ce que je suis en sécurité en ayant dompté et vaincu toutes convoitises ? Le diable, mon ennemi, ne me guette-t-il pas[103], ne me tend-il pas quotidiennement des pièges pour me tromper ? Et tu ne veux pas que je te trouble, alors que je suis dans le siècle et que je suis encore en exil loin de la maison de mon Dieu ? Mais *espère en Dieu* est la réponse qu'il fait à son âme qui se trouble et qui d'une certaine façon rend compte de son trouble en alléguant les maux qui abondent en ce monde ; habite dans l'espérance en attendant[104] ; *car voir ce qu'on espère, ce n'est plus l'espérer ; mais si nous espérons ce que nous ne voyons pas, nous l'attendons par la patience*[105].

11. *Espère en Dieu*. Pourquoi *espère* ? **Parce que je lui ferai confession.** Que lui confesseras-tu ? **Il est le salut de ma face et mon Dieu.** En moi, je ne peux trouver le salut ; je le dirai, je le confesserai : *Il est le salut de ma face et mon Dieu.* En effet, ce qui lui fait concevoir de la crainte dans ce qu'il reconnaît avoir un peu compris, c'est qu'il a encore regardé derrière lui avec inquiétude, de peur que l'ennemi ne se glisse ; il ne dit pas encore : "Je suis sauvé de toutes parts." En effet, *possédant les prémices de l'Esprit, nous gémissons intérieurement, en attendant l'adoption, la rédemption de notre corps*[106]. Lorsque notre salut sera parfait, nous serons dans la

---

n. c. 11 : « Primitiae spiritus » (A. SOLIGNAC) ; J. PÉPIN, « "Primitiae spiritus". Remarques sur une citation pauliniennne des *Confessions* de saint Augustin », *Revue de l'Histoire des religions*, 140, 1951, p. 155-201.

ENARRATIONES IN PSALMOS

sine fine et sine fine laudantes eum cui dictum est :
*Beati qui habitant in domo tua, in saecula saeculorum
laudabunt te.* Hoc nondum est, quia nondum est salus
quae promittitur; sed confiteor Deo meo in spe et dico
illi : *Salus uultus mei, Deus meus. Spe enim salui facti
sumus; spes autem quae uidetur, non est spes.* Perseuera
ergo ut peruenias, perseuera donec ueniat salus. Audi
ipsum Deum tuum de interiore tibi loquentem : *Sustine
Dominum, uiriliter age, et confortetur cor tuum, et sustine
Dominum*, quoniam *qui perseuerauerit usque in finem
hic saluus erit. Quare* ergo *tristis es anima mea et quare
conturbas me? Spera in Deum, quoniam confitebor illi.*
Haec est confessio mea : *Salutare uultus mei, Deus meus.*

12. *Ad meipsum anima mea turbata est.* Numquid
ad Deum turbatur? Ad me turbata est. Ad incommutabile reficiebatur, ad mutabile perturbabatur. Noui
quia iustitia Dei mei manet; utrum mea maneat nescio.
Terret enim me apostolus dicens : *Qui se putat stare,
uideat ne cadat.* Ergo quia non est in me firmitas mihi,
nec est mihi spes de me. *Ad meipsum turbata est anima
mea.* Vis non conturbetur? Non remaneat in teipso et
dic : *Ad te, Domine, leuaui animam meam.* Hoc planius
audi : noli sperare de te, sed de Deo tuo; nam si speras de te, anima tua conturbatur ad te, quia nondum

---

107. Ps 83, 5.

108. Ro 8, 24.

109. Ps 26, 14.

110. Mt 10, 22; 24, 13.

111. *Ad me* est fréquent dans la VL (Ps Rom: *a me*). Aucun
écrivain latin, ni Origène, ni Eusèbe, n'utilisent ainsi ce verset avant
Augustin: *Gen. Mani.* 2, 16, 24; *Lib. arb.* 3, 24, 72.

112. 1 Co 10, 12. Verset cité en *Doctr.* 3, 23, 33; *C. Parm.* 3, 2, 5;
Virg. 39, 40; *Ciu.* 20, 10; *Praed.* 11, 21; *Don. pers.* 8, 19; *Ep.* 217, 4,
14; *In Ps.* 51, 13; 106, 14; 118, 19, 3; *Ser.* 73, 4; 88, 18, 20.

113. Ps 24, 1.

IN PSALMVM XLI

maison de Dieu, vivant sans fin, sans fin louant celui auquel le psalmiste a dit: *Heureux les habitants de ta maison, ils te loueront dans les siècles des siècles*[107]. Il n'en est pas encore ainsi, parce que le salut promis n'est pas encore là; mais, dans l'espérance, je confesse mon Dieu et je lui dis: *Il est le salut de ma face et mon Dieu. Car c'est en espérance que nous sommes sauvés; et voir ce qu'on espère, ce n'est plus l'espérer*[108]. Persévère donc pour arriver, persévère jusqu'à ce qu'arrive le salut. Écoute ton Dieu qui te parle lui-même intérieurement: *Attends le Seigneur, agis avec courage, que ton cœur se fortifie, et attends le Seigneur*[109], parce que *celui qui aura persévéré jusqu'à la fin sera sauvé*[110]. Donc, *pourquoi es-tu triste, mon âme, et pourquoi me troubles-tu? Espère en Dieu, car je lui ferai confession.* Ma confession, la voici: *Il est le salut de ma face et mon Dieu.*

12. *Mon âme s'est troublée en se tournant vers moi*[111]. Est-ce en se tournant vers Dieu qu'elle se trouble? C'est en se tournant vers moi qu'elle s'est troublée. En se tournant vers l'immuable, elle était soulagée, en se tournant vers le mutable, elle se troublait. Je sais que la justice de mon Dieu est durable; si la mienne va durer, je l'ignore. Car l'apôtre m'effraie quand il dit: *Que celui qui pense tenir debout prenne garde de ne pas tomber*[112]. Puisque donc il n'y a pas pour moi de solidité en moi, il n'y a pas non plus pour moi d'espérance venant de moi. *Mon âme s'est troublée en se tournant vers moi.* Veux-tu qu'elle ne se trouble pas? Qu'elle ne reste pas en toi-même, mais dis: *Vers toi, Seigneur, j'ai élevé mon âme*[113]. Écoute ceci, dit plus explicitement: ne mets pas ton espérance en toi, mais en ton Dieu[114]; si en effet tu mets en toi ton espérance, ton âme se trouble en se

---

114. *Sperare de se* est un hapax; *sperare de Deo* est rare (*In Gal.* 40; *Ep.* 92A; *In Ps.* 39, 7; 120, 5; 129, 11; 145, 9; *Ser.* 4, 3; 334, 3; *Ser. Dolbeau* 18, 4).

ENARRATIONES IN PSALMOS

inuenit unde sit secura de te. Ergo quoniam ad me conturbata est anima mea, quid restat nisi humilitas, ut de seipsa anima non praesumat? Quid restat nisi ut omnino minimam se faciat, nisi ut se humiliet, ut exaltari mereatur? Nihil sibi tribuat, ut ei ab illo quod utile est tribuatur. Ergo quia ad me turbata est anima mea et hanc perturbationem facit superbia, *propterea memoratus sum tui, Domine, de terra Iordanis et Hermoniim a monte paruo*. Vnde memoratus sum tui? A monte paruo et de terra Iordanis. Forte de baptismo, ubi est remissio peccatorum. Etenim nemo currit ad remissionem peccatorum nisi qui displicet sibi; nemo currit ad remissionem peccatorum nisi qui se confitetur peccatorem; nemo se confitetur peccatorem nisi humilando seipsum Deo. Ergo de terra Iordanis memoratus sum tui et de monte paruo, non de monte magno, ut de monte paruo tu facias magnum, *quoniam qui se exaltat humilabitur, et qui se humilat exaltabitur*. Si autem et interpretationes nominum quaeras, Iordanis est "descensio eorum". Descende ergo, ut leueris; noli extolli, ne elidaris: *Et de Hermoniim monte paruo*. Hermoniim "anathematio" interpretatur. Anathema

---

115. Le parfait *memoratus sum* est propre à Augustin; les autres auteurs ont *memor ero*, comme le grec.

116. Lc 14, 11; 18, 14. En *Conf.* 13, 12, 13 (*BA* 14, p. 446-447), Augustin cite Ps 41, 7 en lui conférant un sens différent : «et parce que notre "âme" était troublée en nous, nous nous sommes souvenus "de toi", Seigneur, "au pays du Jourdain et sur le mont" qui est égal à toi, mais qui s'est fait "petit" à cause de nous»; le mont qui s'est fait petit à cause de nous désigne le Verbe incarné. Sur l'utilisation du Ps 41 en *Conf.* 13, voir I. BOCHET, *« Le Firmament de l'Écriture ». L'herméneutique augustinienne*, Paris, 2004, p. 233-235.

117. Même étymologie dans AMBR. *Fug.* 2, 12, *CSEL* 32, 2, p. 172, 1, mais il a généralement *descensio* seul, comme dans *Abr.* 2, 6, 34, *CSEL* 32, 1, p. 591, 1. JÉRÔME donne comme étymologie *descensio eorum*: *Nom. hebr.*, *CCL* 72, p. 7, 20; p. 64, 27; *Ep.* 78, 42, *CSEL* 55, p. 83, 20.

404

IN PSALMVM XLI

tournant vers toi, parce qu'elle ne trouve pas encore
en toi de raison de sécurité. Puisque donc mon âme
s'est troublée en se tournant vers moi, que lui reste-t-il
sinon l'humilité, pour que l'âme ne présume pas d'elle-
même? Que lui reste-t-il, sinon de se faire absolument
petite, de s'humilier pour mériter d'être élevée? Qu'elle
ne s'attribue rien, pour que lui soit attribué par Dieu ce
qui lui est utile. Donc, parce que mon âme s'est troublée
en se tournant vers moi et que c'est l'orgueil qui cause
ce trouble, *à cause de cela, je me suis souvenu de toi,
Seigneur, de la terre du Jourdain et de l'Hermon,
depuis une petite montagne*. D'où me suis-je souvenu
de toi[115]? Depuis une petite montagne et de la terre du
Jourdain. Peut-être cela signifie-t-il: depuis le baptême,
où a lieu la rémission des péchés. Personne en effet
n'accourt à la rémission des péchés sans se déplaire à
soi-même; personne n'accourt à la rémission des péchés
sans confesser qu'il est pécheur; personne ne confesse
qu'il est pécheur sans s'humilier devant Dieu. Donc, de
la terre du Jourdain je me suis souvenu de toi, et depuis
une petite montagne; pas depuis une grande montagne,
mais depuis une petite montagne, pour que tu en fasses
une grande montagne, *car celui qui s'élève sera abaissé,
et celui qui s'abaisse sera élevé*[116]. Et si tu cherches
comment on traduit les noms, Jourdain veut dire "leur
descente"[117]. Descends donc pour être élevé; ne t'élève
pas, de peur de te fracasser à terre. *Et de l'Hermon, la
petite montagne.* Hermon veut dire "le fait d'anathé-
matiser"[118]. Frappe-toi d'anathème en te déplaisant à

---

118. La forme *Hermoniim* figure dans la Vulgate et dans le manuscrit VL 421; *anathematio* ne se trouve que dans *In Ps.* 41. Dans l'*In
Ps.* 88, 1, 13, Augustin donne une interprétation voisine *(anathema
eius)*, qui correspond à celle de Jérôme: HIER. *Nom. hebr.*, CCL 72,
p. 86, 9 et p. 119, 16. L'interprétation qu'Augustin donne dans l'*In
Ps.* 132, 11 *(lumen exaltatum)* est différente et plus proche d'AMBR.
Isaac 5, 47, CSEL 32, 1, p. 672, 5; *Iob. Dau.* 4, 14, 4, CSEL 32, 2,
p. 276, 9 *(uia lucernae)*.

ENARRATIONES IN PSALMOS

teipsum, displicendo tibi; displicebis enim Deo, si placueris tibi. Ergo quia nobis Deus omnia bona praestat, quia ipse bonus est, non quia nos digni sumus, quia ille misericors est, non quia in aliquo promeruimus, de terra Iordanis et Hermoniim commemoratus sum Dei. Et quia humiliter commemoratur, exaltatus perfrui merebitur, quia non in se exaltatur qui in Domino gloriatur.

v. 8   **13.** *Abyssus abyssum inuocat in uoce cataractarum tuarum.* Peragere psalmum possum fortasse adiutus studio uestro cuius feruorem uideo. De labore autem uestro non satis curo, ut audiatis, quando et me qui loquor, ita in his laboribus sudare cernatis. Aspicientes me laborantem profecto collaboratis; non enim mihi laboro, sed uobis. Ergo audite, quia uelle uos uideo. *Abyssus abyssum inuocat in uoce cataractarum tuarum*: Deo dixit ille qui eius commemoratus est de terra Iordanis et Hermoniim. Hoc admirando dixit: *Abyssus abyssum inuocat in uoce cataractarum tuarum.* Quae abyssus quam abyssum inuocat? Vere quia iste intellectus abyssus est. Abyssus enim est profunditas quaedam impenetrabilis, incomprehensibilis, et maxime solet dici in aquarum multitudine. Ibi enim altitudo, ibi profunditas quae penetrari usque ad fundum non potest.

---

119. Augustin souligne ici la corrélation entre se plaire à soi-même et déplaire à Dieu; il note ailleurs la corrélation inverse entre plaire à Dieu et se déplaire à soi-même (*In Ps.* 65, 22; 122, 3).

120. Cf. 1 Co 1, 31 : *Qui gloriatur, in Domino glorietur.*

121. Sur l'interprétation patristique de ce verset, voir F. VINEL, «L'abîme appelle l'abîme. Plaidoyers pour l'allégorie dans quelques commentaires du Psautier d'Eusèbe à Augustin», dans *Le Psautier chez les Pères* (*Cahiers de Biblia Patristica* 4), Strasbourg, 1994, p. 235-253. L'interprétation classique voit dans ces deux abîmes une figure des deux Testaments (cf. HIER., *In Ps.* 41 *ad neophytos*, *CCL* 78, p. 544, 82-84).

122. Cf. *In Ps.* 35, 19, *BA* 58/B, p. 374-375 : «Nous devons nous réjouir d'avoir expliqué le psaume en entier. J'allais abandonner au milieu, craignant de vous être pesant... »

IN PSALMVM XLI

toi-même, car tu déplairas à Dieu si tu te plais à toi-même[119]. Donc, parce que Dieu nous procure tous les biens, non que nous en soyons dignes, mais parce qu'il est bon, non que nous ayons quelque mérite, mais parce qu'il est miséricordieux, de la terre du Jourdain et de l'Hermon je me suis souvenu de Dieu. Et parce qu'il s'en souvient humblement, il méritera d'être élevé et d'en jouir parfaitement, car celui qui se glorifie dans le Seigneur ne s'élève pas en lui-même[120].

13. *L'abîme appelle l'abîme par la voix de tes cataractes*[121]. Je vais peut-être pouvoir achever le psaume, aidé par votre attention dont je vois la ferveur[122]. De la peine que vous prenez à m'écouter, je ne me soucie pas trop, puisque moi qui vous parle, vous me voyez peiner à la sueur de mon front. Quand vous remarquez ma peine, vous y prenez part, car ce n'est pas pour moi, mais pour vous, que je peine[123]. Écoutez donc, puisque je vois que vous le désirez. *L'abîme appelle l'abîme par la voix de tes cataractes*: cela a été dit à Dieu par celui qui s'est souvenu de lui depuis la terre du Jourdain et de l'Hermon. L'admiration lui a fait dire: *L'abîme appelle l'abîme par la voix de tes cataractes.* Quel est l'abîme qui appelle l'abîme? L'intelligence de ces paroles est vraiment un abîme. Un abîme est une profondeur qu'on ne peut pénétrer, qu'on ne peut comprendre, et le terme s'emploie généralement à propos de masses d'eaux. Là en effet, il y a des profondeurs abyssales que l'on ne peut pénétrer jusqu'au fond. De fait, il est dit quelque

---

123. Augustin fait une remarque similaire en *In Ioh.* 19, 17, *BA* 72, p. 212-215 : «Vous peinez à vous tenir debout et à écouter, nous peinons plus encore à rester debout et à parler; si nous peinons dans votre intérêt, ne devez-vous pas dans votre propre intérêt peiner avec nous *(collaborare)*?» Voir aussi *Ser.* 52, 2, 3.

407

ENARRATIONES IN PSALMOS

Denique quodam loco dictum est: *Iudicia tua abyssus multa*, hoc uolente scriptura commendare quia iudicia Dei non comprehenduntur. Quae ergo abyssus quam inuocat abyssum? Si profunditas est abyssus, putamus non cor hominis abyssus est? Quid enim est profundius hac abysso? Loqui homines possunt, uideri possunt per operationem membrorum, audiri in sermone, sed cuius cogitatio penetratur, cuius cor inspicitur? Quid intus gerat, quid intus possit, quid intus agat, quid intus disponat, quid intus uelit, quid intus nolit, quis comprehendet? Puto non absurde intellegi abyssum hominem de quo alibi dictum est: *Accedet homo et cor altum, et exaltabitur Deus.* Si ergo homo abyssus est, quomodo abyssus inuocat abyssum? Homo inuocat hominem? Inuocat quasi quomodo Deus inuocatur? Non. Sed "inuocat" dicitur "ad se uocat". Nam dictum est de quodam: *Mortem inuocat*, id est: sic uiuit ut mortem ad se uocet. Nam nemo hominum est qui orationem faciat et inuocet mortem, sed male uiuendo homines mortem inuocant. *Abyssus abyssum inuocat*, homo hominem. Sic discitur sapientia, sic discitur fides, cum abyssus abyssum inuocat. Abyssum inuocant sancti praedicatores uerbi Dei. Numquid et ipsi non

---

124. Ps 35, 7.

125. Cette interprétation, qui appelle souvent la citation de Ro 11, 33, est celle de *C. Faust.* 21, 2; *Pecc. mer.* 1, 21, 29 (avec citation de Ro 11, 33); *Ep.* 140, 25, 62; *In Ioh.* 52, 6; 53, 6; *In Ps.* 118, 6, 1; *Ser.* 53, 14, 15; 155, 8, 8; *C. Iul.* 5, 13. Mais ce n'est pas l'interprétation que donne l'*In Ps.* 35, 10 et 18, qui voit dans l'abîme la profondeur du péché.

126. Selon F. VINEL («L'abîme appelle l'abîme», p. 250), «Augustin innove, semble-t-il, en faisant de l'homme lui-même ce double abîme».

127. Augustin note très souvent que le cœur et les pensées de l'homme sont cachés aux autres: *In Ps.* 100, 12; 118, 12, 4; 134, 16; *In Ioh.* 90, 2; mais aussi à lui-même (*In Ps.* 39, 23). Voir I. BOCHET, «Cœur», dans *Saint Augustin. La Méditerranée et l'Europe. IVᵉ-XXIᵉ siècle*, Paris, 2005, c. 273-283 (c. 276).

IN PSALMVM XLI

part: *Tes jugements sont un grand abîme*[124], l'Écriture voulant signifier par là que les jugements de Dieu sont incompréhensibles[125]. Quel est donc l'abîme qui appelle l'abîme? Si l'abîme est une profondeur, ne peut-on penser que le cœur de l'homme est un abîme[126]? Quoi de plus profond que cet abîme, en effet? Les hommes peuvent parler, on peut les voir user de leurs membres, les entendre quand ils parlent; mais de qui pénètre-t-on la pensée, de qui voit-on le cœur[127]? Ce qu'il porte intérieurement, ce qu'il peut intérieurement, ce qu'il fait intérieurement, ce qu'il dispose intérieurement, ce qu'il veut intérieurement, ce qu'il ne veut pas intérieurement, qui le saisira? Je pense qu'il n'est pas absurde de comprendre que l'abîme est l'homme dont il est dit ailleurs: *L'homme, le cœur profond, s'approchera, et Dieu sera exalté*[128]. Si donc l'homme est un abîme, comment l'abîme appelle-t-il l'abîme[129]? L'homme invoque-t-il l'homme? L'invoque-t-il comme on invoque Dieu? Non. Mais "il invoque" veut dire "il appelle à lui". Car il a été dit d'un personnage: *Il invoque la mort*[130], c'est-à-dire: il vit de telle manière qu'il appelle à lui la mort. Car il n'y a pas un homme qui fasse une prière pour invoquer la mort, mais c'est en vivant mal que les hommes invoquent la mort. *L'abîme appelle l'abîme*, l'homme appelle l'homme. C'est ainsi qu'on apprend la sagesse, c'est ainsi qu'on apprend la foi, quand l'abîme appelle l'abîme. Les saints prédicateurs de la parole de Dieu appellent l'abîme. Et eux-mêmes, ne sont-ils

---

128. Ps 63, 7-8.

129. *Inuocat*: il appelle, il invoque; les lignes suivantes jouent sur l'étymologie et les différents sens du verbe. Cf. *Conf.* 1, 1, 1 – 2, 2.

130. Pr 18, 6 (LXX); cf. Hier. *Apol. Ruf.* 3, 43, *SC* 303, p. 332, 43: *Os audax mortem inuocat*; les éditeurs renvoient généralement à Ésope, *Fables* 6.

ENARRATIONES IN PSALMOS

abyssus? Vt noueris quia abyssus et ipsi, apostolus ait: *Minimum est ut a uobis diiudicer aut ab humano die*; quanta autem abyssus sit, audite amplius: *Neque enim ego meipsum diiudico.* Tantamne profunditatem creditis esse in homine quae lateat ipsum hominem in quo est? Quanta profunditas infirmitatis latebat in Petro, quando quid in se ageretur intus nesciebat et se moriturum cum Domino uel pro Domino temere promittebat! Quanta abyssus erat! Quae tamen abyssus nuda erat oculis Dei; nam hoc illi Christus praenuntiabat quod in se ipse ignorabat. Ergo omnis homo licet sanctus, licet iustus, licet in multis proficiens, abyssus est et abyssum inuocat, quando homini aliquid fidei, aliquid ueritatis propter uitam aeternam praedicat. Sed tunc est utilis abyssus abysso inuocatae, quando fit *in uoce cataractarum tuarum, abyssus abyssum inuocat*, homo hominem lucratur; non tamen in uoce sua, sed *in uoce cataractarum tuarum.*

14. Alium accipite intellectum: *Abyssus abyssum inuocat in uoce cataractarum tuarum.* Ego qui contremisco cum ad me perturbata est anima mea, a iudiciis tuis timui uehementer: *iudicia enim tua abyssus multa*, et *abyssus abyssum inuocat.* Nam sub hac carne mortali, laboriosa, peccatrice, molestiis et scandalis plena,

---

131. 1 Co 4, 3.

132. L'abîme du cœur humain ne symbolise plus seulement son caractère inscrutable; il signifie aussi la profondeur de sa faiblesse. Cela vaut de tout homme, y compris du saint, du juste ou de celui qui a beaucoup progressé, comme le précise aussitôt Augustin. Cette interprétation d'*abyssus* s'apparente un peu à celle d'*In Ps.* 35, 10 et fait transition avec la seconde interprétation du verset qui est proposée au § 14: l'abîme désigne le jugement du péché par Dieu.

133. Cf. Jn 13, 37. Voir *In Ps.* 39, 23.

134. En *Conf.* 13, 13, 14 (*BA* 14, p. 448-449), Paul est cet «abîme» qui «appelle l'abîme par la voix de tes cataractes», c'est-à-dire par la voix de Dieu: «Déjà ce n'est plus sa voix, c'est la tienne: tu as envoyé

410

IN PSALMVM XLI

pas abîme? Pour que tu saches qu'ils sont abîme eux aussi, l'Apôtre dit: *Il m'importe très peu d'être jugé par vous ou par un tribunal humain*; écoutez la suite, qui dit quel grand abîme il est: *et je ne me juge pas non plus moi-même*[131]. Pensez-vous qu'il peut y avoir dans l'homme une profondeur telle qu'elle reste cachée même à l'homme en qui elle est? Quelle profondeur de faiblesse[132] était cachée en Pierre quand il ignorait ce qui se passait en lui et promettait témérairement de mourir avec le Seigneur ou pour le Seigneur[133]! Quel grand abîme il était! Pourtant, cet abîme était à nu aux yeux de Dieu; car le Christ lui montrait d'avance ce qu'il ignorait en lui-même. Donc tout homme, même un saint, même un juste, même quelqu'un qui a beaucoup progressé, est un abîme, et il appelle l'abîme, quand il prêche à un autre homme quelque point de la foi, quelque vérité concernant la vie éternelle. Mais il est un abîme utile à l'abîme qu'il appelle quand il le fait *par la voix de tes cataractes; l'abîme appelle l'abîme*, l'homme gagne l'homme, mais pas par sa propre voix: *par la voix de tes cataractes*[134].

14. Il y a une autre façon de comprendre cette phrase: *L'abîme appelle l'abîme par la voix de tes cataractes.* Moi qui tremble lorsque mon âme s'est troublée en se tournant vers moi, une vive crainte de tes jugements m'a saisi; car *tes jugements sont un profond abîme*[135], et *l'abîme appelle l'abîme*. Car dans cette chair qui est sujette à la mort, aux peines, au péché, accablée par les troubles et

---

ton Esprit d'en haut, par celui qui est monté là-haut, et il a ouvert les cataractes de ses dons pour que ce fleuve en son élan réjouît ta cité. » Selon J. J. O'DONNELL, Augustin fait ici allusion au rôle de Paul dans sa conversion (*Augustine. Confessions, III. Commentary on Books 8-13*, Oxford, 1992, p. 365).

135. Ps 35, 7.

ENARRATIONES IN PSALMOS

concupiscentiis obnoxia, damnatio quaedam est de iudicio tuo, quia tu dixisti peccatori: *Morte morieris*, et: *In sudore uultus tui edes panem tuum.* Haec abyssus prima iudicii tui. Sed si male hic uixerint homines, *abyssus abyssum inuocat*, quia de poena in poenam transeunt et de tenebris ad tenebras et de profunditate ad profunditatem et de supplicio ad supplicium et de ardore cupiditatis in flammas gehennarum. Ergo hoc timuit fortassis homo iste, cum ait: *Ad meipsum anima mea turbata est; propterea memoratus sum tui, Domine, de terra Iordanis et Hermoniim.* Humilis esse debeo. Exhorrui enim iudicia tua, uehementer timui iudicia tua; ideo *ad me anima mea turbata est.* Et quae iudicia tua timui? Paruane iudicia sunt tua ista? Magna sunt, dura sunt, molesta sunt, sed utinam sola essent! *Abyssus abyssum inuocat in uoce cataractarum tuarum.* Quia tu minaris, tu dicis et post illos labores restare alteram damnationem: *In uoce cataractarum tuarum abyssus abyssum inuocat.* Quo ergo abibo a facie tua et a spiritu tuo quo fugiam, si abyssus abyssum inuocat, si post istos labores timentur grauiores?

15. *Omnes suspensiones tuae et fluctus tui super me ingressi sunt.* Fluctus in his quae sentio, suspensurae in his quae minaris. Omnis perpessio mea fluctus est tuus, omnis comminatio tua suspensura tua est. In

---

136. Gn 2, 17; 3, 19.

137. Celle de la géhenne, comme Augustin le dit plus haut.

138. Cf. Ps 138, 7.

139. Dans l'*In Ps.* 87, 7, Augustin mentionne une autre traduction qu'il juge préférable à *ingressi sunt*: «quidam melius transtulerunt, *super me transierunt*; διῆλθον enim est in Graeco, non εἰσῆλθον». *Transierunt* est dans le Psautier Romain. Dans le Ps 87, 8, Augustin avait aussi la leçon *suspensiones*, comme le Sinaiticus, mais il mentionne d'autres variantes: *fluctus* ou *elationes*. Il rappelle ensuite la

412

IN PSALMVM XLI

les scandales, exposée aux convoitises, il y a là déjà une condamnation portée par ton jugement, car tu as dit au pécheur : *Tu mourras de mort*, et : *Tu mangeras ton pain à la sueur de ton front*[136]. Voilà le premier abîme, celui de ton jugement. Mais si les hommes ont mal vécu ici-bas, *l'abîme appelle l'abîme*, parce qu'ils vont de châtiment en châtiment, de ténèbres en ténèbres, de profondeur en profondeur, de supplice en supplice, des ardeurs de la convoitise aux flammes de la géhenne. C'est peut-être cela qu'a craint notre psalmiste quand il a dit : *Mon âme s'est troublée en se tournant vers moi ; à cause de cela, je me suis souvenu de toi, Seigneur, de la terre du Jourdain et de l'Hermon.* Je dois être humble, car j'ai une grande peur de tes jugements, j'ai conçu une vive crainte de tes jugements ; c'est pourquoi *mon âme s'est troublée en se tournant vers moi.* Et quels sont ces jugements que j'ai craints ? Sont-ils peu de chose ? Ils sont grands, ils sont rudes, ils sont pénibles, et si seulement ils étaient les seuls ! *L'abîme appelle l'abîme par la voix de tes cataractes.* Car tu nous menaces, tu dis qu'après les peines présentes il reste encore une autre condamnation[137] : *L'abîme appelle l'abîme par la voix de tes cataractes.* Où irai-je donc loin de ta face, où fuirai-je loin de ton esprit[138], si l'abîme appelle l'abîme, si après les peines présentes il faut en craindre de plus graves ?

15. Toutes tes écluses et tous tes flots se sont précipités sur moi[139]. Les flots : les maux que j'éprouve ; les écluses : ceux dont tu me menaces. Tout ce que je souffre, ce sont tes flots ; tout ce dont tu me menaces, ce

---

distinction entre *suspensiones* et *fluctus*, qu'il avait, dit-il, déjà expliquée (cf. *In Ps.* 41, 15) : les *suspensiones* désignent les menaces, les *fluctus* sont les souffrances.

ENARRATIONES IN PSALMOS

fluctibus inuocat abyssus ista, in suspensuris inuocat alteram abyssum. In eo quod laboro omnes fluctus tui, in eo quod minaris grauius omnes suspensiones tuae super me ingressae sunt. Qui enim minatur non premit, sed suspendit. Sed quia liberas, hoc dixi animae meae: *Spera in Deum, quoniam adhuc confitebor illi; salutare uultus mei, Deus meus.* Quia magis crebra sunt mala, dulcior erit misericordia tua.

v. 9 **16.** Ideo sequitur: *In die mandauit Dominus misericordiam suam et nocte declarabit.* Nulli uacat audire in tribulatione. Adtendite cum uobis bene est, audite cum uobis bene est; discite, cum tranquilli estis, sapientiae disciplinam, et uerbum Dei ut cibum colligite. Quando enim quisque in tribulatione est, prodesse illi debet quod securus audiuit. Etenim in rebus prosperis mandat tibi Deus misericordiam suam, si ei fideliter seruieris, quia liberat te de tribulatione; sed non tibi declarat ipsam misericordiam quam tibi per diem mandauit nisi per noctem. Cum uenerit ipsa tribulatio, tunc adiutorio te non deserit; ostendit tibi uerum fuisse quod tibi per diem mandauit. Etenim scriptum est quodam loco: *Speciosa misericordia Domini in tempore tribulationis, sicut nubes pluuiae in tempore siccitatis. In die mandauit Dominus misericordiam suam et nocte declarabit.* Non tibi ostendit quia subuenit tibi, nisi uenerit tibi tribulatio, unde eruaris ab

---

140. *Suspensurae*: dans *In Ps.* 92, 7, il s'agit des flots de la mer: «Les vagues suspendues *(suspensurae)* indiquent la manière dont la mer s'éleva, parce que, quand la mer est irritée, ses flots sont suspendus»; Augustin voit dans ces flots suspendus les menaces et les persécutions.

141. *Declarabit*, au lieu du *declarauit* courant dans les Vieilles Latines: le futur δηλώσει existe dans certains manuscrits de la LXX.

IN PSALMVM XLI

sont tes écluses[140]. Dans les flots, cet abîme que je suis appelle, dans les écluses, il appelle un autre abîme. Mes peines présentes, ce sont tous tes flots, et les choses plus graves dont tu me menaces, ce sont toutes tes écluses qui se sont précipitées sur moi. Celui qui menace ne passe pas à l'acte, mais suspend son action. Mais parce que tu délivres, j'ai dit à mon âme: *Espère en Dieu, car je le lui confesserai encore: il est le salut de ma face et mon Dieu.* Car plus les maux sont nombreux, plus douce sera ta miséricorde.

16. C'est pourquoi il est dit ensuite: *Le jour, le Seigneur a envoyé sa miséricorde, et la nuit il la manifestera*[141]. Dans la tribulation, on n'est pas disponible pour écouter. Prêtez attention quand les choses vont bien pour vous, écoutez quand les choses vont bien pour vous; apprenez l'enseignement de la sagesse quand vous vivez dans la tranquillité et recueillez la parole de Dieu comme une nourriture. Car lorsqu'on est dans la tribulation, on doit tirer profit de ce qu'on a entendu quand on n'avait pas de souci. En effet, c'est aux jours de prospérité que le Seigneur t'envoie sa miséricorde, si tu l'as servi fidèlement, parce qu'il te délivre de la tribulation; mais cette miséricorde qu'il t'a envoyée le jour, il ne te la manifeste que la nuit. Quand la tribulation est venue, il ne t'abandonne pas sans aide; il te montre que ce qu'il t'a envoyé durant le jour était vrai. Car il est écrit quelque part: *Admirable est la miséricorde du Seigneur au temps de la tribulation, comme un nuage porteur de pluie au temps de la sècheresse*[142]. *Le jour, le Seigneur a envoyé sa miséricorde, et la nuit il la manifestera.* Il te montre qu'il te vient en aide seulement lorsqu'est venue pour toi une tribulation dont tu peux être délivré par

---

142. Sir 35, 26: seule autre citation dans *In Ps.* 68, 2, 1, avec une traduction légèrement différente.

ENARRATIONES IN PSALMOS

illo qui tibi per diem promisit. Ideo admonemur imitari formicam. Sicut enim prosperitas saeculi significatur die, aduersitas saeculi significatur nocte, ita alio modo prosperitas saeculi significatur aestate, aduersitas saeculi significatur hieme. Et quid facit formica? Per aestatem colligit quod ei per hiemem prosit. Ergo cum est aestas, cum bene est uobis, cum tranquilli estis, audite uerbum Domini. Vnde enim fieri potest ut in hac tempestate saeculi huius sine tribulatione totum hoc mare transeatis? Vnde fieri potest? Cui hoc hominum contigit? Si contigit alicui, plus metuenda est ipsa tranquillitas. *In die mandauit Dominus misericordiam suam et nocte declarabit.*

v. 9-10   **17.** Quid ergo agas in hac peregrinatione? Quid agas? ***Apud me oratio Deo uitae meae.*** Hoc hic ago, ceruus sitiens et desiderans ad fontes aquarum, recordans dulcedinem uocis illius qua ductus sum per tabernaculum usque ad domum Dei; quamdiu hoc corpus quod corrumpitur aggrauat animam, *apud me oratio Deo uitae meae.* Non enim ut supplicem Deo, empturus sum de transmarinis locis aut, ut exaudiat me Deus meus, nauigabo, ut de longinquo afferam thura et aromata, aut de grege adducam uitulum uel arietem: *Apud me oratio Deo uitae meae.* Intus habeo uictimam quam immolem, intus habeo thus quod imponam, intus habeo sacrificium quo flectam Deum meum : *Sacrificium Deo spiritus contribulatus.* Quod sacrificium

---

143. Cf. Pr 6, 6. Voir la note complémentaire 14 : «Imiter la fourmi».

144. Cf. Sg 9, 15. Voir *supra* n. 100.

145. Même thème en *In Ps.* 50, 21 (sur Ps 50, 19) : «Fais ton offrande : tu as vraiment en toi quelque chose à offrir. Ne prépare pas au-dehors de l'encens, mais dis : "En moi sont, ô Dieu, les vœux que je te rendrai pour ta louange." Ne cherche pas au-dehors une bête à sacrifier, tu as en toi ce qui est à tuer. "Le sacrifice pour Dieu, c'est

IN PSALMVM XLI

celui qui te l'a promis durant le jour. C'est pourquoi nous sommes invités à imiter la fourmi[143]. En effet, de même que le jour signifie la prospérité du siècle, et la nuit signifie l'adversité du siècle, de même, selon une autre image, l'été signifie la prospérité du siècle, et l'hiver signifie l'adversité du siècle. Et que fait la fourmi ? Elle recueille en été ce qui lui servira en hiver. Donc, quand c'est l'été, quand les choses vont bien pour vous, quand vous vivez dans la tranquillité, écoutez la parole de Dieu. Comment en effet serait-il possible que dans les tempêtes de ce siècle vous traversiez toute l'étendue de cette mer sans tribulation ? Comment cela serait-il possible ? À quel homme est-ce arrivé ? Si c'est arrivé à quelqu'un, cette tranquillité n'en est que plus à craindre pour lui. *Le jour, le Seigneur a envoyé sa miséricorde, et la nuit il la manifestera.*

17. Que vas-tu donc faire en cet exil ? Que vas-tu faire ? ***En moi est la prière pour le Dieu de ma vie.*** Voilà ce que je fais ici, cerf assoiffé qui désire les sources des eaux, en me rappelant la douceur des sonorités qui m'ont conduit à travers la tente jusqu'à la maison de Dieu ; aussi longtemps que ce corps corruptible appesantit mon âme[144], *en moi est la prière pour le Dieu de ma vie.* Car je n'irai pas acheter au-delà des mers de quoi faire une supplication à Dieu ; pour que mon Dieu m'exauce, je ne prendrai pas la mer pour rapporter du lointain encens et aromates, je ne tirerai pas de mon troupeau un veau ou un bélier : *En moi est la prière pour le Dieu de ma vie.* J'ai au-dedans de moi la victime à immoler, j'ai au-dedans de moi l'encens à offrir, j'ai au-dedans de moi le sacrifice pour fléchir mon Dieu[145] : *Le sacrifice pour Dieu est un esprit broyé*[146]. Écoute ce qu'il

---

un esprit brisé ; Dieu ne méprise pas le cœur broyé et humilié." » Voir aussi *Ser.* 19, 3 (qui cite Ps 50, 19).

146. Ps 50, 19.

ENARRATIONES IN PSALMOS

contribulati spiritus intus habeam audi : *Dicam Deo : Susceptor meus es, quare mei oblitus es?* Sic enim hic laboro quasi tu oblitus sis mei. Tu autem exerces me, et noui quia differs mihi, non mihi aufers quod promisisti, sed tamen, *quare mei oblitus es?* Tamquam de uoce nostra clamauit et caput nostrum : *Deus, Deus meus, quare me dereliquisti? Dicam Deo : Susceptor meus es, quare mei oblitus es?*

v. 11 **18.** *Vtquid me repulisti?* Ex illa altitudine fontis intellegentiae incommutabilis ueritatis, *utquid me repulisti?* Quare grauedine et pondere iniquitatis meae iam illuc inhians ad ista deiectus sum? Dicit alio loco ista uox : *Ego dixi in ecstasi mea*, ubi uidit nescio quid magnum excessu mentis ; *ego dixi in ecstasi mea : Proiectus sum a facie oculorum tuorum.* Comparauit enim haec in quibus esset illis in quae erectus erat, et uidit se longe proiectum a facie oculorum Dei, sicut et hic : *Vtquid me repulisti* **et utquid contristatus incedo, dum affligit me inimicus, dum confringit ossa mea** tentator ille diabolus, scandalis ubique crebrescentibus quorum abundantia refrigescit caritas multorum? Cum uideamus fortes ecclesiae plerumque scandalis cedere, nonne dicit corpus Christi : "Confringit inimicus ossa mea"? Ossa enim fortes sunt, et aliquando ipsi fortes tentationibus cedunt. Haec cum quisque considerat ex corpore Christi, ex uoce corporis Christi, nonne clamat :

---

147. *Differs/aufers* : jeu de mots assez fréquent qu'Augustin emploie avec un sens analogue en *In Ps.* 34, 2, 1 ; 39, 2 ; 65, 24 ; 144, 20 ; *Ser.* 41, 5 ; 142, 8, 8 ; 352, 1, 4.

148. Ps 21, 2 ; Mt 27, 46.

149. Ps 30, 23. Augustin cite ce même verset en *Conf.* 10, 41, 66 et en *Ser.* 52, 6, 16, pour exprimer l'incapacité de l'homme à demeurer dans la contemplation de Dieu où il s'est élevé un instant.

150. Cf. Mt 24, 12.

IN PSALMVM XLI

en est du sacrifice de l'esprit broyé que j'ai au-dedans de moi : *Je dirai à Dieu : Tu es mon soutien, pourquoi m'as-tu oublié ?* Je suis ici dans la peine comme si tu m'avais oublié. Mais tu m'éprouves, et je sais que tu diffères de me donner ce que tu as promis, mais que tu ne me l'enlèves pas[147], mais pourtant, *pourquoi m'as-tu oublié ?* Notre Tête aussi a crié, comme par notre voix : *Mon Dieu, mon Dieu, pourquoi m'as-tu abandonné*[148] *? Je dirai à Dieu : Tu es mon soutien, pourquoi m'as-tu oublié ?*

18. *Pourquoi m'as-tu repoussé ? Pourquoi m'as-tu repoussé* de la hauteur où se trouve la source de l'intelligence de l'immuable vérité ? Pourquoi, alors que déjà j'y aspirais, le lourd poids de mon iniquité m'a-t-il fait retomber ? Ces mots d'un autre psaume le disent : *J'ai dit dans mon extase* – où, ravi en esprit, il a vu je ne sais quoi de grand ; *j'ai été rejeté loin de ta face et de ton regard*[149]. Il a comparé sa situation présente à celle à laquelle il avait été élevé, et il a vu qu'il avait été rejeté loin de la face et du regard de Dieu, comme ici quand il dit : *Pourquoi m'as-tu repoussé, et pourquoi me faut-il marcher dans la tristesse, quand l'ennemi m'accable, quand il me brise les os,* – lui le diable, qui éprouve par des scandales qui se multiplient en tout lieu et dont l'abondance fait se refroidir la charité de beaucoup[150] ? Quand nous voyons les forts dans l'Église souvent céder dans les scandales, le Corps du Christ ne dit-il pas : "L'ennemi me brise les os" ? Les os sont en effet les forts[151], et parfois les forts eux-mêmes cèdent dans les tentations. Quand un membre du Corps du Christ considère cela, ne crie-t-il pas par la voix du Corps du Christ : *Pourquoi m'as-tu*

---

151. Même interprétation en *In Ps.* 30, 2, 2, 5, *BA* 58/A, p. 254-255 : « quant aux os, il faut voir en eux les membres forts de l'Église… » ; l'expression *fortes ecclesiae* ne se trouve que dans ces deux seuls textes. Sur le sens symbolique des os, voir *BA* 57/B, p. 140, n. 36.

ENARRATIONES IN PSALMOS

Vtquid me repulisti, et utquid tristis incedo, dum affligit me inimicus, dum confringit ossa mea? Non carnes meas tantum, sed etiam ossa mea, ut in quibus putabatur esse aliqua fortitudo uideas cedere in tentationibus; ut ceteri infirmi desperent, quando fortes uident succumbere. Quanta ista pericula, fratres mei!

v. 11-12   **19. *Exprobrauerunt mihi qui tribulant me*** – iterum illa uox – ***dum dicunt mihi per singulos dies: Vbi est Deus tuus?*** Et maxime ista dicunt in tentationibus ecclesiae: *Vbi est Deus tuus?* Quantum haec martyres audierunt pro nomine Christi fortes et patientes, quantum illis dictum est: "Vbi est Deus uester? Liberet uos, si potest." Tormenta enim ipsorum extrinsecus homines uidebant, coronas intrinsecus non uidebant. *Exprobrauerunt mihi qui tribulant me, dum dicunt mihi per singulos dies: Vbi est Deus tuus?* Et ego propter haec, quoniam ad me turbata est anima mea, quid ei aliud quam illud dicam: ***Quare tristis es, anima mea, et quare conturbas me?*** Et quasi respondenti: "Non uis ut conturbem te, hic posita in tantis malis, suspirans ad bona, sitiens et laborans, non uis ut conturbem te?": ***Spera in Deum, quoniam adhuc confitebor illi.*** Dicit ipsam confessionem, repetit spei confirmationem: ***Salutare uultus mei et Deus meus.***

420

IN PSALMVM XLI

repoussé, et pourquoi me faut-il marcher dans la tristesse, quand l'ennemi m'accable, quand il me brise les os ? quand il brise non seulement mes chairs, mais aussi mes os, si bien qu'on voit céder dans les tentations ceux en qui, pensait-on, il y avait quelque force ; si bien que les autres, les faibles, désespèrent quand ils voient succomber les forts. Que ces périls sont grands, mes frères !

19. *Ceux qui me tourmentent m'ont fait affront* – ce sont encore les mêmes propos – ***en me disant chaque jour : Où est-il, ton Dieu ?*** Ils disent cela tout particulièrement dans les épreuves de l'Église : *Où est-il, ton Dieu ?* Combien de fois les martyrs l'ont-ils entendu, eux qui souffraient avec courage pour le nom du Christ, combien de fois on leur a dit : "Où est votre Dieu ? Qu'il vous délivre, s'il le peut !" Car les hommes les voyaient extérieurement torturés, ils ne les voyaient pas intérieurement couronnés. *Ceux qui me tourmentent m'ont couvert de honte en me disant chaque jour : Où est-il, ton Dieu ?* Et moi, devant ces propos, puisque mon âme s'est troublée en se tournant vers moi, que lui dire d'autre que cela : ***Pourquoi es-tu triste, ô mon âme, et pourquoi me troubles-tu ?*** Et comme si elle répondait : "Comment veux-tu que je ne te trouble pas, au milieu de maux si grands, soupirant après les vrais biens, assoiffée, dans la peine, comment veux-tu que je ne te trouble pas ?", le psalmiste lui dit : ***Espère en Dieu, car je le lui confesserai encore.*** Il dit ce qu'est sa confession, il répète ce qui affermit son espérance : ***Il est le salut de ma face et mon Dieu.***

IN PSALMVM XLII

IN PSALMVM XLII

PSAUME 42

Augustin a commenté le Ps 42 lors d'un jour de jeûne, probablement en fin d'après-midi[1]. Sans doute n'était-ce pas lors d'une célébration eucharistique, car la seule lecture mentionnée est tirée du livre d'Isaïe 57-58[2]; il n'est fait allusion à aucune lecture d'Évangile, ni même au chant du psaume ou à un répons qu'aurait repris la foule. L'évêque est-il à l'origine du choix des textes? Il fait en tout cas remarquer la relation existant entre les deux : la tristesse dont l'homme est affligé[3]. Il commence de plus son commentaire en se félicitant de la brièveté du psaume, dont l'explication ne sera pas trop longue pour ses auditeurs fatigués par le jeûne. En dehors de cette *Enarratio*, le Ps 42 n'est pas cité par Augustin, à l'exception du premier verset, dont il a fait un large emploi.

Dans son introduction (§ 1), le prédicateur commence par établir rapidement qui parle dans le psaume : l'Église, qui est le Corps dont le Christ est la Tête, et par conséquent, tout chrétien. La tristesse sur laquelle

---

1. § 8 : les fidèles n'ont pas mangé le *prandium*, qu'on prenait entre midi et trois heures; A.-M. LA BONNARDIÈRE, «La prédication d'Augustin sur les Psaumes à Carthage, II», *Annuaire de l'École pratique des Hautes Études*, 89, 1981, p. 461-467 (p. 462) en déduit abusivement qu'Augustin prêche en début d'après-midi.

2. M. MARGONI-KÖGLER, *Die Perikopen im Gottesdienst bei Augustinus. Ein Beitrag zur Erforschung der Liturgischen Schriftlesung in der frühen Kirche*, Vienne, 2010, p. 431-432. La lecture allait au moins d'Is 57, 16-17 à Is 58, 7 (cf. § 3 et 8).

3. *Ibid.* Ps 42, 1 et 5 : *tristis*; Is 57, 17 (§ 3) : *contristare* et *tristis*.

425

ENARRATIONES IN PSALMOS

s'interroge le psalmiste («pourquoi es-tu triste, ô mon âme?») a d'abord une cause extérieure: c'est celle des fidèles qui, dans l'Église elle-même, gémissent de devoir vivre ici-bas au milieu des pécheurs, jusqu'au temps de la moisson finale où Dieu les en séparera (§ 2). Mais cette tristesse a aussi une cause intérieure: le fidèle lui-même se sait pécheur et quotidiennement en butte aux attaques de l'Ennemi (§ 3).

Quelle issue à cela? La prière du psalmiste l'enseigne au v. 3, en faisant appel à Dieu pour qu'il lui envoie sa lumière et sa vérité, c'est-à-dire le Christ. Cette prière est déjà partiellement exaucée pour le chrétien, car il a été conduit par lui à l'Église, qui est la montagne sainte et la tente de Dieu en ce monde, et elle le sera totalement dans la vie éternelle où fidèles et infidèles seront séparés (§ 4). Alors, le chrétien laissera la tente du voyageur pour la demeure et l'autel de Dieu; alors, la joie succédera à la tristesse de la vie présente, où l'on célèbre Dieu sur la cithare, c'est-à-dire au milieu des tribulations (§ 5).

Le v. 5 répétant en partie le v. 2, Augustin se demande dans un troisième temps qui énonce la question: «Pourquoi es-tu triste, ô mon âme, et pourquoi te troubles-tu?» Il considère que c'est la *mens*, c'est-à-dire la faculté intellectuelle de l'homme, qui s'adresse à l'âme (§ 6), soit pour souligner le conflit, évoqué par Paul en Ro 7, 22-25, qui la divise, entre mouvements charnels et aspiration à la justice, soit pour la rassurer: inquiète de ne pouvoir se prétendre juste, elle est invitée à détourner son regard d'elle-même et à ne compter que sur la miséricorde de Dieu, qui seul peut guérir la tristesse de l'âme humaine (§ 7). La conclusion renoue avec le thème du jeûne mentionné dans l'introduction et précise les conditions auxquelles il est véritablement utile et efficace (§ 8).

426

IN PSALMVM XLII

Datation

L'*Enarratio* 42 a été prêchée en 403, comme l'ont établi S. Zarb et A.-M. La Bonnardière, sur la base du développement sur le psaltérion et la cithare au § 5[4]. En dehors de notre homélie, Augustin n'en a en effet traité que deux fois en ces termes, accordant la même signification symbolique à la différence qui existe entre les deux instruments : à Carthage, en septembre 403[5], lors de la vigile de la saint Cyprien, dans la première homélie sur le Ps 32 (§ 5) ; en décembre de la même année, toujours à Carthage, dans l'*Enarratio* 80, 5, où la même interprétation de la cithare et du psaltérion est évoquée rapidement, parce que, dit-il, il l'a déjà expliquée[6]. Or Augustin le disait déjà dans la première homélie sur le Ps 32 : « ceux qui étaient présents il y a quelque temps *(qui pridem adfuerunt),* se souviennent du jour où nous avons dans un sermon montré autant que nous l'avons pu la différence existant entre le psaltérion et la cithare,

---

4. S. ZARB, *Chronologia Enarrationum S. Augustini in Psalmos*, Malte, 1948, p. 64-65 ; A.-M. La BONNARDIÈRE, « La prédication d'Augustin sur les Psaumes à Carthage, II », p. 461-467 (462-463) ; A.-M. La BONNARDIÈRE, « Les *Enarrationes in Psalmos* prêchées par saint Augustin à l'occasion des fêtes de martyrs », *Recherches augustiniennes*, 7, 1971, p. 73-104 (p. 78-79). H. RONDET, « Essais sur la chronologie des *Enarrationes in Psalmos* de saint Augustin », *Bulletin de littérature ecclésiastique*, 68, 1967, p. 180-202 (p. 184) se contente de dire qu'il faut placer ce sermon « assez tôt ». O. PERLER, *Les voyages de saint Augustin,* p. 297, l'avait daté en 411.

5. La date est garantie par le fait qu'en *In Ps.* 32, 2, 2, 29, Augustin promet une homélie où il va donner des détails sur les décisions qui viennent d'être prises par le concile de Carthage pour régler la question donatiste : cf. O. PERLER, *Les voyages de saint Augustin,* p. 246-249.

6. L'exploitation du thème est différente en *In Ps.* 56, 16. Pour la datation de l'*Enarratio* 80 en décembre 403, voir P.-M. HOMBERT, *Nouvelles recherches de chronologie,* p. 578-579.

ENARRATIONES IN PSALMOS

et nous nous sommes alors efforcés de la faire comprendre à tous » (*In Ps.* 32, 2, 1, 5)[7]. Ce sermon est selon toute apparence *In Ps.* 42, qui doit donc être antérieure à la prédication faite lors de la vigile de la saint Cyprien le 13 septembre au soir[8]. Par conséquent, l'*Enarratio* 42 a sans doute été prêchée à la fin du mois d'août, ou au début de septembre 403[9].

---

7. L'adverbe *pridem*, ainsi que la différence significative qui sépare les interprétations des deux instruments proposées en *In Ps.* 42, 5 et *In Ps.* 32, 2, 1, 5, interdisent d'admettre avec A.-M. La Bonnardière (p. 462) que l'*In Ps.* 42 a été prêchée le 13 septembre immédiatement avant *In Ps.* 32, 2, 1.

8. S. Zarb voit dans l'*Enarratio* 42 la prédication annoncée en *In Ps.* 32, 2, 2, 29, mais c'est impossible ; elle lui est antérieure, puisque déjà dans la première homélie sur le Ps 32, Augustin dit avoir traité précédemment le thème.

9. Voir *BA* 58/B, n. c. 1, p. 573-574 : « Le psaltérion et la cithare » (M. Dulaey).

IN PSALMVM XLII

Sermo ad populum

1. Psalmus iste breuis est; sic satisfacit mentibus auditorum ut molestus non sit uentribus ieiunorum. Pascatur ex hoc anima nostra quam tristem esse dicit qui cantat in hoc psalmo; tristem, credo, ex aliquo ieiunio suo uel potius ex aliqua fame sua. Nam ieiunium uoluntatis est, fames necessitatis. Esurit ecclesia, esurit corpus Christi, et homo ille ubique diffusus cuius caput sursum est, membra deorsum; eius uocem in omnibus psalmis uel psallentem uel gementem, uel laetantem in spe uel suspirantem in re, notissimam iam et familiarissimam habere debemus tamquam nostram. Non ergo diu est immorandum ut insinuemus uobis quis loquatur; sit unusquisque in Christi corpore, et loquetur hic.

v. 1   **2.** Nostis autem omnes qui proficiunt et qui caelesti illi ciuitati ingemiscunt, qui peregrinationem suam norunt, qui uiam tenent, qui in desiderio terrae illius

---

10. Dans d'autres textes, la «faim» de l'Église signifie son aspiration à voir les païens convertis (*Ser.* 266, 6; *In Ps.* 30, 2, 2, 5) ou sa faiblesse dans son voyage sur terre (*In Ps.* 87, 15). Augustin rejoint ici cette dernière interprétation: la voix qui parle dans le psaume est celle d'un homme en proie à l'épreuve et à la tristesse. Même lien entre jeûne et faim spirituelle dans *Ser.* 28, 1.

11. *Vbique diffusus*: même formule dans *In Ps.* 39, 28: «Les membres du Christ, le Corps du Christ répandu partout, prient comme un seul homme.» Plus tard, dans le *De praesentia Dei* (= *Ep.* 187, 3, 10 – 4, 11), Augustin emploie l'expression pour caractériser l'omniprésence du Verbe, par opposition au Christ-homme; on lit de même que le Fils de Dieu est *ubique praesens* et *ubique totus* en *Ep.* 140, 3, 6.

SUR LE PSAUME 42

Sermon au peuple

1. Ce psaume est bref; aussi rassasie-t-il l'esprit des auditeurs sans pour autant indisposer des estomacs à jeûn. Que s'en nourrisse notre âme, que celui qui chante dans ce psaume dit être triste; une tristesse qui, à mon sens, a pour cause un jeûne qu'elle connaît, ou plutôt une faim, car le jeûne est l'effet de la volonté et la faim, celui de la nécessité. L'Église a faim[10], le Corps du Christ a faim, ainsi que cet homme partout répandu[11], dont la tête est au ciel et les membres ici-bas. C'est sa voix, qui dans tous les psaumes chante ou gémit, se réjouit dans l'espérance ou soupire dans la réalité présente, cette voix qui doit déjà nous être bien connue et familière parce que c'est la nôtre. Il ne faut donc pas tarder davantage à vous faire comprendre qui parle: que chacun soit dans le Corps du Christ, et c'est lui qui parlera ici[12].

2. Vous savez que tous ceux qui progressent, qui gémissent dans l'attente de la cité céleste, qui savent qu'ils sont en exil[13], qui restent sur le bon chemin, qui, dans leur désir de la terre de la parfaite stabilité, y ont

---

12. Voir par exemple *In Ps.* 140, 3 (datable de 404): «Écoutons le Christ parler, mais que chacun reconnaisse là sa propre voix, dans la mesure où il est rattaché au Corps du Christ.» Aucune parole du Christ n'est étrangère au chrétien, car il est Tête de l'Église: *In Ps.* 118, 30, 1.

13. Sur ce thème, récurrent chez Augustin, voir *AugLex*, s. v. *Peregrinus, peregrinatio*.

ENARRATIONES IN PSALMOS

stabilissimae spem tamquam ancoram praefixerunt, nostis ergo quia hoc genus hominum, hoc semen bonum, hoc frumentum Christi inter zizania gemit, et hoc donec ueniat tempus messis, id est usque in finem saeculi, sicut exponit quae non fallitur ueritas. Gemens ergo inter zizania, id est inter malos homines, inter dolosos et seductores, aut ira turbulentos aut insidiis uenenatos, circumspiciens simul cum illis esse se tamquam in uno agro per totum mundum, unam pluuiam excipere, pariter perflari pariterque secum inter aduersa nutriri, habere simul ista communia dona Dei malis bonisque concessa communiter ab illo *qui facit solem suum oriri super bonos et malos et pluit super iustos et iniustos*; uidens ergo semen Abrahae, semen sanctum, quanta cum malis a quibus quandoque separandum est nunc habeat communia, aequaliter nasci, eamdem conditionem generis humani sortiri, pariter mortalia ferre corpora, simul uti luce, fontibus, fructibus, prosperitatibus atque aduersitatibus saeculi, siue fame siue abundantia, siue pace siue bello, siue salute siue peste, uidens quanta habeat communia cum malis cum quibus tamen non habet causam communem, erumpit in hanc uocem: *Iudica me, Deus, et discerne causam meam de gente*

---

14. Cf. He 6, 19. Augustin parle par ailleurs de l'ancre qu'est l'espérance (*In Ps.* 15, 3; *In Ep. Ioh.* 2, 10) qui assure au vaisseau sa stabilité (*In Ps.* 54, 24) et lui évite le naufrage (*In Ps.* 64, 3), tout comme la foi offre au chrétien de résister solidement aux «flots du monde» (*Ser. Lambot* 4).

15. Sur l'usage que fait Augustin de la parabole du bon grain et de l'ivraie, figure de la *permixtio Ecclesiae*, voir P. BORGOMEO, *L'Église de ce temps dans la prédication de saint Augustin*, Paris, 1972, p. 312-315, qui cite *In Ps.* 42, 2 (p. 313) pour rappeler qu'Augustin considère que le salut est précisément offert à travers ce «mélange provisoire, mais nécessaire» du froment et de l'ivraie; voir également *BA* 29, n. c. 20, p. 608-609 : «La parabole du bon grain et de l'ivraie», à propos de *Bapt.* 4, 9, 13 (*BA* 29, p. 266-267), où Augustin rappelle que le

IN PSALMVM XLII

fixé leur espérance à la manière d'une ancre[14], oui, vous savez que cette sorte d'hommes, cette bonne semence, ce froment du Christ, gémit au milieu de l'ivraie, et cela jusqu'à ce que vienne le temps de la moisson, c'est-à-dire jusqu'à la fin du monde, comme l'enseigne l'infaillible Vérité. Il gémit donc au milieu de l'ivraie, c'est-à-dire parmi les méchants, parmi les fourbes et les séducteurs, ceux que trouble la colère ou qu'empoisonne le venin de leurs ruses[15]; il regarde alentour et voit qu'il vit au milieu d'eux dans le monde entier comme en un champ unique, qu'il reçoit la même pluie, qu'il est pareillement exposé aux vents, qu'il est avec eux pareillement nourri au milieu des difficultés[16], qu'il a en commun avec eux les dons de Dieu, qui sont accordés en commun aux bons et aux mauvais par Celui *qui fait lever son soleil sur les bons et les mauvais et fait pleuvoir sur les justes et les injustes*[17]. Elle voit donc, la semence d'Abraham, la semence sainte, tout ce qu'elle a aujourd'hui en commun avec les méchants dont elle doit un jour être séparée, une égale naissance, le partage de la même condition humaine, le poids égal du corps mortel, la jouissance commune de la lumière, des sources et des fruits, les prospérités et les difficultés du siècle, faim ou abondance, paix ou guerre, santé ou maladie; elle voit tout ce qu'elle a en commun avec les méchants, avec lesquels elle n'a toutefois pas fait cause commune, et laisse échapper ce cri : ***Juge-moi, mon Dieu, et distingue ma***

---

froment, tout comme «l'ivraie du dedans» et «l'ivraie du dehors», «reçoit en commun la pluie qui est céleste douceur, même si elle fait croître en vain l'ivraie».

16. On trouve le même jeu d'énumérations et de parallélismes, dans un contexte antidonatiste, en *In Ps.* 54, 19.

17. Cf. Mt 5, 45. Sur les *dona communia* de Dieu, voir par exemple *Ser.* 331, 4, 3 : il s'agit de la nature humaine, de l'âme, de l'esprit et de tout ce qui assure la subsistance physique de l'homme.

ENARRATIONES IN PSALMOS

non sancta. *Iudica*, inquit, *me, Deus*: non timeo iudicium tuum, quia noui misericordiam tuam. *Iudica me, Deus, et discerne causam meam de gente non sancta.* Nunc interim in hac peregrinatione nondum discernis locum meum, quia simul cum zizaniis uiuo usque ad tempus messis; nondum discernis pluuiam meam, nondum discernis lucem meam; discerne causam meam. Distet inter eum qui in te credit et eum qui in te non credit. Par infirmitas est, sed dispar conscientia, par labor, sed dispar desiderium. *Desiderium impiorum peribit*; de desiderio autem iustorum, nisi certus esset pollicitator, dubitare deberemus. Finis desiderii nostri, ipse promissor. Seipsum dabit, quia seipsum dedit; seipsum dabit immortalibus immortalem, quia seipsum dedit mortalibus mortalem. *Iudica me, Deus, et discerne causam meam de gente non sancta.* **Ab homine iniquo et doloso erue me**, hoc est: *de gente non sancta. Ab homine*, a quodam genere hominum, quia quidam homo et quidam homo, et in his duobus *unus assumetur et unus relinquetur.*

---

18. Le v. 1 est le seul verset du Ps 42 qu'Augustin cite hors de cette *Enarratio.* Il passe rapidement sur le problème posé par la formule *Iudica me*, qui pourrait passer pour l'expression d'une présomption coupable (cf. *In Ps.* 53, 4); mais le psalmiste demande un jugement de discernement, qui doit être entendu en bonne part (voir S. POQUE, *Le langage symbolique dans la prédication de saint Augustin*, p. 132-133), et non un jugement de condamnation – voir *BA* 73/A, n. c. 36, p. 522-523: «jugement de discernement et jugement de condamnation». L'évêque d'Hippone emploie en particulier le Ps 42, 2 dans le cadre de la controverse donatiste: voir par exemple le *Ser. Dolbeau* 2, 18 (datable de janvier 404 ou 405), dans lequel Augustin porte l'accent sur la notion de *causa*, qui distingue les vrais martyrs des donatistes, ou encore *Ser.* 335, 2, en 403-404 (cf. *AugLex*, s. v. *Causa*, c. 822-828 [G.C. STEAD]).

19. Dans le *Ser.* 5, 3, Augustin interprète ce verset comme une plainte de l'Église devant le spectacle des pécheurs qui se mêlent aux justes, non comme une prière pour être distinguée des donatistes et autres hérétiques.

IN PSALMVM XLII

cause de celle du peuple qui n'est pas saint[18]. *Juge-moi*, dit-elle, *mon Dieu*: je ne crains pas ton jugement, car je connais ta miséricorde. *Juge-moi, mon Dieu, et distingue ma cause de celle du peuple qui n'est pas saint.* Aujourd'hui, en cet exil, tu ne fais pas encore de distinction dans ce lieu qui est le mien, puisque je vis avec l'ivraie jusqu'au temps de la moisson, tu ne distingues pas encore la pluie que je reçois, tu ne distingues pas encore la lumière que je vois; mais distingue ma cause. Qu'il y ait une différence entre celui qui croit en toi et celui qui ne croit pas en toi[19]. Leur infirmité est semblable, non la conscience qu'ils en ont; leur souffrance est semblable, non leur désir. *Le désir des impies périra*[20]; pour ce qui est du désir des justes[21], si l'auteur de la promesse[22] n'était fiable, nous devrions avoir des doutes. Le terme de notre désir est celui-là même qui promet. Il se donnera lui-même, car il s'est donné lui-même. Il se donnera lui-même, immortel, aux immortels, car il s'est donné lui-même, mortel, aux mortels. *Juge-moi, mon Dieu, et distingue ma cause de celle du peuple qui n'est pas saint.* **Libère-moi de l'homme injuste et fourbe**, c'est-à-dire *du peuple qui n'est pas saint. De l'homme*: d'un certain genre d'hommes, car il y a homme et homme, et de deux, *l'un sera pris et l'autre laissé*[23].

---

20. Ps 111, 10; la seule autre citation de ce verset porte *desiderium peccatorum*: *In Ps.* 111, 8.

21. *Desiderium iustorum*: Pr 11, 23 (LXX): «Le désir des justes est tout à fait bon; l'espoir des impies périra.»

22. *Pollicitator*: le terme rare n'est employé pour qualifier Dieu que dans *In Ps.* 96, 2 (daté de 403-404 par F. DOLBEAU, *Vingt-six sermons au peuple d'Afrique*, p. 356). Augustin fait d'ordinaire usage de *promissor*, comme dans la proposition suivante.

23. Mt 24, 40. En *In Ps.* 36, 1, 2, Augustin précise de même que l'opposition établie par l'évangéliste signifie qu'il existe deux genres d'hommes – non que le salut concernera une moitié de l'humanité; voir également *Quaest. eu.* 2, 44, 1.

435

ENARRATIONES IN PSALMOS

v. 2 **3.** Et quoniam patientia opus est ferendi usque ad messem, quamdam, si dici potest, indiscretam discretionem; simul enim sunt et ideo discreta nondum sunt; zizania autem zizania sunt, et frumenta frumenta sunt, et ideo discreta iam sunt; quia ergo fortitudine opus est, imploranda ab illo qui iussit ut fortes simus, et nisi fortes ipse fecerit, non erimus quod iussit, ab illo qui dixit: *Qui perseuerauerit usque in finem hic saluus erit.* Ne sibi ipsa anima arrogando fortitudinem debilitetur, continuo adiungit: ***Quia tu es, Deus meus, fortitudo mea; utquid me repulisti et utquid tristis incedo, dum affligit me inimicus?*** Causam quaerit tristitiae suae. *Quare*, inquit, *tristis incedo, dum affligit me inimicus?* Tristis ambulo, inimicus affligit me quotidianis tentationibus, immittens uel quod male amemus uel quod male timeamus; et contra utrumque pugnans anima, etsi non capta, tamen periclitans, contrahitur tristitia, et dicit Deo: *Vtquid?* Quaerat ergo ab ipso et audiat utquid. Quaerit enim in psalmo causam tristitiae suae dicens: *Vtquid me repulisti et utquid tristis incedo?* Audiat ex Isaia, succurrat illi lectio quae modo recitata est: *Spiritus*, inquit, *a me prodiet, et omnem flatum ego feci; propter peccatum modicum quid contristaui illum et auerti faciem meam ab illo; et contristatus est et abiit tristis in uiis suis.* Quid ergo quaerebas: *Vtquid me repulisti et utquid tristis incedo?* Audisti: *propter peccatum.* Causa tristitiae tuae peccatum est, causa laetitiae tuae iustitia

---

24. Sur cette *indiscreta discretio*, voir S. POQUE, *Le langage symbolique*, p. 133: «La séparation établie *in occulto* entre les hommes de bien et les méchants n'a pas pour but d'instaurer, au sein de la communauté, un régime d'"apartheid" spirituel, mais de rendre courage à ceux qui persévèrent dans la justice.»

25. Mt 10, 22; Mt 24, 13.

26. Is 57, 16-17. Le plus souvent, Augustin cite le seul v. 16, afin d'établir que Dieu est le créateur de l'âme humaine (par exemple *Gen. litt.* 7, 3, 5; 10, 6, 9; *Ciu.* 13, 24). Le v. 17 est beaucoup plus rare (*In Ps.* 76, 10-11; 101, 1, 5; *Ep.* 205, 4, 19).

436

IN PSALMVM XLII

3. Et puisqu'il faut de la patience pour supporter jusqu'à la moisson une distinction indistincte[24], si l'on peut dire – en effet ils sont ensemble, et en ce sens ne sont pas encore distingués ; mais l'ivraie est l'ivraie, et le froment est le froment, et en ce sens, ils sont déjà distingués –, parce que, donc, il faut de la force d'âme, il faut l'implorer de celui qui nous a ordonné d'être forts, et à moins qu'il ne nous rende forts, nous ne serons pas tels qu'il l'a ordonné ; il faut l'implorer de celui qui a dit : *Celui qui persévérera jusqu'à la fin, celui-là sera sauvé*[25]. De peur que l'âme ne s'affaiblisse en s'attribuant à elle-même cette force, il ajoute immédiatement : ***Car tu es ma force, mon Dieu ; pourquoi m'as-tu rejeté ? Et pourquoi dois-je marcher dans la tristesse, tandis que l'ennemi m'accable ?*** Il cherche la cause de sa tristesse. *Pourquoi*, dit-il, *dois-je marcher dans la tristesse, quand l'ennemi m'accable ?* Je marche dans la tristesse, l'ennemi m'accable par ses tentations quotidiennes, en suggérant d'aimer ce qu'il est mal d'aimer ou de craindre ce qu'il est mal de craindre. Et sans être vaincue dans cette double lutte, mon âme est toutefois en péril et, saisie par la tristesse, elle demande à Dieu : *Pourquoi ?* Qu'elle lui pose donc la question et entende la réponse ! Elle cherche en effet dans le psaume la cause de sa tristesse, en disant : *Pourquoi m'as-tu rejeté, et pourquoi dois-je marcher dans la tristesse ?* Qu'elle l'entende d'Isaïe, que le passage que nous venons de lire lui vienne en aide : *L'esprit procédera de moi, et c'est moi qui ai fait tout souffle ; je l'ai un instant attristé à cause de son péché, et j'ai détourné de lui mon visage ; il a été attristé, et il est parti, triste, en ses voies*[26]. Qu'avais-tu donc à demander : *Pourquoi m'as-tu repoussé, et pourquoi dois-je marcher dans la tristesse ?* Tu l'as entendu : c'est *à cause du péché*. Le péché est la cause de ta tristesse, que la justice soit la cause de ta joie ! Tu voulais pécher

437

ENARRATIONES IN PSALMOS

sit. Peccare uolebas et laborare nolebas; ut parum tibi esset quod esses iniustus, nisi et eum iniustum uoluisses a quo in te uindicari noluisses. Respice uocem meliorem in alio psalmo: *Bonum est mihi quod humilasti me, ut discam iustificationes tuas.* Didiceram elatus iniquitates meas, discam humilatus iustificationes tuas. *Vtquid tristis incedo, dum affligit me inimicus?* De inimico quereris; reuera affligit, sed tu ei locum dedisti. Et nunc habes quod agas: elige consilium, regem admitte, tyrannum exclude.

v. 3   **4.** Sed ut hoc faciat, quid dicit, quid supplicat, quid orat adtende. Ora quod audis, ora cum audis; omnium nostrum sit ista uox: ***Emitte lucem tuam et ueritatem tuam; ipsa me deduxerunt et perduxerunt in montem sanctum tuum et in tabernacula tua.*** Quia ipsa lux tua et ueritas tua; haec nomina duo, res una. Quid enim aliud lux Dei nisi ueritas Dei, aut quid ueritas Dei nisi lux Dei? Et hoc utrumque unus Christus: *Ego sum lux mundi; qui credit in me non ambulabit in tenebris; ego sum uia, ueritas et uita.* Ipse lux, ipse ueritas. Veniat ergo et eruat nos discernens modo causam nostram a gente non sancta; eruat ab homine iniquo et doloso,

---

27. En une expression très travaillée, Augustin condamne la tentation qui pousse le pécheur à préférer supposer une injustice en Dieu plutôt que de reconnaître qu'il est responsable de sa condamnation.

28. Ps 118, 71. Voir *Ser. Dolbeau* 6, 15 (probablement en 403/404 : F. DOLBEAU, *Vingt-six sermons au peuple d'Afrique*, p. 454). Vers la même époque (*ibid.*, p. 264-268), le *Ser. Dolbeau* 21 est en partie consacré à ce verset : la colère de Dieu est une marque de miséricorde, car l'abaissement de l'homme lui est profitable (sur ce thème, voir également *In Ps.* 38, 17).

29. Le substantif *tyrannus* n'est jamais employé par Augustin pour désigner le diable en dehors de ce texte : on trouve toutefois une comparaison entre le diable et ses démons et le tyran en *In Ps.* 96, 12.

438

IN PSALMVM XLII

et refusais de souffrir ; ainsi, il ne te suffisait pas d'être injuste, il te fallait encore vouloir que soit injuste celui dont tu refusais les châtiments[27] ! Reporte-toi à ce que dit excellemment un autre psaume : *C'est un bien pour moi que tu m'aies humilié, pour que j'apprenne tes justes ordonnances*[28]. Dans mon orgueil, j'avais appris l'iniquité, fais qu'humilié j'apprenne tes justes ordonnances. *Pourquoi dois-je marcher dans la tristesse, quand l'ennemi m'accable ?* Tu te plains de l'ennemi ; il est vrai qu'il t'accable, mais c'est parce que tu lui en as donné l'occasion. Tu sais désormais ce que tu as à faire : prends une résolution, reconnais ton roi, chasse le tyran[29].

4. Mais, pour y parvenir, prête attention à ce que dit le psalmiste à sa supplication, à sa prière. Prie comme tu l'entends prier, prie quand tu l'entends prier ! Que cette parole soit la nôtre à tous : ***Envoie ta lumière et ta vérité ; elles m'ont guidé et conduit à ta montagne sainte et à ta tente***[30]. Car ta lumière n'est autre que ta vérité – deux noms pour une seule réalité. Qu'est-ce en effet que la lumière de Dieu, sinon la vérité de Dieu ? Ou qu'est-ce que la vérité de Dieu, sinon la lumière de Dieu[31] ? Et Christ est à lui seul l'une et l'autre : *Je suis la lumière du monde ; celui qui croit en moi ne marchera pas dans les ténèbres*[32] ; *je suis la voie, la vérité et la vie*[33]. Il est la lumière, il est la vérité. Qu'il vienne donc et qu'il nous libère, en distinguant notre cause de celle du peuple qui n'est pas saint ; qu'il nous libère de l'homme

---

30. Ce verset n'est commenté ailleurs qu'une seule fois par Augustin, et seulement partiellement, pour un point de vocabulaire : *Quaest. Hept.* 7, 45.

31. Voir *AugLex*, s. v. *Lumen, lux*, c. 1065-1070 (M.-A. VANNIER) sur le Christ lumière et la lumière de la Vérité.

32. Jn 8, 12.

33. Jn 14, 6.

ENARRATIONES IN PSALMOS

separet frumentum a zizaniis, quia ipse mittet angelos suos messis tempore, ut colligant de regno eius omnia scandala et mittant in ignem ardentem, frumentum autem eius congregent in horreum. Emittat lucem suam et ueritatem suam, quia ipsa iam nos deduxerunt et perduxerunt in montem sanctum eius et in tabernacula eius. Pignus habemus, praemium speramus. Sanctus mons eius sancta ecclesia eius. Mons ille est qui creuit ex minimo lapide secundum uisionem Danielis, confringens regna terrarum et in tantum excrescens ut impleret uniuersam faciem terrae. In hoc monte se exauditum dicit qui dicit: *Voce mea ad Dominum clamaui, et exaudiuit me de monte sancto suo.* Quisquis praeter istum montem erat non sese speret exaudiri ad uitam aeternam. Exaudiuntur enim multi ad multa. Nec sibi plaudant quod exaudiuntur: exauditi sunt daemones, ut in porcos mitterentur. Exaudiri ad uitam aeternam concupiscamus propter desiderium quo dicimus: *Emitte lucem tuam et ueritatem tuam.* Illa lux oculum cordis

---

34. Cf. Mt 13, 41. Voir par exemple *In Ioh.* 115, 2, *BA* 75, p. 256-257: «Son royaume est ici en effet jusqu'à la fin du siècle, ayant de l'ivraie mêlée à lui jusqu'à la moisson, car *la moisson est la fin du siècle*, quand les moissonneurs, c'est-à-dire les anges, viendront et *ramasseront de son royaume tous les scandales*, ce qui évidemment ne pourrait se faire si son royaume n'était pas d'ici.»

35. Cf. Dn 2, 35. Cf. *In Ps.* 44, 33, n. 216. Sur l'image de la pierre taillée sans la main de l'homme, et qui devient une montagne immense, voir A. LAURAS, «Deux images du Christ et de l'Église dans la prédication augustinienne», dans *Augustinus Magister* 2, Paris, 1954, p. 667-675. Pour l'exégèse ancienne de ces versets de Daniel, voir R. BODENMANN, *Naissance d'une exégèse. Daniel dans l'Église ancienne des trois premiers siècles*, Tübingen, 1986, p. 308-312.

36. Ps 3, 5. Ce verset est associé par Augustin à l'image de la pierre qui grandit dans un autre texte datable de 403, où le mont symbolise l'Église (*In Ps.* 44, 33); en *In Ps.* 47, 2 (en 407), il désigne le Christ et son Église. Dans *In Ps.* 3, 4 et 9, l'image du mont renvoie soit au Christ, soit à la justice de Dieu.

37. Cf. Mt 8, 31-32. De même que Dieu n'exauce pas forcément les prières des saints (ainsi Paul lorsqu'il demande qu'on lui enlève

IN PSALMVM XLII

injuste et fourbe ; qu'il sépare le froment de l'ivraie, car c'est lui qui, au temps de la moisson, enverra ses anges pour arracher de son royaume tous les scandales[34] et les jeter dans un feu ardent, et pour rassembler son froment dans le grenier. Qu'il envoie sa lumière et sa vérité, car ce sont elles qui nous ont guidés et conduits à sa montagne sainte et à sa tente. Nous tenons le gage, nous espérons la récompense promise. Sa montagne sainte est son Église sainte. Cette montagne est celle dont la vision de Daniel nous dit que, de minuscule pierre, elle a grandi en broyant les royaumes terrestres, et que cet accroissement lui a fait remplir toute la face de la terre[35]. C'est sur cette montagne que se dit exaucé celui qui prononce ces mots : *À pleine voix j'ai crié vers le Seigneur, et il m'a exaucé du haut de sa montagne sainte*[36]. Celui qui prie sans être sur cette montagne, qu'il n'espère pas être exaucé pour la vie éternelle. En effet, bien des hommes sont exaucés, sur bien des sujets. Qu'ils ne se félicitent pas d'être exaucés : les démons l'ont été, lorsqu'ils obtinrent d'être envoyés dans des pourceaux[37]. C'est en vue de la vie éternelle qu'il nous faut désirer être exaucés[38], par ce désir qui nous fait dire : *Envoie ta lumière et ta vérité*. Cette lumière réclame les yeux du cœur :

---

l'aiguillon de sa chair en 2 Co 12, 9), il arrive qu'il entende favorablement les demandes des pécheurs. Ce second cas est illustré par l'épisode des démons envoyés dans les pourceaux ; voir *In Ep. Ioh.* 6, 7 (*BA* 76, p. 262-263) : « Les démons demandèrent au Seigneur, quand il les chassait d'un homme, de leur permettre d'aller dans des porcs. Le Seigneur n'aurait-il pas pu leur interdire même ce refuge-là ? (…) Cependant, en vue d'un mystère bien déterminé et en vertu d'une disposition bien arrêtée, il laissa aller les démons dans ces porcs pour montrer que c'est le diable qui règne dans le cœur de ceux qui mènent une vie semblable à celle des porcs. »

38. Voir des développements similaires sur la manière dont il convient d'être exaucé en *In Ps.* 21, 2, 5 ; 85, 9 ; 130, 1 ; *Ser. Morin* 15, 7 ; il faut l'être *ad sanitatem* et non *ad uoluntatem* : voir *BA* 76, n. c. 24, p. 482-483 : « L'exaucement de la prière ».

ENARRATIONES IN PSALMOS

inquirit: *Beati enim*, inquit, *mundi corde, quoniam ipsi Deum uidebunt*. Modo in monte eius sumus, id est in ecclesia eius et in tabernaculo eius. Tabernaculum peregrinantium est, domus cohabitantium; est et tabernaculum peregrinantium et militantium. Cum audis tabernaculum, bellum intellege, hostem caue. Domus autem quae erit? *Beati qui habitant in domo tua, in saecula saeculorum laudabunt te.*

v. 4   **5.** Iam ergo perducti ad tabernaculum et positi in monte sancto eius, quam spem gerimus? *Et introibo ad altare Dei.* Est enim quoddam sublime altare inuisibile quo non accedit iniustus. Ad illud altare ille solus accedit qui ad istud securus accedit; illic inueniet uitam suam qui in isto discernit causam suam. *Et introibo ad altare Dei*: de monte sancto eius et de tabernaculo eius, de sancta ecclesia eius introibo ad altare Dei sublime. Quale ibi sacrificium est? Ipse qui intrat assumitur in holocaustum. *Introibo ad altare Dei.* Quid est quod dicit: *ad altare Dei*? *Ad Deum qui laetificat*

---

39. Mt 5, 8. Sur le sens de l'expression *oculus cordis*, par opposition à la vision corporelle, voir G. MADEC, *Lectures augustiniennes*, Paris, 2001, chapitre 12: «Savoir, c'est voir. Les trois sortes de 'vues' selon Augustin», p. 221-239.

40. Sur l'image de la tente, voir *BA* 57/A, n. c. 44, p. 619-621: «Les divers sens de *tabernaculum*». On trouve la même opposition entre *tabernaculum* et *domus* en *In Ps.* 26, 2, 6, datable de 403/404; *In Ps.* 131, 10 (en 407); 30, 2, 3, 8 (en 412). Voir *In Ps.* 41, 9, n. 58.

41. Ps 83, 5.

42. L'opposition de deux autels renvoie à une réalité concrète de la controverse donatiste, pendant laquelle deux églises se font face à Hippone: c'est ainsi que s'explique le refrain du *Psalmus contra partem Donati* 23 (etc.), *altare contra altare*, qu'Augustin emprunte à OPT. *C. Don.* 1, 15, 3, *SC* 412, p. 206, 21. Voir aussi *C. Petil.* 1, 24, 26; *C. Cresc.* 2, 1, 2; 4, 7, 8; *Ep.* 43, 2, 4; *Ser.* 46, 15, 36. Cette réalité éclaire le sens de l'adjectif *securus*: celui qui se trompe d'autel ici-bas se verra refuser l'accès à l'autel céleste. L'expression *sublime altare inuisibile* est un hapax augustinien, mais l'on trouve des

IN PSALMVM XLII

Heureux en effet les cœurs purs, est-il dit, *car ils verront Dieu*[39]. Aujourd'hui, nous sommes sur sa montagne, c'est-à-dire dans son Église et dans sa tente[40]. La tente est pour ceux qui voyagent, la demeure pour ceux qui partagent un logis ; la tente abrite tout à la fois ceux qui voyagent, et ceux qui combattent. Lorsque tu entends parler de tente, comprends qu'il est question de guerre, garde-toi de l'ennemi. Mais quelle sera la demeure ? *Heureux ceux qui habitent dans ta demeure, ils te loueront pour les siècles des siècles*[41].

5. Nous qui déjà avons été conduits jusqu'à sa tente et établis sur sa montagne sainte, qu'espérons-nous donc ? ***Et j'entrerai jusqu'à l'autel de Dieu.*** Il existe en effet un autel sublime, invisible, auquel n'accède pas l'impie. À cet autel accède celui-là seul qui accède en toute sûreté à l'autel terrestre[42] ; il trouvera en celui-là la vie, s'il distingue en celui-ci sa cause[43]. *Et j'entrerai jusqu'à l'autel de Dieu.* Depuis sa montagne sainte et depuis sa tente, depuis sa sainte Église, j'entrerai jusqu'à l'autel sublime de Dieu. Quel est là-bas le sacrifice ? Celui-là même qui entre est offert en holocauste[44]. *J'entrerai jusqu'à l'autel de Dieu.* Qu'est-ce à dire, *jusqu'à l'autel de Dieu ? De*

---

expressions similaires : *altare caeleste* en *In Ps.* 25, 2, 10 ; *supernum altare* en *Ep.* 127, 9.

43. C'est-à-dire (cf. § 2) s'il fait partie du bon grain et non de l'ivraie.

44. En *In Ps.* 25, 2, 10, il est précisé que l'« autel céleste » est celui sur lequel « est monté le prêtre qui le premier s'est offert pour nous ». À la suite du Christ, tout homme qui « entre jusqu'à l'autel », c'est-à-dire voue sa vie à Dieu, s'offre lui-même en holocauste, c'est-à-dire en sacrifice (le terme est fréquemment employé par Augustin pour signifier la Passion du Christ) : sur cette idée voir *Ciu.* 10, 6 (*BA* 34, p. 444-445) : « En conséquence, l'homme consacré par le nom de Dieu et voué à Dieu, en tant qu'il meurt au monde pour vivre à Dieu, est un sacrifice » ; les œuvres de miséricorde sont les sacrifices par lesquels les hommes offrent « leur corps en hostie vivante, sainte, agréable à Dieu » ; voir *BA* 34, n. c. 75, p. 617-618 : « Le sacrement de l'autel ».

443

ENARRATIONES IN PSALMOS

iuuentutem meam. Iuuentus nouitatem significat;
tamquam diceret: Ad Deum qui laetificat nouitatem
meam. Laetificat nouitatem meam qui contristauit
uetustatem meam. Incedo enim modo tristis in uetustate, tunc autem stabo gaudens in nouitate. *Confitebor
tibi in cithara, Deus, Deus meus.* Quid est in cithara
confiteri et in psalterio confiteri? Non enim semper
in cithara nec semper in psalterio. Duo haec organa
musicorum habent inter se distinctam discretamque
rationem dignam consideratione et commendatione
memoriae. Vtrumque hoc manibus portatur et tan-
gitur, et significat opera quaedam nostra corporalia.
Vtrumque bonum, si quis norit psallere, si quis norit
citharizare. Sed quia psalterium istud organum dicitur
quod de superiore parte habet testudinem, illud scilicet
tympanum et concauum lignum cui chordae innitentes
resonant; cithara uero idipsum lignum cauum et sono-
rum ex inferiore parte habet; discernenda sunt opera
nostra, quando in psalterio sint, quando in cithara,
utraque tamen placita Deo et suauia eius auditui.
Quando ergo ex praeceptis Dei aliquid agimus iussis
eius obtemperantes et obaudientes ad implenda praecepta eius, ubi facimus et non patimur, psalterium est.
Faciunt enim ita et angeli; non enim aliquid patiuntur.
Cum autem aliquid patimur tribulationum tentationum scandalorum in hac terra, quia non patimur nisi

---

45. Jouer du psaltérion, c'est agir en conformité avec les préceptes
divins; jouer de la cithare, supporter les épreuves terrestres. La
mention de la cithare en Ps 42, 5 explique ainsi la tristesse de l'âme
évoquée en Ps 42, 1: jusque dans l'épreuve qui lui est imposée, le
psalmiste veut rendre un son harmonieux. L'interprétation est
simplifiée en *In Ps.* 32, 2, 1, 5: le chrétien doit louer Dieu dans la
prospérité comme dans l'adversité, pour les biens inférieurs (avec
la cithare) comme pour les biens spirituels (avec le psaltérion): voir
H. RONDET, «Notes d'exégèse augustinienne, Psalterium et cithara»,
Recherches de science religieuse, 46, 1958, p. 408-415 ; M. DULAEY,

IN PSALMVM XLII

Dieu qui réjouit ma jeunesse. La jeunesse renvoie à ce qui est nouveau ; c'est comme s'il disait : de Dieu qui réjouit ma nouveauté. Il réjouit ma nouveauté, lui qui a attristé ma vétusté. Présentement en effet je marche tristement dans la vétusté, mais alors, je me tiendrai ferme et joyeux dans la nouveauté. ***Je te confesserai sur la cithare, Dieu, mon Dieu.*** Que signifie confesser sur la cithare et confesser sur le psaltérion ? On ne confesse pas toujours sur la cithare, ni toujours sur le psaltérion. Ces deux instruments de musique présentent une conformation distincte et différente, qui mérite qu'on s'y arrête et qu'on s'en souvienne[45]. L'un et l'autre sont portés et maniés par les mains et désignent des actions de notre corps. L'un et l'autre sont harmonieux, pour peu que l'on sache jouer du psaltérion, que l'on sache jouer de la cithare. Mais, parce qu'on appelle psaltérion l'instrument qui, dans sa partie supérieure, a la caisse de résonance, c'est-à-dire le coffre de bois creux sur lequel les cordes sont attachées pour résonner, tandis que la cithare possède ce même bois creux et sonore dans la partie inférieure, il faut discerner dans nos œuvres celles qui relèvent du psaltérion et celles qui relèvent de la cithare, bien que les unes et les autres soient agréées par Dieu et douces à son oreille. Ainsi donc, lorsque nous agissons selon les préceptes de Dieu en obtempérant et en obéissant à ses ordres pour accomplir ses préceptes, lorsque nous le faisons sans souffrir, nous jouons du psaltérion. C'est ce que font également les anges, car ils n'éprouvent aucune peine. En revanche, lorsque nous souffrons quelque tribulation, quelque tentation, quelque scandale sur cette terre, comme nous ne souffrons

«Recherches sur les trente-deux premières *Enarrationes in Psalmos* d'Augustin. Le psaltérion et la cithare», *Annuaire de l'École pratique des Hautes Études*, t. 107, 1998-1999, p. 307-314 ; *BA* 58/B, n. c. 1, p. 573-574 : «Le psaltérion et la cithare».

ENARRATIONES IN PSALMOS

ex inferiore parte, id est ex eo quod mortales sumus, ex eo quod primae nostrae causae quiddam tribulationum debemus, et quia patimur multa ab eis qui non sunt desuper, cithara est. Venit enim sonus suauis ex inferiore parte; patimur et psallimus, uel potius cantamus et citharizamus. Quando dicebat apostolus euangelizare se et praedicare euangelium toto orbe terrarum ex praecepto Dei, quia illud euangelium se non ab hominibus neque per hominem, sed per Iesum Christum accepisse dicebat, desuper sonabant chordae; cum uero dicebat: *Gloriamur in tribulationibus, scientes quia tribulatio patientiam operatur, patientia probationem, probatio spem*, cithara sonabat ex inferiore quidem, sed tamen dulciter. Omnis enim patientia dulcis est Deo. Si autem in ipsis tribulationibus defeceris, citharam fregisti. Quare ergo modo dixit: *Confitebor tibi in cithara?* Propter illud quod dixerat: *Vtquid tristis incedo, dum affligit me inimicus?* Patiebatur enim quiddam ex inferiore afflictione et in eo ipso tamen uolebat placere Deo, et gratias gestiebat agere Deo fortis in tribulationibus; et quia sine tribulatione esse non poterat, patientiam Deo debebat: *Confitebor tibi in cithara, Deus, Deus meus.*

v. 5   **6.** Et rursus ad animam suam, ut ex inferiore illo sonoro ligno capiat sonum: **Vtquid tristis es**, inquit, **anima mea, et utquid conturbas me?** In tribulationibus sum, in languoribus, in maeroribus, utquid me conturbas, o anima? Quis dicit, cui dicit? Animae dicit, omnes nouimus; planum est enim, ad illam directus est

---

46. Cf. Ga 1, 12.
47. Ro 5, 3-4.

IN PSALMVM XLII

cela que par la partie inférieure de nous-mêmes, c'est-à-dire du fait que nous sommes mortels et du fait que notre origine première nous impose en quelque sorte la dette des tribulations, parce que nos nombreuses souffrances ne nous viennent pas d'en-haut, nous jouons de la cithare. Le son mélodieux vient alors de la partie inférieure ; nous souffrons et nous psalmodions ; plus exactement, nous chantons et nous jouons de la cithare. Lorsque l'Apôtre affirmait qu'il évangélisait et qu'il prêchait l'Évangile par toute la terre sur l'ordre de Dieu parce que, disait-il, il n'avait reçu cet Évangile ni des hommes ni par l'entremise d'un homme, mais par Jésus-Christ[46], les cordes résonnaient d'en-haut. Mais lorsqu'il disait : *Nous mettons notre gloire dans les épreuves, car nous savons que l'épreuve amène la patience, la patience la fidélité, la fidélité l'espérance* [47], la cithare résonnait par en bas, mais avec douceur, car toute patience est douce à Dieu. Si en revanche tu as défailli au milieu des épreuves, tu as brisé ta cithare. Pourquoi a-t-il donc dit maintenant : *Je te confesserai sur la cithare* ? Pour la même raison qu'il avait dit : *Pourquoi dois-je marcher dans la tristesse, quand l'ennemi m'accable ?* Il subissait en effet l'accablement par la partie inférieure et voulait toutefois plaire à Dieu en cela même, et il brûlait du désir de rendre grâces à Dieu par son courage dans les épreuves ; parce qu'il ne pouvait échapper à l'épreuve, il acquittait sa dette envers Dieu par la patience. *Je te confesserai sur la cithare, Dieu, mon Dieu.*

6. Et s'adressant de nouveau à son âme, afin de tirer un son harmonieux de ce bois inférieur et sonore il dit : ***Pourquoi es-tu triste, mon âme, et pourquoi me troubles-tu ?*** Je suis dans les tribulations, dans la faiblesse, dans l'affliction, pourquoi me troubles-tu, ô mon âme ? Qui parle ? À qui parle-t-il ? Le psalmiste parle à son âme, nous le savons tous ; il est en effet clair que

447

ENARRATIONES IN PSALMOS

sermo. *Vtquid tristis es, anima mea, et utquid conturbas me?* Quaeritur persona loquens. Numquid caro animae loquitur, cum caro sine anima non loquatur? Proprium enim magis est ut anima carnem alloquatur quam ut caro alloquatur animam. Sed quia non dixit: "Quare tristis es, caro mea?", sed ait: *Quare tristis es, anima mea?* – si enim carnem alloqueretur, fortasse non diceret: *Quare tristis es*, sed: "Quare doles?"; dolor enim animae tristitia dicitur, molestia uero quae fit in corpore dolor dici potest, tristitia non potest. Sed ex dolore corporis plerumque anima contristatur. Interest tamen quid doleat et quid contristetur. Dolet enim caro, tristis est anima, et aperta ista uox est: *Vtquid tristis es, anima mea?* – Non ergo anima alloquitur carnem, quia non dixit: "Vtquid tristis es, caro mea?", nec caro, animam, quia absurdum est ut inferior alloquatur superiorem. Ergo intellegimus habere nos aliquid ubi imago Dei est, mentem scilicet atque rationem. Ipsa mens inuocabat lucem Dei et ueritatem Dei. Ipsa est qua capimus iustum et iniustum; ipsa est qua discernimus uerum a falso; ipsa est quae uocatur intellectus, quo intellectu carent bestiae; quem intellectum quisquis in se neglegit et postponit ceteris et ita abicit quasi non habeat, audit ex psalmo: *Nolite esse sicut equus et mulus quibus non est intellectus.* Intellectus ergo noster alloquitur animam nostram. Ista in tribulationibus marcida est, fessa in

---

48. Sur la *mens* comme image de la Trinité divine, voir *AugLex*, s. v. *Mens*, c. 1275-1280 (J. BRACHTENDORF).

IN PSALMVM XLII

c'est à elle que la question s'adresse. *Pourquoi es-tu triste, mon âme, et pourquoi me troubles-tu?* Il reste à déterminer le locuteur. Est-ce la chair qui parle à l'âme, alors qu'une chair sans âme ne parle pas? Il convient à l'âme de s'adresser à la chair, plutôt qu'à la chair de s'adresser à l'âme. Il n'a toutefois pas dit: "Pourquoi es-tu triste, ma chair?", mais: *Pourquoi es-tu triste, mon âme?* En effet s'il s'adressait à la chair, sans doute ne dirait-il pas: *Pourquoi es-tu triste,* mais "pourquoi souffres-tu?". Car la douleur de l'âme s'appelle tristesse, mais la souffrance qui se produit dans le corps peut être appelée douleur, elle ne peut être appelée tristesse. Souvent, sans doute, l'âme s'attriste de la douleur du corps; il n'y en a pas moins une différence entre ce qui souffre, et ce qui s'attriste: c'est en effet la chair qui souffre, et l'âme qui est triste, et cette parole est sans ambiguïté: *Pourquoi es-tu triste, mon âme?* Ce n'est donc pas l'âme qui s'adresse à la chair, car il n'est pas dit: "Pourquoi es-tu triste, ma chair?", ni la chair qui s'adresse à l'âme, car il est absurde que la partie inférieure s'adresse à ce qui lui est supérieur. Nous comprenons donc que nous avons en nous quelque chose où se trouve l'image de Dieu, c'est-à-dire l'esprit et la raison[48]. C'est cet esprit qui invoquait la lumière de Dieu et la vérité de Dieu; c'est grâce à lui que nous comprenons le juste et l'injuste, grâce à lui que nous distinguons le vrai du faux; c'est lui que l'on appelle intelligence, cette intelligence dont les bêtes sont dépourvues; quiconque néglige en lui cette intelligence, la subordonne à autre chose et la rabaisse comme s'il en était dépourvu, entend le psaume lui dire: *Ne soyez pas comme le cheval et le mulet, qui sont dépourvus d'intelligence*[49]. C'est donc notre intelligence qui s'adresse à notre âme. Elle est exténuée par les

---

49. Ps 31, 9. Le verset est souvent invoqué à propos de la supériorité de l'homme sur l'animal, qui réside dans l'*intellectus*.

449

ENARRATIONES IN PSALMOS

angoribus, contracta in tentationibus, aegra in laboribus. Erigit eam mens desuper capiens ueritatem et dicit: *Vtquid tristis es, anima mea et utquid conturbas me?*

7. Videte si non est ista allocutio in illo conflictu apostoli, in se praefigurantis quosdam, et forte nos, et dicentis: *Condelector legi Dei secundum interiorem hominem, uideo autem aliam legem in membris meis,* id est motus quosdam carnales, et in quadam lucta et quasi desperatione, inuocat gratiam Dei: *Miser ego homo, quis me liberabit de corpore mortis huius? Gratia Dei per Iesum Christum Dominum nostrum.* Tales ita pugnantes etiam ipse Dominus in se praefigurare dignatus est, cum ait: *Tristis est anima mea usque ad mortem.* Ille enim nouerat ad quod uenerat. Ille passionem pauebat qui dixerat: *Potestatem habeo ponendi animam meam et potestatem habeo iterum sumendi eam; nemo tollit illam a me, sed ego ipse pono eam a me et iterum sumo eam?* Sed: *Tristis est anima mea usque ad mortem,* qui dixit, quaedam membra sua in se figurauit. Plerumque enim iam mens bene credit et bene nouit futurum hominem secundum fidem suam in gremio Abrahae. Credit hoc et tamen, cum uenerit aliquis articulus mortis, turbatur ex familiaritate quadam saeculi huius; erigit auditum in illam uocem Dei internam, audit rationabile carmen intrinsecus. Ita enim desuper in silentio sonat quiddam non auribus, sed mentibus, ut quicumque audit illud

---

50. Ro 7, 22-23. Sur ces versets, voir M.-F. Berrouard, « L'exégèse augustinienne de Rom. 7, 7-25 entre 396 et 418 avec des remarques sur les deux premières périodes de la crise 'pélagienne' », *Recherches augustiniennes,* 16, 1981, p. 101-195 (p. 120-122) ; l'auteur juge que ce passage renforce l'hypothèse d'une datation ancienne du sermon (en 403).

51. Ro 7, 24-25.

52. Mt 26, 38.

IN PSALMVM XLII

tribulations, minée par les angoisses, amoindrie par les tentations, déprimée par les malheurs. L'esprit, qui reçoit d'en haut la vérité, la relève et lui dit: *Pourquoi es-tu triste, mon âme, et pourquoi me troubles-tu?*

7. Voyez si ce n'est pas ce langage que nous trouvons dans le conflit intérieur de l'Apôtre, qui préfigure en lui certains hommes, et nous peut-être, lorsqu'il dit: *Je prends plaisir à la loi de Dieu selon l'homme intérieur, mais je vois une autre loi dans mes membres*[50], c'est-à-dire des mouvements charnels; pris dans une sorte de lutte, et presque au désespoir, il invoque la grâce de Dieu. *Malheureux homme que je suis, qui me libérera du corps de cette mort? La grâce de Dieu par Jésus-Christ notre Seigneur*[51]. Ce sont de tels combattants que le Seigneur a daigné préfigurer en lui, lorsqu'il dit: *Mon âme est triste jusqu'à la mort*[52]. Car lui savait pour quoi il était venu. S'effrayait-il de sa Passion, lui qui avait dit: *J'ai le pouvoir de déposer mon âme, et j'ai le pouvoir de la reprendre; personne ne me la prend, mais c'est moi-même qui la dépose et la reprends*[53]? Mais celui qui a dit: *Mon âme est triste jusqu'à la mort*, a figuré en lui certains de ses membres. Souvent en effet l'esprit croit déjà vraiment, et sait bien que l'homme, selon ce que lui enseigne sa foi, sera dans le sein d'Abraham. Il le croit, et pourtant lorsque survient quelque danger de mort, il est troublé en raison d'une certaine familiarité qu'il a avec ce siècle; il dresse l'oreille pour entendre la voix intérieure de Dieu, et entend en lui un chant qui parle à sa raison. Ainsi, d'en haut, dans le silence, résonne un bruit qui ne frappe pas les oreilles, mais les esprits, en sorte que tout homme qui entend cette mélodie est pris

---

53. Jn 10, 17-18. Voir *BA* 73/B, n. c. 16, p. 445-448: «Comment le Christ a déposé son âme».

ENARRATIONES IN PSALMOS

melos, taedio afficiatur ad strepitum corporalem, et tota ista uita humana tumultus ei quidam sit impediens auditum superni cuiusdam soni nimium delectabilis et incomparabilis et ineffabilis. Et reuera cum ita contingit ex aliqua perturbatione, uim patitur homo alloquens animam suam: *Vtquid tristis es, anima mea, et utquid conturbas me?* An forte ideo quia difficile purgata uita inuenitur, cum ille iudicat qui nouit ad purum et liquidum iudicare? Quia etsi probabilis iam uita est inter homines, ita ut homines quid iam reprehendant iuste non habeant, procedit examen ab illius oculis, procedit regula exaequans non fallaciter, et inuenit in homine quaedam quae reprehendat Deus, quae homines reprehendenda non uidebant nec ille ipse intus qui iudicandus est. Haec timens anima forte conturbatur; alloquitur eam mens quasi dicens: Quid times de peccatis, quia non potes omnia deuitare? ***Spera in Dominum, quoniam confitebor illi.*** Quaedam sanat praesens allocutio, reliqua purgat fidelis confessio. Plane time, si iustum te dicis; si non habes illam uocem ex alio psalmo: *Ne intres in iudicium cum seruo tuo.* Quare: *Ne intres in iudicium cum seruo tuo?* Misericordia tua mihi opus est. Nam si iudicium exhibueris sine misericordia, quo ibo? *Si iniquitates obseruaueris Domine, Domine, quis sustinebit? Ne intres in iudicium cum seruo tuo, quia non iustificabitur in conspectu tuo omnis uiuens.* Ergo si

---

54. On trouve la même métaphore en *Conf.* 9, 10, 25 : « si cui sileat tumultus carnis... ».

55. Ps 142, 2.

56. Ps 129, 3. Ce verset est cité dès les premières pages des *Confessions* (1, 5, 6) : Augustin reconnaît que suivre son propre jugement serait risquer de se tromper soi-même *(fallere meipsum)*, et que le seul jugement divin est infaillible – c'est très exactement ce que nous lisons dans les premières lignes du § 7. Voir également *In Ps.* 129, 3, qui oppose l'attitude du psalmiste à celle de l'homme qui présume de sa propre justice.

IN PSALMVM XLII

de dégoût pour le vacarme des corps[54], et que toute la vie humaine présente est pour lui comme un brouhaha qui l'empêche d'entendre un son supérieur infiniment délectable, incomparable et ineffable. En vérité, lorsqu'il lui arrive d'être ainsi troublé, l'homme souffre violence, et s'adresse à son âme : *Pourquoi es-tu triste, mon âme, et pourquoi me troubles-tu ?* Ou serait-ce parce qu'il est difficile de trouver une vie purifiée, lorsque juge celui qui sait juger avec clarté et limpidité ? Car même si une vie paraît si digne d'approbation aux hommes qu'ils ne trouvent rien à y reprendre avec justice, arrive le jugement des yeux de Dieu, arrive la règle dont la mesure est infaillible, et Dieu trouve à reprendre en l'homme, là où les hommes ne voyaient rien à reprendre, et pas même, en son for intérieur, celui qui va être jugé. C'est peut-être cette crainte qui trouble l'âme ; l'esprit s'adresse à elle, disant en quelque sorte : Pourquoi crains-tu à cause de tes péchés, puisque tu ne peux tous les éviter ? ***Espère dans le Seigneur, car je le confesserai.*** Ces propos guérissent une partie des maux, une fidèle confession purifie du reste. Crains donc si tu te prétends juste, si tu ne fais pas tienne cette parole tirée d'un autre psaume : *N'entre pas en jugement avec ton serviteur*[55]. Pourquoi : *N'entre pas en jugement avec ton serviteur* ? J'ai besoin de ta miséricorde. Car si tu rends un jugement sans miséricorde, où irai-je ? *Si tu examines les iniquités, Seigneur, Seigneur, qui le supportera*[56] ? *N'entre pas en jugement avec ton serviteur, car aucun vivant ne sera justifié à tes yeux*[57].

---

57. Ps 142, 2. La seconde partie du verset sera fréquemment citée par la suite dans les écrits antipélagiens pour écarter l'hypothèse qu'un homme ait pu mener une vie sans péché : voir par exemple *Pecc. mer.* 2, 10, 14 ; *Spir. litt.* 36, 65 ; *Nat. grat.* 42, 49.

ENARRATIONES IN PSALMOS

non iustificabitur in conspectu tuo omnis uiuens, quia quicumque hic uiuit, quantumlibet iuste uiuat, uae illi si cum illo in iudicium intrauerit Deus. Nam ex alio propheta arrogantes et superbos identidem sic obiurgat: *Vtquid uultis mecum iudicio contendere? Omnes dereliquistis me, dicit Dominus.* Noli ergo iudicio contendere; da operam esse iustus et, quantumcumque fueris, confitere te peccatorem; semper spera misericordiam et in ista humili confessione securus alloquere turbantem te et tumultuantem aduersus te animam tuam. *Vtquid tristis es, anima mea, et utquid conturbas me?* Forte in te uolebas sperare: *Spera in Dominum*, noli in te. Quid enim es in te, quid es de te? Ille sit sanitas in te qui suscepit uulnera propter te. *Spera*, inquit, *in Dominum, quoniam confitebor illi*. Quid illi confiteberis? **Salutare uultus mei, Deus meus.** Tu es salutare uultus mei, tu sanabis me. Aeger ad te loquor; agnosco medicum, non me iacto sanum. Quid est: agnosco medicum, non me iacto sanum? Quod in alio psalmo dicitur: *Ego dixi, Domine, miserere mei, sana animam meam, quoniam peccaui tibi*.

8. Haec uox, fratres, tuta est; sed uigilate in operibus bonis. Tangite psalterium oboediendo praeceptis, tangite citharam tolerando passiones. *Frange esurienti panem tuum*, audisti ab Isaia; noli ieiunium putare sufficere. Ieiunium te castigat, non alterum reficit. Fructuosae erunt angustiae tuae, si alteri praestiteris latitudinem.

---

58. Jr 2, 29. Cité en lien avec Ps 142, 2 en *Pecc. mer.* 2, 10, 14; *Ep.* 167, 6, 20; *In Ps.* 142, 6.

59. Ps 40, 5. Voir *In Ps.* 128, 9 (en 407), seul texte où l'on trouve la même orchestration scripturaire: Ps 40, 5, Jr 2, 29 et Ps 129, 3. Sur le Christ médecin et l'humilité comme remède, voir *AugLex*, s. v. *Medicina, medicus*, c. 1230-1234 (I. Bochet).

IN PSALMVM XLII

Si donc aucun vivant n'est justifié à tes yeux, malheur à quiconque vit ici-bas, quelque juste que soit sa vie, si Dieu entre avec lui en jugement. Car dans un autre passage prophétique, il prend pareillement à parti les arrogants et les superbes en ces termes : *Pourquoi voulez-vous contester mon jugement ? Vous m'avez tous abandonné, dit le Seigneur*[58]. Ne conteste donc pas mon jugement ; efforce-toi d'être juste et, quelque juste que tu sois, confesse que tu es pécheur, espère toujours la miséricorde et, dans cette confession humble, adresse-toi avec assurance à ton âme qui te trouble et se soulève contre toi : *Pourquoi es tu triste, mon âme, et pourquoi me troubles-tu ?* Peut-être voulais-tu espérer en toi : *Espère dans le Seigneur*, et non en toi. Qu'es-tu en effet en toi-même ? Qu'es-tu par toi-même ? Qu'il soit en toi la santé, celui qui a accepté de prendre tes blessures. *Espère dans le Seigneur*, est-il dit, *car je le confesserai.* Que lui confesseras-tu ? *Tu es le salut de ma face, mon Dieu.* Tu es le salut de ma face, tu me guériras. C'est malade que je m'adresse à toi ; je reconnais mon médecin, je ne me prétends pas sain. Que signifie : je reconnais mon médecin, je ne me prétends pas sain ? C'est ce que nous lisons dans un autre psaume : *J'ai dit : Seigneur, prends pitié de moi, guéris mon âme, car j'ai péché contre toi*[59].

8. Voilà, frères, une parole sûre ; mais soyez vigilants dans les œuvres bonnes. Jouez du psaltérion en obéissant aux préceptes, jouez de la cithare en supportant les souffrances. *Romps ton pain pour celui qui a faim*[60], tu l'as entendu dire par Isaïe. Ne pense pas qu'il suffit de jeûner. Le jeûne te corrige, il ne redonne pas des forces à ton prochain. Les restrictions que tu t'imposes porteront du fruit si ton prochain s'en trouve plus au large.

---

60. Is 58, 7.

ENARRATIONES IN PSALMOS

Ecce fraudasti animam tuam: cui dabis quod tibi abstulisti? Vbi pones quod tibi denegasti? Quam multos pauperes saginare potest intermissum hodie prandium nostrum! Ita ieiuna ut alio manducante prandisse te gaudeas propter orationes, ut exaudiaris. Ibi enim ait: *Adhuc loquente te dicam: "Ecce adsum"; si fregeris ex animo esurienti panem*; quia plerumque fit a tristibus et a murmurantibus ut careant taedio interpellantis, non ut reficiant uiscera indigentis: *Hilarem autem datorem diligit Deus*. Si panem dederis tristis, et panem et meritum perdidisti. Ergo ex animo fac ut ille qui intus uidet adhuc loquente te dicat: *Ecce adsum*. Quam celeriter accipiuntur orationes bene operantium et haec iustitia hominis in hac uita, ieiunium, eleemosyna, oratio. Vis orationem tuam uolare ad Deum? Fac illi duas alas, ieiunium et eleemosynam. Tales nos inueniat ut securos inueniat lux Dei et ueritas Dei, cum uenerit liberare nos a morte qui iam uenit subire pro nobis mortem. Amen.

IN PSALMVM XLII

Voilà que tu t'es refusé quelque chose; à qui donneras-tu ce que tu t'es enlevé? Où placeras-tu ce que tu t'es refusé? Combien de pauvres peut nourrir le déjeuner que nous avons sauté aujourd'hui! Jeûne en te réjouissant de donner à manger à un autre, pour que tes prières soient exaucées. Isaïe en effet dit: *Tu parleras encore que je te dirai: "Me voici", si tu as de bon cœur rompu ton pain pour celui qui a faim*[61]. Bien souvent, les hommes n'agissent ainsi qu'à contrecoeur et en grommelant, pour se débarrasser de qui fait appel à eux, non pour soulager l'estomac de l'indigent. *Mais Dieu aime celui qui donne dans la joie*[62]. Si c'est avec tristesse que tu as donné ton pain, tu as perdu ton pain et le mérite de ton action. Agis donc de bon cœur, pour que celui qui voit en toi dise, alors que tu parles encore: *Me voici*. Comme elles sont accueillies rapidement, les prières de ceux qui agissent bien! La justice de l'homme dans cette vie, la voici: le jeûne, l'aumône, la prière. Tu veux que ta prière vole jusqu'à Dieu? Donne-lui deux ailes, le jeûne et l'aumône[63]. Puissent la lumière de Dieu et la vérité de Dieu nous trouver tels, pour que nous trouve en sûreté, lorsqu'il viendra nous délivrer de la mort, celui qui déjà est venu subir la mort pour nous. Amen.

---

61. Is 58, 9-10.

62. 2 Co 9, 7.

63. Voir *AugLex*, s. v. *Ieiunium*, c. 474-481 (B. RAMSEY): le jeûne rend la prière plus efficace, et Augustin accompagne régulièrement sa mention de celle des aumônes (c. 479). «Les deux ailes» de la prière sont le jeûne et l'aumône seulement dans notre texte et en *Ser.* 206, 3. Ailleurs, l'image des deux ailes est appliquée aux deux préceptes de la charité (*Cons. eu.* 4, 10, 20; *In Ps.* 67, 18; 138, 12-14; 149, 5; *Ser.* 352, 2, 7) ou, plus rarement, à l'aumône et au pardon des offenses (*Ser.* 58, 10; 205, 3).

IN PSALMVM XLIII

PSAUME 43

L'*Enarratio* sur le Psaume 43 a été prêchée lors d'une liturgie où l'Évangile du jour était la parabole du semeur (Mt 13, 18-23)[1] ; il n'y a pas d'allusion au chant du psaume ni à un verset particulier qui aurait servi de répons, mais le psaume a certainement été au moins lu. En dehors des rappels, suggérés par le contenu du psaume, des interventions de Dieu au profit d'Israël dans l'Ancien Testament (§ 2 ; 10 ; 15), le commentaire reste assez abstrait, ces rappels eux-mêmes étant faits sans détails ni couleur. Si toute éloquence n'est pas absente du texte[2], les marques d'oralité sont très rares dans l'*Enarratio*[3] ; il n'y a que deux passages où des exemples concrets renvoient à la vie réelle des auditeurs[4], et un seul passage proprement parénétique[5]. On a l'impression qu'Augustin s'adresse à un public dont il ne sait pas grand-chose, ce qui signifie que, selon toute vraisemblance, il ne prêche ni à Hippone ni à Carthage.

---

1. § 17 (23-27) : « sicut audiuimus quod modo lectum est in euangelio ». Cf. M. Margoni-Kögler, *Die Perikopen im Gottesdienst bei Augustinus. Ein Beitrag zur Erforschung der liturgischen Schriftlesung in der frühen Kirche*, Vienne, 2010, p. 432-435.

2. On note l'accumulation des adjectifs au début du § 4, et celle des infinitifs à la fin du § 14. La triple anaphore « ubi est ? » du § 10 est prolongée quelques lignes plus bas par cinq « ubi ? ».

3. *Fratres* ne se trouve que deux fois, dans le seul § 25 ; un exemple de *carissimi* : § 26.

4. § 16 : le goinfre qui jeûne avant d'aller à un festin pour être sûr de pouvoir s'y empiffrer.

5. § 25 : un bon chrétien doit préférer perdre de l'argent plutôt que de commettre une injustice.

ENARRATIONES IN PSALMOS

Comme c'est souvent le cas, l'évêque est orienté dans sa définition du sens global du psaume par le titre *(Pour les fils de Corè, en vue de l'intelligence)*[6] et par un verset qui lui paraît l'éclairer particulièrement. Il s'agit ici du Ps 43, 22 (« à cause de toi on nous met à mort tout le jour… »), cité par Paul dans l'Épître aux Romains (8, 36) pour parler des souffrances de l'apôtre. Augustin en déduit que le psaume est la prière de l'Église souffrante *(gemitus confessionis)*, la *uox martyrum*[7]. Annoncé dans l'introduction, le motif est repris dans les § 21-22 ; les mentions des persécutions sont nombreuses dans le cours de l'explication[8] ; il est même question par trois fois des *lapsi*, les chrétiens qui n'ont pas eu la force d'aller jusqu'au martyre et ont succombé[9]. Ces correspondances entre le début et la fin de l'homélie montrent que l'évêque d'Hippone a indéniablement une vue d'ensemble du psaume quand il commence à l'expliquer[10].

Le cri que les membres souffrants de l'Église poussent vers Dieu est : *Quare ?* « Pourquoi ? » L'interrogation est présente dans le psaume lui-même (v. 23-24[11]) et elle est répétée une bonne vingtaine de fois dans le commen-

---

6. Sur cet usage du titre pour les anciens, voir aussi Hil. *In Ps.* 55, 1, *SC* 565, p. 189 : « Ces éléments ont été mentionnés au départ pour nourrir et orienter l'intelligence du lecteur avant le récit de ce qui s'est passé. »

7. Les locuteurs sont les martyrs (§ 1 ; 21), mais aussi l'*ecclesia* (§ 12 ; 25).

8. § 10 ; 13 ; 15 ; 17 ; 21 ; 22 ; 25. Aux sept emplois de *persecutio*, il faut ajouter un de *persecutor* et onze de *persequi*. *Patior* et autres mots de la même racine reviennent 15 fois, et *tribulatio* 12 fois.

9. § 12 ; 25 ; 26.

10. Le § 2 annonce le thème des v. 2-9 et déjà aussi le v. 24 (25). Nous utilisons la numérotation des versets de la Vulgate, reproduite par Dom Weber pour la Vieille Latine (v. 24 = v. 25 dans Septante et Bibles modernes).

11. Les v. 23-24 sont numérotés 24-25 dans les Bibles modernes.

462

IN PSALMVM XLIII

taire. Pourquoi le peuple de Dieu fidèle est-il persécuté, ou plutôt pour quoi, à quelle fin ? Le problème, en effet, n'est pas ici celui de la théodicée[12], mais du *consilium Dei*, du dessein de Dieu sur l'humanité : « Tous ces événements ne sont pas arrivés sans motif, mais pour que l'on comprenne pourquoi ils sont arrivés. Qu'ils soient arrivés, la chose est manifeste ; mais pourquoi ils sont arrivés, la question doit être approfondie » (§ 2). Ici encore, le titre du psaume fournit la clé avec la formule *in intellectum*. Dieu veut ouvrir l'intelligence des fils de Corè, c'est-à-dire des chrétiens, pour leur faire comprendre la destinée véritable de l'homme (*intellectus/ intelligere* : 16 fois). Lorsque Dieu semble abandonner son peuple, c'est pour que l'homme, qui se contenterait facilement d'un petit bonheur humain, tourne son désir vers les réalités éternelles, à savoir Dieu lui-même (§ 2), qu'il doit apprendre à aimer gratuitement (§ 15-16).

– § 1-2 : introduction : le sens du titre.
– § 3-10a : Dieu est toujours identique à lui-même malgré le contraste flagrant entre les souffrances présentes et ses interventions en faveur du peuple dont les Écritures parlent.
– § 10b-16 : les difficultés présentes ont pour fonction de purifier l'homme pour le rendre capable du don que Dieu lui réserve : lui-même.
– § 17-23 : l'intelligence à laquelle parviennent les fils de Corè : ils s'inclinent devant les voies mystérieuses de Dieu qui seul connaît les cœurs ; ils le supplient de mettre fin à la persécution, c'est-à-dire de convertir leurs ennemis, et prient pour que les faibles qui n'ont pu tenir bon dans l'épreuve puissent être réintégrés dans le Corps du Christ par la pénitence.

---

12. Voir au contraire Did. *In Ps.* 43, E. Prinzivalli, p. 814-815.

ENARRATIONES IN PSALMOS

Le psaume opposait deux périodes : le passé, source de la foi et de l'espérance, caractérisé par les hauts faits de Dieu en faveur du peuple (v. 1-8), et le présent où, sans faute de sa part, il est livré à ses ennemis (v. 9-22), d'où l'appel au secours final (v. 23-26). Le commentaire d'Augustin, moyennant une réflexion sur l'emploi biblique des temps, distingue plutôt trois phases : le passé glorieux de la sortie d'Égypte (§ 2 ; 10), le futur plus glorieux encore de l'Exode eschatologique où le Christ fera passer les saints dans le Royaume éternel (§ 15), et le temps intermédiaire (*in medio* : § 6 ; 10 ; 15), le présent de la tribulation, des difficultés en tout genre, dont le psaume, adressé aux fils de Corè *in intellectum*, veut faire comprendre la raison profonde.

Datation

S. Zarb situait l'*Enarratio* 43 durant le carême de 412, parce qu'il pensait que le § 15, où il est question de la grâce, ne pouvait avoir été écrit qu'à l'époque de la lutte contre Pélage ; il fondait l'idée qu'il s'agissait d'une prédication du carême sur la chronologie relative des psaumes des fils de Corè qu'il pensait avoir établie [13]. H. Rondet a déjà fait remarquer la fragilité des arguments de Zarb [14]. Pour lui, au contraire, l'*Enarratio* serait ancienne et appartiendrait à «une période où Augustin n'a pas encore une maîtrise inégalée de l'explication des psaumes» ; mais cette affirmation repose sur une impression plutôt que sur des indices véritables [15].

---

13. S. Zarb, *Chronologia Enarrationum S. Augustini in Psalmos*, Malte, 1948, p. 180-181 ; 226 ; 233.

14. H. Rondet, «Essais sur la chronologie des *Enarrationes in Psalmos* de saint Augustin», *Bulletin de littérature ecclésiastique*, 68, 1967, p. 180-202 (p. 191).

15. *Ibid.*, p. 185.

IN PSALMVM XLIII

On pourrait faire valoir en faveur d'une datation de l'*In Ps.* 43 aux environs de 412 deux arguments : d'une part, l'importance donnée au Ps 21 (§ 2-3. 8. 14), qui rappelle l'*Épître* 140 à Honoratus (en 412), d'autre part, les propos sur la vision de Dieu (§ 4-5), qui font penser à l'*Épître* 147 *De uidendo Deo* de 412-413. Mais, à la réflexion, ces arguments ne sont pas dirimants. Tout ce qui est dit du Ps 21 dans l'*Enarratio* se trouve déjà dans *In Ps.* 21, 2, prêchée le mercredi saint 407. Quant au thème de la vision de Dieu, il est déjà très présent dans le premier livre du *De Trinitate* en 400-403 et dans l'*Épître* 92 à la veuve Italica en 408-409. L'*Enarratio* affirme fortement que, dans la vie présente, l'homme ne peut voir Dieu qu'à travers les créatures. Elle réserve la vision face à face au temps de la résurrection, mais ne pose pas la question des modalités de la vision de Dieu eschatologique, au contraire de ce qu'on lit dans les *Épîtres* 147-148 de 412-413, qui s'interrogent sur la possibilité d'une vision par les yeux du corps spirituel des ressuscités. Augustin ne fait pas non plus allusion aux idées des anthropomorphites qu'il combat en 408-409 (*Épître* 92), pour qui à la fin des temps Dieu apparaîtrait aux yeux charnels de tous les hommes[16]. Cela suggère l'antériorité de l'*Enarratio* par rapport à ces discussions.

Il est peu vraisemblable que l'*Enarratio* appartienne à la période antipélagienne. En effet, la forte insistance du Ps 43 sur le fait que les victoires d'Israël sont dues à Dieu seul (v. 3-4 ; 6-8) fournissait une base idéale pour parler de la grâce ; Augustin aurait fort bien pu choisir le v. 4 ou le v. 7 comme phrase donnant la clé de l'ensemble, ce

---

16. *Ep.* 92 ; *Ep.* 92A (*CSEL* 34/2, p. 444-445). Sur cet échange de lettres avec Italica et Cyprianus, voir *PCBE* 1, *Cyprianus 5*, p. 258 ; *PCBE* 2, t. 1, *Italica 1*, p. 1162-1163 ; *AugLex*, s. v. *Epistulae*, c. 964-965.

465

ENARRATIONES IN PSALMOS

qu'il ne fait pas. Il parle en réalité assez peu de la grâce dans l'*Enarratio*, et les formules qu'il utilise à ce sujet aux § 15 et 22 peuvent se rencontrer beaucoup plus tôt chez lui[17]. De plus, il serait surprenant qu'à l'époque où il combat Pélage, il ait laissé passer sans l'ombre d'une remarque les protestations d'innocence du peuple qui nie toute culpabilité (v. 18-19; 21).

En revanche, l'introduction de l'*Enarratio* contient un thème antidonatiste majeur: on ne peut parler de martyre que si l'on souffre persécution pour la bonne cause. Il est significatif qu'Augustin introduise dès le début de son commentaire l'explication du *propter te* (v. 22: « c'est *à cause de toi* qu'on nous met à mort tout le jour») qui normalement devrait trouver sa place au § 21 quand il est traité du verset. *Propter te* est donné comme équivalent du *propter iustitiam* de Mt 5, 10 (les persécutés *pour* la justice), un verset qui sert à distinguer le vrai martyr du faux dans les deux tiers des emplois augustiniens, dès 396, et qui est surtout employé dans la polémique contre les donatistes; après 412, la citation ne reparaît plus guère[18]. À cela il faut ajouter l'affirmation, contraire à tout ce que pensent les donatistes, que les *lapsi* des persécutions anciennes ont pu être réconciliés moyennant pénitence (§ 26). La querelle donatiste est donc présente au début et à la fin du commentaire; une datation avant 411 s'impose.

De plus, *In Ps.* 43 est certainement antérieure au sac de Rome de 410, et même à 409, date à laquelle Augustin apprend les événements de l'automne 408 en Italie, lorsqu'Alaric a bloqué Porto et soumis à un

---

17. Voir les notes 73-77.
18. Voir la note 37.

IN PSALMVM XLIII

premier siège Rome, qui connaît alors la famine et la peste[19]. En effet, l'évêque d'Hippone n'y fait aucune allusion lorsqu'il commente les propos du psalmiste qui se plaint de ce que Dieu laisse son peuple se faire écraser. La question de savoir pourquoi il paraît l'abandonner n'est pas posée dans l'*Enarratio* avec une intensité affective suggérant une période de grosses difficultés pour l'Empire. On peut même penser que l'homélie a été prêchée avant l'automne 408, époque où, profitant des tergiversations d'Honorius à la suite de l'assassinat de Stilichon le 24 août, païens et donatistes fomentent des troubles[20]. Quand Augustin évoque les malheurs de l'Église, il parle d'un passé déjà lointain (§ 10 ; 12-13), et les seules attaques mentionnées pour le présent sont les insultes des Juifs (§ 14).

Enfin, *In Ps.* 43 présente plusieurs points communs avec des textes du printemps et de l'été 407. Au § 15, le développement sur *gratis colere* est très proche des *Tractatus in Iohannem* (hiver-printemps 407)[21]. Au § 16, le thème de l'*amor castus* et l'emploi conjoint des citations d'Is 53, 2 et Ps 44, 3 sur la beauté du Christ se retrouvent dans l'*Enarratio* 127, 8 de la même époque. L'image des apostats qui sont comme dévorés et engloutis par le corps des païens (§ 12) rappelle l'*In Ps.* 34, 2, 15 de l'été 407 ; *In Ps.* 34, 1, 3, qui cite le Ps 43, 23, est

---

19. Voir, sur ces événements, *Roma e il sacco del 410* (*Studia Ephemeridis Augustinianum* 131), A. Di Berardino (éd.), Rome, 2012, p. 16.

20. S. Lancel, *Saint Augustin*, Paris, 1999, p. 414-415. L'*Ep.* 111, qu'on situe fin 409, parle de crimes des circoncellions dans la région d'Hippone.

21. *In Ioh.* 3, 9-10 ; 3, 21 ; 11, 12. Dans le même paragraphe, le *si inuenis melius* est proche d'*In Ep. Ioh.* 9, 10, de Pâques 407.

ENARRATIONES IN PSALMOS

proche du § 22[22]. Ces rapprochements et les remarques précédentes suggèrent l'idée que l'*In Ps.* 43 pourrait avoir été prêchée entre la fin du printemps 407 et l'été 408, dans une des villes que ses déplacements de ces années-là ont fait traverser à Augustin[23].

L'Enarratio *43 et les autres commentaires*

Augustin commente son habituel psautier de la Vieille Latine proche du *Veronensis* (VL 303), dont il a ici dix leçons propres[24] ; il ne s'en écarte qu'une fois : v. 7. *saluum faciet*, avec d'autres VL, là où le *Veronensis* a *saluauit*. Il n'utilise pas le Psautier Gallican et ne regarde pas le texte grec : au v. 6, il n'a pas *uentilabimus* **cornu**, comme le grec et la Vulgate, qui entraînent des commentaires très différents chez Ambroise et Jérôme[25], mais seulement l'image du vannage.

En dehors de l'*Enarratio* 43, Augustin n'utilise presque jamais ce psaume. Même le v. 22, qui apparaît plusieurs fois dans des sermons prêchés lors de fêtes de martyrs[26], est presque toujours cité à travers Ro 8, 36,

---

22. Trois autres thèmes sont communs aux deux *Enarrationes*, mais moins rares : § 16, *In Ps.* 34, 1, 12 : *si inuenis melius* ; § 22, *In Ps.* 34, 2, 5 : Dieu seul voit le cœur ; § 24, *In Ps.* 34, 1, 9 : la poussière image des impies.

23. Déplacements à Carthage et à Calama : cf. O. PERLER, J.-L. MAIER, *Les voyages de saint Augustin*, Paris, 1969, p. 263-272.

24. Par ex. : v. 13, *iubilationibus* (pour *commutationibus*) ; v. 22, *deputati sumus uelut* (pour *aestimati sumus ut*).

25. AMBR. *In Ps.* 43, 15-19, *CSEL* 64, p. 272-276 : *Ventilare* est compris de l'action des cornes du taureau : « par toi nous enverrons en l'air nos ennemis ». Ambroise développe la symbolique de la corne (cf. DID. *In Ps.* 43, 6, E. Prinzivalli, p. 793-794) ; HIER. *In Ps.* 91, 11, *CCL* 78, p. 139, 176 : image de la corne.

26. *Ser. Lambot* 2, *PLS* 2, 751 (= 335 C) ; *Ser. Lambot* 9 (= 299F), *PLS* 2, 791 ; *Ser. Dolbeau* 13, 1 ; *Ser.* 297, 6 ; *Ser.* 335, 1 ; *In Ps.* 144, 17 (martyrs de Massa Candida). Seul le *Ser.* 331, 2, 2 ne cite pas le Ps 43, 22 à travers Ro 8, 36.

IN PSALMVM XLIII

ce qui laisse à penser que le psaume n'appartenait pas à la liturgie martyriale[27], même si le v. 22 a été très tôt appliqué aux martyrs[28].

Quand il commente le Ps 43, l'évêque d'Hippone travaille visiblement sans aucun document. On ne possède pas de commentaire du psaume élaboré par Hilaire ou par Jérôme, si l'on excepte quelques lignes des *Commentarioli* qui ne sont guère que de la paraphrase[29]. Les explications de l'évêque d'Hippone n'ont rien de commun avec celles d'Eusèbe, de Didyme ni même d'Ambroise, en dehors de quelques réflexions qui venaient naturellement à l'esprit des anciens quand ils commentaient des images comme «le bras de Dieu» ou certaines formules, comme le «Lève-toi, pourquoi dors-tu?» du v. 23. Dans l'Antiquité, l'*Enarratio* n'a pas eu beaucoup de succès. La lecture ascétique d'Arnobe le Jeune ne s'inspire en rien d'Augustin[30]. Même Cassiodore ne reprend rien à l'*In Ps.* 43 et, pour la signification des fils de Corè, il se réfère à l'*In Ps.* 41[31].

---

27. *Mor.* 1, 9, 14; *In Ps.* 9, 13; *Ep.* 145, 6; *Ser.* 158, 8, 8 et 9, 9; *Pat.* 18, 15; *Grat. lib. arb.* 17, 34; *Corr. grat.* 7, 15; *Doctr.* 4, 20, 43; *Retract.* 1, 7, 2.

28. Cf. Hipp. *In Prov.* 39, M. Richard, p. 82-83: Pr 9, 2 (les victimes immolées par la Sagesse) est mis en relation avec Ps 43, 22; il s'agit des prophètes mis à mort par les impies.

29. Hier. *Com. Ps.* 43, CCL 72, p. 209, 1-7.

30. Arn. J. *In Ps.* 43, CCL 25, p. 61-62.

31. C'est ce que prouve la reprise de la formule rare *filii crucis*: Cassiod. *In Ps.* 43, 1, CCL 97, p. 391, 7 (= Aug. *In Ps.* 41, 2, CCL 38, p. 460, 18).

IN PSALMVM XLIII

Sermo ad plebem

v. 1   **1.** Psalmus iste filiis Core dicitur, sicut eius titulus praefert. Interpretatur autem Core caluitium uel Caluaria, et inuenimus in Euangelio Dominum Iesum Christum in loco Caluariae crucifixum. Ergo clarum est quod filiis passionis eius cantetur hic psalmus. Habemus autem hinc euidentissimum et firmissimum testimonium apostoli Pauli, quia tum cum in persecutionibus gentilium laboraret ecclesia, hinc sumpsit uersum quem interponeret ad exhortationem et consolationem patientiae. Hic enim dictum est quod ille in epistola sua posuit: *Propter te mortificamur tota die, deputati sumus uelut oues occisionis*. Vocem ergo martyrum audiamus in psalmo; et uox martyrum uidete quam bonam causam habeat, cum dicit: *Propter te*. Nam et Dominus ideo addidit *propter iustitiam*, cum diceret: *Beati qui persecutionem patiuntur propter iustitiam*, ne quisquam persecutionem patiens ex ipsa poena quaereret gloriam,

---

32. Cf. Mt 27, 33. Sur la double étymologie *(caluaria, caluitium)* et le sens qu'Augustin donne aux «fils de Corè», voir la note complémentaire 9: «Pour les fils de Corè».

33. *Filii passionis*: Augustin n'emploie cette expression, très rare, que dans *In Ps.* 41, 2: «Les fils de sa passion, les fils qui ont été rachetés par son sang, les fils de sa croix». Ici, la suite semble indiquer que «les fils de sa passion» sont aussi ceux qui partagent la passion du Christ, les martyrs, en raison du v. 22. L'interprétation est explicite en *In Ps.* 87, 1, où les fils de Corè représentent «les imitateurs de la Passion du Christ».

470

SUR LE PSAUME 43

Sermon au peuple

1. Les paroles de ce psaume sont adressées aux fils de Corè, selon ce que le titre porte. Or Corè se traduit par "calvitie" ou "calvaire", et dans l'Évangile, nous trouvons que c'est au lieu-dit Calvaire que le Seigneur Jésus Christ a été crucifié[32]. Il est donc clair que ce psaume est chanté pour les fils de sa passion[33]. Nous avons à ce sujet le témoignage très évident et très sûr de l'apôtre Paul : au temps où l'Église endurait les persécutions des Gentils, il a emprunté au psaume un verset qu'il a inséré pour exhorter et encourager à la patience. C'est en effet dans notre psaume qu'est dit ce qu'il a mis dans son Épître : *À cause de toi on nous met à mort tout le jour, on nous considère comme des brebis d'abattoir*[34]. Entendons donc dans le psaume la voix des martyrs ; voyez aussi la justesse de leur cause, quand la voix des martyrs dit : *À cause de toi.* Car lorsque le Seigneur disait : *Heureux ceux qui souffrent la persécution à cause de la justice*[35], il a ajouté aussi *à cause de la justice,* pour éviter qu'un individu souffrant persécution[36] ne se glorifie du châtiment

---

34. Ps 43, 22 (23) ; Ro 8, 36.

35. Mt 5, 10.

36. Il ne faut jamais oublier qu'en latin *persecutio* désigne d'abord les poursuites judiciaires qui entraînent un juste châtiment, et non un traitement injuste, selon le sens que le mot a pris en français.

ENARRATIONES IN PSALMOS

non bonam habens causam. Et hinc exhortatus suos ait : Beati eritis cum uobis illa et illa fecerint uel dixerint homines, *propter me*. Hinc ergo uox : *Propter te mortificamur tota die*.

2. Est autem magnae considerationis – et magnae profunditatis – consilium Dei, quid causae fuerit ut, cum patres nostros patriarchas et totum illum populum Israel eduxerit in manu fortissima de Aegypto, et persequentes inimicos eorum in mari demerserit, duxeritque per contradicentes gentes, debellatisque hostibus in terram promissionis posuerit, uictoriasque magnas ex paucitate suorum in magna inimicorum multitudine fecerit, postea placuerit ei quasi auertere se a populo suo, ut stragem occisionis et mortis paterentur sancti eius, et nemo resisteret, nemo defenderet, nemo prohiberet, quasi auerterit faciem suam a gemitibus eorum, quasi oblitus sit eos, quasi ipse non sit Deus qui in manu ualida et brachio excelso euidentissima potentia patres nostros, id est illum populum, sicut dixi, ab Aegypto liberatum, uictis pulsisque de terra sua gentibus constituerit in regno, mirantibus omnibus quod saepe a paucis multi uicti essent. Hoc ergo in gemitu confessionis incipit cantari in psalmo isto. Non

---

37. Cette idée, appuyée sur Mt 5, 10, est caractéristique de la polémique contre les donatistes ; l'usage du verset en ce sens commence en 396 (*Ep.* 44, 2, 4), et les citations les plus nombreuses appartiennent à la période de la querelle avec les donatistes ; après 412, la citation ne reparaît que dans trois textes : *Ep.* 185, 2, 9 ; *In Ioh.* 88, 2-3 ; *C. Gaud.* 1, 20, 3 ; 1, 30, 35 ; 1, 36, 46. L'association du Ps 43, 22 (23), considéré comme la *uox martyrum*, et du motif du vrai martyre se trouve dans deux sermons, malheureusement difficiles à dater : *Sermo* 331, 2, 2 (s. d) : «martyrem non facit poena sed causa» ; *Ser. Lambot* 2, *PLS* 2, 751 (= 335 C ; 404/408 ?). Voir *BA* 76, n. c. 23, p. 479-481 : «La conception augustinienne du martyre et la lutte antidonatiste».

38. Mt 5, 11.

IN PSALMVM XLIII

sans que sa cause soit bonne[37]. Voilà pourquoi il dit en exhortant les siens : Heureux serez-vous quand, *à cause de moi*, on vous fera ou dira ceci et cela[38]. De là cette parole : *À cause de toi on nous met à mort tout le jour.*

2. Le dessein si profond de Dieu doit être considéré avec une grande attention : pour quelle raison, quand Dieu eut à main très forte fait sortir d'Égypte nos pères les patriarches et tout le peuple d'Israël, quand il eut englouti dans la mer les ennemis qui étaient à leur poursuite, quand il les eut fait passer parmi des peuples qui leur étaient hostiles, quand il les eut établis dans la terre de la promesse après la déroute de leurs ennemis, quand il eut accordé au petit nombre des siens de grandes victoires sur une grande foule d'ennemis, pour quelle raison décida-t-il de faire ensuite comme s'il se détournait de son peuple, si bien que ses saints souffraient massacre et mort[39], que personne ne résistait, personne ne les défendait, personne ne s'y opposait, pour quelle raison a-t-il fait comme s'il avait détourné sa face de leurs gémissements, comme s'il les avait oubliés, comme s'il n'était pas lui-même le Dieu qui, à main forte et à bras élevé[40], avec une puissance si manifeste, avait, après avoir vaincu et expulsé des peuples de sa terre, établi dans leur royaume nos pères, à savoir, je l'ai dit, le peuple délivré d'Égypte, à l'étonnement de tous qui voyaient que souvent le grand nombre avait été vaincu par le petit nombre ? Voilà ce que chante d'abord ce psaume dans les gémissements et la confession[41]. Car tous ces évé-

---

39. *Stragem occisionis et mortis* est une expression étonnamment redondante, où *occisionis* est probablement employé en raison du Ps 43, 22 (23) : *oues occisionis.*

40. Cf. Ps 135, 12 ; Dt 5, 15.

41. *In gemitu confessionis.* Il s'agit non de confession des péchés, mais de confession de foi (cf. § 9 : *in nomine tuo confitebimur in saecula*).

ENARRATIONES IN PSALMOS

frustra enim ista facta sunt, nisi ut intellegatur quare facta sint. Proinde quia facta sunt, manifestum est; quare sint facta, altius quaerendum est. Ideo titulus non habet tantum: *filiis Core*, sed: ***In intellectum filiis Core.*** Hoc et in illo psalmo est, cuius primum uersum ipse Dominus de cruce dixit: *Deus meus, Deus meus, respice in me, quare me dereliquisti?* Transfigurans enim nos in id quod dicebat et in corpus suum – quia et nos sumus corpus eius, ille caput nostrum –, uocem de cruce non dixit suam, sed nostram. Non enim umquam eum dereliquit Deus, nec ipse a Patre umquam recessit, sed propter nos dixit hoc: *Deus meus, Deus meus, utquid me dereliquisti?* Nam sequitur ibi: *Longe a salute mea uerba delictorum meorum.* Et ostendit ex quorum persona hoc dixerit; non enim in ipso delictum potuit inueniri. *Clamabo ad te,* inquit in ipso psalmo, *per diem, et non exaudies, et nocte* – subauditur utique "et non exaudies" –, sed addidit: *et non ad insipientiam mihi,* id est: hoc ipsum quod non exaudies, non ad insipientiam mihi, sed ad intellectum. Quid est: ad intellectum non exaudies? Id est: me non exaudies ad temporalia, ut intellegam a te desideranda sempiterna. Non ergo

---

42. Ps 21, 2. Première ligne du psaume après le titre; les *versus* d'Augustin ne sont pas ceux de nos Bibles modernes, qui remontent à Robert Étienne au xviie s. Pour la place du Ps 21 dans l'*Enarratio*, voir la note complémentaire 15: «Le recours au Ps 21 dans *In Ps.* 43».

43. *Transfigurans nos*: nous préfigurant, nous configurant et nous transfigurant. *Transfigurare* n'apparaît qu'en 412 dans l'exégèse du Ps 21: *Ep.* 140, 6, 15 etc. (M.J. RONDEAU, *Les commentaires patristiques du psautier*, t. 2, Rome, 1985, p. 380, n. 1087, en relève 9 ex.); cf. *In Ps.* 30, 2, 2, 3 et 11; 37, 27. Mais le verbe est utilisé bien avant cette date à propos de la prière de Jésus à Gethsémani en *In Ps.* 32, 2, 1, 2 en 403, ainsi que dans le *Ser.* 31, 3 (400-408); voir aussi *In Ps.* 101, 1, 2 (404-405). Voir *BA* 58/A, n. c. 7, p. 415-416: «Transfigurauit nos in se».

44. *In Ps.* 21, 2, 3: «Dieu ne l'avait pas abandonné, puisqu'il était lui-même Dieu; oui, Dieu et Fils de Dieu; oui, Dieu et Verbe de Dieu.» Sur cette interprétation, familière aux Pères, mais aban-

474

IN PSALMVM XLIII

nements ne sont pas arrivés sans motif, mais pour que l'on comprenne pourquoi ils sont arrivés. Donc, qu'ils soient arrivés, la chose est manifeste; mais pourquoi ils sont arrivés, la question doit être approfondie. C'est pourquoi le titre du psaume ne porte pas seulement *pour les fils de Corè*, mais: **Pour les fils de Corè, en vue de l'intelligence.** La situation est la même dans le psaume dont le Seigneur a lui-même prononcé le premier verset du haut de la croix: *Mon Dieu, mon Dieu, regarde-moi; pourquoi m'as-tu abandonné*[42]? Nous configurant[43] en effet à lui en ce qu'il disait et dans son corps, parce que nous sommes son Corps et qu'il est notre Tête, la parole qu'il a prononcée du haut de la croix n'est pas la sienne, mais la nôtre. Jamais en effet Dieu ne l'a abandonné et lui-même n'a jamais quitté le Père[44], mais c'est à cause de nous qu'il a dit: *Mon Dieu, mon Dieu, pourquoi m'as-tu abandonné?* La suite porte en effet: *Loin de mon salut les paroles de mes fautes*; il rend évident au nom de qui il a dit cela, car en lui on ne put trouver de faute[45]. *Je crierai vers toi durant le jour*, dit-il dans le même psaume, *et tu ne m'exauceras pas, et la nuit aussi* – il faut évidemment sous-entendre "et tu ne m'exauceras pas" – ; mais il a ajouté: *Et ce n'est pas pour que la sagesse me manque*[46], c'est-à-dire: ce fait même que tu ne m'exauceras pas n'est pas pour que la sagesse me manque, mais en vue de l'intelligence. Que veut dire: tu ne m'exauceras pas en vue de l'intelligence? Cela veut dire: tu ne m'exauceras pas en ce qui concerne les biens temporels, afin que je comprenne qu'il faut désirer que tu me donnes les biens qui durent toujours. Dieu donc n'abandonne pas, et

---

donnée plus tard, voir G. JOUASSARD, « L'abandon du Christ selon Saint Augustin », *Revue des sciences philosophiques et théologiques*, 13, 1924, p. 310-326; T. VAN BAVEL, *Recherches sur la christologie de saint Augustin*, p. 140-145.

45. Cf. 1 P 2, 22.

46. Ps 21, 3.

475

ENARRATIONES IN PSALMOS

relinquit Deus, et cum uidetur relinquere, tollit quod male desiderasti et docet quid debeas bene desiderare. Si enim semper Deus in istis prosperitatibus faueret nobis, ut omnia nobis abundarent nullamque in tempore isto mortalitatis nostrae tribulationem, nullas pressuras angustiasque pateremur, non diceremus nisi ista esse summa bona quae praestat Deus seruis suis et maiora ab illo non desideraremus. Ideo autem huic uitae male dulci miscet amaritudines tribulationum, ut alia quae salubriter dulcis est requiratur; hoc est: *In intellectum filiis Core.* Denique audiamus psalmum et ibi potius hoc uideamus.

v. 2-3 **3. Deus, auribus nostris audiuimus, patres nostri annuntiauerunt nobis opus quod operatus es in diebus eorum et in diebus antiquis.** Admirantes quare in istis diebus tamquam deseruerit eos quos in passionibus exercere uoluerit, recolunt praeterita quae audierunt a patribus, tamquam dicentes: "Non ea quae patimur nobis retulerunt patres nostri." Nam et in illo psalmo hoc dixit: *In te sperauerunt patres nostri, sperauerunt et eruisti eos; ego autem sum uermis et non homo, opprobrium hominum et abiectio plebis.* Illi sperauerunt, et liberasti eos; egone speraui, et dereliquisti me, et sine causa credidi in te, et sine causa nomen meum scriptum est apud te, et nomen tuum scriptum est in me? Haec ergo nobis indicauerunt patres nostri. **Manus tua gentes disperdidit, et plantasti eos; infirmasti populos et expulisti eos**, id est, populos expulisti de terra sua, ut istos introduceres atque plantares eorumque

---

47. Ps 21, 5-7.
48. Cf. Ap 3, 12; 21, 27.
49. *Infirmasti* est la leçon du Veronensis (pour *adflixisti*).

476

IN PSALMVM XLIII

quand il semble t'abandonner, il t'ôte ce que tu as désiré à tort et t'enseigne ce qu'il t'est bon de désirer. Si Dieu en effet nous accordait toujours la prospérité ici-bas, de sorte que nous ayons tout en abondance, que nous n'ayons à subir aucune des afflictions de notre condition mortelle, ni à souffrir aucun tourment, aucune angoisse, nous ne manquerions pas de dire que ce sont là les biens suprêmes que Dieu accorde à ses serviteurs et nous ne désirerions pas qu'il nous en donne de plus grands. Mais à la douceur néfaste de cette vie il mêle l'amertume des tourments dans le but de nous faire rechercher l'autre vie, où la douceur est salutaire ; c'est cela que signifie : *Pour les fils de Corè, en vue de l'intelligence.* Mais écoutons le psaume, et voyons plutôt cela dans ce texte.

3. Dieu, nous avons entendu de nos oreilles, nos pères nous ont fait connaître l'œuvre que tu as accomplie de leur temps et dans les temps anciens. Se demandant avec étonnement pourquoi de leur temps Dieu paraît avoir abandonné ceux qu'il veut exercer par la souffrance, ils se rappellent les événements passés qu'ils ont entendus de leurs pères ; c'est comme s'ils disaient : "Ce que nous souffrons, nos pères ne nous en ont pas parlé." De fait, dans l'autre psaume, il est dit ceci : *En toi nos pères ont espéré, ils ont espéré et tu les as délivrés ; mais moi, je suis un ver et non un homme, l'opprobre des hommes et le rebut du peuple*[47]. Eux, ils ont espéré, et tu les as libérés ; mais moi, qui ai espéré et que tu as abandonné, est-ce en vain que j'ai cru en toi, en vain que mon nom est écrit auprès de toi et ton nom inscrit en moi[48] ? Voici donc ce dont nos pères nous ont informés : **Ta main a détruit des nations et eux, tu les as implantés ; tu as affaibli**[49] **des peuples et les as chassés**, c'est-à-dire : tu as chassé des peuples de leur terre pour y introduire et y implanter nos pères et pour

477

ENARRATIONES IN PSALMOS

regnum tua misericordia confirmares. Haec audiuimus a patribus nostris.

v. 4 **4.** Sed forte ideo illi ista potuerunt, quia fortes erant, quia proeliatores, quia inuicti, quia exercitati, quia bellicosi? Absit. Non hoc indicauerunt nobis patres nostri, non hoc habet scriptura; sed quid habet, nisi quod sequitur? *Non enim in gladio suo hereditate possederunt terram, et brachium ipsorum non saluos fecit eos, sed dextera tua et brachium tuum et illuminatio uultus tui.* Dextera tua: potentia tua; *brachium tuum*: ipse Filius tuus. *Et illuminatio uultus tui*: quid est hoc? Quia talibus signis eis adfuisti ut praesens intellegereris. Numquid enim quando nobis Deus aliquo miraculo adest, faciem ipsius oculis nostris uidemus? Sed effectu miraculi suam praesentiam insinuat hominibus. Denique omnes qui mirantur ad huiuscemodi facta, quid dicunt? "Vidi Deum praesentem." *Sed dextera tua et brachium tuum et illuminatio uultus tui, **quoniam complacuisti in eis***; hoc est, sic cum eis egisti ut bene placeres in eis, ut quisquis eos attenderet quomodo eum eis ageretur, diceret quia uere Deus est cum illis et Deus illos agit.

v. 5 **5.** Quid ergo? Alter erat tunc et alter est nunc? Absit. Quid enim sequitur? *Tu es ipse rex meus et Deus meus.* Tu es ipse, non enim mutatus es. Tempora mutata uideo,

---

50. La main symbolise la puissance: cf. *In Ps.* 9, 29; *Ser.* 53, 7, 7: «manus Dei potentia Dei». Sur le Fils comme bras de Dieu chez Augustin, voir *In Ioh.* 53, 2, *BA* 73/B, p. 347, n. 7. Interprétation analogue dans Orig. [?] *Cat. Ps.* 43, *PG* 12, 1424 A: le Sauveur est appelé main, bras, illumination de la face du Père; Did. *In Ps.* 43, 4 (M. Gronewald, § 310; E. Prinzivalli, p. 792); Ambr. *In Ps.* 43, 12-14, *CSEL* 64, p. 269-272: épée, bras, glaive, face lumineuse: le Christ est tout cela (cf. Did., p. 792); Hier. *In Is.* 18 (66, 13-14), *CCL* 73A, p. 781, 56.

51. Ici-bas, voir la face de Dieu signifie percevoir sa présence: *In Ps.* 113, 1, 10: «Que signifie *devant la face du Seigneur,* si ce n'est en

IN PSALMVM XLIII

y affermir leur royaume par ta miséricorde. Voilà ce que nous avons entendu de nos pères.

4. Mais peut-être que nos pères en furent capables parce qu'ils étaient forts, qu'ils étaient des guerriers, qu'ils étaient invincibles, entraînés, belliqueux? Pas du tout. Ce n'est pas ce que nos pères nous ont appris, ce n'est pas ce que dit l'Écriture. Que dit-elle en effet, sinon ce qui suit: *Ce n'est pas par leur épée qu'ils ont obtenu la possession de la terre, et ce n'est pas leur bras qui les a sauvés, mais ta droite et ton bras et la lumière de ta face. Ta droite*: ta puissance; *ton bras*: ton Fils lui-même[50]. *Et la lumière de ta face*, qu'est-ce que cela signifie? Que tu les as assistés par de tels signes qu'on comprenait que tu étais présent. Est-ce que, lorsque Dieu nous assiste par quelque miracle, nous voyons sa face de nos yeux? Non, mais le miracle a pour effet que les hommes prennent conscience de sa présence[51]. Que disent en effet ceux que des faits de ce genre remplissent d'étonnement, que disent-ils? "J'ai vu Dieu présent." *Mais ta droite et ton bras et la lumière de ta face, car tu as mis en eux tes complaisances*; c'est-à-dire: tu as agi avec eux pour qu'on voie en eux ta complaisance, pour que quiconque remarquait ce qui était fait pour eux dise: "Vraiment, Dieu est avec eux et c'est Dieu qui les conduit."

5. Quoi donc? Était-il différent alors de ce qu'il est maintenant? Nullement. Que dit en effet la suite? *Toi, tu es le même, mon roi et mon Dieu.* Toi, tu es le même[52], car tu n'as pas changé. Je vois que les temps

---

présence de celui qui a dit: *Je suis avec vous jusqu'à la consommation des siècles?*»; *In Ps.* 67, 2: «*Sa face*: c'est ainsi qu'on appelle sa présence dans son Église»; *In Ps.* 104, 3: «Quae est facies Domini, nisi praesentia Dei?»

52. À date tardive, la différence entre *ipse* et *idem* tend à s'estomper.

ENARRATIONES IN PSALMOS

creator temporum non mutatur. *Tu es ipse rex meus et Deus meus.* Tu me soles ducere, tu me soles regere, tu mihi soles subuenire. **Qui mandas salutem Iacob.** Quid est : *Qui mandas?* Etiamsi tu per tuam prorsus substantiam atque naturam qua es quidquid es, occultus es, nec per hoc quod es interfuisti patribus, ut facie ad faciem te uiderent ; tamen per quamlibet creaturam tu mandas salutem Iacob. Etenim illa uisio facie ad faciem liberatis in resurrectione seruatur. Et illi patres etiam Noui Testamenti quamuis reuelata mysteria tua uiderint, quamuis reuelata secreta annuntiauerint, tamen in speculo se uidere dixerunt et in aenigmate : seruari autem uisionem in futurum facie ad faciem, quando uenerit quod ipse apostolus ait : *Mortui enim estis, et uita uestra abscondita est cum Christo in Deo ; cum autem Christus apparuerit, uita uestra, tunc et uos apparebitis cum ipso in gloria.* Tunc ergo nobis seruatur uisio illa facie ad faciem de qua et Iohannes dicit : *Dilectissimi, filii Dei sumus, et nondum apparuit quid erimus ; scimus quia cum apparuerit, similes ei erimus, quoniam uidebimus eum sicuti est.* Etsi ergo tunc patres nostri non te uiderunt facie ad faciem secundum quod tu es, etiamsi

---

53. *Creator temporum* : cf. *Ciu.* 12, 6 : « Dieu, dans l'éternité de qui il n'est absolument aucun changement, est le créateur des temps. » *AugLex*, s. v. *Mutabile-immutabile*, c. 137-142 (Chr. PIETSCH) ; 138 : il n'y a en Dieu aucun changement, ni en mal ni en bien ; l'immuabilité est un des concepts cherchant à cerner la nature de Dieu.

54. On pourrait traduire *mandas* par « tu délègues ».

55. *In Ps.* 48, 1, 5 : tout ce qu'on voit aujourd'hui est énigme et obscure parabole ; la vision face à face est réservée au temps de la résurrection. L'immuable substance divine est invisible aux yeux humains en cette vie, mais est promise dans la vie du monde à venir : *Trin.* 1, 8, 16-18 ; 1, 13, 31. Personne ne peut voir Dieu *sicuti est*, pas même les anges : *Ep.* 147, 8, 20 – 9, 22 ; *In Ioh.* 101, 5.

56. Cf. *C. Adim.* 9 ; *Trin.* 3, 11, 22. Lorsque Augustin commente les théophanies de l'Ancien Testament, il souligne toujours que Dieu ne peut se révéler aux yeux de chair que par l'intermédiaire d'une

IN PSALMVM XLIII

ont changé, mais le créateur des temps ne change pas[53]. *Toi, tu es le même, mon roi et mon Dieu.* C'est toi qui toujours me conduis, qui toujours me diriges, qui toujours me viens en aide. ***Tu ordonnes le salut de Jacob.*** Que veut dire : *Tu ordonnes*[54] ? Bien que tu sois caché en ce qui est ta propre substance et en cette nature qui fait de toi ce que tu es, et bien que tu ne te sois pas manifesté à nos pères par ton être même de manière à ce qu'ils te voient face à face[55], tu ordonnes le salut de Jacob, en te servant de quelque créature[56]. La vision face à face est en effet réservée à ceux que la résurrection aura délivrés[57]. Même nos pères du Nouveau Testament, qui ont pourtant vu la révélation de tes mystères et qui ont pourtant annoncé les secrets qui leur avaient été révélés, ont déclaré qu'ils voyaient comme dans un miroir et en énigme[58], et que la vision face à face était réservée pour le futur, quand adviendra ce que dit l'Apôtre : *Vous êtes morts et votre vie est cachée avec le Christ en Dieu ; mais quand le Christ, votre vie, apparaîtra, alors vous aussi, vous apparaîtrez avec lui dans la gloire*[59]. Ainsi, c'est pour ce moment-là que nous est réservée la vision face à face dont Jean aussi dit : *Bien-aimés, nous sommes enfants de Dieu, et ce que nous serons n'a pas encore apparu ; nous savons que lorsqu'il apparaîtra, nous lui serons semblables, parce que nous le verrons tel qu'il est*[60]. Bien que donc nos pères ne t'aient pas vu alors face à face tel que tu es, bien

---

créature : voir G. Aeby, *Les missions divines de saint Justin à Origène*, Fribourg, 1958, p. 101-121 (Augustin).

57. Sur la question de savoir si l'homme verra Dieu de ses yeux, voir *Handbuch der Dogmengeschichte* IV, 7a, p. 203 (B.E. Daley) ; B.E. Daley, *The Hope of the Early Church. A Handbook of Christian Eschatology*, Peabody (Mass.), 2003, p. 145.

58. Cf. 1 Co 13, 12.

59. Col 3, 3-4. Ces versets sont déjà associés à 1 Jn 3, 2 dans *In Rom.* 45 (53) (en 394-395) ; *Ser. Denis* 8, 1 et 4 (entre 400 et 410).

60. 1 Jn 3, 2.

ENARRATIONES IN PSALMOS

ista uisio seruatur in resurrectione, tamen etsi angeli adfuerunt, tu *mandas salutem Iacob*. Non solum per te ades, sed per quamcumque creaturam tuam adfueris, tu mandas hoc propter salutem seruorum tuorum quod tu ipse per te facis; hoc autem fit pro salute seruorum tuorum quod faciunt quibus mandas. Cum ergo tu ipse sis rex meus et Deus meus et tu mandes salutem Iacob, quare ista nunc patimur?

v. 6   **6.** Sed forte praeterita tantum narrata sunt nobis, de futuro autem non est aliquid tale sperandum. Immo uero sperandum. *In te inimicos nostros uentilabimus.* Ergo patres nostri indicauerunt nobis opus quod operatus es in diebus eorum et in diebus antiquis: quia manus tua gentes disperdidit, eiecisti populos et plantasti eos. Ista praeterita sunt; de futuro uero quid erit? *In te inimicos nostros uentilabimus*. Veniet tempus quando omnes inimici christianorum sicut palea uentilentur, sicut puluis uentilentur et de terra proiciantur. Ergo si et praeterita sic sunt nobis narrata et futura talia praenuntiata, in medio praesentium quare laboramus, nisi *in intellectum filiis Core*? *In te inimicos nostros uentilabimus et in nomine tuo spernemus insurgentes in*
v. 7 *nos.* Hoc de futuro. **7.** *Non enim in arcu meo sperabo*: quomodo nec patres in gladio suo, *et gladius meus non saluum faciet me.*

v. 8   **8.** *Saluos enim fecisti nos ex affligentibus nos.* Et hoc figura praeteriti de futuro dicitur; sed ideo tamquam praeteritum dicitur quia tam certum est quasi factum sit. Intendite quare pleraque prophetae ita

---

61. *Figura praeteriti*: l'expression se rencontre trois fois; cf. *In Ps.* 43, 8; 125, 10; *Ser. Dom.* 1, 21, 72. Le v. 8 étant le seul à avoir un verbe au passé au milieu d'un ensemble au futur, Augustin considère qu'il exprime aussi une annonce du futur, ce que le style de la Bible rend possible. Voir la note complémentaire 16: «L'usage biblique des temps».

IN PSALMVM XLIII

que cette vision soit réservée pour le temps de la résurrection, même si ce sont des anges qui les ont assistés, c'est toi *qui ordonnes le salut de Jacob*. Non seulement tu es présent par toi-même, mais quelle que soit la créature par laquelle tu les as assistés, tu ordonnes pour le salut de tes serviteurs ce que tu fais en personne ; ce que font ceux à qui tu l'ordonnes est fait pour le salut de tes serviteurs. Puisque donc tu es le même, mon roi et mon Dieu, et que tu ordonnes le salut de Jacob, pourquoi subissons-nous maintenant ces maux ?

6. Mais peut-être que ce qui nous a été raconté valait seulement pour le passé, mais qu'il n'y a rien de tel à espérer pour le futur. Pas du tout ; il faut l'espérer : ***En toi nous dissiperons nos ennemis.*** Donc, nos pères nous ont informés de l'œuvre que tu as accomplie de leur temps et dans les temps anciens : ta main a détruit des nations, tu as chassé des peuples et tu les as implantés. Cela, c'est le passé ; mais qu'en sera-t-il du futur ? *En toi nous dissiperons nos ennemis.* Viendra un temps où tous les ennemis des chrétiens seront dissipés comme de la paille, dissipés comme de la poussière et balayés de la terre. Si donc le récit du passé est tel, et telle l'annonce du futur, pourquoi peinons-nous au sein des circonstances présentes, sinon *en vue de l'intelligence des fils de Corè* ? *En toi nous dissiperons nos ennemis, **et en ton nom nous mépriserons ceux qui se dressent contre nous**.* Cela pour le futur. **7.** ***Car je ne mettrai pas mon espérance dans mon arc***, de même que nos pères ne l'ont pas mise dans leur épée, ***et mon épée ne me sauvera pas***.

8. ***Car tu nous as sauvés de ceux qui nous tourmentaient.*** Sous la forme d'un passé[61], on nous parle également du futur, mais on en parle au passé parce que la chose est aussi certaine que si elle était déjà accomplie. Soyez attentifs à la raison pour laquelle les prophètes

ENARRATIONES IN PSALMOS

dicunt tamquam praeterita sint, cum praenuntientur futura, non facta. Nam et de ipso Domino futura passio praenuntiabatur, et tamen: *Foderunt*, inquit, *manus meas et pedes meos, dinumerauerunt omnia ossa mea*; non dixit: fodient et dinumerabunt. *Ipsi uero considerauerunt et conspexerunt me*; non dixit: considerabunt et conspicient. *Diuiserunt sibi uestimenta mea*; non dixit: diuident. Omnia ista tamquam praeterita dicuntur, cum futura sint, quia Deo et futura tam certa sunt tamquam praeterita sint. Nobis enim ea quae praeterierunt certa sunt, quae futura incerta sunt. Nouimus enim aliquid accidisse, et non potest fieri ut non acciderit quod accidit. Da prophetam cui tam certum sit futurum quam tibi praeteritum, et quam tibi quod meministi factum non potest fieri ut non sit factum, tam illi quod nouit futurum non potest fieri ut non fiat. Ideo de securitate dicuntur tamquam praeterita quae adhuc futura sunt. Hoc ergo speramus. *Saluos enim fecisti nos ex affligentibus nos* **et eos qui oderunt nos confudisti**.

v. 9 **9. *In Deo laudabimur tota die*.** Videte quemadmodum miscet etiam uerba futuri temporis, ut intellegas et praeterita quae dicta sunt de futuro esse praedicta. *In Deo laudabimur tota die* **et in nomine tuo confitebimur in saecula**. Quid: *laudabimur*? Quid: *confitebimur*? Quia ex omnibus affligentibus nos eruisti nos, quia regnum perpetuum dabis nobis, quia complebitur in nobis: *Beati qui habitant in domo tua, Domine, in saecula saeculorum laudabunt te*.

---

62. Ps 83, 5.

IN PSALMVM XLIII

souvent emploient le passé alors qu'ils annoncent le futur et non des événements qui ont déjà eu lieu. Car, bien qu'il annonçât la passion future du Seigneur, le psalmiste a dit : *Ils ont percé mes mains et mes pieds, ils ont compté tous mes os* ; il n'a pas dit : ils perceront et ils compteront. *Eux-mêmes m'ont observé et ils m'ont regardé* ; il n'a pas dit : ils observeront et regarderont. *Ils se sont partagé mes vêtements* ; il n'a pas dit : ils se partageront. Tout cela est raconté comme si le fait était passé, alors qu'il est à venir, parce que pour Dieu le futur est aussi certain que l'est le passé. Pour nous en effet, le passé est certain, le futur, incertain. Nous savons qu'un événement a eu lieu, et il ne peut se faire que ce qui a eu lieu n'ait pas eu lieu. Mais donne-moi un prophète pour qui le futur est aussi certain que l'est pour toi le passé ; de même que pour toi il ne peut se faire que n'ait pas eu lieu l'événement dont tu te souviens qu'il a eu lieu, de même pour lui, il ne peut se faire que ne se fasse pas l'événement dont il sait qu'il se fera. Ainsi, il dit en toute sécurité au passé ce qui est encore futur. Voici donc ce que nous espérons : *Car tu nous as sauvés de ceux qui nous tourmentaient,* **et tu as confondu ceux qui nous haïssent**.

9. *En Dieu nous nous glorifierons tout le jour.* Notez comment le psalmiste mêle à son discours des verbes au futur, pour que l'on comprenne que ce qui a été dit au passé était une prédiction du futur. *En Dieu nous nous glorifierons tout le jour,* **et en ton nom sera notre louange pour les siècles**. Pourquoi *nous nous glorifierons*, pourquoi *sera notre louange* ? Parce que tu nous as délivrés de tous ceux qui nous tourmentaient, parce que tu nous donneras un règne sans fin, parce que s'accomplira en nous ce qui est dit : *Heureux les habitants de ta maison, Seigneur ; ils te loueront pour les siècles des siècles*[62].

485

ENARRATIONES IN PSALMOS

v. 10 **10.** Haec ergo futura cum certa sint nobis, et illa praeterita cum a patribus nostris audierimus, quid modo? *Nunc autem repulisti et confudisti nos. Confudisti*, non in conscientia nostra, sed in facie hominum. Erat enim tempus quo affligerentur christiani, cum ubique fugerent, cum ubique diceretur: "christianus est", tamquam ad insultationem et ad opprobrium pertineret. Vbi est ergo ille Deus noster, rex noster qui mandat salutem Iacob? Vbi est ille qui fecit omnia quae nobis narrauerunt patres nostri? Vbi est qui facturus est omnia quae nobis reuelauit per Spiritum suum? Numquid mutatus est? Sed *in intellectum filiis Core* fiunt haec. Aliquid enim intellegere debemus, quare nos ista omnia medio tempore pati uoluit. Quae omnia? *Nunc autem repulisti et confudisti nos, et non egredieris Deus in uirtutibus nostris.* Procedimus ad inimicos nostros et tu nobiscum non procedis; uidemus eos, praeualent illi et nos inualidi sumus. Vbi est illa uirtus tua? Vbi est dextera et potentia tua? Vbi mare siccatum? Vbi Aegyptii persequentes fluctibus obruti? Vbi Amalech resistens in crucis signo superatus? *Et non egredieris Deus in uirtutibus nostris.*

v. 11 **11.** *Auertisti autem nos retrorsum prae inimicis nostris*, ut quasi illi ante sint, nos retro, illi uictores, nos uicti deputemur. *Et qui nos oderunt diripiebant sibi*;

---

63. Tert. *Apol.* 2, 18 – 3, 8, *CUF*, p. 8-10: le seul nom de chrétien est haï et déchaîne la persécution. Cf. *In Ps.* 88, 2, 11-12, dont le contexte (l'abandon par Dieu) est semblable, et où est cité le Ps 43, 22; P.-M. Hombert, *Nouvelles recherches de chronologie*, p. 311, situe cette *Enarratio* entre 400 et 409.

64. Cf. Ex 14, 21-30.

65. Cf. Ex 17, 11. Amalec est vaincu par Josué parce que, durant tout le combat, Moïse reste en prière les bras levés sur la montagne, ce qui dessine la croix du Christ. Cf. M. Dulaey, «La geste de Moïse dans l'œuvre d'Augustin. 1. De l'Égypte aux combats du désert», *Revue d'études augustiniennes et patristiques*, 57/1, 2011, p. 1-43

IN PSALMVM XLIII

10. Puisque donc ce futur est certain pour nous et que nous avons entendu de nos pères ces événements passés, qu'en est-il actuellement ? *Mais maintenant tu nous as repoussés et confondus.* Tu nous as *confondus*, pas dans notre conscience, mais à la face des hommes. Il fut en effet un temps où l'on tourmentait les chrétiens, où ils fuyaient partout, où l'on disait partout "c'est un chrétien", comme si c'était une insulte et un opprobre[63]. Où donc est celui qui est notre Dieu, notre roi qui ordonne le salut de Jacob ? Où est celui qui a fait tout ce que nos pères nous ont raconté ? Où est celui qui fera tout ce qu'il nous a révélé par son Esprit ? Serait-il donc changé ? Mais tout ceci a lieu *en vue de l'intelligence des fils de Corè.* Il y a en effet quelque chose dont nous devons acquérir l'intelligence, c'est la raison pour laquelle Dieu a voulu que nous subissions tous ces maux dans le temps intermédiaire. Quels maux ? *Mais maintenant tu nous as repoussés et confondus, et tu ne sors plus, Dieu, avec nos forces.* Nous marchons contre nos ennemis, et tu ne marches pas avec nous ; nous les voyons, ils l'emportent sur nous et nous sommes faibles. Où est-elle, ta force ? Où sont ta droite et ta puissance ? Où est la mer asséchée, où sont les poursuivants égyptiens engloutis par les flots[64] ? Où est Amalec dont l'opposition fut vaincue par le signe de la croix[65] ? *Tu ne sors plus, Dieu, avec nos forces.*

11. *Tu nous as fait retourner en arrière de nos ennemis*, si bien qu'ils sont en quelque sorte devant, et nous derrière, qu'ils sont vainqueurs, et nous réputés vaincus. *Et ceux qui nous haïssent emportaient ce*

(p. 36-38) ; V. Saxer, « "Il étendit les mains à l'heure de sa Passion." Le thème de l'orant(e) dans la littérature chrétienne des IIᵉ-IIIᵉ s. », *Augustinianum*, 20, 1980, p. 335-365 ; R. Sconamiglio, « Giosuè nell'esegesi dei Padri. 3. La battaglia contro Amalec », *Parole di Vita*, 31, 1986, p. 296-302.

ENARRATIONES IN PSALMOS

v. 12 quid nisi nos? **12. *Dedisti nos tamquam oues escarum et in nationibus dispersisti nos.*** A nationibus manducati sumus. Hi significantur qui sic passi sunt ut in corpus gentium uerterentur; plangit enim eos ecclesia v. 13 tamquam membra sua deuorata. **13. *Vendidisti populum tuum sine pretio.*** Vidimus enim quos dedisti, non uidimus quid accepisti. ***Et non fuit multitudo in iubilationibus eorum.*** Numquid enim, quando fugiebant christiani persequentibus inimicis idololatris, fiebant congregationes et iubilationes Deo? Numquid concinebantur hymni de ecclesiis Dei qui solent in pace concini dulcique concentu fraternitatis Dei auribus personari? *Et non fuit multitudo in iubilationibus eorum.*

v. 14-15 **14. *Posuisti nos in opprobrium uicinis nostris, subsannationem et derisum his qui in circuitu nostro sunt. Posuisti nos in similitudinem in nationibus.*** Quid est *in similitudinem*? Quando maledicentes homines similitudinem dant, dant[a] de eo quem detestantur: "Sic moriaris, sic puniaris!" Quanta tunc dicta sunt talia? "Sic crucifigaris!" Hodieque non desunt

---

a. dant: addidi.

---

66. *Corpus gentium* est un hapax, mais on a *corpus paganorum/impiorum* en *In Ps.* 34, 2, 15, en lien avec l'histoire du veau d'or: voir *BA* 58/B, p. 309-311, avec les notes 84-85. Les *lapsi*, ceux qui ont succombé dans la persécution, sont comme engloutis dans le corps des impies: voir le développement du *Ser. Denis* 15, 2 (= 313B), prononcé à Carthage le 14 septembre 401. Le corps de l'Église «avale» ceux qui se convertissent pour grandir, selon l'exégèse augustinienne de la vision de Pierre en Act 10, 13. L'image du corps des impies est empruntée à la septième Règle de Tyconius, dont Augustin synthétise ainsi la teneur: «Le diable est la tête des impies qui sont en quelque sorte son corps et qui sont destinés à aller avec lui au feu éternel, comme le Christ est la tête de l'Église qui est son corps et qui est destinée à être avec lui dans son royaume et sa gloire éternelle» (*Doctr.* 3, 37, 55).

IN PSALMVM XLIII

qu'ils voulaient; quoi, sinon nous-mêmes ? **12. *Tu nous as livrés comme des brebis d'abattoir et tu nous as dispersés dans les nations.*** Nous avons été avalés par les nations. Sont ici désignés ceux qui ont souffert de façon telle qu'ils sont retournés dans le corps des nations ; l'Église pleure en eux ses propres membres dévorés[66]. **13. *Tu as vendu ton peuple pour rien.*** Nous avons en effet vu ceux que tu as livrés, nous n'avons pas vu ce que tu as reçu[67]. ***Et il n'y avait pas foule à leurs fêtes.*** Quand les chrétiens fuyaient leurs ennemis idolâtres qui les poursuivaient, faisait-on des assemblées pour louer Dieu ? Chantait-on alors dans les Églises de Dieu les hymnes qu'on chante d'ordinaire dans la paix, le doux chant de l'harmonie fraternelle qui monte aux oreilles de Dieu ? *Il n'y avait pas de foule à leurs fêtes.*

14. *Tu as fait de nous l'opprobre de nos voisins, l'objet des railleries et la risée de ceux qui nous entourent. Tu as fait de nous un exemple parmi les nations.* Que veut dire *un exemple* ? Quand les hommes profèrent des malédictions, ils le font en recourant à l'exemple de quelqu'un qu'ils détestent : "Puisses-tu mourir ainsi, être châtié ainsi !" Combien de malédictions de ce genre n'ont-elles pas été proférées alors ! "Puisses-tu être crucifié ainsi[68] !" Aujourd'hui

---

67. *Quaest. Hept.* 7, 17, 1 : « Quare ergo uenditi, si gratis et sine pretio, et non potius donati ? » Augustin rapproche Ps 43, 13 et Is 52, 3, où il est dit que Dieu a vendu le peuple pour rien et il cherche un sens spirituel à cette formule surprenante. Comprend-il ici que Dieu n'y a rien gagné, en ce sens que les louanges des hommes ont disparu ?

68. *Ser.* 286, 4, 3 : « Quand c'était un opprobre d'être chrétien, la mort des saints était vile aux yeux des hommes ; ils étaient détestés, exécrés ; on jetait cette malédiction : "Puisses-tu mourir ainsi, être ainsi crucifié, puisses-tu brûler ainsi" » *(pro maledicto obiiciebantur : sic moriaris, sic crucifigaris, sic incendaris !).*

ENARRATIONES IN PSALMOS

hostes Christi, illi ipsi Iudaei contra quos, quando defendimus Christum, dicunt nobis: "Sic moriaris quomodo ille!" Non enim illam mortem intulissent, nisi eo modo mori uehementer exhorruissent aut, quid mysterii haberet si intellegere potuissent. Caecus quando inunguitur, collyrium in manu medici non uidet. Nam crux ipsa et pro ipsis persequentibus facta est. Inde sunt postea sanati et in eum crediderunt quem ipsi occiderunt. *Posuisti nos in similitudinem in nationibus,* **commotionem capitis in populis**, commotionem capitis ad insultandum. *Et locuti sunt labiis et mouerunt caput*; hoc Domino, hoc etiam omnibus sanctis eius quos persequi, quos tenere, quos illudere, quos tradere, quos affligere, quos occidere potuerunt.

v. 16-17   **15.** ***Tota die uerecundia mea contra me est et confusio uultus mei operuit me a uoce exprobrantis et obloquentis,*** hoc est a uoce insultantium et crimen mihi obicientium quia colo te, quia confiteor te, et crimen mihi obicientium de illo nomine unde mea omnia crimina delebuntur. *A uoce exprobrantis et obloquentis,* id est contra me loquentis. ***A facie inimici et persequentis.*** Et quis hic intellectus? Quae praeterita dicta sunt non in nobis fient, quae futura sperantur non apparent. Praeterita: in magna gloria tua eductus est

---

69. Faut-il voir ici une allusion à des événements récents ? On ne sait pas grand-chose des relations entre Juifs et chrétiens en Afrique à l'époque. La loi d'Honorius de 409 répondant à l'ambassade à Ravenne des évêques africains qui, dans leur lutte contre les donatistes, demandent la confirmation de lois antérieures contre les hérétiques (certains les prétendaient annulées par la mort de Stilicon), rappelle qu'elles restent valables aussi contre les Juifs et les païens : *Cod. Theod.* 16, 5, 46, *SC* 497, p. 298-299 ; *Const. Sirmond.* 14, *SC* 531, p. 522-531 (merci à Th. VILLEY pour ces précisions).

70. Le sang versé par Jésus sur la croix est le collyre qui guérit l'aveuglement des Juifs. Cf. *Ser.* 136, 4 : « Ignoratus est a Iudaeis,

490

IN PSALMVM XLIII

encore[69] il ne manque pas d'ennemis du Christ, ces mêmes Juifs, qui, lorsque nous défendons contre eux le Christ, nous disent : "Puisses-tu mourir comme il est mort !" Ils ne lui auraient pas infligé cette mort-là s'ils n'avaient eu particulièrement en horreur ce genre de mort ou s'ils avaient pu comprendre le mystère qu'elle renfermait. Quand le médecin instille un collyre dans les yeux d'un aveugle, ce dernier ne le voit pas dans la main du médecin. Or la croix a été faite aussi pour les persécuteurs. C'est par elle qu'ils ont ensuite été guéris et qu'ils ont cru en celui qu'ils avaient eux-mêmes mis à mort[70]. *Tu as fait de nous un exemple parmi les nations, l'objet d'un hochement de tête de la part des peuples* : un hochement de tête pour nous insulter. *Leurs lèvres ont parlé et ils ont branlé la tête*[71]. Ils l'ont fait pour le Seigneur, ils l'ont fait aussi pour tous ses saints, ceux qu'ils ont pu poursuivre, arrêter, moquer, livrer, tourmenter, mettre à mort.

15. *Je suis tout le jour confronté à ma honte et la confusion couvre mon visage, à la voix de qui m'injurie et m'accuse*, c'est-à-dire à la voix de ceux qui m'insultent et me font un crime de ce que je t'adore et te confesse, qui me font un crime de ce nom par lequel seront effacés tous mes crimes. *À la voix de qui m'injurie et m'accuse*, c'est-à-dire qui parle contre moi. *Face à l'ennemi et au persécuteur.* De quoi devons-nous ici avoir l'intelligence ? Ce qui a été dit du passé ne nous arrivera pas, le futur que nous espérons n'apparaît pas encore. Le passé : pour ton immense gloire, le peuple a

---

crucifixus est a Iudaeis ; de sanguine suo collyrium fecit caecis » ; *Ser.* 317, 2, 2 : « caecitas crucifigebat, et crucifixus eis de sanguine suo collyrium faciebat ». Le collyre mis dans un œil commence par l'aveugler davantage : *Quaest. Mat.* 13, 3.

71. Ps 21, 8.

ENARRATIONES IN PSALMOS

populus de Aegypto, liberatus a persequentibus, ductus per gentes, expulsis gentibus collocatus in regno. Quae futura? Educendus populus de ista Aegypto saeculi duce Christo apparente in gloria sua, ponendi sancti ad dexteram, iniqui ad sinistram, damnandi iniqui cum diabolo in aeterna poena, accipiendum regnum a Christo cum sanctis in sempiternum. Haec sunt futura, illa praeterita. In medio quid? Tribulationes. Quare? Vt appareat animus colens Deum quantum colat Deum, ut uideatur utrum gratis colat eum a quo salutem gratis accepit. Si enim tibi dicat Deus: "Quid dedisti mihi ut facerem te? Certe si factus promeruisti me, non me promerueras antequam facerem te." Quid dicturi sumus ei qui primo gratis nos fecit, quia bonus est, non quia aliquid meruimus? Deinde de ipsa reparatione, de secunda natiuitate quid dicturi sumus? Merita nostra fecisse ut nobis illa salus perpetua mitteretur a Domino? Absit. Si merita nostra aliquid facerent, ad damnationem nostram ueniret. Non uenit ille ad inspectionem meritorum, sed ad remissionem peccatorum. Non fuisti et factus es; quid Deo dedisti? Malus fuisti et liberatus es; quid Deo dedisti? Quid non ab eo gratis

---

72. *Duce Christo*: formule rare, qui ne revient que dans *Doctr.* 2, 40, 60, dans une interprétation figurée de l'Exode.

73. *Conf.* 13, 2, 2-3: la question *quid te promeruit?* revient comme un leitmotiv pour souligner la gratuité absolue de la création. Si l'absence totale de mérites justifiant le don de la grâce est une idée qui revient très souvent quand Augustin lutte contre les idées pélagiennes, elle leur est bien antérieure. Voir par exemple, en 406-407, *In Ioh.* 3, 10.

74. Augustin emploie *meritum* au sens classique: ce qui est la conséquence positive ou négative d'une action; cf. *AugLex*, s. v. *Meritum*, c. 1-5 (V. H. DRECOLL). *Merita nostra … ad damnationem*: on peut trouver des formules de ce genre dès 394-395 sous la plume d'Augustin. Cf. *In Rom.* 52 (60): «La grâce, c'est que l'appel

IN PSALMVM XLIII

été tiré d'Égypte, délivré de ses poursuivants, conduit à travers les nations, placé dans son royaume après expulsion des nations. Qu'en est-il du futur? Le peuple doit être tiré de cette Égypte qu'est le monde, sous la conduite du Christ[72] apparaissant dans sa gloire; les saints doivent être placés à sa droite, les impies à sa gauche, les impies doivent être condamnés avec le diable à des châtiments éternels; du Christ, on recevra le royaume avec les saints pour toujours. Voilà pour le futur, les premiers événements appartiennent au passé. Et qu'y a-t-il dans l'intervalle? Des tribulations. Pourquoi? Pour qu'on sache dans quelle mesure l'âme qui sert Dieu le sert vraiment, pour qu'on voie si elle sert gratuitement celui dont elle a gratuitement reçu le salut. Si Dieu en effet te demandait: "Que m'as-tu donné pour que je te crée? Car si, une fois créé tu as acquis des mérites devant moi, tu n'en avais pas acquis avant que je te crée[73]." Qu'allons-nous répondre à celui qui tout d'abord nous a créés gratuitement, parce qu'il est bon et non parce que nous avions quelque mérite? Qu'allons-nous dire ensuite de notre restauration, de notre seconde naissance? Que ce sont nos mérites qui nous ont valu le salut éternel envoyé par Dieu? Pas du tout. Si ce que nous avons mérité y entrait pour quelque chose, le Seigneur serait venu pour notre condamnation[74]. Il n'est pas venu pour examiner nos mérites, mais pour la rémission des péchés. Tu n'étais pas et tu as été créé; qu'as-tu donné à Dieu pour cela? Tu étais mauvais et tu as été délivré; qu'as-tu donné à Dieu pour cela? Est-il quelque chose que tu n'aies pas reçu gratuitement

---

est accordé au pécheur, alors que ses œuvres ne méritaient que la condamnation» *(est autem gratia, ut uocatio peccatori praerogetur, cum eius merita nulla, nisi ad damnationem praecesserint)*; *Lib. arb.* 3, 22, 65.

ENARRATIONES IN PSALMOS

accepisti? Merito et gratia nominatur, quia gratis datur. Exigitur ergo a te ut et tu gratis eum colas, non quia dat temporalia, sed quia praestat aeterna.

16. Sed ipsa aeterna uide ne aliter cogites, et cogitando aeterna carnaliter nihilominus Deum gratis non colas. Quid enim? Si ideo colis Deum quia dat tibi fundum, non eum culturus es, quia tollit tibi fundum? Sed forte tu dicis: "Ideo eum colam quia dabit mihi uillam, non tamen temporalem." Nihilominus adhuc corruptam mentem geris; amore enim casto non colis, adhuc mercedem expetis. Ea enim uis habere in futuro saeculo quae hic necesse est derelinquas; mutare uis uoluptatem carnalem, non amputare. Non laudatur in illo ieiunium qui ad luxuriosam cenam seruat uentrem suum. Inuitantur enim aliquando homines ad cenam magnam, et cum ad eam uolunt auidi uenire, ieiunant; numquid hoc ieiunium continentiae et non potius luxuriae deputandum est? Noli ergo talia sperare tibi danda a Deo qualia hic iubet contemnere. Haec enim sperabant Iudaei, ideo turbabantur in illa quaestione. Nam et ipsi resurrectionem sperant, sed ad tales uoluptates

---

75. Cf. 1 Co 4, 7: «Qu'as-tu que tu n'aies reçu?», un verset qu'Augustin a cité tout au long de sa vie, et dont P.-M. HOMBERT, *Gloria gratiae. Se glorifier en Dieu, principe et fin de la théologie de la grâce*, Paris, 1996, p. 22-24 a relevé 151 exemples.

76. *Gratia ... quia gratis datur.* Augustin rapproche très souvent le substantif et l'adverbe, et ce dès 403: *In Ps.* 44, 7; *In Ps.* 103, 3, 8. Voir aussi *In Ioh.* 3, 9 (en 406-407).

77. L'idée est développée au § 16: aimer Dieu gratuitement, ce n'est pas lui demander des biens temporels, mais le désirer lui-même; cf. *In Ioh.* 3, 21: celui qui est sous la grâce donnée gratuitement aime gratuitement et ne désire que Dieu. L'exhortation à servir, aimer Dieu gratuitement est fréquente: *Quaest. eu.* 2, 10; *Ser.* 91, 3, 3; *In Ps.* 134, 11 etc.

IN PSALMVM XLIII

de lui[75]? C'est bien pour cela qu'on parle de grâce, car ses dons sont gratuits[76]. Il est donc requis de toi que tu le serves gratuitement, toi aussi, non parce qu'il donne des biens temporels, mais parce qu'il procure des biens éternels[77].

16. Mais les biens éternels eux-mêmes, veille à ne pas les penser autrement qu'il ne faut, de peur qu'en ayant des pensées charnelles sur les biens éternels tu ne serves pas davantage Dieu gratuitement. Qu'est-ce à dire? Si tu sers Dieu pour la raison qu'il te donne un bien-fonds, est-ce que tu ne le serviras plus s'il t'enlève ce bien-fonds? Mais tu dis peut-être: "Je le serivrai parce qu'il me donnera un domaine, mais pas un domaine temporel." Tu fais quand même encore preuve d'une mentalité dévoyée; tu ne le sers pas avec un amour pur[78], tu recherches encore une récompense. Tu veux en effet avoir dans le monde à venir ce qu'il faut ici quitter; tu veux changer, non retrancher, les voluptés charnelles. On ne loue pas le jeûne chez l'homme qui réserve son estomac pour un festin plantureux. Il arrive en effet qu'on invite des gens à un grand festin, et qu'ils jeûnent parce qu'ils veulent y aller en ayant grand appétit[79]; faut-il voir dans ce jeûne de la tempérance, ou au contraire plutôt de l'intempérance? N'espère donc pas que Dieu te donnera le type de biens qu'il t'ordonne ici de mépriser. Les Juifs espéraient cela, et c'est pourquoi cette question les troublait. Car eux aussi espèrent la résurrection, mais ils espèrent ressusciter

---

78. *Amore casto*: l'expression revient à la fin du paragraphe; cf. *In Ps.* 127, 8; 72, 33; *Ser.* 178, 10, 11: l'amour pur aime Dieu pour lui-même. Cf. *AugLex*, s. v. *Castus, castitas*, c. 781-788 (A. Zumkeller) (c. 783).

79. *Ser.* 210, 8, 10: «Ils jeûnent non pour diminuer leur habituelle voracité en la tempérant, mais pour augmenter leur appétit immodéré en différant le repas. »

ENARRATIONES IN PSALMOS

corporis se sperant resurrecturos quales hic amant. Ideo cum eis proponeretur quaestio illa a sadducaeis, qui non credunt resurrectionem, de illa muliere quae nupsit septem fratribus sibimet succedentibus, cuius eorum in resurrectione erit uxor, deficiebant et respondere non poterant. At uero Domino quando est proposita, quia nobis resurrectio talis promittitur, non qua repetantur huiusmodi uoluptates, sed qua aeterna de ipso Deo gaudia comparentur, respondit Dominus et ait: *Erratis nescientes scripturas neque uirtutem Dei; in resurrectione enim neque nubent neque uxores ducent; non enim incipient mori*. Id est: non ibi quaeritur successor ubi non erit decessor. Et quid erit? *Sed erunt*, inquit, *aequales angelis Dei*. Nisi forte putas, quod angeli epulis quotidianis et uino quo te inebrias gaudeant, aut hoc forte arbitraris quod angeli uxores habeant. Nihil eorum est apud angelos. Vnde gaudent angeli nisi unde Dominus ait: *Nescitis quia angeli eorum semper uident faciem Patris?* Si ergo ad faciem Patris gaudent angeli, ad tale gaudium te praepara; aut si inuenis melius quam uidere

---

80. Cf. *Ser.* 361, 2, 2. Le paradis de voluptés charnelles est celui qu'imaginent les millénaristes pendant mille ans sur la terre: *Ciu.* 20, 7, 1; *Haer.* 8. Jérôme reproche souvent aux Juifs de pareilles idées: cf. M. DULAEY, «Saint Jérôme et le millénarisme», dans *Jérôme entre l'Occident et l'Orient*, Paris, 1988, p. 83-98.

81. Voir la note complémentaire 17: «La femme aux sept maris».

82. Mt 22, 29-30. *Non enim incipient mori*: Augustin cite 9 fois ces versets avec cette variante issue du texte occidental de Lc 20, 36 (Vulg.: *neque enim ultra mori possunt*). Cf. *Gen. litt.* 9, 9, 15; *In Ps.* 65, 1; 82, 9; *Ser.* 154, 3, 3; 362, 15, 18; *Vid.* 12, 15.

83. *Successor/decessor*: le même jeu sur les mots se rencontrent plusieurs fois quand Augustin veut évoquer la vie éternelle: *Ser.* 362, 15, 18; *In Ps.* 65, 1; *Gen. litt.* 3, 12; *In Ioh.* 32, 9.

84. Lc 20, 36: *erunt aequales angelis Dei*; Mt 22, 30 porte: *sunt sicut angeli in caelo*. Augustin contamine parfois Mt 22, 30 et Lc 20, 36: *Gen. litt.* 9, 9, 15; *In Ps.* 65, 1; *Ser.* 154, 3, 3; 362, 15, 18; *Agon.* 32, 34; *Vid.* 12, 15. D'après A. JÜLICHER, *Itala. Das Neue*

IN PSALMVM XLIII

pour obtenir les voluptés du corps qu'ils aiment en ce monde[80]. Aussi, quand les sadducéens, qui ne croient pas à la résurrection, leur posaient la question sur la femme qui avait épousé successivement sept frères, en demandant de qui elle serait la femme à la résurrection, ils étaient dans l'embarras et ne savaient que répondre[81]. Mais quand on a posé la question au Seigneur, étant donné que dans la résurrection qui nous est promise, on ne recherche plus ces sortes de plaisirs, mais que c'est Dieu lui-même qui est la source des joies éternelles, le Seigneur a répondu en disant : *Vous êtes dans l'erreur parce que vous méconnaissez les Écritures et la puissance de Dieu ; en effet, à la résurrection on ne prendra ni mari ni femme, car on ne mourra plus*[82]. C'est-à-dire que là où personne ne décédera, on ne cherchera plus quelqu'un pour nous succéder[83]. Qu'en sera-t-il donc ? *Mais*, dit-il, *ils seront égaux aux anges de Dieu*[84]. Tu ne vas quand même pas imaginer que les anges se plaisent à des banquets quotidiens et au vin dont tu t'enivres, ou penser que les anges ont des femmes[85]. Il n'y a rien de tel chez les anges. D'où vient la joie des anges, sinon de ce que dit le Seigneur : *Ignorez-vous que leurs anges voient sans cesse la face du Père*[86] ? Si donc la joie des anges est de voir la face du Père, prépare-toi à une joie de ce genre ; ou bien, si tu trouves mieux que de voir la face de

---

Testament in altlateinischer Überlieferung, Berlin, 1972[2], dans les manuscrits de la VL, la contamination n'est attestée ni en Mt ni en Lc.

85. Cf. *Ser.* 4, 3-4 (le 22 janvier 403, selon F. DOLBEAU, *Vingt-six sermons...*, p. 543) : il faut espérer la vie des anges, «non in corruptionibus carnis, non in uoluptatibus et illecebris, non in fornicationibus et ebrietatibus et gaudio epularum carnalium, non in superbia possessionum dominationis terrenae».

86. Mt 18, 10. Ce texte, peu cité, l'est en 403 dans *Conf.* 13, 15, 18 ; il l'est plus tard dans *Ep.* 147, 5, 13 et 9, 22.

ENARRATIONES IN PSALMOS

faciem Dei, uae tali amori tuo, si uel suspicaris aliquid pulchrius quam est ille a quo est omne pulchrum, quod te teneat ne illum cogitare merearis. Dominus in carne erat et apparebat homo hominibus. Qualis apparebat? Iam dixi: homo hominibus. Quid magnum apparebat? Caro carni. Quid magnum apparebat de quo dictum est: *Vidimus eum, et non habebat speciem neque decorem*? Quis non habebat speciem neque decorem? De quo item dicitur: *Speciosus forma prae filiis hominum*. Vt homo non habebat speciem neque decorem, sed speciosus forma ex eo quod est prae filiis hominum. Ideo formam illam deformem carnis ostendens oculis intuentium quid ait? *Qui diligit me mandata mea custodit, et qui diligit me diligetur a Patre meo, et ego diligam eum et ostendam illi meipsum*. Quem uidebant ostensurum se illis promittebat. Sed quid est hoc? Quasi diceret: uidetis formam serui, occulta est forma Dei; per hanc uobis blandior, illam uobis seruo; hac uos paruulos

---

87. *Si inuenis melius*: cf. *Ser. Dolbeau* 22, 7 (403); *In Ps.* 32, 2, 2, 16 (403); 34, 1, 12 (407); *In Ep. Ioh.* 9, 10 (407) etc.

88. Cf. *Diu. quaest.* 44. Dieu est la Beauté de toutes les beautés: voir J.-M. FONTANIER, *La beauté selon saint Augustin*, Rennes, 1998, p. 130-134.

89. Is 53, 2.

90. Ps 44, 3. Ce verset est souvent associé à Is 53, 2 pour expliquer que le Christ est beau parce que Dieu, mais que la Passion l'a rendu *deformis/foedus*: *In Ps.* 44, 3 (403); *In Ps.* 127, 8 (406-407); *In Ep. Ioh.* 9, 9 (407); *Ser.* 95, 4; *Ser.* 138, 6, 6; *Vid.* 19, 23; *Adu. Iud.* 4, 5. Voir *BA* 76, n. c. 34, p. 509-510: «Beauté et laideur du Christ».

91. *Formam illam deformem*: cf. *Ser.* 95, 4: «Qu'y a-t-il de plus beau que Dieu? Quoi de plus défiguré *(deformius)* que le crucifié? Cet époux qui dépasse en beauté les fils des hommes a été défiguré *(deformis factus)* pour rendre belle son épouse, à qui il est dit: "Ô la plus belle des femmes" (Ct 1, 7)»; *Ser.* 27, 6.

498

IN PSALMVM XLIII

Dieu[87], malheur à un tel amour, s'il te vient à l'idée de supposer qu'il y a quelque chose de plus beau que Celui dont procède toute beauté[88], une beauté qui te retienne et t'empêche de mériter de penser à lui. Quand le Seigneur était dans la chair, il paraissait un homme aux yeux des hommes. Quelle était son apparence ? Je l'ai dit, il paraissait un homme aux yeux des hommes. Que voyait-on d'extraordinaire ? La chair apparaissait à la chair. Que voyait-on d'extraordinaire en celui dont il est dit : *Nous l'avons vu, et il n'avait ni apparence ni charme*[89] ? Qui est celui qui n'avait ni apparence ni charme ? Celui dont il est dit encore : *Il est de belle apparence, au-dessus des enfants des hommes*[90]. En tant qu'homme, il n'avait ni apparence ni charme ; mais son apparence était belle par ce qui le met au-dessus des fils des hommes. Montrant aux yeux de ceux qui le regardaient la beauté sans beauté[91] de la chair, qu'a-t-il dit ? *Celui qui m'aime garde mes commandements ; et celui qui m'aime sera aimé de mon Père ; je l'aimerai et me montrerai à lui*[92]. Celui qu'ils voyaient promettait de se montrer à eux[93]. Qu'est-ce que cela veut dire ? C'est comme s'il disait : vous voyez la forme d'esclave, la forme de Dieu est cachée[94] ; par la première, je vous montre de l'affection, l'autre, je vous la réserve ; par la première

---

92. Jn 14, 21. Le verset est souvent cité (dès 403-404) pour distinguer la vision de l'humanité du Fils incarné, accessible à tous ses contemporains, et celle de sa divinité, promise et réservée aux justes : *Cons. eu.* 3, 25, 86 ; *In Ps.* 37, 11 et 15 ; 139, 18.

93. Commentaire analogue de la citation dans *Ep.* 148, 3, 11 : « se ipsum ostensurum promittebat, qui hominibus in carne uisibilis apparebat » ; *Ser.* 127, 8, 12.

94. Cf. Ph 2, 6-7 ; *In Ioh.* 21, 13 : « Dans sa forme de Dieu, il est caché avec le Père, mais dans sa forme de serviteur, il est visible aux hommes. »

ENARRATIONES IN PSALMOS

nutrio, illa grandes pasco. Ergo ut haec fides nostra qua purgamur ad inuisibilia praeparetur – hoc est quod *in intellectum filiis Core* – facta sunt ista omnia, ut detraherentur sanctis ea quae habebant, detraheretur et ipsa uita temporalis, ut non propter haec ipsa temporalia colerent ipsum aeternum, sed amore illius casto tolerarent haec omnia quae pro tempore paterentur.

v. 18-19 **17.** Denique quia intellexerunt hoc filii Core, quid dicunt? *Haec omnia uenerunt super nos, et obliti non sumus te.* Quid est *et obliti non sumus te*? *Et inique non egimus in testamento tuo, et non recessit retro cor nostrum, et declinasti semitas nostras de uia tua.* Ecce est intellectus, quia *non recessit retro cor nostrum*, quia obliti non sumus te, quia *inique non egimus in testamento tuo*, positi in magnis tribulationibus et persecutionibus gentium. *Declinasti semitas nostras de uia tua.* Semitae enim nostrae erant in uoluptatibus saeculi, semitae nostrae erant in prosperitatibus temporalium rerum; tulisti semitas nostras de uia tua et ostendisti nobis *quam arta et angusta uia est quae ducit ad uitam. Et declinasti semitas nostras de uia tua.* Quid est *declinasti*

---

95. Cf. *Conf.* 7, 10, 16: «Cibus sum grandium; cresce et manducabis me»; *In Ps.* 130, 12: «Bois du lait pour te nourrir; nourris-toi pour grandir; grandis pour manger le pain.» Cf. 1 Co 3, 2; T.J. Van Bavel, «L'humanité du Christ comme "lac paruulorum" et comme "via" dans la spiritualité de saint Augustin», *Augustiniana*, 7, 1957, p. 245-281; G. Madec, *Le Christ de saint Augustin. La Patrie et la Voie*, Paris, 2002, p. 135-139.

96. *Cons. eu.* 1, 35, 53: «purgatur homo per rerum temporalium fidem, ut aeternarum percipiat ueritatem»; *In Ioh.* 24, 1; *Trin.* 4, 18, 24. P.-M. Hombert, *Nouvelles recherches de chronologie*, p. 618, fait remarquer qu'en 400-406, Augustin cite souvent Act 15, 9: *fide mundans corda.*

97. TOB: «Nos pas n'avaient pas dévié de ta route» (cf. Vulg.: *nec declinauerunt gressus nostri a semita tua*).

IN PSALMVM XLIII

j'allaite les tout-petits, par l'autre je nourris les grands[95]. Donc tous ces événements ont eu lieu pour préparer aux réalités invisibles cette foi qui nous purifie[96] – c'est cela qui est *en vue de l'intelligence des fils de Corè*: on enlevait aux saints ce qu'ils possédaient, on leur enlevait même la vie temporelle, pour qu'ils ne servent pas l'Éternel à cause de ces biens temporels, mais supportent avec un amour pur tout ce qu'ils subissaient pour un temps.

17. Parce que donc les fils de Corè ont compris cela, que disent-ils? ***Tous ces maux nous ont assaillis, et nous ne t'avons pas oublié.*** *Et nous ne t'avons pas oublié*: que veut-il dire par là? ***Nous n'avons pas contrevenu à ton alliance, et notre cœur n'est pas revenu en arrière; et tu as rejeté nos sentiers hors de ta voie***[97]. L'intelligence, la voilà: *notre cœur n'est pas revenu en arrière*, nous ne t'avons pas oublié, *nous n'avons pas contrevenu à ton alliance* quand nous étions en butte aux grandes tribulations et persécutions des nations. *Tu as rejeté nos sentiers hors de ta voie*, car nos sentiers étaient ceux des voluptés du siècle, nos sentiers étaient ceux du succès des choses temporelles[98]; tu as ôté nos sentiers de ta voie et tu nous as montré *combien resserrée et étroite est la voie qui conduit à la vie*[99]. *Et tu as rejeté nos sentiers hors de ta voie*. Que veut dire *tu as*

---

98. Cf. *Nat. grat.* 32, 36: «Il détournera *(auertet)* nos sentiers de sa route et il rendra nôtre celle qui est la sienne parce que, pour tous ceux qui croient et qui espèrent en lui, il fera en sorte de la tracer lui-même», *BA* 21, p. 311. Bien qu'il ait la traduction *declinare fecisti*, Jérôme oppose aussi les *uiae* de l'homme et la *uia*, la voie droite de Dieu: Hier. *In Is.* 18 (57, 9-10), *CCL* 73A, p. 649, 12.

99. Mt 7, 14: *arta et angusta uia*, pour *arta porta et angusta uia*; Augustin cite le verset de la même façon dans *In Ps.* 57, 10; *C. Cresc.* 3, 66, 75; *C. Iul. imp.* 2, 205; l'omission de *porta* se rencontre dans Cypr. *Quir.* 3, 6 (*CCL* 3, p. 95, 28) et dans des Vieilles Latines de type africain: VL 1 (= k, *Bobbiensis*); VL 3 (= a, *Vercellensis*); cf. R. Gryson, *Manuscrits vieux latins*, t. 1, p. 23; 19-20. *Porta* se trouve dans *Ser. Dom.* 2, 23, 77; *Ep. cath.* 14, 36.

ENARRATIONES IN PSALMOS

semitas nostras de uia tua? Tamquam diceret nobis: in tribulatione positi estis, multa patimini, multa quae amabatis in hoc saeculo amisistis, sed non uos dimisi in uia quam angustam uos doceo. Latas semitas quaerebatis; quid uobis dico? Hac itur ad uitam sempiternam; qua uultis ambulare, ad mortem pergitis. *Quam lata et spatiosa uia est quae ducit ad interitum, et multi sunt qui ambulant per eam! Quam arta et angusta uia est quae ducit ad uitam, et pauci sunt qui ambulant per illam!* Qui sunt pauci? Qui tolerant tribulationes, qui tolerant tentationes, qui in istis omnibus molestiis non deficiunt; qui non ad horam gaudent ad uerbum et in tempore tribulationis tamquam orto sole arescunt, sed habent radicem caritatis, sicut audiuimus quod modo lectum est in euangelio. Radicem, inquam, caritatis habe, ut cum sol exortus fuerit, non te urat, sed nutriat. *Haec omnia uenerunt super nos, et obliti non sumus te, et inique non egimus in testamento tuo, et non recessit retro cor nostrum.* Sed quia haec omnia inter tribulationes facimus, iam in angusta uia ambulantes, *declinasti semitas*
v. 20 *nostras de uia tua.* **18. *Quoniam humilasti nos in loco infirmitatis.*** Ergo exaltabis nos in loco fortitudinis.

---

100. Mt 7, 13-14.

101. Littéralement: une fois le soleil levé; mais le soleil de Palestine et d'Afrique est plus violent que le nôtre.

102. Cf. Mt 13, 20-21; 13, 6.

103. La racine qui permet de ne pas se dessécher quand vient l'épreuve est la charité (cf. Eph 3, 17: *in caritate radicati*). *In Ps.* 9, 15 fait déjà en 394-395 le lien entre la racine de la charité et la parabole et cite Eph 3, 17: «La charité est appelée racine dans le passage où le Seigneur parle des semences qui poussent dans un sol rocailleux et se dessèchent au soleil parce qu'elles n'ont pas de racine profonde»; la première interprétation n'est donc pas *In Ps.* 90, 1, 8, comme le soutient M. Margoni-Kögler, *Die Perikopen im Gottesdienst*, p. 434, n. 1057.

502

IN PSALMVM XLIII

rejeté nos sentiers hors de ta voie? C'est comme s'il nous disait : Vous avez été placés au milieu des tribulations, vous avez beaucoup à souffrir, vous avez perdu beaucoup de ce que vous aimiez en ce monde, mais je ne vous ai pas abandonnés dans cette voie dont je vous enseigne l'étroitesse. Vous cherchiez des sentiers larges, et que vous ai-je dit? C'est par la voie étroite qu'on va à la vie éternelle ; par celle où vous voulez marcher, vous vous dirigez vers la mort. *Combien large et spacieuse est la voie qui conduit à la mort, et ils sont nombreux, ceux qui y marchent! Combien resserrée et étroite est la voie qui conduit à la vie, et ils sont peu nombreux, ceux qui y marchent*[100] *!* Quel est ce petit nombre? Ceux qui supportent les tribulations, qui supportent les épreuves, qui dans toutes ces difficultés ne font pas défection ; non pas ceux qui se réjouissent pour une heure seulement d'écouter la parole et qui se dessèchent au temps de la tribulation qui est comme le plein soleil[101], mais ceux qui ont les racines de la charité, selon ce que nous avons entendu tout à l'heure dans l'Évangile[102]. Je te le dis, il te faut avoir la racine de la charité[103], pour n'être pas brûlé, mais nourri, quand ce sera le plein soleil. *Tous ces maux nous ont assaillis, et nous ne t'avons pas oublié; nous n'avons pas contrevenu à ton alliance, et notre cœur n'est pas revenu en arrière.* Mais parce que nous faisons tout cela au milieu des tribulations, en marchant déjà dans la voie étroite, *tu as rejeté nos sentiers hors de ta voie.* **18. Car tu nous as humiliés dans un lieu de faiblesse**; tu nous élèveras donc dans un lieu de force[104].

---

104. *Infirmitatis* : leçon du *Veronensis*, pour *adflictionis* dans les autres Vieilles Latines ; TOB : «au pays des chacals» (Vulg. : *in loco draconum*). Pour ORIG. [?] *Cat. Ps.* 43, *PG* 12, 1425 D : le *locus adflictionis* est le corps et le monde.

ENARRATIONES IN PSALMOS

Et operuit nos umbra mortis. Haec enim mortalitas umbra mortis est. Vera mors est damnatio cum diabolo.

v. 21   **19. Si obliti sumus nomen Dei nostri.** Iste est intellectus filiorum Core. *Et si expandimus manus* v. 22 *nostras ad Deum alienum, 20. nonne Deus requiret ista? Ipse enim nouit occulta cordis.* Nouit et requirit ; si nouit occulta cordis, quid ibi facit ? *Nonne Deus requiret ista?* Nouit in se, requirit propter nos. Etenim ideo requirit Deus aliquando et dicit sibi innotescere quod facit tibi innotescere. Opus suum tibi dicit, non cognitionem suam. Dicimus plerumque : laetus dies, quando serenus est ; numquid ipse dies gaudet ? Sed gaudentem dicimus, quia gaudentes nos facit. Et dicimus : triste caelum ; non enim est ullus talis sensus in nubibus, sed quia homines huiusmodi uidentes caeli faciem contristantur, triste dicitur, eo quod tristes facit. Sic et Deus cognoscere dicitur, quando cognoscentes facit. Deus dicit ad Abraham : *Nunc cognoui quia tu times Deum.* Ante non cognouerat ? Sed ipse Abraham se non cognouit, quia in ipsa tentatione ipse sibi innotuit. Plerumque enim homo putat se posse quod non potest, aut putat se non posse quod potest ; accedit ad illum interrogatio ex diuina dispensatione, et per interrogationem notus fit sibi ; et dicitur Deus cognouisse quod illum fecit nosse. Numquid Petrus nouerat se,

---

105. La formule est peu fréquente, mais se rencontre en *In Ps.* 94, 15 ; *In Ioh.* 43, 11 ; *Fid. rer.* 5, 8.

106. On dit que Dieu apprend quelque chose quand il nous fait apprendre quelque chose. Sur ce genre de métonymie, souvent invoqué par Augustin pour expliquer les passages qui suggèrent une ignorance de Dieu, voir *Gen. Mani.* 1, 22, 34, et surtout *In Ps.* 36, 1, 1 (avec les notes de *BA* 58/B, p. 416), qui est très proche de ces lignes et donne aussi les exemples couplés d'Abraham et de Pierre, avec la même image médicale : prendre le pouls du cœur. Pour cette interprétation de l'annonce du reniement de Pierre chez Augustin, voir

504

IN PSALMVM XLIII

Et l'ombre de la mort nous a recouverts. L'ombre de la mort est en effet notre actuelle condition mortelle ; la mort véritable est la damnation avec le diable[105].

19. *Si nous avons oublié le nom de notre Dieu –* voilà l'intelligence des fils de Corè –, *et si nous tendons les mains vers un Dieu étranger,* **20.** *est-ce que Dieu ne s'en enquerra pas ? Car il connaît les secrets des cœurs.* Il les connaît, et il s'en enquiert ; s'il connaît les secrets des cœurs, que fait-il ? *Est-ce que Dieu ne s'en enquerra pas ?* Il les connaît de lui-même, il s'en enquiert à cause de nous. Car parfois Dieu s'enquiert et dit découvrir ce qu'il te fait découvrir[106]. Il parle de ce qu'il fait pour toi, pas de ce qu'il connaît. Nous parlons souvent d'un jour gai, quand il fait beau ; est-ce le jour qui est joyeux ? Mais nous le disons joyeux parce qu'il nous rend joyeux. Et nous parlons d'un ciel triste ; ce n'est pas que les nuées connaissent un tel sentiment, mais, parce que les hommes sont attristés quand ils voient un tel aspect du ciel, on le dit triste, parce qu'il rend triste. On dit pareillement que Dieu connaît quand il fait connaître. Dieu dit à Abraham : *Je sais maintenant que tu crains Dieu*[107]. Ne le savait-il pas auparavant ? Mais Abraham, lui, ne se connaissait pas, parce que c'est dans l'épreuve qu'il a appris à se connaître. L'homme se figure souvent en effet qu'il peut ce qu'il ne peut pas, ou il se figure ne pas pouvoir ce qu'il peut ; mais une disposition divine le soumet à un test, et il en vient par ce test à se connaître lui-même ; on dit alors que Dieu a connu quand il a fait connaître. Pierre se connaissait-il quand

---

D. Louit, « Le reniement et l'amour de Pierre dans la prédication de saint Augustin », *Recherches augustiniennes*, 10, 1975, p. 217-269 (p. 236-239).

107. Gn 22, 12.

ENARRATIONES IN PSALMOS

quando dixit medico: "Tecum sum usque ad mortem"? Medicus nouerat uena inspecta quid intus ageretur in aegroto; aegrotus non nouerat. Venit accessio tentationis, et probauit medicus sententiam suam, perdidit aeger praesumptionem suam. Sic ergo et nouit Deus et requirit. Nouit; quomodo ipse requirit? Propter te, ut tu inuenias te et gratias agas ei qui fecit te. *Nonne Deus requiret ista?*

21. *Ipse enim nouit occulta cordis.* Quid est *nouit occulta*? Quae occulta? **Quoniam propter te mortificamur tota die, deputati sumus uelut oues occisionis.** Potes enim uidere mortificari hominem; quare mortificetur nescis: Deus hoc nouit; res in occulto est. Sed dicit mihi aliquis: "Ecce pro nomine Christi detinetur, nomen Christi confitetur." Quare? Non[b] et haeretici nomen Christi confitentur et non tamen iam propter ipsum moriuntur? Prorsus in ipsa ecclesia, dicam, catholica, putatis defuisse aut deesse posse qui causa humanae gloriae paterentur? Si deessent huiusmodi homines, non diceret apostolus: *Si tradidero corpus meum ut ardeam, caritatem autem non habeam, nihil mihi prodest.* Sciebat ergo esse posse quosdam qui hoc iactatione facerent, non dilectione. Ideo obscurum est; Deus hoc solus

---

b. La ponctuation adoptée est celle d'Amerbach; voir *CCL* 38, p. 490, apparat.

---

108. Cf. Lc 22, 33. Augustin n'a que trois exemples du véritable texte de Lc (ou de Mt 26, 35). La formulation *Tecum sum usque ad mortem* n'existe dans aucun des quatre Évangiles et ne se trouve pas chez d'autres auteurs. L'évêque d'Hippone la reprend 18 fois, et on soupçonne qu'il la trouvait dans une Vieille Latine. Il y a 5 exemples de celle qu'on a ici, 6 avec *ero* à la place de *sum* et 7 sans aucun verbe, et cela à n'importe quelle époque.

109. *Accessio temptationis*: la tentation ou l'épreuve est assimilée à un accès de fièvre; elle fait perdre à l'homme sa présomption, son orgueil.

IN PSALMVM XLIII

il a dit au médecin : "Je suis avec toi jusqu'à la mort[108]" ?
Le médecin avait pris le pouls du malade et savait ce
qui se passait au-dedans de lui ; le malade ne le savait
pas. Survint l'épreuve[109] ; le diagnostic du médecin fut
confirmé et le malade perdit sa présomption. Donc, c'est
ainsi que Dieu tout à la fois connaît et s'enquiert de ce
qu'il sait. Il connaît. Pourquoi s'en enquiert-il ? À cause
de toi, pour que tu te découvres toi-même et rendes
grâce à celui qui t'a créé. *Est-ce que Dieu ne s'en enquerra
pas ?*

21. *Il connaît en effet les secrets du cœur.* Que veut dire :
Il connaît les secrets du cœur ? Quels secrets ? ***À cause de
toi on nous met à mort tout le jour, on nous considère
comme des brebis d'abattoir.*** Qu'on mette un homme
à mort, tu peux le voir ; mais pourquoi on le met à mort,
tu l'ignores ; Dieu le sait, la chose est cachée. On me
dit cependant : "Eh bien, il est arrêté pour le nom du
Christ, il confesse le nom du Christ." Mais pourquoi ?
Les hérétiques ne confessent-ils pas aussi le nom du
Christ, sans pour autant mourir pour lui ? Bien plus :
dans l'Église – oui, dans l'Église catholique –, pensez-
vous qu'il n'y a pas eu, ou qu'il ne peut y avoir, des
hommes souffrant pour une gloire humaine[110] ? Si de
tels hommes n'existaient pas, l'Apôtre ne dirait pas : *Si
je livre mon corps aux flammes, mais que je n'ai pas la charité, cela ne me sert de rien[111].* Il savait donc qu'il pouvait
y avoir des gens qui faisaient cela par orgueil et non par
amour. Ainsi, la motivation est obscure ; Dieu est seul à

---

110. Cf. *In Ep. Ioh.* 6, 2 ; *In Ioh.* 6, 23 (à propos de donatistes, non
de catholiques) ; *In Ep. Ioh.* 8, 9 (« Voyez quelles œuvres considérables
accomplit l'orgueil… ») s'adresse aux fidèles. La formule emphatique
(« dans l'Église – oui, dans l'Église catholique ») suggère qu'Augustin
a en tête un exemple précis.

111. 1 Co 13, 3.

ENARRATIONES IN PSALMOS

uidet, nos non possumus. Ipse solus potest iudicare qui nouit occulta cordis. *Quoniam propter te mortificamur tota die, deputati sumus uelut oues occisionis.* Iam dixi : hinc etiam apostolum Paulum testimonium posuisse ad exhortandos martyres, ne deficerent in tribulationibus pro nomine Christi susceptis.

v. 23   **22. *Exsurge, quare obdormis, Domine?*** Cui dicit, et quis dicit? Nonne magis dicetur ille dormire et halare qui talia loquitur : *Exsurge, quare dormis, Domine?* Respondet tibi : Noui quid dicam ; scio quia non dormit qui custodit Israel. Sed tamen martyres clamant : *Exsurge, quare obdormis, Domine?* O Domine Iesu! Occisus es, dormisti in passione, iam nobis resurrexisti. Nouimus enim quia nobis resurrexisti. Quare resurrexisti? Gentes quae nos persequuntur mortuum te putant, resurrexisse non credunt. Exsurge ergo et illis. Quare dormis, non nobis, sed illis? Si enim iam te illi crederent resurrexisse, numquid eos qui in te crederent persequi poterant? Sed quare persequuntur? "Dele, occide nescio quos qui crediderunt in te nescio quem male mortuum!" Adhuc eis dormis ; exsurge ut intellegant quia resurrexisti et quiescant. Denique factum est, dum moriuntur martyres et ista dicunt,

---

112. Augustin revient souvent sur l'idée que Dieu seul sait ce qu'il y a dans le cœur de l'homme ; cf. *In Ps.* 9, 29 ; *In Ps.* 18, 2, 16 ; *In Ps.* 34, 2, 5 ; *In Ep. Ioh.* 6, 2 etc.

113. Cf. Ps 120, 4.

114. Cf. Ambr. *In Ps.* 43, 88, CSEL 64, p. 324, 11-12 : «Il semble qu'il dorme pour les hommes aux yeux de qui il n'est pas ressuscité» ; Aug. *In Ps.* 101, 2, 7 : «Nam mortuum et paganus credit, et hoc tibi pro crimine obicit, quia in mortuum credidisti.»

115. Cf. *In Ps.* 34, 1, 3, qui cite le présent v. 23 et commente ainsi : «Quand on dit que Dieu dort, c'est nous qui dormons, et quand on dit qu'il se lève, c'est nous que l'on réveille» ; dans cette *Enarratio*, Augustin faisait le lien avec le récit de la tempête apaisée, invoqué à propos du Ps 43 par Ambroise (Ambr. *In Ps.* 43, 84, CSEL 64,

IN PSALMVM XLIII

la voir, nous, nous ne le pouvons pas[112]. Seul peut juger celui qui connaît les secrets du cœur. *À cause de toi on nous met à mort tout le jour, on nous considère comme des brebis d'abattoir.* Je l'ai déjà dit : Paul a utilisé cette citation pour encourager les martyrs à ne pas défaillir dans les tribulations qu'ils enduraient pour le nom du Christ.

22. *Lève-toi, pourquoi dors-tu, Seigneur?* À qui cela s'adresse-t-il, et qui parle ainsi? Ne dira-t-on pas plutôt qu'il dort et ronfle, celui qui prononce des paroles comme celles-ci : *Lève-toi, pourquoi dors-tu, Seigneur?* Il te répond : Je sais ce que je dois dire ; je sais qu'il ne dort pas, le gardien d'Israël[113]. Mais cependant les martyrs crient : *Lève-toi, pourquoi dors-tu, Seigneur?* Ô Seigneur Jésus ! Tu as été mis à mort, tu t'es endormi dans ta passion, et pour nous tu es ressuscité. Nous savons que pour nous tu es ressuscité. Pourquoi es-tu ressuscité pour nous? Les païens qui nous persécutent pensent que tu es mort, ils ne croient pas que tu es ressuscité[114]. Lève-toi donc pour eux aussi. Pourquoi dors-tu, non pour nous, mais pour eux[115]? S'ils croyaient en effet que tu es ressuscité, pouvaient-ils persécuter ceux qui croyaient en toi? Mais pourquoi persécutent-ils? "Supprime, mets à mort ces individus qui ont cru en un individu qui a péri de male mort!" Pour eux, tu dors encore ; lève-toi, pour qu'ils comprennent que tu es ressuscité et se tiennent tranquilles. Car c'est arrivé lorsque les martyrs

---

p. 322). Tempête apaisée, Ps 43, 23 et Ps 120, 4 : cette association, qu'on lit aussi dans CHROM. *In Mat.* 42, 1-2, *CCL* 99A, p. 400 et dans HIER. *In Ps.* 93, 16, *CCL* 78, p. 437, 102-103, se trouvait vraisemblablement dans un commentaire de Matthieu antérieur à tous ces auteurs ; Origène rapprochait déjà Ps 43, 23 et Ps 120, 4 : R. CADIOU, *Commentaires inédits sur les Psaumes*, p. 120, 4. Ici, Augustin parle seulement du sommeil de la mort, qu'Ambroise (§ 85) introduit avec la figure de Jonas.

509

ENARRATIONES IN PSALMOS

dormiunt, et excitant Christum uere mortuum dormitionibus eorum. Surrexit Christus quodammodo in gentibus, id est : creditus est resurrexisse ; ita paulatim et ipsi credendo conuersi ad Christum fecerunt numerum magnum quem timerent persecutores, et cessauerunt persecutiones. Vnde ? Quia resurrexit Christus in gentibus qui illis ante non credentibus dormiebat. *Exsurge, et ne repellas usque in finem.*

v. 24   **23. *Quare faciem tuam auertis?*** – quasi non adsis, quasi oblitus sis nostri –, *obliuisceris inopiam*
v. 25 *nostram, et tribulationem nostram. 24. Quoniam humilata est in puluere anima nostra.* Vbi humilata est ? In puluere. Id est : puluis nos persequitur. Illi nos persequuntur de quibus dixisti : *Non sic impii, non sic, sed tamquam puluis quem proicit uentus a facie terrae. Humilata est in puluere anima nostra ; haesit in terra uenter noster.* Poenam nimiae humilationis mihi uidetur expressisse qua quisque, quando se prosternit, haeret in terra uenter eius. Quisquis enim ita humilatur ut genua figat, adhuc habet quo humilietur ; quisquis autem sic humilatur ut haereat in terra uenter eius, ultra quo humilietur non habet. Si enim ultra uoluerit, iam non erit humilare, sed obruere. Hoc ergo forsitan dixerit : nimium humilati sumus in hoc puluere, ultra quo humiliemur non habemus ; iam peruenit usque ad summum humilatio, ueniat et miseratio.

---

116. « Lève-toi, pourquoi dors-tu, Seigneur ? » est présenté plus haut comme le cri des martyrs.

117. *Dormitionibus eorum* : grammaticalement, l'anaphorique doit renvoyer non aux martyrs, mais aux païens : « tu dors en eux ». Le mot *dormitio*, qui n'est pratiquement jamais utilisé au pluriel, évoque le sommeil de la mort ; dans des inscriptions chrétiennes de Rome, *dormitio* suivi d'un génitif équivaut à « sépulture de… » ; voir par exemple ICVR V, 13975 (à Prétextat) ; *Année épigraphique*, 1980, 87 (à Calépode). En Afrique, le terme ne se trouve pas, mais *dormit in pace* y est bien attesté (merci à M.-Y. PERRIN pour ces précisions).

IN PSALMVM XLIII

meurent et prononcent ces mots[116] : ils s'endorment et ils réveillent le Christ, qui est véritablement mort dans le sommeil de ces gens-là[117]. Le Christ est d'une certaine façon ressuscité pour les païens, quand ils ont cru qu'il était ressuscité ; ainsi, petit à petit, en croyant et en se convertissant au Christ, ils ont tant grossi le nombre des chrétiens qu'ils ont inspiré de la crainte aux persécuteurs et que les persécutions ont cessé. Pourquoi ? Parce que le Christ, qui auparavant dormait pour les païens qui ne croyaient pas en lui, est ressuscité pour eux. *Lève-toi, et ne nous repousse pas pour toujours.*

23. *Pourquoi détournes-tu ta face ?* – comme si tu étais absent, comme si tu nous oubliais –, *pourquoi oublies-tu notre misère et notre détresse ? 24. Car notre âme a été humiliée dans la poussière.* Où a-t-elle été humiliée ? Dans la poussière. C'est-à-dire : la poussière nous persécute. Nous persécutent ceux dont tu as dit : *Rien de tel pour les impies, rien de tel, mais ils sont comme la poussière que le vent chasse de la face de la terre*[118]. *Notre âme a été humiliée dans la poussière, notre ventre s'est attaché à la terre.* L'expression me paraît indiquer le châtiment de la dernière humiliation, où quelqu'un se prosterne avec le ventre attaché à la terre. En effet, celui qui s'humilie en fléchissant les genoux peut encore s'humilier ; mais qui s'humilie au point que son ventre est attaché à la terre ne peut s'humilier davantage. Vouloir aller au-delà, ce ne sera plus abaissement, mais enterrement. Peut-être donc le psalmiste a-t-il voulu dire ceci : nous avons été par trop humiliés dans cette poussière, il n'est pas possible de l'être davantage ; l'humiliation est désormais parvenue à son comble, que vienne la miséricorde.

---

118. Ps 1, 4.

ENARRATIONES IN PSALMOS

25. An forte, fratres, eos plangit ecclesia uoce ista quibus illi qui persequebantur persuaserunt impietatem, ut illi qui perdurarunt hoc dicant: *Humilata est in puluere anima nostra*? Id est: inter manus pulueris huius, inter manus impiorum et persequentium *humilata est in puluere anima nostra*, ad hoc ut te inuocaremus, ut dares auxilium de tribulatione; *uenter* autem *noster haesit in terra*, id est: consensit impietati pulueris huius uenter noster; hoc est enim dictum: *Haesit*. Si enim, cum diligis et ardes caritate, recte dicis Deo: *Adhaesit anima mea post te*, et: *Mihi adhaerere Deo bonum est*, tunc autem adhaeres Deo quando consentis Deo, non sine causa dictum est de uentre isto quod adhaesit in terra, nisi quia illi significantur qui persecutionem non tolerantes consenserunt iniquis; sic enim haeserunt in terra. Sed quare dicti sunt *uenter*, nisi quia carnales sunt, ut os ecclesiae in sanctis sit, in spiritalibus sit, uenter ecclesiae in carnalibus sit? Itaque os ecclesiae eminet, uenter absconditus est tamquam mollior et infirmior. Hoc significat quodam loco scriptura ubi quidam dicit

---

119. La poussière figure les impies dès *In Ps.* 1, 4; 21, 1, 16; 29, 1, 10; voir encore *In Ps.* 34, 1, 9; 101, 1, 15; *C. Petil.* 2, 46, 107. L'humiliation par/dans la poussière est la persécution. Différente est l'interprétation d'AMBR. *In Ps.* 43, 75-77, *CSEL* 64, p. 315-317, qui parle de l'humiliation de la chair qui appesantit l'âme; de même celle d'Hilaire, qui commente le verset analogue du Ps 118, 25 en citant le Ps 43, 25 et en expliquant que l'âme, qui a une autre origine que le corps, doit mener un combat pour se désolidariser du corps, appelé poussière parce qu'il demeure sur la terre ou parce qu'il a été façonné à partir de la terre: HIL. *In Ps.* 118, 3, 1, *SC* 344, p. 178, 15.

120. Ps 62, 9. Cette traduction est celle des œuvres anciennes: *Diu. quaest.* 45, 1; 66, 1; *In Ps.* 3, 10. L'*In Ps.* 62, 17 a *adglutinata* (qui n'est pas une leçon du *Sinaiticus* et n'est pas non plus non répertorié par Weber); de même *Ep. cath.* 5, 9, qui développe l'idée que le bitume représente la charité, qui calfate l'arche-Église (cf. *C. Faust.* 12, 14). *In Ps.* 62, 17 ne développe pas, mais affirme: «caritatem habe, quo glutine adglutinetur anima tua post Deum».

121. Ps 72, 28.

IN PSALMVM XLIII

25. Avec ces paroles, mes frères, l'Église ne se lamente-t-elle pas sur ceux que leurs persécuteurs ont poussés à l'impiété, si bien que ceux qui ont tenu bon disent : *Notre âme a été humiliée dans la poussière* ? C'est-à-dire : aux mains de cette poussière, aux mains des impies et des persécuteurs[119], *notre âme a été humiliée dans la poussière*, afin que nous t'invoquions pour que tu nous accordes ton aide dans la tribulation ; mais *notre ventre s'est attaché à la terre*, c'est-à-dire que notre ventre a donné son consentement à l'impiété de cette poussière ; c'est cela que veut dire *il s'est attaché*. Si en effet quand tu aimes et brûles de charité, tu dis justement à Dieu : *Mon âme s'est attachée à toi*[120] et *il m'est bon d'être attaché à Dieu*[121], alors tu t'attaches à Dieu quand tu donnes ton consentement à Dieu, ce n'est pas alors sans raison qu'il a été dit que ce ventre s'est attaché à la terre, pour signifier ceux qui ont donné leur consentement aux impies parce qu'ils ne supportaient pas la persécution ; c'est ainsi qu'ils se sont attachés à la terre. Mais pourquoi les appelle-t-on *ventre*, sinon parce qu'ils sont charnels, de sorte que la bouche de l'Église se trouve dans les saints, dans les spirituels, le ventre de l'Église dans les charnels[122] ? C'est pourquoi la bouche de l'Église est en évidence, mais le ventre, plus mou, plus faible, est caché. L'Écriture le dit dans un passage où

---

122. Le ventre, partie molle, symbolise généralement ce qui est charnel : *Gen. Mani.* 2, 17, 26 : « nomine autem uentris, significatur carnale desiderium, quia haec pars mollior sentitur in corpore ». Il n'y a pas d'autre occurrence d'*os ecclesiae* chez Augustin. À la suite de Didyme, Ambroise met en relation le ventre qui colle à la terre avec le serpent condamné à se nourrir de terre en Gn 3, 15 : on a le ventre collé à la terre quand on se nourrit de l'*iniquitas terrena* et qu'on se configure au vieil Adam plutôt qu'au Christ ; AMBR. *Parad.* 15, 75, *CSEL* 32/1, p. 333, 11 ; DID. *In Gen.* 3, 14, *SC* 233, p. 228, 17s : « Notre ventre s'est collé à la terre, parce qu'il s'est mis au niveau de toutes les choses terrestres en se nourrissant du terrestre et en engendrant du terrestre. »

ENARRATIONES IN PSALMOS

se accepisse librum: *Et liber ipse dulcis erat*, inquit, *in ore meo et amarus in uentre meo*. Quid est hoc, nisi quia praecepta summa quae capiunt spiritales non capiunt carnales, et de quibus gaudent spiritales contristantur carnales? Liber iste, fratres, quid habet? *Vende omnia quae habes et da pauperibus*. Quam dulcis in ore ecclesiae! Ab omnibus spiritalibus factum est. At uero carnali cuicumque dixeris: "Fac hoc", facilius a te tristis recedit, sicut ille diues a Domino, quam facit quod dictum est. Quare autem tristis recessit, nisi quia liber ille dulcis est in ore et in uentre amarus? Dedisti nescio quid auri et argenti; uentum est ad hunc articulum, ut nisi perdas, forte aliquod peccatum committas, iniuriam forte ingeras ecclesiae, blasphemare cogaris; posito itaque in angustiis, aut damno pecuniae aut damno iustitiae dicitur tibi: "Perde potius pecuniam, ne perdas iustitiam"; tu autem cui non dulcis est in ore iustitia, sed adhuc in illis membris infirmus es, quales in uentre deputat ecclesia, contristatus eligis aliquando amittere aliquid de iustitia quam uel nummum de pecunia, et percutis te damno grauiore implens saccellum tuum et exinaniens cor tuum. Fortassis ergo de illis dixerit: *Haesit in terra uenter noster.*

---

123. Ap 10, 10. C'est la seule citation augustinienne de ce verset.

124. Mt 19, 21.

125. Quand Augustin parle d'individus comme de *spirituales*, il s'agit toujours de clercs ou de moines: C. P. MAYER, «Augustins Lehre von 'Homo Spiritalis'», dans *Homo spiritalis. Festgabe für Luc Verheijen*, C. Mayer, K. H. Chelius (éd.), Würzburg, 1987, p. 3-60 (p. 56-57).

514

IN PSALMVM XLIII

quelqu'un dit avoir reçu un livre : *Le livre était doux à ma bouche*, dit-il, *et amer à mon ventre*[123]. Que signifie cette parole, sinon que les spirituels saisissent les préceptes les plus élevés que ne saisissent pas les charnels, et qu'ils se réjouissent de ce qui attriste les charnels ? Ce livre, mes frères, que contient-il ? *Vends tout ce que tu possèdes et donne-le aux pauvres*[124]. Comme cela est doux à la bouche de l'Église ! Tous les spirituels ont fait cela[125]. Mais le charnel auquel tu diras : "Fais cela", aime mieux s'en aller loin de toi avec tristesse, comme le riche s'en est allé loin du Seigneur, que de faire ce qui a été dit. Mais pourquoi s'en est-il allé avec tristesse, sinon parce que le livre est doux à la bouche et amer au ventre ? Tu as donné je ne sais combien d'or et d'argent ; on est arrivé à un point critique : à moins de perdre tes fonds, tu risques de commettre un péché, de faire tort à l'Église, d'être obligé de blasphémer ; devant l'alternative où tu te trouves, perdre l'argent ou perdre la justice, on te dit : "Perds plutôt l'argent, pour ne pas perdre la justice[126]" ; mais la justice n'est pas douce à ta bouche, tu fais encore partie de ces membres faibles que l'Église compte dans son ventre ; tu es tout triste, mais tu préfères perdre quelque chose de la justice plutôt qu'une seule pièce de ton argent, et tu t'infliges une perte bien plus grave : tu remplis ta bourse et tu vides ton cœur. Il est possible que ce soit de ces gens-là que le psalmiste a dit : *Notre ventre s'est attaché à la terre.*

---

126. *In Ps.* 36, 1, 12 : « Toi qui voulais acquérir l'argent et qui perds l'innocence, perds plutôt l'argent » ; *In Ps.* 36, 2, 3 : « Qui a subi le tort le plus grave, celui qui perd son argent ou celui qui perd sa foi ? » ; *In Ps.* 61, 16 : « Inuenis pecuniam, perdis iustitiam » ; *In Ps.* 101, 1, 6 : « Adquisiuit pecuniam, perdidit iustitiam. »

ENARRATIONES IN PSALMOS

v. 26   **26. *Exsurge, Domine, adiuua nos.*** Et uere, carissimi, exsurrexit et adiuuit. Namque cum exsurgeret, id est cum resurgeret et gentibus innotesceret cessantibus persecutionibus, etiam illi qui haeserant in terra eruti sunt de terra, et agentes poenitentiam redditi sunt corpori Christi, quamuis infirmi, quamuis imperfecti, ut compleretur in eis: *Imperfectum meum uiderunt oculi tui, et in libro tuo omnes scribentur. Exsurge, Domine, adiuua nos, **et redime nos propter nomen tuum**,* hoc est, gratis: *propter nomen tuum,* non propter meritum meum, quia tu dignatus es facere, non quia ego dignus sum cui facias. Nam et hoc ipsum quod non sumus obliti te, et non recessit retro cor nostrum, quod non expandimus manus nostras ad Deum alienum, nisi te adiuuante unde possemus? Nisi te intus alloquente et exhortante, non deserente, unde ualeremus? Ergo siue patientes in tribulationibus, siue gaudentes in prosperitatibus, redime nos; non propter meritum nostrum, sed *propter nomen tuum.*

IN PSALMVM XLIII

26. *Lève-toi, Seigneur, aide-nous.* Et en vérité, mes bien-aimés, il s'est levé et nous a aidés. Car lorsqu'il s'est levé, c'est-à-dire lorsqu'il est ressuscité et s'est fait connaître aux païens, quand cessèrent les persécutions, même ceux qui étaient attachés à la terre ont été arrachés à la terre et, ayant fait pénitence, ils ont été rendus au Corps du Christ, bien que faibles et imparfaits, pour que fût accomplie en eux cette parole : *Tes yeux ont vu mon imperfection, et tous seront inscrits dans ton livre*[127]. *Lève-toi, Seigneur, aide-nous, **et rachète-nous à cause de ton nom***[128], c'est-à-dire gratuitement : *à cause de ton nom*, pas de mes mérites[129] ; parce que tu daignes le faire, non parce que je suis digne que tu le fasses pour moi. Car même le fait que nous ne t'avons pas oublié, que notre cœur n'est pas revenu en arrière, que nous n'avons pas tendu les mains vers un Dieu étranger, comment l'aurions-nous pu sans ton aide ? Où en aurions-nous trouvé la force si tu ne nous parlais intérieurement, si tu ne nous exhortais sans nous abandonner ? Donc, que nous souffrions dans les tribulations ou que nous soyons joyeux dans la prospérité, rachète-nous, non à cause de nos mérites, mais *à cause de ton nom*.

---

127. Ps 138, 16. Ce texte est très rarement cité, mais *In Ps.* 103, 3, 11 (hiver 403-404) l'applique comme ici aux membres faibles du Corps du Christ : « Dans sa passion, il a pris sur lui la personne des faibles, figurée d'avance dans son corps, car les faibles aussi sont ses membres ; en effet, il n'a pas été dit pour rien : *Tes yeux ont vu mon imperfection, et tous seront inscrits dans ton livre.* »

128. TOB : « au nom de ta fidélité » ; BJ : « en raison de ton amour » ; Vulg. : *propter misericordiam tuam.*

129. *In Ps.* 22, 3 : « Il m'a conduit dans les chemins étroits de sa justice que peu de gens empruntent, non à cause de mon mérite, mais à cause de son nom » *(non propter meritum meum, sed propter nomen suum).* Cet exemple est très ancien (394-395) ; les autres sont de 412-413 : *Ser.* 177, 2 ; 293, 5 ; *In Ps.* 30, 2, 1, 9.

IN PSALMVM XLIV

PSAUME 44

Selon l'interprétation traditionnelle et la plupart des exégètes, le Psaume 44 est un poème nuptial composé à l'occasion du mariage d'un roi d'Israël. Après un bref prélude où le poète dit le transport inspiré qu'il éprouve à chanter en une telle circonstance (v. 2), il fait l'éloge de chacun des époux: le Roi (v. 3-10), puis la Reine (v. 11-18). Sa date et l'identité du roi concerné ont été l'objet des hypothèses les plus diverses, sans qu'aucune ne se soit imposée. Mais plusieurs auteurs (A. Feuillet, C. Wiener-J. Colson, L. Jacquet), à l'instar de ce qu'il en est pour le Cantique des Cantiques, discernent dans le psaume le «thème allégorique des épousailles divines, utilisé par les Prophètes pour décrire le retour à Yahvé de son peuple infidèle». Ils y voient donc volontiers «la transposition lyrique du fameux apologue matrimonial, imaginé par Osée (1-2), puis repris et sanctionné par Isaïe (ch. 60-62), Jérémie (ch. 3) et Ézéchiel (ch. 16 ; 23)». Au sens littéral le Ps 44 serait donc une allégorie messianique célébrant le «retour» d'Israël à son Dieu sous la métaphore traditionnelle des noces. C'est d'ailleurs ce qui expliquerait au mieux son insertion dans le Psautier et son usage liturgique[1].

---

1. L. Jacquet, *Les Psaumes et le cœur de l'homme. Étude textuelle, littéraire et doctrinale*, t. 2, Namur, 1977, p. 43-44. J.-L. Vesco, *Le psautier de David traduit et commenté* (Lectio divina 210), Paris, 2006, p. 415, pense également que c'est la lecture messianique du psaume qui a conduit à son insertion dans le psautier et note, après d'autres, que «le Ps 45 (44) occupe le centre de la série qui va du Ps 2 au Ps 89, tous deux psaumes royaux et messianiques eux aussi».

ENARRATIONES IN PSALMOS

Quoi qu'il en soit de son sens originel, il est certain qu'au fil du temps le psaume a été l'objet d'une lecture messianique explicite, comme l'atteste clairement le Targum[2]. La première génération chrétienne s'en est donc logiquement emparée pour l'appliquer au Christ, comme elle le fit pour d'autres psaumes messianiques royaux. C'est ainsi que les v. 7-8 sont cités en He 1, 8-9 pour établir la supériorité du Christ sur les anges, donc sa divinité. Dans ce florilège, le Ps 44, 7-8 voisine avec d'autres grands textes messianiques : Ps 2, 7 ; 2 Sm 7, 14 ; Ps 110, 1. À partir de ce moment le destin dogmatique, christologique et ecclésiologique du psaume ne s'arrêtera plus ; il sera même exceptionnel dans l'Église ancienne, en raison de plusieurs versets susceptibles d'une exploitation doctrinale importante (v. 2, 3 et 8), et de l'évocation de l'Épouse qui permet une application à l'Église ou à l'âme individuelle ; cette thématique nuptiale étant favorisée par la désignation du Christ

---

2. Voir H.L. STRACK – P. BILLERBECK, *Kommentar Neuen Testament aus Talmud und Midrasch*, t. 3, München, 1926, p. 679 qui cite le Targum du Ps 45, 3 s. dont voici quelques lignes : « Ta beauté, ô *Roi Messie*, est supérieure à celle des enfants des hommes. L'esprit de la prophétie est répandu sur tes lèvres, c'est pourquoi Yahvé t'a béni pour l'éternité. Ceins ton épée sur tes hanches, ô héros, pour tuer des rois et des puissants. Ta magnificence grandit, c'est pourquoi tu auras la chance d'avancer, chevauchant des destriers royaux pour l'amour de la fidélité, de la vérité, de la douceur et de la justice, et Yahvé t'enseignera à accomplir de ta main droite des actes qui inspirent la peur. » La suite dit que la fiancée du Roi Messie est « la communauté d'Israël », invitée à écouter la loi de sa bouche, à oublier les impies de son peuple et les idoles qu'elle a servies dans la maison de son père. L'interprétation messianique se perpétuera chez les rabbins médiévaux. Cf. *La Sainte Bible*, éd. L. Pirot, t. 5, *Les Psaumes*, Paris, 1937, p. 181.

IN PSALMVM XLIV

comme «époux» dans le Nouveau Testament (cf. Mt 9, 15; 25, 1-13; Jn 3, 29; 2 Co 11, 2; Eph 5, 21-32).

Quand Augustin le commente, le Psaume 44 a donc une longue histoire en terre chrétienne et l'évêque la connaît en grande partie, en particulier celle des v. 2 et 7-8, comme les notes le montreront. Il est d'ailleurs significatif qu'Augustin cite le v. 8 dès l'époque du presbytérat (*Diu. quaest.* 59, 3). À la même époque, on trouve aussi les v. 3 (*In Gal.* 24) et 14 (*Ser. Dom.* 1, 5, 13). Ces trois versets resteront d'ailleurs les plus cités par Augustin; les autres versets n'occupant qu'une place assez restreinte dans son œuvre. En fait, c'est le psaume pris dans son ensemble qui revêt une très grande importance pour lui, comme on le voit dans la polémique avec les manichéens (en *C. Faust.* 15, 11, l'ensemble des v. 11-18 est cité; cf. aussi *C. Faust.* 17, 7; 13, 15; 22, 85), avec les donatistes (en *Ep. Cath.* 8, 22, les v. 10-11-12 et 18 sont cités; cf. aussi *Ep. Cath.* 24, 70; *Ser. Dolbeau* 24, 1-2; *Bapt.* 5, 27, 38, et l'*In Ps.* 44, 11; 31-32), et avec le paganisme, puisque la totalité du psaume est cité en *Ciu.* 17, 16, 1-2 comme premier et éclatant exemple des prophéties sur le Christ et sur l'Église contenues dans le psautier. Après avoir rapporté le Ps 44, 2-9, Augustin écrit en effet:

> «Quel esprit, si lent soit-il, ne reconnaîtrait ici le Christ que nous prêchons et en qui nous croyons quand il entend parler de Dieu dont le trône est dans les siècles des siècles, de celui qui a été oint par Dieu, à la manière assurément dont Dieu oint, d'un chrême non pas visible, mais spirituel et intelligible. Qui est tellement novice en cette religion ou tellement sourd à sa renommée partout répandue, pour ignorer que le Christ a reçu son nom du chrême, c'est-à-dire de l'onction? [...] Qu'il contemple ensuite l'Église du Christ, unie à un si grand époux par un mariage spirituel et un amour divin. C'est d'elle qu'il est dit dans la suite du psaume: *La reine se tient à ta*

523

ENARRATIONES IN PSALMOS

droite… [citation du Ps 44, 10-18]. Je ne pense pas qu'on puisse être assez fou pour croire qu'on célèbre et qu'on décrive ici une femme quelconque[3]. »

L'argument de la prédication

Dès les premiers mots, le prédicateur annonce le thème central du psaume : « le chant des noces saintes, de l'époux et de l'épouse, du roi et du peuple, du Sauveur et de ceux qui seront sauvés » (§ 1). Mais l'explication des deux premières expressions du titre psalmique – « les fils de Corè » et « pour ce qui sera changé » – le retient longuement. Ce n'est qu'avec la troisième expression : « pour l'intelligence, cantique pour le bien aimé » qu'il introduit l'objet propre du psaume : « l'épouse est l'Église, l'époux est le Christ ». Il rappelle le fondement de cette vérité, l'incarnation du Verbe qui s'est uni à l'humanité, et en expose le paradoxe : cette union a abouti à la défiguration de la passion (cf. Is 53, 2), mais elle révèle en fait la « beauté parfaite » du Christ, celle de sa miséricorde. Cette beauté est longuement chantée dans un passage célèbre, et c'est précisément d'elle qu'il faut avoir « l'intelligence » (§ 3).

Après cette introduction, Augustin en vient au psaume proprement dit, mais l'important v. 2 l'oblige à traiter d'abord de l'identité du locuteur. Qui dit en effet :

---

3. Voir dans le même sens *Fid. rer.* 3, 5-6, qui cite aussi longuement le Ps 44, 7-8 et 11-18, et relève de la même intention apologétique que le livre 17 du *De Ciuitate Dei*. Les propos d'Augustin sur l'évidence du sens prophétique du psaume rappellent de près ce que dit Théodore de Mopsueste. Pour cet auteur en effet, le Ps 44 est l'un des quatre (avec les Ps 2, 8, 110) dont le sens littéral est prophétique, et qu'il faut lire en l'appliquant au Christ. Cf. THEOD. MOPS. *In Ps.* 44 (éd. R. Devreesse, p. 277-299) ; H.S. PAPPAS, « Theodore of Mopsuestia's Commentary on Psalm 44 (LXX): A Study of Exegesis and Christology », *Greek Orthodox Theological Review*, 2002, p. 55-79 ; « L'*Expositio in psalmum* 45 [44] de Théodore de Mopsueste (tr. fr.) », *Bible et vie chrétienne*, 30, 1959, p. 9-13.

IN PSALMVM XLIV

« Mon cœur a fait jaillir un verbe bon. Je dis mes œuvres au roi » ? Augustin s'attarde à résoudre cette question en vertu d'un principe fondamental de toute exégèse psalmique, la prosopologie, et parce que le verset avait une histoire controversée qu'il connaît manifestement. L'interprétation est résolument trinitaire : c'est le Père qui parle, et le « verbe bon » n'est autre que le Fils en qui tout fut créé (§ 4-6). Ces développements peuvent sembler longs et retarder d'autant l'entrée dans le psaume lui-même, mais avoir mis en lumière la transcendance du Verbe permet de mieux chanter la beauté de l'époux « supérieur aux enfants des hommes » et la « grâce » répandue sur ses lèvres (§ 7). Augustin se débat ensuite une nouvelle fois avec la question de l'identité du locuteur en évoquant d'autres interprétations possibles (§ 8-10).

Avec le v. 4 (§ 11) commence la description de l'époux. Son « glaive » est identifié à la parole de Dieu qui « divise » les croyants et les impies, l'Église et la Synagogue, l'Église et les Gentils, les catholiques et les « hérétiques », c'est-à-dire les donatistes. Débute ici l'arrière-plan polémique de la prédication. Augustin prêche en effet quelques jours après le concile de Carthage du 25 août 403 et il a encore en tête la discussion qui s'est tenue au sujet du schisme[4]. La royauté du Christ-époux, sa force et son éclat, sont attestés par la victoire de l'évangile qui a soumis les nations (§ 14-16), et son sceptre est « sceptre de droiture », parce qu'il a redressé l'homme courbé et sa volonté tortueuse (§ 17-18). Le v. 8 sur « l'onction » du

---

4. Lors du concile, il fut décidé que chaque évêque convoquerait, par l'intermédiaire des magistrats du lieu, les chefs donatistes de sa ville, et leur demanderait de choisir des mandataires pour discuter pacifiquement avec les délégués catholiques, dans l'espoir de mettre un terme au schisme.

ENARRATIONES IN PSALMOS

roi, tellement commenté par la tradition, est expliqué assez brièvement, quoiqu'avec netteté : « Dieu a été oint par Dieu », car tout en étant vrai homme, Jésus était vrai Dieu. Une figure prophétique de cette onction, le geste de Jacob au sortir de son songe, est exposée plus longuement et entraîne plusieurs digressions sur le symbolisme de l'échelle et celui des anges qui montent et descendent (§ 19-20). L'explication des vêtements parfumés de l'époux et des « filles des rois » qui accompagnent celui-ci va préparer les propos ecclésiologiques relatifs à l'épouse. Les vêtements sont en effet « les saints, les élus, l'Église », les filles des rois sont « les Églises, filles des apôtres » (§ 21-23), de même que les « fils » de la reine, les « princes sur toute la terre » sont les évêques successeurs des apôtres (§ 32).

L'interprétation de la « reine » est fondamentalement ecclésiale. À la différence d'Ambroise qui applique souvent le psaume aux vierges consacrées, Augustin ne voit jamais dans la « reine » la vierge qui a épousé le Christ, mais l'Église une et universelle[5]. De la description de la reine, Augustin retient surtout le vêtement « chamarré » qu'il interprète dans un sens antidonatiste : la diversité des Églises locales et de leurs langues ne brise pas l'unité dans la foi et la sagesse. L'Église est aussi sortie de la maison paternelle où elle est née – « le peuple de Babylone dont le démon est le roi » –, et c'est le Christ lui-même qui l'a rendue belle (§ 24-26). Quant aux « présents » offerts au roi par les filles de Tyr, ils sont compris dans

---

5. Ce point est bien mis en évidence par D.G. HUNTER, « The Virgin, the Bride, and the Church: Reading Psalm 45 in Ambrose, Jerome and Augustine », *Church History*, 69, 2000, p. 281-303. Voir aussi A. CANELLIS, « L'exégèse du Ps 44 selon Jérôme (*Epistula* 65 à la vierge Principia) », dans *Caritatis Scripta. Mélanges de littérature et de patristique offerts à Patrick Laurence*, A. Canellis, É. Gavoille et B. Jeanjean (éd.), Paris, 2015, p. 177-190.

IN PSALMVM XLIV

un sens très concret : ce sont les « aumônes », les « œuvres bonnes », que les fidèles, spécialement les « riches », font au Christ qui s'est identifié aux plus petits des siens (§ 27-28). Ces œuvres doivent être accomplies avec un cœur sincère, non par ostentation. Telle est la vraie beauté de la reine, sa « beauté intérieure » (§ 29). Enfin, la mention des jeunes filles, ou des « vierges » *(uirgines)*, qui sont amenées au roi et introduites dans le temple (v. 15-16), permet un nouveau propos d'ecclésiologie, mais qui concerne aussi désormais les consacrées. Les vierges donatistes se sont données au Christ, mais cela ne leur sert de rien, parce que le schisme les met hors de l'unique Église : elles n'entrent pas au palais du roi (§ 30-31). La fin de la prédication contient un appel pressant adressé aux donatistes pour qu'ils reviennent à l'unité et reconnaissent la signification prophétique des mots « sur toute la terre » et la gloire de l'Église qui sera confessée « dans l'éternité » (§ 32-33).

Comme dans maintes *Enarrationes*, qui sont presque toujours des commentaires linéaires des psaumes, on a le sentiment que le prédicateur est un peu bridé par un texte dont il se fait un devoir de tout expliquer. Sur un psaume fortement lyrique, on aurait pu s'attendre à une prédication plus libre et plus éclatante. Mais les pages vibrantes ne manquent pas, comme celles qui louent la beauté du Christ (§ 3) ou la gratuité de la grâce (§ 7). De plus, quand on rassemble tout ce qui est dit ici et là sur le Christ et sur l'Église, on s'aperçoit que le commentaire offre une vraie synthèse de *christologie* et d'*ecclésiologie*.

Le Christ est le Verbe sorti du sein du Père selon une ineffable nativité (§ 4), Verbe unique et éternel, sans commencement et sans fin (§ 5, 6, 7), en qui tout existe éternellement et par qui tout a été créé (§ 5), qui s'est incarné par miséricorde (§ 3), fils de la Synagogue par

ENARRATIONES IN PSALMOS

sa chair (§ 12), mais ayant quitté sa mère *(ibid.)* pour épouser l'humanité et en devenir la tête (§ 3), il a été oint d'une onction spirituelle (§ 20), d'une beauté parfaite (§ 3), source de grâce pour l'humanité (§ 7), à la fois au ciel et sur terre (§ 20), il a payé la dette qu'il ne devait pas (§ 7), sa parole agit avec puissance dans le monde (§ 11), il s'est soumis les nations par sa vérité, sa douceur et sa justice (§ 14, 16), lui dont l'Église est le vêtement glorieux et la bonne odeur (§ 22).

Quant à l'Église, elle est l'épouse du Christ (§ 1, 3), sa chair (§ 3), son vêtement resplendissant (§ 22), blessée par son amour (§ 16), venue au Christ pour l'avoir écouté humblement (§ 25), lavée et purifiée par son époux de qui elle a tout reçu (§ 26), elle est devenue belle par la foi (§ 27), composée d'une multitude de langues et de peuples, mais fondamentalement une (§ 24). Le ciment de ses pierres est la charité (§ 31), son visage est favorable à ceux qui viennent à elle et déposent en elle leurs offrandes (§ 28), et sa vraie beauté est la conscience pure de ses membres. Elle est le seul lieu où il faut prier et adorer, la Cité de Dieu qui se connaîtra un jour en vérité et dont la gloire sera éternelle (§ 32)[6].

---

6. Sur la christologie et l'ecclésiologie de l'*In Ps.* 44, voir E. Grünbeck, «Augustins Ekklesiologische Christologie im Spiegel seiner Hermeneutik: Die Bildstruktur Der Enarratio in Ps 44 », *Vigiliae Christianae*, 49, 1995, p. 353-378. Sur l'ensemble de l'interprétation patristique du Ps 44, voir L. Robitaille, «L'Église, Épouse du Christ, dans l'interprétation patristique du Psaume 44 (45) », *Laval théologique et philosophique*, 26, 1970, p. 167-179 ; 279-306 ; 27, 1971, p. 41-65 ; E. Grünbeck, *Christologische Schriftargumentation und Bildersprache: zum Konflikt zwischen Metapherninterpretation und dogmatischen Schriftbeweistraditionen in der patristischen Auslegung des 44. (45.) Psalms* (Supplements to *Vigiliae Christianae* 26), Leiden, 1994 ; R. William, «Christological Exegesis of Psalm

IN PSALMVM XLIV

Postérité

Le commentaire augustinien ne semble pas avoir eu de postérité particulière. On n'en trouve pas de trace chez Arnobe le Jeune; et chez Cassiodore, qui pourtant démarque souvent l'évêque d'Hippone, les dépendances sont rares. Cassiodore mentionne expressément deux fois Augustin (cf. Cassiod. *In Ps.* 44, 3, *CCL* 97, p. 404, 86; et § 10, p. 409, 275). Mais la première fois, c'est pour lui attribuer faussement l'idée de la beauté physique de Jésus (qu'il tire plus probablement du commentaire de Hier. *Ep.* 65, 8, éd. J. Labourt, t. 2, p. 148, 18-21), et la seconde, pour citer simplement Augustin, au même titre que Jérôme, comme témoin d'une traduction latine. C'est peut-être en *In Ps.* 44, 2, *CCL* 97, p. 403, 53, que l'influence est la plus nette, puisque Cassiodore cite, comme Augustin au § 4, Mc 10, 18 *(nemo bonus)* pour commenter le *uerbum bonum* du v. 2. Mais pour lui, c'est le prophète qui émet ce *uerbum bonum*, pas le Père comme chez Augustin. Relevons enfin que l'interprétation augustinienne du vêtement chamarré de la reine (Ps 44, 10.14) est reprise d'un mot au § 10 (*CCL* 97, p. 410, 313-315), ainsi que dans un sermon de Quodvultdeus (voir la note complémentaire « Le vêtement de la reine », *in fine*).

Datation

L'*In Ps.* 44 fut prêchée de manière quasi certaine le mercredi 2 septembre 403 dans la basilique Restituta de

---

45 », dans *Meditations of the Heart. The Psalms in Early Christian Thought and Practice. Essays in Honour of Andrew Louth* (Studia Traditionis Theologiae 8), Turnhout, 2011, p. 17-32.

ENARRATIONES IN PSALMOS

Carthage[7]. Cette date, établie par Zarb[8], a été reprise ou confirmée par O. Perler[9] et A.-M. La Bonnardière[10] et fait quasiment l'unanimité[11]. Elle se fonde sur la rubrique transmise par plusieurs manuscrits : « IV nonas septembris, quarta feria, sermo habitus in basilica Restituta », et sur le fait que, durant l'épiscopat d'Augustin, le 2 septembre n'est tombé un mercredi qu'en 397, 403, 408, 414 et 425. Or, au vu de la prédication, seules sont vraiment en concurrence les années 403 et 408. Zarb retenait 403 en se fondant sur quelques rapprochements textuels. Mais cette année s'impose d'autant plus que l'on est sûr aujourd'hui qu'Augustin n'est pas allé à Carthage en 408[12]. D'ailleurs les propos antidonatistes du prédicateur semblent exclure l'existence des lois répressives de 405, et les parallèles avec les prédications carthaginoises de l'automne-hiver 403-404 sont nombreux et frappants, comme on le verra au fil du texte.

---

7. C'est-à-dire la cathédrale de Carthage. Voir N. Duval, « L'état actuel des recherches archéologiques sur Carthage chrétienne », *Antiquité tardive*, 5, 1997, p. 314 (compte rendu critique de L. Ennabli, *Carthage. Une métropole chrétienne du IVᵉ à la fin du VIIᵉ s.*, Paris, 1997, nº 12, p. 28-31).

8. S. Zarb, *Chronologia Enarrationum s. Augustini in Psalmos*, p. 89-92.

9. O. Perler – J.-L. Maier, *Les voyages de saint Augustin*, p. 247-248.

10. A.-M. La Bonnardière, « La prédication de saint Augustin sur les Psaumes à Carthage (2ᵉ partie) », *Annuaire de l'École pratique des Hautes Études, Vᵉ section*, 89, 1980-1981, p. 461-462.

11. Seul H. Rondet, *Bulletin de littérature ecclésiastique*, 68, 1967, p. 185-187, penche pour 407-408, mais avec des arguments peu précis.

12. O. Perler – J.-L. Maier, *Les voyages*, p. 269-271.

IN PSALMVM XLIV

Après avoir participé au concile de Carthage du
25 août 403, Augustin est donc resté un certain temps
dans la capitale africaine et y a donné une série de
prédications importantes dont l'*In Ps.* 44, qui est l'une
des premières en date : *In Ps.* 42 (fin août ou début
septembre) ; *In Ps.* 44 (2 sept.) ; *In Ps.* 32, 2, 1 et 2 (13
et 16 sept. : vigile de saint Cyprien et mercredi suivant) ;
Ser. 32 (17 sept.) ; *In Ps.* 36, 1-2-3 (fin sept.)[13].

---

13. Grâce à la découverte du sermonnaire de Mayence, on sait
qu'Augustin est à Carthage début décembre 403 (cf. *Ser.* 361-362
et *Ser. Dolbeau* 5 [Avent] ; *Sermon Dolbeau* 22 [12 déc.], avec les
remarques de F. DOLBEAU, *Vingt-six sermons*, p. 428-429, 532,
640). Mais s'il est encore à Carthage fin septembre (*In Ps.* 36) et s'y
trouve aussi début décembre, peut-on raisonnablement penser qu'il
ait fait un aller et retour à Hippone dans un intervalle si bref ? C'est
possible, mais étonnant, et il se pourrait qu'il fût resté à Carthage ou
en Proconsulaire de fin août 403 à fin janvier 404. Dans l'*In Ps.* 36,
3, 20, Augustin dit qu'il va partir, mais que les pluies le retardent, et
cela sans préciser sa destination.

IN PSALMVM XLIV

Nonas Septembris quarta feria sermo habitus in basilica Restituta

v. 1   **1.** Hunc psalmum sicut uobiscum cum exsultatione cantauimus, ita nobiscum cum adtentione consideretis peto. Cantatur enim de sanctis nuptiis, de sponso et sponsa, de rege et plebe, de Saluatore et de his qui saluandi sunt. Qui cum ueste nuptiali uenit ad nuptias, gloriam quaerens sponsi, non suam, non solum libenter audit – quod solet esse etiam hominum spectacula quaerentium, non facta exhibentium –, sed etiam mandat cordi, quod non ibi uacet, sed germinet, erumpat, crescat, perficiatur, assumatur. Oportet enim nos esse quibus hoc cantetur, filios Core, quod habet titulus psalmi. Erant enim isti quidam homines, uerumtamen omnis inscriptio litterarum diuinarum aliquid innuit intellegentibus, et non tantum auditorem, uerum etiam cognitorem desiderat. Interrogamus enim uim hebraici uerbi, quid sit Core, et, sicut se interpretationes habent omnium uerborum in scriptura positorum, renuntiatur nobis filios Core interpretari filios Calui. Quod nomen non ad irrisionem accipiatis, ne inueniamur in sensu

---

14. Cf. Mt 22, 11-12.

15. Augustin ne cite ni ne commente l'expression *In finem* qui ouvre le *titulus psalmi* dans la LXX, les psautiers de la VL, et qui figure chez Hilaire et Jérôme. Sans doute ne l'avait-il pas dans son propre psautier. La mention «Pour les fils de Corè» se retrouve dans les douze psaumes «des fils de Corè», l'une des familles de chantres du temple (Ps 41-48 ; 83-84 ; 86-87). Sur les trois étymologies que

SUR LE PSAUME 44

Sermon prêché le mercredi 2 septembre
dans la basilique Restituta

1. Ce psaume que nous avons chanté avec vous dans l'exultation, je vous demande de le considérer attentivement également avec nous. C'est en effet le chant des noces saintes, de l'époux et de l'épouse, du roi et du peuple, du Sauveur et de ceux qui seront sauvés. Celui qui vient aux noces revêtu du vêtement nuptial[14] en cherchant la gloire de l'époux et non la sienne, non seulement l'écoute volontiers – ce que font d'ordinaire aussi les hommes qui sont en quête de spectacles sans produire d'actions –, mais il l'enfouit dans son cœur pour qu'il n'y soit pas inactif, qu'il germe au contraire, sorte de terre, grandisse, arrive à maturité et soit recueilli. Il faut en effet que nous soyons les fils de Corè pour qui l'on chante ce psaume, comme l'indique son titre[15]. Ils furent des individus précis, mais tout ce qui est inscrit dans le texte divin fournit des indications à l'intelligence et demande à être non seulement écouté, mais compris. Nous nous interrogeons sur le sens du mot hébreu, sur ce que veut dire Corè, et, comme pour les traductions de tous les noms de l'Écriture, nous sommes informés que fils de Corè se traduit par "fils du chauve". Ne prenez pas ce terme comme une moquerie, de peur qu'on

---

donne Augustin du nom Corè (*caluus*, *caluitium* et *caluaria*), et ce qu'on peut en déduire pour la datation des œuvres où chacune d'elles apparaît, voir la note complémentaire 9 : « Pour les fils de Corè ». L'explication donnée ici est sans doute la plus ancienne, avec celle de l'*In Ps.* 46, 2.

ENARRATIONES IN PSALMOS

puerili, quales pueros legimus in libro Regnorum insultantes Elisaeo sancto prophetae et clamantes post ipsum : *Ascende calue! Ascende calue!* Tales enim pueros stulte garrulos et in suam perniciem maledicentes, exeuntes de silua bestiae comederunt. Hoc scriptum est, et ubi sit scriptum commemorauimus; qui meminerunt, recognoscant; qui non meminerunt, legant; qui non legerunt, credant.

Quod ergo illud factum figurauit in futurum non nos debet apprehendere. Significati sunt enim in illis pueris stulti homines habentes ignorantiae sensum, quales nos non uult esse apostolus ubi dicit: *Nolite pueri esse mentibus.* Et quia Dominus inuitauerat nos ad imitationem puerorum, quando ante se paruulum posuit et ait : « Nisi quis fuerit ut puer iste, non intrabit in regnum caelorum », ibi quoque apostolus cautus ubi reuocat a mente puerili, uocat rursus ad imitationem puerilem: *Nolite,* inquit, *pueri effici mentibus, sed malitia paruuli estote, ut mentibus perfecti sitis.* Quem delectat imitari puerum, non delectet imperitia, sed innocentia. Illi uero ex imperitia insultabant sancto Dei caluo et clamabant post eum : « Calue! Calue! » Factum est ut a bestiis consumerentur, et figurauerunt homines in eadem mente puerili stulte irridentes quemdam caluum quia in Caluariae loco crucifixus est. Possessi sunt ergo tales uelut a bestiis,

---

16. 2 R 2, 23-24.

17. 1 Co 14, 20.

18. Cf. Mt 18, 2-3. Il ne s'agit pas d'une citation littérale, mais ce texte se retrouve en 411 dans le *Ser. Guelf.* 32, 1 (= 340A).

19. 1 Co 14, 20.

20. Cf. Mt 27, 33. Jésus fut crucifié au lieu appelé Golgotha, transcription de l'araméen *Goulgoltha*, « lieu du Crâne », en latin *caluaria* (d'où « calvaire »). C'est bien sûr le fait que la calvitie se trouve sur le crâne qui permet à Augustin de passer de l'épisode d'Élisée, raillé pour sa calvitie, à la crucifixion « au lieu du crâne ». Le jeu de mots

IN PSALMVM XLIV

ne trouve en nous un esprit aussi puéril que celui des gamins dont nous lisons dans le livre des Règnes qu'ils insultaient le saint prophète Élisée en criant dans son dos : *Monte, chauve ! Monte, chauve*[16] ! Car les gamins qui apostrophaient le prophète de cette façon stupide et l'ont injurié pour leur perte furent dévorés par des bêtes sauvages sortant de la forêt. Voilà ce qui est écrit, et nous avons précisé où cela est écrit ; que ceux qui s'en souviennent se remémorent l'histoire ; que ceux qui ne s'en souviennent pas la lisent ; que ceux qui ne l'ont pas lue la croient.

Que ce fait ait été une figure du futur ne doit pas nous surprendre. Ces gamins symbolisaient les hommes stupides à l'esprit ignorant, ce que l'Apôtre ne veut pas que nous soyons quand il dit : *Ne soyez pas des enfants par l'esprit*[17]. Et parce que le Seigneur nous avait invités à imiter les enfants quand il a placé devant lui un tout-petit et dit : « Si quelqu'un n'est pas comme ce petit enfant, il n'entrera pas dans le Royaume des cieux[18] », l'Apôtre aussi, dans ce même passage où il détourne de l'esprit enfantin, a soin d'appeler inversement à imiter les enfants et dit : *Ne soyez pas des enfants par l'esprit, mais soyez des tout-petits par la malice pour être parfaits par l'esprit*[19]. Celui qui se plaît à imiter l'enfant ne doit pas se plaire à son ignorance, mais à son innocence. Or c'était par ignorance que ces enfants insultaient le saint de Dieu parce qu'il était chauve et criaient dans son dos : « Chauve ! Chauve ! » Il advint qu'ils furent mangés par des bêtes, et ils furent la figure des hommes qui, avec le même esprit puéril, se moquaient stupidement d'un Chauve que vous connaissez bien, chauve parce que crucifié au lieu appelé Calvaire[20]. Aussi ces gens-là ont-ils été possédés comme par des bêtes sauvages, c'est-à-dire

---

caluus/caluaria est propre aux commentaires latins de l'épisode ; voir *BA* 18/A, n. c. 22 : « Figures de la geste d'Élisée ».

ENARRATIONES IN PSALMOS

hoc est a daemonibus, a diabolo et angelis eius, qui operatur in filiis diffidentiae. Tales pueri erant qui ante sacratum lignum stantes caput agitabant et dicebant: *Si filius Dei est, descendat de cruce.* Huius nos filii sumus, quia filii sponsi sumus, et nobis inscriptus est psalmus iste cuius titulus dicitur: ***Filiis Core, pro his quae commutabuntur.***

2. Quid ego exponam quid sit *pro his quae commutabuntur*? Quid ego dicam? Hoc omnis mutatus agnoscit. Qui audit haec: *Pro his quae commutabuntur*, uideat quid erat et quid nunc sit. Et primo ipsum mundum uideat commutatum: nuper adorantem idola, modo adorantem Deum; nuper seruientem iis quae fecit, modo ei a quo factus est. *Pro his quae commutabuntur*, uidete quando dictum sit. Modo iam residui pagani mutata expauescunt, et qui nolunt mutari uident refertas ecclesias, templa deserta, hac celebritatem, ibi solitudinem. Mirantur mutata: legant praedicta, aurem accommodent promissori, credant exhibitori. Sed et unusquisque nostrum, fratres, ex uetere homine in nouum mutatur; ex infideli fidelis fit, ex raptore largitor, castus ex adultero, beneficus ex malefico. Ergo cantetur nobis: *Pro his quae commutabuntur*, et sic incipiat describi per quem commutata sunt.

---

21. Cf. Eph 2, 2.

22. Mt 27, 39, souvent cité par Augustin à la troisième personne, comme au v. 43.

23. Cf. Mt 9, 15. Voir *BA* 57/A, p. 282, n. 8.

24. Voir la note complémentaire 18: «Pour ce qui sera changé».

25. Les mots *residui pagani* ne se retrouvent pas ailleurs chez Augustin, mais figurent en Oros. *Hist.* 7, 37, 10, *CSEL* 5, p. 540, 7.

IN PSALMVM XLIV

par les démons, par le diable et ses anges, celui qui est à l'œuvre dans les fils de l'infidélité[21]. Ils se comportaient comme ces enfants, ceux qui devant le bois sacré de la croix hochaient la tête et disaient : *S'il est fils de Dieu, qu'il descende de la croix*[22]. Nous, nous sommes ses fils, parce que nous sommes les fils de l'époux [23], et c'est pour nous qu'a été écrit ce psaume dont le titre porte : **Aux fils de Corè, pour ce qui sera changé.**

2. Faut-il expliquer ce que veut dire : *Pour ce qui sera changé* ? Que puis-je dire[24] ? Cela, tout homme qui a été changé le sait. Que celui qui entend ces mots : *Pour ce qui sera changé*, voie ce qu'il était et ce qu'il est maintenant. En premier lieu, qu'il voie que le monde lui-même est changé : naguère adorant les idoles, maintenant adorant Dieu ; naguère servant ce qu'il avait créé, maintenant servant son Créateur. *Pour ce qui sera changé* : notez bien à quelle époque cela a été dit. Maintenant, ce qui reste des païens[25] est atterré par ces changements, et ceux qui ne veulent pas changer voient les églises pleines et les temples déserts, ici la foule, là la solitude[26]. Ils s'étonnent du changement : qu'ils lisent les prédictions, qu'ils prêtent l'oreille à l'auteur des promesses, qu'ils croient en celui qui les accomplit. Mais c'est aussi chacun d'entre nous, mes frères, qui est changé, qui passe du vieil homme au nouveau ; d'incroyant, il devient croyant, de rapace, généreux, d'adultère, chaste, de malfaisant, bienfaisant. Qu'on le chante donc pour nous, ce chant *pour ce qui sera changé*, et qu'on commence ainsi à décrire celui par qui a eu lieu ce changement.

---

26. L'expression « refertas ecclesias, templa deserta » figure déjà en 390 en *Ver. rel.* 4, 6. Mais ce que dit ici Augustin, en particulier avec l'injonction faite aux païens de lire les prophéties, rappelle le livre I du *De consensu euangelistarum*, certainement proche dans le temps (403-404).

537

ENARRATIONES IN PSALMOS

3. Sequitur enim: *Pro his quae commutabuntur, filiis Core, **in intellectum, canticum pro dilecto***. Nam dilectus ille uisus est a persecutoribus suis, sed non *in intellectum. Si enim cognouissent, nunquam Dominum gloriae crucifixissent*. Ad hunc intellectum oculos alios quaerebat ipse, cum diceret: *Qui me uidet, uidet et Patrem*. Sonet eum iam psalmus! Gaudeamus in nuptiis, et nos erimus cum iis quibus[a] fiunt nuptiae, qui inuitantur ad nuptias; et ipsi inuitati sponsa est. Etenim sponsa ecclesia est, sponsus Christus. Solent dici ab scholasticis carmina quaedam uxores ducentibus et nubentibus, quae uocantur epithalamia; quidquid ibi cantatur ad honorem cantatur sponsi et sponsae. An forte et in nuptiis istis quo inuitati sumus thalamus non est? Et unde dicit alius psalmus: *In sole posuit tabernaculum suum, et ipse tamquam sponsus procedens de thalamo suo*? Coniunctio nuptialis, Verbum et caro; huius coniunctionis thalamus, uirginis uterus. Etenim caro ipsa Verbo est coniuncta, unde etiam dicitur: *Iam non duo, sed una caro*. Assumpta est ecclesia ex genere humano, ut caput esset ecclesiae ipsa caro Verbo coniuncta et ceteri credentes membra essent illius capitis. Nam uis uidere quis uenerit ad nuptias?

---

a. *corr. pour* qui.

---

27. La mention *in/ad intellectum* figure dans le titre de nombreux psaumes et Augustin l'exploite presque toujours de façon analogue; voir *BA* 58/A, n. c. 9, p. 420-421: «Psaume d'intelligence».

28. 1 Co 2, 8.

29. Jn 14, 9.

30. Sur le genre littéraire de l'épithalame, poème composé à l'occasion d'un mariage et éloge des nouveaux époux, voir R. KEYDELL, dans *RLAC* 5, c. 927-943; L. PERNOT, *La rhétorique de l'éloge dans le monde gréco-romain*, Paris, 1993, p. 98-99. Le mot *epithalamia* est utilisé pour le Cantique des Cantiques dans *In Ioh.* 65, 3; *Ser.* 138, 9, 9; *Ser. Denis* 12, 2.

IN PSALMVM XLIV

3. Après *pour ce qui sera changé*, on a en effet : *Aux fils de Corè, **pour l'intelligence, cantique sur le bien-aimé***. Si en effet le bien-aimé a été vu de ses persécuteurs, ce n'était pas *pour l'intelligence*[27]. *Si en effet ils l'avaient connu, jamais ils n'auraient crucifié le Seigneur de gloire*[28]. Pour cette intelligence, lui-même requérait des yeux autres, quand il disait : *Qui me voit, voit aussi le Père*[29]. Que le psaume le célèbre ! Réjouissons-nous de ses noces pour faire partie de ceux pour qui se font ces noces, ceux qui sont invités aux noces ; les invités eux-mêmes sont l'épouse. Car l'épouse est l'Église, l'époux est le Christ. C'est une coutume des déclamateurs de faire pour les hommes et les femmes qui se marient des poèmes que l'on appelle épithalames[30] ; tout ce qu'on y chante est chanté à la louange de l'époux et de l'épouse. N'y aurait-il pas de chambre nuptiale à ces noces où nous sommes invités ? Et pourquoi donc un autre psaume dit-il : *Il a placé sa tente dans le soleil, et lui-même est comme un époux sortant de la chambre nuptiale*[31] ? Cette union nuptiale est celle du Verbe et de la chair ; la chambre nuptiale de cette union est le sein de la Vierge[32]. En effet, la chair a été unie au Verbe, d'où ces mots : *Ils ne seront plus deux, mais une seule chair*[33]. L'Église a été prise dans le genre humain, pour que cette chair unie au Verbe fût la tête de l'Église et que tous les croyants fussent les membres de cette tête[34]. Veux-tu voir qui est

---

31. Ps 18, 6.

32. Le sein de Marie comme chambre nuptiale est un thème fréquent : *In Ioh.* 8, 4 ; *In Ep. Ioh.* 1, 2 ; *In Ps.* 18, 1, 6 ; *In Ps.* 18, 2, 6 ; *In Ps.* 90, 2, 5 ; *Ser.* 126, 5, 6 ; 291, 6 ; *Ser. Denis* 12, 2 ; *Ser. Dolbeau* 26, 43. Voir *BA* 71, n. c. 58, p. 891-893 : « L'incarnation et les fiançailles du Christ et de l'Église » (M.-F. Berrouard).

33. Mt 19, 6 ; Eph 5, 32.

34. Cf. Col 1, 18.

539

ENARRATIONES IN PSALMOS

In principio erat Verbum et Verbum erat apud Deum et Deus erat Verbum. Gaudeat sponsa amata a Deo. Quando amata? Dum adhuc foeda. *Omnes enim peccauerunt,* ait apostolus, *et egent gloria Dei;* et iterum: *Etenim Christus pro impiis mortuus est.* Amata est foeda, ne remaneret foeda. Non enim uere foeda amata est, quia non foeditas amata est; nam si hoc amaret, hoc seruaret: euertit foeditatem, formauit pulchritudinem. Ad qualem uenit, et qualem fecit? Veniat iam ipse in uerbis propheticis; ecce ipse sponsus procedat nobis; amemus illum, aut si inuenerimus in eo aliquid foedi, non amemus. Ecce ipse inuenit multa foeda, et amauit nos: si aliquid foedi inuenerimus in eo, non amemus. Quia et hoc ipsum quod carnem indutus est, ut de illo etiam diceretur: *Vidimus eum, et non habebat speciem neque decorem,* si consideres misericordiam qua factus est, et ibi pulcher est. Sed Iudaeorum personam gerebat propheta, cum diceret: *Vidimus eum, et non habebat speciem neque decorem.* Quare? Quia non *in intellectum.* Intellegentibus autem, *et Verbum caro factum est,* magna pulchritudo est. *Mihi autem absit gloriari,* dixit unus amicorum sponsi, *nisi in cruce Domini nostri Iesu Christi.* Parum est ut non inde erubescas, nisi etiam et glorieris. Quare ergo non habuit speciem neque decorem? Quia Christus crucifixus *Iudaeis quidem scandalum, gentibus stultitia.* Quare autem et in cruce habuit decorem? *Quia quod stultum est Dei sapientius est quam homines,*

---

35. Jn 1, 1.

36. Ro 3, 23.

37. Ro 5, 6.

38. Même idée en *In Ps.* 103, 1, 5 (déc. 403) : « Mais pour la rendre belle, j'ose le dire, il l'a aimée laide » ; *In Ioh.* 13, 10 ; *Ser.* 142, 5, 5 ; *Ser.* 62, 5, 8.

39. Is 53, 2.

IN PSALMVM XLIV

venu à ces noces ? *Au commencement était le Verbe, et le Verbe était auprès de Dieu, et le Verbe était Dieu*[35]. Que se réjouisse l'épouse que Dieu a aimée. Quand a-t-elle été aimée ? Quand elle était encore laide. *Car tous ont péché*, dit l'Apôtre, *et ont besoin de la gloire de Dieu*[36] ; et il dit encore : *Le Christ en effet est mort pour des impies*[37]. Elle a été aimée laide pour ne pas rester laide[38]. Elle n'a pas été vraiment aimée en tant que laide, car ce n'est pas sa laideur qui a été aimée ; si c'était cela qu'il aimait, il la lui garderait ; il a supprimé sa laideur, il a forgé sa beauté. Comment était-elle quand il est venu vers elle, et qu'a-t-il fait d'elle ? Qu'il vienne maintenant lui-même dans les paroles prophétiques ; oui, que l'époux s'avance lui-même vers nous : aimons-le ; ou, si nous avons trouvé en lui quelque laideur, ne l'aimons pas. Lui, il a trouvé en nous bien des laideurs, et il nous a aimés ; nous, ne l'aimons pas si nous trouvons en lui quelque laideur. Car en cela même qu'il s'est revêtu de notre chair, ce qui a fait dire de lui : *Nous l'avons vu, et il n'avait ni beauté ni éclat*[39], si l'on considère la miséricorde qui l'a rendu tel, il est beau, même là. Mais c'est en endossant le personnage des Juifs que le prophète disait : *Nous l'avons vu, et il n'avait ni beauté ni éclat.* Pourquoi ? Parce que ce n'étaient pas des paroles *pour l'intelligence.* Au contraire, pour ceux qui comprenaient *et le Verbe s'est fait chair*, il y a là une grande beauté. *Pour moi*, a dit un des amis de l'époux, *que jamais je ne me glorifie, sinon dans la croix de notre Seigneur Jésus Christ*[40]. C'est trop peu de n'en pas rougir, il faut même s'en glorifier. Pourquoi donc n'avait-il ni beauté ni éclat ? Parce que le Christ a été crucifié, *scandale pour les Juifs, folie pour les païens.* Pourquoi, même sur la croix, avait-il cet éclat ? *Parce que la folie de Dieu est plus sage que les hommes,*

---

40. Ga 6, 14.

ENARRATIONES IN PSALMOS

et quod infirmum est Dei fortius est quam homines. Nobis ergo iam credentibus ubique sponsus pulcher occurrat. Pulcher Deus, Verbum apud Deum: pulcher in utero uirginis, ubi non amisit diuinitatem et sumpsit humanitatem; pulcher natus infans Verbum, quia et cum esset infans, cum sugeret, cum manibus portaretur, caeli locuti sunt, angeli laudes dixerunt, magos stella direxit, adoratus est in praesepi, cibaria mansuetorum. Pulcher ergo in caelo, pulcher in terra; pulcher in utero, pulcher in manibus parentum; pulcher in miraculis, pulcher in flagellis; pulcher inuitans ad uitam, pulcher non curans mortem; pulcher deponens animam, pulcher recipiens; pulcher in ligno, pulcher in sepulcro, pulcher in caelo. *In intellectum* audite canticum, neque oculos uestros a splendore pulchritudinis illius auertat carnis infirmitas. Summa et uera pulchritudo iustitia est; ibi illum non uidebis pulchrum ubi deprehendis iniustum; si ubique iustus, ubique decorus. Veniat ergo nobis inspiciendus oculis mentis, descriptus a quodam laudatore suo propheta. Ecce incipit.

v. 2   **4. *Eructauit cor meum uerbum bonum.*** Quis dicit, Pater an propheta? Intellexerunt enim quidam Patris personam dicentis: *Eructauit cor meum uerbum*

---

41. 1 Co 1, 25.

42. Voir la note complémentaire 20: «La nourriture des doux».

43. Cf. Jn 10, 18.

44. Sur la beauté du Christ, voir J.-M. FONTANIER, *La beauté selon saint Augustin*, Rennes, 2008[2], ch. 4: «La beauté du Christ» (p. 155-172); J. TSCHOLL, «Augustins Beachtung der geistigen Schönheit», *Augustiniana*, 16, 1966, p. 11-53; D. DIDEBERG «Beauté et laideur du Christ (cf. Ps 44, 3; Is 53, 2; Ph 2, 6-7)», *BA* 76, n. c. 34, p. 509-510; *AugLex*, s. v. *Pulchritudo, Pulchrum*. Quelques mois après l'*In Ps.* 44, Augustin tiendra des propos très proches dans l'*In Ps.* 103, 1, 4-6 (déc. 403) en confrontant comme ici Ps 44, 3, Is 52, 3, Ro 5, 6, Ph 2, 6-8 et en insistant sur la miséricorde du Christ qui a aimé l'Église dans sa souillure, afin de la rendre belle comme lui-même est beau. Voir aussi *In Ps.* 127, 8.

et que la faiblesse de Dieu est plus forte que les hommes[41]. Donc, pour nous qui croyons, l'époux peut désormais apparaître partout dans sa beauté. Il est beau en tant que Dieu, Verbe auprès de Dieu ; beau dans le sein de la Vierge, où il a assumé l'humanité sans perdre sa divinité ; beau est le Verbe quand il est né petit enfant, parce que, tandis qu'il était petit enfant, qu'il tétait, qu'il était porté dans les bras, les cieux ont parlé, les anges ont chanté ses louanges, une étoile a guidé les mages, il a été adoré dans la mangeoire, lui, la nourriture des doux[42]. Donc, il est beau dans le ciel, beau sur la terre ; beau dans le sein maternel, beau dans les bras de ses parents ; beau dans ses miracles, beau dans la flagellation ; beau quand il invite à la vie, beau quand il ne se soucie pas de la mort ; beau quand il dépose sa vie, beau quand il la reprend[43] ; beau sur le bois de la croix, beau dans le sépulcre, beau dans le ciel. Écoutez ce chant *pour l'intelligence*, que la faiblesse de la chair ne détourne pas vos yeux de la splendeur de sa beauté. La beauté suprême et véritable est la justice ; tu ne le verras pas beau si tu le trouves injuste ; s'il est juste en tout, il est beau en tout[44]. Qu'il vienne donc à nous pour être vu des yeux de l'âme, tel que l'a dépeint un de ceux qui l'ont loué, son prophète. Le voici qui commence.

4. *Mon cœur a fait jaillir un verbe bon*[45]. Qui parle, le Père ou le prophète ? Certains ont compris que le personnage qui dit : *Mon cœur a fait jaillir un verbe*

---

45. Ou : une parole bonne. «Fais jaillir» traduit *eructare*, éructer. Voir J.-L. Chrétien, *Saint Augustin et les actes de paroles*, Paris, 2002, p. 59-64 («Éructer») ; D. Dideberg, «Saint Jean, le disciple bien-aimé, révélateur des secrets du Verbe de Dieu», dans *Saint Augustin et la Bible*, Paris, 1986, p. 195-199, sur le lien entre *eructare-uidere-praedicare*.

ENARRATIONES IN PSALMOS

bonum, commendantis nobis natiuitatem quamdam ineffabilem. Ne forte putares aliquid assumptum unde Filium generaret Deus, quemadmodum homo sibi assumit aliquid unde generet filios, coniugium scilicet sine quo prolem procreare homo non potest; ne igitur putares aliquo coniugio indiguisse Deum unde Filium generaret: *Eructauit*, inquit, *cor meum uerbum bonum.* Hodie cor tuum, o homo, generat consilium nec quaerit uxorem; per consilium natum ex corde tuo aedificas aliquid, et illa fabrica, antequam stet in opere, stat in consilio, et inest iam quod facturus es in eo per quod facturus es; et laudas fabricam nondum existentem, nondum in specie aedificii, sed in prolatione consilii; nec laudat alius consilium tuum, nisi aut indicaueris aut uiderit quod fecisti. Ergo si per Verbum omnia et Verbum de Deo, inspice fabricam factam per Verbum, et ex isto aedificio mirare consilium. Quale Verbum est per quod factum est caelum et terra, et omnis ornatus caeli, omnis fecunditas terrae, diffusio maris, distentio aeris, fulgor siderum, claritas solis et lunae? Videntur haec; transcende et haec; cogita angelos, principatus, sedes, dominationes, potestates: omnia per ipsum facta sunt. Vnde ergo ista bona facta sunt? Quia eructatum est per quod fierent, *Verbum bonum.* Ergo Verbum bonum, et ipsi Verbo dictum est: *Magister bone.* Et ipsum Verbum respondit: *Quid me interrogas de bono?*

---

46. Voir la note complémentaire 19: «L'interprétation patristique et augustinienne du Ps 44, 2».

47. Les développements qui suivent ont leur équivalent en *In Ioh.* 1, 9: l'homme est capable d'avoir dans son cœur une parole *(uerbum)* qui soit «comme un dessein né dans [son] esprit, comme le fils de [son] cœur» *(quasi proles mentis tuae, quasi filius cordis)*, et ce fait éclaire le génération du Fils. Mais il s'agit d'une simple analogie, comme le précise *Trin.* 15, 23, 43: «L'intelligence de l'homme, qui se forme sur la mémoire par l'attention de la pensée, lorsqu'on dit ce qu'on sait et que se produit ce verbe du cœur *(uerbum cordis)* qui n'est

IN PSALMVM XLIV

bon, est le Père, qui nous faisait connaître une naissance ineffable[46]. Afin que tu n'ailles pas penser que Dieu a eu besoin de quelque chose pour engendrer le Fils, à la manière de l'homme qui a besoin de quelque chose pour engendrer des fils, à savoir, le mariage, sans lequel un homme ne peut procréer une descendance, afin donc que tu n'ailles pas penser que Dieu a eu besoin d'un mariage pour engendrer le Fils, il dit : *Mon cœur a fait jaillir un verbe bon.* Aujourd'hui, homme, ton cœur engendre un projet sans chercher d'épouse[47] ; au moyen d'un projet né dans ton cœur, tu construis quelque chose, et ce bâtiment, avant d'être réalisé concrètement, est là dans ton projet ; ce que tu vas faire est déjà présent dans ce par quoi tu vas le faire, et tu fais l'éloge d'un bâtiment qui n'existe pas encore, que tu ne vois pas encore édifié, mais seulement dans le projet que tu as conçu ; un autre ne peut faire l'éloge de ton projet, à moins que tu ne lui en aies fait part ou qu'il n'ait vu ce que tu as fait. Si donc tout a été fait par le Verbe et que le Verbe est de Dieu, examine ce qu'a créé le Verbe et, à partir de cet édifice, admire son dessein. Quel est ce Verbe par qui ont été faits le ciel et la terre, toute la parure du ciel, toute la fécondité de la terre, l'étendue de la mer, l'espace de l'air, le scintillement des astres, la clarté du soleil et de la lune ? Cela, on le voit ; dépasse cela ; songe aux anges, aux principautés, aux trônes, aux dominations, aux puissances[48] : tout a été fait par lui. D'où vient qu'a été fait tout cela qui est bon ? C'est qu'a jailli ce qui devait les faire, *le Verbe bon.* Le Verbe donc est bon, et à ce Verbe quelqu'un a dit : *Bon maître* ; et le Verbe a répondu : *Pourquoi m'interroges-tu sur ce qui est*

---

formulé en aucune langue, offre quelque ressemblance avec le Fils, malgré de grandes différences. » Voir aussi *In Ioh.* 17, 7 ; *Ser.* 288, 3 ; *Trin.* 15, 10, 19.

48. Cf. Col 1, 16.

ENARRATIONES IN PSALMOS

Nemo bonus nisi unus Deus. Dictum est: *Magister bone*, et dicit: *Quid me interrogas de bono?* Addidit etiam: *Nemo bonus, nisi unus Deus.* Quomodo ergo et ipse bonus, nisi quia Deus? Non solum autem Deus, sed cum Patre unus Deus. Non enim dicendo: *Nemo bonus, nisi unus Deus*, discreuit se, sed uniuit. *Eructauit cor meum uerbum bonum.* Dixerit hoc Deus Pater de Verbo suo bono atque benefico bono nostro, per quod solum bonum utcumque boni esse possumus.

5. Sequitur: ***Dico ego opera mea regi.*** Adhuc Pater loquitur? Si adhuc Pater loquitur, quaeramus et hoc quomodo secundum fidem ueram et catholicam intellegamus: *Dico ego opera mea regi.* Si enim Pater dicit opera sua Filio suo regi nostro, quae opera Pater dicturus est Filio, cum omnia opera Patris per Filium facta sint? An forte: *Dico ego opera mea regi*, ipsum *dico* generationem Filii significat? Vereor ne hoc aliquando a tardioribus non possit intellegi, uerumtamen dicam; sequatur qui potest, ne non dicto non sequatur et qui potest. Legimus in alio psalmo dictum: *Semel locutus est Deus.* Toties locutus est per prophetas, toties per apostolos, hodieque loquitur per sanctos suos et ait: *Semel locutus est Deus.* Vnde semel locutus est nisi propter Verbum unum? Sicut autem *Eructauit cor meum uerbum bonum*, intelleximus ibi generationem Filii, ueluti repetitio

---

49. Mt 19, 17.

50. Cf. *In Ps.* 117, 2 et *BA* 66, n. c. 20, p. 455-457 : «Le jeune homme riche et la bonté de Dieu».

51. Le Fils est la «diction» du Père. L'idée apparaît dès *Gen. imp.* 5, 19 et ne cessera d'être reprise : *Ep.* 102, 11 ; *Gen. litt.* 1, 2, 5-6 ; *In Ioh.* 14, 7 ; 21, 4. Mais Augustin prend souvent le soin de préciser qu'à la différence de la parole humaine qui naît dans le cœur, sort, puis s'éteint, le Verbe est une Parole éternelle, sans commencement et sans fin. Cf. aussi *Trin.* 15, 16, 26.

52. Ps 61, 12.

IN PSALMVM XLIV

bon? Personne n'est bon, sinon Dieu seul[49]. On lui a dit: *Bon maître*, et il répond: *Pourquoi m'interroges-tu sur ce qui est bon?* Il a aussi ajouté: *Personne n'est bon, sinon Dieu seul.* Comment donc lui-même est-il bon, sinon parce qu'il est Dieu? Il n'est pas seulement Dieu, mais un seul Dieu avec le Père[50]. Car en disant que *personne n'est bon sinon Dieu seul*, il ne s'est pas séparé de lui, mais uni à lui. *Mon cœur a fait jaillir un verbe bon.* Cette parole, on peut penser que c'est Dieu le Père qui l'a dite de son Verbe bon, qui est pour nous la source du bien, le bien unique par qui il peut y avoir en nous quelque bien.

5. Voici la suite: *Je dis mes œuvres au roi.* Est-ce encore le Père qui parle? Si c'est encore le Père qui parle, cherchons comment comprendre selon la foi catholique véritable ces mots: *Je dis mes œuvres au roi.* Si en effet le Père dit ses œuvres à son Fils qui est notre roi, quelles sont les œuvres que le Père va dire au Fils, étant donné que toutes les œuvres du Père ont été faites par le Fils? Serait-ce que dans *je dis mes œuvres au roi*, ce *je dis* signifie la génération du Fils[51]? Je crains que cela ne puisse être compris de ceux qui ont l'esprit plus lent, mais je vais le dire quand même; suive qui peut, mais je ne veux pas que celui qui pourrait suivre ne le fasse pas si je me tais. Nous lisons qu'il est dit dans un autre psaume: *Une fois, Dieu a parlé*[52]. Il a parlé tant de fois par les prophètes, tant de fois par les apôtres, et aujourd'hui il parle par ses saints, et il est dit: *Une fois, Dieu a parlé*! Pourquoi dire qu'il n'a parlé qu'une fois, sinon parce que son Verbe est unique[53]? De même que dans *mon cœur a fait jaillir un verbe bon*, nous avons vu la génération du Fils, il me

---

53. Cf. *In Ps.* 61, 18: «Ici-bas, parmi les hommes, Dieu a souvent parlé aux hommes, de beaucoup de manières, en beaucoup d'endroits, par de nombreuses créatures; mais Dieu a parlé une seule fois en lui-même, parce qu'il a engendré un seul Verbe»; *Ser. Dolbeau* 22, 6: «Il a parlé une seule fois selon un unique Verbe.»

ENARRATIONES IN PSALMOS

mihi uidetur facta in consequenti sententia, ut illud quod dictum erat : *Eructauit cor meum uerbum bonum*, repeteretur in eo quod ait : *Dico*. Quid est enim : *Dico* ? Verbum profero. Et unde profert Deus uerbum, nisi ex corde suo, ex intimo suo ? Tu non dicis nisi quod ex corde tuo profers ; uerbum tuum quod sonat et transit, aliunde non profertur : et miraris quia ita dicit Deus ? Sed dicere Dei aeternum est. Tu dicis aliquid modo, quia tacebas paulo ante, uel ecce nunc nondum uerbum profers ; cum autem proferre coeperis, rumpis silentium quodammodo, et generas uerbum quod antea non erat. Non sic Deus genuit Verbum : dicere Dei sine initio est, et sine fine ; et tamen unum Verbum dicit. Dicat alterum, si quod dixit transierit. Cum uero et a quo dicitur manet, et quod dicitur manet ; et semel dicitur et non finitur ; et ipsum semel sine initio dicitur, nec bis dicitur, quia non transit quod semel dicitur. Hoc est ergo : *Eructauit cor meum uerbum bonum*, quod est : *Dico ego opera mea regi*. Quare ergo : "Opera mea dico" ? Quia in ipso Verbo omnia opera Dei. Quidquid enim facturus erat Deus in creatura, iam in Verbo erat, nec esset in rebus, nisi esset in Verbo, quomodo et in te non esset in fabrica, nisi esset in consilio. Sicut in euangelio dicitur :

---

54. Augustin vient d'expliquer que le Verbe est l'unique et éternelle parole du Père. Mais il va compléter son propos en disant que dans cette «diction» du Verbe est déjà contenue toute l'œuvre de la Création et l'Alliance elle-même. En effet, le Verbe est non seulement celui «par qui» tout a été fait (cf. Jn 1, 3), mais celui «en qui» tout a été fait, c'est-à-dire celui qui contient la cause même des êtres à venir et leurs «raisons séminales». Voir *Gen. litt.* 2, 6, 12 : «L'Écriture ne trouve pas de cause à la création d'une chose sans trouver dans le Verbe de Dieu que cela ait dû être créé» ; 4, 32, 49 ; 4, 33, 51 ; 5, 15, 33 ; 6, 11, 18. Mais ce n'est pas seulement l'univers cosmique qui est précontenu dans le Verbe, c'est l'agir même de Dieu et toute l'Économie salvifique. La phrase «Tout ce que Dieu fera dans la créature *était déjà dans le Verbe*» doit en effet être rapprochée de *Trin.* 2, 5, 9 : «Sed utique in ipso Dei Verbo quod erat in principio apud Deum et Deus erat, in ipsa scilicet sapientia Dei, sine tempore erat, quo tempore

IN PSALMVM XLIV

semble qu'il y a une répétition dans la phrase suivante : *Mon cœur a fait jaillir un verbe bon* est repris par *je dis*. Que signifie en effet : *Je dis* ? Je profère un verbe. Et d'où vient le verbe que Dieu profère, sinon de son cœur, de l'intime de lui-même ? Toi-même, tu ne dis que ce que tu profères de ton cœur ; ta parole qui résonne et qui passe n'est pas proférée depuis un autre endroit, et tu t'étonnes que Dieu s'exprime ainsi ? Mais le dire de Dieu est éternel. Toi, tu dis maintenant quelque chose que tu taisais il y a un instant, ou bien voilà que tu ne profères pas encore une parole ; or, quand tu commences à la proférer, tu romps en quelque sorte le silence et tu engendres une parole qui auparavant n'était pas. Ce n'est pas ainsi que Dieu a engendré le Verbe : le dire de Dieu est sans commencement ni fin, et cependant il dit un Verbe unique. Il pourrait en dire un autre si ce qu'il a dit avait passé. Mais comme demeurent tant celui qui l'a dit que ce qui a été dit, cette parole est dite une seule fois et ne finit pas, et elle est dite une seule fois sans avoir eu de commencement et n'est pas dite deux fois, parce que, quand elle est dite une fois, elle ne passe pas. Ainsi, *mon cœur a fait jaillir un verbe bon* a le même sens que *je dis mes œuvres au roi*. Pourquoi donc "je dis mes œuvres" ? Parce que dans le Verbe même sont contenues toutes les œuvres de Dieu[54]. Tout ce que Dieu allait faire dans la création était déjà dans le Verbe, et ne serait pas venu à l'existence si cela n'avait été dans le Verbe, exactement comme dans ton cas, où il n'y aurait pas de bâtiment s'il n'était dans ton projet. C'est ainsi qu'il est dit dans

---

illam in carne apparere oporteret » ; *C. ser. Ar.* 12, 9 : « Déjà il y avait dans le Verbe que *le Verbe s'est fait chair* (Jn 1, 14). Et c'est parce que cela existait déjà réellement dans le Verbe avant qu'il prît chair, que cela s'est accompli dans la chair de manière effective ; c'est parce que cela se trouvait déjà dans le Verbe en dehors du temps que cela s'est accompli dans la chair au temps fixé. » Cf. aussi *Gen. litt.* 2, 6, 13-14 ; *In Ps.* 32, 2, 2, 14 ; *In Ioh.* 37, 8 ; *Ciu.* 12, 17.

ENARRATIONES IN PSALMOS

Quod factum est in ipso uita erat. Erat ergo quod factum est, sed in Verbo erat: et omnia opera Dei ibi erant, et opera nondum erant: sed Verbum erat, et Verbum hoc Deus erat, et apud Deum erat, et Filius Dei erat, et cum Patre unus Deus erat. *Dico ego opera mea regi.* Audiat dicentem, qui Verbum intellegit, et uideat cum Patre sempiternum Verbum, in quo sunt etiam quae futura sunt, in quo non abierunt et quae transierunt. Haec opera Dei in Verbo, tamquam in Verbo, tamquam in Vnigenito, tamquam in Dei Verbo.

6. Quid ergo sequitur? *Lingua mea calamus scribae uelociter scribentis.* Quid simile, fratres mei, quid habet simile lingua Dei cum calamo scribae? Quid habet simile petra cum Christo? Quid habet simile agnus cum Saluatore? Quid habet leo cum Vnigeniti fortitudine? Dicta sunt haec tamen, et nisi dicerentur, non aliquo modo per haec uisibilia ad inuisibilem informaremur. Sic ergo humilem similitudinem calami huius nec comparemus illi excellentiae nec tamen respuamus. Quaero enim quare linguam suam calamum dixit esse *scribae uelociter scribentis*. At uero quantumuis uelociter scribat scriba, non comparatur illi uelocitati de qua dicit alius psalmus: *Vsque in uelocitatem currit uerbum eius.* Sed mihi uidetur, quantum audet humana intellegentia, et hoc posse accipi ex persona Patris dictum: *Lingua mea*

---

55. Jn 1, 3.

56. Cf. 1 Co 10, 4.

57. Cf. Jn 1, 29.

58. Cf. Ap 5, 5. À comparer avec *Epist.* 55, 11 (seconde moitié de 403; cf. P.-M. Hombert, *Nouvelles recherches*, p. 95-100) qui tient un propos identique en se référant pareillement à 1 Co 10, 4 – Jn 1, 29 – Ap 5, 5. Cf. aussi *In Ps.* 103, 3, 20 (déc. 403) avec la même triade *pierre-agneau-lion*.

IN PSALMVM XLIV

l'Évangile : *Ce qui a été fait en lui était vie*[55]. Donc, ce qui a été fait existait, mais dans le Verbe ; toutes les œuvres de Dieu étaient là, et elles n'étaient pas encore des œuvres. Mais le Verbe était, et ce Verbe était Dieu, et il était auprès de Dieu, et il était le Fils de Dieu, et il était un seul Dieu avec le Père. *Je dis mes œuvres au roi.* Que celui qui connaît le Verbe entende celui qui parle, et qu'il voie avec le Père le Verbe éternel en qui sont déjà les choses qui seront, en qui même celles qui ont passé n'ont pas cessé d'être. Toutes ces œuvres de Dieu sont dans le Verbe, en tant que Verbe, en tant que Fils unique, en tant que Verbe de Dieu.

6. Quelle est la suite ? *Ma langue est le calame d'un scribe à l'écriture rapide.* Quelle ressemblance y a-t-il, mes frères, quelle ressemblance entre la langue de Dieu et le calame d'un scribe ? Quelle ressemblance y a-t-il entre un rocher et le Christ[56] ? Quelle ressemblance y a-t-il entre un agneau et le Sauveur[57] ? Quel rapport entre un lion et la force du Fils unique[58] ? On emploie cependant ces comparaisons, et, si ce n'était le cas, nous ne nous pourrions nous former quelque idée de l'invisible à travers ces réalités visibles. Ainsi pour l'humble image du calame : ne la mettons pas sur le même plan que l'excellence de Dieu, mais ne la rejetons pas. Je me demande en effet pourquoi il a dit de sa langue qu'elle était *le calame d'un scribe à l'écriture rapide.* Aussi vite qu'écrive un scribe, cette vitesse est sans comparaison avec celle dont parle un autre psaume : *Son verbe court avec une extrême rapidité*[59]. Mais il me semble, pour autant que l'intelligence humaine pousse l'audace jusque là, que ces mots aussi peuvent être considérés comme une parole prononcée par le Père : *Ma langue*

---

59. Ps 147, 15 ; *usque in uelocitate(m)*, leçon du *Codex Veronensis*, calque littéralement une formule de la Septante.

ENARRATIONES IN PSALMOS

calamus scribae. Quia quod lingua dicitur sonat et transit, quod scribitur manet; cum ergo dicat Deus Verbum, et Verbum quod dicitur non sonet et transeat, sed et dicatur et maneat, scriptis hoc maluit Deus comparare quam sonis. Quod autem addidit *uelociter scribentis* impulit mentem ad intellegentiam; sed non pigra remaneat respiciendo antiquarios aut respiciendo qualeslibet ueloces notarios; si autem hoc adtenderit, remanebit ibi. Ipsum *uelociter* cogitet uelociter et uideat quare dictum sit *uelociter.* Velociter Dei tale est ut uelocius nihil sit. In scripturis enim scribitur littera post litteram, syllaba post syllabam, uerbum post uerbum, nec ad secundum transitur nisi primo perscripto. Ibi autem nihil uelocius ubi non multa sunt uerba, nec tamen aliquid praetermissum est, cum in uno sint omnia.

v. 3   **7.** Ecce iam Verbum illud sic prolatum, aeternum, ab aeterno coaeternum, ueniet sponsus **speciosus forma prae filiis hominum**. *Prae filiis hominum*: quare non et prae angelis? Quid uoluit dicere *prae filiis hominum*, nisi quia homo? Ne hominem Christum quemlibet hominem putares, ait: *Prae filiis hominum speciosus forma.* Etiam homo prae filiis hominum, etiam inter filios hominum, prae filiis hominum, etiam ex filiis hominum, prae filiis hominum. **Diffusa est gratia in labiis tuis.** *Lex per Moysen data est; gratia et ueritas per*

---

60. En fait, « mot après mot » ; il ne s'agit pas de conjugaison, mais le terme permet de rendre le jeu d'Augustin sur *uerbum.*

61. Sur la rapidité de Dieu et de son Verbe, cf. *In Ps.* 103, 1, 12; 147, 22. On aura remarqué l'inclusion que les derniers mots du paragraphe forment avec l'explication du « semel locutus est » au début du § 5 : le langage humain accumule les mots et se déploie dans la temporalité – il est donc lent –, mais la « diction » de Dieu est la rapidité même, parce que le Père ne dit qu'un « unique » et éternel mot : son Verbe.

62. La question se comprend mieux si l'on se souvient que le Ps 44 figure dans la chaîne scripturaire qui ouvre l'épître aux Hébreux et

552

IN PSALMVM XLIV

est le calame d'un scribe. Parce que ce que dit la langue résonne et passe, ce qui est écrit demeure ; puisque donc Dieu dit le Verbe et que le Verbe qui est dit ne fait pas que résonner et passer, mais est dit et demeure, Dieu a préféré le comparer à un écrit plutôt qu'à un son. L'addition *à l'écriture rapide* a poussé l'esprit à comprendre ; mais il ne doit pas se contenter d'un regard paresseux sur des copistes ou de quelconques greffiers rapides ; s'il a cela en tête, il s'arrêtera à cela. Ce mot *rapide*, qu'il le considère avec un esprit rapide et voie pourquoi il a été dit *rapide*. La rapidité de Dieu est telle qu'il n'est rien de plus rapide. Quand on écrit, on écrit lettre après lettre, syllabe après syllabe, verbe après verbe[60], et on ne passe pas au second avant d'avoir fini d'écrire le premier. Mais rien n'est plus rapide que lorsqu'il n'y a pas plusieurs verbes, sans que cependant rien ne soit omis, puisque tous sont renfermés en Un seul[61].

7. Voici que déjà ce Verbe ainsi proféré, éternel, coéternel à l'Éternel va venir en époux, qui *par sa beauté est supérieur aux fils des hommes*. *Supérieur aux fils des hommes*, pourquoi pas aussi aux anges[62] ? Pourquoi a-t-il voulu dire *supérieur aux fils des hommes*, sinon parce qu'il est homme ? Pour que tu ne penses pas que le Christ est un homme quelconque, il l'a dit *supérieur aux fils des hommes par sa beauté*. Même en tant qu'homme, il est supérieur aux fils des hommes, même au milieu des fils des hommes, il est supérieur aux fils des hommes ; même né des fils des hommes, il est supérieur aux fils des hommes. *La grâce a été répandue sur tes lèvres. La Loi a été donnée par Moïse, la grâce et la vérité sont*

---

entend prouver la supériorité du Christ par rapport aux anges. Mais c'est l'humanité du Christ – semblable à la nôtre, mais supérieure à la nôtre car ne faisant qu'un avec le Verbe – qui intéresse Augustin, car c'est par elle que le Christ est « Époux » de l'Église.

ENARRATIONES IN PSALMOS

Iesum Christum facta est. Diffusa est gratia in labiis tuis.
Merito mihi subuentum est, quia *condelector legi Dei
secundum interiorem hominem. Sed alia lex in membris
meis repugnat legi mentis meae, et captiuum me ducit in
lege peccati quae est in membris meis. Miser ego homo,
quis me liberabit de corpore mortis huius? Gratia Dei
per Iesum Christum Dominum nostrum. Diffusa est* ergo
gratia in labiis tuis. Venit nobis cum uerbo gratiae, cum
osculo gratiae. Quid ista gratia dulcius? Quo pertinet
gratia ista? *Beati quorum remissae sunt iniquitates et
quorum tecta sunt peccata.* Si seuerus iudex ueniret nec
afferret istam gratiam diffusam in labiis suis, quis de
salute aliquid speraret? Quis non sibi hoc timeret
quod peccatori debebatur? Ille ueniens cum gratia
non exegit quod debebatur, soluit quod non debebat.
Num enim non peccator debebat mortem? Aut uero
tibi peccatori debebatur, nisi supplicium? Debita tua
dimisit et indebita sua exsoluit. Magna gratia. Quare
gratia? Quia gratis. Propterea tibi gratias agere licet,
referre non licet; non enim potes. Quaerebat ille
quid retribueret, et dixit: *Quid retribuam Domino pro
omnibus quae retribuit mihi?* Et inuenit quasi aliquid:
Calicem salutaris accipiam et nomen Domini inuocabo.
Hoc illi rependis quia calicem salutaris accipis et nomen
Domini inuocas? Quis tibi dedit ipsum calicem salutarem? Remansit in actione gratiarum, nam in relatione
defecit. Inueni quid Deo des quod ab illo non acceperis,

---

63. Jn 1, 17. Voir M. DULAEY, « Jn 1, 16-17 dans l'interprétation
patristique », *Graphè*, 10, 2001, p. 103-123.

64. Ro 7, 22-25.

65. *Osculum gratiae* est un hapax chez Augustin. Le lien entre le
baiser et la grâce vient de la parabole du fils prodigue (cf. Lc 15, 20).
Voir *Quaest. eu.* 2, 33 *(osculum caritatis)*.

66. Ps 31, 1.

67. Propos augustinien extrêmement fréquent. Voir *In Ps.* 30, 2,
1, 6; 31, 2, 7; 43, 15; 49, 31; 70, 2, 1; 103, 3, 8; *Ser.* 26, 12; 100, 4;

IN PSALMVM XLIV

venues par Jésus Christ[63]. *La grâce a été répandue sur tes lèvres.* Cette aide m'a été justement accordée, parce que *je me plais à la loi de Dieu selon l'homme intérieur. Mais il y a dans mes membres une autre loi qui combat la loi de mon esprit et me fait captif de la loi du péché, qui est dans mes membres. Malheureux homme que je suis, qui me délivrera du corps de cette mort? La grâce de Dieu par Jésus Christ notre Seigneur*[64]. Donc *la grâce a été répandue sur tes lèvres.* Il est venu à nous avec la parole de la grâce, avec le baiser de la grâce[65]. Quoi de plus doux que cette grâce? Quel est l'objet de cette grâce? *Heureux ceux dont les iniquités sont remises et dont les péchés sont couverts*[66]. S'il venait en juge sévère sans apporter cette grâce répandue sur ses lèvres, qui pourrait avoir une espérance de salut? Qui ne craindrait pour lui ce qui était dû au pécheur? En venant avec la grâce, il n'a pas exigé ce qui était dû, il a même payé ce qu'il ne devait pas. Le pécheur en effet n'était-il pas débiteur de la mort, et à toi, pécheur, que t'était-il dû hormis la condamnation? Il a remis tes dettes et payé ce qu'il ne devait pas. Grâce immense! Pourquoi une grâce? Parce que c'est un don gratuit[67]. Par conséquent, tu peux lui rendre grâce, mais non le payer de retour, car tu ne le peux. Le psalmiste cherchait ce qu'il pourrait rendre à Dieu et a dit: *Que rendrai-je au Seigneur pour tout ce qu'il m'a donné?* Et il semble avoir trouvé quelque chose: *Je prendrai le calice du salut et j'invoquerai le nom du Seigneur*[68]. Est-ce cela que tu rends au Seigneur: tu prends le calice du salut et tu invoques le nom du Seigneur? Ce calice du salut, qui te l'a donné? Le psalmiste en est resté à l'action de grâce, car pour ce qui est de payer de retour, il en a été incapable. Trouve à donner à Dieu quelque chose que

---

293, 8; 299, 6; *In Ioh.* 3, 8-9; *Ep.* 140, 19, 48; 186, 2, 6 et 9, 33; *Spir. litt.* 10, 16; *C. Pel.* 2, 6, 11; *Grat. chr.* 1, 23, 24 etc.

68. Ps 115, 12-13.

ENARRATIONES IN PSALMOS

et retuleris gratiam. Sed caue ne, dum quaeris quid illi retribuas, quod ab illo non acceperis, inuenias, sed peccatum tuum. Hoc plane ab illo non accepisti, sed nec ei dare debes. Hoc dederunt Iudaei, retribuerunt mala pro bonis; acceperunt ab eo pluuiam, et fructum non dederunt, sed spinas dolorum. Ergo bonum quidquid uolueris in te dare Deo, non te inuenis accepisse nisi a Deo. Ipsa est gratia Dei diffusa in labiis. Fecit te, gratis te fecit. Non enim erat cui praestaret antequam faceret. Perieras, quaesiuit te; et inuentum reuocauit te. Praeterita non imputauit, futura promisit. Vere *diffusa est gratia in labiis tuis.*

8. *Propterea*, inquit, ***benedixit te Deus in aeternum*.** Laboratur, ut hoc possit intellegi adhuc a Deo Patre dici: *Propterea benedixit te Deus in aeternum.* Accommodatius uidetur hoc accipi ex persona prophetae. Et mutationes personarum repentinae et omnino ex improuiso inueniuntur in sanctis scripturarum libris, et, si quis aduertat, plenae sunt paginae diuinae. *Domine, libera animam meam a labiis iniquis et a lingua dolosa*, et statim: *Quid detur tibi aut quid adiciatur tibi aduersus linguam subdolam?* Alia illic persona erat, alia hic: ibi petentis, hic subuenientis. *Sagittae potentis acutae cum carbonibus uastatoriis.* Alia persona est: *Quid detur tibi*

---

69. Cette page vibrante est directement amenée par la mention de la grâce au v. 3. Mais elle atteste que les convictions d'Augustin sur le sujet sont bien antérieures à la controverse pélagienne, même s'il s'agit moins ici de la *gratia-auxilium*, que de la grâce qui justifie le pécheur. Cf. P.-M. HOMBERT, «Augustin prédicateur de la grâce au début de son épiscopat», dans *Augustin prédicateur (395-411)*, G. Madec (éd.), Paris, 1998, p. 217-245 (p. 231-241).

70. Cf. He 6, 7; *In Ps.* 103, 1, 11.

71. La séquence *fecit – quaesiuit – reuocauit – imputauit – promisit* est proche de celle de Rm 8, 29-30: *praesciuit – praedestinauit – uocauit – iustificauit – glorificauit*, et décrit comme elle toute l'économie du salut.

556

IN PSALMVM XLIV

tu n'aies pas reçu de lui, et tu lui auras rendu grâce[69]. Mais prends garde qu'en cherchant à lui rendre quelque chose que tu n'aies pas reçu de lui, tu ne trouves pas autre chose que ton péché. Cela, assurément, tu ne l'as pas reçu de lui, mais tu ne dois pas non plus le lui donner. Les Juifs l'ont fait, ils lui ont rendu le mal pour le bien ; ils ont reçu de lui la pluie et, au lieu de fruit, ils lui ont donné les épines des souffrances[70]. Quel que soit donc en toi le bien que tu veuilles donner à Dieu, tu ne trouves rien que tu n'aies reçu de Dieu. C'est là la grâce de Dieu répandue sur ses lèvres. Il t'a créé, il t'a créé gratuitement. Car avant qu'il ne te créât, il n'y avait personne à qui il pût donner. Tu t'étais perdu, il t'a recherché, et une fois retrouvé, il t'a ramené. Il ne t'a pas imputé le passé, il t'a promis les biens futurs[71]. Oui, vraiment, *la grâce est répandue sur tes lèvres*.

8. *C'est pourquoi*, dit-il, ***Dieu t'a béni pour l'éternité***. On a du mal à comprendre comment on peut attribuer encore à Dieu le Père ces mots : *C'est pourquoi Dieu t'a béni pour l'éternité*. Il semble plus adéquat de le prendre comme parole venant du prophète. Des brusques changements de personnes, totalement inopinés, se rencontrent dans les saints livres des Écritures, et, si l'on y fait attention, leurs pages en sont pleines. *Seigneur, délivre mon âme des lèvres iniques et de la langue trompeuse*, est-il dit ; et immédiatement après : *Que peut-il t'être donné, que peut-il encore t'être donné contre la langue perfide*[72] *?* Là parlait un personnage, et ici un autre ; là, celui qui prie, ici, celui qui lui vient en aide. *Les flèches aiguës du puissant avec des charbons dévastateurs*[73]. Autre est le personnage qui dit : *Que*

---

72. Ps 119, 1-2.
73. Ps 119, 4.

ENARRATIONES IN PSALMOS

aut quid adiciatur tibi? et in consequentibus fit alia: *Heu me, quia incolatus meus longinquus factus est.* In paucis uersibus tam crebra mutatio personarum intellectum admonet; non exprimit locum ubi mutatur; non dicitur: Hoc dixit homo, hoc dixit Deus. Sed ex ipsis uerbis fit nobis intellegere quid ad hominem pertineat, quid ad Deum. Homo autem dicebat: *Eructauit cor meum uerbum bonum, dico ego opera mea regi.* Homo dicebat, ille dicebat qui scripsit psalmum, sed ex persona Dei dicebat. Incipit dicere et ex sua: *Propterea benedixit te Deus in aeternum.* Dixerat enim Deus: *Diffusa est gratia in labiis tuis,* ei quem fecerat speciosum prae filiis hominum, etiam hominem quem Deum ante omnia protulerat, aeternus coaeternum. Impletus est ergo propheta gaudio quodam ineffabili, et adtendens quid Deus Pater de Filio suo homini reuelauerit, qui potuit dicere ista et ex persona Dei: *Propterea,* inquit, *benedixit te Deus in aeternum.* Quare? Propter gratiam. Illa enim gratia quo pertinet? Ad regnum caelorum. Primum enim testamentum terram promiserat, et aliud praemium fuit uel promissio sub lege positorum, aliud sub gratia: terra Chananaeorum Iudaeis sub lege positis, regnum caelorum Christianis sub gratia positis. Itaque quod pertinebat ad eos qui sub lege positi erant, regnum, terra illa transiit; regnum caelorum quod pertinet sub gratia positis, non transit. Propterea hic *benedixit te Deus,* non ad tempus, sed *in aeternum.*

---

74. Ps 119, 5.

75. Sur la *mutatio personarum*, voir *In Ps.* 4, 2; 31, 2, 18; 90, 2, 1.

76. Cf. *In Ps.* 37, 6: «Le texte ne précise pas quand parle le Corps et quand parle la Tête, c'est nous qui en écoutant faisons la distinction.»

77. L'explication donnée est unique, car le Ps 44, 4c n'apparaît

IN PSALMVM XLIV

peut-il t'être donné, que peut-il encore t'être donné?, et autre celui qui dans les versets suivants dit: *Malheur à moi, car l'éloignement est devenu ma demeure*[74]! Un si fréquent changement de personnes[75] en un petit nombre de versets stimule l'intelligence; il n'est pas précisé à quel endroit elles changent; il n'est pas dit: voilà ce qu'a dit l'homme, voilà ce qu'a dit Dieu. C'est à nous de comprendre d'après les paroles mêmes ce qui revient à l'homme et ce qui revient à Dieu[76]. Ici, un homme disait: *Mon cœur a fait jaillir un verbe bon, je dis mes œuvres au roi*; un homme disait cela, celui qui a écrit le psaume disait cela, mais il le disait au nom de Dieu. Ensuite, il commence à parler en son nom propre et dit: *C'est pourquoi Dieu t'a béni pour l'éternité.* Car Dieu avait dit: *La grâce a été répandue sur tes lèvres*, à celui qu'il avait fait d'une beauté supérieure à celle des fils des hommes, et que, bien qu'il fût un homme, il avait proféré avant toutes choses, coéternel à lui, l'éternel. Alors, le prophète est rempli d'une joie ineffable et, considérant ce que Dieu le Père a révélé sur son Fils, à un homme qui a pu prononcer ces mots au nom de Dieu, il dit: *C'est pourquoi Dieu t'a béni pour l'éternité.* Pourquoi? À cause de la grâce. Car cette grâce, à quoi tend-elle? Au royaume des cieux. Le premier Testament avait en effet promis la terre, et autre fut la récompense ou la promesse pour ceux qui étaient sous la Loi et pour ceux qui étaient sous la grâce: la terre des Cananéens aux Juifs vivant sous la Loi, le royaume des cieux aux chrétiens vivant sous la grâce. Ainsi, le lot des hommes qui étaient sous la Loi, leur royaume, leur terre, cela a passé; mais le royaume des cieux, lot des hommes sous la grâce, ne passe pas. Pour cette raison, le psalmiste dit ici: *Dieu t'a béni*, non pour un temps, mais *pour l'éternité*[77].

---

nulle part ailleurs chez Augustin (hormis *Ciu.* 17, 6, citation intégrale du Ps 44, 2-10).

ENARRATIONES IN PSALMOS

9. Non defuerunt qui omnia etiam superiora uerba ex prophetae persona accipi mallent, et hoc quod dictum est: *Eructauit cor meum uerbum bonum*, ex propheta uoluerint intellegi ueluti dicente hymnum – quisquis enim dicit hymnum Deo, eructat cor eius uerbum bonum, quomodo qui blasphemat in Deum, eructat cor eius uerbum malum –, ut et illud quod adiunctum est: *Dico ego opera mea regi*, significare uoluerit summum hominis opus non esse nisi Deum laudare. Illius est specie sua placere tibi, ad te pertinet eum in gratiarum actione laudare. Opera tua si non fuerint laus Dei, incipis teipsum amare, et pertinebis ad illos de quibus dicit apostolus: *Erunt enim homines seipsos amantes*. Displice tibi, placeat tibi qui te fecit, quia in eo tibi displices quod in te ipse fecisti. Opus ergo tuum sit laus Dei, eructet cor tuum uerbum bonum. Dic ergo opera tua regi, quia ut diceres, rex fecit, et ipse donauit quod offerres. Redde illi de suo, ne uelis accepta parte patrimonii tui ire longius et prodige perdere in meretrices et porcos pascere. Hoc recordamini ex euangelio. Sed etiam de nobis dictum est: *Mortuus erat, et reuixit; perierat, et inuentus est*.

10. *Lingua mea calamus scribae uelociter scribentis*. Non defuerunt qui sic intellegerent prophetam ea dixisse quae scriberet, et ideo linguam suam calamo scribae comparasse. *Velociter* autem *scribentis* uoluisse dicere,

---

78. Cet étonnant retour à la question de l'identité du locuteur et de l'attribution des premiers versets au psalmiste procède sans doute d'un souci pastoral. Augustin souhaite que ses auditeurs puissent s'approprier ces versets et louer Dieu de tout leur cœur. Pour les partisans de l'attribution du Ps 44, 2 au psalmiste (Origène en bonne part, Eusèbe, Basile, Épiphane, Jérôme), voir la note complémentaire 19: «L'interprétation patristique et augustinienne du Ps 44, 2».

79. 2 Tm 3, 2.

IN PSALMVM XLIV

9. Il n'a pas manqué d'exégètes qui ont préféré prendre même toutes les paroles précédentes comme prononcées par le prophète ; ils ont même voulu comprendre que *mon cœur a fait jaillir un verbe bon* concernait le prophète disant un hymne[78] – quiconque en effet dit un hymne à Dieu fait jaillir de son cœur un verbe bon, tout comme celui qui blasphème contre Dieu fait jaillir de son cœur un verbe mauvais – : dans ce cas, l'addition *je dis mes œuvres au roi* voulait signifier que l'œuvre principale de l'homme était seulement de louer Dieu. Il appartient à Dieu de te plaire par sa beauté, à toi, il revient de le louer dans l'action de grâce. Si tes œuvres ne tendent pas à louer Dieu, tu te mets à t'aimer toi-même, et tu seras de ceux dont l'Apôtre dit : *Il y aura des hommes s'aimant eux-mêmes*[79]. Déplais-toi, et que te plaise celui qui t'a fait, car c'est en ce que tu as fait en toi toi-même que tu te déplais[80]. Que ton œuvre soit la louange de Dieu, que ton cœur fasse jaillir un verbe bon. Dis donc tes œuvres au roi, car le roi a fait que tu puisses les dire, et c'est lui qui t'a donné ce que tu peux lui offrir. Rends-lui ce qui vient de lui, de peur qu'après avoir reçu ta part d'héritage, tu ne veuilles t'en aller bien loin, la dissiper avec prodigalité au profit de prostituées et faire paître les porcs. Cette histoire, l'Évangile nous en fait souvenir. C'est bien de nous aussi qu'il est dit : *Il était mort et il est revenu à la vie ; il était perdu, et il a été retrouvé*[81].

10. *Ma langue est le calame d'un scribe à l'écriture rapide.* Il n'a pas manqué d'exégètes pour comprendre que le prophète avait prononcé ce qu'il écrivait, et avait donc comparé sa langue au calame d'un scribe ; qu'il a voulu dire *à l'écriture rapide*, pour signifier qu'il écrivait

---

80. Cf. *Ser.* 53, 2, 2 ; *Ser. Dolbeau* 8, 6 ; *In Ps.* 70, 1, 14 ; 75, 3 ; 122, 3.

81. Lc 15, 32.

ENARRATIONES IN PSALMOS

ut significaret ea se scribere quae uelociter uentura erant, ut uelociter scribere uelocia scribere intellegatur, id est scribere non tardatura. Non enim tardauit Deus exhibere Christum. Quam cito euolutum sentitur quod peractum agnoscitur! Recordare generationes ante te, inuenies Adam tamquam hesterno die factum. Ita gesta legimus omnia ab ipso principio : ergo uelociter facta sunt. Velociter erit et dies iudicii ; praeueni uelocitatem ipsius : uelociter ueniet, uelocius tu mutare. Aderit facies iudicis, sed uide quid dicit propheta : *Praeueniamus faciem eius in confessione. Diffusa est gratia in labiis tuis, propterea benedixit te Deus in aeternum.*

v. 4   **11. *Accingere gladium tuum circa femur, potentissime.*** *Gladium tuum,* quid, nisi uerbum tuum ? Illo gladio strauit inimicos, illo gladio diuisit filium a patre, filiam a matre, nurum a socru. Legimus haec in euangelio : *Non ueni pacem mittere, sed gladium.* Et : *Erunt in una domo quinque diuisi aduersum se, duo aduersus tres, et tres aduersus duos erunt diuisi,* id est : *filius aduersus patrem, filia aduersus matrem, nurus aduersus socrum suam.* Diuisio haec quo gladio facta est nisi quem Christus attulit ? Et reuera, fratres, etiam quotidianis exemplis uidemus haec. Placet iuueni alicui Deo seruire, displicet patri ; diuisi sunt aduersus se ; ille promittit terrenam haereditatem, ille amat caelestem ; aliud iste pollicetur, aliud ille eligit. Non sibi putet pater

---

82. Ps 94, 2.

83. L'image est biblique : Eph 6, 17 ; He 4, 12.

84. Cf. Mt 10, 35.

85. Mt 10, 34. Beaucoup plus que d'Ambroise, *In Luc.* 7, 134-138, *SC* 52, p. 58-63, qui donne une interprétation morale de Mt 10, 34-35 (la maison est l'homme, et les cinq personnes les sens), Augustin est proche d'Hilaire, *In Mat.* 10, 22-24, *SC* 254, p. 240-247, où le glaive est la prédication de l'Évangile, le père est le péché et la mère l'*infidelitas* ; idée reprise aussi dans l'*In Ps.* 96, 7 d'Augustin.

IN PSALMVM XLIV

ce qui devait arriver rapidement, écrire rapidement étant pris au sens d'écrire des choses rapides, c'est-à-dire écrire des choses qui ne tarderont pas. Car Dieu n'a pas tardé à envoyer le Christ. Comme il paraît s'être bien vite déroulé, le temps que l'on sait passé. Rappelle-toi les générations qui t'ont précédé, tu trouveras que c'est en quelque sorte hier qu'Adam a été créé. Il en va ainsi de tous les événements qu'on lit s'être passés à partir de ce commencement; donc, cela s'est fait rapidement. Le jour du jugement aussi sera là rapidement; gagne-le de vitesse; il viendra rapidement, toi, change plus rapidement encore. Tu seras devant la face du juge, mais vois ce que dit le prophète: *Prévenons sa face par la confession*[82]. *La grâce est répandue sur tes lèvres; c'est pourquoi Dieu t'a béni pour l'éternité.*

11. *Ceins ton glaive sur ta cuisse, toi qui es très puissant.* *Ton glaive*, qu'est-ce sinon ta parole[83]? Par ce glaive il a renversé les ennemis, par ce glaive il a mis la division entre le fils et le père, la fille et la mère, la bru et la belle-mère[84]. Nous lisons cela dans l'Évangile: *Je ne suis pas venu apporter la paix, mais le glaive*[85]. Et: *Il y aura dans une même maison cinq personnes divisées entre elles, elles seront divisées deux contre trois et trois contre deux*, c'est-à-dire: *le fils contre le père, la fille contre la mère, la bru contre la belle-mère*[86]. Cette division, quel glaive l'a opérée, sinon celui que le Christ a apporté? Et en vérité, mes frères, nous en voyons des exemples quotidiens. Il plaît à un jeune homme de s'engager au service de Dieu, cela déplaît à son père; les voilà divisés entre eux; l'un promet un héritage terrestre, l'autre aime l'héritage céleste; le premier promet une chose, le second en choisit une autre. Que le père ne pense pas

---

86. Lc 12, 52-53.

563

ENARRATIONES IN PSALMOS

factam iniuriam; Deus solus illi praefertur; et tamen litigat cum filio uolente seruire Deo. Sed fortior est ille gladius spiritalis separans quam copulans natura carnalis. Fit hoc et de filia aduersus matrem, multo magis et de nuru aduersus socrum. Nam aliquando in una domo nurus et socrus inueniuntur haeretica et catholica. Et ubi fortiter recipitur iste gladius, rebaptizationem non timemus. Potuit diuidi filia aduersus matrem suam, et non potest nurus aduersus socrum suam?

12. Factum est hoc generaliter etiam in genere humano: diuisus est filius aduersus patrem. Fuimus enim aliquando filii diaboli. Adhuc infidelibus dictum est: *Vos a patre diabolo estis.* Et omnis infidelitas nostra, unde nisi a patre diabolo? Non ille creando, sed nos illum imitando. Iam modo uidetis filium aduersus patrem diuisum. Venit gladius ille, renuntiat diabolo, inuenit alium patrem, inuenit aliam matrem. Ille ad imitationem se praebens generabat in exitium; parentes duo quos inuenimus in uitam aeternam generant. Diuisus est filius aduersus patrem. Diuisa est filia aduersus matrem suam: plebs illa quae de Iudaeis credidit, diuisa est aduersus Synagogam. Diuisa est et nurus aduersus socrum suam: plebs de gentibus ueniens nurus dicitur, quia sponsus Christus filius Synagogae. Vnde enim natus est Filius Dei secundum carnem? Ex illa synagoga. Ille qui dimisit patrem et matrem et

---

87. Mêmes développements en *In Ps.* 149, 12 en 404-405 et *Ser. Denis* 18, 4 (= 360B) en 412, les seuls textes insistant sur la division des familles à propos du Christ.

88. C'est-à-dire: nous ne redoutons pas la propagande donatiste en faveur d'un second baptême. Sur cette propagande et ses ruses, voir *In Ps.* 39, 1, n. 31-34.

89. Jn 8, 44.

90. Même interprétation de la belle-mère (la Synagogue) et de la bru (l'Église) en *Quaest. Mat.* 3. Origène présente les choses autrement. Cf. Orig. *Hom. Cant.* 2, 3, *SC* 17 b, p. 113 : «Notre Sauveur

IN PSALMVM XLIV

qu'il lui est fait injure, c'est Dieu seul qui lui est préféré ; pourtant, il se dispute avec son fils qui veut s'engager au service de Dieu[87]. Mais le glaive spirituel qui les sépare est plus fort que la nature charnelle qui les unit. Cela se passe de la même façon pour la fille contre la mère, et bien plus encore pour la bru contre la belle-mère. Car il se trouve parfois dans une même maison une bru et une belle-mère qui sont l'une hérétique et l'autre catholique. Là où ce glaive est reçu avec force, nous ne craignons pas un second baptême[88]. La fille a pu être divisée d'avec sa mère, et la bru ne pourrait l'être d'avec sa belle-mère ?

12. Cela s'est fait aussi d'une façon générale, dans le genre humain : le fils a été divisé contre le père. Nous avons été jadis les fils du diable. C'est à ceux qui étaient encore incroyants qu'il a été dit : *Vous avez pour père le diable*[89]. Et toute notre infidélité, d'où vient-elle sinon du diable notre père ? Il n'est pas notre père pour nous avoir créés, mais nous sommes ses fils pour l'avoir imité. Vous voyez bien maintenant le fils divisé contre le père. Le glaive est venu ; il renonce au diable, il trouve un autre père, il trouve une autre mère. En se proposant à l'imitation, le premier l'engendrait pour sa perte ; les deux parents que nous nous trouvons engendrent pour la vie éternelle. Le fils est divisé contre le père. La fille est divisée contre la mère : le peuple de ceux qui chez les Juifs ont cru est divisé contre la Synagogue. La bru est divisée contre la belle-mère : le peuple de ceux qui viennent des nations païennes est appelé bru, parce qu'il a pour époux le Christ, qui est fils de la Synagogue[90]. D'où était en effet le Fils de Dieu né selon la chair ? De cette Synagogue. Lui qui a laissé son père et sa mère et

---

est le fils de la sœur de la gentilité, c'est-à-dire de la Synagogue : car elles sont deux sœurs, l'Église et la Synagogue. Notre Sauveur donc, comme nous l'avons dit, lui, mari de l'Église, Époux de l'Église, est, en tant que fils de la synagogue-sœur, le "neveu" de son Épouse. »

565

ENARRATIONES IN PSALMOS

adhaesit uxori suae, ut essent duo in carne una – non coniectura nostra, sed attestante apostolo et dicente: *Sacramentum hoc magnum est, ego autem dico in Christo et in ecclesia –*, dimisit enim patrem quodammodo, non omnino dimisit ueluti ad separationem, sed ad susceptionem humanae carnis. Quomodo dimisit? Quia, *cum esset in forma Dei, non rapinam arbitratus est esse aequalis Deo, sed semetipsum exinaniuit, formam serui accipiens.* Quomodo dimisit et matrem? Gentem Iudaeorum, synagogam illam haerentem ueteribus sacramentis. Ad ipsam figuram pertinet quod ait: *Quae est mihi mater aut qui fratres?* Ille enim intus docebat, illi foris stabant. Videte si non modo ita sunt Iudaei. Docet Christus in ecclesia, illi foris stant. Socrus ergo quid est? Mater sponsi. Mater sponsi Domini nostri Iesu Christi synagoga est. Proinde nurus eius ecclesia quae ueniens de gentibus non consensit in circumcisionem carnalem diuisa est aduersus socrum suam. *Accingere gladium tuum.* De potentia huius gladii loquebamur, cum ista diceremus.

13. *Accingere gladium tuum,* sermonem tuum; *circa femur, potentissime,* circa femur habens gladium. Quid est *circa femur?* Quid significat de femore? Carnem. Vnde illud est: *Non deficiet princeps de Iuda et dux de femoribus eius.* Nonne et ipse Abraham, cui promissum

---

91. Eph 5, 32.

92. Ph 2, 6-7. On notera la précision christologique: l'incarnation n'est pas une «séparation» d'avec le Père, mais l'assomption d'une humanité individuelle et l'abandon des privilèges de la gloire divine. Cf. *Gen. Mani.* 2, 24, 37: «Que signifie donc ce que nous avons dit: "il a quitté le Père", sinon qu'il a renoncé à apparaître aux hommes tel qu'il est auprès du Père»; *In Ps.* 101, 1, 2: «En prenant la forme d'esclave, il a quitté le Père»; *C. Faust.* 12, 8; *In Ioh.* 9, 10; *Ser.* 91, 7, 9.

93. *Gen. Mani.* 2, 24, 37: «Il a également quitté sa mère, c'est-à-dire l'ancienne observance charnelle de la Synagogue, qui était

IN PSALMVM XLIV

s'est attaché à sa femme, pour qu'ils soient deux en une seule chair – ce n'est pas une conjecture de notre part, c'est l'Apôtre qui l'atteste en disant : *Ce mystère est grand, je veux dire dans le Christ et l'Église*[91] – il a d'une certaine façon laissé son Père, non pour s'en séparer totalement, mais pour prendre une chair humaine. Comment l'a-t-il laissé ? *Alors qu'il était dans la condition de Dieu, il n'a pas considéré comme une usurpation l'égalité avec Dieu, mais il s'est anéanti lui-même, prenant la condition d'esclave*[92]. Comment a-t-il laissé aussi sa mère ? Il a laissé la nation juive, la Synagogue attachée aux anciens mystères[93]. La même figure se rencontre quand il dit : *Qui est ma mère, et qui sont mes frères*[94] ? Il enseignait à l'intérieur, eux se tenaient à l'extérieur. Voyez s'il n'en va pas ainsi des Juifs aujourd'hui : le Christ enseigne dans l'Église, eux se tiennent à l'extérieur. Qu'en est-il donc de la belle-mère ? C'est la mère de l'époux. La mère de l'époux qu'est notre Seigneur Jésus Christ est la Synagogue. Par conséquent, sa bru est l'Église qui, venant des nations païennes et n'ayant pas accepté la circoncision de la chair, est divisée contre sa belle-mère. *Ceins ton glaive.* C'est de la puissance de ce glaive que nous parlions dans ces propos.

13. *Ceins ton glaive* – ta parole – *sur ta cuisse, toi qui es très puissant*, avec ce glaive sur ta cuisse. Que veut dire *sur ta cuisse* ? Que signifie la cuisse ? La chair ; d'où cette parole : *Il ne manquera pas de prince issu de Juda ni de chef issu de ses cuisses*[95]. Abraham, celui-là

---

pour lui une mère, puisqu'il était issu de la semence de David selon la chair » ; *C. Faust.* 12, 8 ; *In Ioh.* 9, 10 ; *Ser.* 91, 7, 9. Voir É. LAMIRANDE, « "Reliquit et matrem synagogam". La Synagogue et l'Église selon Saint Augustin », *Augustiniana*, 41, 1991, p. 677-688.

94. Mt 12, 48.
95. Gn 49, 10.

ENARRATIONES IN PSALMOS

erat semen in quo benedicerentur omnes gentes, quando misit seruum suum ad quaerendam et ducendam uxorem filio suo, unde ueniret illud semen sanctum in quo benedicerentur omnes gentes, fide tenens in illa ueluti humilitate seminis esse magnitudinem nominis, id est Filium Dei uenturum ex filiis hominum per semen Abrahae, fecit ipsum seruum suum quem mittebat ita sibi iurare? *Pone*, inquit, *manum tuam sub femore meo et sic iura.* Quasi diceret: Pone manum tuam ad altare, aut ad euangelium, aut ad prophetam, aut ad aliquid sanctum. Sub femore meo, inquit, pone manum; habens fiduciam nec reuerens turpitudinem, sed intellegens ueritatem. Propterea, *accingere gladium tuum circa femur, potentissime.* Potentissime etiam circa femur, quia quod infirmum est Dei, fortius est hominibus: *potentissime.*

v. 5 **14. *Specie tua et pulchritudine tua.*** Iustitiam accipe, qua semper es speciosus et pulcher. ***Et intende et prospere procede et regna.*** Nonne uidemus? Certe iam factum est. Attendite orbem terrarum; intendit, prospere processit et regnat; subditae sunt omnes gentes. Quid erat illud uidere in spiritu? Quod nunc est experiri in ueritate. Quando dicebantur haec, nondum ita regnabat Christus, nondum intenderat, nondum

---

96. Cf. Gn 12, 3.

97. *Semen* a été traduit précédemment par *descendance.*

98. Gn 24, 2-3. L'explication figure déjà chez HIPP. *In Cant.* 27, 8, *CSCO* 264, p. 52 (la façon dont Abraham fait prêter serment signifie que « Verbum e renibus exiturum erat »). On la retrouve chez AMBR. *Abr.* 1, 9, 83, *CSEL* 32/1, p. 555; HIER. *Quaest. Gen.* 24, 9, *CCL* 72, p. 28, et elle sera fréquente chez Augustin. Cf. *Bon. coniug.* 19, 22; *In Ioh.* 43, 16; *Ciu.* 16, 33; *In Ps.* 72, 1; *Quaest. Hept.* 1, 62. « Ceindre le glaive sur la cuisse » veut donc dire, pour le Verbe-Parole, se faire chair ou homme.

99. La « vérité », c'est-à-dire ce que la figure – le geste du serviteur d'Abraham – annonçait: la descendance sainte d'Abraham, le

IN PSALMVM XLIV

même à qui avait été promis une descendance en qui seraient bénis tous les peuples[96], quand il envoya son serviteur chercher une épouse pour son fils d'où devait naître la descendance sainte en qui seraient bénis tous les peuples, sachant par la foi que la grandeur de son nom reposait en quelque sorte dans l'humble réalité de la semence[97], c'est-à-dire que le Fils de Dieu descendrait des fils des hommes par la semence d'Abraham, n'a-t-il pas fait prêter ainsi serment à ce serviteur qu'il envoyait en disant: *Mets ta main sous ma cuisse et jure ainsi*[98]. C'était comme s'il disait: Mets ta main sur l'autel, ou sur l'Évangile, ou sur le livre d'un prophète, ou sur quelque chose de saint. Mets ta main sous ma cuisse, dit-il, parce qu'il avait confiance en Dieu, ne craignait pas la honte, mais avait l'intelligence de la vérité[99]. Par conséquent, *ceins ton glaive sur ta cuisse, toi qui es très puissant.* Très puissant même par la cuisse, car ce qui est faiblesse de Dieu est plus fort que les hommes: *très puissant.*

14. *Par ton éclat et ta beauté.* Saisis-toi de la justice, par laquelle tu es toujours plein d'éclat et de beauté[100]. ***Avance, marche avec succès et règne.*** Ne le voyons-nous pas? Assurément, cela a déjà eu lieu. Regardez la terre entière: il s'est avancé, il a marché avec succès et il règne; toutes les nations lui sont soumises. Qu'était-ce que voir cela en esprit? Ce qu'est maintenant l'expérimenter en vérité. Quand ces paroles étaient prononcées, le Christ ne régnait pas encore ainsi, il ne s'était pas encore avancé, il n'avait pas encore marché avec succès;

Christ. Ce geste était considéré comme honteux par les manichéens, et Augustin leur avait répondu avec l'explication rapportée ici et à laquelle il reste fidèle. Cf. *C. Faust.* 12, 41; *C. Secund.* 23.

100. Augustin reprend ici une idée déjà formulée à la fin du § 3. En expliquant le Ps 44 en *Ciu.* 17, 6, 1, il écrira aussi que le Christ est beau «d'une beauté d'autant plus digne d'amour et d'admiration qu'elle est moins corporelle».

ENARRATIONES IN PSALMOS

processerat; praedicabantur, exhibita sunt, iam ea tenemus; in multis redditorem habemus Deum, in paucis debitorem. *Intende et prospere procede et regna.*

15. ***Propter ueritatem, et mansuetudinem, et iustitiam.*** Reddita est ueritas, quando *ueritas de terra orta est et iustitia de caelo prospexit.* Praesentatus est Christus exspectationi generis humani, ut in semine Abrahae benedicerentur omnes gentes. Praedicatum est euangelium; ueritas est. Quid mansuetudo? Passi sunt martyres, et inde multum processit et promouit per omnes gentes regnum Dei, quia patiebantur martyres nec deficiebant nec resistebant, dicentes omnia, nihil occultantes, parati ad omnia, nihil recusantes. Magna mansuetudo! Corpus Christi hoc fecit, in capite suo didicit. Ille prior sicut ouis ad occisionem ductus est et sicut agnus coram tondente se non aperuit os suum, usque adeo mansuetus ut pendens in cruce diceret: *Pater, ignosce illis, quia nesciunt quid faciunt.* Quid propter iustitiam? Veniet etiam, ut iudicet et retribuat unicuique secundum opera sua. Dixit ueritatem, pertulit iniquitatem, allaturus est aequitatem. ***Et deducet te mirabiliter dextera tua.*** Nos dextera ipsius, ipse dextera sua. Ille enim Deus, nos homines. Dextera sua deductus est, id est potentia sua. Etenim potentiam quam Pater habet habet et ipse, et immortalitatem Patris habet et ipse; diuinitatem Patris habet, aeternitatem Patris habet, uirtutem Patris habet. Deducet eum

---

101. Voir les propose semblables en *In Ps.* 40, 14.

102. Ps 84, 12. Le verset est considéré comme une prophétie de l'Incarnation dès Iren. *Haer.* 3, 5, 15, *SC* 211, p. 54, 8-10 ; Lact. *Inst. diu.* 4, 12, 7, *SC* 377, p. 102-27 ; Orig. *Hom. Ios.* 17, 1, *SC* 71, p. 370. Pour Augustin, voir *BA* 73/A, p. 137, n. 56.

103. Cf. Is 53, 7.

104. Lc 23, 34.

IN PSALMVM XLIV

on annonçait cela, c'est maintenant réalisé, nous le tenons ; sur bien des points, Dieu s'est acquitté de ce qu'il nous avait promis, il n'est plus en dette que sur peu[101]. *Avance, marche avec succès et règne.*

15. *Pour la vérité, la mansuétude et la justice.* La vérité a été donnée quand *la vérité est née de la terre et que la justice a regardé depuis le ciel*[102]. Le Christ s'est présenté à l'attente du genre humain, pour que toutes les nations soient bénies dans la descendance d'Abraham. L'Évangile a été prêché : c'est la vérité. Qu'en est-il de la mansuétude ? Les martyrs ont souffert leur passion, et par là le royaume de Dieu a fait un grand pas en avant, et il s'est étendu parmi toutes les nations, parce que les martyrs souffraient, sans défaillir ni résister, disant tout, ne cachant rien, prêts à tout, ne s'opposant à rien. Quelle grande mansuétude ! Voilà ce qu'a fait le Corps du Christ, il l'a appris de sa Tête. Le premier, il a été conduit à la mort comme une brebis, et comme un agneau devant celui qui le tond, il n'a pas ouvert la bouche[103] ; telle était sa douceur que pendu à la croix il disait : *Père, pardonne-leur, parce qu'ils ne savent pas ce qu'ils font*[104]. Pourquoi pour la justice ? Il viendra aussi pour juger et rendre à chacun selon ses œuvres[105]. Il a dit la vérité, il a supporté l'iniquité, il apportera la justice. ***Et ta droite te conduira de manière admirable.*** Nous, nous sommes conduits par sa droite, lui, par la sienne propre. Car il est Dieu, nous sommes des hommes. Il a été conduit par sa droite, c'est-à-dire par sa puissance. En effet, cette puissance qu'a le Père, il l'a lui aussi, et l'immortalité du Père, il l'a lui aussi, il a la divinité du Père, il a l'éternité du Père, il a la force du Père. Sa droite le conduira de manière admirable,

---

105. Cf. Ro 2, 6.

ENARRATIONES IN PSALMOS

mirabiliter dextera eius, faciens diuina, patiens humana, malitias hominum sternens bonitate sua. Adhuc deducitur et, ubi nondum est, et dextera eius deducit eum. Hoc enim eum ducit quod ipse donauit sanctis suis. *Deducet te mirabiliter dextera tua.*

v. 6 **16. *Sagittae tuae acutae potentissimae***: uerba cor transfigentia, amorem excitantia. Vnde dicitur in Canticis canticorum: *Quia uulnerata caritate ego sum.* Dicit enim uulneratam se esse caritate, id est amare se dicit, aestuare se dicit, suspirare sponso, unde accepit sagittam uerbi. *Sagittae tuae acutae potentissimae*: et transfigentes et efficientes, *acutae, potentissimae.* ***Populi sub te cadent.*** Qui ceciderunt? Qui percussi sunt et ceciderunt. Populos uidemus subditos Christo, cadentes non uidemus. Exponit ubi cadunt: ***in corde.*** Ibi se erigebant aduersus Christum, ibi cadunt ante Christum. Blasphemabat Saulus Christum, erectus erat; supplicat Christo, cecidit, prostratus est; occisus est inimicus Christi, ut uiuat discipulus Christi. De caelo emissa sagitta corde percussus est Saulus, nondum Paulus, adhuc Saulus, adhuc erectus, nondum prostratus;

---

106. Le Christ est «conduit» par le Père quand il agit ici-bas avec la puissance du Père. De plus, il est «conduit» jusqu'à recevoir par sa résurrection tout pouvoir au ciel et sur terre (cf. Mt 28, 28). Ce pouvoir s'accroît avec l'évangélisation, mais ne sera total que lors du jugement. Quant à la phrase évoquant ce qu'il a «donné aux saints», elle se réfère sans doute aux pouvoirs conférés à l'Église (cf. Mt 10, 1 : «Jésus leur donna pouvoir sur les esprits impurs»; Mc 13, 34: «Il a quitté sa maison et donné pouvoir à ses serviteurs»).

107. *Acutae potentissimae* figure en *Ser.* 298, 2, 2; mais *Ciu.* 17, 16, 1 a *acutae, potentissime.*

108. Ct 2, 5; 5, 8.

109. Cf. *Conf.* 9, 2, 2-3; *In Ps.* 7, 14; 37, 5; 139, 14; 143, 13. Voir *In Ps.* 37, 5, n. 64-67.

IN PSALMVM XLIV

faisant des actions divines, subissant celles des hommes, abattant la méchanceté humaine par sa bonté. Il ne cesse pas d'être conduit où il n'est pas encore, et sa droite le conduit. Car ce qui le conduit, c'est ce que lui-même a donné à ses saints[106]. *Ta droite te conduira de manière admirable.*

16. *Tes flèches acérées, très puissantes* [107]: ce sont les paroles qui transpercent le cœur, qui excitent l'amour. C'est pourquoi il est dit dans le Cantique des cantiques: *Car j'ai été blessée par l'amour*[108]. L'épouse se dit blessée par l'amour, c'est-à-dire qu'elle déclare aimer, elle déclare brûler, soupirer pour l'époux dont elle a reçu la flèche de la parole[109]. *Tes flèches acérées, très puissantes*: elles transpercent et sont efficaces, *acérées, très puissantes. Les peuples tomberont sous toi.* Quels sont ceux qui sont tombés? Ceux qui ont été frappés sont aussi tombés. Nous voyons les peuples soumis au Christ, nous ne les voyons pas tomber[110]. Le texte explique où ils tombent: *dans le cœur.* C'est là qu'ils se dressaient contre le Christ, là qu'ils tombent devant le Christ. Saul blasphémait le Christ, il s'était dressé contre lui; il supplie le Christ, il est tombé, il est à terre; l'ennemi du Christ est mort pour que vive le disciple du Christ. La flèche a été lancée du ciel, Saul a été frappé au cœur: Saul, pas encore Paul, encore Saul, encore dressé contre le Christ, pas encore terrassé; il a reçu la flèche,

---

110. Augustin veut dire que l'on constate le résultat de la Parole divine (les nations soumises au Christ), mais non l'action même de la Parole à l'intérieur des cœurs, quand chacun choisit de se convertir effectivement. En effet, la soumission peut être purement extérieure et sociologique.

ENARRATIONES IN PSALMOS

accepit sagittam, cecidit in corde. Non enim quod prostratus est in facie, ibi cecidit, sed ubi ait: *Domine, quid me iubes facere?* Modo ibas ad christianos alligandos et perducendos ad poenam, et modo dicis Christo: *Quid me iubes facere?* O sagittam acutam, potentissimam, qua accepta cecidit Saulus ut esset Paulus! Vt ille, ita et populi: gentes adtendite, uidete subditas Christo. Ergo: *Populi sub te cadent **in corde inimicorum regis***: hoc est in corde inimicorum tuorum. Ipsum enim appellat regem, ipsum nouit regem. *Populi sub te cadent in corde inimicorum regis.* Inimici erant, acceperunt sagittas tuas, ceciderunt ante te. Ex inimicis amici facti sunt; inimici mortui sunt, amici uiuunt. Hoc est: *Pro his quae commutabuntur.* Quaerimus intellegere uerba singula, uersus singulos; ita tamen quaerimus ut de Christo dici nemo dubitet: *Populi sub te cadent in corde inimicorum regis.*

v. 7   **17. Sedes tua, Deus, in saecula saeculorum.** Quia benedixit te Deus in aeternum propter gratiam diffusam in labiis tuis. Erat autem sedes regni iudaici temporalis, pertinens ad eos qui sub lege erant, non ad eos qui sub gratia erant. Venit ille, ut liberaret eos qui sub lege erant et sub gratia constitueret; sedes eius in saecula saeculorum. Quare? Quia sedes illa prima regni temporalis fuit. Vnde nunc sedes in saecula saeculorum? Quia Dei: *Sedes tua, Deus, in saecula saeculorum.* O aeternitatis diuinitas! Non enim posset Deus sedem habere temporalem: *Sedes tua, Deus, in saecula saeculorum.*

---

111. Act 22, 10.

112. L'expression *aeternitas diuinitatis* figure en *In Rom.* 51 (59); *In Ioh.* 8, 9. L'identification de la divinité et de l'éternité est en soi banale, et elle est fréquente chez Augustin. Cf. par ex. *Trin.* 4, *proem.* et le texte célèbre de *Conf.* 7, 10, 16: «Ô éternelle vérité et vraie charité et chère éternité!»

IN PSALMVM XLIV

il est tombé dans son cœur. Ce n'est pas lors de sa chute face contre terre qu'il est tombé, mais quand il a dit : *Seigneur, que m'ordonnes-tu de faire*[111] ? Tu t'en allais tout à l'heure enchaîner les chrétiens et les conduire au châtiment, et maintenant tu dis au Christ : *Que m'ordonnes-tu de faire ?* Ô flèche acérée et très puissante, sous le coup de laquelle Saul tomba pour devenir Paul ! Il en va des peuples comme de Paul : regardez les nations, voyez comme elles sont soumises au Christ. Ainsi, *les peuples tomberont sous toi, **dans le cœur des ennemis du roi**,* c'est-à-dire dans le cœur de tes ennemis. C'est le Christ que le psalmiste appelle roi, lui qu'il reconnaît pour roi. *Les peuples tomberont sous toi, dans le cœur des ennemis du roi.* Ils étaient tes ennemis, ils ont reçu tes flèches, ils sont tombés devant toi. D'ennemis, ils sont devenus amis ; les ennemis sont morts, les amis vivent. C'est ce qu'annonçait le titre : *Pour ce qui sera changé.* Nous cherchons à comprendre chaque mot, chaque verset, nous cherchons avec toutefois l'intention que nul ne doute que c'est du Christ qu'il est dit : *Les peuples tomberont sous toi, dans le cœur des ennemis du roi.*

17. *Ton trône, ô Dieu, est pour les siècles des siècles,* parce que Dieu t'a béni pour l'éternité en raison de la grâce qui est répandue sur tes lèvres. Or le trône du royaume juif était temporel et concernait ceux qui étaient sous la Loi, non pas ceux qui étaient sous la grâce. Le Christ est venu pour libérer ceux qui étaient sous la Loi et les établir sous la grâce ; son trône est pour les siècles des siècles. Pour quelle raison ? Parce que le premier trône fut celui d'un royaume temporel. Pourquoi maintenant ce trône est-il pour les siècles des siècles ? Parce que c'est celui de Dieu : *Ton trône, ô Dieu, est pour les siècles des siècles.* Ô divinité qui est l'éternité[112] ! Dieu ne saurait en effet avoir un trône temporel : *Ton trône, ô Dieu, est pour les siècles des siècles.*

ENARRATIONES IN PSALMOS

Virga directionis, uirga regni tui. Directionis
uirga est quae dirigit homines. Curui erant, distorti
erant. Sibi regnare cupiebant, se amabant, facta sua
mala diligebant; non uoluntatem suam Deo subdebant,
sed uoluntatem Dei ad suas concupiscentias flectere
uolebant. Irascitur enim peccator et iniquus plerumque
Deo, quia non pluit, et non uult sibi Deum irasci, quia
fluit. Et ad hoc propemodum sedent quotidie homines
ut disputent contra Deum: hoc facere debuit, hoc non
bene fecit. Tu uidelicet uides quid facias, ille nescit?
Distortus tu es, ille rectus est. Distortum ad rectum
quando coniungis? Collineari non potest, tamquam
si in pauimento aequali ponas lignum curuum: non
adiungitur, non cohaeret, non coaptatur pauimento;
pauimentum ubique aequale est, sed illud curuum est,
non coaptatur aequali. Ergo Dei uoluntas aequalis est,
tua curua est; propterea tibi curua uidetur illa quia
tu illi coaptari non potes; dirige ad illam te, ne illam
uelis curuare ad te, quia non potes; frustra conaris: illa
semper directa est.

Vis illi haerere? Corrigere. Erit uirga ipsius qui te
regit uirga directionis. Inde et rex a regendo dicitur.
Non autem regit qui non corrigit. Ad hoc est rex noster
rectorum rex. Quomodo et sacerdos a sanctificando
nos, ita et rex a regendo nos. Sed quid ait alio loco? *Cum
sancto sanctus eris, et cum uiro innocente innocens eris, et*

---

113. Augustin joue évidemment sur l'étymologie du verbe *diri-
gere*: Diriger, c'est rendre droit *(rectus)* ce qui ne l'est pas. De plus,
uirga peut désigner aussi bien un instrument d'architecte qu'un
bâton de commandement. On sera sensible dans tout ce qui suit
à la riche palette lexicale: *rectus, flectere, distorsus, curuare, curuus,
regere, corrigere*. Sur l'antithèse droit/courbe et sa symbolique chez
Augustin, voir. S. POQUE, *Le langage symbolique dans la prédication
d'Augustin*, Paris, 1984, p. 233-245.

114. *Cons. eu.* 1, 3, 5: «Le Seigneur Jésus Christ est le seul vrai roi

576

IN PSALMVM XLIV

Le sceptre de ton règne est un sceptre de droiture. Le sceptre[113] de droiture est celui qui rend les hommes droits. Ils étaient courbés, ils étaient tordus. Ils voulaient régner pour eux-mêmes, ils s'aimaient eux-mêmes, ils chérissaient leurs œuvres mauvaises; ils ne soumettaient pas leur volonté à Dieu, mais voulaient fléchir la volonté de Dieu au gré de leurs convoitises. Car l'homme pécheur et inique souvent est en colère contre Dieu parce la pluie ne coule pas à flots, et il ne veut pas que Dieu soit en colère contre lui parce lui-même est flottant. C'est presque tous les jours que les hommes restent assis à disputer contre Dieu: il aurait dû faire ceci, il n'a pas bien fait cela. Apparemment, toi, tu sais ce que tu as à faire, et lui ne le sait pas? Tu es tordu, il est droit. Comment unir ce qui est tordu avec ce qui est droit? L'ajustement est impossible, comme lorsque l'on pose une planche tordue sur un pavement égal: elle ne s'applique pas, ne se joint pas, ne s'adapte pas au pavement. Le pavement est égal partout, mais la planche est tordue, elle ne s'adapte pas au pavement. Eh bien, la volonté de Dieu est égale, la tienne est tordue; la volonté de Dieu te paraît tordue parce que tu es incapable de t'y adapter; redresse-toi en t'alignant sur elle, au lieu de vouloir la tordre à ton image, car tu ne le peux; tu essaies en vain: elle est toujours droite.

Tu veux t'y conformer? Corrige-toi. Ce sera son sceptre qui te dirige, le sceptre de droiture. Le mot roi tire son nom de régir. Or celui qui ne corrige pas ne régit pas. C'est pour cela que notre roi est le roi des hommes droits. De même qu'il est prêtre parce qu'il nous sanctifie, il est roi parce qu'il nous dirige[114]. Mais que dit-il dans un autre passage? *Avec le saint, tu seras saint, avec l'innocent, tu seras innocent, avec l'élu tu*

---

et le seul vrai prêtre; roi pour nous conduire, prêtre pour nous purifier»; *C. Faust.* 13, 15; *In Ps.* 26, 2, 2; 149, 6; *Ser. Dolbeau* 26, 50.

ENARRATIONES IN PSALMOS

cum electo electus eris, et cum peruerso peruersus eris: non quia peruersus Deus, sed quia peruersi peruersum eum putant. Placet tibi bonum, bonus est Deus; displicet tibi, quasi prauus est Deus. Curuus est ad te Deus, tua curuatura facit hoc; nam illius rectitudo semper manet. Audi in alio psalmo: *Quam bonus Deus Israel rectis corde!*

v. 8 **18.** *Virga directionis, uirga regni tui.* **Dilexisti iustitiam et odisti iniquitatem.** Vide uirgam directionis: *Dilexisti iustitiam et odisti iniquitatem.* Accede ad istam uirgam, sit tibi rex Christus; regat te uirga ista, ne frangat te. Virga enim ferrea est illa, inflexibilis. Et quid dictum est? *Reges eos in uirga ferrea et tamquam uas figuli conteres eos.* Alios regit, alios conterit: regit spiritales, conterit carnales. Ergo accede ad istam uirgam. Quid in ea times? Haec est tota uirga: *Dilexisti iustitiam et odisti iniquitatem.* Quid times? Sed forte iniquus eras; audis enim regem tuum quia odit iniquitatem, et times. Est quod facias. Quid odit? Iniquitatem; numquid te? Sed in te est iniquitas; odit illam Deus, oderis et tu, ut unam rem ambo oderitis. Eris enim Deo amicus, si odisti quod odit; ita et amabis quod amat. Displiceat in teipso tibi iniquitas tua, et placeat tibi creatura ipsius. Homo enim es iniquus. Duo dixi nomina; duo nomina, homo, et iniquus; in istis duobus nominibus unum est naturae, alterum culpae; unum tibi Deus fecit, alterum tu fecisti: ama quod Deus fecit, oderis quod tu fecisti, quia et ipse hoc odit. Vide quomodo iam illi incipias coniungi, cum odisti quod odit. Peccatum puniturus

---

115. Ps 17, 26-27.
116. Ps 72, 1.
117. Ps 2, 9.
118. Cf. *Ser.* 29, 5, 6; *In Ps.* 84, 15; 96, 15.

IN PSALMVM XLIV

seras élu, et avec le pervers tu seras pervers[115] : non que Dieu soit pervers, mais les hommes pervers le croient pervers. Si le bien te plaît, Dieu est bon ; s'il te déplaît, Dieu te paraît mauvais. Dieu a été tordu à ton image, c'est ce qu'il y a de tordu en toi qui en est cause ; car sa droiture demeure éternellement. Écoute ce que dit un autre psaume : *Comme est bon le Dieu d'Israël pour ceux qui ont le cœur droit*[116] !

18. *Le sceptre de ton règne est un sceptre de droiture. Tu as aimé la justice et détesté l'iniquité.* Vois ce qu'est le sceptre de droiture : *Tu as aimé la justice et détesté l'iniquité.* Approche-toi de ce sceptre, que le Christ soit ton roi ; que ce sceptre te dirige, de peur qu'il ne te brise. Car c'est un sceptre de fer, il ne peut fléchir. Qu'est-il dit ? *Tu les dirigeras avec un sceptre de fer et tu les casseras comme un vase de potier*[117]. Il dirige les uns, il casse les autres : il dirige les spirituels, il casse les charnels. Approche-toi donc de ce sceptre. Que crains-tu de lui ? Tout ce qu'est ce sceptre est dans ces mots : *Tu as aimé la justice et détesté l'iniquité.* Que crains-tu ? Mais peut-être étais-tu inique ; tu entends que ton roi déteste l'iniquité, et tu crains. Tu peux faire quelque chose. Que déteste-t-il ? L'iniquité ; est-ce toi qu'il déteste ? Mais l'iniquité est en toi ; Dieu la déteste, déteste-la toi aussi, pour que vous détestiez tous deux une même chose. Tu seras en effet l'ami de Dieu si tu détestes ce qu'il déteste ; ainsi, tu aimeras aussi ce qu'il aime. En toi, ton iniquité doit te déplaire et ce qu'il a créé te plaire. En effet, tu es un homme inique. Il y a deux termes dans ce que j'ai dit ; deux termes, homme et inique ; de ces deux termes, l'un désigne la nature, l'autre la faute ; l'un ce que Dieu a fait pour toi, l'autre ce que toi, tu as fait : aime ce que Dieu a fait, déteste ce que tu as fait, parce que Dieu aussi le déteste. Vois comme déjà tu commences à lui être uni, quand tu détestes ce qu'il déteste[118]. Il va punir le

ENARRATIONES IN PSALMOS

est, quia uirga directionis est uirga regni ipsius. Sed non puniat peccatum? Sed non potest. Puniendum est peccatum; si puniendum non esset, nec peccatum esset. Praeueni illum: non uis ut ipse puniat, tu puni. Ideo enim adhuc ipse parcit, differt, tenet manum, arcum intendit, hoc est minas. Clamaret tantum feriturum se, si uellet ferire? Differt ergo manum a peccatis tuis; tu noli differre. Conuerte te ad punienda peccata tua, quia impunita esse peccata non possunt. Puniendum ergo erit aut a te aut ab ipso; tu agnosce, ut ille ignoscat.

Adtende exemplum in illo psalmo paenitentiae: *Auerte faciem tuam a peccatis meis.* Numquid dixit: "A me?" Alio enim loco aperte dicit: *Ne auertas faciem tuam a me.* Ergo *auerte faciem tuam a peccatis meis*, nolo uideas peccata mea. Quia uidere Dei, animaduertere est. Ideo et iudex quod punit, animaduertere dicitur, id est, animum illuc aduertere, intendere utique ad puniendum, quia iudex est. Sic est et iudex Deus. *Auerte faciem tuam a peccatis meis.* Tu ab ipsis faciem noli auertere, si uis ut Deus ab ipsis auertat faciem suam. Vide quomodo hoc offert Deo in ipso psalmo: *Facinus meum ego*, inquit, *agnosco, et peccatum meum ante me est semper.* Hoc non uult esse ante Deum quod uult esse ante se. *Virga directionis, uirga regni tui.* Nemo sibi multum de misericordia Dei blandiatur: uirga directionis est. Numquid dicimus non esse misericordem Deum? Quid misericordius eo qui parcit tantum peccatoribus, eo qui in omnibus conuersis ad se non curat praeterita?

---

119. Ce passage, où se mêle rhétorique, anthropologie et psychologie, a de nombreux parallèles: *Ser.* 19, 2; 29, 5, 6; *Ser. Dolbeau* 8, 3-4; *In Ps.* 58, 1, 13; 75, 3; 140, 14.

120. *Agnoscere/ignoscere*: jeu de mots extrêmement fréquent chez Augustin.

121. Ps 50, 11.

122. Ps 26, 3.

123. Ps 50, 5.

IN PSALMVM XLIV

péché, parce que le sceptre de son règne est un sceptre de droiture. Mais s'il ne punissait pas le péché ? Eh bien, ce n'est pas possible. Le péché doit être puni ; s'il ne devait pas être puni, il ne serait pas péché. Devance le Seigneur ; si tu ne veux pas qu'il punisse, punis toi-même[119]. C'est en effet pour cela qu'il t'épargne, qu'il diffère, retient sa main, bande son arc, c'est-à-dire ses menaces. Clamerait-il si fort qu'il va frapper, s'il voulait frapper ? Il diffère et éloigne sa main de tes péchés ; toi, ne diffère pas. Mets-toi à punir tes péchés, parce que les péchés ne peuvent rester impunis. Il y aura donc punition, venant de toi ou de lui ; reconnais ton péché pour qu'il le pardonne[120].

Note bien l'exemple qu'on a dans le psaume de pénitence qui dit : *Détourne ta face de mes fautes*[121]. A-t-il dit "détourne de moi" ? Dans un autre passage, il dit en effet clairement : *Ne détourne pas de moi ta face*[122]. Donc, *détourne ta face de mes fautes*, je ne veux pas que tu voies mes péchés. Car, pour Dieu, voir, c'est châtier. Aussi, ce que punit un juge, on dit qu'il le châtie *(animaduertere)*, c'est-à-dire qu'il y dirige son attention *(animum aduertere)*, qu'il la tourne vers cela, évidemment pour punir, puisqu'il est juge. Il en va de même pour Dieu. *Détourne ta face de mes fautes*. Toi, ne détourne pas ta face de tes fautes, si tu veux que Dieu en détourne sa face. Vois comment le psalmiste les présente à Dieu dans le psaume : *Je reconnais ma faute et mon péché est toujours devant moi*[123]. Il ne veut pas que soit sous le regard de Dieu ce qu'il veut avoir sous le sien. *Le sceptre de ton règne, un sceptre de droiture.* Que personne ne se flatte trop d'obtenir la miséricorde de Dieu : il est un sceptre de droiture. Disons-nous pour autant que Dieu n'est pas miséricordieux ? Qui est plus miséricordieux que lui qui épargne tant les pécheurs, qui ne se soucie pas du péché passé de tous ceux qui se sont convertis

581

ENARRATIONES IN PSALMOS

Sic eum dilige misericordem ut uelis esse ueracem; non enim misericordia potest illi auferre iustitiam, neque iustitia misericordiam. Interim quamdiu ille differt, tu noli differre, quoniam uirga directionis, uirga regni ipsius.

19. *Dilexisti iustitiam et odisti iniquitatem; propterea* **unxit te Deus Deus tuus.** Propterea unxit te ut diligeres iustitiam et odires iniquitatem. Et uide quomodo ait: *Propterea unxit te Deus Deus tuus.* O tu Deus, unxit te Deus tuus, Deus ungitur a Deo. Etenim in latino putatur idem casus nominis repetitus; in graeco autem euidentissima distinctio est, quia unum nomen est quod compellatur et alterum ab eo qui compellat: *Vnxit te, Deus*; O tu Deus, unxit te Deus tuus, quomodo si diceret: propterea unxit te, o tu Deus, Deus tuus. Sic accipite, sic intellegite, sic in graeco euidentissimum est. Ergo quis est Deus unctus a Deo? Dicant nobis Iudaei: scripturae istae communes sunt. Vnctus est Deus a Deo: unctum audis, Christum intellege. Etenim Christus a chrismate; hoc nomen quod appellatur Christus unctionis est. Nec in aliquo alibi ungebantur reges et sacerdotes nisi in illo regno ubi Christus prophetabatur et ungebatur, et unde uenturum erat Christi nomen; nusquam est alibi omnino, in nulla gente, in nullo regno. Vnctus est ergo Deus a Deo; quo oleo, nisi spiritali? Oleum enim uisibile in signo est, oleum inuisibile

---

124. Voir *BA* 58/B, n. c. 3, p. 577-578 : « Miséricorde et jugement ».

125. C'est à dessein que nous n'avons pas mis de virgule dans cette première citation du v. 8b. On sait en effet que les Anciens ne ponctuaient pas les textes, et, dans le cas présent, cela explique les différentes interprétations possibles de la phrase.

IN PSALMVM XLIV

à lui? Aime sa miséricorde en voulant cependant sa
vérité; car la miséricorde ne peut supprimer sa justice,
ni la justice sa miséricorde[124]. En attendant, tandis qu'il
diffère, toi, ne diffère pas, car le sceptre de son règne est
un sceptre de droiture.

19. *Tu as aimé la justice et détesté l'iniquité;* ***c'est
pourquoi Dieu ton Dieu t'a oint***[125]. Il t'a oint dans ce
but, pour que tu aimes la justice et détestes l'iniquité.
Remarque de quelle manière il dit: *C'est pourquoi Dieu
ton Dieu t'a oint.* Toi, Dieu, ton Dieu t'a oint, Dieu est
oint par Dieu. En effet, en latin, on a l'impression que
le substantif est répété au même cas; mais en grec, il y a
une distinction évidente, parce que l'un des substantifs
est un vocatif et l'autre un nominatif[126]: *Dieu t'a oint*;
ô toi, Dieu, ton Dieu t'a oint. C'est comme s'il disait:
c'est pourquoi tu as été oint, toi qui es Dieu, par ton
Dieu. Entendez-le ainsi, comprenez-le ainsi; en grec, ce
sens est tout à fait évident. Qui donc est le Dieu oint par
Dieu? Que les Juifs nous le disent: ces Écritures nous
sont communes. Dieu a été oint par Dieu: tu entends
parler de quelqu'un qui est oint, comprends que c'est
le Christ. En effet, christ vient de *chrisma*, onction; le
nom de Christ évoque l'onction. L'onction des rois et des
prêtres n'a existé nulle part ailleurs que dans ce royaume
où était prophétisé et oint le Christ, et d'où devait venir
le nom de Christ; il n'existe nulle part ailleurs, en aucun
peuple, en aucun royaume. Donc Dieu a été oint par
Dieu; de quelle huile, sinon d'une huile spirituelle?
Car l'huile visible est un signe, l'huile invisible est un

---

126. Voir la note complémentaire 21: «Le problème textuel du
Ps 44, 8b».

ENARRATIONES IN PSALMOS

in sacramento est, oleum spiritale intus est. Vnctus est nobis Deus et missus est nobis ; et ipse Deus, ut ungeretur, homo erat, sed ita homo erat ut Deus esset ; ita Deus erat ut homo esse non dedignaretur, uerus homo, uerus Deus, in nullo fallax, in nullo falsus, quia ubique uerax, ubique ueritas. Deus ergo homo, et ideo unctus Deus quia homo Deus et factus est Christus.

20. Hoc figurabatur in eo quod Iacob lapidem sibi ad caput posuerat et dormierat. Iacob patriarcha lapidem sibi ad caput posuerat ; dormiens autem illo lapide ad caput posito uidit apertis caelis scalam a caelo in terram et angelos ascendentes et descendentes ; hoc uiso euigilauit, unxit lapidem et discessit. In illo lapide intellexit Christum, ideo unxit. Videte ex quo praedicatur Christus. Quid sibi uult illa unctio lapidis, praesertim apud patriarchas qui unum Deum colebant ? Factum est autem in figura, et discessum est. Non enim unxit lapidem et uenit illuc semper adorare et sacrificia ibi facere.

---

127. Augustin se souvient peut-être de Hil. *In Ps.* 132, 4, *CCL* 61B, p. 134, 6-12 : « Nous savons que notre Seigneur reçut lui aussi une onction de manière invisible et incorporelle, puisqu'il est dit : "Dieu t'a donné l'onction, ton Dieu t'a donné l'onction de l'huile d'allégresse." Cette onction n'est pas terrestre, mais immatérielle et invisible. Il n'est pas oint d'huile, comme un prêtre et un prophète, ni avec une corne, comme un roi, mais par l'huile d'allégresse. Il en résulte une joie inspirée par l'Esprit, et cette allégresse exprime le mystère de l'onction céleste, qui n'est pas d'ordre matériel. » Mais l'huile lui évoque aussi immédiatement les sacrements chrétiens avec leur double nature de signe matériel (visible) et de grâce (invisible). À cet égard, il n'est pas abusif de voir dans les trois huiles qu'il mentionne ce que la théologie scolastique appellera plus tard le *sacramentum tantum* (les espèces sacramentelles en tant que matière : « l'huile visible »), la *res et sacramentum* (les espèces matérielles en tant que porteuses d'une grâce invisible : « l'huile invisible ») et la *res tantum* (la grâce propre du sacrement : « l'huile spirituelle »).

128. Voir la note complémentaire 22 : « L'onction du Christ ».

129. Cf. Gn 28, 10-22. Le songe de Jacob occupait déjà une place importante dans le judaïsme alexandrin. Cf. Phil. A. *Somn.* 120-

IN PSALMVM XLIV

sacrement, l'huile spirituelle est intérieure[127]. Dieu a été oint pour nous et a été envoyé pour nous; et ce même Dieu, pour être oint, devait être homme, mais il était homme tout en étant Dieu; il était Dieu tout en ne dédaignant pas d'être homme, vrai homme et vrai Dieu, menteur en rien, faux en rien, parce qu'il est en tout véridique, en tout vérité. Dieu est donc homme, et c'est parce que Dieu était homme que Dieu a été oint, et il est devenu Christ[128].

20. De cela il y avait une figure dans l'histoire de Jacob qui avait mis une pierre sous sa tête et s'était endormi; Jacob le patriarche avait mis une pierre sous sa tête; or, tandis qu'il dormait, avec cette pierre posée sous sa tête, il vit dans les cieux ouverts une échelle qui allait du ciel jusqu'à la terre et des anges qui montaient et descendaient; après cette vision, il se réveilla, oignit la pierre et s'en alla[129]. Il a compris que cette pierre était le Christ, c'est pourquoi il l'a ointe[130]. Notez ce par quoi le Christ est prédit. Que signifie cette onction de la pierre, surtout chez les patriarches, qui adoraient un seul Dieu? Cette onction a été faite en figure, et Jacob s'en est allé. Il n'a pas oint la pierre pour revenir toujours là adorer

---

172, *OPA* 19, p. 75-93. Mais c'est en terre chrétienne que l'épisode connaîtra sa fortune la plus grande, inlassablement repris par les Pères qui en donneront une riche interprétation, avant tout christologique, mais aussi ecclésiale ou relative à la vie spirituelle (l'échelle, symbole de l'ascension vers Dieu). Voir S. P ricoco, «La scala di Giaccobbe. L'interpretazione ascetica di Gn 28, 12 da Filone a S. Benedetto», *Regulae Benedicti Studia*, 14-15, 1985-1986, p. 41-58; G.M. Vian, «Interpretazioni giudaiche e cristiane antiche del sogno di Giacobbe (Genesi 28, 10-12)», *Augustinianum*, 29, 1989, p. 307-332; M. Dulaey, «La figure de Jacob dans l'exégèse paléochrétienne (Gn 26-33)», *Recherches augustiniennes*, 32, 2001, p. 75-168 (p. 107-120).

130. La pierre ointe par Jacob comme préfiguration de l'onction du Christ se trouve déjà chez Just. *Dial.* 86, 2 (éd. P. Bobichon, t. 1, p. 421). Pour Augustin, voir *C. Faust.* 12, 26; *Ser.* 89, 5; *Trin.* 3, 10, 19-20; *Ciu.* 16, 38, 2; *Quaest. Hept.* 1, 84.

ENARRATIONES IN PSALMOS

Expressum est mysterium, non inchoatum sacrilegium. Et uidete lapidem : *Lapidem quem reprobauerunt aedificantes, hic factus est in caput anguli.* Et quia *caput uiri Christus,* propterea lapis ad caput. Attendite magnum sacramentum : lapis Christus. *Lapidem uiuum,* ait Petrus, *ab hominibus reprobatum, a Deo autem electum.* Et lapis ad caput, quia caput uiri Christus. Et unctus lapis quia a chrismate dictus est Christus. Et uidentur scalae reuelante Christo a terra in caelum uel a caelo in terram, et ascendentes et descendentes angeli.

Quid hoc sit melius uidebimus, cum testimonium euangelicum ab ipso Domino commemorauerimus. Nostis quia Iacob ipse est Israel. Illi enim cum angelo luctanti et praeualenti et benedicto ab eo cui praeualuit, nomen mutatum est, ut appellaretur Israel ; sicut populus Israel praeualuit Christo, ut crucifigeret eum, et tamen in his qui Christo crediderunt, ab ipso cui praeualuit benedictus est. Sed multi non crediderunt, inde claudicatio Iacob. Benedictio et claudicatio. Benedictio in his qui crediderunt ; nam postea nouimus ex illo populo multos credidisse. Claudicatio autem in his qui non crediderunt. Et quia plures non crediderunt et pauci crediderunt, ideo ut fieret claudicatio

---

131. Augustin sait que le geste de Jacob, courant dans la religion cananéenne, appartient aux pratiques primitives d'Israël et que plus tard il sera ordonné au peuple, non seulement de briser toutes les stèles sacrées du pays, mais de n'avoir comme seul sanctuaire que le Temple de Jérusalem. D'où son insistance : Jacob n'accomplissait qu'une figuration du Christ. Cf. *In Ioh.* 7, 23 ; *Quaest. Hept.* 1, 84.

132. Ps 117, 22 ; 1 P 2, 8.

133. 1 Co 11, 3.

134. L'idée se trouve déjà chez CYPR. *Quir.* 2, 16, *CCL* 3, p. 52, 28-29. Voir aussi AUG. *C. Faust.* 12, 26 ; ZEN. *Tract.* 1, 37, 1, *CCL* 22, p. 101, 5-7. M. DULAEY, « La figure de Jacob », p. 117.

135. 1 P 2, 4.

IN PSALMVM XLIV

et faire des sacrifices. C'est l'expression d'un mystère, pas l'inauguration d'un sacrilège[131]. Et voyez ce qu'il en est de la pierre : *La pierre qu'ont rejetée les bâtisseurs, c'est elle qui est devenue la tête de l'angle*[132]. Et parce que *le Christ est la tête de l'homme*[133], la pierre est posée à sa tête[134]. Écoutez ce grand mystère : la pierre est le Christ. Il est, dit Pierre, *la pierre vivante rejetée par les hommes, mais choisie par Dieu*[135]. La pierre est à la tête de Jacob, parce que le Christ est la tête de l'homme ; la pierre a été ointe, parce que Christ vient de *chrisma*, onction. Et la révélation du Christ fait voir l'échelle qui va de la terre au ciel ou du ciel à la terre, et des anges qui y montent et descendent[136].

Nous verrons mieux ce que cela veut dire en rappelant le témoignage du Seigneur lui-même dans l'Évangile[137]. Vous savez que Jacob est le même qu'Israël. C'est quand il a lutté avec l'ange, l'a vaincu et a été béni par celui qu'il a vaincu que son nom a été changé et qu'il s'est appelé Israël[138] ; de la même façon, le peuple d'Israël a vaincu le Christ en le crucifiant ; cependant, en ceux qui ont cru au Christ, il a été béni par celui qu'il a vaincu. Beaucoup toutefois n'ont pas cru, d'où la claudication de Jacob. Bénédiction et claudication. Bénédiction en ceux qui ont cru, car nous savons qu'ensuite beaucoup dans ce peuple ont cru. Mais claudication en ceux qui n'ont pas cru. Et parce que ceux qui n'ont pas cru furent plus nombreux, et qu'un petit nombre crut, l'ange, pour causer cette claudication, a touché la largeur de

---

136. Gn 28, 12 ; Jn 1, 51.
137. Cf. Jn 1, 51.
138. Cf. Gn 32, 23-33.

ENARRATIONES IN PSALMOS

tetigit latitudinem femoris eius. Quid est latitudo femoris eius? Multitudo generis. Videte ergo scalas illas Dominus quando uidit Nathanaelem in euangelio ait: *Ecce uere Israelita in quo dolus non est.* Sic enim dicitur de ipso Iacob: *Et erat Iacob sine dolo habitans in domo.* Hoc recolens Dominus uidens Nathanaelem sine dolo de gente illa et de populo illo: *Ecce uere,* inquit, *Israelita in quo dolus non est.* Appellauit Israelitam in quo dolus non esset propter Iacob. Et ille Nathanael: *Vnde me nosti?* Et Dominus: *Cum esses sub arbore fici, uidi te,* id est, cum esses in illo populo sub lege constitutus quae carnali umbra illum populum protegebat, ibi te uidi. Quid est "ibi te uidi"? Ibi tui misertus sum. Ille autem recordatus quod fuerat etiam sub arbore fici in ueritate, admiratus, quia putabat se a nemine uisum cum ibi esset, confitetur et dicit: *Tu es Filius Dei, tu es rex Israel.* Quis hoc dixit? Qui audierat quod uerus esset Israelita et dolus in illo non esset. Et Dominus: *Quia dixi tibi: "Vidi te sub arbore fici", credidisti; maiora horum uidebis.* Loquitur cum Israel, cum Iacob, cum illo qui sibi lapidem ad caput posuerat. *Maiora horum uidebis.* Quae maiora? Quia iam lapis ille ad caput est: *Amen dico uobis, uidebitis caelum apertum et angelos Dei ascendentes et descendentes super Filium hominis.*

---

139. Cf. Gn 32, 28. Sur la lutte de Jacob avec l'ange, voir M. Dulaey, « La figure de Jacob », p. 149-165. Augustin a peut-être inséré ici cet épisode parce que la *latitudo femoris* de Jacob rappelait le *circa femur* du Ps 44, 4.

140. Même interprétation de la claudication et de la bénédiction de Jacob dans *Ser. Guelf.* 10, 3 ; *Ser.* 122, 3 ; 204, 3. Voir à ce sujet M. Dulaey, « La figure de Jacob », p. 160-164.

141. Jn 1, 47.

142. Gn 25, 27.

143. Jn 1, 48.

IN PSALMVM XLIV

sa cuisse[139]. Que représente la largeur de la cuisse? Le grand nombre des descendants[140]. Voyez donc cette échelle; quand le Seigneur vit Nathanaël, il dit dans l'Évangile: *Voici un véritable Israélite en qui il n'est pas de ruse*[141]; il est dit pareillement de Jacob: *Et Jacob était un homme sans ruse qui restait à la maison*[142]. C'est par allusion à ce passage que le Seigneur, quand il voit que Nathanaël, issu de cette nation et de ce peuple, est sans ruse, dit: *Voici un véritable Israélite en qui il n'est pas de ruse.* Il l'a appelé Israélite en qui il n'y avait pas de ruse à cause de Jacob. Et Nathanaël dit: *D'où me connais-tu?* Et le Seigneur: *Quand tu étais sous le figuier, je t'ai vu*[143], c'est-à-dire: quand tu étais dans ce peuple soumis à la Loi qui protégeait ce peuple de son ombre charnelle[144], c'est là que je t'ai vu. Que signifie "c'est là que je t'ai vu"? C'est là que j'ai eu pitié de toi. Lui, se souvenant qu'il avait été réellement sous le figuier, s'étonnant, parce qu'il pensait que personne ne l'avait vu quand il y était, le confesse et dit: *Tu es le Fils de Dieu, tu es le roi d'Israël*[145]. Qui a dit ces mots? Celui qui s'était entendu dire qu'il était un véritable Israélite et qu'il n'y avait pas en lui de ruse. Et le Seigneur d'ajouter: *Parce que je t'ai dit: "Je t'ai vu sous le figuier", tu as cru. Tu verras de plus grandes choses*[146]. C'est à Israël qu'il parle, à Jacob, à celui qui avait mis la pierre sous sa tête. *Tu verras de plus grandes choses.* Quoi donc? Que déjà la pierre est sous sa tête: *En vérité, je vous le dis, vous verrez le ciel ouvert, et les anges de Dieu monter et descendre au-dessus du Fils de l'homme*[147].

---

144. Le figuier est symbole du péché et de la mort: *In Ioh.* 7, 21; *Gen. litt.* 11, 34, 46; *Ser.* 69, 3, 4; 122, 1, 1.

145. Jn 1, 49.

146. Jn 1, 50.

147. Jn 1, 51.

ENARRATIONES IN PSALMOS

Angeli Dei ascendant et descendant per scalas illas, fiat hoc in ecclesia. Angeli Dei annuntiatores sunt ueritatis; ascendant et uideant: *In principio erat Verbum et Verbum erat apud Deum et Deus erat Verbum.* Descendant et uideant quia *Verbum caro factum est et habitauit in nobis.* Ascendant, ut erigant magnos, descendant, ut nutriant paruos. Vide ascendentem Paulum: *Siue mente excessimus, Deo.* Vide descendentem: *Siue temperantes sumus, uobis.* Vide ascendentem: *Sapientiam loquimur inter perfectos.* Vide descendentem: *Lac uobis potum dedi, non escam.* Hoc fit in ecclesia: ascendunt et descendunt angeli Dei super Filium hominis, quia sursum est Filius hominis ad quem ascendunt corde, id est caput eius, et deorsum Filius hominis, id est corpus eius. Membra eius hic sunt, caput sursum est; ascenditur ad caput, descenditur ad membra. Christus ibi, Christus hic. Nam si ibi tantum et hic non, unde uox illa: *Saule, Saule, quid me persequeris?* Quis enim illi in caelo molestus fuit? Nemo, nec Iudaei nec Saulus nec diabolus tentator; nemo ibi molestus illi, sed sicut in compage corporis humani pede calcato lingua clamat.

21. *Dilexisti iustitiam et odisti iniquitatem; propterea unxit te, Deus, Deus tuus.* Locuti sumus de uncto Deo, hoc est de Christo. Non potuit apertius dici nomen Christi quam ut diceretur unctus Deus. Quomodo

---

148. Jn 1, 1.
149. Jn 1, 14.
150. 2 Co 5, 13.
151. 1 Co 2, 6.
152. 1 Co 3, 2. Même explication en *C. Faust.* 12, 26 et *In Ioh.* 23, 7. En *Ser.* 122, 6, 6 et *Ser. Cas.* 2, 76, 2, le sens est légèrement différent: les anges montent et descendent au-dessus du Fils de l'homme, car celui-ci est simultanément au ciel par sa divinité et sur terre par son humanité et son Corps. Voir M-F. BERROUARD, «Saint Augustin et le ministère de la prédication. Le thème des anges qui montent et qui descendent», *Recherches augustiniennes*, 2, 1962, p. 447-501.

IN PSALMVM XLIV

Puissent les anges de Dieu monter et descendre par cette échelle, puisse cela advenir dans l'Église. Les anges de Dieu sont ceux qui annoncent la vérité; qu'ils montent et voient: *Au commencement était le Verbe, et le Verbe était auprès de Dieu, et le Verbe était Dieu*[148]. Qu'ils descendent et voient que *le Verbe s'est fait chair et a habité parmi nous*[149]. Qu'ils montent pour élever les grands; qu'ils descendent pour nourrir les petits. Regarde Paul quand il monte: *Si nous avons été hors de sens, c'est pour Dieu*. Regarde quand il descend: *Si nous sommes modérés, c'est pour vous*[150]. Regarde quand il monte: *Nous parlons de sagesse parmi les parfaits*[151]. Regarde quand il descend: *Je vous ai donné du lait, non une nourriture solide*[152]. Voilà ce qui se passe dans l'Église: les anges de Dieu montent et descendent au-dessus du Fils de l'homme, parce qu'en haut se trouve le Fils de l'homme, à savoir sa tête, vers laquelle on monte dans le cœur, et en bas est le Fils de l'homme, à savoir son corps. Ses membres sont ici, sa tête est en haut; on monte vers la tête, on descend vers les membres. Le Christ est là, le Christ est ici. Car s'il était seulement là et pas ici, pourquoi cette parole: *Saul, Saul, pourquoi me persécutes-tu*[153]? Qui en effet le molestait dans le ciel? Personne, ni les Juifs, ni Saul, ni le diable tentateur; là, personne ne le moleste; mais, comme dans ce tout qu'est le corps humain, quand on écrase le pied, la langue crie[154].

21. *Tu as aimé la justice et détesté l'iniquité; c'est pourquoi Dieu, ton Dieu t'a oint.* Nous avons parlé du Dieu oint, c'est-à-dire du Christ. On ne pouvait plus clairement indiquer le nom du Christ qu'en l'appelant le

---

153. Act 9, 4.
154. Poncif augustinien. Cf. *In Ps.* 30, 2, 1, 3; 86, 5; *Ser.* 137, 2; 361, 14; *In Ep. Ioh.* 10, 8.

ENARRATIONES IN PSALMOS

speciosus forma prae filiis hominum, sic unctus *oleo exsultationis prae participibus suis*. Qui enim participes eius? Filii hominum, quoniam et ipse Filius hominis particeps factus est mortalitatis illorum, ut faceret eos participes immortalitatis suae.

v. 9 **22. *Myrrha et gutta et casia a uestimentis tuis.*** Odores boni a uestimentis tuis. Vestimenta eius sunt sancti eius, electi eius, tota ecclesia eius quam sibi sicut uestem exhibet sine macula et ruga, propter maculam abluens in sanguine, propter rugam extendens in cruce; inde bonus odor qui significatur nominatis quibusdam aromatis. Audi Paulum illum minimum, fimbriam de uestimento quod tetigit mulier in fluxu sanguinis et sanata est, audi illum dicentem: *Christi bonus odor sumus in omni loco, et in iis qui salui fiunt et in iis qui pereunt.* Non dixit: Bonus odor in iis qui salui fiunt et malus

---

155. Sur ces plantes chez les Romains, voir J. ANDRÉ, *Les noms de plantes dans la Rome antique*, Paris, 2010², p. 52 ; 11 ; 167. *Gutta*, qui traduit στακτή ici et en Sir 24, 21 (15) ne désigne pas une plante particulière, mais les gouttes ou grains de toute résine aromatique (myrrhe, encens) ; le terme hébreu correspondant est généralement rendu par aloès. Voir *DB*, s. v. *Aloès*, c. 398-401.

156. Cf. Eph 5, 27. Les traductions françaises ont toutes : « sans tache ni ride ». Mais le mot ῥυτίς, qui signifie littéralement "pli de la peau" – d'où "ride" – a été traduit par le latin *ruga* qui veut dire également ride (ou aspérité), mais aussi pli dans un vêtement. Ce dernier sens s'imposait sans doute à Augustin en raison du mot qui précède dans le verset paulinien, car ce sont le plus souvent les vêtements qui ont des taches. L'assimilation de l'Église à un vêtement a comme fondement scripturaire principal Jn 19, 23 (la robe sans couture assimilée à l'Église indivise) – thème omniprésent chez Augustin. Mais Eph 5, 27 a sans doute joué aussi un rôle important.

157. Cf. Ap 7, 14.

158. Le porte-manteau auquel on suspend un vêtement pour en lisser les faux plis a parfois été vu comme une image de la croix : TERT. *Pall.* 5, 3, *CCL* 2, p. 747, 33 (si l'on accepte la correction ancienne *cruci* plutôt que la correction proposée dans *SC* 513, p. 201, *ceruo*). En tout cas, l'image apparaît plusieurs fois chez Augustin : *In Ps.* 147,

592

IN PSALMVM XLIV

Dieu oint. De même que *par sa beauté il est supérieur aux fils des hommes*, il est **oint d'une huile d'allégresse plus que ceux qui y ont part avec lui**. Qui sont en effet ceux qui y ont part avec lui ? Les fils des hommes, parce que lui, le Fils de l'homme, s'est fait lui-même participant de leur mortalité pour les rendre participants de son immortalité.

22. *Myrrhe, aloès et cannelle, senteurs de tes vêtements.* Tes vêtements exhalent de bonnes odeurs[155]. Ses vêtements sont les saints du Seigneur, ses élus, toute son Église, qu'il revêt comme un vêtement sans tache ni faux pli[156], la lavant dans son sang[157] pour ses taches, l'étendant sur la croix pour ses faux plis[158] ; d'où la bonne odeur, signifiée par l'énumération de certains parfums. Écoute ce que dit Paul, le plus petit des apôtres[159], frange du manteau qui a guéri la femme hémorroïsse quand elle l'a touché[160] ; écoute ce qu'il dit : *Nous sommes la bonne odeur du Christ en tout lieu, pour ceux qui se sauvent comme pour ceux qui se perdent*[161]. Il n'a pas dit : bonne odeur pour ceux qui se sauvent,

---

23, en décembre 403, très proche d'*In Ps.* 44, 22, tout comme *Ser. Dolbeau* 22, 21 à la même époque ; *In Ps.* 132, 9 ; *Ser.* 181, 5, 7, avec l'image *tendicula crucis*.

159. Cf. 1 Co 15, 9.

160. Cf. Mt 9, 20-22. Même comparaison de la frange du vêtement du Christ avec Paul, le plus petit des apôtres, qui a guéri les Gentils comme le Christ avait guéri la femme de l'Évangile, en *Ieiun.* 1, 1 ; *In Ep. Ioh.* 8, 2 ; *Ser.* 62, 4, 7 ; 78, 2 ; *Ser. Mai* 25, 3 (= 63A) ; *Ser. Morin* 7, 3 (= 63B) ; *Ser. Guelf.* 23, 5 (= 299B) ; *Ser. Guelf.* 24, 5 (= 299C) ; ainsi qu'en *Ser.* 298A, 3, *CSEL* 101, p. 161-162, récemment rendu à Augustin par C. Weidmann. Sur la guérison de l'hémorroïsse, voir M. DULAEY, «La guérison de l'hémorroïsse (Mt 9, 20-22) dans l'interprétation patristique et l'art paléochrétien», *Recherches augustiniennes et patristiques*, 35, 2007, p. 99-131 (p. 123-124).

161. 2 Co 2, 15.

593

ENARRATIONES IN PSALMOS

odor in iis qui pereunt, sed: quod ad nos attinet bonus odor sumus, *et in iis qui salui fiunt et in iis qui pereunt.* Saluum fieri hominem bono odore non est improbabile neque incredibile; perire autem hominem bono odore, quae ratio est? Magna uis, magna ueritas; etsi capi non potest, ita est. Nam ut noueritis quia difficile capitur, statim subiecit: *Et ad haec quis idoneus?* Quis intellegat homines mori bono odore? Tamen aliquid dicam, fratres. Ecce ipse Paulus praedicabat euangelium; multi illum amabant praedicatorem euangelii, multi illi inuidebant; qui illum amabant bono odore saluabantur, qui illi inuidebant bono odore peribant. Ideo et pereuntibus non malus odor, sed bonus odor; ideo enim magis illi inuidebant quia tam bona in illo gratia praeualebat; nemo enim inuidet misero. Erat ergo gloriosus in praedicatione uerbi Dei et uiuens secundum regulam illius uirgae directionis; et diligebant eum qui in illo diligebant Christum, qui sequebantur bonum odorem; diligebat amicum sponsi sui ipsa sponsa quae dicit in Canticis canticorum: *Post odorem unguentorum tuorum curremus.* Illi autem quanto magis eum uidebant in gloria praedicationis euangelii et in uita inculpabili, tanto magis inuidia torquebantur et occidebantur bono odore.

---

162. 2 Co 2, 16.

163. Le texte de 2 Co 2, 15 est souvent cité par Augustin, mais référé à des réalités différentes: l'apôtre *Paul* aimé ou jalousé (*In Ps.* 44, 22; 92, 2; *Ser.* 273, 5, 5); la *loi*, bonne en elle-même, mais source de prévarication pour l'homme (*Quaest. Simpl.* 1, 1, 17; *C. adu. leg.* 2, 11, 37); les *corrections* divines, bénéfiques à qui se convertit, et préjudiciables au cœur endurci (*C. adu. leg.* 1, 23, 48); ou encore le *baptême*, source de vie pour les fidèles catholiques, et de mort pour les schismatiques (*Bapt.* 3, 13, 18; 7, 39, 77). Son emploi tend en fait toujours à la même démonstration: un bien peut donner la vie à qui en fait bon usage, et la mort à qui en use mal. Derrière

594

IN PSALMVM XLIV

mauvaise odeur pour ceux qui se perdent, mais : en ce qui nous concerne, nous sommes une bonne odeur *pour ceux qui se sauvent comme pour ceux qui se perdent.* Qu'un homme soit sauvé par cette bonne odeur, il n'y a là rien d'improbable ni d'incroyable ; mais pour quelle raison un homme peut-il se perdre du fait de cette bonne odeur ? Il y a là un sens important, une vérité importante ; même si on ne le comprend pas, c'est ainsi. En effet, pour que vous compreniez que c'est difficile à comprendre, Paul a ajouté aussitôt : *Et cela, qui est capable de le comprendre*[162] ? Qui peut comprendre qu'une bonne odeur peut faire mourir un homme[163] ? J'en dirai cependant un mot, mes frères. Paul prêchait l'Évangile ; beaucoup aimaient en lui le prédicateur de l'Évangile, beaucoup l'enviaient ; ceux qui l'aimaient étaient sauvés par la bonne odeur, ceux qui l'enviaient se perdaient par cette bonne odeur. Ainsi, même pour ceux qui se perdaient, ce n'était pas une mauvaise odeur, mais une bonne odeur ; car ils l'enviaient d'autant plus que la grâce en lui était plus puissante, car personne n'envie un misérable. Par sa prédication de la parole de Dieu, il était glorieux, et il vivait en suivant la règle du sceptre de droiture ; et il était aimé de ceux qui aimaient le Christ en lui, qui suivaient sa bonne odeur ; l'épouse aimait l'ami de son époux, qui dit dans le Cantique des cantiques : *Nous courrons après l'odeur de tes parfums*[164]. Mais plus les autres voyaient Paul auréolé par la gloire de la prédication de l'Évangile et menant une vie irréprochable, plus ils étaient torturés par l'envie, et ils mouraient de la bonne odeur.

---

cette conviction, il y a la doctrine augustinienne du signe – réalité ambivalente – et une théologie morale qui accorde la plus grande importance à l'*intentio cordis* et à l'*usus*.

164. Ct 1, 3 (4).

ENARRATIONES IN PSALMOS

v. 10   **23.** *Myrrha et gutta et casia a uestimentis tuis,* **a
domibus eburneis, ex quibus delectauerunt te filiae
regum**. Domos eburneas, domos magnas, domos
regales, quasuis elige, delectauerunt inde Christum
filiae regum. Vis domos eburneas spiritaliter accipere ?
Magnas domos et magna tabernacula Dei corda sanctorum, ipsosque reges regentes carnem, subiugantes sibi
turbas humanarum affectionum, castigantes corpus
et seruituti subicientes accipe, quia inde delectauerunt
eum filiae regum. Etenim omnes animae quae illis
praedicantibus et euangelizantibus natae sunt, filiae
regum sunt ; et ecclesiae filiae apostolorum, filiae regum
sunt. Ille est enim *rex regum*, illi autem reges de quibus
dictum est : *Sedebitis super duodecim sedes iudicantes
duodecim tribus Israel.* Praedicauerunt uerbum ueritatis et genuerunt ecclesias, non sibi, sed illi. Ad hoc
sacramentum pertinet quod scriptum est in lege : *Si
mortuus fuerit frater, accipiat uxorem eius frater eius et
suscitet semen fratri suo. Accipiat uxorem frater eius et
suscitet semen*, non sibi, sed *fratri suo*. Dixit Christus :
Dic fratribus meis. Dixit in psalmo : *Narrabo nomen
tuum fratribus meis*. Mortuus est Christus, resurrexit,
ascendit, absentauit se corpore ; susceperunt fratres eius

---

165. Augustin se souvient-il ici de l'interprétation de Jérôme
(*Ep.* 65, 14 ; éd. J. Labourt, t. 1, p. 156) qui commente le Ps 44 pour
la vierge Principia et voit dans les parfums énumérés les différentes
vertus et mortifications dont a fait preuve sa correspondante ?

166. Alors que pour Jérôme, *Ep.* 65, 15 (éd. J. Labourt, t. 3, p. 159),
les « filles des rois » sont « les âmes des fidèles et particulièrement les
chœurs des vierges », Augustin, sans rejeter ce sens individuel et
ascétique (cf. la note précédente), donne surtout une interprétation
ecclésiale du verset : les « filles des rois » sont les « Églises » nées de la
prédication. En final, il identifiera rapidement les filles des rois aux
villes qui ont cru au Christ.

167. Ap 19, 16.

168. Mt 19, 28.

IN PSALMVM XLIV

23. *Myrrhe, aloès et cannelle, senteurs de tes vêtements* **et des demeures d'ivoire depuis lesquelles les filles des rois t'ont séduit.** Demeures d'ivoire, vastes demeures, demeures royales, comme tu voudras : c'est de là que les filles des rois ont séduit le Christ. Veux-tu comprendre le sens spirituel des palais d'ivoire ? Les vastes demeures et les vastes tentes de Dieu, comprends-les des cœurs des saints, et les rois eux-mêmes, de ceux qui dominent la chair, s'assujettissent la foule des passions humaines, châtient le corps et le réduisent à la servitude, parce que c'est avec cela que les filles des rois ont séduit le Christ[165]. En effet, toutes les âmes nées de la prédication et de l'évangélisation des apôtres sont des filles des rois ; les Églises aussi, filles des apôtres, sont les filles des rois[166]. Le Christ est en effet *le roi des rois*[167] ; eux sont les rois dont il a été dit : *Vous siégerez sur douze trônes pour juger les douze tribus d'Israël*[168]. Ils ont prêché la parole de vérité et engendré les Églises, non pour eux-mêmes, mais pour le Christ. C'est à ce mystère que se rapporte ce qui est écrit dans la Loi : *Si un frère meurt, que son frère épouse sa femme et suscite une descendance à son frère*[169]. *Que son frère épouse sa femme et suscite une descendance* non à lui-même, mais *à son frère*. Le Christ a dit : *Va dire à mes frères*[170]. Dans un psaume il a dit : *Je raconterai ton nom à mes frères*[171]. Le Christ est mort, il est ressuscité, il est monté aux cieux, il est absent corporellement ; ses frères ont pris son épouse pour engendrer

---

169. Dt 25, 5. L'explication du verset, rare chez Augustin, est en tous points semblable à celle donnée en *C. Faust.* 32, 10, où l'on retrouve en particulier le groupement Dt 25, 15 – 1 Co 4, 15 – 1 Co 1, 13. Les deux textes sont certainement très proches dans le temps. Cf. P.-M. HOMBERT, *Nouvelles recherches*, p. 28-29. Voir aussi le texte tardif de *Quaest. Vet. Test.* 7 qui reprend la même interprétation.

170. Jn 20, 17. *Dic fratribus meis* est la leçon habituelle du verset chez Augustin. On la trouve parfois aussi chez Jérôme.

171. Ps 21, 23.

ENARRATIONES IN PSALMOS

uxorem eius praedicatione euangelii generaturi filios, non per seipsos, sed per euangelium, propter nomen fratris. *In Christo enim Iesu*, inquit, *per euangelium, ego uos genui*. Itaque suscitantes semen fratri suo, quotquot genuerunt non paulianos aut petrianos, sed christianos nominauerunt.

Videte si non iste sensus uigilat et in his uersibus. Cum enim diceret *a domibus eburneis*, dixit de regalibus, amplis, pulchris, lenibus, qualia sunt corda sanctorum; subiecit: *Ex quibus te delectauerunt filiae regum **in honore tuo***. *Filiae* quidem *regum*, filiae apostolorum tuorum, sed, *in honore tuo*, quia semen illi suscitauerunt fratri suo. Ideo ipsos quos suscitauerat fratri suo Paulus, cum uideret currere ad nomen suum, exclamauit: *Numquid Paulus crucifixus est pro uobis?* Quid enim ait lex? "Et habeat natus nomen defuncti." Defuncto nascatur, defuncti nomine appelletur. Seruat hoc legitimum Paulus, uolentes appellari ex nomine suo reuocat: *Numquid id Paulus pro uobis crucifixus est?* Ad defunctum aspicite: *Numquid Paulus pro uobis crucifixus est?* Et quid ergo? Quando illos generasti, quid si nomen tuum illis imposuisti? Non. Ait enim: *Aut in nomine Pauli baptizati estis? Delectauerunt te filiae regum in honore tuo*. Tenete, seruate *in honore tuo*. Hoc est habere uestem nuptialem, illius honorem, illius gloriam quaerere.

---

172. 1 Co 4, 15.

173. Cf. *C. Faust.* 32, 10; *Ser.* 380, 8. Le passage est repris par CAES. *Ser.* 96, 5, *CCL* 103, p. 395. Remarque identique dans GREG. NAZ. *Orat.* 37, 17, *SC* 318, p. 306, 10-11.

174. 1 Co 1, 13.

175. Cf. Dt 25, 6, qui dit en fait: «L'enfant qui naîtra sera considéré comme fils du défunt, afin que son nom (*sc.* celui du défunt) ne soit pas effacé en Israël.» La lecture erronée du verset est aussi celle de *Quaest. eu.* 2, 5. Augustin la corrigera en *Quaest Hept.* 5, 46, 1 et *Retract.* 2, 12.

IN PSALMVM XLIV

des fils par la prédication de l'Évangile, non par eux-mêmes, mais par l'Évangile, au nom de leur frère. *Je vous ai engendrés en Christ Jésus par l'Évangile*, est-il dit[172]. Par conséquent, comme ils suscitaient une descendance à leur frère, ils n'ont pas appelé pauliens ou pétriens[173], mais chrétiens tous ceux qu'ils ont engendrés.

Voyez si ce sens n'est pas présent aussi dans nos versets. En parlant en effet *des demeures d'ivoire*, il a parlé des demeures royales, vastes, belles, douces, comme le sont les cœurs des saints; il a ajouté: *depuis lesquelles les filles des rois t'ont séduit **pour t'honorer**. Les filles des rois*, ce sont les filles de tes apôtres, mais elles ont agi *pour t'honorer* parce qu'ils ont suscité une descendance à leur frère. Aussi, quand Paul voyait la descendance qu'il avait suscitée à son frère recourir à son propre nom, il s'est écrié: *Est-ce Paul qui a été crucifié pour vous*[174] ? Que dit en effet la Loi? Que l'enfant qui est né doit avoir le nom du défunt[175]. Qu'il naisse pour le défunt, qu'il soit appelé du nom du défunt. Paul observe cette prescription de la Loi, il y renvoie ceux qui veulent porter son nom: *Est-ce Paul qui a été crucifié pour vous?* Tournez votre regard vers le défunt: *Est-ce Paul qui a été crucifié pour vous?* Quoi donc? En les engendrant, ne leur as-tu pas donné ton nom? Non. Il dit en effet: *Serait-ce au nom de Paul que vous avez été baptisés*[176] ? *Les filles des rois t'ont séduit pour t'honorer.* Remarquez bien et retenez ce *pour t'honorer*. Chercher son honneur, sa gloire, c'est avoir le vêtement nuptial.

---

176. 1 Co 1, 13.

ENARRATIONES IN PSALMOS

Intellegite etiam filias regum, ciuitates quae credi-derunt in Christum et a regibus conditae sunt. Et *a domibus eburneis*, diuitibus, superbis, elatis, *filiae regum delectauerunt te in honore tuo*, quia non quaesierunt honorem patrum suorum, sed quaesierunt honorem tuum. Ostendatur mihi Romae in honore tanto templum Romuli in quanto ibi ostendo memoriam Petri. In Petro quis honoratur nisi ille defunctus pro nobis? Sumus enim christiani, non petriani. Etsi nati per fratrem defuncti, tamen cognominati nomine defuncti. Per illum nati, sed illi nati. Ecce Roma, ecce Carthago, ecce aliae et aliae ciuitates filiae regum sunt et delec-tauerunt regem suum in honore ipsius et ex omnibus fit una quaedam regina.

24. Quale carmen nuptiale? Ecce inter cantica hilaritatis plena procedit et ipsa sponsa. Sponsus enim ueniebat, ipse describebatur, in illum erat omnis inten-tio nostra; procedat et ista. ***Astitit regina a dextris tuis.*** Quae a sinistris, non regina. Stabit enim quaedam et a sinistris cui dicetur: *Vade in ignem aeternum.* A dextris autem stabit cui dicetur: *Venite, benedicti Patris mei, percipite regnum quod uobis paratum est ab initio mundi. Astitit regina a dextris tuis,* **in uestitu deaurato, circumamicta uarietate.** Vestitus reginae huius quis est? Et pretiosus est et uarius est: sacramenta doctrinae in linguis omnibus uariis. Alia lingua afra, alia syra, alia graeca, alia hebraea, alia illa et illa: faciunt istae linguae uarietatem uestis reginae huius. Quomodo autem omnis uarietas uestis in unitate concordat, sic et omnes linguae ad unam fidem. In ueste uarietas sit, scissura non sit.

---

177. Avec l'entrée de l'Épouse, qui se situe exactement au milieu du psaume, le commentaire franchit une étape. Mais la seconde partie de la prédication sera beaucoup plus brève que la première.

178. Mt 25, 41.

179. Mt 25, 34.

IN PSALMVM XLIV

Comprenez aussi que ces filles de rois sont les villes qui ont cru au Christ et ont été fondées par des rois. Et *depuis les demeures d'ivoire*, riches, superbes, élevées, *les filles des rois t'ont séduit pour t'honorer*, parce qu'elles n'ont pas cherché l'honneur de leurs pères, mais ton honneur. Que l'on me montre à Rome un temple de Romulus aussi honoré que je peux te montrer le tombeau de Pierre. En Pierre, qui est honoré, sinon celui qui est mort pour nous ? Nous sommes en effet des chrétiens, pas des pétriens. Bien que nés du frère du défunt, nous avons reçu le nom du défunt. C'est du premier que nous sommes nés, pour le second que nous sommes nés. Rome, Carthage et bien d'autres villes sont les filles des rois, elles ont séduit leur roi pour l'honorer, et elles toutes ne sont qu'une seule reine.

24. Le chant nuptial, quel est-il ? Voici qu'au milieu de chants remplis d'allégresse s'avance l'épouse elle-même. L'époux venait, on le décrivait, notre attention était toute tournée vers lui ; qu'elle aussi s'avance[177]. *La reine s'est tenue à ta droite.* Celle qui est à gauche n'est pas reine. Il y en aura en effet une à gauche, qui s'entendra dire : *Va au feu éternel*[178]. Mais à droite se tiendra celle qui s'entendra dire : *Venez, les bénis de mon Père, recevez le Royaume qui a été préparé pour vous depuis le commencement du monde*[179]. *La reine s'est tenue à ta droite, en vêtement d'or, dans ses atours chamarrés.* Quel est le vêtement de cette reine ? Il est à la fois précieux et varié : ce sont les mystères de la doctrine exprimés dans la variété de toutes les langues. Autre est la langue africaine, autre la syrienne, autre la grecque, autre l'hébraïque, autres telle et telle : ce sont ces langues qui font la variété du vêtement de cette reine. Mais de même que toute cette variété s'accorde en un seul vêtement, de même toutes les langues en une foi unique. Qu'il y ait variété dans le vêtement, qu'il n'y ait pas de déchirure.

601

ENARRATIONES IN PSALMOS

Ecce uarietatem intelleximus de diuersitate linguarum et uestem intelleximus propter unitatem. In ipsa autem uarietate aurum quod est? Ipsa sapientia. Quaelibet sit uarietas linguarum, unum aurum praedicatur, non diuersum aurum, sed uarietas de auro. Eamdem quippe sapientiam, eamdem doctrinam et disciplinam omnes linguae praedicant. Varietas in linguis, aurum in sententiis.

v. 11 **25.** Alloquitur propheta reginam istam (libenter enim illi cantat) et unumquemque nostrum, si tamen nouerimus ubi sumus, et ad illud corpus pertinere conemur, et fide et spe pertineamus uniti in membris Christi. Nos enim alloquitur: *Audi, filia, et uide.* Alloquitur eam tamquam unus de patribus, quia filiae regum sunt; etsi alloquatur propheta, etsi alloquatur apostolus, tamquam filiam (sic enim dicimus: patres nostri prophetae, patres nostri apostoli; si nos illos ut patres, illi nos ut filios), et uox una paterna alloquitur unicam filiam. *Audi, filia, et uide.* Prius audi, postea uide. Ventum est enim ad nos cum euangelio, et praedicatum est nobis quod nondum uidemus et audiendo credidimus, credendo uidebimus, sicut dicit ipse sponsus apud prophetam: *Populus quem non cognoui seruiuit mihi; in obauditu auris oboediuit*

---

180. Voir la note complémentaire 23: «Le vêtement de la reine».

181. Comparer avec Jérôme, *Ep.* 65, 15, éd. J. Labourt, t. 3, p. 158: «[L'Église] se tient debout, dans ses vêtements dorés, parce qu'elle passe des mots de l'Écriture à leur sens.»

182. Le passage de l'interprétation ecclésiale à l'interprétation individuelle (l'âme) est traditionnel pour beaucoup de textes relatifs à "l'Épouse", à commencer par le *Cantique des Cantiques* dont Origène a donné la double exégèse que l'on sait. À propos

IN PSALMVM XLIV

Nous reconnaissons dans la variété la diversité des langues, et nous reconnaissons dans le vêtement l'unité[180]. Mais dans la variété elle-même, que représente l'or? La sagesse. Quelle que soit la variété des langues, c'est un or unique qui est prêché : l'or n'est pas différent, mais la variété procède de l'or. Toutes les langues en effet prêchent la même sagesse, la même doctrine et la même règle de vie. La variété est dans les langues, l'or dans les pensées[181].

25. Le prophète s'adresse à cette reine – il se plaît en effet à chanter pour elle –, ainsi qu'à chacun de nous, si du moins nous savons où nous sommes, si nous nous efforçons d'appartenir à ce corps et lui appartenons par la foi, et l'espérance, unis aux membres du Christ[182]. C'est en effet à nous qu'il s'adresse : *Écoute, ma fille, et vois.* Il s'adresse à elle comme un de ses pères, parce qu'elles sont les filles des rois ; même si c'est un prophète qui parle, même si c'est un apôtre, il lui parle comme à une fille (nous disons : nos pères les prophètes, nos pères les apôtres ; si nous les nommons pères, ils nous nomment fils), et c'est une unique voix paternelle qui s'adresse à une seule fille : *Écoute, ma fille, et vois.* D'abord, écoute, ensuite, vois. On est venu à nous avec l'Évangile, on nous a prêché ce que nous ne voyons pas encore ; en l'écoutant, nous avons cru, et en croyant, nous le verrons, selon ce que dit l'époux lui-même par le prophète : *Un peuple que je ne connaissais pas m'a servi ;*

---

du v. 11, signalons aussi l'interprétation mariale d'ATHAN. *Ep. ad Marcellinum.* 6, *PG* 27, 16 B-C, unique chez les Pères à notre connaissance. L'Alexandrin rapproche les mots *Écoute, ma fille,* de la salutation de l'ange Gabriel à Marie.

ENARRATIONES IN PSALMOS

mihi. Quid est *in obauditu auris*? Quia non uidit. Viderunt Iudaei et crucifixerunt ; non uiderunt gentes et crediderunt. Veniat regina de gentibus *in uestitu deaurato, circumamicta uarietate.* Veniat ex gentibus, ueniat circumamicta omnibus linguis, in unitate sapientiae; dicatur ei : *Audi, filia, et uide.*

Si non audieris, non uidebis. Audi ut mundes cor fide, sicut apostolus ait in Actibus Apostolorum : *Fide mundans corda eorum.* Ad hoc enim audimus quod credamus, antequam uideamus, ut credendo cor mundemus unde uidere possimus. Audi, ut credas, munda cor fide. Et cum cor mundauero, quid uidebo? *Beati mundo corde, quia ipsi Deum uidebunt. Audi, filia, et uide; **et inclina aurem tuam.*** Parum est audi, humiliter audi : *Inclina aurem tuam. **Et obliuiscere populum tuum et domum patris tui.*** Erat populus quidam et domus patris quaedam in qua nata es, populus Babyloniae habens regem diabolum. Vndecumque uenerunt gentes, a patre diabolo uenerunt, sed patri diabolo renuntiauerunt. *Obliuiscere populum tuum et domum patris tui.* Foedam te ille genuit, cum peccatricem fecit; pulchram te iste

---

183. Ps 17, 45. Le verset est important pour Augustin : c'est l'une des principales prophéties sur l'évangélisation des païens. Mais le fait remonte aux *testimonia* de la catéchèse primitive et se retrouve chez beaucoup d'auteurs. Voir *BA* 57/B, n. c. 1, 1, p. 299-300. L'association Ps 17, 45 – Ps 44, 25, et l'explication de l'ordre des verbes (écouter, puis voir), se retrouvent dans l'*In Ps.* 47, 7. Dans le *Ser. Dolbeau* 24, 1, l'interprétation du «Écoute et vois» est différente, quoique proche. L'audition est référée au peuple juif qui a entendu les prophéties, et la vision, à l'Église qui en constate la réalisation. Mais Augustin précise : «Mais eux voient en nous, et nous, nous avons entendu en eux.»

184. Act 15, 9.

IN PSALMVM XLIV

il m'a obéi dès qu'il a entendu[183]. Pourquoi *dès qu'il a entendu*? Parce qu'il ne l'a pas vu. Les Juifs l'ont vu et ils l'ont crucifié; les nations païennes ne l'ont pas vu, et elles ont cru. Que des nations païennes vienne la reine, *en vêtement d'or, dans ses atours chamarrés.* Qu'elle vienne des nations, qu'elle vienne drapée dans toutes les langues, dans l'unité de la sagesse, et qu'on lui dise: *Écoute, ma fille, et vois.*

Si tu n'écoutes pas, tu ne verras pas. Écoute pour purifier ton cœur par la foi, comme le dit l'apôtre dans les Actes des Apôtres: *Purifiant leur cœur par la foi*[184]. Car c'est dans ce but que nous écoutons ce que nous devons croire avant de voir, afin de purifier notre cœur par la foi pour être capable de voir[185]. Écoute pour croire, purifie ton cœur par la foi. Et quand j'aurai purifié mon cœur, que verrai-je? *Heureux les cœurs purs, car ils verront Dieu*[186]. *Écoute, ma fille, et vois; incline ton oreille.* C'est trop peu d'écouter, il faut écouter humblement: *Incline ton oreille, et oublie ton peuple et la maison de ton père.* Il y avait un peuple, il y avait une maison paternelle dans laquelle tu es née, le peuple de Babylone qui a pour roi le diable. D'où que soient venues les nations païennes, elles sont venues de chez leur père le diable, mais elles ont renoncé au diable leur père. *Oublie ton peuple et la maison de ton père.* Il t'a engendrée hideuse quand il t'a fait pécheresse; celui qui

---

185. Le rôle pédagogique et purifiant de la foi est professé par Augustin dès *Vtil. cred.* 15, 32-16, 34, et sera sans cesse repris. Cf. *Fid. symb.* 10, 25; *Ep.* 120, 1, 3; 147, 15, 37; 148, 5, 17; *In Ps.* 130, 8; *Ser.* 53, 9, 9 – 9, 10; *In Ioh.* 24, 1; 53, 12; *Trin.* 1, 1, 3; 1, 8, 17 etc. Voir J. Plagnieux, « La foi purifiante chez saint Augustin », dans *Saint Grégoire de Nazianze théologien.* Excursus E, Paris, 1951, p. 413-424. Pour un texte contemporain de l' *In Ps.* 44, cf. *Ser. Dolbeau* 25, 13 (début décembre 403, selon F. Dolbeau).

186. Mt 5, 8.

ENARRATIONES IN PSALMOS

regenerat qui iustificat impiam. *Obliuiscere populum tuum et domum patris tui.*

v. 12 **26. *Quoniam concupiuit rex speciem tuam.*** Quam speciem nisi quam ipse fecit? *Concupiuit speciem.* Cuius speciem? Peccatricis, iniquae, impiae, qualis erat apud patrem diabolum et apud populum suum? Non, sed de qua dicitur: *Quae est ista quae ascendit dealbata?* Antea ergo non erat alba, postea dealbata. Quia *si fuerint peccata uestra sicut phoenicium, tamquam niuem dealbabo. Concupiuit rex speciem tuam.* Quis rex? ***Quia ipse est Deus tuus.*** Iam uide si non debes dimittere patrem tuum illum et populum tuum illum, et uenire ad regem istum, Deum tuum: Deus tuus est, rex tuus est. Rex tuus, et ipse est sponsus tuus. Regi nubis Deo, ab illo dotata, ab illo decorata, ab illo redempta, ab illo sanata. Quidquid habes unde illi placeas, ab illo habes.

v. 13 **27. *Et adorabunt eum filiae Tyri in muneribus.*** Ipsum regem tuum Deum tuum *adorabunt filiae Tyri in muneribus. Filiae Tyri*, filiae gentium: a parte ad totum.

---

187. Cf. Ro 4, 5.

188. Cf. *In Ps.* 47, 7; 86, 7; *Ser.* 62, 5, 8; *Ser. Dolbeau* 24, 1; *Ep. cath.* 8, 22; *Fid. rer.* 6. L'application du verset aux nations païennes (dont le père est le diable) est traditionnelle: Orig. *Hom. Ex.* 2, 4, *SC* 321, p. 83; *Hom. Jer.* 9, 4, *SC* 232, p. 391; Eus. *In Ps.* 28, 1-2, *PG* 23, 253 A; *In Ps.* 79, 2, c. 952 A; Bas. *In Ps.* 44, 11, *PG* 29, 409 B; Hier. *Ep.* 65, 16, éd. J. Labourt, t. 2, p. 159; Ambr. *In Luc.* 2, 86, *SC* 45, p. 112. Mais l'application à l'âme est fréquente aussi.

189. Ct 8, 5, LXX. Quelques semaines plus tard, Augustin développera longuement cette idée en citant de nouveau Ct 8, 5: *In Ps.* 103, 1, 6 (déc. 403). Ce verset du Ct est souvent référé à l'Église, spécialement aux nouveaux baptisés qui «montent» (remontent) de la piscine baptismale et s'avancent vers l'autel en vêtements blancs. Cf. Orig. *Hom. Cant.* 1, 6, *SC* 37b, p. 87; Ambr. *Sacr.* 4, 2, 5, *SC* 25b, p. 105; *Myst.* 7, 35, *ibid.*, p. 175; Cyr. H. *Cat.* 3, 16, *PG* 33, 448 A.

190. Is 1, 18.

IN PSALMVM XLIV

justifie l'impie[187] te régénère et te rend belle. *Oublie ton peuple et la maison de ton père*[188].

26. *Car le roi a désiré ta beauté.* Quelle beauté, sinon celle que lui-même a faite ? *Il a désiré la beauté.* La beauté de qui ? De la pécheresse, de l'inique, de l'impie, ce qu'elle était chez son père le diable et dans son peuple ? Non, mais celle dont il est dit : *Qui est celle qui monte éclatante de blancheur*[189] ? Elle n'était pas blanche auparavant, mais elle est devenue blanche par la suite. Parce que *si vos péchés sont comme l'écarlate, je les rendrai blancs comme la neige*[190]. *Le roi a désiré ta beauté.* Quel roi ? *Parce que ce roi est ton Dieu.* Vois donc si tu ne dois pas laisser celui qui était ton père et ce qui était ton peuple pour venir à ce roi-ci, qui est ton Dieu : il est ton Dieu, il est ton roi. Il est ton roi, et il est aussi ton époux. Tu épouses Dieu, ton roi, tu es dotée par lui, embellie par lui, rachetée par lui, guérie par lui. Tout ce que tu as pour lui plaire, tu le tiens de lui[191].

27. *Les filles de Tyr l'adoreront avec des présents.* Celui qui est ton roi, ton Dieu, *les filles de Tyr l'adoreront avec des présents. Les filles de Tyr* sont les filles des nations : la partie est prise pour le tout. Tyr est voisine

---

191. Comme il a été dit dans l'introduction, l'interprétation de ces versets par Ambroise, *Virg.* 1, 7, 36-37, *SAEMO* 14/1, p. 136-139, est très différente de celle d'Augustin, puisque la reine en vêtements resplendissants n'est pas l'Église sanctifiée par le baptême, mais la vierge consacrée dont la royauté, l'or et la beauté captivent le Christ : « la royauté, parce que tu es l'épouse du Roi éternel, ou bien parce que tu es invaincue, libre des séductions de la volupté, et que tu domines ainsi comme une reine ; l'or, car de même que ce métal est plus précieux en étant purifié par le feu, de même l'éclat d'un corps virginal est plus grand en étant consacré par l'Esprit Saint ; et la beauté, car qui peut en concevoir de plus grande que celle qui est aimée par le Roi, agréée par le Juge, reconnue par le Seigneur, consacrée par Dieu ? ». Dans un sens voisin, cf. HIER. *Ep.* 22, 1-2, éd. J. Labourt, t. 1, p. 110-112, adressée à la vierge Julia Eustochium ; *Ep.* 54, 3, éd. J. Labourt, t. 2, p. 26.

ENARRATIONES IN PSALMOS

Tyrus, uicina huic terrae ubi prophetia erat, significabat gentes credituras Christo. Inde erat illa Chananaea quae primo canis est appellata. Nam ut noueritis quia inde erat, euangelium sic loquitur: *Secessit in partes Tyri et Sidonis, et ecce mulier Chananaea de finibus illis egressa clamabat*, et cetera quae ibi narrantur. Quae primo canis erat apud patrem suum et in populo suo, clamando et ueniendo ad istum regem, decora facta credendo in illum, quid meruit audire? *O mulier, magna est fides tua. Concupiuit rex speciem tuam. Et adorabunt eum filiae Tyri in muneribus*. Quibus muneribus? Sic ad se uult ueniri rex iste et thesauros suos impleri uult; et ipse donauit unde impleantur et a uobis impleantur. Veniant, inquit, adorent eum in muneribus. Quid est *in muneribus*? *Nolite uobis condere thesauros in terra, ubi tinea et rubigo exterminat, et ubi fures effodiunt et furantur, sed thesaurizate uobis thesauros in caelo, ubi neque fur neque tinea corrumpit. Vbi enim fuerit thesaurus tuus, illic erit et cor tuum*. Venite cum muneribus: *Date eleemosynas, et omnia munda sunt uobis*. Venite cum muneribus ad eum qui dicit: *Misericordiam uolo magis quam sacrificium*. Ad illud templum quod erat ante umbra futuri, ueniebatur cum tauris et arietibus, cum hircis, cum diuersis quibusque animalibus aptis ad sacrificium, ut in illo sanguine aliud fieret, aliud significaretur. Modo iam ipse sanguis quem figurabant illa omnia uenit; uenit rex ipse et ipse munera uult. Quae munera? Eleemosynas. Ipse est enim iudicaturus et ipse

---

192. Mt 15, 21-28. Sur l'importance de cette scène évangélique chez Augustin, voir A.-M. La Bonnardière, « La Chananéenne, préfiguration de l'Église » dans *Saint Augustin et la Bible*, t. 3, Paris, 1986, p. 117-142 (p. 132 s.).

193. Mt 6, 19-21; Augustin cite presque toujours ce texte avec *condunt*, pour *thesaurizare*, selon une Vieille Latine africaine: cf. Cypr. *Op. eleem.* 7, *CCL* 3A, p. 59, 142.

194. Lc 11, 41.

IN PSALMVM XLIV

de cette terre où était faite la prophétie, elle désignait les nations qui allaient croire au Christ. De là était originaire la Cananéenne, qui est d'abord désignée du nom de chienne. Pour que vous sachiez en effet qu'elle était originaire de là, l'Évangile s'exprime ainsi: *Il se retira dans la région de Tyr et de Sidon, et voici qu'une femme cananéenne sortie de ce territoire criait*, et le reste de ce récit[192]. Celle qui d'abord, dans son peuple et chez son père, était une chienne, parce qu'elle a crié et est venue à ce roi, a été rendue belle en croyant en lui, et qu'a-t-elle mérité d'entendre? *Ô femme, grande est ta foi. Le roi a désiré ta beauté; et les filles de Tyr l'adoreront avec des présents.* Avec quels présents? C'est ainsi que ce roi veut qu'on vienne à lui, avec des présents, et il veut que ses trésors en soient remplis; lui-même a donné de quoi les remplir, et il vous a donné de les remplir. Qu'ils viennent, dit-il, qu'ils l'adorent avec des présents. Que veut dire *avec des présents*? *Ne vous emmagasinez pas de trésors sur la terre, où la mite et la rouille rongent, et où les voleurs percent et dérobent; mais amassez-vous des trésors dans le ciel, où ni mite ni voleur ne dévorent. Car là où est ton trésor, là aussi sera ton cœur*[193]. Venez avec des présents: *Donnez des aumônes, et tout est pur pour vous*[194]. Venez avec des présents à celui qui dit: *Je veux la miséricorde plutôt que le sacrifice*[195]. À ce temple qui existait auparavant comme l'ombre de ce qui serait, on venait avec des taureaux et des béliers, avec des boucs, avec les diverses espèces d'animaux convenant aux sacrifices, pour que, par ce sang, une chose fût accomplie et une autre signifiée. Maintenant, le sang dont tout cela était la figure est venu; le roi lui-même est venu, et il veut des présents. Quels présents? Les aumônes. C'est en effet lui qui jugera, et il reconnaîtra les présents

---

195. Mt 9, 13; Os 6, 6.

ENARRATIONES IN PSALMOS

munera imputabit quibusdam. *Venite*, inquit, *benedicti Patris mei, percipite regnum quod uobis paratum est ab initio mundi.* Quare? *Esuriui, et dedistis mihi manducare; sitiui, et dedistis mihi bibere; nudus fui, et uestistis me; hospes, et adduxistis me; infirmus et in carcere, et uisitastis me.* Haec sunt munera in quibus adorant filiae Tyri regem, quia cum dicerent: *Quando te uidimus?* ille qui et sursum est et deorsum, propter ascendentes et descendentes: *Cum uni*, inquit, *ex minimis meis fecistis, mihi fecistis.*

28. *Adorabunt eum filiae Tyri in muneribus.* Et quae sunt filiae Tyri, et quomodo adorabunt eum in muneribus, planius illud uoluit dicere: **Vultum tuum deprecabuntur diuites plebis.** Hae filiae Tyri adorantes in muneribus diuites sunt plebis quos ille alloquitur amicus sponsi: *Praecipe diuitibus huius mundi non superbe sapere neque sperare in incerto diuitiarum, sed in Deo uiuo qui praestat nobis omnia abundanter ad fruendum; diuites sint in operibus bonis, facile tribuant, communicent.* Adorent in muneribus: sed non perdunt, securi ponant ubi semper inueniant. *Thesaurizent sibi fundamentum bonum in futurum, ut apprehendant ueram uitam.* Adorando in muneribus, *uultum tuum deprecabuntur.* Ad ecclesiam enim concurrunt et ibi eleemosynas faciunt. Ne extra fiant, id est ne extra positi fiant, in ecclesia faciant. Vultus enim sponsae huius et reginae proderit facientibus. Propterea illi qui res suas uendebant uultum reginae huius deprecantes in muneribus ueniebant, et ea quae portabant ad pedes

---

196. Mt 25, 34-36.
197. Voir § 20.
198. Mt 25, 40.
199. 1 Tm 6, 17-18.
200. 1 Tm 6, 19.

610

IN PSALMVM XLIV

faits par certains. *Venez, les bénis de mon Père*, est-il dit, *recevez le royaume qui vous a été préparé depuis le commencement du monde*. Pourquoi? *J'ai eu faim, et vous m'avez donné à manger; j'ai eu soif, et vous m'avez donné à boire; j'étais nu, et vous m'avez vêtu; étranger, et vous m'avez reçu; malade et en prison, et vous m'avez visité*[196]. Voilà les présents avec lesquels les filles de Tyr adorent le roi; quand en effet elles lui disaient: *Quand t'avons-nous vu?*, celui qui est à la fois en haut et en bas, à cause de ceux qui montent et descendent[197], il répondit: *Quand vous l'avez fait à l'un des plus petits d'entre les miens, c'est à moi que vous l'avez fait*[198].

28. *Les filles de Tyr l'adoreront avec des présents.* Il a voulu dire plus clairement quelles sont les filles de Tyr et comment elles l'adoreront avec des présents, en ajoutant: ***Les riches du peuple imploreront ta face.*** Les filles de Tyr qui l'adorent avec des présents sont les riches du peuple auxquels s'adresse ainsi l'ami de l'époux: *Recommande aux riches de ce monde de n'avoir pas de sentiments d'orgueil et de ne pas mettre leur espérance dans des richesses incertaines, mais dans le Dieu vivant qui nous accorde de jouir de tout en abondance; qu'ils soient riches de bonnes œuvres, qu'ils donnent facilement, qu'ils partagent*[199]. Qu'ils adorent avec des présents: ils ne les perdent pas, ils peuvent faire un placement sûr là où ils les retrouveront toujours. *Qu'ils s'amassent pour l'avenir un trésor qui sera une bonne base pour obtenir la vie éternelle*[200]. En adorant avec des présents, *ils imploreront ta face*. Ils accourent à l'Église, et là ils font des aumônes. De peur d'être à l'extérieur, c'est-à-dire rejetés à l'extérieur, qu'ils les fassent dans l'Église. Car la face de cette épouse, de cette reine, sera favorable à ceux qui les font. C'est pourquoi ceux qui vendaient leurs biens venaient supplier la face de cette reine avec des présents, et ils déposaient aux pieds des apôtres ce qu'ils

611

ENARRATIONES IN PSALMOS

apostolorum ponebant. Feruebat dilectio in ecclesia, uultus erat reginae ecclesia, uultus erat reginae obsequium filiarum Tyri, id est diuitum adorantium in muneribus. *Vultum tuum deprecabuntur diuites plebis.* Et qui deprecabuntur uultum, et cuius uultum deprecabuntur, omnes una sponsa, omnes una regina, mater et filii simul totum ad Christum pertinens, ad caput pertinens.

v. 14-15   **29.** Sed quia fiunt ista opera et istae eleemosynae ad iactantiam hominum, inde dicit ipse Dominus: *Cauete facere iustitiam uestram coram hominibus ut uideamini ab eis.* Quomodo autem et publice debent fieri propter uultum sponsae, ait: *Luceant opera uestra coram hominibus, ut uideant bona facta uestra et glorificent patrem uestrum qui in caelis est,* non ut gloriam uestram quaeratis in operibus bonis quae publice facitis, sed ut gloriam Dei. "Et quis nouit, inquit, utrum gloriam Dei quaero an gloriam meam? Quia do pauperi, uideor; quo animo dem, quis uidet?" Sufficiat tibi qui uidet; ille uidet qui retribuet. Intus amat qui intus uidet; intus amat, intus ametur qui interiorem facit et ipsam pulchritudinem. Noli quasi oculis exterioribus delectari, quia uideris et quia laudaris; adtende quid hic sequatur: ***Omnis gloria eius filiae regis intrinsecus.*** Extrinsecus non solum uestis est aurea et uaria, sed intus pulchram nouit qui speciem eius amauit. Quae

---

201. Cf. Act 4, 34.

202. Cette page peut être rapprochée du *De fide rerum inuisibilium* 3, 6 qui commente pareillement la seconde partie du Ps 44 et chante avec lyrisme l'Église vers laquelle accourent les peuples et tous ceux qui lui font des «présents»: «Les riches eux aussi n'abdiquent-ils pas leur orgueil pour implorer le secours de l'Église? [...] Maintenant que son parfum la fait connaître en tout lieu, ne voit-on pas se présenter des jeunes filles, pour consacrer leur virginité au Christ?»

203. Mt 6, 1.

IN PSALMVM XLIV

apportaient[201]. La charité était fervente dans l'Église, l'Église était le visage de cette reine ; le visage de la reine était l'objet de la déférence des filles de Tyr, c'est-à-dire des riches qui adoraient avec des présents. *Les riches du peuple imploreront ta face.* Et ceux qui imploreront cette face et celle dont on implorera la face sont tous ensemble une épouse unique, tous une reine unique, la mère et les fils étant un tout qui appartient au Christ, qui appartient à la Tête[202].

29. Mais parce qu'on peut faire ces œuvres et ces aumônes par ostentation, le Seigneur dit : *Gardez-vous de faire vos œuvres de justice devant les hommes pour être vus d'eux*[203]. Mais comme ces œuvres doivent également être faites publiquement à cause de la face de l'épouse, il dit : *Que vos bonnes œuvres brillent devant les hommes, pour qu'ils voient vos bonnes actions et glorifient votre Père qui est dans les cieux*[204], pour que vous cherchiez par ces bonnes œuvres que vous faites publiquement non votre propre gloire, mais la gloire de Dieu. "Et qui sait, dira-t-on, si je cherche la gloire de Dieu ou ma propre gloire ? Quand je donne au pauvre, on me voit ; mais qui voit dans quel esprit je donne ?" Que te suffise celui qui te voit ; celui qui te voit est celui qui te rétribuera. Celui-là aime intérieurement qui voit intérieurement ; il aime intérieurement, il faut aimer intérieurement celui qui donne aussi la beauté intérieure. Ne te complais pas dans les regards extérieurs, du fait qu'on te voit et qu'on te loue ; fais attention à ce qui suit : **Toute la gloire de cette fille de roi est à l'intérieur.** Non seulement son vêtement est d'or et chamarré, mais celui qui a aimé sa beauté sait qu'elle est belle intérieurement. Quelle

---

204. Mt 5, 16.

ENARRATIONES IN PSALMOS

sunt interiora pulchritudinis? Conscientiae. Ibi uidet Christus, ibi amat Christus, ibi alloquitur Christus, ibi punit Christus, ibi coronat Christus. Sit ergo eleemosyna tua in occulto, quia *omnis gloria eius filiae regis intrinsecus.* **In fimbriis aureis, circumamicta uarietate.** Pulchritudo intrinsecus; in fimbriis autem aureis uarietas linguarum, doctrinae decus. Ista quid prosunt, si non sit pulchritudo illa intrinsecus?

30. *Afferentur regi uirgines post eam.* Vere factum est. Credidit ecclesia, facta est ecclesia per omnes gentes. Modo quemadmodum concupiscunt uirgines placere illi regi? Vnde incitantur? Quia praecessit ecclesia. *Afferentur regi uirgines post eam;* **proximae eius afferentur tibi.** Non enim quae afferuntur alienae sunt, sed proximae eius ad eam pertinentes. Et quia dixit *regi,* ad eum conuersus dixit *tibi: proximae eius afferentur tibi.*

v. 16 **31. *Afferentur in laetitia et exsultatione, adducentur in templum regis.*** Templum regis ipsa ecclesia, intrat in templum ipsa ecclesia. Vnde construitur templum? De hominibus qui intrant in templum. Lapides uiui qui sunt, nisi fideles Dei? *Adducentur in templum regis.* Sunt enim uirgines extra templum regis, haereticae sanctimoniales; sunt quidem uirgines, sed quid proderit

---

205. Sur la conscience comme lieu de la glorification, voir P.-M. HOMBERT, *Gloria gratiae,* ch. 7. 2: «Toute la gloire de la fille du roi est à l'intérieur», p. 531-550.

206. L'Église entre dans le temple… qui est l'Église. Le propos étonne, mais Augustin veut dire que tous ceux qui n'entrent pas dans l'unité ecclésiale ne sont pas l'Église; ce qui s'applique en particulier aux vierges donatistes.

207. Cf. 1 P 2, 5.

614

IN PSALMVM XLIV

est la beauté intérieure? Celle de la conscience[205]. Là, le Christ voit l'homme, là le Christ l'aime, là le Christ parle, là le Christ punit, là le Christ couronne. Que donc ton aumône soit faite dans le secret, parce que *toute la gloire de cette fille de roi est à l'intérieur*. **Elle a des franges d'or et des atours chamarrés.** Sa beauté est intérieure; quant aux franges d'or, elles sont la diversité des langues, la splendeur de la doctrine. Mais à quoi cela sert-il sans la beauté intérieure?

30. *À sa suite, on amènera les vierges au roi.* C'est ce qui s'est véritablement passé. L'Église a cru, elle s'est répandue parmi toutes les nations. Maintenant, de quelle façon les vierges désirent-elles plaire à ce roi? Qu'est-ce qui les y incite? Le fait que l'Église les a précédées. *À sa suite, on amènera les vierges au roi; ses proches te seront amenées*. Car celles qui lui sont amenées ne sont pas des étrangères, mais ses proches, elles lui appartiennent. Et parce que le psalmiste a dit *au roi*, il a dit en se tournant vers lui: *Ses proches te seront amenées*.

31. *Elles seront amenées dans la joie et l'exulta-tion, elles seront conduites dans le temple du roi.* Le temple du roi, c'est l'Église elle-même, l'Église elle-même entre dans le temple[206]. De quoi le temple est-il construit? Des hommes qui entrent dans le temple. Qui sont ses pierres vivantes[207], sinon les fidèles de Dieu? *Elles seront conduites dans le temple du roi*. Il existe en effet des vierges qui sont en dehors du temple du roi, des religieuses hérétiques[208]; certes, elles sont vierges, mais de quoi cela leur servira-t-il si elles ne sont pas conduites

---

208. L'Église donatiste avait ses propres vierges consacrées dont Augustin dénonce d'ailleurs plusieurs fois l'inconduite. Cf. *Ep.* 35, 2; *C. Parm.* 2, 9, 19; *In Ioh.* 13, 13; *C. Gaud.* 1, 36, 46. Les donatistes contraignaient aussi des vierges catholiques à un nouvel engagement. Voir Opt. *C. Don.* 6, 4, *SC* 413, p. 175-181.

615

ENARRATIONES IN PSALMOS

eis nisi adducantur in templum regis? Templum regis in unitate est; templum regis non est ruinosum, non discissum, non diuisum. Iunctura lapidum uiuentium caritas est. *Adducentur in templum regis.*

v. 17 **32. *Pro patribus tuis nati sunt tibi filii.*** Nihil euidentius. Adtendite iam ipsum templum regis, quia inde loquitur propter unitatem diffusam toto orbe terrarum, quia illae quae uirgines esse uoluerunt, nisi adducantur in templum regis, sponso placere non possunt. *Pro patribus tuis nati sunt tibi filii.* Genuerunt te apostoli; ipsi missi sunt, ipsi praedicauerunt, ipsi patres. Sed numquid nobiscum corporaliter semper esse potuerunt? Etsi unus ipsorum dixit: *Cupio dissolui, et esse cum Christo multo magis optimum est; manere in carne necessarium propter uos.* Dixit hoc quidem, sed quamdiu hic manere potuit? Numquid usque ad hoc tempus? Numquid usque in posterum? Ergo illorum abscessu deserta est ecclesia? Absit. *Pro patribus tuis nati sunt tibi filii.* Quid est: *Pro patribus tuis nati sunt tibi filii?* Patres missi sunt apostoli, pro apostolis filii nati sunt tibi, constituti sunt episcopi. Hodie enim episcopi qui sunt per totum mundum, unde nati sunt? Ipsa ecclesia patres illos appellat, ipsa illos genuit et ipsa illos constituit in sedibus patrum. Non ergo te putes desertam, quia non uides Petrum, quia non uides Paulum, quia non uides illos per quos nata es; de prole tua tibi creuit paternitas. *Pro patribus tuis nati sunt tibi filii; **constitues eos***

---

209. On notera la vigueur du propos. La virginité sans la charité – c'est-à-dire sans l'amour de l'unité ecclésiale – ne sert de rien. Cf. *In Ioh.* 13, 15. On est proche de ce que dit ailleurs Augustin, toujours à l'encontre des donatistes: ce n'est pas la souffrance qui fait le martyre, mais la cause.

210. *Vnitatem diffusam toto orbe*: expression typique de l'ecclésiologie antidonatiste d'Augustin. Cf. *C. Petil.* 1, 18, 20; *C. Cresc.* 3, 58, 64; 3, 67, 77; *Ad Don.* 29, 50. Sur la relation pères/fils à propos du Ps 44, 7, cf. *Fid. rer.* 3, 6.

IN PSALMVM XLIV

dans le temple du roi[209] ? Le temple du roi est dans l'unité, il n'y a ni effondrement ni fissure ni division dans le temple du roi. Les joints des pierres vivantes, c'est la charité. *Elles seront conduites dans le temple du roi.*

32. ***À la place de tes pères, il t'est né des fils.*** Rien de plus évident. Porte ton attention sur le temple même du roi, parce que c'est de là que parle le psalmiste, en raison de l'unité de l'Église répandue sur toute la terre[210], parce que celles qui veulent être des vierges ne peuvent plaire à l'époux si elles ne sont conduites dans le temple du roi. *À la place de tes pères, il t'est né des fils.* Les apôtres t'ont engendrée ; ce sont eux qui ont été envoyés, qui ont prêché, qui sont tes pères. Mais auraient-ils pu toujours rester corporellement avec nous ? Même si l'un d'entre eux a dit : *Je désire m'en aller, et être avec le Christ est de loin ce qu'il y a de meilleur, mais demeurer dans la chair est nécessaire à cause de vous*[211]. Il l'a dit, c'est vrai, mais combien de temps a-t-il pu demeurer ici-bas ? Jusqu'au temps présent ? Jusqu'à celui qui suivra ? L'Église a-t-elle été abandonnée du fait de leur départ ? Nullement. *À la place de tes pères, il t'est né des fils.* Que veut dire : *À la place de tes pères, il t'est né des fils* ? Les pères sont les apôtres qui ont été envoyés, à la place des apôtres, il t'est né des fils, des évêques ont été établis. Car les évêques qui aujourd'hui sont établis par toute la terre, d'où sont-ils nés ? L'Église qui les appelle pères, c'est elle qui les a engendrés, c'est elle qui les a établis sur les sièges de leurs pères. Ne va donc pas penser que tu es abandonnée parce que tu ne vois plus Pierre, parce que tu ne vois plus Paul, parce que tu ne vois plus ceux par qui tu es née ; de ta descendance t'est venu un nombre plus grand de pères. *À la place de tes pères, il t'est né des*

211. Ph 1, 23-24.

617

ENARRATIONES IN PSALMOS

principes super omnem terram. Vide templum regis
quam late diffusum est, ut nouerint uirgines quae non
adducuntur in templum regis non se ad istas nuptias
pertinere. *Pro patribus tuis nati sunt tibi filii; constitues
eos principes super omnem terram*. Haec est catholica
ecclesia: filii eius constituti sunt principes super omnem
terram, filii eius constituti sunt pro patribus. Agnoscant
qui praecisi sunt, ueniant ad unitatem, adducantur in
templum regis. Templum suum Deus ubique collocauit,
fundamenta prophetarum et apostolorum ubique fir-
mauit. Filios genuit ecclesia, constituit eos pro patribus
suis *principes super omnem terram*.

v. 18 **33. *Memores erunt nominis tui in omni generatione et generatione. Propterea populi confitebuntur
tibi.*** Quid ergo prodest confiteri, et extra templum
confiteri? Quid prodest precari, et in monte non precari?
Voce mea, inquit, *ad Dominum clamaui, et exaudiuit me
de monte sancto suo*. De quo monte? De quo dictum est:
Non potest ciuitas abscondi supra montem constituta. De
quo monte? Quem uidit Daniel ex paruo lapide creuisse
et fregisse omnia regna terrarum et impleuisse omnem
faciem terrae. Ibi adoret qui uult accipere, ibi petat
qui uult exaudiri, ibi confiteatur qui uult sibi ignosci.
Propterea populi confitebuntur tibi **in aeternum et in
saeculum saeculi**. Quia et in illa uita aeterna non erit

---

212. Cf. Eph 2, 20.

213. Même utilisation antidonatiste des derniers mots du Ps 44,
17 («sur toute la terre») en *Ep.* 93, 9, 29; *Ep. Cath.* 8, 22; 24, 70.

214. Ps 3, 5. Cf. *In Ps.* 47, 2 où l'on retrouve l'association Ps 3,
5 – Mt 5, 14 – Dn 2, 35 et une même explication antidonatiste: c'est
dans l'Église, visible et grande, qu'il faut prier, là et là seulement.
Cf. encore *In Ps.* 42, 4 (fin août ou début septembre 403).

215. Mt 5, 14.

216. Cf. Dn 2, 35. L'interprétation la plus ancienne de la petite
pierre est christologique. Chez Augustin, il s'agit de l'Église qui

IN PSALMVM XLIV

*fils; **tu les établiras princes sur toute la terre.*** Vois comme le temple du roi s'est étendu largement, pour que les vierges qui ne sont pas conduites dans le temple du roi sachent bien qu'elles n'ont pas part à ces noces. *À la place de tes pères, il t'est né des fils ; tu les établiras princes sur toute la terre.* Voilà l'Église catholique : ses fils ont été établis princes sur toute la terre, ses fils ont été établis à la place de leurs pères. Que ceux qui en ont été retranchés le reconnaissent, qu'ils reviennent à l'unité, qu'ils soient conduits dans le temple du roi. Partout Dieu a placé son temple, partout il a solidement établi les fondements des prophètes et des apôtres[212]. L'Église a engendré des fils, elle les a établis *princes sur toute la terre* à la place de leurs pères[213].

33. *On se souviendra de ton nom de génération en génération. C'est pourquoi les peuples te confesseront.* À quoi sert-il donc de le confesser, si on le confesse hors du temple ? À quoi sert-il de prier, si on ne prie pas sur la montagne ? *À pleine voix j'ai crié vers le Seigneur*, dit-il, *et il m'a exaucé depuis sa montagne sainte*[214]. Depuis quelle montagne ? Celle dont il est dit : *La ville placée sur la montagne ne peut être cachée*[215]. Depuis quelle montagne ? Celle dont Daniel a vu qu'elle avait grandi à partir d'une petite pierre, brisé tous les royaumes de la terre et couvert toute la face de la terre[216]. Là doit adorer celui qui veut recevoir, là doit demander celui qui veut être exaucé, là doit confesser celui qui veut être pardonné. *C'est pourquoi les peuples te confesseront **pour l'éternité et dans les siècles des siècles.*** Car dans la vie éternelle

---

grandit jusqu'à devenir une montagne. Le thème figure plusieurs fois dans les années 403-407 : *In Ps.* 57, 9 ; *Ep. Cath.* 16, 40 ; *In Ps.* 47, 2. Voir A. Lauras, « Deux images du Christ et de l'Église dans la prédication augustinienne », dans *Augustinus Magister*, Paris, 1954, t. 2, p. 667-675 (p. 669-671).

619

ENARRATIONES IN PSALMOS

iam quidem gemitus peccatorum, sed tamen in diuinis laudibus supernae illius ac perpetuae ciuitatis non
deerit sempiterna confessio tantae felicitatis. Ipsi enim
ciuitati cui alius psalmus cantat: *Gloriosa dicta sunt de
te, ciuitas Dei*; ipsi sponsae Christi, ipsi reginae filiae
regis et coniugi regis; quia principes eius sunt memores
nominis eius *in omni generatione et generatione*, id est
quamdiu transeat hoc saeculum quod multis generationibus agitur, gerentes pro illa caritatis curam, ut de isto
saeculo liberata in aeternum Deo conregnet; propter
hoc eidem ipsi confitebuntur populi in aeternum,
conspicuis et manifestis illic cordibus omnium perfecta
caritate luminosis, ut se uniuersam plenissime nouerit
quae hic in multis suis partibus occulta sibi est. Vnde
admonemur ab apostolo nihil ante tempus iudicare,
donec ueniat Dominus et illuminet abscondita tenebrarum et manifestet cogitationes cordis, et sit laus unicuique
a Deo. Ipsa enim sancta ciuitas sibi quodammodo
confitebitur, cum populi eius quibus constat ipsi ciuitati
confitebuntur in aeternum, ut ex nulla parte se lateat,
nullo in se existente cuius aliquid lateat.

---

217. Ps 86, 3. Voir A.-M. La Bonnardière, «On a dit de toi des
choses glorieuses, Cité de Dieu», dans *Saint Augustin et la Bible*, t. 3,
Paris, 1986, p. 361-368.

IN PSALMVM XLIV

n'existeront plus les gémissements des pécheurs, mais au milieu des louanges divines de la cité d'en-haut pérenne, la confession éternelle d'une si grande félicité ne fera pas défaut. C'est en effet à cette cité qu'un autre psaume chante : *On a dit de toi des faits glorieux, cité de Dieu*[217] ; c'est elle l'épouse du Christ, la reine fille de roi et épouse de roi ; et ses princes se souviennent de son nom *de génération en génération*, c'est-à-dire tout le temps que dure ce monde qui connaît bien des générations ; ils assument la charge de la charité, pour que libérée de ce monde, elle puisse régner éternellement avec Dieu ; à cause de cela, les peuples la confesseront éternellement, quand les cœurs de tous rendus lumineux par la charité parfaite seront là-bas visibles et manifestes, afin qu'elle puisse se connaître tout entière en plénitude, alors qu'elle est ici-bas cachée à elle-même en beaucoup de ses parties. Aussi l'Apôtre nous avertit-il de ne porter aucun jugement avant le temps, *jusqu'à ce que vienne le Seigneur, qu'il illumine ce qui est caché dans les ténèbres et manifeste les pensées des cœurs*, et que chacun reçoive de Dieu sa louange[218]. D'une certaine façon, la cité se confessera elle-même quand les peuples qui la constituent confesseront la cité pour l'éternité, en sorte qu'elle ne soit plus cachée à elle-même en aucune de ses parties, quand il n'y aura plus personne en elle dont quelque chose soit caché.

---

218. 1 Co 4, 5. Verset très souvent cité par Augustin quand il est question de l'équivoque des œuvres et du secret des consciences, amis aussi de la vie future. Alors qu'ici-bas nous sommes obscurs les uns aux autres, puisque nul ne peut sonder l'esprit d'autrui, ni même souvent savoir ce qu'il y a dans le sien, la vie éternelle sera la connaissance mutuelle et parfaite de nos cœurs. Cf. *Enchir.* 32, 121 : «Le prochain louera et aimera dans le prochain ce que Dieu lui-même aura tiré du secret en l'éclairant» ; *Ép.* 147, 4, 11 ; *Ser.* 47, 14, 23 ; 252, 7, 7 ; 259, 2 ; 306, 8-9 ; *Ciu.* 22, 29, 6 ; 22, 30, 1.

NOTES COMPLÉMENTAIRES

1. Le souvenir du sabbat (*In Ps.* 37, 1)

«En souvenir du sabbat» est une expression totalement inconnue en dehors d'*In Ps.* 37. Tout au plus trouvera-t-on qu'il faut songer à se souvenir de pratiquer le sabbat, en un sens chrétien : s'abstenir du péché. Augustin trouve la formule dans sa Vieille Latine, particulièrement proche du *Codex Veronensis* et du *Sinaiticus* pour le Ps 37. De façon générale, on la rencontre dans les traductions latines antérieures à la Vulgate, y compris le Psautier Gallican. Elle est en revanche absente du texte massorétique, d'Origène et Jérôme, mais connue de certains manuscrits grecs (A. Rahlfs, *Septuaginta. Vetus Testamentum graecum, X. Psalmi cum Odis*, Göttingen, 1979, p. 139) et de Didyme, un des rares à commenter l'expression. L'Alexandrin comprend le souvenir du sabbat en termes de réminiscence, l'âme se souvenant de ce qu'elle a connu avant sa venue dans un corps, ou lui donne un sens moral : le pécheur doit se souvenir de la vie vertueuse qu'il a menée avant la faute (Did. *In Ps.* 37, 1, Gronewald, § 257 ; E. Prinzivalli, *Didimo il Cieco. Lezioni sui Salmi. Il Commento ai Salmi scoperto a Tura*, Milano, 2005, p. 627-629). Il y a bien une allusion au sabbat eschatologique dans le corps du commentaire, mais cela reste marginal (Gronewald, § 259 ; Prinzivalli, p. 633). Ambroise s'inspire de Didyme, en laissant de côté l'idée de préexistence de l'âme et de réminiscence (*In Ps.* 37, 2, *CSEL* 64, p. 137, 19-22) : le psaume signifie qu'il faut chaque semaine (chaque sabbat) se souvenir de ses péchés pour en avoir l'absolution et parvenir ainsi au sabbat éternel.

Chez Augustin, le souvenir du sabbat constitue la charpente du commentaire. Il commence par éliminer le sens littéral, contredit par l'histoire et le bon sens ; jamais l'Écriture ne parle de l'observance du sabbat par David, et on ne voit pas pourquoi il aurait eu besoin d'écrire un psaume pour se souvenir d'une pratique hebdomadaire ; il fallait observer le sabbat, non pas s'en souvenir (§ 1). L'étrangeté même de l'expression «en souvenir du sabbat» oblige à en chercher le

ENARRATIONES IN PSALMOS

sens spirituel. Le sabbat juif était un *signum* qu'il faut savoir décrypter (§ 10). Huit paragraphes totalisent seize occurrences de la formule « se souvenir du sabbat » dans la première partie du commentaire (§ 3 ; 5 ; 9 ; 10 ; 12 ; 13 ; 15) ; le thème s'estompe dans la seconde, qui parle essentiellement du Christ Tête de l'Église, pour refaire surface dans la conclusion (§ 28). C'est par touches successives que l'évêque va répondre aux questions qu'il a formulées dans l'introduction : « Que signifie ce souvenir du sabbat, mes frères ? Quelle est l'âme qui se souvient ainsi du sabbat ? Et qu'est-ce que ce sabbat ? » (§ 2).

L'évêque d'Hippone commence par analyser les termes (§ 2). La notion de souvenir implique une absence ; on se souvient de ce qui n'est pas présent, lieu, temps, ou action antérieure. « Le sabbat est le repos », *requies*, idée qui reviendra trois fois (§ 5 ; 14 ; 28). La suite du psaume montre que ce repos n'est pas une réalité présente pour le psalmiste : « Celui qui se souvenait du repos en gémissant était sans aucun doute quelqu'un à qui manquait le repos *(in nescio qua inquietudine erat)*. » C'est l'absence de repos *(inquietudo)* dont il souffrait qu'il expose et confie à Dieu » (§ 2-3), dans les § 3-15. Le souvenir du sabbat renvoie donc d'abord à la conscience d'un manque.

Mais d'où vient cette prise de conscience ? Si elle rencontre l'expérience de l'homme, qui en vérifie la vérité dans tous les domaines, elle a son origine en Dieu. Trois images le disent : les flèches, l'éclair et le parfum. En blessant l'âme d'un amour encore inassouvi pour Dieu, les flèches de sa Parole lui laissent le souvenir d'un repos en Dieu qu'elle ne connaît pas encore *(recordatio sabbati, nondum retentio :* § 5). Ce souvenir est comme un éclair de la lumière éternelle *(coruscatio luminis aeterni :* § 12) qui fait entrevoir à l'homme une vie en présence de Dieu, une plénitude qui lui est aujourd'hui inaccessible et qui n'en révèle que davantage les insuffisances de son actuelle condition malheureuse (§ 5). L'opposition entre la vie présente et le sabbat promis (§ 12) revient plusieurs fois dans le

NOTES COMPLÉMENTAIRES

commentaire (*ista/haec uita*, face à *illa uita* : par ex. § 9), et le terme *nondum* («pas encore») se trouve 18 fois. Enfin, l'image du parfum dit l'attirance exercée sur l'homme ; le souvenir du sabbat est comme un parfum qui s'échappe du monde céleste et n'est autre que le don de l'Esprit Saint : «S'il n'y avait un parfum de ce genre qui nous attire *(inuitat)*, jamais nous ne nous souviendrions du sabbat. Mais grâce à l'Esprit nous avons cette odeur qui nous fait dire à notre Époux : *Nous courrons à l'odeur de tes parfums*» (§ 9).

La *recordatio sabbati* s'exprime dans le gémissement (31 occurrences), qui signifie d'abord la douleur de l'homme qui a compris sa véritable condition : «Ce souvenir du sabbat, qui n'est pas encore possession, fait que je ne suis pas encore dans la joie et me fait reconnaître que rien n'est sain dans la chair ni ne doit être dit tel, quand je compare la santé présente à la santé que j'aurai dans le repos perpétuel» (§ 5). Mais le gémissement évoque surtout le désir qui attire vers le sabbat véritable : «Le désir a pour langage le gémissement» (§ 13 ; cf. *In Ps.* 24, 2, 6). Le souvenir du sabbat se comprend à la lumière de la troisième béatitude de Matthieu (5, 5) : «Heureux ceux qui pleurent» (§ 2). Il apporte déjà un certain bonheur et une certaine lumière (*lumen fidei et lumen spei* : § 15) et a partie liée avec l'espérance (§ 5 ; 10), mais il attise aussi la souffrance, car il n'est pas d'amour sans souffrance : «Celui qui possède ce qu'il aime, aime sans douleur ; mais je l'ai dit, celui qui aime et ne possède pas encore ce qu'il aime, gémit inévitablement dans la douleur» (§ 5). Comme le dit le *Ser.* 298, 2, 2 : *Sic enim est amor ut sit illic dolor*.

Comment peut-on se souvenir de ce qu'on n'a pas connu ? Augustin n'aborde pas directement la question, que son introduction suggérait pourtant. Dans l'*Enarratio* 37, le souvenir du sabbat n'est pas la réminiscence d'une vie que l'homme aurait jadis menée au paradis. C'est plutôt un rappel que Dieu fait à l'homme de sa véritable nature, afin de le guider vers ce qui est son souverain bien : la vision face à face et l'union à Dieu dans une louange sans fin (§ 28).

ENARRATIONES IN PSALMOS

Bibliographie: *AugLex*, s. v. *Gemitus*, c. 106-108 (B. Müller); *AugLex*, s. v. *Inquietum est cor nostrum*, c. 619-620 (C. Mayer); *AugLex*, s. v. *Quies, requies*; Th. Raveau, «Augustinus über den Sabbat», *Augustiniana*, 31, 1981, p. 197-246; 33, 1983, p. 58-85 (p. 60-68); M.-F. Berrouard, «Le sacrement du sabbat, figure du repos éternel», *BA* 72, n. c. 20, p. 749-751.   (MD)

2. *Ignis emendatorius* (*In Ps.* 37, 3-4)

In Ps. 37, 3 est un des passages importants concernant l'idée de purgatoire, comme l'a noté J. Ntedika (p. 47); il y voit un commentaire développé «qui annonce les longs exposés des années 413 à 426». H. Rondet (*Bulletin de littérature ecclésiastique*, 65, 1964, p. 126-127) supposait qu'on pourrait sans doute en tirer quelque chose pour dater l'*Enarratio*, sans vouloir toutefois s'engager dans une question encore insuffisamment tirée au clair à l'époque.

Augustin parle ici, sous l'influence des termes du Ps 37, 2, d'*ignis emendatorius*, ce qu'il ne fait jamais ailleurs; les deux exemples de *poena emendatoria* (*Lib. arb.* 3, 25, 76; *Enchir.* 19, 72) ne concernent pas le purgatoire. L'évêque d'Hippone utilise plutôt *ignis purgatorius*. En *In Ps.* 25, 1, 3, en 394-395, c'est une métaphore des purifications de l'âme ici-bas, le psalmiste demandant à Dieu: «Applique le remède du feu purificateur à mes plaisirs et à mes pensées.» C'est dans *Enchir.* 18, 69 qu'on trouve le premier emploi de l'expression *(per ignem quemdam purgatorium)* pour désigner ce qu'on appelle ensuite le purgatoire; voir ensuite, *Ciu.* 20, 25; 21, 16. Le vocabulaire des textes antérieurs est: *quasdam poenas ignis* (*Fid. op.* 15, 24, au printemps 413); 25, 47: *poena ignis transitoria*; 23, 43: *poena transitoria*; *In Ps.* 118, 25, 3: *poenas transitorias*.

Dans *In Ps.* 37, 3, Augustin ne cherche pas à différencier les deux termes évoquant la colère divine *(ira, indignatio)*, contrairement à ce qu'il faisait dans *In Ps.* 6, 1, où il concluait d'ailleurs qu'ils étaient plus ou moins synonymes; il distingue

NOTES COMPLÉMENTAIRES

en revanche *arguere* et *emendare*, le premier évoquant une accusation aboutissant à la condamnation et le second un châtiment. La condamnation a pour conséquence le feu éternel, tandis que l'*emendatio* consiste en un feu purifiant qui peut conduire au salut, mais à travers des tourments plus pénibles que toutes les peines et les supplices qu'on peut connaître sur terre (*grauior[a]*, 3 fois; *peiora*). Dans l'un et l'autre cas, il s'agit d'un feu eschatologique dont la nature n'est pas précisée. Le psalmiste supplie Dieu de lui épargner les deux, tablant sur les nombreuses épreuves purifiantes qu'il a déjà subies.

Augustin distingue trois catégories de pécheurs (*quidam*, 3 fois). D'abord ceux qui sont châtiés *et* condamnés; ceux qui, bien que châtiés, seront sauvés «comme à travers le feu»; ceux qui sont condamnés sans passer par le châtiment. Le troisième groupe est le plus évident: il s'agit des damnés, les pécheurs invétérés, qui ne sont pas caractérisés autrement que par les bonnes œuvres qu'ils n'ont pas accomplies; ceux-là vont directement au feu éternel (cf. Mt 25, 41-42). Dans le second groupe sont rangés ceux que sauve l'*ignis emendatorius*. Le premier groupe est apparemment constitué de pécheurs d'abord considérés comme récupérables, et donc soumis au feu purifiant, mais qui n'en tirent pas profit pour le salut; Augustin reste hésitant sur ce point: peut-être *(forte)* que cette catégorie n'existe pas, et qu'aucun de ceux qui sont condamnés ne passe par la correction du feu purifiant.

Comme le souligne A. Wlosok, la notion de feu purgatoire est de celles qu'Augustin a héritées de la tradition, et il n'en est pas le père, contrairement à ce que l'on a pu dire. Il l'adopte sans réticence aucune en 389 dans sa première œuvre exégétique (*Gen. Mani.* 2, 20, 30) et dans ses tout premiers commentaires des psaumes (*In Ps.* 1, 5). Il est plus indécis ensuite, et c'est, semble-t-il, pour des raisons pastorales plus qu'intellectuelles, à cause de la façon dont certains utilisent 1 Co 3, 11-15, où Paul parle de l'édifice de Dieu bâti par chacun (en lui-même ou dans l'Église), dont le feu du Jour de Dieu révélera s'il est ou non construit de matériaux durables.

629

ENARRATIONES IN PSALMOS

L'interprétation que donne Augustin de ces versets est la plupart du temps double, le feu qui met l'ouvrage à l'épreuve prenant place à la fois dans cette vie (ce sont les épreuves) et dans l'autre (*In Ps.* 29, 2, 9; *Fid. op.* 16, 27 et 29; *Enchir.* 18, 68-69; *Ciu.* 21, 26). On voit déjà poindre en *In Ps.* 29, 2, 9 (probablement en 395) l'explication qui revient régulièrement à partir de 403 : ceux qui bâtissent avec bois, paille et foin sont des chrétiens fidèles, puisque la fondation sur laquelle ils construisent est le Christ, mais ils sont trop attachés aux biens de ce monde et, pour être sauvés, ils devront en être purifiés par le feu de l'épreuve et/ou le feu eschatologique. Voir *In Ps.* 80, 21 ; 103, 3, 5 ; *Ser.* 362, 9, 9 ; *Fid. op.* 16, 27 ; *In Ps.* 118, 25, 3 ; *Enchir.* 18, 68-69.

C'est sur la définition de ceux qui pourront être sauvés moyennant ce feu que portent les discussions à partir du printemps 413 ; elles apparaissent dans le *De fide et operibus* et sont enracinées dans la réalité pastorale : il s'agit en effet de savoir s'il est souhaitable d'admettre au baptême des pécheurs dont on sait pertinemment qu'ils n'ont pas l'intention de changer de vie. Certains étaient de cet avis, avec l'idée qu'il valait mieux passer le temps nécessaire dans le feu de l'enfer, auquel ils identifiaient le feu purgatoire, que d'y rester éternellement pour n'avoir pas reçu le baptême. Ils pensaient que si, comme le dit l'Écriture, le feu de la géhenne est éternel en soi, les châtiments ne le sont pas nécessairement (*Fid. op.* 15, 24-25).

Augustin reste fidèle à son interprétation : c'est donner de fausses espérances aux pécheurs et les encourager à rester dans leur péché que de tenir une telle doctrine ; si déjà en Mt 25, 41 Jésus menace du feu éternel ceux qui n'ont pas accompli de bonnes actions, à plus forte raison ceux qui en accomplissent de mauvaises ; l'évêque accumule les textes pauliniens affirmant qu'ils n'hériteront pas du Royaume (*Fid. op.* 15, 25 ; 16, 27 ; cf. déjà *In Ps.* 80, 20). Ne peuvent être sauvés à travers le feu que les fidèles qui n'ont rien fait d'illicite et dont l'absence de détachement est la faute majeure. Surtout, le feu dont il

630

NOTES COMPLÉMENTAIRES

est question ne saurait être celui de la géhenne, car 1 Co 3, 13 oblige à penser que tout le monde y passe, y compris les justes (*Enchir.* 18, 68, et surtout *Ciu.* 21, 26, 3-4), d'où la préférence d'Augustin pour l'exégèse qui voit dans ce feu une métaphore de la tribulation, encore que, dans le texte le plus tardif (*Ciu.* 21, 26, 3-4), il ne rejette pas l'idée d'une purification : par la mort même et après celle-ci.

Comment situer *In Ps.* 37 dans tout cela ? Il y est question de fidèles laxistes, des individus qui s'inquiètent peu des fins dernières, comme dans des homélies datables de 403, mais nullement d'évêques ou de groupes favorables au baptême pour tous. Dans notre *Enarratio*, Augustin fait mention de chrétiens qui s'imaginent trop vite être sauvés en passant par le feu dont parle 1 Co 3, 15 : « quia dicitur *saluus erit*, contemnitur ille ignis » (*In Ps.* 37, 3). Même notation dans *In Ps.* 80, 20 (décembre 403) : « Si purgor, saluus ero », disent-ils ; certains du reste ne prennent même pas au sérieux le feu éternel (*Ser.* 362, 9, 9). Les opinions de ceux qu'Augustin appellera dans la *Cité de Dieu* « les miséricordieux » (*misericordes nostri* : *Ciu.* 21, 17), en prenant d'ailleurs bien soin de ne pas les mettre tous dans le même sac, apparaissent à partir du printemps 413 dans le *De fide et operibus* ; Augustin les a toujours en tête après 413 (*Gest. Pel.* 3, 9-10 ; *Enchir.* 18, 67-69 ; *Ciu.* 21, 20-22). Il n'en est pas question dans notre texte, où Augustin ne se préoccupe pas de préciser les fautes qui sont du ressort de l'*ignis emendatorius*, ce qui laisse à penser que l'*Enarratio* 37 est antérieure au printemps 413.

BIBLIOGRAPHIE : *AugLex*, s. v. *Ignis purgatorius*, c. 487-491 (A. Wlosok) ; G. Bardy, « Les miséricordieux », *BA* 37, n. c. 45, p. 806-809 ; B. Daley, *Eschatologie. Handbuch der Dogmengeschichte* 4, 7a, Freiburg-Bâle-Vienne, 1986, p. 197-207 ; J. Gnilka, *Ist 1 Kor 3, 10-15 ein Schrifzeugnis für dans Fegfeuer?*, Düsseldorf, 1955 ; J. Le Goff, *La naissance du purgatoire*, Paris, 1981 ; J. Ntedika, *L'évolution de la doctrine du purgatoire chez saint Augustin*, Paris, 1966.   (MD)

ENARRATIONES IN PSALMOS

3. La prière continuelle (*In Ps.* 37, 14-15)

« Je rugissais du gémissement de mon cœur ; tout mon désir est devant toi » : commentant les v. 9a-10 du Ps 37, Augustin, qui dans cette homélie parle au peuple rassemblé pour la liturgie eucharistique, semble brusquement s'adresser plus particulièrement au petit groupe des religieux qui est dans l'assistance : *seruus Dei* apparaît 5 fois dans les § 14-15. Il donne alors un enseignement sur la prière. Le gémissement du cœur, inaudible des hommes, mais connu du Seigneur, dont parle le Ps 37, 9-10, est le langage du désir de Dieu ; il n'est autre que la prière : « Le désir a pour langage le gémissement. » Augustin ne dit pas ici ce qu'il répète souvent, que ces gémissements silencieux du cœur sont inspirés par l'Esprit Saint (selon Ro 8, 25-27 ; voir par exemple *Ep.* 130, 15, 28 ; *Ser.* 210, 5, 7), il s'intéresse ici à leur permanence. Se souvenir du sabbat, c'est aspirer à l'éternité bienheureuse où l'on louera et contemplera Dieu éternellement (§ 28) et tendre vers lui par la continuité du désir suscité par l'amour de Dieu, la continuité du désir faisant en quelque sorte passer du temporel à l'éternel : « Si la charité demeure, tu cries toujours vers Dieu ; si tu cries toujours, tu désires toujours ; si tu désires, tu te souviens du repos. »

Priez sans cesse est une injonction de l'apôtre Paul (1 Th 5, 16), mais de quelle prière s'agit-il ? « Est-ce que nous pouvons sans cesse fléchir les genoux, prosterner notre corps ou lever les mains, qu'il nous dise : *Priez sans cesse* ? Si nous appelons cela prier, à mon avis, nous ne pouvons pas le faire sans cesse. » Plus tard, dans *Haer.* 57, Augustin mentionnera les moines euchites qui, sur la base de ce verset notamment, prétendaient passer tout le temps en prière. La prière que l'Hipponate préconise dans *In Ps.* 37 n'est pas un obstacle à la vie active : « Quelle que soit ton autre activité, si tu désires le sabbat, tu ne cesses pas de prier. » La prière est identifiée au désir de Dieu, lequel peut être continu : « Il y a une autre prière, intérieure celle-là, qui se fait sans cesse, et c'est le désir. Quelle que soit ton autre activité, si tu désires le sabbat, tu ne cesses pas de

NOTES COMPLÉMENTAIRES

prier. Si tu ne veux pas cesser de prier, ne cesse pas de désirer.» *Si semper desideras, semper oras* (*Ser.* 80, 7). Comme le dit Van Bavel, «longing is the heart of prayer»; la prière est l'exercice du désir de Dieu, «an exercise in longing for God» (p. 47-48).

La question de la prière continuelle a été très peu abordée par les prédécesseurs d'Augustin. S'ils prescrivent de prier «en tout temps et en tout lieu», comme on le voit dans les traités *Sur la prière* de Tertullien (*Orat.* 24-26, *CCL* 1, p. 272-273) ou de Cyprien (*Orat.* 35, *CCL* 3A, p. 112), ils n'enseignent pas comment y parvenir et se rabattent sur des exhortations à prier plusieurs fois par jour à heure fixe. Mais on trouve chez les Alexandrins, Origène (*Sur la prière* 12, *GCS* 3, p. 325) et surtout Clément (*Stromates* 7, 35, *SC* 428, p. 128-131; 7, 40, 3-4, p. 142-145), l'idée que «le gnostique prie par sa vie entière».

Augustin a très rarement abordé le sujet. Quand dans *In Ioh.* 12, 14, il dit: «Que nul ne se détourne de la prière continuelle», il veut seulement parler de persévérance dans la prière. Il cite une dizaine de fois l'histoire de la veuve importune de Lc 18, 1-8, où il est prescrit de *semper orare*, et quand il commente c'est toujours dans le sens de Lc 18, 1: il ne faut pas que le découragement fasse abandonner la prière (voir par exemple *In Ps.* 65, 24). Quand l'évêque explique les versets où le psalmiste déclare prier jour et nuit, il dit bien que c'est une façon de dire «tout le temps», mais ne commente pas davantage, ou bien il comprend que cela signifie: dans toutes les circonstances de la vie, heureuses ou malheureuses (*In Ps.* 1, 2; 41, 6; 85, 5).

Le seul passage où Augustin parle de la prière continuelle en termes analogues à ceux d'*In Ps.* 37 est l'*Ep.* 130 à Proba, en 412. La prière y est présentée comme un moyen d'entretenir le désir de Dieu (8, 17): «Avec un désir continuel *(continuato desiderio),* dans la foi, l'espérance et la charité, nous prions toujours (9, 18)»; «par ce désir, il faut toujours prier», quelques soient les activités auxquelles on doit s'adonner (10, 19). L'évêque d'Hippone parle alors des brèves oraisons,

633

ENARRATIONES IN PSALMOS

raptim quodam modo iaculatas des moines d'Égypte (10, 20), qui, dans la tradition représentée par Cassien, prend la forme du *Dominus, in adiutorium meum intende* (*Conl.* 10, 10, 2-3, *CSEL* 13, p. 297, 22 s.). Augustin n'établit pas de lien explicite entre ces prières brèves et la prière continuelle, encore qu'il soit probable ; Cassien le fera en y voyant le moyen de parvenir à un constant « souvenir de Dieu » (*ad iugem/perpetuam Dei memoriam*: Cass. *Conl.* 10, 10, 2, p. 297, 15. 22). Augustin n'utilise jamais l'expression « souvenir de Dieu » : *Deum recordari*, en *Beat.* 4, 35, prend un autre sens, et il pose plutôt la question de la présence de Dieu dans la mémoire ; mais le « souvenir du sabbat » est souvenir de Dieu.

L'enseignement d'Augustin est repris par Thomas d'Aquin à travers l'*Épître à Proba* (*Summa* 2, 2, *q.* 83, a. 14). L'auteur anglais anonyme du *Nuage d'inconnaissance* (fin XIVᵉ s.), chez qui l'influence d'Augustin est certaine, et qui veut mener à la prière continuelle par la répétition d'une phrase très brève, voire celle du seul nom de Dieu, s'est probablement souvenu de l'enseignement de l'évêque d'Hippone, quand il écrit : « Si tu veux avancer dans la perfection, toute ta vie doit désormais consister en désir » (ch. 2, éd. D.M. Noettinger, Solesmes, 1977², p. 69).

BIBLIOGRAPHIE: *AugLex,* s. v. *Oratio,* c. 329-333 (M. ERLER) ; *DSp,* s. v. *Prière, IIIA*-C, c. 2247-2288 (A. SOLIGNAC, J. CHÂTILLON) ; M. VINCENT, *Saint Augustin maître de prière,* Paris, 1990, p. 364-370 ; G. ANTONI, *La prière selon saint Augustin. D'une philosophie du langage à la théologie du Verbe,* Paris, 1997, p. 207-210 ; B. CILLERAI, *La memoria come capacitas Dei secondo Agostino. Unità e complessità,* Pise, 2008, p. 204-208 ; T. VAN BAVEL, *The Longing of the Heart. Augustine's Doctrine on Prayer,* Leuven, 2009. (MD)

4. *Et proiecerunt me dilectum tamquam mortuum abominatum* (*In Ps.* 37, 26)

Cette ligne (v. 21b) figure dans quelques manuscrits grecs et diverses versions : cf. J. L. Vesco, *Le psautier de David tra-*

NOTES COMPLÉMENTAIRES

duit et commenté, Paris, 2006, p. 358 ; A. Rahlfs, *Septuaginta. Vetus Testamentum graecum, X. Psalmi cum Odis*, Göttingen, 1979, p. 141. Elle est généralement considérée comme une addition chrétienne. Ni le texte d'Origène ni celui d'Eusèbe ne comporte ce verset. Didyme en revanche le cite, sans toutefois lui donner une interprétation christologique (DID. *In Ps.* 37, Gronewald, § 271 ; Prinzivalli, p. 668) ; voir aussi le texte attribué à Origène dans J. B. Pitra, *Analecta Sacra* 33, p. 27, 15. 20 ; 28, 2 (également sans commentaire christologique). EPIPH. *Pan.* 69, 66, 1, *GCS* 37, p. 214, 7 donne le verset pour une prophétie accomplie par le Christ. Dans la Vieille Latine, il est également peu attesté : Ambroise signale en effet que quelques manuscrits grecs ont ce *uersiculus*, mais pas tous les latins (AMBR. *In Ps.* 37, 58, 1, *CSEL* 64, p. 182, 14). La Vieille Latine d'Augustin était ici encore proche du *Codex Veronensis* et du *Sinaiticus* où figure le verset : R. Weber, *Le Psautier romain*, Rome, 1953, p. 83 ; A. Thibaut, *Le psautier latin du Sinaï*, Freiburg, 2010, p. 62. (MD)

5. Idithun entre l'être véritable et le non-être (*In Ps.* 38, 7. 9. 22)

Le thème de l'être tient une grande place dans l'*In Ps.* 38. Deux versets du psaume appellent ces développements : le v. 5, « Fais-moi connaître, Seigneur, ma fin et le nombre de mes jours qui est » ; le v. 14, « Dégage-moi, pour que je me rafraîchisse avant que je m'en aille et ne sois plus ». S'y ajoute le v. 6, en contrepoint : « Et ma substance est comme rien devant toi. En vérité, oui, tout est vanité, tout homme vivant est vanité. »

1. « *Le nombre de mes jours qui est* » (In Ps. *38, 7*)

Numerum dierum meorum qui est : l'expression, présente dans certains manuscrits de la Vetus Latina, est étrange ; elle ne correspond pas au texte grec de la Septante (τὸν ἀριθμὸν τῶν ἡμερῶν μου, τίς ἐστιν), ni à celui du Psautier romain *(numerum dierum meorum quis est)*. Rufin, dans sa traduction

ENARRATIONES IN PSALMOS

latine de la *Première Homélie sur le Psaume* 38 d'Origène, écrit simplement : *numerum dierum meorum* ; mais le commentaire d'Origène précise qu'il ne s'agit pas «d'un temps corporel et des années de cette vie» : le psalmiste «veut savoir tout le nombre des jours, celui qu'on a eu dans une première vie, celui qu'on aura dans un second séjour, dans un troisième» (*In Ps.* 38, 1, 8, *SC* 411, p. 356-357). Origène fait de la sorte allusion aux séjours de l'âme après sa mort dans les différentes sphères planétaires (cf. H. Crouzel et L. Brésard, *SC* 411, p. 356-357, n. 1). Ambroise a le même texte latin qu'Augustin : *numerum dierum meorum qui est* ; il le commente en opposant *qui est* à *qui transeat* et en proposant ensuite une explication similaire à celle d'Origène : le nombre des jours dont parle le psalmiste est analogue au nombre des demeures dans la maison du Père (Jn 14, 2), par lesquelles les hommes passeront après leur mort avant de parvenir aux hauteurs des cieux (*In Ps.* 38, 16-17, *CSEL* 64, p. 195-197).

La mention *qui est* suscite chez Augustin un développement sur l'éternité. «Le nombre des jours qui est» correspond à «un nombre sans nombre, comme on peut parler d'années sans années». Augustin recourt au paradoxe pour faire saisir à ses auditeurs que l'éternité qui «est» est incommensurable avec le temps qui «passe», c'est-à-dire qui tend à n'être plus ; l'éternité exclut toute succession, donc tout nombre (pour les anciens, «un» n'est pas un nombre) ; on ne peut pas davantage parler d'«années» en Dieu, sinon en un sens métaphorique. Augustin écrit de même en *Conf.* 11, 13, 16 (*BA* 14, p. 298-299 ; citant Ps 89, 4) : «"Tes années sont un jour unique", et ton jour n'est pas le jour quotidien, mais "l'aujourd'hui" parce que ton "aujourd'hui" ne cède pas la place à un "demain", car il ne succède pas non plus à un "hier". Ton "aujourd'hui", c'est l'éternité» (cf. I. Bochet, «Éternité de Dieu et commencement du temps selon saint Augustin», p. 100-103).

La contemplation de l'éternité est nécessaire pour comprendre, par contraste, que nos jours présents «ne sont pas vraiment» : seul, celui qui les «dépasse» dans sa tension

NOTES COMPLÉMENTAIRES

vers les réalités d'en-haut le saisit; celui qui au contraire «s'y arrête» a l'illusion que ses jours «sont». L'opposition *si haeram/si transiliam* est déterminante: l'apparente consistance de la vie temporelle s'évanouit si on la compare à ce qui est vraiment, c'est-à-dire à l'éternité. Augustin cherche à susciter chez son auditeur le vertige, en envisageant successivement une année, une heure, un moment, une syllabe, une lettre, pour lui faire comprendre qu'il ne peut «tenir» ne serait-ce qu'une seule syllabe, a fortiori moins encore un jour. Il est donc impossible de tenir le temps présent: il «passe» sans qu'on puisse l'arrêter. Augustin procède de même en *In Ps.* 76, 8: il examine l'année, puis le jour, puis l'heure, puis la syllabe, puis les lettres qui la composent, afin de montrer qu'on ne peut retenir le présent. Ces analyses reprennent *Conf.* 11, 15, 19-20.

Faut-il dire alors que les jours d'ici-bas «ne sont pas» *(isti ergo dies non sunt)*? La considération du passé et de l'avenir qui, l'un et l'autre, ne sont pas, semble conduire à cette conclusion. En *Conf.* 11, 14, 17 (p. 300-301), Augustin remarquait de même: «Ces deux temps-là donc, le passé et le futur, comment "sont"-ils, puisque s'il s'agit du passé il n'est plus, s'il s'agit du futur il n'est pas encore?» Toutefois, la question est plus complexe, car il faut tenir à la fois que le temps «est et n'est pas» *(et est et non est)*. Augustin reprend donc l'affirmation de *Conf.* 11, 14, 17 (p. 300-301): «Si donc le présent, pour être un temps, ne le devient que parce qu'il s'en va dans le passé, comment disons-nous encore qu'il est, puisque la raison pour laquelle il est, c'est qu'il ne sera plus, si bien que, de fait, nous ne pouvons dire en toute vérité que *le temps est, sinon parce qu'il tend à ne pas être.*» Il ne retient pas ici, en revanche, sa réflexion sur la mesure du temps, qui le conduit, en *Conf.* 11, 26, 33 (p. 326-329), à caractériser le temps comme «une distension [...] de l'esprit lui-même». Il ne précise pas non plus, comme en *Conf.* 11, 17, 22 – 20, 26, que le passé et le futur n'existent que pour l'esprit qui se souvient du passé et qui attend le futur; il serait donc plus

637

ENARRATIONES IN PSALMOS

juste de parler du «présent du passé» – c'est la mémoire – et de «présent du futur» – c'est l'attente. Pour une analyse plus approfondie de la conception augustinienne du temps en *Conf.* 11, voir A. Solignac, «La conception du temps chez Augustin», *BA* 14, p. 581-591.

Comme le remarque H.-I. Marrou, dans une philososophie comme celle d'Augustin, qui est nourrie de la tradition platonicienne et qui est «une philosophie de l'être», «le temps apparaît toujours un peu comme un scandale. Le temps, c'est cette chose fluide, insaisissable, ce présent mystérieux qui est comme écrasé entre un passé irrévocablement englouti et un futur sur lequel nous ne pouvons pas encore tabler. Pour Être, de ce qui s'appelle véritablement, pleinement être, *uere, summe esse*, il faut être affranchi du temps, – ou du moins de la durée telle que l'éprouve la nature présente de l'homme pécheur» (*L'ambivalence du temps de l'histoire chez saint Augustin*, p. 42-43).

2. *L'Être de Dieu et le néant de l'homme* (In Ps. *38, 7. 9*)

La comparaison entre le temps et l'éternité est aussitôt comparaison entre l'homme et Dieu. L'explication de l'expression *qui est* appelle, en effet, la mention du nom de Dieu en Ex 3, 14 : *Ego sum qui sum*. Ce que cherche Idithun, c'est «ce qui est simplement, ce qui est vraiment, ce qui est purement» (*In Ps.* 38, 7). Les expressions choisies par Augustin : *Est illud simplex, est uerum, est germanum, est quod est*, sont comparables à celles que l'on trouve dans le *Sermon 7*, qui commente Ex 3, 14 : «L'Être est *(esse est)*. L'Être véritable *(uerum esse)*, l'Être pur *(sincerum esse)*, l'Être authentique *(germanum esse)*, nul ne le possède sinon celui qui ne change pas» (*Ser.* 7, 7, *NBA* 5, p. 154).

En comparaison de Dieu, l'homme n'est quasi rien : «Moi qui suis défaillant, suis-je si près de n'être pas que m'ait fait défaut celui qui a dit: "Je suis celui qui suis"?» (*In Ps.* 38, 7). Cette phrase, d'interprétation difficile, s'éclaire si l'on se souvient que, pour Augustin, l'homme est, dans la mesure où

NOTES COMPLÉMENTAIRES

il participe de l'Être lui-même. Comme l'explique déjà le *De musica* (6, 13, 40), «l'âme n'est rien par elle-même, sinon elle ne serait pas sujette au changement ni exposée à déchoir de son essence. Puisqu'elle n'est rien par elle-même, tout l'être qu'elle possède doit lui venir de Dieu : lorsqu'elle demeure en son ordre propre, elle vit de la présence même de Dieu dans l'esprit et dans la conscience». C'est pourquoi, si l'âme se tourne vers l'Être, elle «est davantage» ; si au contraire elle s'en détourne, elle «défaille», elle s'approche du néant, sans toutefois parvenir à n'être plus rien (cf. *Lib. arb.* 3, 7, 21 et 16, 45 ; *C. Secund.* 15 ; voir E. Zum Brunn, «Le dilemme de l'être et du néant chez saint Augustin», p. 9-10 ; 50-54 ; p. 61-66).

Le v. 6 du psaume : *Et substantia mea tamquam nihil ante te*, est, pour Augustin, l'occasion d'insister à nouveau sur l'écart entre l'homme et Dieu : «Devant toi, Seigneur, ma substance est comme rien, devant toi qui vois cela ; et quand moi je le vois, c'est devant toi que je le vois, pas devant les hommes. Que puis-je dire en effet ? Par quelles paroles montrer que ce que je suis n'est rien en comparaison de ce qui est ? C'est intérieurement qu'on le dit, intérieurement qu'on le perçoit en quelque façon, "devant toi", Seigneur, où sont tes yeux et non les yeux des hommes ; que voit-on, là où sont tes yeux ? Que "ma substance est comme rien"» (*In Ps.* 38, 9). L'expérience relatée ici est analogue à celle qu'Augustin décrit en *Conf.* 7, 10, 16 (*BA* 13, p. 616-617) : «Quand pour la première fois je t'ai connu, tu m'as soulevé pour me faire voir qu'il y avait pour moi l'Être à voir, et que je n'étais pas encore être à le voir. [...] Et j'ai découvert que j'étais loin de toi dans la région de la dissemblance...» ; ou encore à celle qu'évoque le *Ser.* 7, 7 (*NBA* 5, p. 155) : «Celui qui a convenablement compris ce que c'est que d'"être" et d'"être vraiment", et qui, par une lumière, si petite soit-elle, venant de l'essence véritable, a été touché du souffle divin, même rapidement comme par un éclair, celui-là se voit lui-même loin au-dessous, loin très à l'écart, loin comme un être très dissemblable.» Voir encore *In Ps.* 134, 6 ; *In Ps.* 143, 11 ; *Ciu.* 8, 12, qui soulignent, de façon plus

ENARRATIONES IN PSALMOS

générale, l'écart entre l'Être de Dieu et le néant des choses créées. Cf. E. Zum Brunn, « L'exégèse augustinienne de "Ego sum qui sum" et la "métaphysique de l'Exode" », p. 153 et 159.

3. *Un anéantissement final de l'homme?* (In Ps. *38, 22*)

Le v. 14 du psaume : « Dégage-moi, pour que je me rafraîchisse avant que je m'en aille et ne sois plus » fait difficulté : implique-t-il un anéantissement final de l'homme, ou du moins de l'homme pécheur ? « Une question se pose : comment ne sera-t-il plus ? » (*In Ps.* 38, 22). De fait, il semble aller de soi qu'Idithun échappera à l'anéantissement, mais qu'en sera-t-il de l'homme inique, orgueilleux ?

Comme l'a remarqué E. Zum Brunn (« L'exégèse augustinienne de "Ego sum qui sum"... », p. 160-161 ; « Le dilemme de l'être et du néant... », p. 36-37 et p. 50-54), Augustin avait cherché à résoudre la difficulté dès *Immort. an.* 12, 19, en distinguant « deux niveaux de réalité dans l'âme » : le fait d'être et la participation à la sagesse. L'âme peut perdre la sagesse en se détournant de « ce dont elle tient l'être », « mais l'être qu'elle tient de celui auquel rien n'est contraire, elle ne peut être amenée à le perdre ; elle ne peut donc périr ». La distinction devient plus claire encore en *Lib. arb.* 3, 7, 21 – 8, 22 : une chose est le fait d'être, qui se caractérise par un « vouloir-être », par une volonté de bonheur, une autre le fait d'ajouter « à ce vouloir-être initial de plus en plus d'être », de s'élever ainsi « vers ce qui est suprêmement » et de connaître « le repos », qui consiste à « être davantage » (*quietus esse, hoc est magis esse*). Augustin tire les conséquences de cette distinction dans l'*In Ps.* 38, 22 : la mention « avant que je ne sois plus » est interprétée comme la menace de ne pas connaître le repos, c'est-à-dire la plénitude d'être.

Tel est le châtiment qui attend l'homme orgueilleux qui thésaurise ici-bas : il connaîtra « la souffrance éternelle, grosse de corruption », qui « ne finit pas pour finir indéfiniment ». En *Mor.* 2, 6, 8 (*BA* 1, p. 264-267), Augustin remarque que « la corruption, qui est le souverain mal, ne peut pas se corrompre,

NOTES COMPLÉMENTAIRES

mais qu'elle n'est pas une substance» : «c'est par la corruption que les choses déchoient de ce qu'elles étaient, qu'elles sont contraintes à ne pas demeurer, qu'elles sont contraintes à ne plus être». À la lumière de ce texte, on comprend ce que veut dire Augustin en *In Ps.* 38, 22 : «les tourments de l'enfer eux-mêmes sont décrits comme une sorte de néantisation sans fin» (E. Zum Brunn, «L'exégèse augustinienne de "Ego sum qui sum"…», p. 161). Cette interprétation est la conséquence, au plan eschatologique, de la définition du péché comme choix du néant. En *Ser.* 362, 20, 23, Augustin décrit ainsi la souffrance éternelle des impies : «Les corps des impies seront intacts, rien n'en apparaîtra amoindri, mais ce sera pour leur châtiment que leur corps sera intact et aura, pour ainsi dire, une espèce de consistance, mais une consistance corruptible ; car, là où il peut y avoir douleur, on ne peut dire qu'il n'y a pas corruption ; cette faiblesse, toutefois, ne succombera pas dans les douleurs, afin que la douleur elle-même ne disparaisse pas.»

Idithun se trouve donc entre non-être et être : «Il a craint […] d'aller là où l'être véritable n'est pas, désirant être là où est la plénitude de l'être.» Placé dans un état intermédiaire *(inter utrumque constitutus)*, il est engagé dans une dynamique de dépassement continuel vers «ce qui est vraiment», sans laquelle il ne pourrait que retourner en arrière et tendre au contraire vers le non-être. Une telle présentation du dépassement que vit Idithun confère à l'*In Ps.* 38 une dimension ontologique très spécifique.

BIBLIOGRAPHIE : I. Bochet, «Éternité de Dieu et commencement du temps selon saint Augustin», dans *Intempestive éternité*, éd. par B. Bourgine, J. Famérée et P. Scolas, Louvain-la-neuve, 2015, p. 99-111 ; H.-I. Marrou, *L'ambivalence du temps de l'histoire chez saint Augustin*, Paris-Montréal, 1950 ; A. Solignac, «La conception du temps chez Augustin», *BA* 14, n. c. 18, p. 581-591 ; E. Zum Brunn, «Le dilemme de l'être et du néant chez saint Augustin. Des premiers dialogues aux "Confessions"», *Recherches augustiniennes*, 6, 1969,

ENARRATIONES IN PSALMOS

p. 3-102 ; « L'exégèse augustinienne de "Ego sum qui sum" et la "métaphysique de l'Exode" », dans *Dieu et l'Être. Exégèses d'Exode 3, 14 et de Coran 20, 11-24*, Paris, 1978, p. 141-163.

(IB)

6. L'exemple de Paul en Ph 3, 12-15 (*In Ps.* 38, 6. 8. 13-15)

Il n'y aurait plus dépassement si Idithun pensait être parvenu au terme, s'il se croyait déjà parfait. Le modèle d'Idithun est Paul en Ph 3, 12-15. L'exemple de Paul, mentionné dès les § 6 et 8 pour commenter Ps 38, 5 (« Fais-moi connaître ma fin … pour que je sache ce qui me manque »), est repris par Augustin dans les § 13 et 14, en lien avec Ps 38, 8a (« Et maintenant quelle est mon attente ? N'est-ce pas le Seigneur ? ») et Ps 38, 9 (« De toutes mes iniquités délivre-moi »).

Lorsqu'il cite Ph 3, 12-14, Augustin met l'accent sur tel ou tel point selon les textes : il souligne souvent l'antithèse entre *extentus* et *perfectus/apprehendisse* (*Conf.* 13, 13, 14 ; *In Ps.* 38, 6.8.14 ; 39, 3 ; 69, 8 ; 72, 5 ; 130, 14 ; 147, 12 ; *Trin.* 9, 1, 1 ; *In Ep. Ioh.* 4, 6 ; *Ser.* 255, 6, 6) ; parfois, il joue sur l'opposition entre *distentus* et *extentus/secundum intentionem/unum* en associant une thématique plotinienne et porphyrienne avec la citation de Ps 26, 4 ou de Lc 10, 41-42 (*Conf.* 11, 29, 39 ; *In Ps.* 38, 6 ; *Ser.* 255, 6, 6 ; *Ser.* 284, 4) ; il exploite encore l'antithèse *quae retro* (ou *praeterita*) *oblitus* / *in ea quae ante sunt extentus*, privilégiant tantôt une interprétation temporelle de *retro* ou *praeterita* (*Conf.* 9, 10, 23 ; 11, 29, 39 ; 12, 16, 23 ; *In Ps.* 57, 10 ; 66, 10 ; 83, 3-4 ; 89, 5 ; 130, 14 ; *Ser.* 105, 5, 7), tantôt une interprétation où *retro* correspond au péché (*In Ps.* 9, 4 ; 39, 3 ; 57, 10 ; 66, 10 ; 80, 14 ; 83, 3-4 ; 113, 1, 7) ; cf. I. Bochet, p. 131-142. La thématique dominante de l' *In Ps.* 38 est sans aucun doute la première.

Dans son étude sur l'utilisation de Ph 3, 13-14 dans l'œuvre d'Augustin, N. Cipriani (p. 306-312) a montré comment la polémique antipélagienne a conduit l'évêque d'Hippone à lire Ph 3, 13-14 dans son contexte et à en donner une interprétation plus précise : il continue certes à mettre en lumière

642

NOTES COMPLÉMENTAIRES

la tension eschatologique qui est celle de l'apôtre, mais il souligne désormais avec force que Paul lui-même se reconnaît imparfait, afin de réfuter les thèses pélagiennes relatives à l'*impeccantia* – notamment, le recours des pélagiens au cas de Zacharie et Élisabeth selon Lc 1, 6 pour soutenir l'existence d'hommes sans péché (cf. *Pecc. mer.* 2, 13, 19). Le développement de l'*In Ps.* 38, 14 s'inscrit dans cette optique, même s'il ne comporte pas de mention explicite des thèses pélagiennes.

1. *Le désir des réalités d'en-haut*

L'*In Ps.* 38, 6 décrit la tension eschatologique de Paul en associant Ph 3, 12-14 à Jn 14, 9, qui confirme que le Christ est « la fin », et à Ps 26, 4, qui donne toute sa force à *unum* en Ph 3, 13. Cette tension se caractérise par « un bon désir, un saint désir » *(bonum desiderium, sanctum desiderium)*, tout comme en *In Ep. Ioh.* 4, 6 : le terme *desiderium* s'applique toujours à la relation à un objet absent et connote fortement la dimension de manque (cf. *In Ps.* 118, 8, 4 : « Desiderium ergo quid est nisi rerum absentium concupiscentia ? » ; I. Bochet, p. 143-144). *In Ep. Io.* 4, 6 explicite le rôle de ce désir dans la progression spirituelle : il étend l'âme et la rend capable de recevoir. « Toute la vie du bon chrétien est un saint désir. Or ce que tu désires, tu ne le vois pas encore, mais en désirant, tu deviens apte à être comblé lorsque sera venu ce que tu dois voir. De la même façon, en effet, si tu veux remplir une poche et si tu connais l'importance du volume de ce que l'on va te donner, tu élargis la poche, qu'il s'agisse d'un sac, d'une outre, ou de toute autre chose. [...] De la même façon, Dieu, en nous faisant attendre, dilate le désir : par le désir, il dilate l'âme ; en la dilatant, il augmente sa capacité. Ainsi, désirons, mes frères, puisque nous devons être remplis » (*BA* 76, p. 196-197).

En écho à Ps 38, 5c : « Pour que je sache ce qui me manque », la citation de Ph 3, 12.14 donne à Augustin l'occasion d'insister, dans le § 8, sur l'humilité, sans laquelle il ne peut y avoir de progrès spirituel : « Car, à ceux qui s'imaginent posséder quelque chose dans la vie présente, l'orgueil ne permet pas

643

ENARRATIONES IN PSALMOS

de recevoir ce qui leur manque, parce qu'ils s'imaginent que ce qu'ils ont est important.» Il y revient longuement dans le § 18 : l'humilité est le but de la correction divine qui paraît anéantir Idithun, mais qui est au contraire «la première grâce que nous confère la bonté de Dieu».

De façon plus allusive, l'*In Ps.* 38, 13 se réfère encore à Ph 3, 12 pour préciser en écho à Ps 38, 8, que le Christ est lui-même l'attente d'Idithun : «Quand il sera venu, on ne l'attendra plus ; alors la perfection existera.» La perfection vers laquelle tend Paul n'est autre que la plénitude de la connaissance du Christ.

2. «*Parfait parce que je sais cela même qui me manque*»

La manière dont Augustin joue en *In Ps.* 38, 14 sur l'apparente opposition entre Ph 3, 12 : «Ce n'est pas que j'aie déjà reçu ou que je sois déjà parfait» et Ph 3, 15 : «Nous tous qui sommes des parfaits, comprenons cela» est très caractéristique de la polémique antipélagienne. Augustin l'utilise de façon récurrente pour distinguer la perfection relative de cette vie et la plénitude de la perfection dans l'au-delà.

Dès *Pecc. mer.* 2, 13, 20, en 411, Augustin remarque, en introduisant Ph 3, 12-14, que Paul lui-même se reconnaît imparfait, mais il juge nécessaire de se justifier d'oser dire cela de l'apôtre : «Voilà une remarque je n'oserais faire, si je n'estimais pas impie de ne pas ici l'en croire lui-même» (*BA* 20/A, p. 274-277). Il commente Ph 3, 12-14, en l'asso-ciant à 2 Co 4, 16b : «Même si, en nous, l'homme extérieur se corrompt, l'homme intérieur se renouvelle de jour en jour», que Paul s'applique aussi à lui-même. Augustin en conclut que Paul était certes un «voyageur accompli» *(perfectus uiator)*, même s'il «n'était pas encore parvenu à l'accom-plissement de son chemin» *(etsi nondum erat ipsius itineris perfectione peruentor)*. La distinction ainsi introduite permet de comprendre en quel sens on doit comprendre Ph 3, 15 : les compagnons que Paul veut entraîner avec lui sur le chemin sont déjà devenus «parfaits», comme lui, en tant que *iustitiae*

NOTES COMPLÉMENTAIRES

uiatores (cf. B. Delaroche, p. 530). Remarquant expressé -
ment la contradiction des propos de l'apôtre en Ph 3, 12.15,
Augustin en conclut qu'il faut toujours chercher en quel sens
les Écritures parlent de perfection, quand elles l'attribuent à
un homme : «Si un homme est dit parfait en un sens, cela
ne signifie pas pour autant qu'il soit absolument sans péché»
(*Pecc. mer.* 2, 15, 22, p. 278-281).

Quelques années plus tard, dans le *De perfectione iustitiae* (8, 19, *BA* 21, p. 156-157, avec citation de 1 Co 13,
10), Augustin paraphrase ainsi Ph 3, 15 : «Nous tous qui
courons en perfection *(perfecte currimus)*, ayons la sagesse de
comprendre que nous ne sommes pas encore parfaits, afin de
trouver la perfection dans le lieu vers lequel nous courons en
perfection encore maintenant, de sorte que "lorsque sera venu
ce qui est parfait, ce qui n'est que partiel sera détruit", c'est-à-
dire où n'existera plus ce qui est relativement parfait, mais ce
qui l'est absolument.» La perfection totale n'est autre que la
plénitude de la charité, qui, seule, demeurera, alors que la foi
et l'espérance disparaîtront.

En 420-421, dans le *Contra duas epistulas Pelagianorum* (3,
5, 14 – 7, 23), Augustin explique de façon systématique Ph 3,
afin de déterminer, en réponse aux accusations des pélagiens,
quelle peut être la perfection de l'homme en cette vie. Aux
dires des pélagiens, en effet, Augustin soutiendrait que «tous
les apôtres ou les prophètes ne furent pas pleinement saints,
mais que [...] c'est en comparaison de ceux qui sont pires
qu'ils furent moins mauvais» (3, 5, 14, *BA* 23, p. 500-503) ;
les pélagiens se refusent à admettre que la vertu des saints était
«imparfaite». Augustin leur oppose le cas de Paul en citant
Ph 3, 12-13 et Ph 3, 15, qu'il commente aussitôt ainsi : Paul
«voulait montrer qu'il existe, à la mesure de cette vie, une
certaine perfection et que cette perfection implique, entre
autres, que chacun reconnaisse n'avoir pas encore atteint la
perfection» (3, 5, 15, p. 506-507). «C'est pourquoi l'apôtre se
dit à la fois imparfait et parfait : imparfait, en songeant qu'il
est loin d'avoir atteint la justice selon cette plénitude dont

645

ENARRATIONES IN PSALMOS

il a faim et soif ; parfait, en ce qu'il ne rougit pas d'avouer son imperfection et qu'il fait de sérieuses progressions pour atteindre le but» ; on peut donc seulement le dire *perfectus uiator* (3, 7, 19, p. 518-519).

Après cette introduction, Augustin propose une explication suivie de Ph 3 : il commence par rappeler la distinction paulinienne entre «la justice qui vient de la loi» et «celle qui vient par la foi au Christ» (Ph 3, 9). Si Paul présente comme «sienne» la justice qui vient de la loi – alors que la loi vient de Dieu –, c'est parce que « ceux qui sont sous la loi [...] s'imaginent accomplir, par les forces de leur libre arbitre, les ordres de la loi et, pris dans les mailles de cet orgueil, ils ne se tournent pas vers le secours de la grâce» ; ce faisant, ils n'accomplissent pas la justice de la loi ; en revanche, «la justice qui vient par la foi au Christ» peut être appelée «justice de Dieu», «parce qu'elle appartient à l'homme tout en venant de Dieu» (3, 7, 20, p. 522-525). La perfection de la justice qui vient par la foi réside dans la plénitude de l'amour et dans la perfection de la connaissance du Christ que Paul cherche encore à atteindre (cf. Ph 3, 10-12, cité en 3, 7, 21). Augustin précise alors la visée polémique de Ph 3, en citant Ph 3, 2-3 : Paul s'en prend aux «Juifs qui, observant la loi selon la chair et voulant établir leur propre justice, trouvaient la mort dans la lettre au lieu d'être vivifiés par l'esprit et se glorifiaient en eux-mêmes» (3, 7, 22, p. 528-529) ; lui-même affirme précisément en Ph 3 qu'il a renoncé à une telle justice «en vue de gagner le Christ», car c'est dans la connaissance du Christ que réside la perfection de la justice ; «il confesse ne pas l'avoir encore reçu et, par suite, ne pas encore être parfait» (cf. Ph 3, 12). C'est à cette lumière qu'il faut comprendre la mention des «parfaits» en Ph 3, 15 : «Si nous sommes parfaits eu égard à la mesure de cette vie, autant qu'un homme mortel en est capable, comprenons qu'à cette perfection même il appartient aussi d'avoir le sentiment que nous ne sommes pas encore parfaits de cette justice angélique qui doit nous être donnée quand le Christ se manifestera» (3, 7, 22, p. 530-533). Augustin

NOTES COMPLÉMENTAIRES

peut alors conclure que, seule, la justice qui vient de la foi est «la vraie justice»: «Cette justice-là, on peut bien, non sans raison, la déclarer parfaite chez quelques justes, compte tenu des possibilités de cette vie; elle est pourtant petite si on la compare à la grandeur de la justice que comporte l'égalité avec les anges: celle-ci, Paul ne l'avait pas encore; aussi se disait-il tout à la fois parfait, à cause de l'autre qui était déjà en lui, et imparfait, à cause de celle qui lui manquait encore» (3, 7, 23, p. 534-535).

Le même paradoxe est encore énoncé dans le *Sermon* 169, qui est également un commentaire de Ph 3; après avoir juxtaposé Ph 3, 12 et Ph 3, 15, Augustin explique: «Nous sommes parfaits et nous ne sommes pas parfaits: des voyageurs parfaits, mais qui ne sont pas encore arrivés à la possession parfaite *(perfecti uiatores, nondum perfecti possessores)*» (*Ser.* 169, 15, 18). L'énoncé du paradoxe se prolonge en une exhortation spirituelle: «Vous voyez que nous sommes encore des voyageurs. Vous dites: Que faut-il faire pour marcher? Je réponds brièvement: Avance, de peur que, faute de comprendre, tu ne marches de façon plus indolente. […] Éprouve-toi aussi toi-même. Que toujours te déplaise ce que tu es, si tu veux parvenir à ce que tu n'es pas encore. Car, là où tu t'es complu en toi-même, là tu t'es arrêté. Car, si tu as dit: Cela suffit, tu as péri. Ajoute toujours, marche toujours, avance toujours; ne reste pas en chemin, ne retourne pas en arrière, ne sors pas du chemin. Il s'arrête, celui qui n'avance pas; il retourne en arrière, celui qui revient à ce dont il s'était déjà séparé; il sort du chemin, celui qui apostasie. Mieux vaut marcher en boitant dans le chemin que de courir en dehors du chemin.»

Le développement de l'*In Ps.* 38, 14-15 s'inscrit sans aucun doute dans la ligne de ces commentaires antipélagiens de Ph 3, 12-15: en soulignant que la perfection consiste à toujours se hâter de dépasser d'autres degrés, loin de se croire arrivé, Augustin privilégie certes l'exhortation spirituelle, comme dans le *Sermon* 169, mais on ne peut exclure une pointe polémique implicite à l'égard des pélagiens.

ENARRATIONES IN PSALMOS

BIBLIOGRAPHIE: I. Bochet, *Saint Augustin et le désir de Dieu*, Paris, 1982; N. Cipriani, «L'utilizzazione di Fil 3, 13-14 nell'opera di S. Agostino», *Augustiniana*, 50, 2006, p. 299-320; B. Delaroche, «Rm 7, 24-25: aveu de faiblesse personnelle reconnue par saint Paul», n. c. 56, *BA* 20/A, p. 528-531; G. O'Daly, «Time's *Distentio* and St. Augustine's Exegesis of *Philippians* 3, 12-14», *Revue des études augustiniennes*, 23, 1977, p. 265-271. (IB)

7. «Tu as refusé sacrifice et offrande, mais tu m'as parfait un corps» (*In Ps.* 39, 7-13)

On est étonné de ne trouver que deux citations du Ps 39, 7 chez Augustin (*In Ps.* 39, 11-13; *Ciu.* 17, 20), car ce verset occupe une place de choix dans la tradition à travers sa reprise néotestamentaire en He 10, 5-9. Dans ce dernier texte en effet est exposé le cœur de la rédemption chrétienne: le sacrifice du Christ met fin à tous les sacrifices de l'Ancien Testament en étant seul efficace pour le pardon des péchés. Mais il faut convenir que son emploi patristique est très inégal. Car autant Cyrille d'Alexandrie en fait un usage abondant (16 citations), autant Hilaire ne s'y réfère qu'une seule fois (*In Ps.* 53, 13), et les Cappadociens jamais.

Une difficulté textuelle peut expliquer en partie ce fait. Le texte hébreu dit en effet: «Tu m'as creusé les oreilles.» Le sens de l'expression est controversée mais signifie probablement: «ouvrir à l'entendement», «faire une révélation». La LXX a traduit par ὠτία δὲ κατηρτίσω μοι (de même que Symmaque, Aquila et Théodotion). Mais quelques témoins ont σῶμα *(corps)* à la place de ὠτία *(oreilles)*. C'est cette leçon qui figure dans la citation d'He 10, 5. Mais il est probable qu'il s'agit d'une création de l'auteur de l'Épître aux Hébreux qui aurait contaminé quelques manuscrits de la LXX; voir P. Grelot, «Le texte du Psaume 39, 7 dans la Septante», *Revue biblique*, 108, 2001, p. 210-2013. Toujours est-il qu'il en est résulté une tradition quelque peu brouillée. Certes, les Pères citent toujours la Lettre aux Hébreux avec *corps*, mais on note

648

NOTES COMPLÉMENTAIRES

une double tradition quand il s'agit du Ps 39. Le plus souvent, on a *corps*, mais on relève aussi *oreilles* chez plusieurs auteurs grecs (Irénée, Diodore, Théodore de Mopsueste, Astérius), chez l'un ou l'autre Latin (Arnobe le Jeune) et dans divers Psautiers occidentaux dont le Psautier Gallican. Certains auteurs (Eusèbe, Didyme) connaissent les deux traditions.

Quand il s'agit du Ps 39 avec le terme «oreilles», l'interprétation donnée est celle du sacrifice spirituel. L'offrande de soi est la réponse à l'écoute attentive de la Parole de Dieu, car celle-ci suscite l'adhésion humble et obéissante. Ainsi chez IREN. *Haer.* 4, 17, 1, *SC* 100, p. 577 : «l'obéissance» et la «docilité» l'emportent sur tous les holocaustes. DIOD. T. *In Ps.* 40, 7, *CCG* 6, p. 242-243, identifie pareillement les «oreilles» et «l'obéissance» (ἡ ὑπακοή) qui valait mieux que les sacrifices lors de l'Exil, a fortiori depuis qu'est scellée l'Alliance nouvelle. «Voici, je viens» est compris comme manifestant concrètement cette obéissance. Notons à cet égard que si Diodore fait allusion à l'usage du Ps 39 dans la Lettre aux Hébreux, il ne l'applique pas vraiment au Christ. C'est le fidèle qui parle, et le psaume, comme chez Théodore de Mopsueste, est relatif à la captivité à Babylone. EUS. *In Ps.* 39, *PG* 23, 356 C, a le mot «oreilles», compris de la «docilité aux paroles de Dieu» écoutées et mises en pratique, mais «corps» dans l'*In Ps.* 65, *PG* 23, 668 D, interprétation que connaît aussi DID. *In Ps.* 39, 7, Gronewald, t. 4, p. 285. Cette tradition, somme toute assez bien attestée se retrouve chez ARN. J. *In Ps.* 39, *CCL* 25, p. 56 : «Dixisti enim : Plus est oboeditio aurium quam sacrificium manuum», où il n'y a donc aucune interprétation christologique du verset. D'ailleurs, même quand le Ps 39, 7 est cité avec le mot *corps*, l'interprétation est parfois celle du sacrifice spirituel. Ainsi chez THEOD. CYR. *In Hier.* 2, 11, *PG* 81, 573 C, où le verset est rapproché du Ps 50, 18-19 : «Le sacrifice pour Dieu, c'est un cœur contrit», et *In Ps.* 39, 7-8, *PG* 80, 1156 B-C, où il est rapproché de Ro 12, 1 : «Offrez vos corps en sacrifice vivant, tel est le culte spirituel.»

ENARRATIONES IN PSALMOS

Mais la reprise du Ps 39, 7 dans la Lettre aux Hébreux imposait aussi une lecture résolument christologique du verset, à vrai dire dominante. Le sens est celui donné par le texte néotestamentaire : l'oblation sacrificielle du Christ délivre réellement des péchés et met donc fin aux sacrifices de l'ancienne Loi. Les textes sont nombreux et n'ont pas à être tous cités ici. Voir par exemple, Orig. *Pasc.* 46, éd. O. Guéraud, P. Nautin, p. 244 ; Did. *In Ps.* 39, 7, Gronewald, t. 4, p. 285 ; Ioh. Chry. *Adu. Iud.* 7, 2, *PG* 48, 918 ; *Hom. Hebr.* 17, 2-3, *PG* 63, 129-131 ; Cyr. A. *Ador.* 9, *PG* 68, 621 B ; 10, c. 700 D ; *In Ioh.* 4, 2, Pusey, t. 1, p. 519 ; 5, 1, p. 663, où Cyrille insiste sur le caractère libre et volontaire de l'offrande du Christ ; Ambr. *In Ps.* 39, 10, *CSEL* 64, p. 218. Aug. *Ciu.* 17, 20, 2, écrit dans le même sens : «Ce sacrifice du corps et du sang a succédé à tous les sacrifices de l'ancienne alliance qui n'étaient que l'ombre de l'avenir ; aussi reconnaissons-nous, dans la prophétie du psaume trente-neuf, la voix de ce même médiateur : *Tu n'as voulu ni sacrifice ni oblation, mais tu m'as parfait un corps.* C'est que, à la place de tous les sacrifices et de toutes les oblations, son corps est offert et servi à ceux qui y participent. »

Ce dernier texte est intéressant, car le Ps 39, 7 est référé, comme dans l'*In Ps.* 39, 12, aussi bien au sacrifice de la croix qu'à celui de l'eucharistie qui en est le signe sacramentel. Le lien est aisé, car le sacrement de l'autel remplace tous les sacrifices anciens, précisément parce qu'il est le mémorial de l'unique sacrifice qui remet les péchés, en même temps qu'il est le sacrifice spirituel que les fidèles offrent à la place des sacrifices anciens. Mais cette exégèse est rare ; en dehors d'Augustin, on ne la trouve, semble-t-il, que chez Eusèbe de Césarée à qui Augustin la doit peut-être ; voir Eus. *Dem.* 1, 10, 27, *GCS* 23, p. 47, où l'auteur réfère l'ensemble du Ps 39, 2-4.7-8 à l'immolation rédemptrice du Christ et à l'eucharistie qui en est le mémorial non sanglant publié «dans la grande assemblée» (Ps 39, 10) ; voir aussi *Dem.* 8, 1, 80, *GCS* 23, p. 366.   (PMH)

NOTES COMPLÉMENTAIRES

8. «En tête du livre, il est écrit à mon sujet» (*In Ps.* 39, 14)

On ne connaît que deux citations augustiniennes de ce verset (ici et dans l'*In Ps.* 150, 2), chaque fois sous la forme *in capite*, comme chez tous les Pères latins. Seul Jérôme, qui connaît également cette leçon (*Com. Ps.* 39, *CCL* 72, p. 207), lui préfère habituellement *in capitulo*. L'un et l'autre terme traduisent le grec κεφαλίς, qui peut surprendre, car l'hébreu dit clairement «dans le *rouleau* du livre». Symmaque et Aquila ont d'ailleurs traduit par εἴλημα *(uolumen)*. Κεφαλίς ne se trouve que dans la LXX et ses utilisateurs. D'où le commentaire d'ORIG. *Philoc.* 5, 5, *SC* 302, p. 293: les Écritures forment un seul «rouleau», parce que la parole y est récapitulée en un seul tout. Cf. aussi ORIG. *In Ps.* 39, 8, J. B. Pitra, *Analecta Sacra* III, 34, et surtout *In Ioh.* 5, 6, *SC* 120, p. 383: «D'après nous, il n'est pas question du Christ seulement dans un livre, si nous prenons le mot "livre" dans son sens usuel. En effet, il est fait mention de lui dans le Pentateuque, il s'agit de lui dans chacun des prophètes, dans les psaumes et, en un mot, comme le Sauveur le dit lui-même, dans toutes les Écritures, auxquelles il nous renvoie en disant: *Vous scrutez les Écritures parce que vous pensez y trouver la vie éternelle; or ce sont elles qui rendent témoignage de moi* (Jn 5, 39). Si donc il nous renvoie aux Écritures parce qu'elles rendent témoignage de lui, il ne renvoie pas à celle-ci et non à celle-là, mais à toutes celles qui l'annoncent et que, dans les psaumes, il appelle le rouleau du livre, en disant: *Dans le rouleau du livre il est question de moi* (Ps 39, 8). Que celui qui veut interpréter littéralement "dans le rouleau du livre" de tel ou tel volume où il s'agit de lui, vienne nous dire pour quel motif il choisit celui-ci plutôt que celui-là.» Voir A. Le Boulluec, *Alexandrie antique et chrétienne. Clément et Origène*, Paris, 2006, p. 394-399.

Quant à l'interprétation, deux lignes se dessinent clairement, qu'Augustin évoque toutes deux dans l'*In Ps.* 150, 2: ou bien «le livre» est celui des Écritures prises dans leur ensemble, car elles constituent une «mirabilis et diuina unitas», ou bien il s'agit du psautier.

651

ENARRATIONES IN PSALMOS

La première interprétation figure par exemple chez HIER. *In Eccl.* 12, 12, *CCL* 72, p. 360, 364 ; *In Is.* 9 (29, 9-12), *CCL* 73, p. 374, 58-59 : «*In capitulo libri scriptum est de me. Non Hieremiae, non Esaiae, sed in omni scriptura sancta, quae unus liber appellatur*», et remonte à Origène dans les textes cités ci-dessus. Mais κεφαλίς évoque forcément l'idée de «tête», d'où le sens d'exorde, d'en-tête, de commencement, et non plus de «rouleau». Le verset peut alors se comprendre de la Genèse, le premier livre biblique, et renvoyer aux figures du Christ qu'il contient, par exemple celle d'Adam qui devient une seule chair avec Ève, type du Christ qui se livre à l'Église : AMBR. *In Ps.* 39, 11, *CSEL* 64, p. 218-219 ; AUG. *In Ps.* 150, 2 ; ou bien Isaac, autre figure du Christ : CYR. A. *In Ps.* 39, 8, *PG* 69, 989 A. Le commentaire d'Ambroise est particulièrement développé, car en sus d'Adam, l'expression *in capite libri* est comprise d'autres figures du Christ : Abel qui a offert un sacrifice agréable à Dieu, Jacob dont le songe se réalisera aux jours du Christ, l'agneau pascal, et même tel psalmiste. Ambroise conclut en effet : «Il est écrit aussi, non seulement en tête du livre, mais dans toute l'étendue de la loi qu'un homme viendrait pour le salut du genre humain, voulant tout ce que Dieu voudra»; et de citer alors le Ps 53, 8 : «Je t'offrirai un sacrifice volontairement»; cf. *In Ps.* 39, 12-15, *CSEL* 64, p. 219-220. De manière plus précise, *in capite libri* peut être compris du tout début de la Genèse (v. 1, 1) où les mots *In principio* sont traditionnellement référés au Christ, principe de toute chose, en qui et par qui le monde a été créé selon le vouloir du Père. Ainsi HIER. *Quaest. Gen.* 1, 1, *CCL* 72, p. 3 ; *Consult. Za. Apoll.* 2, 3, 4-5, *SC* 402, p. 21 ; EUCH. *Instr.* 1, *In Ps.* 14, *CCL* 66, p. 117, 670-675; *Script. Arr., Coll. Ver.* 12, 4, *CCL* 87, p. 113 : «In isto Filio et per istum, sicut saepius dictum est, Deus Pater omnipotens omnia fecit, sicut iterum in psalmo dicebat : *In capite libri scriptum est de me*»; ISID. *Fid.* 4, 4, *PL* 83, 458 A. Augustin connaît cette opinion et y fait aussi allusion dans l'*In Ps.* 150, 2.

NOTES COMPLÉMENTAIRES

La seconde interprétation circule aussi dès l'époque d'Origène, car celui-ci, après le texte de l'*In Ioh.* 5, 6 cité ci-dessus, écrit : « Et si quelqu'un suppose que ce passage nous renvoie au livre même des psaumes, il convient de lui répondre qu'il aurait fallu dire : "Dans ce livre il est question de moi" » (*In Ioh.* 5, 6, *SC* 120, p. 383). Le choix d'Origène a sans doute restreint la diffusion de cette interprétation, car elle est beaucoup moins fréquente que la première. Elle a cependant la préférence d'Augustin. Dans le présent commentaire, comme dans celui du Ps 150, il renvoie en effet au Ps 1, 1-2, dont la lecture christologique est traditionnelle (cf. *BA* 57/A, p. 113-115). Celui dont « "la *volonté* s'est tenue dans la *loi* du Seigneur" (Ps 1, 2) n'est autre que le Christ qui dit au Père : "J'ai voulu *(uolui)* inscrire ta loi *(legem tuam)* au milieu de mon cœur (Ps 39, 8)" ». On retrouve cette explication chez Arn. J. *In Ps.* 39, *CCL* 25, p. 56, et chez Cassiod. *In Ps.* 1, 1 et 39, 8-9, *CCL* 97, p. 30-31 et 366-367, certainement en dépendance d'Augustin. (PMH)

9. « Pour les fils de Corè » (*In Ps.* 41, 2 ; 43, 1-2 ; 44, 1)

1. *Les fils de Corè*

Appartiennent à la collection des psaumes des fils de Corè les Ps 41-48 ; 83-84 ; 86-87. Les fils de Corè étaient, d'après le livre des Chroniques, une des trois familles de chantres du Temple institués par David (1 Chr 25 ; cf. *DBS*, s. v. *Psaumes*, c. 132-133 ; 143-146). Les commentateurs des psaumes s'étaient interrogés sur l'identité de ces personnages. Hippolyte les assimilait à Asaph et Eman, qui apparaissent dans d'autres titres de psaumes (Hipp. *In Ps.* 6, P. Nautin, p. 170, 8). Leurs relations au Corè qui fut englouti vivant par la terre avec Datan et Abiron en raison de leur révolte contre Moïse (Nb 16, 32) a été commentée de manière diverse. Selon Eusèbe, les fils n'avaient pas été entraînés dans la faute de leurs pères, et c'est de leur descendance que naquit plus tard,

ENARRATIONES IN PSALMOS

sous David, un second Corè qui fut un des chefs des chantres du Temple (Eus. *In Ps.* 41, *PG* 23, 368 A-D).

Origène et Didyme soulignent l'unanimité avec laquelle ils chantent comme d'une seule voix (Orig. *In Mat.* 14, 1, *GCS* 41/1, p. 274, 26; Did. *In Ps.* 41, M. Gronewald, § 296; E. Prinzivalli, p. 749-750). Dans son traité *Sur les titres des Psaumes*, Grégoire de Nysse fait remarquer que «leur renom auprès de Dieu n'est pas émoussé par la naissance mauvaise (qu'ils tiennent) de leurs pères» (Greg. Nyss. *Titul.* 2, 58, *SC* 466, p. 396, 42-44) et on lit des remarques analogues chez Ambroise et Jérôme (Ambr. *In Ps.* 43, 5, *CSEL* 64, p. 262, 1-8; Hier. *In Ps.* 83, 1, *CCL* 78, p. 95, 8-11).

Dans la tradition origénienne, la joie est la marque de tous les psaumes qui leur sont attribués (Orig. *Hom. Reg.* 1, 1, *SC* 328, p. 98, 40-45; Hier. *In Ps.* 41 *ad neophytos*, *CCL* 78, p. 542, 1-2), ce dont on a encore l'écho chez Arnobe le Jeune et Cassiodore (Arn. J. *In Ps.* 86, 1, *CCL* 25, p. 127, 1-2; Cassiod. *In Ps.* 41, 1, *CCL* 97, p. 380, 18-20). Jérôme et Augustin, encore suivis par Bède (Bed. *In Prov.* 3 [31, 24], *CCL* 119B, p. 159, 442-443), appuient leurs remarques concernant les fils de Corè sur l'étymologie de leur nom.

2. L'étymologie de Corè

À l'exception d'*In Ps.* 48 et d'*In Ps.* 86, les *Enarrationes* sur les psaumes attribués aux fils de Corè expliquent toutes la signification symbolique de cette appellation à partir de trois étymologies: *Core* signifie *caluus*, *caluitium* et *caluaria*.

L'étymologie *Core* = *caluus* est empruntée à un *Onomasticon* auquel Augustin se réfère explicitement (*In Ps.* 44, 1; 46, 2; 83, 2). Présente dans des *Onomastica* syriaque et arménien, elle ne figure pas chez Jérôme (F. Wutz, *Onomastica Sacra*, *TU* 42, Leipzig, 1914-1915, p. 797; 903). Elle est commentée à l'aide de l'histoire d'Élisée dont la calvitie attire les moqueries des gamins («Monte, chauve!»). *Caluus* est rapproché de *caluaria*, terme qui rendait en latin Golgotha: cf. Mt 27, 33 et parallèles; Hier. *Nom. hebr.*, *CCL* 72, p. 136, 22; Ps. Tert.

654

NOTES COMPLÉMENTAIRES

Carm. adu. Marc. 2, 196, *CCL* 2, p. 1431 ; Aug. *Cons. eu.* 3, 10, 37. Ce jeu sur les mots permettait de faire d'Élisée la figure du Christ allant à sa Passion, ce qu'on lit pour la première fois dans le *C. Faust.* 12, 35 (en 400-402, selon P.-M. Hombert, *Nouvelles recherches de chronologie*, p. 25-29).

3. *L'interprétation des fils de Corè et la datation des* Enarrationes *portant ce titre*

Est-il possible de discerner, dans la série des *Enarrationes* sur les Psaumes de Corè, celle qui présente la première explication élaborée par Augustin comme le pensaient S. Zarb et H. Rondet? L'étude comparée des différentes notices conduit à les répartir en trois groupes.

a) *In Ps.* 44, 1 ; 46, 2-3 ; 83, 2 ; 84, 2

Un premier groupe de quatre *Enarrationes* fonde l'interprétation des fils de Corè sur l'étymologie *Core = caluus*; trois sur quatre font explicitement référence à un *Onomasticon* d'où est tirée cette étymologie, la quatrième précisant seulement qu'il s'agit d'un mot hébreu ; toutes identifient les fils de Corè, donc les fils du Chauve, figure du Christ, aux «fils de l'Époux» mort au calvaire ; toutes enfin se réfèrent explicitement à l'histoire d'Élisée, qu'elles développent. Il est logique de penser que les plus anciennes sont celles où Augustin signale encore la consultation d'un dictionnaire des étymologies hébraïques. *In Ps.* 46, 2 et 44, 1, qui soulignent tous deux l'insuffisance du sens littéral renvoyant aux fils du Corè historique et justifient ainsi le recours à l'étymologie, ce qui disparaît ensuite, sont probablement les textes les plus anciens. Ces deux *Enarrationes* ont encore en commun, à propos des *pueri* qui se moquent d'Élisée, d'expliquer le sens symbolique en se référant à la fois à 1 Co 14, 20 et Mt 18, 3 ; cette association se retrouve seulement en *In Ps.* 112, 1 (Pâques 404), et dans le *Ser. Guelf.* 32, 1 (en 411). L'histoire d'Élisée apparaissant pour la première fois dans le *C. Faust.* 12, 35, c'est vraisemblablement dans le sillage de ce livre qu'il faut situer la première interprétation des fils de Corè.

655

ENARRATIONES IN PSALMOS

On s'accorde généralement à dire que l'*In Ps.* 44 a été prêchée à Carthage le 2 septembre 403. Zarb (p. 226) et Rondet (*Bulletin de littérature ecclésiastique*, 68, 1967-1968, p. 181) pensaient qu'*In Ps.* 46, 2-3 était la première explication augustinienne des «fils de Corè». Elle est plus probablement la seconde. Dans l'introduction d'*In Ps.* 46, Augustin se sent visiblement obligé d'expliquer davantage les choses, peut-être parce qu'il s'adresse à un public moins cultivé que celui de la métropole. Il pourrait s'agir de celui d'Hippone. Cette *Enarratio* est de toute manière prêchée à une date assez peu éloignée d'*In Ps.* 44, 1, vraisemblablement en 404.

L'expression «les fils de l'Époux» apparaît en *In Ps.* 44, 1, où elle n'a pas besoin d'être commentée, Augustin ayant dit d'emblée que tout le psaume parlait de l'Épouse et de l'Époux; elle reparaît en *In Ps.* 46, 2, où la mention de l'Époux crucifié suffit à éclairer l'image. Elle ne sera explicitée qu'en *In Ps.* 83, 2 au moyen de Mt 9, 15; c'est encore allusif en *In Ps.* 84, 2, qui lui est probablement antérieur, au vu du peu de développement de l'interprétation des bêtes qui dévorent les enfants dans l'histoire d'Élisée. P.-M. Hombert place *In Ps.* 83, 2 en 404, et *In Ps.* 84, 2 en 400-405, voire durant l'hiver 403-404 à Carthage (*Recherches de chronologie*, p. 582, n. 78; p. 617-619). A.-M. La Bonnardière avait parlé prudemment de 399-409 (*Annuaire de l'École pratique des Hautes Études*, 86, 1977-1978, p. 341), et Rondet d'avant 407-408 (*Bulletin de littérature ecclésiastique*, 68, 1967-1968, p. 182), mais l'analyse précédente montre qu'on peut être plus précis: la première interprétation des fils de Corè remonte aux années 403-404.

b) *In Ps.* 43, 1; 45, 1; 47, 1

Dans un second groupe d'*Enarrationes*, l'étymologie *caluus* s'efface au profit de *caluitium*; l'histoire d'Élisée disparaît. Le parallèle entre les moqueries des enfants à l'encontre du prophète et celles des Juifs à Jésus en croix, et plus largement, celles des hommes à l'endroit du Christ disparaît. *Caluitium* est mis en relation avec le Calvaire, mais sans aucune explication. Dans deux de ces commentaires, Augustin fait

NOTES COMPLÉMENTAIRES

remarquer qu'il a déjà expliqué antérieurement ce qu'il en était des «fils de Corè» (*In Ps.* 45, 1 *[notissima]*; *In Ps.* 47, 1 *[nostis]*) L'étymologie correspond désormais à celle des *Nomina hebraica* de Jérôme (Hier. *Nom. hebr., CCL* 72, p. 63, 7; 80, 7). P.-M. Hombert (p. 357) plaçait *In Ps.* 45, 1 en 404-407, et j'ai été amenée à dater l'*Enarratio* du printemps 407. La fourchette proposée par Anne-Marie La Bonnardière pour *In Ps.* 47 était 405-411 (« La prédication d'Augustin sur les Psaumes à Hippone», *Annuaire de l'École pratique des Hautes Études, Section des Sciences Religieuses*, 86, 1977-1978, p. 337-341 [p. 340]). P.-M. Hombert pensait pouvoir la dater de 400-405, voire de 403-404 (p. 603-606), mais l'étude d'*In Ps.* 47 m'a conduit à penser que cette homélie avait été prêchée en avril-mai 407.

L'*In Ps.* 43 doit avoir été prêchée entre le printemps 407 et l'été 408 (voir l'introduction de cette *Enarratio*). C'est la plus tardive de ce groupe. Elle introduit la double étymologie *Core = caluitium uel caluaria* et fait donc la jonction entre les groupes 2 et 3. Le second groupe d'*Enarrationes* «pour les fils de Corè» remonte probablement aux années 407-408.

c) *In Ps.* 41, 2; 87, 1

Caluaria est l'étymologie de *Core* donnée dans un troisième groupe. Elle se trouve plusieurs fois chez Jérôme, mais en dehors des *Nomina hebraica* (Hier. *In Ps.* 83, 1, *CCL* 78, p. 95, 11 : «quoniam autem Chore interpretatur caluaria»; *In Ps.* 86, 1, p. 109, 8 ; *In Ps.* 84, 1, p. 394, 1 ; *Ep.* 65, 4). L'évêque d'Hippone l'emploie seule dans deux textes où il souligne avec insistance qu'il a déjà expliqué tout cela, et dans des lieux divers (*In Ps.* 41, 2 *[iam tractasse nos meminimus; ubicumque diximus]* et *In Ps.* 87, 1 *[saepissime tractatum est]*). L'*Enarratio* 87 est une dictée de 415-416 ; Zarb (p. 132-133) plaçait *In Ps.* 41 au début de la querelle pélagienne, et Rondet en 410-415 (*Bulletin de la Faculté catholique de Lyon*, 42, 1967, p. 5-21 [p. 14]), mais I. Bochet montre qu'elle appartient encore à la période antidonatiste. Ce troisième groupe peut être placé entre 408 et 411.   (MD)

ENARRATIONES IN PSALMOS

10. Le vocabulaire de l'expérience spirituelle dans l'*Enarratio* 41

Augustin fait très largement appel, au début de l'*In Ps.* 41, au vocabulaire sensoriel, pour décrire la quête de Dieu : un tel choix peut surprendre, car Dieu ne peut être atteint par les sens, « il ne peut être vu que par l'esprit » (§ 7). Pourquoi Augustin ne privilégie-t-il pas, alors, un vocabulaire abstrait qui aurait le mérite de ne pas induire en erreur ses auditeurs ? On saisit en même temps la limite d'une telle terminologie : elle semble peut-être plus adéquate, mais elle ne peut traduire une expérience vive de Dieu ; elle ne correspond pas non plus au langage du psaume. Il s'agit donc, pour Augustin, de faire comprendre à ses auditeurs que Dieu n'est pas à chercher par les sens corporels, mais par les sens intérieurs : c'est à cette condition qu'ils pourront « avoir l'intelligence » et faire eux aussi l'expérience de Dieu évoquée par le psaume (§ 1-2).

1. *Les sens intérieurs*

L'*In Ps.* 41, 7 pose les fondements de la doctrine des *sensus interiores*. Augustin cherche à montrer l'existence de ces sens intérieurs. Les yeux du corps ne peuvent être ceux par lesquels on voit Dieu, contrairement à ce que le païen voudrait, en demandant au psalmiste : « Où est-il, ton Dieu ? » Lui peut montrer son dieu aux « yeux de la chair », aux « yeux du corps », car c'est une réalité visible, une pierre ou le soleil ; comment lui montrer « le Créateur du soleil », s'il « n'a pas les yeux auxquels je puisse le montrer » (§ 6) ?

Pour amener ses auditeurs à découvrir qu'il existe aussi un « œil intérieur » (*oculus interior*, § 2), par lequel il est possible de « voir intérieurement » (*intus uideam*, § 7), Augustin donne l'exemple de la sagesse et celui de la justice : ni l'une, ni l'autre ne sauraient être saisies par la vue, l'ouïe, l'odorat, le goût ou le toucher. « Pourtant, la justice est une réalité intérieure, elle est belle, on la loue et on la voit » : elle est vue, y compris quand nous sommes dans les ténèbres, ou par l'aveugle. Il n'est donc pas besoin des yeux du corps pour la voir : seul l'esprit

NOTES COMPLÉMENTAIRES

est requis. Non seulement, on n'a pas besoin des «organes de chair», mais même, il est nécessaire de «s'abstraire de tous les sens du corps qui sont obstacles et bruits pour revenir à soi»: faute de quoi, l'esprit ne peut se voir lui-même, et il peut moins encore voir Dieu (§ 7). L'expérience des sens intérieurs a donc pour condition une forme de retrait des sens corporels.

Pourquoi alors choisir de parler de «sens intérieurs»? L'Écriture y invite. C'est, de fait, en citant des versets bibliques qu'Augustin justifie cette manière de parler dans le *Ser.* 159: «Si tu possèdes des sens intérieurs, tous ces sens intérieurs trouvent plaisir à la justice. Si tu as des yeux intérieurs, vois la lumière de la justice: "Car en toi est la fontaine de vie et, dans ta lumière, nous verrons la lumière" (Ps 35, 10). Si tu as des oreilles intérieures, écoute la justice, car il cherchait de telles oreilles, celui qui disait: "Que celui-là entende qui a des oreilles pour entendre" (Lc 8, 8). Si tu as un odorat intérieur, écoute l'apôtre: "Nous sommes la bonne odeur du Christ en tout lieu" (2 Co 2, 15). As-tu un goût intérieur? Écoute encore: "Goûtez et voyez combien le Seigneur est doux" (Ps 33, 9). Si tu as enfin un toucher intérieur, écoute ce que l'épouse chante de l'Époux: "Sa main gauche est sous ma tête et de son bras droit il m'enlace" (Ct 2, 6)» (*Ser.* 159, 4, 4, trad. G. Humeau, t. 2, p. 361-362).

Augustin fait de même dans le *Ser.* 28, où il explique la manière spécifique dont Dieu est perçu par tous les sens intérieurs à la fois: «C'est une chose certaine: parmi ce qui s'offre à nos différents sens, c'est un objet propre qui charme chacun d'eux. De fait, ni le son ne charme les yeux, ni la couleur ne charme les oreilles. Mais pour notre cœur, Dieu est à la fois lumière, odeur et nourriture et il est tout cela parce qu'il n'est rien de tout cela. Il est lumière pour notre cœur, lui à qui nous disons: "Dans ta lumière, nous verrons la lumière" (Ps 35, 10). Il est son pour notre cœur, lui à qui nous disons: "Tu donneras à mon oreille joie et allégresse" (Ps 50, 10). Il est odeur pour notre cœur, lui dont il est dit: "Nous sommes la bonne odeur du Christ" (2 Co 2, 15). Mais si tu cherches de

659

ENARRATIONES IN PSALMOS

la nourriture parce que tu jeûnes : "Bienheureux ceux qui ont faim et soif de la justice" (Mt 5, 6) ; et c'est du Seigneur Jésus-Christ lui-même qu'il est dit : "Il s'est fait pour nous justice et sagesse" (1 Co 1, 30) » (*Ser.* 28, 1, trad. P.-M. Hombert, p. 318).

Nombreux sont les textes qui font appel à ces citations bibliques ou à d'autres similaires pour justifier l'existence de ces *sensus interiores* ou de ces *sensus cordis* (voir le dossier de textes proposé par P.-M. Hombert, p. 318-319). Il faut aussi relire les célèbres pages de *Conf.* 10, 6, 8 et 10, 27, 38, dans lesquelles Augustin décrit sa relation à Dieu en utilisant la terminologie des sens intérieurs (voir encore *In Ioh.* 40, 5 et 99, 4).

On s'est interrogé sur la source de cette doctrine augustinienne des *sensus interiores*. K. Rahner suppose une source origénienne (n. 238, p. 144-145) ; J. Pépin (p. 17-23) a cherché à déterminer dans quelle mesure Augustin était redevable à Origène sur ce point ; P.-M. Hombert (p. 318, n. 2) suggère l'influence d'Ambroise (voir par exemple *In Ps.* 40, 39, *CSEL* 64, p. 256-257).

2. *« Désire ce qui fera ton plaisir »*

Lorsqu'il consacre un développement aux sens intérieurs, Augustin a souvent pour but d'exhorter ses auditeurs à aimer Dieu et à le préférer aux objets du monde : il s'agit de montrer qu'on peut trouver en Dieu un plaisir plus grand que tous les plaisirs charnels. Le développement du *Ser.* 159, 4, par exemple, est étroitement lié à une exhortation à aimer la justice, au point de pouvoir non seulement la préférer aux plaisirs du corps, mais encore de pouvoir mépriser pour elle les tourments, les douleurs et la mort, comme les martyrs : la *delectatio* trouvée dans la justice peut l'emporter sur la *delectatio corporis* (*Ser.* 159, 6-8 ; voir de même *In Ioh.* 3, 21). Sur la *delectatio*, voir I. Bochet, p. 322-333 et C. P. Mayer.

Il en est de même dans l'*In Ps.* 41 : le but d'Augustin est d'inciter ses auditeurs à désirer Dieu « ardemment » (§ 1),

NOTES COMPLÉMENTAIRES

«infatigablement» (§ 2). Mais un tel désir suppose d'avoir déjà «goûté», au moins un peu, «à la douceur de Dieu» (§ 1). Certes, pour désirer Dieu, il faut avoir supprimé en soi la cupidité, l'avarice, en bref toutes «les convoitises déréglées» (§ 3), mais Augustin ne s'attarde pas à décrire le combat contre les passions charnelles ; ce qui lui importe est de susciter un désir plus grand en ses auditeurs : «Désire ce qui fera ton plaisir *(desidera unde delecteris)*, désire les sources des eaux ; Dieu a de quoi te désaltérer, de quoi combler celui qui vient à lui…» (§ 3). On comprend alors qu'Augustin cherche à faire pressentir ce que sera la *delectatio* trouvée dans la contemplation éternelle de la face de Dieu, en évoquant ce que l'homme peut déjà en goûter ici-bas : «En admirant les membres dans la tente, il a été conduit jusqu'à la maison de Dieu en suivant une certaine douceur *(quamdam dulcedinem)*, je ne sais quel plaisir intérieur et secret *(interiorem nescio quam et occultam uoluptatem)*, comme si depuis la maison de Dieu résonnait doucement *(suauiter)* un instrument de musique ; tandis qu'il marchait dans la tente, entendant cette sorte de musique intérieure *(quodam interiore sono)*, il a été attiré par sa douceur *(dulcedine)* et, en suivant le son de cette musique, en se détachant de tout le vacarme de la chair et du sang, il est parvenu jusqu'à la maison de Dieu» (§ 9).

L'expérience de Dieu est ici décrite avant tout comme l'expérience intérieure et secrète d'une certaine douceur, qui attire et conduit celui qui la fait jusqu'à Dieu : une expérience telle qu'elle est déjà un écho de «la fête éternelle». La passivité expérimentée est soulignée plus encore dans le § 10, dans lequel Augustin souligne que l'homme est, non seulement «conduit» *(ductus)*, mais encore «entraîné *(raptus)* par le désir […] vers la douceur intérieure de Dieu».

Cette manière de décrire la conduite de Dieu est très caractéristique de l'œuvre augustinienne. Que l'on relise, par exemple, *In Ioh.* 26, 4, qui commente Jn 6, 44 («Nul ne peut venir à moi si le Père qui m'a envoyé ne le tire») : «Si le poète a pu dire : "Chacun est tiré par son plaisir", non par la nécessité, mais par le plaisir, non par obligation, mais par délectation, combien plus fortement devons-nous dire, nous, qu'est tiré vers le Christ l'homme qui trouve ses délices dans la vérité, qui trouve ses délices dans le bonheur, qui trouve ses délices dans la justice, qui trouve ses délices dans la vie éternelle, car tout cela, c'est le Christ» (*BA* 72, p. 490-493).

BIBLIOGRAPHIE: I. BOCHET, *Saint Augustin et le désir de Dieu*, Paris, 1982; C. HARRISON, «Sens spirituels», dans *Saint Augustin. La Méditerranée et l'Europe. IVe-XXIe siècle*, sous la direction de A. D. Fitzgerald et M.-A. Vannier, Paris, 2005, c. 1317-1319; P.-M. HOMBERT, *Nouvelles recherches de chronologie augustinienne*, Paris, 2000, p. 317-319 et p. 559-560; P.-L. LANDSBERG, «Les sens spirituels chez saint Augustin», *Dieu vivant*, 11, 1948, p. 81-105; *AugLex*, s. v. *Delectatio*, c. 267-285 (C. P. MAYER); J. PÉPIN, «Augustin et Origène sur les *sensus interiores*», dans *Sensus-sensatio: VIII Colloquio Internazionale (Roma, 6-8 Gennaio 1995)*, M.-L. Bianchi (éd.), Florence, 1996, p. 11-23; K. RAHNER, «Le début d'une doctrine des cinq sens spirituels chez Origène», *Revue d'ascétique et de mystique*, 13, 1932, p. 113-145.   (IB)

11. Le cerf (*In Ps.* 41, 2-4)

Augustin donne ici trois caractéristiques du cerf, qu'il exploite symboliquement pour caractériser ceux qui ont un ardent désir de Dieu: il est «l'emblème de la rapidité» (§ 2); «il tue les serpents, et après les avoir tués, il brûle d'une soif plus grande, il court avec plus d'ardeur à la source quand il a tué les serpents» (§ 3); enfin les cerfs s'entraident les uns les autres et ne se quittent pas (§ 4). Cette description du cerf est traditionnelle; elle est largement exploitée par les auteurs chrétiens.

1. *La rapidité du cerf (§ 2)*

Ambroise remarque la rapidité du cerf (*Iob. Dau.* 4, 1, 3, *CSEL* 32, 2, p. 269, 7-8). De même Jérôme, qui compare les cerfs aux prédicateurs de l'Évangile (*In Is.* 10 [34, 8-17],

NOTES COMPLÉMENTAIRES

CCL 73, p. 423, 88-91). Selon Zénon de Vérone (*Tract.* 2, 14, *CCL* 22, p. 188, 3), le catéchumène est invité à courir vers la source du baptême *uelocitate ceruina*. Grégoire de Nazianze, *Orat.* 40, 24, *SC* 358, p. 250, 21-24, utilise le Ps pour dire qu'il ne faut pas retarder le baptême.

2. *Le cerf et les serpents (§ 3)*

Pline l'ancien explique que les cerfs «sont en guerre avec les serpents : ils recherchent leurs terriers et, en soufflant avec leurs naseaux, ils les en font sortir malgré leur résistance» (*Hist. nat.* 8, 32, 118, trad. S. Schmitt, Paris, 2013, p. 392 ; cf. 11, 115, 279, p. 581) ; même description dans Basile de Césarée (*In Ps.* 28, 6, *PG* 29, 300A-C) ; cf. B. Domagalski, *Der Hirsch*, p. 151-152. Selon le *Physiologus* (version B, 29 ; version Y 43, F. J. Carmody, p. 50-52 et 131-132), le cerf tue le serpent en inondant son trou ; le texte ne mentionne pas la soif du cerf, figure du Christ.

Ces descriptions ne correspondent pas aux indications d'Augustin, qui souligne seulement que la soif du cerf augmente quand il a tué les serpents. Cette brève mention s'éclaire si on la compare à la description plus précise de Grégoire de Nysse (*Sur les titres des Psaumes* 1, 5, 12, *SC* 466, p. 194-197) : «La nature du cerf est de s'engraisser en mangeant les bêtes venimeuses. Or les humeurs de ces bêtes sont chaudes et brûlantes ; le cerf, en les avalant, se dessèche inévitablement, lorsqu'il est empoisonné par l'humeur de ces bêtes. Voilà pourquoi il a un désir si impétueux de l'eau : il veut guérir le dessèchement qu'a provoqué en lui un tel aliment » ; ou encore à celle de Jérôme (*In Ps.* 41 *ad neophytos*, *CCL* 78, p. 542, 14-19) : «La nature des cerfs est telle qu'ils sont insensibles au venin des serpents ; bien plus, avec leurs naseaux, ils les extirpent de leurs trous, pour les tuer et les mettre en pièces. Et lorsque le venin commence à les brûler intérieurement (quoiqu'il ne puisse les tuer, il les altère à la manière d'un feu), ils cherchent les sources et éteignent l'ardeur du poison dans des eaux très pures». Pour d'autres références (Didyme,

663

ENARRATIONES IN PSALMOS

Théodore de Mopsueste), voir B. Domagalski, *Der Hirsch*, p. 152, n. 14 ; voir aussi Théo doret de Cyr : J.-N. Guinot, *L'exégèse de Théodoret de Cyr*, Paris, 1995, p. 698-699.

La soif intense du cerf qui a tué les serpents symbolise pour Augustin l'accroissement du désir de Dieu en celui qui a triomphé des convoitises déréglées. L'identification des serpents aux vices (Augustin parle «des serpents de l'iniquité») est traditionnelle : cf. B. Domagalski, *Der Hirsch*, p. 153, n. 26-29. Grégoire de Nysse explique que « celui qui a supprimé toute forme rampante de désir en lui et qui, avec les dents de la tempérance, a dévoré à la place des bêtes, les passions, a soif de la participation à Dieu, plus que le "cerf ne languit après les sources d'eau" » (*Titul.* 1, 5, 12, *SC* 466, p. 196-197). Arnobe le Jeune voit dans le cerf qui se hâte vers la source une fois qu'il s'est nourri de serpents et qu'il souffre de brûlure, une figure de l'âme qui se hâte vers Dieu, après s'être nourrie du conseil de l'antique serpent, c'est-à-dire du diable (*In Ps.* 41, *CCL* 25, p. 59, 1-3). Jérôme rattache explicitement la manière dont les cerfs cherchent les sources après avoir tué les serpents à la destruction des péchés qu'opère le baptême et au désir du Père, du Fils et de l'Esprit qui habite désormais le baptisé : «Comme ces cerfs désirent la source des eaux, ainsi nos cerfs, qui, sortant d'Égypte et du monde, ont tué le Pharaon dans les eaux et ont fait périr toute son armée dans le baptême, après la mort du diable, désirent les sources de l'Église qui sont le Père, le Fils et l'Esprit Saint» (*In Ps.* 41 *ad neophytos*, *CCL* 78, p. 542, 20-24).

3. *L'entraide des cerfs (§ 4)*

Augustin s'appuie, pour décrire la troisième caractéristique des cerfs, sur ce qu'on «raconte», mais, ajoute-t-il, «certains même l'ont vu, car on n'écrirait pas une chose semblable sans l'avoir vue auparavant» (§ 4). Sa source est ici Pline l'Ancien dont la description correspond parfaitement à la sienne : «Les cerfs traversent les mers en troupe, à la nage, en formant une longue colonne ; ils posent chacun la tête sur la croupe de celui qui le précède et vont à tour de rôle en queue de file. On

NOTES COMPLÉMENTAIRES

le remarque surtout chez ceux qui font la traversée de Cilicie à Chypre» (*Hist. nat.* 8, 32, 114, p. 391).

Dès *Diu. quaest.* 71, 1, Augustin lie Ga 6, 2 («Portez les fardeaux les uns des autres et vous accomplirez ainsi la loi du Christ»), à l'exemple des cerfs qui, selon Pline, s'entraident mutuellement en déposant la charge de leurs bois sur la croupe du cerf qui les précède. Pour justifier cette association, Augustin cherche une confirmation scripturaire en Pr 5, 19 (un texte souvent cité par Ambroise, par exemple, en *Iob. Dau.* 4, 1, 2, *CSEL* 32, 2, p. 267, 20): «Que le cerf de l'amitié et le faon de tes affections s'entretiennent avec toi» et il ajoute: «Rien ne prouve aussi bien l'amitié que de porter le fardeau de l'ami.» On trouve encore la même anecdote à propos des cerfs en lien avec Ga 6, 2 dans l'*In Ps.* 129, 4 (cf. A.-M. La Bonnardière, p. 207-209). Le thème est repris par divers auteurs, dont Isidore (*Orig.* 12, 1, 19) et Grégoire le Grand (*In Iob.* 30, 10, 36, *CCL* 143B, p. 1515, 11-14) ; cf. *RLAC*, s. v. *Hirsch*, c. 568.

BIBLIOGRAPHIE: M.-P. Ciccarese, *Animali simbolici. Alle origini del bestiario cristiano, I (agnello-gufo)* (Biblioteca Patristica 39), Bologna, 2002, p. 313-329 ; B. Domagalski, *Der Hirsch in Spätantiker Literatur und Kunst* (*JbAC, Ergsbd* 15), Münster, 1990, p. 151-160 ; *RLAC*, s. v. *Hirsch*, c. 551-577 (B. Domagalski) ; A.-M. La Bonnardière, «Portez les fardeaux les uns des autres: exégèse augustinienne de Gal. 6, 2», *Didaskalia*, 1, 1971, p. 201-215.   (IB)

12. L'ascension vers Dieu (*In Ps.* 41, 7-8)

A. Mandouze a cherché à montrer que la prédication d'Augustin présente certaines correspondances remarquables avec ce qu'on appelle «l'extase d'Ostie» (*Conf.* 9, 10, 24-25) ou encore avec «l'expérience de Milan» (*Conf.* 7, 17, 23): cela vaut de l'*In Ps.* 41, 7-8, de l'*In Ioh.* 20, 11-13 ou encore du *Ser.* 52, 6, 16 (p. 660-663 ; p. 679-682 ; p. 712-714). Il note à propos de l'*In Ps.* 41: «tel un agrandissement photographique, le "développement" même de l'*Enarratio* aide à détailler, dans

665

ENARRATIONES IN PSALMOS

le texte du livre IX des *Confessions*, les diverses opérations spirituelles dont les articulations apparaissent, même à un exégète averti, d'autant plus difficiles à repérer que la notation de ces mêmes opérations est plus condensée» (p. 683).

Prolongeant l'étude de A. Mandouze, S. Poque a analysé «l'expression de l'anabase plotinienne dans la prédication de saint Augustin et ses sources»; elle étudie successivement ces textes, en distinguant les différentes étapes mentionnées en chaque cas (p. 189-195); elle dégage de là certaines «constances et variantes» (p. 195-204), avant de s'interroger sur les sources de ces textes et, plus particulièrement, sur celles du *Tractatus* 20 sur l'Évangile de Jean (p. 204-215).

La source plotinienne de la «dialectique des degrés» qu'Augustin met en œuvre dans ces textes ne fait pas de doute: P. Henry (p. 15-26) a indiqué, dès 1938, les rapprochements textuels entre le récit de l'extase d'Ostie en *Conf.* 9, 10, 24-25 et les traités de Plotin *Sur le beau* (*Enn.* I, 6 [1]) et *Sur les trois hypostases qui ont rang de principes* (*Enn.* V, 1 [10]); pour les autres études à ce sujet, voir les indications de S. Poque, p. 205, n. 64, 65 et 66. Il est inutile de reprendre ici ces analyses bien connues.

Cette dialectique ascendante est également présente dans des textes où la démarche rationnelle prime sur la description d'une expérience spirituelle et que S. Poque (p. 200-204) caractérise comme «l'anabase des philosophes» par opposition à «l'anabase des spirituels»: *Ser.* 141, 2, 2; 241, 2; *In Ps.* 144, 13; *Conf.* 10, 6, 8 – 27, 38. La distinction entre ces deux types de textes, toutefois, n'a rien de tranché (cf. S. Poque, p. 202-203): comme nous le verrons, l'*In Ps.* 41 s'apparente aussi, sur plus d'un point, avec ces textes de nature plus philosophique.

1. *Le schème d'anabase dans l'*In Ps. *41, 7-10*

Dans tous les textes mentionnés, l'ascension est structurée en trois étapes majeures, qui sont inégalement développées selon les cas: a) le monde sensible; b) l'âme et le monde intelligible; c) Dieu.

NOTES COMPLÉMENTAIRES

Comme l'a remarqué S. Poque (p. 189-195), on a souvent plusieurs mentions de ces trois étapes à l'intérieur d'un même texte. Cela vaut notamment dans le cas de l'*In Ps.* 41, dans laquelle on peut distinguer quatre séquences :

– la première dans le § 7 :

a) «je considérerai la terre [...], la grandeur de la mer entourant la terre [...], le ciel [...], la splendeur du soleil [...], la lune [...] ; je reviens à moi-même : je trouve que j'ai un corps... »

b) «que l'esprit voie aussi quelque chose par lui-même [...]. Qu'est-ce à dire, voir intérieurement? » ; «la sagesse», «la justice» ; «il se voit lui-même par lui-même, l'esprit se voit pour se connaître»

c) «il cherche la vérité immuable, la substance indéfectible »

– la seconde au début du § 8 :

a) «cherchant mon Dieu dans les réalités visibles et corporelles»

b) «cherchant sa substance en moi-même»

c) «je réalise que mon Dieu est quelque chose au-dessus de mon âme ; donc, pour le saisir, *[...] j'ai répandu mon âme au-dessus de moi*»

– la troisième dans la suite du § 8 :

a) «je cherche mon Dieu dans tout ce qui est corps, terrestre ou céleste»

b) «je cherche sa substance en mon âme»

c) «*j'ai répandu mon âme au-dessus de moi*; il ne me reste plus rien à saisir que mon Dieu»

– la quatrième (non mentionnée par S. Poque) dans le § 9 :

a) «j'admire en eux l'obéissance de leurs membres [...] ; j'admire le combat des membres du corps pour l'âme qui sert Dieu»

b) «je porte le regard aussi sur l'âme qui obéit à Dieu [...] ; j'admire ces vertus dans l'âme»

c) «je suis saisi de stupeur quand je parviens à la maison de Dieu»

ENARRATIONES IN PSALMOS

Cette ascension est elle-même suivie, le plus souvent, d'une retombée, qui est mentionnée, par exemple, en *Conf.* 7, 17, 23 («mais je n'ai pas eu asse de force pour fixer mon regard, et ma faiblesse refoulée m'a rendu à mes vues ordinaires…», *BA* 13, p. 629); 9, 10, 24 («nous sommes revenus au bruit de nos lèvres», *BA* 14, p. 119); 10, 40, 65 («mais je retombe dans l'actuel aus misères accablantes et me voici réabsorbé par l'ordinaire», p. 261); ou encore en *Ser.* 52, 6, 16 («il était retombé dans sa faiblesse et sa langueur»). On la trouve également dans l'*In Ps.* 41, contrairement à ce que dit S. Poque (p. 193); elle apparaît dans le § 10: «le fardeau de notre faiblesse fait que nous retombons dans la vie courante et que nous nous dispersons dans les choses habituelles»; elle introduit comme naturellement le Ps 41, 6: «Pourquoi es-tu triste, ô mon âme, et pourquoi me troubles-tu?»

2. *Les caractéristiques de l'ascension dans l'*In Ps. 41

Revenons maintenant aux trois étapes de l'ascension, afin d'en préciser les caractéristiques dans l'*In Ps.* 41.

a) Le monde sensible

L'*In Ps.* 41, 7 célèbre la grandeur et la beauté du monde sensible, qui suscite admiration, louange et même stupeur: que l'on considère la terre, avec la merveille de ses semences et de ses germinations, la mer et, plus encore, le ciel, avec la beauté des astres, du soleil et de la lune. Ce lyrisme contraste avec l'évocation sèche du *Ser.* 52, 6, 17, qui ne mentionne le ciel, la terre et leurs éléments que pour mieux les révoquer comme ne méritant pas qu'on s'y arrête. Augustin n'explicite pas, dans l'*In Ps.* 41, 7, la démarche ascensionnelle, comme en *Conf.* 9, 9, 24 (*BA* 14, p. 116-117: «Nous avons traversé, degré par degré, tous les êtres corporels, et le ciel lui-même…»): il s'agit plutôt d'une sorte de parcours visuel des composantes de l'univers *(terram laudabam, oculis cognoueram)*.

Le retour à soi-même n'est pas d'emblée retour à l'âme, comme en *Conf.* 7, 17, 23 ou 9, 9, 24: il intègre le corps et son rôle dans la perception sensible. L'âme, certes, est meil-

NOTES COMPLÉMENTAIRES

leure que le corps, mais les yeux sont indispensables pour ce parcours visuel de l'univers : ils sont «les fenêtres de l'intelligence» *(fenestrae mentis)*. Les considérations d'Augustin sur les conditions de la perception sensible sont de nature plus philosophique, mais elles sont nécessaires pour justifier le dépassement du corps et le retour à l'esprit lui-même qui perçoit par la médiation des sens (voir de même *Ser.* 241, 2).

De façon très originale, en *In Ps.* 41, 9, Augustin intègre encore à cette première étape la considération des *membra corporalia* des fidèles : «l'obéissance de leurs membres [...] au service du Dieu vivant dans les œuvres bonnes», «le combat des membres du corps pour l'âme qui sert Dieu» (avec allusion à Ro 6, 12-13). La subordination du corps à l'âme n'est plus ici de type épistémologique : elle est d'ordre éthique.

b) L'âme et le monde intelligible

Dans l'*In Ps.* 41, 7, Augustin souligne d'abord, de façon générale, la supériorité de l'âme *(anima)* sur le corps, parce qu'elle dirige le corps et lui commande. De l'âme qui vivifie le corps, il passe de façon plus spécifique à l'esprit *(animus)*, qui perçoit le monde extérieur et qui se saisit lui-même (sur cette distinction de *anima* et *animus*, voir *Conf.* 10, 7, 11). Il examine ce que l'esprit *(animus)* peut voir par lui-même, c'està-dire intérieurement *(intus)*, avant de montrer que l'esprit se voit lui-même par lui-même.

La démarche est d'abord négative : il s'agit d'exclure ce que l'esprit perçoit par les sens, mais Augustin se plaît à rappeler tout ce qui est objet de perception sensible (par les yeux, les oreilles, les narines, par le palais et la langue, par le toucher), pour mieux souligner qu'il existe aussi des réalités qui sont l'objet d'une perception intérieure : la sagesse, la justice. Elles n'ont certes ni couleur, «ni son, ni odeur, ni goût, ni chaleur ou froid, dureté ou mollesse», mais elles ont une beauté que, seul, l'esprit perçoit : d'une façon analogue, le *Ser.* 159, 3, 3 oppose les yeux du cœur *(oculos cordis)*, qui voient la beauté de la fidélité, aux yeux du corps *(oculos carnis)*, qui perçoivent seulement la beauté du corps (voir aussi *In Ioh.* 3, 21). Plotin,

669

ENARRATIONES IN PSALMOS

de façon similaire, invite à passer de la contemplation des beautés sensibles à celle des beautés véritables que sont la justice, la tempérance (*Enn.* 1, 6 [1], 4).

Augustin montre ensuite que l'esprit se voit lui-même par lui-même (*seipsum per seipsum uidet*): la dimension réflexive est constitutive de l'esprit, il ne peut pas ne pas se connaître lui-même (*se nosse*), comme Augustin le montre en *Trin.* 10, 3, 5 – 4, 6, à la suite de Plotin (*Enn.* 5, 3 [49]). Mais, pour se penser lui-même (*se cogitare*), l'esprit doit se séparer de ce qui n'est pas lui, c'est-à-dire se dégager des images des corps (*Trin.* 10, 5, 7 – 6, 8). Augustin esquisse une démarche analogue dans l'*In Ps.* 41, 7 : «Assurément, pour se voir, l'esprit ne requiert pas les services des yeux du corps; au contraire, il s'abstrait de tous les sens du corps, où il voit obstacles et bruits et il se retire en soi, pour se voir en soi, pour se connaître en soi» (*In Ps.* 41, 7).

Dans l'*In Ps.* 41, 9, cette seconde étape de l'ascension vers Dieu est identifiée à la contemplation des vertus de l'âme fidèle à Dieu: «Je porte le regard aussi sur l'âme qui obéit à Dieu, qui organise son activité, réfrène les convoitises, repousse l'ignorance, se tend pour supporter toute sorte de situations pénibles et difficiles, accorde à tous justice et charité. J'admire ces vertus dans l'âme…» Plotin, dans son traité *Sur le beau* (*Enn.* 1, 6 [1], 5), évoquait lui aussi l'admiration et l'amour qui envahissent l'âme qui découvre en soi ou qui contemple dans les autres les vertus.

La mutabilité de l'esprit exclut toutefois qu'on s'y arrête dans la quête de Dieu, car Dieu ne peut être qu'une substance immuable. Pour provoquer ce dépassement, Augustin décrit les changements qui affectent l'esprit: «Il régresse et progresse, connaît et ignore, se souvient et oublie, tantôt il veut, tantôt il ne veut pas» (*In Ps.* 41, 7). Le même argument est utilisé en *Conf.* 7, 17, 23, *In Ioh.* 20, 12 ou encore en *Ser.* 241, 2 qui décrit l'anabase des philosophes: «Ils passèrent à l'âme qu'ils ont reconnue meilleure et ils l'admirèrent toute invisible qu'elle fût, mais ils la trouvèrent elle aussi sujette au

NOTES COMPLÉMENTAIRES

changement, tantôt voulant, tantôt ne voulant pas, tantôt connaissant, tantôt ne connaissant pas, tantôt se souvenant, tantôt oubliant, tantôt osant, tantôt craignant, tantôt tournée vers la sagesse, tantôt tombant dans la stupidité. Ils trouvèrent l'âme sujette au changement et ils la dépassèrent elle aussi, car ils cherchaient ce qui est immuable » (trad. S. Poque, p. 200-201 ; cf. PLATON, *Banquet* 207e-208b).

c) Dieu

Dieu, qui est « la vérité immuable et la substance indéfectible » (*In Ps.* 41, 7 ; cf. *Conf.* 7, 17, 23 ; *Ser.* 52, 6, 16), « l'Être même » (*Idipsum* : *Conf.* 9, 9, 24), ne peut donc être atteint que dans un mouvement de dépassement de soi, qui est parfaitement évoqué, selon Augustin, par le v. 5 du Ps 41 : « J'ai répandu mon âme au-dessus de moi » ; c'est pourquoi il le cite souvent pour inviter à ce dépassement (*In Ps.* 41, 8 ; *In Ioh.* 20, 11-13 ; 23, 5 ; *In Ps.* 61, 14 ; 130, 12 ; *Ser.* 52, 6, 16 ; *Ser. Denis* 2, 4). Augustin se sépare ici de Plotin, qui affirme que l'âme découvre en elle-même la Beauté quand elle est elle-même devenue belle et divine (*Enn.* 1, 6 [1], 9).

L'expression *tangere Deum* (*In Ps.* 41, 7-8) peut surprendre, mais les développements précédents sur l'incapacité à atteindre une réalité intelligible par les sens corporels excluent toute compréhension charnelle. Le *Ser.* 52, 6, 16 lève l'équivoque, en affirmant que l'homme, qui « est parvenu par un certain contact spirituel (*spiritali quodam contactu*) à la lumière immuable, [...] n'a pas la force d'en supporter la vue, du fait de sa faiblesse ». Augustin ajoute, peu après, qu'il est impossible de saisir Dieu (« si tu as pu saisir, c'est que tu as saisi autre chose à la place de Dieu »). L'évocation de la *domus Dei* sur laquelle s'achève le § 8 préserve la transcendance divine, tout en affirmant la réalité de la relation de Dieu à l'âme : « La demeure de mon Dieu est là, au-dessus de mon âme ; c'est là qu'il habite, de là il me voit, de là il m'a créé, de là il me conseille, de là il prend soin de moi, de là il me stimule, de là il m'appelle, de là il me dirige, de là il me conduit, de là il me mène au but. »

671

ENARRATIONES IN PSALMOS

Le § 9 va plus loin encore, en précisant que le psalmiste est «parvenu jusqu'au secret de la maison de Dieu»: la tente désigne l'Église ici-bas, la maison de Dieu correspond à la fête éternelle liée à la contemplation de la face de Dieu. Le psalmiste fait donc, dès à présent, l'expérience de l'éternité: une expérience fugitive certes, mais réelle (cf. *Conf.* 9, 10, 25).

L'*In Ps.* 41 a donc bien des traits communs avec les autres textes dans lesquels Augustin décrit l'ascension vers Dieu en utilisant la dialectique des degrés. L'originalité majeure de l'*Enarratio* est sans aucun doute le développement consacré à l'Église dans le § 9 : aucun autre texte n'applique le schème ascensionnel *corpus/anima/Deus* à la considération du *tabernaculum Dei* qu'est l'Église ici-bas. On assiste à une forme de christianisation originale du schème plotinien.

BIBLIOGRAPHIE: P. Henry, *La vision d'Ostie. Sa place dans la vie et l'œuvre de saint Augustin*, Paris, 1938 ; A. Mandouze, *Saint Augustin. L'aventure de la raison et de la grâce*, Paris, 1968 ; S. Poque, «L'expression de l'anabase plotinienne dans la prédication de saint Augustin et ses sources», *Recherches augustiniennes*, 10, 1975, p. 187-215.   (IB)

13. La tente de l'Église (*In Ps.* 41, 9)

L'*In Ps.* 26, 2, 6 (*BA* 58/A, p. 46-49) explique bien la distinction entre *domus* et *tabernaculum*: «La maison *(domus)* désigne ce qui sera pour toujours notre demeure. On parle de maison dans notre pérégrination terrestre *(in ista peregrinatione)*, mais le terme propre est celui de tente *(tabernaculum)*; la tente est pour les voyageurs, pour les soldats en campagne, peut-on dire, pour ceux qui combattent l'ennemi. [...] Donc ici-bas est la tente, là-bas la maison.» Sur cette opposition, voir *BA* 57/A, n. c. 44; «Les divers sens de *tabernaculum*», § 3.

Augustin insiste sur la nécessité d'être dans la tente *(in tabernaculo)*, c'est-à-dire dans l'Église, pour chercher Dieu, car c'est là que se trouve la voie pour aller à Dieu; on ne peut que s'égarer en le cherchant *extra locum tabernaculi*. Cette

NOTES COMPLÉMENTAIRES

insistance est spécifique de l'*In Ps.* 41 : elle n'apparaît pas dans les textes parallèles qui décrivent une ascension vers Dieu selon la dialectique des degrés.

Pour ce sens ecclésial de *tabernaculum*, voir *Trin.* 1, 13, 31, *BA* 15, p. 180-181 : « "Sous la tente", c'est-à-dire dans la foi droite de l'Église catholique, "à l'abri des langues querelleuses", c'est-à-dire à l'abri des tromperies des hérétiques » ; *In Ps.* 30, 2, 3, 8, *BA* 58/A, p. 296-297 : « Mais toi, cours à la tente de Dieu, reste attaché à l'Église catholique, ne t'écarte pas de la règle de vérité, et tu seras protégé dans la tente contre la contradiction des langues. » L'exhortation à demeurer dans la tente, c'est-à-dire dans l'Église catholique, va donc de pair avec la mise en garde contre les schismatiques et hérétiques.

(IB)

14. Imiter la fourmi (*In Ps.* 41, 16)

En *C. Adim.* 24, Augustin relève la citation de Pr. 6, 6.8, telle qu'elle lui était transmise par Adimante qui la mettait en contradiction avec Mt 6, 34 : « Imite la fourmi et considère sa diligence : de l'été à l'hiver, elle s'amasse des provisions. » Comme le remarque A.-M. La Bonnardière (p. 135-136), Augustin traite le thème de la fourmi en *In Ps.* 41, 16 – tout comme en *Ser.* 38, 4, 6 et *In Ps.* 36, 2, 11 –, sans citer Pr 6 et même sans mentionner l'Écriture : il hérite apparemment « tout aussi bien d'une tradition de la sagesse populaire qu'il "christianise" que d'une influence scripturaire très précise ».

L'exemple de la fourmi est une invitation à recueillir les paroles de Dieu au temps de la tranquillité (c'est-à-dire l'été), afin de pouvoir traverser les tribulations (c'est-à-dire l'hiver). L'interprétation est similaire en *In Ps.* 36, 2, 11, en *In Ps.* 66, 3 et *Adn. Iob* 4, 11. En *In Ps.* 48, 1, 12, l'hiver symbolise le dernier jour, par opposition au temps présent.

Bibliographie : M.-P. Ciccarese, *Animali simbolici. Alle origini del bestiario cristiano, I (agnello-gufo)*, Bologna, 2002, p. 393-406 ; M. G. St. A. Jackson, « *Formica Dei* : Augustine's *Enarratio in Psalmum* 66.3 », *Vigiliae Christianae*, 40, 1986,

673

ENARRATIONES IN PSALMOS

p. 153-168 (l'auteur met en relation l'*In Ps.* 66, 3 avec des vers de Virgile et d'Horace) ; A.-M. La Bonnardière, *Le Livre des Proverbes*, Paris, 1975.   (IB)

15. Le recours au Ps 21 dans *In Ps.* 43

Il y a dans l'*Enarratio* 43 plusieurs renvois au Ps 21 : § 2 ; 3 ; 14. À première lecture, Augustin semble se référer à ce psaume comme il le fait souvent pour justifier l'affirmation qu'un psaume ou un verset peut être considéré comme une parole du Christ ou comme une parole des chrétiens, qui forment le Corps dont il est la Tête. Dans l'*Enarratio* 43, toutefois, le thème Tête/Corps n'est pas absent (§ 12: *membra deuorata* de l'Église ; § 14 ; § 22 : *Christum uere mortuum dormitionibus eorum* ; § 26 : *lapsi* rendus au Corps du Christ par la pénitence), mais il n'est pas central.

Augustin rapproche surtout les deux psaumes, parce que la question de fond posée dans le Ps 43 par le peuple de Dieu dans la tourmente lui paraît être la même que celle que pose Jésus sur la croix quand il reprend les mots du Ps 21, 2 : Pourquoi m'as-tu abandonné ? » De fait, l'évêque d'Hippone a expliqué dans l'*Enarratio* sur le Ps 21 que le Fils, qui est Dieu, ne saurait se plaindre d'être abandonné de Dieu ; de plus, il parle au v. 2 de « ses fautes », lui qui jamais n'en commit : tout cela prouve que le Christ s'exprimait dans le psaume au nom de son Corps.

Quare? « Tous ces événements ne sont pas arrivés sans motif, mais pour que l'on comprenne pourquoi ils sont arrivés. Qu'ils soient arrivés, la chose est manifeste ; mais pourquoi ils sont arrivés, la question doit être approfondie » (§ 2). La cause de la déréliction est comprise de la même façon dans les deux psaumes : elle doit orienter l'homme vers l'intelligence : *ad intellectum* dans le Ps 43, ou, selon la litote du Ps 21, 3, *non ad insipientiam.* L'idée est toujours la même : par l'épreuve, Dieu veut conduire l'homme à la sagesse (*In Ps.* 21, 2, 4 : *ad sapientiam* ; *Ep.* 140, 7, 19 : *ut sapiam* ; *Ep.* 140, 11, 28 et 24, 59 : *ut sapiamus* ; *In Ps.* 53, 5 : *ut intellegerem*). Cette sagesse

NOTES COMPLÉMENTAIRES

consiste à comprendre qu'il faut préférer, et demander à Dieu, les biens éternels plutôt que les biens temporels : *In Ps.* 21, 1, 3 ; *Ep.* 140, 24, 59 ; *In Ps.* 53, 5 ; 59, 7.

Dans *In Ps.* 43, 3, Augustin cite le Ps 21, 5-7 parce que le psalmiste évoque, des deux côtés, le contraste entre les temps anciens où Dieu sauvait les justes et le présent où il paraît les abandonner. Dans le Ps 43, toutefois, il n'insiste pas sur le scandale majeur qu'est l'abandon du Juste par excellence comme il le fait dans *In Ps.* 21, 2, 6 et l'*Ep.* 140, 7, 20, car dans ce psaume, c'est l'Église qui parle. Au § 14, les adversaires qui se raillent du psalmiste en hochant la tête sont rapprochés de ceux du Christ en sa Passion (Ps 21, 7-8) : ce qu'on a fait au Seigneur est également fait à ses saints. (MD)

16. L'usage biblique des temps (*In Ps. 43, 6*)

La difficulté de faire coïncider le système des temps de l'hébreu avec celui du latin et du grec entraîne souvent dans les textes bibliques des échanges entre le passé et le futur qui rendaient perplexes les anciens. Augustin est revenu de nombreuses fois sur la question. La justification qu'il donne (auprès de Dieu, le temps n'existe pas, et ce qui est futur pour nous peut être pour lui exprimé au passé, parce qu'il sait de façon certaine que cela adviendra : cf. *Ser.* 22, 1) est traditionnelle. On la trouve dès Justin (*1 Apol.* 41, 1-2, Ch. Munier, p. 88-89 ; *Dial.* 114, 1, Archambault, t. 2, p. 184-185) et Irénée (*Dem.* 67, *SC* 406, p. 178-179). Chez les Latins, Tertullien avait également développé l'idée (*Adu. Marc.* 3, 5, 2, *SC* 399, p. 72, 12-21). Augustin prend volontiers l'exemple du Ps 21 pour se faire comprendre sur le sujet : voir par exemple *Ser. Dom.* 1, 21, 72 : « figura praeteriti temporis ea quae uentura erant saepe cecinerunt », avec citation du Ps 21, 19 (« ils se sont partagé mes vêtements ») ; même exemple dans *In Ps.* 113, 1, 4, avec ce commentaire : « Bien qu'exprimée au passé *(uerbis praeteriti temporis)*, la phrase annonçait ce qui devait advenir bien plus tard et s'accomplir dans le futur lors de la Passion du Seigneur. » Voir aussi *Ser.* 22, 1 ; 362, 22, 25 ; *In Ioh.* 86,

675

ENARRATIONES IN PSALMOS

9; *In Ioh.* 105, 4; *BA* 74/B, n. c. 9, p. 452-453: «*Io* 15, 15 et l'une des lois du langage biblique: le passé à sens de futur» (M.-F. Berrouard). (MD)

17. La femme aux sept maris (Mt 22, 23-33) (*In Ps.* 43, 16)

Jusqu'à l'époque du *Contre Fauste*, Augustin n'utilise de cette controverse de Jésus avec les sadducéens que le v. 22: «Ils seront comme les anges du ciel.» Le verset est cité à propos de la vie éternelle bienheureuse (*Fid. symb.* 6, 13; *Ser. Dom.* 2, 6, 20), pour évoquer la différence du corps ressuscité avec notre corps actuel (*Ver. rel.* 44, 82; *C. Adim.* 12, 4) et la disparition des liens familiaux temporels dans une vie où il n'y aura plus ni naissance ni mort (*Ser. Dom.* 1, 15, 40). À l'époque de la lutte contre les idées pélagiennes, l'accent sera mis sur la disparition de la concupiscence, suggérée par l'affirmation qu'on «ne prendra plus ni femme ni mari» (*Ser.* 319, 7; *C. Iul. imp.* 6, 30). En dehors d'une rapide interprétation figurée du passage qui sera sans lendemain, où les sept frères morts sans enfants représentent les impies (*Quaest. eu.* 1, 32), Augustin en reste à une interprétation littérale de la péricope. Son exégèse est sans rapport avec celle d'Ambroise, pour qui la femme figure la Synagogue (AMBR. *In Luc.* 9, 37-39, SC 52, p. 154-155).

Le contexte, avec la question ironique des sadducéens sur la femme aux sept maris, ne commence à faire son apparition que dans le *Contre Fauste* (19, 31), pour mettre en relief la continuité de l'Évangile avec l'Ancien Testament, où les prophètes avaient déjà annoncé la résurrection des corps. Quatre homélies ont traité l'épisode de façon plus détaillée: *Ser.* 362, 15, 18; *In Ps.* 43, 16; *In Ps.* 65, 1; *Ser. Lambot* 22, 2 (= 335L). Toutes ont les quatre mêmes caractéristiques: Augustin y rappelle que les sadducéens ne croyaient pas à la résurrection; il affirme que la question de la femme aux sept maris embarrassait les Juifs, ce que le texte biblique ne précise pas; il explique cet embarras de la même façon: ils se faisaient de la résurrection une idée charnelle, espérant retrouver dans

NOTES COMPLÉMENTAIRES

l'autre monde les plaisirs dont ils avaient joui dans celui-ci ; la difficulté est tranchée par le Christ par le propos des v. 29-30, intégralement cités. Le *Ser. Lambot* 22, 2 occupe une place à part dans la série. Il se distingue par un texte biblique qui est celui de la Vulgate (sans *nec enim incipient mori*, et avec *sicut angeli*), et par l'absence d'une formule qui est dans les trois autres prédications : là où personne ne décède, il n'est pas besoin de se reproduire pour trouver quelqu'un qui nous succède *(decessor/successor)*.

In Ps. 43, 16 est très proche du *Ser.* 362, 15, 18, que F. Dolbeau date de décembre 403 *(Vingt-six sermons…,* p. 428-430). L'*Enarratio* n'est pas non plus très éloignée d'*In Ps.* 65, 1, qui, pour le même auteur est datable de la même période, parce qu'Augustin y fait mention d'un *aduentus* d'Honorius à Rome qui est probablement celui de l'automne 403 *(ibid.,* p. 246). Mais P.-M. Hombert *(Nouvelles recherches…,* p. 611-615) a proposé la date de 412, et H. Müller *(Eine Psalmenpredigt über die Auferstehung. Augustinus, Enarratio in Psalmum 65. Einleitung, Text, Übersetzung und textkritischen Kommentar,* Vienne, 1997, p. 13-16) plaçait cette *Enarratio* sûrement après 403, peut-être en 408-409, sans exclure totalement une date postérieure à 412. (MD)

18. « Pour ce qui sera changé » (*In Ps.* 44, 1)

La mention « Sur les lis » figure dans le titre hébreu de quatre psaumes : 44 (45), 59 (60), 68 (69) et 79 (80), ainsi que chez Aquila et Théodotion (Symmaque a « pour les fleurs »). Mais chaque fois la LXX porte à la place ὑπὲρ τῶν ἀλλοιωθησομένων (ou τοῖς ἀλλοιωθησομένοις), que les versions latines ont traduit par *pro his qui commutabuntur* (« pour ceux qui seront changés »), bien que quelques psautiers, dont celui de Vérone, aient la leçon *pro his quae commutabuntur* (« pour ce qui sera changé ») qui est aussi celle d'Augustin, mais pour le seul Ps 44 (45).

L'interprétation de la différence entre le TM et la LXX s'inscrit dans le cadre plus vaste du sens à donner aux

677

ENARRATIONES IN PSALMOS

nombreuses divergences entre les titres hébreux et grecs des psaumes. C'est un sujet difficile où seuls les spécialistes aguerris peuvent s'aventurer, d'autant que les désaccords entre eux sont notables. C'est le cas en particulier de G. Dorival et de O. Munnich. Le premier défend en effet l'idée que le texte des LXX traduit fidèlement un texte hébreu que les rabbins des premiers siècles ont volontairement modifié pour contrer les interprétations chrétiennes. Mais O. Munnich l'a contredit, avant d'être à son tour réfuté par G. Dorival. Les deux auteurs semblent avoir de solides arguments.

En ce qui concerne le titre du Ps 44, G. Dorival y a vu un argument en faveur de sa thèse. La modification du texte hébreu original viserait, de la part des Sages, à contrer l'interprétation patristique du Ps 44 qui attribue le «changement» à l'action salvatrice du Christ (cf. G. Dorival, 2009, p. 162-163). Le midrash explique d'ailleurs que les fils de Koré ont été *changés* en prophètes, à la suite de leur repentir. Mais O. Munnich (p. 370) lui a répondu, entre autres choses, que la lecture des LXX procédait d'une segmentation erronée d'un mot hébreu et que la *lectio difficilior* « Sur les lis » était à garder, malgré la tradition midrashique. Par la suite, G. Dorival a reconnu que son interprétation était peut-être moins sûre qu'il ne l'avait dit (cf. G. Dorival, 2011, p. 376).

Il se pourrait d'ailleurs que le texte hébreu primitif ait été changé, indépendamment d'une volonté antichrétienne. J. Tournay (art. cit., p. 437) se demande en effet si le titre « Sur les lis » n'est pas effectivement le résultat d'une relecture. Le titre primitif aurait été «contre ceux qui changent, ou altèrent *(šonîm)*, le témoignage», c'est-à-dire la Loi. Le titre concernerait alors la lamentation nationale qui précède (Ps 43) et daterait de l'époque maccabéenne. 1 Mac 1, 49 dit en effet : «oubliant la loi et *altérant* toutes ses observances». Le titre aurait été ensuite vocalisé «sur les lis» en rattachant le *š* relatif initial au participe. Et Tournay d'ajouter que cette lecture a pu être suggérée par la mention des parfums au v. 9.

NOTES COMPLÉMENTAIRES

Quoi qu'il en soit, le texte de la LXX et sa traduction latine ont été interprétés dans un sens chrétien par les Pères. Pour Origène, qui traite de l'expression «pour ceux qui seront changés» en évoquant simultanément les quatre psaumes où elle figure, les mots désignent à l'avance le changement qui arrivera par le Christ et ceux qui embrasseront son enseignement, comme le confirme le sens général du Ps 44 qui évoque l'Église qui sortira des nations et se tournera vers Dieu (*Sel. in Ps. Praef.*, *PG* 12, 1064 B). Eusèbe voit aussi dans l'expression une annonce prophétique, celle de l'incarnation où le Fils de Dieu change de condition et passe de la *forma Dei* à la *forma serui*, et celle du changement que les hommes connaîtront en passant de l'esclavage du diable à la liberté (*In Ps.* 45, 1, *PG* 23, 392 B). Didyme fournit une très longue explication du «changement», y voyant également celui que connaît le Fils de Dieu en s'incarnant, en devenant pauvre (cf. 2 Co 8, 9), péché et malédiction (cf. 2 Co 5, 21; Ga 3, 13), mais aussi le changement des fidèles qui accèdent à la sagesse et à la sainteté, et celui de la transformation eschatologique des corps (*In Ps.* 44, 1 ; M. Gronewald, *Psalmenkommentar*, t. 5, p. 326-330). De son côté, Basile explique d'abord longuement que le changement est le propre de l'homme, créature muable dans son corps et son esprit, avant de noter que l'expression au futur désigne le changement dernier, lors de la résurrection, mais qu'elle concerne aussi ceux qui, dès maintenant, progressent toujours vers le mieux et la vertu (*In Ps.* 44, 1, *PG* 29, 388-389). Dans son ouvrage *Sur les titres des psaumes*, Grégoire de Nysse rappelle aussi que le changement ne peut concerner que les humains, et le comprend du changement spirituel que connaît le chrétien. À la fin de son explication globale des quatre *tituli*, il opte en fait pour une harmonisation allégorique des différents textes, hébreu et grec: «L'enseignement relatif au changement peut nous être encore plus clair si nous suivons le reste des traducteurs: l'un a ajouté au texte, au lieu de changement, "au sujet des fleurs",

ENARRATIONES IN PSALMOS

un autre "au sujet des lis". La fleur désigne la transformation de l'hiver en printemps, ce qui signifie le passage du vice à la vie vertueuse. L'aspect du lis traduit ce à quoi doit aboutir le changement. Car on voit bien que celui qui devient, en changeant, éclatant, échange son aspect noir et sombre contre une forme éclatante et blanche comme neige. Ainsi, quel que soit le titre auquel la mention "au sujet de ceux qui seront changés" est ajoutée, il faut, je crois, recevoir de la parole le conseil de devoir constamment, par la prière et le soin donné à sa vie, acquérir le changement vers le mieux» (*Titul.* 4, 34, *SC* 466, p. 295-297). De son côté, Jean Chrysostome dit que le psaume «a été écrit en vue du Christ, car le titre porte : "Pour le bien-aimé" et "pour ceux qui seront changés". En effet, le Christ est pour nous l'auteur d'un grand changement, d'une transformation et d'un état nouveau. C'est ce changement que saint Paul évoque lorsqu'il dit : "Si donc quelqu'un est en Christ, il est une créature nouvelle"» (*In Ps.* 44, 1, *PG* 55, 183 A-B). Théodoret de Cyr donne aussi une interprétation chrétienne du titre en parlant du changement que le baptême a apporté aux nations. Il évoque rapidement les traductions de Symmaque et Aquila et se rapproche de Grégoire de Nysse en notant, à l'aide de la prophétie d'Is 35, 1, que le Sauveur a «changé» le désert en prairie où fleurit le lis (*In Ps.* 44, 1, *PG* 80, 1188 A). Chez les Latins, Hilaire, qui mentionne les mots «in finem», leur donne un sens prophétique, et entend «ceux qui seront changés» de «ceux qui, cessant d'être impies et pécheurs, se tourneront vers la religion et mèneront une vie pure, en renonçant aux péchés de la Synagogue pour recevoir la grâce donnée dans l'Église» (*In Ps.* 59, 2, *SC* 565, p. 281). Quant à Jérôme, qui cite aussi les mots «in finem», il voit dans le titre psalmique, comme tous ses prédécesseurs, l'annonce du changement du vieil homme en homme nouveau et de la transformation eschatologique des fidèles (*Ep.* 45, 4, Labourt, t. 2, p. 144 ; cf. aussi *In Is.* 14 [51, 6], *CCL* 73A, p. 562).

Augustin s'inscrit donc dans une longue tradition. Mais s'il reprend le thème commun du changement de l'homme

NOTES COMPLÉMENTAIRES

ancien en homme nouveau, il est le seul, semble-t-il, a référer le titre du psaume au changement historique qu'a été la conversion du monde antique, l'abandon du paganisme, les temples déserts et les églises pleines. Il est d'ailleurs possible que cette interprétation lui ait été suggérée par le neutre *quae* du Ps 44, 1 de son psautier : « les choses » qui seront changées, c'est-à-dire l'ancien ordre du monde. Dans l'*In Ps.* 59, 2, il se réfère à un enseignement déjà donné : « Vous savez quels sont ceux qui seront changés », et note qu'il s'agit de « ceux qui passent de la vie ancienne à la vie nouvelle », en insistant sur le rôle de la Croix du Christ. De même, dans l'*In Ps.* 68, 1, 2, le changement est un changement « en mieux », dû à la passion du Christ et à la grâce de Dieu, non à notre justice. Dans l'*In Ps.* 79, 1, il se contente de noter une nouvelle fois qu'il s'agit d'un changement en mieux grâce au Christ venu « ut immutet in melius ».

BIBLIOGRAPHIE : Sur les *tituli psalmorum* hébreux et grecs : J. TOURNAY, « Les Psaumes », *Revue biblique*, 75, 1968, p. 433-439 ; G. DORIVAL, « À propos de quelques titres grecs des Psaumes », dans *Cahiers de Biblia Patristica* 4, Strasbourg, 1993, p. 21-36 ; ID., « Autour des titres des Psaumes », *Revue des sciences religieuses*, 73, 1999, p. 165-176 ; « Septante et texte massorétique. Le cas des psaumes », dans *Basel Congress Volume*, A. Lemaire (éd.), Leiden, 2002, p. 139-161 ; ID., « Les titres des psaumes en hébreu et en grec : les écarts quantitatifs », dans *L'Écrit et l'Esprit. Études d'histoire du texte et de théologie biblique en hommage à Adrian Schenker*, D. Böhler, I. Himbaza et P. Hugo (éd.), Fribourg-Göttingen, 2005, p. 58-70 ; ID., « "Au sujet de ceux qui seront faits autres" ou "Sur les lis" ? : à propos des titres des Ps 44 ; 59 ; 68 et 79 », dans *Florilegium Lovaniense: Studies in Septuagint and textual criticism in honour of Florentino García Martínez*, H. Ausloos – B. Lemmelijn – M. Vervenne (éd.), Leuven-Paris-Dudley (Mass.), 2008, p. 183-199 ; ID., « Neuf propositions pour l'étude des titres des psaumes », dans *La Septante en France et en Allemagne. Septuaginta Deutsch und Bible d'Alexandrie*,

ENARRATIONES IN PSALMOS

W. Kraus et O. Munnich (éd.), Fribourg-Göttingen, 2009, p. 149-171 ; Id., «Les Sages ont-ils retouché certains titres des Psaumes?», *Vetus Testamentum*, 61, 2011, p. 374-387 ; O. Munnich, «L'étude des titres des Psaumes. Questions de méthode», *Vetus Testamentum*, 61, 2011, p. 360-373. (PMH)

19. L'interprétation patristique et augustinienne du Ps 44, 2

La question que pose Augustin à propos du v. 2 : «Qui parle, le Père ou le prophète?», n'est pas rhétorique, mais fait allusion à l'interprétation du verset dans l'Église ancienne et aux débats qu'elle a suscités.

Si l'on s'en tient aux textes en notre possession, c'est Justin qui fournit la première interprétation christologique du Ps 44, à la suite de l'épître aux Hébreux 1, 8-9. Dans le *Dialogue avec Tryphon* (ch. 38), il cite le Psaume en entier pour appuyer sa démonstration du caractère prophétique du psautier et de la divinité du Christ. Plus loin, au ch. 56, il s'attache au v. 7-8 pour prouver que l'Écriture atteste qu'à côté de Dieu existe le Verbe, «autre par le nombre» que le Père, et au ch. 63, il cite les v. 7-13 pour affirmer de nouveau la divinité du Christ. Mais les gnostiques faisaient aussi un large usage du Ps 44, en particulier du v. 2. Irénée écrit en effet à l'adresse des Valentiniens: «La prolation d'un verbe humain par le moyen de la langue, vous l'appliquez telle quelle au Verbe de Dieu» (*Haer.* 2, 28, 5, *SC* 294, p. 282), et Origène reprochera aux gnostiques de se référer «sans cesse» au Ps 44, 2 en pensant que le Fils de Dieu «est une expression du Père qui se trouve, pour ainsi dire, dans des syllabes» (*In Ioh.* 1, 151, *SC* 120, p. 136).

Le témoignage d'Origène est des plus intéressants, car il révèle les embarras de l'Alexandrin face aux interprétations gnostiques. Il reproche en effet à ces derniers de mal comprendre le verset et d'en tirer une conception erronée de la génération du Verbe réduite à une «prolation». Mais il sait que dans la Grande Église le verset est référé à la génération

682

NOTES COMPLÉMENTAIRES

du Fils et qu'il est utilisé par les auteurs en train d'élaborer la « théologie du Logos », c'est-à-dire une christologie affirmant explicitement que le Verbe est réellement engendré par le Père, distinct du Père, et qu'il subsiste en propre. Sur cette théologie du Logos et son utilisation du Ps 44, 2, voir TERT. *Adu. Herm.* 18, 6, *SC* 439, p. 128 ; *Adu. Prax.* 7, 1 ; 11, 2, *CCL* 2, p. 1165, 1171 ; *Adu. Marc.* 2, 4, 1, *SC* 368, p. 34 ; 4, 14, 1, *SC* 456, p. 174 ; HIPP. *Ben.* 26, *PO* 27, p. 110, 1-4 ; NOVAT. *Trin.* 15, 6, *CCL* 4, p. 37, 47-51 ; VICT. *Fabr.* 7, *SC* 423, p. 144.

Origène lui-même en est un fervent partisan de cette doctrine et, s'il reconnaît qu'« il est sans doute impossible au premier venu de comprendre qu'une parole prononcée soit un fils » (*In Ioh.* 1, 151, *SC* 120, p. 136), il défend l'idée que c'est le Père qui parle. Mais il le fait avec une certaine retenue : « Admettons que c'est le Père qui dit cela » (*In Ioh.* 1, 280, p. 200). Il semble craindre en effet de donner des gages aux gnostiques et d'encourager les représentations anthropomorphiques. Il faut interpréter le mot « cœur » appliqué à Dieu « de manière digne », dit-il, « comme la puissance de son intelligence et son pouvoir de diriger l'univers, et sa "parole" comme le messager de ce qui est dans ce cœur ». Et d'expliquer ensuite : « Nous avons dit cela pour nous rallier à l'interprétation courante et recevoir ainsi comme venant du Père la phrase : "Mon cœur a exhalé une bonne parole." » Cependant, il ajoute aussitôt : « Mais il ne faut pas leur céder entièrement comme si, de l'aveu de tous, ces mots étaient prononcés par Dieu. C'est pourquoi, ne serait-ce pas le prophète, rempli d'esprit et proférant la bonne parole de la prophétie au sujet du Christ, qui, incapable de la retenir, dit : "Mon cœur a exhalé une bonne parole." [...] En effet, si ces paroles venaient du Père, comment, après avoir dit : "La grâce est répandue sur tes lèvres", aurait-il ajouté : "C'est pourquoi Dieu t'a béni pour toujours" et, un peu plus loin : "C'est pourquoi, Dieu, ton Dieu t'a oint d'une huile de joie plutôt que tes compagnons." » Se montrant conciliant il conclut que, dans les psaumes, « il

ENARRATIONES IN PSALMOS

se trouve souvent des changements de personnages» (*ibid.*, 1, 284-286, p. 200-204). Mais dans un *Fragm. in Ps.* 44, *PG* 12, 1428 C, il préfère s'en tenir à David comme sujet du v. 2, car si c'était le Père qui s'adressait au Fils, celui-ci serait «ignorant et postérieur aux œuvres». La même opinion figure dans le fragment sur le Ps 44 du manuscrit de Vienne: «Celui qui se nourrit du pain de la raison, et qui en emplit son âme, profère dans son cœur une bonne parole» (éd. R. Cadiou, *Commentaires inédits des Psaumes*, p. 77). La position d'Origène se retrouve chez Eusèbe, *In Ps.* 44, 1, *PG* 23, 393 B : «Certains pensent que ce psaume ou cantique a été dit par le Père à propos du Verbe qui était au commencement auprès de lui et qu'il a produit comme de son cœur ou de ses entrailles, et que de son cœur bon est sorti une Parole bonne. Mais il me semble qu'il faut attribuer ces mots au prophète, car ce qui suit ne présente pas une explication aussi claire si on la rapporte au Père.» Basile (Bas. *In Ps.* 44, 3, *PG* 29, 392 D-393 A) le recopie textuellement, et Épiphane (Epiph. *Pan.* 72, 2, 8, *GCS* 37, p. 258, 1-4) attribue aussi le v. 2 à David. Jérôme les suit en écrivant: «Certains, avec plus de superstition que de vérité et perdant de vue le texte du Psaume, pensent qu'il faut comprendre qu'il s'agit en ce passage de la personne du Père» (Hier. *Ep.* 21, 26, Labourt, t. 1, p. 99), de même que Diodore de Tarse, qui comprend le verset comme étant la parole du psalmiste qui va chanter son poème (son «œuvre»: v. 2b) en l'honneur du roi (Diod. *In Ps.* 44, 2a, *CCG* 6, p. 269), et Théodore de Mopsueste (Theod. Mops. *In Ps.* 44, 2a, Devreesse, p. 278-279).

Mais la controverse arienne imposera de nouveau l'attribution du verset au Père, d'autant plus qu'Arius avait raillé les «hérétiques ignorants qui disent les uns que le Fils est une éructation (ἐρυγή), les autres une prolation, les autres un coinengendré» (Arius, *Ep. Euseb.* 3, H.-G. Opitz, *Athanasius Werke* 3, 1, p. 2; E. Boularand, *L'hérésie d'Arius et la «foi» de Nicée*, Paris, 1972, t. 1, p. 43-45). Ainsi en est-il chez Alex. A. *Epist. encycl.* 4; Athan. *C. Ar.* 2, 57; 3, 59; 3, 67; 4, 10, 132,

684

NOTES COMPLÉMENTAIRES

PG 26, 208 C ; 448 B ; *Decr. Nic. Syn.* 21, *PG* 26, 453 C ; *Sent. Dionysii* 2, *PG* 25, 481 A; Greg. Nyss. *Adu. Ar. Sab.* 9, *PG* 45, 1295 ; Mar. Vict. *Cand.* 26, *SC* 68, p. 164 ; Greg. I. *Fid.* 24-25, *CCL* 69, p. 226 ; Phoeb. *C. Ar.* 11, *CCL* 64, p. 36 ; Ambr. *Fid.* 1, 19, 126 ; 2, 2, 29 ; 4, 10, 132, *CSEL* 78, p. 53 ; 66 ; 204 ; Ps. Aug. *Sol.* 1 ; 29, *CCL* 90, p. 150 ; 173. Sur l'interprétation du v. 2 au temps de la controverse arienne, voir E. Grünbeck, *Christologische Schriftargumentation und Bildersprache: zum Konflikt zwischen Metapherninterpretation und dogmatischen Schriftbeweistraditionen in der patristischen Auslegung des 44. (45.) Psalms*, Leiden, 1994, p. 127-158.

Dans cette exégèse antiarienne, les Pères rapprochent souvent le Ps 44, 2 (le Verbe jaillit du «cœur» du Père) du Ps 109, 3 (le Fils est engendré «du sein» du Père»), pour affirmer d'une part que le Verbe est de la même nature du Père, parce que le Père est la source et la racine du Fils et que celui-ci ne vient pas «ex nihilo», comme le disait Arius, ni du dehors *(foris)*, mais du dedans même du Père *(intus)* – ce que signifient précisément les mots «cœur» et «sein» –, et d'autre part que ces mots doivent s'entendre de manière métaphorique et non «charnelle».

Pour Augustin aussi le mot «cœur» a une signification spirituelle, et le prédicateur s'en sert pour élever ses auditeurs à la compréhension de la génération spirituelle du Verbe. Il exploite également l'expression *uerbum bonum* du v. 2 pour rappeler une doctrine qui lui est chère : celle du Verbe créateur de toutes les choses bonnes de l'univers, et pour confirmer la divinité du Christ, car si «Dieu seul est bon» (Mt 19, 17), et que le Christ est le *uerbum bonum*, c'est qu'il est Dieu. Il est probable qu'il doit cette interprétation trinitaire du v. 2 à sa lecture de Tertullien *(Prax.)*, ainsi qu'à des sources orales qui ont pu lui transmettre la doctrine origénienne, en particulier au temps de son séjour milanais. Mais là où son interprétation du Ps 44 est originale, c'est qu'elle étend cette exégèse trinitaire à l'ensemble du v. 2. Quelques auteurs latins avaient bien attribué le v. 2b («Je dirai mes œuvres au roi») au

685

ENARRATIONES IN PSALMOS

Père qui s'adresse à son Verbe, afin que celui-ci accomplisse l'œuvre de la création (cf. NOVAT. *Trin.* 13, 1, *CCL* 4, p. 32, 5-7; 17, 2-3, p. 42, 6-18; LACT. *Inst.* 4, 8, 14, *SC* 377, p. 80; GREG. I. *Fid.* 24, *CCL* 69, p. 226). Mais ils étaient rares, et personne n'avait fait de même pour le v. 2c. Or Augustin s'y risque dans notre *Enarratio*. C'est encore le Père qui s'exprime dans la phrase «Ma langue est aussi rapide que la plume du scribe». Cette interprétation n'a pas, à notre connaissance, d'équivalent chez les Pères, ni même ailleurs chez l'évêque d'Hippone. Elle s'explique sans doute par la volonté de respecter une certaine cohérence dans la prosopologie en évitant les brusques changements de personnes à l'intérieur d'un même verset. Elle révèle aussi la prédilection d'Augustin pour parler du mystère trinitaire et du Verbe comme «diction» du Père (voir les notes de bas de page sur les § 5-6). On peut même se demander si, dans l'esprit d'Augustin, le v. 3a, au § 7, n'est pas encore dit par le Père. Il ne le précise pas, mais ce n'est qu'au § 8, avec le v. 3b («C'est pourquoi Dieu t'a béni pour l'éternité») qu'il notera un «changement de personnes» *(mutatio personarum)* et dira explicitement que désormais c'est le prophète qui parle. (PMH)

20. «La nourriture des doux» (*In Ps.* 44, 3)

L'expression «nourriture des doux» *(cibaria mansuetorum)* est unique, et elle étonne de prime abord. Elle procède en fait d'une accumulation d'images: la mangeoire *(praesepium)* qui recevait la nourriture des animaux et dans laquelle le Christ fut couché à sa naissance (cf. Lc 2, 7); les animaux (le bœuf et l'âne) qui ont «reconnu» leur Maître (cf. Is 1, 3), et par là sont la figure des humbles et des doux qui confessent le Christ dans son abaissement; l'âne, symbole particulier de docilité (de douceur) – cf. Za 9, 9; Mt 21, 5 –, et image du fidèle qui accepte d'être la monture du Christ. Cf. *In Ps.* 126, 11: «Notre Seigneur Jésus Christ, ayant voulu devenir notre nourriture, a été déposé à sa naissance dans une mangeoire: *Le bœuf a reconnu son possesseur et l'âne la mangeoire de son maître* (Is 1,

NOTES COMPLÉMENTAIRES

3) » ; *Ser.* 189, 2, 4 : « *Le bœuf a reconnu son possesseur et l'âne la mangeoire de son maître*. Ne rougis pas d'être un animal pour Dieu : tu porteras le Christ et tu ne t'égareras pas. Marche sur la route : il est assis sur toi » ; *Ser.* 190, 3, 3 : « Le prince est annoncé aux bergers, lui le pasteur des pasteurs, et il repose dans la mangeoire pour être la nourriture des animaux fidèles. Le prophète l'avait prédit : *Le bœuf a reconnu son possesseur et l'âne la mangeoire de son maître*. C'est pourquoi il s'est assis sur un ânon quand il entra dans Jérusalem aux acclamations de la foule qui le précédait et le suivait. Reconnaissons-le nous aussi, approchons de la mangeoire, prenons la nourriture, portons le Seigneur et le guide. » L'expression *cibaria mansuetorum* est reprise dans Ps. Aug. *Ser.* 128, 5 qui démarque l'*In Ps.* 44, 3 (cf. l'édition critique de R. Étaix, *Revue des études augustiniennes*, 26, 1980, p. 85, l. 6).   (PMH)

21. Le problème textuel du Ps 44, 8b

À propos de la phrase *Dieu ton Dieu t'a oint*, Augustin écrit : « En latin, on a l'impression que le substantif est répété au même cas ; mais en grec, il y a une distinction évidente *(euidentissima distinctio)*, parce que l'un des substantifs est un vocatif et l'autre un nominatif. » Mais ce qu'il dit est faux, car, dans la LXX, le v. 8b est : ἐπὶ τούτῳ ἤλειψέν σε, ὁ θεός, ὁ θεός σου ἔλαιον χαρᾶς. Le propos d'Augustin étonne. Aquila a bien un vocatif, mais au v. 7a (« Ton trône, Dieu, pour les siècles ») : ὁ θρόνος σου, θεέ, εἰς τὸν αἰῶνα τοῦ αἰῶνος, alors que la LXX a un nominatif : ὁ θρόνος σου, ὁ θεός, εἰς τὸν αἰῶνα τοῦ αἰῶνος. Mais au v. 8b, le même Aquila n'emploie plus le vocatif et a le même texte que la LXX (cf. F. Field, *Origenis Hexapla*, Hildesheim, 1964, t. 2, p. 163), ce qui étonnera Eus. *In Ps.* 44, 8, *PG* 23, 401 A, et Hier. *Ep.* 65, 13, Labourt, t. 1, p. 155. Il reste vrai cependant que Eus. *Dem.* 4, 15, *GCS* 23, p. 182, 31-183, 19, s'évertue à montrer qu'au v. 8b aussi il faut entendre un vocatif. Mais Augustin, qui ne mentionne Aquila que deux fois dans des textes tardifs (*Quaest. Hept.* 4, 52 et *Ciu.* 15, 23),

687

ENARRATIONES IN PSALMOS

n'a certainement aucune connaissance directe de la traduction du v. 7b par Aquila – traduction qu'il aurait pu reporter sur le v. 8b, comme le fait Eusèbe. Il est peu vraisemblable aussi qu'il ait lu un texte grec où figure θεέ, même en note marginale, vu que cette variante est totalement inconnue de la tradition manuscrite de la LXX, d'après l'édition de A. Rahlfs, *Septuaginta. Vetus Testamentum graecum, X. Psalmi cum Odis*, Göttingen, 1979.

Peut-être a-t-il simplement lu l'*Ep.* 65 de Jérôme et s'est-il souvenu de ce que celui-ci écrit : « Dans la phrase "ô Dieu, ton Dieu t'a oint", le premier "Dieu" doit être compris au vocatif, le second au nominatif » (§ 13). On peut évidemment admettre qu'Augustin ne désirait pas s'engager dans des considérations trop savantes dans une homélie, mais il est plus probable qu'il n'avait qu'une connaissance indirecte de cette question. Sur un verset dont le contenu théologique était important, une source orale n'est d'ailleurs pas impossible. Pour lui, l'essentiel est d'empêcher toute lecture du verset qui verrait dans le premier « Dieu » le sujet de l'action (et dans le second, un simple redoublement du sujet), alors qu'à ses yeux et aux yeux de quasiment tous les Pères, le verset affirme la pleine divinité du Christ à qui on s'adresse en le qualifiant précisément de « Dieu ». Sur la question disputée de savoir si l'hébreu אלהים et le grec ὁ θεός (souvent compris par les modernes, à l'instar des Pères, comme un équivalent de θεέ et traduit en conséquence par un vocatif : *c'est pourquoi, ô Dieu*) peuvent être lus comme des nominatifs ou des vocatifs, voir G. J. Steyn, « The *Vorlage* of Psalm 45, 6-7 (44, 7-8) in Hebrews 1, 8-9 », *Hervormde Theologiese Studies*, 60, 2004, p. 1093 (bibliographie sur les *scholars* pour et contre). (PMH)

22. L'onction du Christ (*In Ps.* 44, 19)

Dans l'*In Ps.* 44, 19, Augustin répète à quatre reprises que « Dieu est oint par Dieu ». La phrase mérite qu'on s'y arrête, d'autant que le v. 8 sur lequel il s'appuie est celui qui, de tout

NOTES COMPLÉMENTAIRES

le psaume, est le plus cité par lui-même et par les Pères, et qu'il a suscité bien des controverses.

Rappelons d'abord que les v. 7-8 sont utilisés pour affirmer la divinité du Christ dès la Lettre aux Hébreux (He 1, 8-9). Très vite, à l'instar du v. 2 («Mon cœur a fait jaillir une bonne parole»), compris par beaucoup comme parlant de la génération du Fils qui est vraiment Dieu, le v. 8, avec en particulier l'interpellation «Dieu» dans l'expression «Dieu, ton Dieu t'a oint» (cf. la note complémentaire précédente), sera un argument de choix pour prouver la divinité du Christ et réfuter le modalisme. Cf. JUST. *Dial.* 56, 14 ; 63, 4-5 (Bobichon, p. 330, 354) ; IREN. *Haer.* 3, 6, 1, *SC* 211, p. 66 ; *Dem.* 47, *SC* 406, p. 152 ; TERT. *Adu. Prax.* 13, 1-2, *CCL* 2, p. 1174 ; CYPR. *Quir.* 2, 6, *CCL* 3, p. 36.

Origène tient des propos similaires (ORIG. *C. Cels.* 1, 56, *SC* 132, p. 228-230), mais introduit également une lecture du verset qui ne sera pas sans conséquence sur la doctrine arienne. Il voit en effet dans le v. 8a («Tu as aimé la justice et détesté l'iniquité») le choix vertueux posé par l'âme créée à laquelle le Verbe va s'unir, et dans l'onction la conséquence ou la récompense de ce choix méritoire: «*C'est pourquoi Dieu t'a oint.*» Voir ORIG. *Princ.* 2, 6, 4, *SC* 252, p. 316-317. Naturellement, Origène n'en professe pas moins l'union substantielle du Verbe et de cette âme (qui fut dès lors aussi sans le moindre péché). Et c'est là précisément l'onction qu'elle a reçue: «Cette âme est ointe de l'huile de joie, c'est-à-dire de la Parole de Dieu et de sa Sagesse, d'une autre manière que ses participants, les saints prophètes et apôtres. De ceux-ci on dit qu'ils ont couru dans l'odeur de ses parfums, mais cette âme fut le vase contenant le parfum lui-même: tous les prophètes et les apôtres devenaient dignes de participer à sa bonne odeur. Autre est l'odeur du parfum, autre sa substance ; ainsi autre est le Christ, autres ses participants» (*Princ.* 2, 6, 6, *SC* 252, p. 323) ; cf. aussi *Princ.* 4, 4, 4, *SC* 268, p. 411. Le *Commentaire sur saint Jean* développe aussi l'idée de l'onction

689

ENARRATIONES IN PSALMOS

comme récompense, mais précise davantage que celui qui en bénéficie c'est l'homme Jésus qui devient ainsi « Christos » : « D'après le Psaume 44, celui qui a aimé la justice et haï l'injustice plus que ses compagnons a, par cette recherche de la justice et cette haine de l'injustice, mérité l'onction : il n'a donc pas reçu avec l'être une onction dont l'existence et l'origine en soient inséparable. Or l'onction est, chez les créatures, un signe de royauté et, parfois, de sacerdoce. Mais la royauté du Fils de Dieu lui serait-elle venue après coup au lieu d'être innée ? Comment serait-il possible que le premier-né de toute créature se soit pas roi tout d'abord, mais le devienne par la suite, parce qu'il a aimé la justice – alors qu'il est la justice ? Mais peut-être ne prenons-nous pas garde que l'homme en lui c'est le Christ, si on le considère dans son âme qui, à cause de son humanité a ressenti trouble et affliction – et qu'il est roi selon la divinité » (*In Ioh.* 1, 191-192, *SC* 120, p. 155-157).

Il convenait de s'arrêter sur Origène, car son exégèse du Ps 44, 8 est au point de départ d'interprétations qui vont désormais s'affronter. D'une part, en effet, Arius et les ariens, reprenant le thème origénien du libre choix et du « mérite » du Christ (mais en l'appliquant à sa vie ici-bas, alors que chez Origène, il s'agissait de l'âme préexistante du Christ), vont utiliser le Ps 44, 8 pour affirmer la mutabilité du Christ, donc sa non-divinité, ainsi que son élévation au rang de « Fils et Dieu » par l'onction qu'il reçoit comme prix de ses œuvres. Athanase en témoigne, de même qu'Hilaire de Poitiers et Cyrille d'Alexandrie. Cf. ATHAN. *C. Ar.* 1, 37.49.51, *PG* 26, 88 C ; 113 A-B ; 117 B ; HIL. *Trin.* 11, 19, *SC* 462, p. 431-433 ; CYR. A. (?) *Thesaurus,* assert. 13, *PG* 75, 213 A-B. Mais en face, l'idée que c'est l'humanité du Christ qui est ointe va être de plus en plus développée par les nicéens. Elle n'était pas absente auparavant, car on la trouve clairement chez Irénée (cf. la note de A. Rousseau, *SC* 210, p. 248-252) et chez Origène, comme nous l'avons vu. Mais on rencontrait aussi l'idée que l'onction coïncidait avec la génération même du Fils (cf. JUST. *2 Apol.* 5, 3, *SC* 507, p. 333 ; peut-être aussi *Dial.* 63,

690

NOTES COMPLÉMENTAIRES

5 ; 76, 7, Bobichon, t. 1, p. 355, 395). Cette idée d'ailleurs ne disparaîtra pas, puisqu'on la trouve clairement chez GREG. NYSS. *Antirr. adu. Apoll.* 54, *GNO* 3/1, p. 220-221 (cf. aussi BAS. *Spir.* 12, 28, *SC* 17b, p. 345). Or, comme les ariens aussi professaient l'idée que l'onction du Christ est antérieure à l'incarnation et atteste que le Verbe est inférieur au Père, précisément pour avoir reçu cette grâce (voir, au début du Ve s. encore, l'arien Maximinus, dans AUG. *Coll. Maxim.* 15, 16, *CCL* 87A, p. 448, 487-504), les nicéens mettront de plus en plus en œuvre la règle d'or de leur exégèse : la distinction dans le Christ de ce qui le concerne *secundum hominem* et *secundum Deum*, référant alors l'onction à sa nature humaine.

Ici encore Athanase donne le ton avec la grande section de *C. Ar.* 1, 46-50, *PG* 26, 105-117. Trois idées la commandent : c'est l'humanité de Jésus qui a été ointe ; l'onction n'est autre que l'Esprit saint qui sanctifie cette humanité ; et surtout : l'humanité de Jésus est notre humanité, de sorte que dans le Christ, c'est nous qui sommes oints. Contentons-nous de cet extrait : « Si donc il est oint, ce n'est pas pour devenir Dieu, puisqu'il l'était déjà auparavant, ni pour devenir Roi, puisqu'il régnait de toute éternité, étant l'Image de Dieu, comme l'atteste la parole de l'Écriture, mais cette phrase encore a été écrite pour nous. [...] Bien qu'il fût Dieu, qu'il possédât depuis toujours la royauté du Père et qu'il fût lui-même le dispensateur de l'Esprit Saint, il est dit néanmoins être oint maintenant, et cela pour pouvoir, étant dit comme homme être oint par l'Esprit, nous procurer à nous, hommes, l'habitation et la familiarité de l'Esprit, comme il en a été de l'élévation et de la résurrection. [...] Si c'est pour nous qu'il se sanctifie et s'il le fait lorsqu'il s'est fait homme, il est évident que la descente de l'Esprit qui s'est faite sur lui au Jourdain s'est faite elle aussi sur nous, parce qu'il portait notre corps ; ce n'est point pour une amélioration du Verbe qu'elle s'est faite, mais, encore une fois, pour notre sanctification, pour que nous participions à son onction » (ATHAN. *C. Ar.* 1, 46-47, trad. A. Rousseau, p. 95).

691

ENARRATIONES IN PSALMOS

Hilaire tiendra des propos semblables: «Cette onction n'a pas profité à cette nativité bienheureuse et incorruptible qui demeure en la nature de Dieu, mais bien au mystère du corps et à la sanctification de l'homme assumé. [...] Jésus est donc oint en vue du mystère de la chair régénérée» (Hil. *Trin.* 11, 18, *SC* 462, p. 329-331. Voir l'ensemble 11, 18-20). Et chez Grégoire de Nysse lui-même, l'idée de l'onction éternelle du Fils (cf. *supra*) va de pair avec celle de l'onction reçue par son humanité, en particulier quand la gloire de la résurrection l'a saisie: «Le seul Seigneur Jésus-Christ par qui tout existe (cf. 1 Co 8, 6) est dit "Christ", lui qui, à la fois, avant les siècles était revêtu de la gloire de l'Esprit – car tel est le sens symbolique de l'onction – et qui, après la passion, fait "Christ" l'homme qui lui a été uni en le faisant resplendir de la même onction. "Glorifie-moi" (Jn 17, 5), déclare-t-il, comme s'il disait "Oins-moi de la gloire que j'avais auprès de toi avant que le monde fût"» (*Antirr. adu. Apoll.* 55, *GNO* 3/1, p. 222). Cf. aussi, Hier. *Ep.* 65, 13, Labourt, t. 2, p. 155 ; Ambr. *Fid.* 1, 3, 24, *CSEL* 78, p. 12-13 ; Theod. Cyr. *In Ps.* 44, 8, *PG* 80, 1192 C; Aug. *C. Maxim.* 2, 16, 3 etc.

Avec les années, les Pères approfondiront leur compréhension de l'onction et l'identifieront moins avec l'événement du baptême au Jourdain (cf. Mt 3, 16) ou de la résurrection (cf. Act 2, 36) qu'avec l'incarnation elle-même. Ainsi Grégoire de Nazianze dira, en citant le Ps 44, 8: «Il a donné l'onction quand il oignit l'humanité par la divinité de manière à ne faire qu'un des deux» (*Orat.* 10, 4, *SC* 405, p. 325). Et ailleurs: «Il est "Christ" à cause de sa divinité: celle-ci, en effet, est l'onction de l'humanité qu'elle sanctifie non par opération, comme dans les autres "christs", mais par la présence de celui-là tout entier qui donne l'onction; et cette présence fait que celui qui donne l'onction est appelé "homme" et qu'il rend Dieu celui qui reçoit l'onction» (*Orat.* 30, 21, *SC* 250, p. 273). Nous sommes ici très proches de ce que dit Augustin à la fin du § 19: c'est bien l'humanité de Jésus qui a été ointe,

692

NOTES COMPLÉMENTAIRES

mais la phrase « Dieu a été oint » n'en est pas moins exacte, car le même est vrai homme et vrai Dieu.

Chez l'évêque d'Hippone, cette compréhension de l'onction du Christ s'appuie aussi sur les mots *prae participibus suis* du v. 8c auxquels il donne un sens absolu. En effet, entre l'onction du Christ et celle des justes de l'Ancien Testament, il n'y a pas une différence de degré, mais de nature. Chez les prophètes et les hommes saints, l'onction octroyait une grâce particulière, celle de parler ou d'agir au nom de Dieu. Dans le cas du Christ, l'onction fait bien plus que sanctifier son humanité : elle en fait le Fils de Dieu lui-même en condition humaine. L'onction s'identifie en définitive avec la grâce de « l'union selon l'hypostase » comme le dira le concile d'Éphèse, le fait qu'un seul et même soit vrai Dieu et vrai homme. Cette idée affleure déjà en 394 dans l'*In Gal.* 24 où Augustin cite le Ps 44, 8 en disant que le Christ est « homo per Deum ultra homines ». Elle est reprise peu après, vers 395-396, dans l'*In Ps.* 29, 2, 2. On la retrouve encore vers 404 en *Adn. Iob* 38, 3-4, puis en 407 en *In Ioh.* 7, 13 : « "Dieu, ton Dieu, t'a oint de l'huile d'allégresse plus que tous ceux qui participent à ton onction." Ceux qui participent à son onction, ce sont tous les saints, mais il est, lui, de façon unique *(singulariter)* le Saint des saints, de façon unique l'Oint, de façon unique le Christ. » Elle trouvera sa formulation définitive quand, à l'occasion de la controverse pélagienne, Augustin approfondira sa réflexion sur la grâce de l'incarnation, c'est-à-dire la grâce qu'est, pour l'homme Jésus, le fait d'être uni au Fils de Dieu dans une stricte unité personnelle. C'est ce qu'on trouve en *Pecc. mer.* 2, 17, 27 : « Dieu, dans son humilité, s'est abaissé par miséricorde, faisant manifestement éclater sa grâce en l'homme même qu'il assuma, dans l'amour infini qu'il lui portait bien au-delà de ceux qui participent de lui *(prae participibus suis)*. Car ce n'est pas l'homme lui-même qui, prenant les devants par les mérites de sa volonté, a réalisé l'union avec le Verbe de Dieu, de sorte que, grâce à cette union, un seul et même était

ENARRATIONES IN PSALMOS

à la fois Fils de Dieu et fils de l'homme. » Les *Tractatus* sur saint Jean 25, 11 et 43, 9 citent explicitement le Ps 44, 8 et insistent pareillement sur la différence radicale qu'il y a entre le Christ oint et les hommes oints en lui : l'onction est chez le Christ un «proprium» qui l'empêche d'être assimilé aux autres hommes. Citons enfin le texte important de *Trin.* 2, 6, 11 (v. 412-414) qui synthétise la pensée d'Augustin sur la spécificité de l'onction reçue par le Christ : «Il ne faut pas croire que le fils de l'homme a possédé le Verbe de Dieu à la façon des autres sages et saints, mais bien au-delà de ceux qui participent de lui *(sed prae participibus suis)*, ni qu'il l'ait possédé davantage au point de surpasser les autres saints en sagesse ; mais qu'il était le Verbe de Dieu lui-même. Autre chose en effet, le Verbe dans la chair et autre chose le Verbe fait chair ; autrement dit, autre chose le Verbe dans l'homme et autre chose le Verbe homme. »

Cela étant, les mots *participibus suis* ont autant d'importance que la préposition *prae*. En effet, l'onction qui fait de l'homme Jésus le Fils de Dieu, tout en étant un privilège unique pour lui, n'est pas une grâce qui le concerne seul. Elle a pour but de sanctifier toute l'humanité qui participera à cette onction. Augustin le dit parfaitement dans l'*In Ps.* 26, 2, 2 : «Non seulement lui qui est notre tête est marqué de l'onction, mais nous aussi, qui sommes son corps. [...] Tel un agneau sans tache, il a répandu son sang pour nous racheter, nous incorporer à lui et faire de nous ses membres, en sorte que nous aussi nous soyons Christ en lui. Aussi l'onction concerne-t-elle tous les chrétiens, tandis qu'autrefois, au temps de l'Ancien Testament, elle était réservée à deux personnages. Ce qui fait bien voir que nous sommes le corps du Christ, c'est que tous nous recevons l'onction ; tous, nous sommes en lui des christs et nous sommes le Christ, puisque on peut dire que le Christ total est tête et corps. » Ici, Augustin donne la main à Origène, qui faisait de l'onction du Christ les prémices de celle que tout le Corps reçoit en dépendance de sa tête

694

NOTES COMPLÉMENTAIRES

(cf. *C. Cels.* 6, 79, *SC* 147, p. 379), et à Athanase, dans le texte cité ci-dessus.

BIBLIOGRAPHIE: A. ORBE, *La Unción del Verbo. Estudios Valentinianos,* vol. 3, Roma, 1961 ; L. F. LADARIA, « El bautismo y la unción de Jesús en Hilario de Poitiers », *Gregorianum*, 70, 1989, p. 277-290 ; J. DOIGNON, « L'Incarnation : la vraie visée du Ps 44, 8 sur l'onction du Christ chez Hilaire de Poitiers », *Revue théologique de Louvain*, 23, 1992, p. 172-177 ; E. GRÜNBECK, *Christologische Schriftargumentation und Bildersprache: zum Konflikt zwischen Metapherninterpretation und dogmatischen Schriftbeweistraditionen in der patristischen Auslegung des 44. (45.) Psalms*, Leiden, 1994, spéc. p. 159-195 ; M. CANÉVET, « La théologie au secours de l'herméneutique biblique : l'exégèse de Phil. 2 et du Ps. 44 dans le *Contra Arianos* I, 37-52 d'Athanase d'Alexandrie », *Orientalia christiana periodica*, 62, 1996, p. 185-195 ; R. WILLIAM, « Christological Exegesis of Psalm 45 », dans *Meditations of the Heart. The Psalms in Early Christian Thought and Practice. Essays in Honour of Andrew Louth*, Turnhout, 2011, p. 17-32.

(PMH)

23. Le vêtement de la reine (*In Ps.* 44, 24. 29)

Le vêtement chamarré de la reine a reçu différentes interprétations de la part des Pères, en fonction de la symbolique du vêtement et de l'or, mais aussi des détails du texte biblique qui parle au v. 10 de la reine ceinte d'un vêtement « chamarré » (περιβεβλημένη πεποικιλμένη – *circumamicta/ circumdata uarietate*) et « incrusté/tissé d'or » (ἐν ἱματισμῷ διαχρύσῳ – *in uestitu deaurato*) et au v. 14 d'un vêtement « chamarré » et « frangé d'or » (ἐν κροσσωτοῖς χρυσοῖς – *in fimbriis aureis*).

CLEM. A. *Paed.* 2, 110, *SC* 108, p. 210, voit dans ce vêtement « le pur tissu de la foi » qui habille l'Église, et dans ses « franges d'or » les élus. Mais en *Strom.* 6, 92, *SC* 446, p. 244, la variété du vêtement et ses broderies lui évoquent la

ENARRATIONES IN PSALMOS

culture grecque et les sciences que l'Église fait siennes et qui viennent en aide à l'intelligence de la Parole. Orig. *In Ps.* 45, *PG* 12, 1432 B, y voit la condition présente de l'Église qui ne connaît encore qu'imparfaitement. Son vêtement est en effet «incrusté d'or» (διάχρυσος), tandis que dans le face-à-face il sera tout entier d'or (ὁλόχρυσος). Pour Meth. *Conuiu.* 2, 7 et 7, 8, *SC* 95, p. 87, 97, les diaprures signifient la variété des états de vie (chasteté, paternité, maternité, continence) ou les différentes vertus qui parent l'âme du fidèle (prudence, foi, amour, patience). On retrouve la première interprétation chez Hier. *Ep.* 49, 4, Labourt, t. 2, p. 124; *Adu. Iouin.* 1, 8, *PL* 23, 232 C; 2, 22, c. 331 A; et la seconde chez Did. *In Za.* 3, 304, *SC* 84, p. 774, et 5, 137, *SC* 85, p. 1048; chez Theod. Mops. *In Ps.* 44, 10c, Devreesse, p. 292, qui voit dans le vêtement chamarré de la reine-Église «la beauté des grâces spirtuelles»; chez Ioh. Chry. *In Ps.* 44, 10, *PG* 55, 199 D, qui l'explique en disant que «la grâce ne suffit pas pour le salut, il faut y joindre la foi, et après la foi, la vertu»; ou encore chez Hier. *In Is.* 7 (23, 15), *CCL* 73, p. 314, 43, qui glose le v. 10 par ces mots : «uariarum habentis ornamenta uirtutum». La même interprétation figure aussi chez plusieurs Pères quand ils identifient la reine à la vierge consacrée épouse du Christ : Greg. Naz. *Orat.* 37, 10, *SC* 318, p. 292, pour qui les couleurs variées du vêtement sont «soit les actions, soit la contemplation» de la vierge; Hier. *Ep.* 130, 2, Labourt, t. 7, p. 167; Ambr. *Virg.* 1, 7, 36, *PL* 16, 199. Mais Bas. *In Ps.* 44, 9, *PG* 29, 408 C, revient à l'exégèse de Clément dans les *Stromates* et comprend les diaprures du vêtement comme étant les différentes doctrines qui constituent la science chrétienne : «[La reine] est à la droite du Sauveur, en vêtements brodés d'or, c'est-à-dire dans des doctrines tissées d'intelligence spirituelles et variées, s'en parant elle-même avec magnificence et comme il convient à une personne sainte. Et puisque les doctrines ne sont pas d'une seule sorte, mais variées et très diverses, embrassant des propos de morale, de physique et d'époptique, le verset dit que le vêtement de l'Épouse est de couleurs variées.» C'est une

NOTES COMPLÉMENTAIRES

exégèse voisine que l'on trouve chez HIER. *Ep.* 65, 19, Labourt, t. 3, p. 162. Comprenant le mot *fimbris* comme désignant non des « franges » mais les « fibres » du tissu, Jérôme écrit en effet : « Comme dans la chaîne, d'où dépendent les fibres, la trame se trouve tissée, toute la solidité du vêtement étant dans la chaîne, de même, dans les sens dorés des Écritures en lesquels est tissée la robe tout entière de l'Église, il y a quelque mixture de physique ou de morale ; c'est précisément ce que signifie la robe d'Aaron tissée de pourpre, coccus, byssus et hyacinthe. »

Face à ces interprétations, celle d'Augustin apparaît originale et se rattache clairement à son ecclésiologie antidonatiste. Comme il en est pour la tunique du Christ, le vêtement de la reine ne peut être qu'un, car l'Église est l'unique Épouse du Christ. Mais son unité intègre une diversité de peuples, de langues et de rites. C'est pourquoi son vêtement chatoie d'un grand nombre de couleurs. L'explication de l'*In Ps.* 44 est la plus développée, avec celle donnée vers la même époque dans le *Ser. Dolbeau* 24, 2 : « Qu'est-ce que le vêtement chamarré ? Le grand nombre des langues. Les Latins parlent d'une sorte, les Grecs d'une autre, les Puniques d'une autre, les Hébreux d'une autre, les syriens d'une autre… Variété des couleurs, unité du vêtement… Variété des dialectes, unité de la charité. » Cf. aussi *In Ep. Ioh.* 2, 3 : l'Église catholique parle toutes les langues tout en gardant l'unité de la foi, tandis que l'Église donatiste ne parle que le latin et le punique ; *Fid. rer.* 3, 5 : « L'Église dont parle le psaume…, est parée de la diversité des langues » ; *Adu. Iud.* 4, 5 : « *La reine s'est tenue à ta droite, en vêtement d'or, dans ses atours chamarrés* ; ce qui signifie la diversité des langues dans toutes les nations, dont cependant la foi est une et simple au-dedans, car *toute la gloire de la fille du roi est à l'intérieur.* » Dans l'*Ep.* 36, 9, 22, l'interprétation est voisine : les différentes coutumes ou pratiques liturgiques ne rompent pas l'unité de foi. L'interprétation augustinienne est reprise par *Ser.* 6, 5, *CCL* 60, p. 401 : « Ipsa est regina quae *astitit a dextris tuis in uestitu deaurato, circumamicta uarietate*, linguarum diuersarum gentium uarietate decorata. » Et à la

697

ENARRATIONES IN PSALMOS

fin de la période patristique, Cassiod. *In Ps.* 44, 10, *CCL* 97, p. 410, fera la synthèse de tous les thèmes développés par ses prédécesseurs: «L'or doit être référé à l'éclat de la charité qui fait resplendir la sainte Église habillée par la vertu. Mais pour que tu comprennes qu'il n'est pas question ici de la seule charité, il est dit: *en vêtements dorés*, non "en vêtements d'or". Nous disons en effet "doré" quand l'aspect de l'or recouvre une matière donnée. Or la grâce de la charité s'est fait voir par dessus les autres vertus, parce que son éclat surpasse tout. Le psalmiste a ajouté *dans ses atours variés*. Cherchons pourquoi l'Église de Dieu est louée pour ses vêtements variés, elle à qui convient tout ce qui est simple et un. Mais ici, la variété renvoie ou bien à la multiplicité des langues, car dans l'Église chacun loue le Créateur selon son pays d'origine, ou bien à la magnifique diversité des vertus. L'Église est en effet ornée par l'or des apôtres, l'argent des prophètes, les pierres précieuses des vierges, l'écarlate des martyrs, la pourpre des pénitents. Telle est la variété de l'unité, tissée par la vie religieuse de tous pour plaire aux yeux du Seigneur. »

BIBLIOGRAPHIE: V. Pavan, «Girolamo e l'interpretazione antica di "circumdata varietate" (*Sal* 44, 10.14): la diversità dei carismi», *Annali di storia dell'esegesi*, 5, 1988, p. 239-252.

(PMH)

INDEX BIBLIQUE[1]

Genèse (Gn)
1, 26.........................38, 134
2, 16...........................40, 72
2, 17............37, 56; 40, 72;
  41, 136
2, 21............................40, 97
2, 24 ....40, 18
3, 8.............................37, 130
3, 19............ 40, 66; 41, 136
3, 20............................40, 98
4, 10...........................39, 108
4, 15...........39, 105; 40, 124
12, 3.............39, 115; 44, 96
22, 12 ....43, 107
24, 2-3 ....44, 98
25, 23........................40, 122
25, 27........................44, 142
28, 10-22 ....44, 129
28, 12 ....38, 47; 44, 136
32, 23-33 ....44, 138
32, 28 ....44, 139
49, 10.........................44, 95

Exode (Ex)
3, 14.................38, 110.206

14, 21-30..................43, 64
17, 11 ....43, 65

Deutéronome (Dt)
5, 15...........................43, 40
21, 23.......................37, 182
25, 5........................44, 169
25, 6........................44, 175

Deuxième Livre des Rois (2 R)
2, 23-24 ....44, 16

Tobie (Tb)
4, 2.............................41, 78

Job (Jb)
1, 21 .... 37, 175
6, 4............................ 37, 65
7, 1 ....38, 127

Psaumes (Ps)
1, 1-2.......................39, 113
1, 4............................43, 118
2, 9 ....44, 117
3, 5............. 42, 36; 44, 214

---

1. 37, 2 = *In Ps.* 37, note 2.

INDEX BIBLIQUE

3, 6......................40, 94.96
6, 8........................... 39, 55
7, 17 .... 37, 92
9, 24...................... 39, 166
12, 5...................... 37, 168
17, 4........................ 39, 56
17, 26-27 .... 44, 115
17, 45 .... 44, 183
18, 4........................38, 42
18, 5...................39, 95.116
18, 6........................44, 31
18, 10.....................38, 132
18, 13-14.....37, 138; 39, 140
21, 2.....37, 77.185; 40, 80;
  41, 146; 43, 42
21, 3 ....43, 46
21, 5-7....................43, 47
21, 8............40, 116; 43, 71
21, 14 ....40, 108
21, 19 .... 37, 79
21, 23....................44, 171
26, 3 ....44, 122
26, 4 .....38, 99.100; 41, 113
26, 12 ....40, 86
26, 14..................... 41, 109
29, 12 .... 39, 170
30, 21.....................38, 104
30, 23 ....37, 114.117; 41,
  149
31, 1 ....44, 66
31, 9......................42, 49
33, 16......................... 39, 41
33, 17 ....39, 6.41
33, 19 .... 39, 141
34, 3 ....38, 189
35, 7............. 41, 124.135
35, 10...........38, 103; 41, 45
35, 12 ....38, 46
37, 19 .... 38, 199

38, 5 ....38, 204
39, 5.......................38, 136
39, 18 ....40, 33
40, 2 ....40, 29
40, 5 ....42, 59
40, 6 ....40, 19
41, 2.......................38, 102
43, 22 (23)..................43, 34
44, 3 ....43, 90
49, 21 .... 39, 57
49, 23.................... 39, 59.60
50, 5......................44, 123
50, 10.....................38, 74
50, 11....................44, 121
54, 7 ....38, 48
54, 23 ....38, 182; 39, 175
60, 3 .... 39, 183
61, 12 ....44, 62
62, 9 ....43, 120
63, 7-8 .... 41, 128
66, 2-3 ....39, 134
68, 5 ....40, 75
68, 10......................38, 84
72, 1 .... 44, 116
72, 16-17.............. 41, 90.92
72, 28 ....43, 121
79, 17 .... 38, 51
81, 7..........................38, 177
83, 5......... 41, 107; 42, 41;
  43, 62
84, 8 .... 39, 133
84, 9 ....38, 160
84, 12 ....44, 102
86, 3 ....44, 217
87, 6........................40, 76
90, 13............ 39, 26; 40, 53
93, 20......................38, 165
94, 2 ....44, 82
101, 28....................38, 109

INDEX BIBLIQUE

109, 7 .... 38, 112
111, 10 ....42, 20
114, 16 ....38, 164
115, 12-13 ... 39, 125 ; 44, 68
115, 15 .... 39, 115 ; 40, 26
117, 12 .... 40, 111
117, 22 .... 39, 36 ; 44, 132
118, 71 .... 38, 163 ; 42, 28
118, 85 .... 38, 55.106
118, 158 ....38, 83
119, 1-2 ....44, 72
119, 4 ....44, 73
119, 5 ....44, 74
120, 1 ....39, 72
120, 2 ....39, 74
120, 4 .... 43, 113
122, 4 ....38, 87
129, 1 ....39, 45
129, 3 ....42, 56
135, 12 ....43, 40
137, 6 .... 39, 142
138, 7 .... 41, 139
138, 16 ....43, 127
141, 5 ....37, 153 ; 39, 155
142, 2 ....42, 55.57
143, 11 .... 37, 178
143, 12-14 .... 37, 179
143, 15 .... 37, 180
147, 15 ....44, 59

Proverbes (Pr)
3, 11-12 .... 37, 17
6, 6 .... 41, 143
11, 23 ....42, 21
18, 3 .... 39, 19.46.47
18, 6 .... 41, 130

Qohélet (= *Ecclésiaste* : Qo)
1, 2-3 ....38, 130

1, 18 ....38, 184

Cantique des cantiques (Ct)
1, 3 ....37, 45 ; 44, 164
2, 5 ....44, 108
5, 8 ....44, 108

Sagesse (Sg)
9, 15 ....37, 99 ; 38, 62 ;
39, 146 ; 41, 100.144

Siracide (= *Ecclésiastique* : Sir)
10, 14 .... 37, 89
25, 12 ....38, 66
35, 26 .... 41, 142

Isaïe (Is)
1, 18 ....44, 190
26, 18 .... 39, 190
29, 13 .... 37, 148 ; 39, 119
48, 22 .... 38, 161
53, 2 ...... 43, 89 ; 44, 39
53, 5-6 .... 40, 119
53, 7 .... 37, 163 ; 38, 68 ;
40, 119 ; 44, 103
53, 9 ....37, 158
57, 16-17 ....42, 26
58, 7 ....42, 60
58, 9-10 ....42, 61

Jérémie (Jr)
2, 29 ....42, 58
9, 1 ....38, 186
23, 24 ....39, 180

Daniel (Dn)
2, 35 .... 42, 35 ; 44, 216

Osée (Os)
6, 6 ....44, 195

701

INDEX BIBLIQUE

Habacuc (Hb)
2, 4 ....39, 67.130

Évangile de Matthieu (Mt)
3, 12.........................40, 89
5, 5............................ 37, 48
5, 6............................38, 88
5, 8............ 42, 39 ; 44, 186
5, 10.........................43, 35
5, 11.........................43, 38
5, 14.......................44, 215
5, 16.......................44, 204
5, 44 .... 37, 129
5, 45........39, 58.176 ; 42, 17
5, 47 ....39, 58
6, 1.........................44, 203
6, 6.......................... 37, 125
6, 12...................38, 151.198
6, 19.......................44, 193
6, 20 ....38, 141 ; 44, 193
6, 21.......................44, 193
6, 24 ....40, 47
7, 6..........................38, 89
7, 13.......................43, 100
7, 14 ....43, 99.100
8, 2.......................... 39, 154
8, 8..........................38, 172
8, 10........................38, 176
8, 11..............38, 169.171
8, 12........................38, 171
8, 20 ....38, 175
8, 31-32.....................42, 37
9, 12........................38, 177
9, 13.......................44, 195
9, 15.......................44, 23
9, 20-22 ....44, 160
10, 22..........39, 23 ; 41, 110 ;
   42, 25
10, 24-25 ....40, 83

10, 28.....................40, 39
10, 34.....................44, 85
10, 35.....................44, 84.85
12, 48 ....44, 94
13, 6......................43, 102
13, 20-21 ....43, 102
13, 28.....................40, 48
13, 29-30 ....40, 87
13, 41.....................42, 34
13, 48.....................40, 88
14, 28.......................39, 89
15, 21-28 ....44, 192
15, 26....................... 37, 42
16, 18...................... 39, 162
16, 22-23 ....39, 160
18, 2-3 ....44, 18
18, 10.....................43, 86
19, 4 .... 37, 85
19, 5 .... 37, 85
19, 6..............37, 85 ; 44, 33
19, 17 ....44, 49
19, 21 ....43, 124
19, 28 ....44, 168
20, 9....................... 37, 189
20, 22 .... 37, 141 ; 39, 124
21, 38...................40, 20.93
21, 42.......................39, 36
22, 11-12...................44, 14
22, 16.................... 37, 143
22, 17-22 .... 37, 144
22, 18.................... 37, 146
22, 29-30 ....43, 82
23, 3....................... 39, 118
23, 13....................37, 161
24, 2..................... 39, 21.37
24, 12...........37, 128 ; 38,
   92.185 ; 39, 38 ; 41, 150
24, 13.........39, 6.21.39 ; 41,
   110 ; 42, 25

INDEX BIBLIQUE

24, 19	39, 184.188
24, 22	39, 182.192
24, 23	39, 25
24, 40	42, 23
24, 45	38, 77.90
25, 21	38, 91
25, 26-27	38, 85
25, 30	38, 86
25, 32	39, 138
25, 33	39, 186
25, 34...39, 138; 44, 179.196	
25, 35..........39, 63; 40, 41; 44, 196	
25, 36	40, 41; 44, 196
25, 37	40, 102
25, 40.......38, 143; 40, 103; 44, 198	
25, 41..........37, 52; 39, 138; 44, 178	
25, 42-44	37, 87
25, 42	37, 51
25, 45	37, 88
26, 35..........37, 150; 39, 152	
26, 38	40, 78; 42, 52
26, 49	40, 105
26, 59-60	37, 156
26, 70	37, 149; 39, 156
27, 33	43, 32; 44, 20
27, 39.......37, 147; 40, 116; 44, 22	
27, 40	40, 116
27, 46..........37, 81; 40, 80; 41, 146	
28, 13	37, 159

Évangile de Marc (Mc)

2, 11	40, 59
8, 38	39, 122
15, 3	37, 81

Évangile de Luc (Lc)

2, 30	39, 132
11, 41	44, 194
12, 52-53	44, 86
13, 11	37, 97
14, 11	41, 116
15, 20	44, 65
15, 32	44, 81
16, 22	39, 187
16, 24	38, 202
18, 11	39, 143.172
18, 13	39, 172
18, 14	41, 116
20, 36	43, 84
22, 33	43, 108
23, 21	40, 109
23, 28	40, 112
23, 31	40, 113
23, 34	39, 159; 44, 104
23, 42-43	39, 121

Évangile de Jean (Jn)

1, 1	44, 35.148
1, 3	40, 40; 44, 55
1, 14	44, 149
1, 17	44, 63
1, 29	44, 57
1, 47	44, 141
1, 48	44, 143
1, 49	44, 145
1, 50	44, 146
1, 51	44, 136.137.147
2, 19.21	40, 115
2, 25	37, 145
3, 29	38, 75
6, 71	40, 100
8, 12	42, 32
8, 34	40, 77
8, 44	38, 76; 44, 89

703

INDEX BIBLIQUE

9, 27-28....... 39, 164; 40, 92

10, 17 ....42, 53

10, 18..... 39, 158; 40, 79.95; 42, 53; 44, 43

11, 48 ....40, 106

11, 50-51 ....40, 22

12, 19 .... 40, 21.120

12, 24 ....40, 24

13, 26.....................40, 104

13, 37 ....41, 133

14, 6......39, 131.136; 42, 33

14, 8 ....37, 109

14, 9............37, 110; 38, 98; 44, 29

14, 21 ....37, 112.134; 43, 91

16, 12 ....38, 70

19, 6.......................40, 109

19, 34 ....40, 99

20, 17 ....44, 170

21, 17 ....37, 152

Actes des Apôtres (Act)

4, 34 ....44, 201

9, 4....37, 89; 39, 64; 44, 153

15, 9 ....44, 184

22, 10......................44, 111

Épître aux Romains (Ro)

1, 3..............................37, 46

1, 17 ....39, 67.130.177

1, 20 ....41, 44.83

2, 6 ....44, 105

3, 23 ....44, 36

4, 5............39, 169; 44, 187

5, 3-4 ....42, 47

5, 6.......................44, 37

6, 6..............37, 188; 40, 81

6, 12-13 ....41, 88

7, 22 ....42, 50; 44, 64

7, 23 ....42, 50; 44, 64

7, 24 ....42, 51; 44, 64

7, 25 ....42, 51; 44, 64

8, 10............39, 145; 40, 42

8, 11 ....40, 42

8, 17 ....39, 114

8, 23 ....37, 61; 41, 106

8, 24 ....37, 63; 38, 147; 41, 105.108

8, 25..... 37, 63.137; 38, 147; 41, 105.108

8, 32 ....37, 174; 40, 68

8, 36 ....43, 34

10, 3 ....38, 170

10, 4 ....38, 152

10, 10.....................39, 120

11, 33 ....41, 125

Première Épître aux Corinthiens (1 Co)

1, 10.......................40, 91

1, 13 .... 44, 174.176

1, 25 ....44, 41

1, 27 ....40, 35

1, 31 .... 38, 180; 39, 168; 41, 120

2, 6 .... 44, 151

2, 8 ....37, 108; 44, 28

2, 14.......................38, 65

3, 1.......................38, 71

3, 2............38, 71; 44, 152

3, 15 .... 37, 50.53

4, 3................ 41, 131

4, 5......................44, 218

4, 7...39, 147; 40, 55; 43, 75

4, 9............38, 156; 39, 88

4, 15.......................44, 172

INDEX BIBLIQUE

4, 16.....................39, 68
5, 7.....................39, 109
5, 8.....................39, 110
10, 4............. 39, 48; 44, 56
10, 12.........38, 128; 41, 112
11, 3.....................44, 133
11, 29.....................39, 101
13, 3.....................43, 103
13, 12.....................43, 58
14, 20.....................44, 17.19
15, 9.....................44, 159
15, 45.....................37, 132
15, 50.....................37, 124
15, 54.....................37, 70

Seconde Épître aux Corinthiens
(2 Co)

2, 15...... 37, 93; 44, 161.163
2, 16.....................44, 162
4, 16.....................38, 122
5, 1.....................38, 192
5, 6-7.....................37, 136
5, 6.............38, 195; 41, 99
5, 9.....................38, 196
5, 13.....................44, 150
5, 17.....................38, 120
6, 7-8.....................38, 157
8, 9.............39, 182; 40, 30
9, 7.....................42, 62
11, 2-3.....................39, 28
12, 2.....................37, 118
12, 4.............37, 118.120
12, 10.....................38, 181

Épître aux Galates (Ga)

1, 12.....................42, 46
2, 4.....................40, 85
2, 20.....................39, 171

3, 13.....................37, 182
6, 1.....................37, 167
6, 2.....................41, 56
6, 3.....................38, 118
6, 14.....................44, 40

Épître aux Éphésiens (Eph)

2, 2.....................44, 21
2, 5.....................37, 60
2, 20.....................44, 212
3, 17.....................43, 103
4, 17-18.....................41, 47
5, 27.....................44, 156
5, 30.....................37, 76
5, 31.............37, 84; 40, 18
5, 32.........37, 84; 44, 33.91

Épître aux Philippiens (Ph)

1, 23-24.....................44, 211
2, 6.............43, 94; 44, 92
2, 7....40, 34; 43, 94; 44, 92
3, 9.....................38, 117
3, 12.....38, 95.116.146.154;
   39, 49
3, 13............38, 95.154; 39,
   49.51.52
3, 12-14.....................38, 154
3, 14.............38, 116; 39, 52
3, 20.....................38, 133

Épître aux Colossiens (Col)

1, 16.....................44, 48
1, 18.....................44, 34
2, 3.....................40, 37
3, 1.....................39, 189
3, 2.....................39, 189
3, 3.............39, 189; 43, 59
3, 4.....................43, 59

INDEX BIBLIQUE

3, 5..............................39, 82
4, 3..............................38, 105

Première Épître aux Thessaloniciens (1 Th)
5, 17 .... 37, 126

Première Épître à Timothée
(1 Tm)
1, 13 .... 39, 50
4, 8 ....40, 43.56
4, 12 .... 39, 69
6, 17-18 ....44, 199
6, 19 .... 44, 200

Seconde Épître à Timothée
(2 Tm)
2, 12-13 .... 39, 22
2, 19............................ 39, 91
3, 2 ....44, 79
4, 7 .... 39, 53
4, 8 .... 39, 54

Épître aux Hébreux (He)
4, 12............................44, 83
6, 7 ....44, 70
6, 19............................42, 14
12, 6............................40, 65

Épître de Jacques (Jc)
3, 2..............................38, 57

Première Épître de Pierre (1 P)
1, 19 .... 37, 62
2, 4 ....44, 135
2, 5 ....44, 207
2, 8 ....44, 132
2, 22 .... 37, 74.174 ; 43, 45

Première Épître de Jean (1 Jn)
1, 8............................ 38, 150
3, 2 ....37, 135 ; 43, 50
3, 5 ....37, 157

Apocalypse (Ap)
3, 12............................43, 48
5, 5 ....44, 58
7, 14 ....44, 157
10, 10 ....43, 123
19, 16 ....44, 167
21, 4 .... 38, 115
21, 27 ....43, 48

INDEX DES AUTEURS ANCIENS[1]

Alexandre d'Alexandrie (Alex. A.)
Epist. encycl. : Epistula encyclica
4 .... n19

Ambroise (Ambr.)
Abr. : De Abraham
1, 9, 83 .... 44, 98
2, 6, 34 .... 41, 117
Ep. : Epistulae
18, 5 .... 37, 97
23, 5 .... 37, 15
Fid. : De fide
1, 3, 24 .... n22
1, 19, 126 .... n19
2, 2, 29 .... n19
4, 10, 132 .... n19
Fug. : De fuga saeculi
1, 3 .... 41, 74
2, 12 .... 41, 117
Hexam. : Hexameron
3, 12, 50 .... 37, 97
Iob. Dau. : De interpellatione Iob et Dauid
4, 1, 2-3 .... n11

4, 2, 7 .... 41, 64
4, 14, 4 .... 41, 118
Isaac : De Isaac uel anima
5, 47 .... 41, 118
8, 78 .... 38, 45
In Luc. : Expositio Euangelii secundum Lucam
2, 86 .... 44, 188
4, 55 .... 37, 15
6, 18 .... 41, 64
7, 134-138 .... 44, 85
7, 186 .... 37, 97
7, 223 .... 37, 190
8, 93 .... 38, 85
9, 10 .... 37, 15
9, 37-39 .... n17
Myst. : De mysteriis
7, 35 .... 44, 189
Noe : De Noe
12, 28 .... 38, 205
Parad. : De paradiso
15, 75 .... 43, 122
In Ps. : Explanatio super psalmos
36, 43 .... 38, 85

---

1. 37, 5 = *In Ps.* 37, note 5 ; n12 = note complémentaire 12 ; i37 = introduction de l'*Enarratio* 37.

INDEX DES AUTEURS ANCIENS

37, 1 .... 37, 5
37, 2 .... 37, 5 ; n1 ; n2
37, 10-11 .... 37, 5
37, 20 .... 37, 31.64
37, 21 .... 37, 64
37, 32 .... 37, 14
37, 33 .... 37, 102
37, 44 .... 37, 14
37, 45 ....37, 14.162
37, 53 .... 37, 17
37, 58, 1 ....n4
38, 1 ....38, 5.7
38, 15 ....38, 82
38, 16-17 ....n5
38, 30 .... 38, 155
38, 31........................38, 162
39, 2............................39, 48
39, 10.............................n7
39, 11.............................n8
39, 12-15.........................n8
39, 25......................39, 130
40, 3-5 ....40, 32
40, 7 ....40, 36
40, 12........................40, 57
40, 14........................40, 67
40, 16........................40, 84
40, 21......................40, 100
40, 36 ....40, 127
40, 39.............................n10
43, 5...............................n9
43, 12-14....................43, 50
43, 15-19 ....43, 25
43, 75-77 .... 43, 119
43, 84 .... 43, 115
43, 88 .... 43, 114

Sacr. : De sacramentis
4, 2, 5 ....44, 189

Virg. : De uirginibus
1, 7, 36-37 .... 44, 191 ; n23

ARIUS
Ep. Euseb. : Epistula ad Eusebium Nicomediensem
3......................................n19

ARNOBE LE JEUNE (ARN. J.)
In Ps. : In Psalmos
37............................ 37, 28.49
39.............................n7 ; n8
41.................................n11
43..........................43, 30
86, 1 ....n9

ATHANASE (ATHAN.)
C. Ar. : Contra Arianos
1, 37.............................n22
1, 49.............................n22
1, 46-50 ....n22
1, 51.............................n22
2, 57............................ n19
3, 59............................ n19
3, 67............................ n19
4, 10, 132................ n19

Ep. Marcel. :
Epistula ad Marcellinum
6...............................44, 182

In Ps. : In Psalmos
39, 3............................39, 48

AUGUSTIN (AUG.)
C. Adim. : Contra Adimantum
9.................................43, 56
12, 4...............................n17
21.....................................i37
24.................................n14

Adn. Iob. : Adnotationes in Iob
4, 11.................................n14
6.............................. 37, 65
38, 3-4 ....n22

INDEX DES AUTEURS ANCIENS

38, 16	39, 19
38, 39	39, 27

C. adu. leg. :
Contra aduersarium legis

1, 23, 48	44, 163
2, 11, 37	44, 163

Agon. : De agone christiano

32, 34	43, 84

Bapt. : De baptismo

1, 4, 5	39, 16.34
2, 7, 10	39, 15.31
3, 13, 18	44, 163
5, 11, 13	41, 37
5, 27, 38	39, 94 ; i44
6, 1, 1	41, 38
7, 17, 33	40, 87
7, 39, 77	44, 163

Bon. coniug. : De bono coniugii

19, 22	44, 98

Cat. rud. :
De catechizandis rudibus

14, 22	38, 85
16, 25	40, 62
18, 30	37, 131

Ciu. : De ciuitate Dei

5, 23	40, 13
6, 1, 1	39, 75
7, 17	39, 75
8, 12	n5
10, 6	39, 97 ; 42, 44
10, 10	41, 54
12, 1	40, 71
12, 6	43, 53
12, 17	44, 54
13, 3	37, 59
13, 24	42, 26
14, 7, 2	38, 52
15, 23	n21

16, 33	44, 98
16, 38, 2	44, 130
17, 6, 1	44, 100.102
17, 16, 1-2	i44
17, 18	40, 82.100
17, 20, 2	n7
18, 29, 1	37, 158
18, 49	39, 94
18, 51	40, 51
18, 54	40, 23
19, 23, 1	40, 50
20, 1	37, 68
20, 7, 1	43, 80
20, 10	41, 112
20, 17	37, 25
20, 25	n2
21, 16	n2
21, 17	n2
21, 20-22	n2
21, 24, 5	41, 102
21, 26	n2
22, 29, 6	44, 218
22, 30, 1	44, 218
22, 30, 5	38, 126

Conf. : Confessiones

1, 5, 6	42, 56
1, 36, 59	39, 163
2, 2, 4	38, 165
4, 3, 4	40, 73
5, 9, 17	40, 126
7, 7, 11	37, 26
7, 10, 16	37, 117 ; 43, 95 ; 44, 112 ; n5
7, 17, 23	41, 101 ; n5
8, 2, 4	39, 10.75
8, 11, 27	39, 179
9, 2, 2-3	37, 66 ; 44, 109
9, 7, 16	37, 95. 96
9, 10, 23	n6

INDEX DES AUTEURS ANCIENS

9, 10, 24......41, 95.106; n12

9, 10, 25......41, 101; 42, 54; n12

10, 3, 3..............38, 107.111

10, 4, 5......................38, 64

10, 6, 8..............41, 94; n12

10, 6, 10.....................41, 44

10, 7, 11 ....n12

10, 16, 26.................37, 47

10, 27, 38......................n12

10, 38, 63.................37, 121

10, 40, 65....41, 93.101; n12

10, 41, 66....37, 117; 41, 149

11, 2, 3.......................38, 56

11, 8, 10....................38, 75

11, 13, 16 ....n5

11, 14, 17 ....38, 113; n5

11, 15, 19-20 ....n5

11, 17, 22 – 20, 26 ....n5

11, 26, 33..........................n5

11, 29, 39 .... 40, 61; n6

12, 11, 13.................41, 64

12, 16, 23...........................n6

12, 18, 27.................37, 26

13, 2, 2-3 ....43, 73

13, 12, 13.............41, 21.116

13, 13, 14.....41, 21.64.116.134; n6

13, 15, 18.....37, 95; 43, 86

13, 32, 47 ....41, 72

Cons. eu. :
De consensu euangelistarum

1, 3, 5........................44, 114

1, 13, 20....................40, 107

1, 14, 22....................40, 125

1, 15, 23 ....40, 49

1, 26, 40 ....40, 125

1, 27, 42....................40, 125

1, 31, 47 ....40, 49

1, 32, 50...............40, 28.125

1, 35, 53.....................43, 96

2, 70, 136...................40, 21

3, 10, 3.............................n9

3, 25, 86...................43, 92

4, 10, 20...................42, 63

Corr. grat. :
De correptione et gratia

7, 15 ....43, 27

C. Cresc. : Contra Cresconium

1, 6, 8..........................41, 38

1, 12, 15.......................41, 38

1, 16, 20...................38, 157

1, 30, 35 ....39, 16

2, 1, 2.........................42, 42

2, 8, 10......................41, 38

2, 35, 44 ....40, 87

3, 58, 64 ....44, 210

3, 66, 75...................43, 99

3, 67, 77 ....44, 210

4, 7, 8......................42, 42

4, 66, 83 ....41, 38

Diu. daem. :
De diuinatione daemonum

7, 11 ....40, 28

Diu. quaest. : De LXXXIII diuersis quaestionibus

35, 1...........................38, 52

45, 1.........................43, 120

57, 1 .... 37, 189

59, 3..............................i44

66, 1 ....43, 120

71, 1 .... n11

Doctr. : De doctrina christiana

Pr., 8.......................38, 85

1, 1, 1......................38, 78

2, 6, 7-8 ....38, 53

2, 40, 60 ....43, 72

INDEX DES AUTEURS ANCIENS

3, 3, 7........................38, 43
3, 4, 8........................38, 43
3, 8, 12 – 9, 13..........39, 98
3, 23, 33.................... 41, 112
3, 37, 55....................43, 66
4, 20, 42 .... 38, 157
4, 20, 43 ....43, 27

Ad Don. : Ad Donatistas post collationem

15, 19 .... 41, 59
20, 32.......................39, 37
29, 50.......................44, 210
35, 58.......................39, 34

Don. pers.:
De dono perseverantiae

8, 19........................ 41, 112

Enchir.: Enchiridion

17, 65 .... 37, 121
18, 67-69..........................n2
19, 72..............................n2
29, 112...................41, 102
32, 121...................44, 218

Ep.: Epistulae

7, 1 .... 37, 47
11, 4 ....41, 102
35, 2........................44, 208
36, 9, 22 ....n23
43, 2, 3 .... 41, 38
43, 2, 4 ....42, 42
43, 3, 8 .... 41, 38
44, 2, 4 ....43, 37
44, 5, 10...................40, 84
76, 2-3 .... 41, 37
88, 8 .... 39, 150
88, 11 .... 39, 150
89, 1 ....41, 38
92.............................43, 16
92A............. 41, 114; 43, 16

93, 9, 29..................44, 213
101, 2, 6 .... 39, 10
102, 11 ....44, 51
105, 5, 16................40, 90
118, 3, 22 – 4, 23..... 38, 174
118, 5, 34................38, 28
120, 1, 1 - 2, 12 ... 41, 57
120, 1, 3................44, 185
120, 3, 13................41, 57
122, 1 ....38, 29
124, 2......................38, 29
127, 9......................42, 42
128, 3 ....41, 38
130, 8, 17........................n3
130, 9, 18...........37, 126; n3
130, 10, 19.....................n3
130, 10, 20..........37, 122; n3
130, 14, 27...............37, 191
130, 15, 28......................n3
131 .... 37, 98
137, 4, 16 .... 39, 191
138, 2, 4 ....39, 77
140, 3, 6..................42, 11
140, 3, 7.................. 37, 107
140, 5, 13..................40, 44
140, 5, 14................40, 109
140, 6, 15......37, 75; 39, 65; 43, 43
140, 6, 16........ 37, 75; 39, 65
140, 6, 17 .... 37, 75; 39, 65
140, 6, 18........37, 75.38.86; 39, 65; 40, 18
140, 7, 19-20 .... n15
140, 8, 22................38, 121
140, 11, 28 ....n15
140, 16, 39................ 37, 78
140, 19, 48................44, 67
140, 24, 59......................n15
140, 25, 62............... 41, 125

711

INDEX DES AUTEURS ANCIENS

140, 30, 72................38, 46
145, 6 ....43, 27
147, 4, 11 ....44, 218
147, 5, 13 ....43, 86
147, 8, 20 – 9, 22 ....43, 55
147, 9, 22 ....43, 86
147, 15, 37................44, 185
148, 3, 11 ....43, 93
148, 5, 17 ....44, 185
151, 3 ....38, 24
151, 12-13 ....38, 24
155, 2, 6 ....39, 75
155, 2, 7-8 ....37, 180
167, 6, 20 ....42, 58
173, 6.......................41, 38
185, 2, 9...................43, 37
185, 10, 43 ....39, 34
186, 2, 6 ....44, 67
186, 4, 12.................39, 137
186, 9, 33.................44, 67
187, 3, 10 ....42, 11
187, 4, 11 ....42, 11
199, 1, 1 ....41, 62
199, 9, 27 ....39, 184
202A, 6 ....37, 131
205, 4, 19.................42, 26
217, 4, 14 ....41, 112
243, 2 ....40, 27

Ep. Cath.: *Epistula ad Catholicos*
2, 3 ....41, 37
5, 9..........................43, 120
8, 22 ....44, 188.213; i44
13, 33.......................41, 38
14, 36.......................43, 99
15, 39.......................40, 90
16, 40.......................44, 216
18, 48.......................40, 90
20, 55.......................41, 38
24, 70...............44, 213; i44

In Ep. Ioh.:
In Epistulam Iohannis ad Parthos
1, 2...........................44, 32
1, 8..........................38, 105
2, 3 ....n23
2, 10.........................42, 14
4, 6.............................n6
6, 2...................43, 110.112
6, 7.........................42, 37
8, 2.........................44, 160
8, 9 ....43, 110
9, 9.........................43, 90
9, 10.......................43, 21.87
10, 8.......................44, 154

C. Faust.:
Contra Faustum Manichaeum
6, 5...........................39, 6
12, 8..................44, 92.93
12, 10....................39, 107
12, 12........ 39, 106; 40, 124
12, 13.........37, 168; 39, 106
12, 14.....................43, 120
12, 26 ....37, 119; 44,
   130.134.152
12, 35.............................n9
12, 41.....................44, 99
12, 43 ....37, 78
13, 15 ....44, 114; i44
14, 3-7 ....i37
15, 7 .... 37, 35
15, 11 ....i44
16, 23......................40, 21
17, 7 ....i44
19, 16 ....39, 104
19, 31 ....n17
20, 18 ....39, 6
21, 2........................ 41, 125
22, 14...............37, 34.174
22, 85 ....i44

INDEX DES AUTEURS ANCIENS

22, 92 .... 41, 51
24, 2............................ 41, 47
32, 10................ 44, 169.173

C. Fel. :
Contra Felicem Manichaeum
2, 11.................................i37

Fid. op. : De fide et operibus
15, 24.................................n2
15, 25.................................n2
16, 27.................................n2
16, 29.................................n2
17, 32 ....38, 85
23, 43.................................n2
25, 47.................................n2

Fid. rer. :
De fide rerum quae non uidentur
3, 5..................... 44, 3 ; n23
3, 6.......... 44, 3.188.202.210
4, 7.................................i40
5, 8............................43, 105

Fid. symb. : De fide et symbolo
6, 13................................n17
10, 25.........................44, 185

C. Fortun. : Contra Fortunatum
21.............................38, 52

In Gal. :
Epistulae ad Galatas expositio
11.............................40, 85
24............................n22 ; i44
35.............................40, 45
40.............................41, 114
42 ....40, 85
56...........................37, 167

C. Gaud. : Contra Gaudentium
1, 20, 3.......................43, 37
1, 30, 35.....................43, 37
1, 36, 46 ..... 43, 37 ; 44, 208
2, 3, 3 ....41, 37

Gen. imp. : De Genesi ad litteram
imperfectus liber
5, 19..........................44, 51

Gen. litt. : De Genesi ad litteram
1, 2, 5-6.....................44, 51
2, 6, 12-14................44, 54
2, 13, 27 ....41, 72
3, 12..........................43, 83
4, 32, 49...................44, 54
4, 33, 51...................44, 54
5, 15, 33...................44, 54
6, 11, 18...................44, 54
6, 25, 36 – 26, 37 ...... 37, 58
7, 3, 5.......................42, 26
7, 10, 14...................39, 27
9, 9, 15 ....43, 82.84
10, 6, 9.....................42, 26
11, 34, 46................44, 144
12, 22, 45 ....40, 21

Gen. Mani. :
De Genesi contra Manichaeos
1, 22, 34.................43, 206
2, 16, 24......37, 133 ; 41, 111
2, 17, 26.................43, 122
2, 20, 30 ....37, 103 ; n2
2, 24, 37 ....44, 92.93

Gest. Pel. : De gestis Pelagi
3, 9-10.................................n2

Grat. Chr. : De gratia Christi et
de peccato originali
1, 23, 24...................44, 67

Grat. lib. arb. :
De gratia et libero arbitrio
2, 4 .... 37, 172
4, 9........................... 37, 172
17, 34 ....43, 27

Haer. : De haeresibus
8.................................43, 80
57..................................n3

713

INDEX DES AUTEURS ANCIENS

Ieiun.: De utilitate ieiunii

1, 1 ....44, 160

In Ioh.:

In Iohannis Euangelium tractatus

1, 5 .... 41, 97
1, 6-7 .... 39, 18
1, 9 ....44, 47
2, 16 .... 37, 107
3, 2 .... 40, 4
3, 3 .... 40, 118
3, 8 ....44, 67
3, 9 ....43, 21.76 ; 44, 67
3, 10 .... 43, 21.73
3, 21 ....43, 21.77
4, 11 ....39, 18 ; n12
5, 13 .... 39, 15.31
5, 18 .... 40, 101
6, 23 .... 43, 110
7, 6 .... 39, 83
7, 13 ....n22
7, 21 ....44, 144
7, 23 ....37, 119 ; 38, 47 ;
        44, 131
8, 4 .... 38, 149 ; 44, 32
8, 7 .... 37, 183
8, 9 ....44, 112
8, 11 ....40, 74
9, 10 ....44, 92.93
10, 1 .... 39, 27 ; 40, 53
10, 11 .... 40, 114
11, 12 .... 43, 21
12, 14 ....39, 151 ; n3
13, 3 ....41, 78
13, 5 ....37, 191
13, 10 ....44, 38
13, 11 ....38, 186
13, 13 ....44, 208
13, 15 ....44, 209

14, 7 ....44, 51
14, 12 ....37, 111
14, 13 .... 37, 60
17, 4 .... 37, 189
17, 7 ....44, 47
17, 13 .... 37, 100
18, 11 .... 39, 149
19, 17 ....41, 123
19, 18 ....37, 112
20, 11 .... 41, 82.86 ; n12
20, 12 ....n12
20, 13 ....n12
21, 4 ....44, 51
21, 13 ....43, 94
21, 15 ....37, 113
23, 5 ....n12
23, 6 ....41, 86
23, 7 ....44, 152
24, 1 .... 43, 96 ; 44, 185
25, 11 ....n22
25, 16 .... 38, 174
26, 4 ....41, 93 ; n10
26, 5 .... 37, 95
27, 6 .... 39, 128
27, 8 ....38, 58
28, 6 .... 37, 164
28, 8 ....41, 98
32, 9 ....43, 83
33, 7 .... 39, 137
34, 7 ....37, 25.121.123
34, 9 .... 39, 135
35, 3 ....41, 78
35, 7 .... 37, 78
35, 9 ....38, 56
37, 8 ....44, 54
40, 5 ....n10
40, 12 .... 39, 164
41, 5 ....39, 97

INDEX DES AUTEURS ANCIENS

43, 9....................................n22
43, 11..........................43, 105
43, 16..........................44, 98
50, 3............................39, 151
50, 9............................40, 84
51, 3 ....38, 174
52, 6 ....41, 125
53, 2............................43, 50
53, 6............................41, 125
53, 12..........................44, 185
54, 8 ....41, 102
55, 1 ....41, 51
57, 3............................38, 75
57, 6............................38, 58
59, 1 ....38, 174
65, 1............................38, 123
65, 3............................44, 30
86, 9 ....n16
88, 2-3 ....43, 37
90, 2 ....41, 127
99, 4............................n10
101, 5 ....43, 55
105, 4 ....n16
115, 2 ....42, 34
122, 7 ....39, 94
124, 5........................37, 155

Adu. Iud. : Aduersus Iudaeos
4, 5..................43, 90 ; n23

C. Iul. : Contra Iulianum
3, 25.........................41, 47
5, 6, 24.....................38, 186
5, 13.........................41, 125

*C. Iul. imp. : Contra Iulianum
imperfectus liber*
2, 205 ....43, 99
6, 30 ....n17

Lib. arb. : De libero arbitrio
3, 7, 21 ....n5

3, 8, 22 ....n5
3, 16, 45 ....n5
3, 18, 51 .... 37, 59
3, 22, 65 .... 43, 74
3, 23, 69 ....38, 205
3, 24, 72 ....41, 111
3, 25, 76 ....n2

*Loc. Hept. :
Locutiones in Heptateuchum*
2, 22 ....39, 151

Mag. : De magistro
14, 45-46 ....38, 94

*Coll. Maxim. :
Collatio cum Maximino*
15, 16 ....n22

*C. Maxim. :
Contra Maximinum arianum*
2, 16, 3...........................n22

C. mend. : Contra mendacium
10, 24 ....38, 53
16, 33 ....38, 60

*Mor. : De moribus ecclesiae et de
moribus Manichaeorum*
1, 9, 14 ....43, 27
1, 19, 35 ....38, 52
2, 6, 8 ....n5

Mus. : De musica
6, 13, 40 ....n5

Nat. grat. : De natura et gratia
32, 36 ....43, 98
42, 49 ....42, 57

*Nat. orig. :
De natura et origine animae*
1, 16, 26.................. 37, 131

Op. mon. : De opere monachorum
1, 2............................38, 85
28, 36 ....38, 81

715

INDEX DES AUTEURS ANCIENS

C. Parm.:
Contra epistulam Parmeniani
1, 9, 15 ....40, 9
1, 12, 19 ....41, 38
2, 5, 10 ....41, 38
2, 7, 13 ....38, 186
2, 9, 19 ....44, 208
3, 1, 2 ....40, 87
3, 2, 5 ....41, 112
3, 2, 9 ....39, 139
3, 2, 11 .... 39, 139; 40, 87
3, 5, 27 .... 40, 90; 41, 104

Pat.: De patientia
11, 14 .... 37, 172
18, 15 ....43, 27

Pecc. mer.: De peccatorum
meritis et remissione
1, 21, 29 .... 41, 125
2, 6, 7 ....i38
2, 7, 8 – 16, 25 ....i38
2, 10, 14 .... 42, 57.58
2, 13, 19-20 ....n6
2, 15, 22 ....n6
2, 17, 27 ....n22
3, 13, 23...........................i38

C. Pel.: Contra duas epistulas
Pelagianorum
2, 6, 11.........................44, 67
3, 5, 14 – 3, 7, 23 ....n6
4, 7, 17 .... 39, 173

Perf. iust.:
De perfectione iustitiae hominis
8, 19.................................n6

C. Petil.:
Contra litteras Petiliani
1, 18, 20.......41, 38; 44, 210
1, 22, 24 .... 41, 37
1, 24, 26....................42, 42
2, 20, 45.....................41, 37

2, 30, 69 ....40, 21
2, 31, 7........................40, 87
2, 46, 107 .... 43, 119
2, 83, 184................38, 191
2, 105, 241.............38, 105
3, 2, 3 ....40, 90
3, 3, 4..................40, 85. 90
3, 12, 13..................38, 158

Praed.:
De praedestinatione sanctorum
11, 21 .... 41, 112

In Ps.: Enarrationes in Psalmos
1, 2......................41, 65; n3
1, 4........................... 43, 119
1, 5.................................n2
3, 4...........................42, 36
3, 5...........................40, 93
3, 9...........................42, 36
3, 10.........................43, 120
4, 2..........................44, 75
5, 10 .... 37, 92
6, 1.................................n2
7, 14 ....37, 66; 44, 109
7, 18 .... 37, 92
8, 13.........................40, 90
9, 4.................................n6
9, 13.........................43, 27
9, 14.........................38, 52
9, 15 .... 38, 45; 43, 103
9, 29....................43, 50.112
12, 5........................ 37, 168
14, 3.........................40, 21
15, 3.........................42, 14
18, 1, 6....................44, 32
18, 2, 6....................44, 32
18, 2, 13...................39, 140
18, 2, 16...................43, 112
21, 1, 1....................39, 164
21, 1, 3 ....n15

INDEX DES AUTEURS ANCIENS

21, 1, 14 .... 40, 109
21, 1, 16 .... 43, 119
21, 2, 1 .... 38, 186
21, 2, 2 .... 37, 78
21, 2, 3 .... 37, 82; 43, 44
21, 2, 4 .... n15
21, 2, 5 .... 42, 38
21, 2, 6 .... n15
21, 2, 14 .... 40, 109
21, 2, 28 .... 39, 30
22, 3 .... 43, 129
24, 2, 6 .... n1
25, 1, 3 .... n2
25, 2, 10 .... 42, 42.44
26, 2, 2 .... 44, 114; n22
26, 2, 6 .... 42, 40; n13
26, 2, 21 .... 40, 86
29, 1, 10 .... 43, 119
29, 1, 12 .... 39, 170
29, 2, 2 .... n22
29, 2, 9 .... 39, 93; n2
30, 2, 1, 2 .... 37, 119
30, 2, 1, 3 ...... 37, 39.75.173.
187; 39, 65; 44, 154
30, 2, 1, 4.. 37, 39.75; 39, 65
30, 2, 1, 6 .... 44, 67
30, 2, 1, 9 .... 43, 129
30, 2, 1, 11 .... 37, 187
30, 2, 2, 1 .... 37, 86
30, 2, 2, 2 .... 39, 93.94
30, 2, 2, 3 ...... 37, 38; 43, 43
30, 2, 2, 5 .... 39, 93.94;
41, 151; 42, 10
30, 2, 2, 11 .... 43, 43
30, 2, 3, 3 .... 41, 32
30, 2, 3, 7 .... 41, 102
30, 2, 3, 8 .... 42, 40; n13
31, 2, 7 .... 44, 67
31, 2, 11 .... 39, 143

31, 2, 16 .... 40, 74
31, 2, 18 .... 38, 174; 44, 75
32, 2, 1, 2 .... 43, 43
32, 2, 1, 5 .... 42, 7.45; i44
32, 2, 1, 9 .... 40, 126
32, 2, 2, 6 .... 39, 24
32, 2, 2, 14 .... 44, 54
32, 2, 2, 15 .... 38, 149
32, 2, 2, 16 .... 43, 87
32, 2, 2, 25 .... 39, 83
32, 2, 2, 29....39, 31; 42, 5.8
33, 2, 6 .... 39, 77
34, 1, 3 .... 43, 115
34, 1, 6...37, 153.154; 39, 18
34, 1, 8 .... 39, 161
34, 1, 9 .... 43, 22.119
34, 1, 12 .... 43, 22.87
34, 2, 1 .... 37, 86; 41, 147
34, 2, 5 .... 43, 22.112
34, 2, 6 .... 37, 151
34, 2, 11 .... 39, 163
34, 2, 15 .... 39, 163; 43, 66
35, 9 .... 39, 18.73
35, 10 .... 39, 19.47;
41, 125.133
35, 16 .... 41, 46
35, 18 .... 39, 19; 41, 125
35, 19 .... 41, 122
36, 1, 1 .... 43, 106
36, 1, 2 .... 42, 23
36, 1, 12... 37, 191; 43, 126
36, 2, 3 .... 43, 126
36, 2, 11 .... n14
36, 2, 17 .... 37, 160
36, 2, 20, 3 .... 38, 105
36, 3, 3 .... 40, 58
36, 3, 9 .... 37, 34.174
36, 3, 17 .... 40, 87
37, 5 .... 39, 129; 44, 109

INDEX DES AUTEURS ANCIENS

37, 11	43, 92	47, 7	44, 183.188
37, 14	37, 126	48, 1, 5	43, 55
37, 15	43, 92	48, 1, 12	n14
37, 27	37, 38 ; 43, 43	48, 2, 7	38, 149 ; 41, 79
38, 2	41, 33	49, 9	39, 164
38, 3	38, 89	49, 23	38, 160
38, 6	41, 31 ; n6	49, 26	39, 167
38, 11	39, 10	49, 30	39, 173
39, 2	41, 147	49, 31	44, 67
39, 3	n6	50, 1	39, 75
39, 7	41, 114	50, 8	39, 11
39, 13	40, 124	50, 14	39, 6
39, 23	41, 127.134	50, 19	39, 6
39, 26	39, 163 ; 40, 92	50, 21	39, 6.99 ; 41, 145
39, 27	38, 182	51, 1	37, 38
39, 28	42, 11	51, 8	37, 101
40, 1	37, 86	51, 13	41, 112
40, 4	39, 27	51, 15	37, 180
40, 6	37, 34.174	53, 1	37, 9.10
40, 14	44, 101	53, 4	42, 18
41, 2	43, 31.33 ; n9	53, 5	n15
41, 6	n3	53, 6	37, 180
41, 9	37, 96	54, 19	42, 16
42, 4	44, 214	54, 24	42, 14
43, 1	n9	55, 9	37, 160
43, 2	37, 82	55, 15	39, 161
43, 8	43, 61	55, 16	37, 180
43, 15	44, 67	56, 9	40, 125
43, 16	n17	56, 13	39, 128
44, 1	n9	56, 16	42, 6
44, 3	41, 43 ; 43, 90	57, 9	44, 216
44, 7	43, 76 ; 44, 214.215.216	57, 10	43, 99 ; n6
		58, 1, 3	37, 160
44, 16	37, 66	58, 1, 5	39, 24
44, 33	42, 35.36	58, 1, 7	41, 66
45, 1	n9	58, 1, 13	44, 119
46, 2-3	n9	59, 2	n18
47, 1	n9	59, 7	n15
47, 2	42, 36	60, 6	38, 190.193

INDEX DES AUTEURS ANCIENS

61, 1	38, 12.40
61, 2	38, 46
61, 4	37, 86.140
61, 12	38, 190
61, 14	41, 86 ; n12
61, 16	39, 10.75 ; 43, 126
61, 18	38, 160 ; 44, 53
61, 19	38, 75.166
61, 20	38, 166
61, 21	38, 166
61, 22	38, 166
61, 23	38, 18 ; 40, 74 ; i38
62, 6	41, 52
62, 10	37, 173
62, 17	39, 161 ; 43, 120
63, 15	37, 160
64, 2	38, 45
64, 3	42, 14
64, 9	38, 138 ; 39, 87
65, 1	43, 82.83.84 ; n17
65, 8	37, 160
65, 22	41, 119
65, 24	41, 147 ; n3
66, 5	39, 134
66, 7	37, 165
66, 10	n6
67, 2	43, 51
67, 18	42, 63
67, 20	41, 104
68, 1, 2	n18
68, 1, 19	39, 47
68, 2, 1	41, 142
68, 2, 8	37, 98
69, 2	39, 27
69, 3	39, 157
69, 4	39, 161
69, 5	39, 163
69, 8	39, 163 ; n6
70, 1, 10	37, 101
70, 1, 12	37, 186
70, 1, 14	44, 80
70, 2, 1	44, 67
70, 2, 3	39, 135
70, 2, 4	39, 24
70, 2, 12	40, 23
72, 1	44, 98
72, 5	n6
72, 6	41, 92
72, 9	41, 66
72, 19	40, 44
72, 22-23	41, 92
72, 33	43, 78
73, 19	41, 72
75, 3	44, 80.119
75, 7	38, 85 ; 39, 18
76, 1	38, 15
76, 7	38, 18.63.73
76, 8	38, 18.188 ; n5
76, 10	38, 80 ; 42, 26
76, 11	42, 26
76, 14	38, 18.54
76, 15	38, 18
76, 17	38, 18
76, 20	38, 18.138
78, 2	44, 160
79, 1	n18
79, 5	37, 34.174
79, 13	38, 51
80, 2	38, 17 ; 39, 93
80, 5	i42
80, 14	n6
80, 20	n2
80, 21	n2
80, 23	39, 83
81, 5	38, 190
81, 6	38, 178
82, 9	43, 82
83, 2	n9

INDEX DES AUTEURS ANCIENS

83, 3-4 ....n6	99, 12.........................39, 93
83, 7.........................39, 139	100, 12.....................41, 127
84, 2 ....n9	101, 1, 2 ....37, 38 ; 43, 43 ; 44, 92
84, 10.....38, 160 ; 41, 95	
84, 11.....................38, 160	101, 1, 5 ....42, 26
84, 15.....................44, 118	101, 1, 6 ....43, 126
85, 1 ....39, 65	101, 1, 7 ....38, 85
85, 5 ....n3	101, 1, 15 ....43, 119
85, 6.........................38, 45	101, 2, 3................38, 197
85, 9.........................42, 38	101, 2, 7 ....43, 114
86, 5.......................44, 154	102, 16.....................39, 137
86, 7.......................44, 188	103, 1, 5 ...... 40, 117 ; 44, 38
87, 1 .... 43, 33 ; n9	103, 1, 6 ....44, 189
87, 7............41, 139	103, 1, 11 ....44, 70
87, 15 ....42, 10	103, 1, 12 ....44, 61
88, 1, 10...................39, 24	103, 1, 13-14............38, 45
88, 1, 13...................41, 118	103, 1, 18............38, 53
88, 2, 11-12...............43, 63	103, 2, 6....................41, 32
89, 5 ....n6	103, 3, 5............................n2
90, 2, 1 ....44, 75	103, 3, 8....... 43, 76 ; 44, 67
90, 2, 5 ....44, 32	103, 3, 11 ....43, 127
90, 2, 9 ....39, 27	104, 3....................43, 51
92, 2 ....44, 163	106, 13....................41, 104
92, 7 ....41, 140	106, 14.....................41, 112
93, 5...........................40, 74	108, 20.....................39, 164
93, 7......................38, 190	109, 20.....................38, 112
93, 17 ....37, 70.173	111, 8 ....42, 20
93, 23....................38, 167	113, 1, 2 ....40, 121
93, 28....................38, 158	113, 1, 4......................n16
94, 5 ....39, 178 ; 43, 105	113, 1, 7 ....n6
94, 15.....................43, 105	113, 1, 10 ....43, 51
95, 2........................39, 17.37	113, 2, 1 ....41, 67
95, 14.....................39, 184	113, 2, 12 ....39, 19
96, 2 ....42, 22	114, 5 ....39, 137
96, 6 ....40, 113	115, 1 ....38, 85
96, 7.........................44, 85	117, 1 ....41, 19
96, 10......................39, 96	117, 2 ....44, 50
96, 12 ....42, 29	117, 14.................. 41, 19.98
96, 18......................41, 78	117, 22 ....41, 19

INDEX DES AUTEURS ANCIENS

118, 6, 1 .... 41, 125	134, 6 .... n5
118, 8, 1 .... 38, 190	134, 11 ....43, 77
118, 8, 4 .... n6	134, 16 .... 41, 127
118, 12, 4 .... 41, 127	134, 24 ....40, 8
118, 18, 3 .... 41, 47	136, 16 .... 37, 180
118, 19, 3 .... 41, 112	136, 18 ....40, 122
118, 25, 3 .... n2	138, 12 ....42, 63
118, 30, 1 ....42, 12	138, 13 .... 38, 45 ; 42, 63
119, 1 ....38, 41	138, 14 ....42, 63
119, 2 ....38, 47	138, 26 ....41, 47
119, 5 .... 39, 79.129	139, 5 ....37, 101
120, 5 ....41, 114	139, 12 .... 37, 168
120, 8 .... 37, 180	139, 14 ....37, 66 ; 44, 109
122, 3 ....41, 119 ; 44, 80	139, 18 ....43, 92
122, 6 ....38, 168	140, 3 ..... 40, 18 ; 42, 12
124, 4 .... 39, 18	140, 5 .... 37, 38
124, 5 .... 39, 73	140, 6 .... 37, 38
125, 10 .... 43, 61	140, 9 .... 40, 74
126, 4 .... 39, 161	140, 11 .... 39, 137
126, 11 ....n20	140, 14 .... 44, 119
127, 8 ....43, 78.90	140, 20 ....39, 24
127, 10 ....41, 64	140, 21 ....39, 24
128, 2 ....39, 94	141, 11 .... 37, 154 ; 39, 157
128, 9 ....37, 55 ; 40, 74 ;	142, 6 ....42, 58
42, 59	143, 8 .... 39, 137
129, 1 .... 39, 19.47	143, 11 ....41, 66 ; n5
129, 3 ....42, 56	143, 13 ....37, 66 ; 44, 109
129, 4 ....n11	144, 13 ....n12
129, 11 ....41, 114	144, 17 ....43, 26
130, 1 ....42, 38	144, 20 .... 41, 147
130, 4 ....39, 99	145, 9 ....41, 114
130, 8 ....44, 185	145, 16 .... 39, 31
130, 10 ....40, 39	146, 5 .... 39, 99
130, 12 .... 43, 95 ; n12	146, 9 .... 39, 94
130, 14 ....n6	147, 1 ....37, 165
131, 10 ....42, 40	147, 8 .... 39, 83
132, 7 ....37, 94	147, 12 ....n6
132, 9 ....44, 158	147, 22 .... 44, 61
134, 5 ....41, 36	147, 23 .... 44, 158

INDEX DES AUTEURS ANCIENS

149, 1 ....38, 123
149, 5 ....42, 63
149, 6 ....44, 114
149, 10 ....39, 77.86
149, 12 ......39, 77 ; 44, 87
150, 1 ....37, 189 ; 38, 126
150, 2 ....n8

Ps. c. Don. :
Psalmus contra partem Donati

8-19 ....40, 90
23 ....42, 42
180-188 ....40, 90

Quaest. Eu. :
Quaestiones Euangeliorum

1, 32 ....n17
1, 43 ....37, 131
2, 5 ....44, 175
2, 10 ....43, 77
2, 13 ....40, 52
2, 33 ....44, 65
2, 44, 1 ....42, 23
2, 46 ....38, 85

Quaest. Hept. :
Quaestiones in Heptateuchum

1, 62 ....44, 98
1, 66 ....39, 137
1, 84 ....44, 130.131
1, 156 ....38, 190
1, 161 ....39, 137
4, 52 ....n21
5, 46, 1 ....44, 175
6, 30, 2 ....41, 51
7, 17, 1 ....43, 67
7, 45 ....42, 30
7, 49, 11 ....40, 21

Quaest. Mat. : Quaestiones
Euangeliorum, Appendix

13, 3 ....43, 70

Quaest. Simpl. :
Ad Simplicianum de diuersis
quaestionibus

1, 1, 11 ....37, 59
1, 1, 17 ....44, 163
2, 1, 1 ....40, 21

Quaest. Vet. Test. :
De VIII quaestionibus ex Veteri
Testamento

7 ....44, 169

Retract. : Retractationes

1, 7, 2 ....43, 27
2, 12 ....44, 175

In Rom. : Expositio quarumdam
propositionum ex epistula ad
Romanos

45 (53) 43, 59
51 (59) 44, 112
52 (60) 43, 74

C. Secund. : Contra Secundinum

15 ....n5
23 ....44, 99

Ser. : Sermones

4, 3 ....41, 114 ; 43, 85
4, 4 ....43, 85
5, 3 ....42, 19
5, 5 ....40, 122
6, 5 ....n23
7, 7 ....37, 115.117 ; n5
8, 6 ....i37
19, 2 ....44, 119
19, 3 ....39, 99 ; 41, 145
19, 5 ....41, 66
22, 1 ....n16
22, 4 ....39, 24
22, 5 ....39, 137
23, 1 ....38, 75
26, 12 ....44, 67
27, 6 ....43, 91

INDEX DES AUTEURS ANCIENS

28, 1 .... 42, 10 ; n10
29, 5, 6 ....44, 118.119
31, 3 ....43, 43
32, 16 ....40, 4
36, 8 ....38, 142
38, 4, 6 ....n14
41, 5 .... 41, 147
43, 1, 1-2 .... 39, 148
46, 6, 13 ....40, 58
46, 8, 17 .... 39, 18.73
46, 11, 25 .... 39, 18
46, 15, 36 ....42, 42
46, 15, 37 ....39, 17.37
47, 10, 16 ....40, 4
47, 10, 17 ....39, 73
47, 14, 23 .....41, 95 ; 44, 218
51, 1 ....39, 93
51, 2 .... 39, 83.93
52, 2, 3 .... 41, 123.149
52, 6, 16 ....37, 116.117 ;
     41, 101 ; n12
52, 6, 17 ....n12
53, 2, 2 ....44, 80
53, 7, 7 ....43, 50
53, 9, 9 – 9, 10 .....44, 185
53, 14, 15 .... 41, 125
57, 7, 7 ....38, 56
58, 10 ....42, 63
62, 1, 1 .... 38, 174
62, 4, 7 ....44, 160
62, 5, 8 ....44, 38.188
62, 6, 10 ....40, 31
65, 5, 6 ....39, 144 ; 41, 75
69, 3, 4 ....44, 144
73, 4 .... 41, 112
77, 8, 12 ....38, 173
80, 7 ....n3
83, 17 ....40, 126
86, 8, 9 ....38, 139

86, 11, 13 ....38, 145
87, 4, 5 .... 37, 190
88, 18, 20............... 41, 112
88, 22, 25 ....40, 28
89, 5 ....44, 130
90, 6 ....39, 77
91, 3, 3 ....43, 77
91, 7, 9 ....44, 92.93
95, 4 ....43, 90.91
96, 15 ....44, 118
97, 3, 3 ....38, 183
100, 4 ....44, 67
105, 5, 7 ....n6
110, 2 .... 37, 98
110, 4 ....40, 126
113, 5 .... 37, 180
120, 3, 3 ....40, 31
122, 1, 1 ....44, 144
122, 3, 3 ....44, 140
122, 6, 6 .... 44, 152
124, 3, 3 ....40, 50
126, 1, 2 .... 39, 148
126, 2, 3 ......39, 148 ; 41, 75
126, 5, 6 ....44, 32
127, 8, 12 ....43, 93
133, 4 ....40, 21
136, 4 ....43, 70
137, 2 ....44, 154
138, 6, 6 ....43, 90
138, 9, 9 ....44, 30
141, 2, 2 ....n12
141, 4, 4 .... 39, 135
142, 5, 5.......38, 119 ; 44, 38
142, 8, 8 .... 41, 147
145, 3 .... 41, 102
150, 8, 10 .... 39, 135
154, 3, 3 ....43, 82.84
155, 8, 8 .... 41, 125
156, 7, 7 .... 39, 75

INDEX DES AUTEURS ANCIENS

158, 8, 8	43, 27	266, 6	42, 10
158, 9, 9	43, 27	269, 3	41, 38
159, 1, 1	37, 25	270, 7	39, 94
159, 3, 3	n10	273, 5, 5	44, 163
159, 4, 4	n10	274	39, 163
159, 5, 6	n10	276, 1	40, 17
159, 7, 8	41, 79; n10	284, 4	n6
169, 2, 3	38, 126	286, 4, 3	39, 24; 43, 68
169, 15, 18	n6	288, 3	44, 47
175, 8, 9	40, 60	290, 6, 6	39, 173
177, 2	43, 129	291, 6	44, 32
178, 10, 11	43, 78	293, 5	43, 129
179, 1	38, 61	293, 8	44, 67
179, 2	38, 61.75	297, 1, 1	39, 161
179, 7	38, 61	297, 4, 6	43, 26
180, 11, 12	38, 59	298, 2, 2	37, 67.68;
181, 5, 7	44, 158	44, 107; n1	
189, 2, 4	n20	298A, 3	44, 160
190, 3, 3	n20	299, 6	44, 67
200, 2, 3	40, 125	301, 1, 1	39, 24
201, 3	40, 125	306, 8-9	44, 218
204, 3	44, 140	317, 2, 2	43, 70
205, 3	42, 63	319, 7	n17
206, 3	42, 63	331, 2, 2	43, 26.37
210, 5, 7	n3	331, 4, 3	42, 18
210, 8, 10	43, 79	334, 3	41, 114
212, 1	41, 47	335, 1	43, 26
216, 5, 5	41, 64	335, 2	42, 18
223, 1	41, 52	337, 3	41, 32
233, 3, 4	39, 135	343, 4	37, 189
241, 2, 2	41, 75; n12	343, 10	39, 77
244, 4	41, 82	344, 1	38, 49
250, 3	39, 93.94	351, 1, 1	38, 119; 39, 143
252, 2, 2	39, 87	351, 3, 4	38, 85
252, 7, 7	44, 218	351, 5, 12	41, 104
252, 11, 11	37, 189	352, 1, 4	41, 147
255, 6, 6	n6	352, 1, 6	41, 54
259, 2	44, 218	352, 2, 7	43, 63
261, 3	41, 67	357, 4	38, 31

INDEX DES AUTEURS ANCIENS

361, 2, 2 ....43, 80
361, 14, 14 ....44, 154
361, 15, 15 ....40, 49
362, 9, 9 ....n2
362, 15, 18... 43, 82.84 ; n17
362, 20, 23 ....n5
362, 22, 25 ....n16
373, 4 ....40, 125
380, 8 ....44, 173
392, 1 ....37, 98

Ser. Cai. :
Sermons Caillau Saint-Yves

2, 6, 2 .... 41, 103
2, 11, 8......................40, 51

Ser. Cas. : Sermones Casinenses

2, 76, 2 ....44, 152

Ser. Denis : Sermons Denis

2, 4 .... 41, 64.68.69.79 ; n23
8, 1............................43, 59
8, 4............................43, 59
12, 2........................44, 30.32
13, 2..........................39, 27
15, 2..........................43, 66
17, 2..........................40, 27
18, 4..........................44, 87
20, 2-3 ....38, 58
20, 6..........................40, 46
20, 8..........................38, 7.81
21, 5 ....38, 149
24, 4 ....39, 148
24, 5 ....40, 8

Ser. Dolbeau : Sermons Dolbeau

2, 14-15......................39, 27
3, 15..........................40, 101
4, 7..........................40, 126
5, 5 .... 39, 191
5, 6............................40, 8
6, 15..........................42, 28

8, 3-4 ....44, 119
8, 6............................44, 80
11, 8 ....39, 77
13, 1..........................43, 26
14, 7 .... 37, 55
16, 16.........38, 138 ; 41, 104
17, 6 .... 37, 97
18, 4..........................41, 114
21 ....42, 28
21, 11-13 ....38, 179
22, 5 ....37, 116
22, 6 ....44, 53
22, 7 ....43, 87
22, 14 ....41, 77
22, 16.......................38, 188
22, 21 ....44, 158
23, 6..........................41, 75.79
23, 15......................40, 125
23, 19 ....39, 6
24, 1........... 44, 183.188 ; i44
24, 2..........................n23 ; i44
24, 5............39, 191 ; 40, 8
25, 13......................44, 185
25, 16 .... 39, 149
25, 17......................40, 50
25, 19 .... 39, 24
25, 20 .... 39, 148
25, 21 ....41, 97
25, 25............40, 51 ; 41, 95
25, 4.......................... 37, 133
26, 1 .... 41, 95
26, 3 ....39, 77
26, 15 ....41, 47
26, 24 ....40, 46
26, 43 ....44, 32
26, 50 ....44, 114

Ser. Étaix : Sermons Etaix

1.................................41, 95

725

INDEX DES AUTEURS ANCIENS

Ser. Guelf.:
Sermons Guelferbytanus 4096
10, 3.........................44, 140
15, 1...........................39, 94
23, 5.........................44, 160
24, 5.........................44, 160
30, 4.........................37, 160
32, 1...........................44, 18

Ser. Lambot: Sermons Lambot
2............................43, 26.37
4............37, 180.190; 42, 14
9..............................43, 26
22, 2 ....n17
23, 5.......................37, 189
26, 3 ....41, 18.39

Ser. Mai: Sermons Mai
25, 3.........................44, 160
95, 2.........................37, 183
127, 2.......................39, 143
130, 2.......................39, 173

Ser. Morin: Sermons Morin
7, 3 ....44, 160
15, 7 ....42, 38
16, 5.7.8 ....38, 17

Ser. Wilmart: Sermons Wilmart
2, 5 ....38, 52
7, 2 ....41, 98
11, 9 ....41, 46
13, 4.........................39, 94
13, 6.........................40, 55

C. ser. Ar.:
Contra sermonem Arrianorum
12, 9.........................44, 54

Ser. Dom.:
De sermone Domini in monte
1, 5, 13............................i44
1, 15, 40 ....n17
1, 21, 72 ....43, 61; n16

2, 6, 20 ....n17
2, 20, 67-68 ....38, 89
2, 23, 77 ....43, 99

Spec.: Speculum
32 ....38, 157
34 ....41, 47

Spir. litt.: De spiritu et littera
7, 11 ....38, 46
10, 16.......................44, 67
12, 19.......................38, 46
27, 47.......................40, 67
30, 52.......................40, 67
36, 65............42, 57; i38

Trin.: De Trinitate
1, 1, 3.......................44, 185
1, 8, 16.......................43, 55
1, 8, 17.........43, 55; 44, 185
1, 8, 18.......................43, 55
1, 13, 31 .... 43, 55; n13
2, 5, 9.......................44, 54
2, 6, 11............................n22
3, 10, 19-20...............44, 130
3, 11, 22.....................43, 56
4, *proem.* 44, 112
4, 1, 1 .... 37, 106
4, 17, 22 ....40, 21
4, 18, 24.......37, 107; 43, 96
7, 5, 10 .... 38, 114
8, 2, 3 ....37, 116
8, 6, 9 .... 37, 47
8, 9, 13 .... 38, 157
9, 1, 1 ....n6
9, 9, 14 .... 39, 184
10, 3, 5 – 4, 6.................n12
10, 5, 7 – 6, 8.................n12
11, 6, 10 ....40, 64
12, 8, 13 .... 37, 133
13, 19, 24 ....41, 44
14, 4, 6......................38, 135

726

INDEX DES AUTEURS ANCIENS

15, 10, 19 .... 44, 47
15, 16, 26 .... 44, 51
15, 23, 43 .... 44, 47

Vtil. cred. : De utilitate credendi
15, 32 – 16, 34 .... 44, 185

Ver. rel. : De uera religione
4, 6 .... 44, 26
10, 18 .... 37, 103
12, 23 .... 38, 205
34, 64 .... 37, 103
35, 65 .... 37, 106
36, 66 .... 37, 106
44, 82 .... n17
45, 83 .... 39, 85

Vid. : De bono uiduitatis
12, 15 .... 43, 82.84
19, 23 .... 43, 90

Virg. : De sancta uirginitate
26, 26 .... 37, 189
39, 40 .... 41, 112

Pseudo-Augustin (Ps. Aug.)
Ser. : Sermones
128, 5 .... n20

Sol. : Solutiones diuersarum quaestionum
1 .... n19
29 .... n19

Basile de Césarée (Bas.)
In Ps. : Sur les Psaumes
28, 6 .... n11
44, 1 .... n18
44, 3 .... n19
44, 9 .... n23
44, 11 .... 44, 188

Spir. : Sur l'Esprit Saint
12, 28 .... n22

Bède le Vénérable (Bed.)
In Luc. : In Lucae euangelium
6 (21, 23) 39, 184

In Prov. : In Proverbia Salomonis
3 (31, 24) n9

Césaire d'Arles (Caes.)
Ser. : Sermones
96, 5 .... 44, 173

Cassien (Cass.)
Conl. : Conlationes
10, 10, 2-3 .... n3

Cassiodore (Cassiod.)
In Ps. : Expositio in psalmos
1, 1 .... n8
37 .... 37, 27
37, 8 .... 37, 104
39, 8-9 .... n8
41, 1 .... n9
43, 1 .... 43, 31
44, 3 .... i44
44, 2 .... i44
44, 10 .... n23 ; i44
61, 1 .... 38, 44

Cicéron (Cic.)
Tusc. : Tusculanes
1, 20, 46 .... 41, 74.75

Clément d'Alexandrie (Clem. A.)
Paed. : Le Pédagogue
2, 110 .... n23

Strom. : Stromates
6, 92 .... n23
7, 35 .... n3
7, 40, 3-4 .... n3

727

INDEX DES AUTEURS ANCIENS

Code Théodosien

16, 5, 5	39, 33
16, 5, 38-39	40, 16
16, 5, 43	40, 11
16, 5, 46	43, 69
16, 6, 1	39, 33
16, 6, 2	39, 33
16, 6, 3	39, 33
16, 6, 4	39, 30.33
16, 6, 5	39, 33
16, 7, 4	39, 33
16, 10, 19	40, 10

Constitutions Sirmondiennes (Const. Sirmond.)

14	43, 69

Consultationes Zacchei et Apollonii (Consult. Za. Apoll.)

2, 3, 4-5	n8

CHROMACE D'AQUILÉE (CHROM.)
In Mat. : In Matthaeum

42, 1-2	43, 115

CYPRIEN DE CARTHAGE (CYPR.)
Op. eleem. :
De opere et eleemosynis

7	44, 193

Orat. : De dominica oratione

35	n3

Quir. : Testimonia ad Quirinum

2, 6	n22
2, 16	44, 134
3, 6	43, 99
3, 95	38, 66

CYRILLE D'ALEXANDRIE (CYR. A.)
Ador. : De adoratione

9-10	n7

In Ioh. : In Iohannem

4, 2	n7
5, 1	n7

In Ps. : In Psalmos

37	37, 6
39, 8	n8

CYRILLE DE JÉRUSALEM (CYR. H.)
Cat. : Catéchèses

3, 16	44, 189

DIDYME D'ALEXANDRIE (DID.)
In Gen. : Sur la Genèse

3, 14	43, 122

In Ps. : In Psalmos

37, 1	n1
37, 3	37, 21.64
37, 7	37, 97
37, 8	37, 102
37, 12	37, 13
37, 18	37, 172
39, 7	n7
43, 4	43, 50
43, 6	43, 25
44, 1	n18

In Za. : Sur Zacharie

3, 304	n23
5, 137	n23

DIODORE DE TARSE (DIOD. T.)
In Ps. : In Psalmos

40, 7	n7
41	41, 7
44, 2a.n19	

ÉPIPHANE DE SALAMINE (EPIPH.)
Pan. : Panarion

69, 66, 1	n4
72, 2, 8	n19

INDEX DES AUTEURS ANCIENS

Eucher de Lyon (Euch.)
Instr.: *Instructiones*
1, *In Ps.* 14 ....n8

Eusèbe de Césarée (Eus.)
Dem.: *Demonstratio euangelica*
1, 10, 27 ....n7
4, 15..................................n21
8, 1, 80..............................n7
In Ps.: *Commentarii in Psalmos*
28, 1-2 ....44, 188
37, 2 .... 37, 6.49
37, 3 ....37, 31.64
37, 8 .... 37, 102
39...................... 39, 44; n7
40, 2-4 ....40, 32
40, 10-14..................40, 100
41.....................................n9
42 .... 41, 15
44, 1 .... n19
44, 8 ....n21
45, 1 ....n18
65......................................n7
79, 2..........................44, 188

Grégoire d'Elvire (Greg. I.)
Fid.: *De fide*
24-25 .... n19
In Psalmum 91
12...............................38, 37

Grégoire de Nazianze (Greg. Naz.)
Orat.: *Discours*
10, 4.................................n22
30, 21..............................n22
37, 10 ....n23
37, 17 ....44, 173
40, 24 ....41, 50; n11

Grégoire de Nysse (Greg. Nyss.)
Adu. Ar. Sab.:
Aduersus Arium et Sabellium
9.....................................n19
Antirr. adu. Apoll.: *Antirrheticus aduersus Apollinarium*
54-55 ....n22
Titul.: *Sur les titres des Psaumes*
1, 5, 12...........................n11
2, 58 ....n9
4, 34 ....n18

Hésychius de Jérusalem (Hesych.)
In Iob: *Homélies sur Job*
9 (6, 4) 37, 31

Hilaire de Poitiers (Hil.)
In Mat.: *In Matthaeum*
10, 22-24 ....44, 85
27, 6-7......................38, 85
In Ps.: *In Psalmos*
Instr. 2 ....38, 2
53, 13..............................n7
55, 1..........................43, 6
59, 2..............................n18
69, 1 .... 37, 16.24.72
118, 3, 1 .... 43, 119
132, 4.44, 127
Trin.: *De Trinitate*
11, 18-20......................n22

Hippolyte (Hipp.)
Ben.: *Bénédictions des patriarches*
27...................................n19
In Cant.:
Sur le Cantique des Cantiques
27, 8 ....44, 98

729

INDEX DES AUTEURS ANCIENS

In Prov. : Sur les Proverbes
39.................................43, 28
In Ps. : In Psalmos
6...n9

IRÉNÉE DE LYON (IREN.)
Dem. : Démonstration de la prédication apostolique
47......................................n22
67......................................n16

Haer. : Contre toutes les hérésies
2, 28, 5 ....n19
3, 5, 15.....................44, 102
3, 6, 1................................n22
4, 17, 1................................n7
4, 33, 12................... 37, 12

ISIDORE DE SÉVILLE (ISID.)
Fid. : De fide
4, 4.....................................n8
In Gen. : Expositio in Genesin
6, 7..........................39, 107

**JEAN CHRYSOSTOME
(IOH. CHRY.)**
*In Hebr. :
In Epistulam ad Hebraeos*
17, 2-3.................................n7
Adu. Iud. : Aduersus Iudaeos
7, 2......................................n7
In Ps. : In Psalmos
44, 1 ....n18 ; n23
44, 10...................n18 ; n23

JÉRÔME (HIER.)
*Apol. Ruf. :
Apologia contra Rufinum*
3, 43.........................41, 130
In Eccl. : In Ecclesiasten
12, 12.................................n8

Ep. : Epistulae
21, 26................................n19
22, 1-2.................... 44, 191
45, 4..................................n18
49, 4..................................n23
54, 3 .... 44, 191
65, 4....................................n9
65, 8.....................................i44
65, 13.....................n21 ; n22
65, 14....................44, 165
65, 15........... 44, 166.181
65, 16....................44, 188
65, 19................................n23
78, 42 ....41, 117
130, 2...............................n23

In Ez. : In Hiezechielem
2 (6, 13) 37, 7

*Adu. Iouin. :
Aduersus Iouinianum*
1, 8.....................................n23
2, 22 ....n23

In Is. : In Esaiam
7 (23, 15)..........................n23
9 (29, 9-12) n8
10 (34, 8-17)...................n11
13 (48, 20) 38, 161
14 (51, 6) n18
18 (57, 9-10)...............43, 98
18 (66, 13-14)...........43, 50

In Mat. : In Matthaeum
2 (15, 22) 37, 44

In Naum
2, 8-9 ....37, 7

Nom. Hebr. : Liber interpretationum Hebraicorum nominum (CCL 72)
p. 7, 20.....................41, 117
p. 63, 7..............................n9

INDEX DES AUTEURS ANCIENS

p. 64, 27 ....41, 117
p. 80, 7.............................n9
p. 86, 9 .... 41, 118
p. 119, 16 .... 41, 118
p. 119, 22 ....38, 1.38.50
p. 136, 22 ....n9

Com. Ps. :
Commentarioli in psalmos
37................37, 4.12.18.162
39......................................n8
43..............................43, 29
76................................38, 6

In Ps. : *Tractatus in psalmos*
83, 1..................................n9
84, 1-2..............................n9
86, 1 ....n9
91, 11 ....43, 25
93, 16...................... 43, 115

In Ps. 41 *ad neophytos*.......... 41, 14.121 ; n9 ; n11

Quaest. Gen. : *Quaestiones Hebraicae in Genesim*
1, 1......................................n8
24, 9.........................44, 98

JULIEN D'ÉCLANE (IUL. ECL.)
In Ps. 37 ....37, 6

JUSTIN (JUST.)
1 Apol. : *Première Apologie*
41, 1-2............................n16

2 Apol. : *Seconde Apologie*
5, 3..................................n22

Dial. : *Dialogue avec Tryphon*
38......................................n19
56......................................n19
56, 14.............................n22
63, 4................................n22

63, 5...............................n22
76, 7...............................n22
86, 2.....................44, 130
114, 1 ....n16

LACTANCE (LACT.)
Inst. Diu. : *Diuinae institutiones*
4, 8, 14..........................n19
4, 12, 7 ....44, 102

Opif. : *De opificio Dei*
8, 11........................... 41, 74
9, 2............................ 41, 74

MARIUS VICTORINUS (MAR. VICT.)
Cand. : *Ad Candidum Arrianum*
26.....................................n19

MÉTHODE D'OLYMPE (METH.)
Conuiu. : *Banquet*
2, 7 ....n23
7, 8 ....n23

NOVATIANUS (NOVAT.)
Trin. : *De Trinitate*
13, 1..............................n19
15, 6..............................n19
17, 2-3 ....n19

OPTAT DE MILÈVE (OPT.)
C. Don. : *Contra Donatistas*
3, 11, 5-7 .... 39, 31
6, 4.........................44, 208

ORIGÈNE (ORIG.)
Hom. Cant. : *Homélies sur le Cantique des Cantiques*
1, 6..........................44, 189
2, 3 ....44, 90
2, 5 .... 37, 3.95

INDEX DES AUTEURS ANCIENS

C. Cels. : Contre Celse
1, 56..............................n22
6, 79..............................n22

Hom. Ex. : Homélies sur l'Exode
2, 4 ....44, 189
13, 1...........................38, 85

Hom. Gen. :
Homélies sur la Genèse
11, 1 ....37, 7

Heracl. : Entretien avec Héraclide
18-19.............................37, 3

In Ioh. : Commentaire sur
l'Évangile de Jean
1, 151 ....n19
1, 191-192 ....n22
1, 280...........................n19
1, 284-286 ....n19
5, 6...............................n8

Hom. Jer. : Homélies sur Jérémie
9, 4...........................44, 188
20, 3..........................38, 85

Hom. Jos. : Homélies sur Josué
17, 1 ....44, 102

In Mat. : Commentaire de
l'Évangile de Matthieu
11, 17 ....37, 44
14, 1.............................n9
15, 28, 32................. 37, 190

Orat. : Sur la prière
12...............................n3

Pasc. : Sur la Pâque
46 ....n7

Philoc. : Philocalie
5, 5..............................n8

Princ. : Des principes
2, 6, 4 ....n22
2, 6, 6 ....n22
4, 4, 4...........................n22

Hom. Ps. :
Homélies sur les Psaumes
37......................37, 3 ; n4
37, 1, 1 .... 37, 49
37, 1, 6 .... 37, 102
37, 2, 4 .... 37, 166
37, 2, 5 .... 37, 172
38, 1, 2.......................38, 4
38, 1, 3.......................38, 36
38, 1, 7.......................38, 82
38, 1, 8..........................n5
38, 2, 1 ....38, 134
38, 2, 6 ....38, 162
38, 2, 12 ....38, 203
76, 1, 1 ....38, 4

In Ps. : Chaînes sur les Psaumes
Praef.............................n18
37, 6 ....n4
39, 3 ....39, 48
39, 8 ....n8
40, 2 ....40, 32
40, 4 ....40, 57
40, 6 ....40, 19
40, 7 ....40, 84
44 ....n19
45................................n23

Hom. Reg. : Homélies sur le
Premier livre de Samuel
1, 1...............................n9

In Rom. : Commentaire de
l'Épître aux Romains
6, 9, 15 ....37, 7

ORIG. [?]
Cat. Ps. : Catenae in psalmos
43.......................43, 50.104

OROSE (OROS.)
Hist. : Historiae aduersus paganos
7, 37, 10 ....44, 25

INDEX DES AUTEURS ANCIENS

Philon d'Alexandrie (Phil. A.)
Somn. : De somniis
120-172 ....44, 129

Phoebade d'Agen (Phoeb.)
C. Ar. : Contra Arrianos
11.....................................n19

Physiologus
29 ; 43 ....n11

Platon (Plat.)
Banquet
207e-208b.......................n12
Phèdre
246a-254e...................39, 85
Théétète
184c.............................41, 75

Pline l'ancien (Plin. A.)
Hist. nat. : Histoire naturelle
8, 32, 114.118 ....n11
11, 115, 279 ....n11

Plotin (Plot.)
Enn. : Ennéades
1, 6 [1], 4.......................n12
1, 6 [1], 5.......................n12
1, 6 [1], 8...................38, 45
1, 6 [1], 9.......................n12
5, 1 [10].........................n12
5, 3 [49] n12

Quodvultdeus (Quodvultd.)
Cant. : De cantico nouo
2, 13...........................39, 90
Catacl. : De cataclysmo
3..................................39, 90
Fer. : De ultima quarta feria
3, 3, 22-23 ....39, 107

Prom. : Liber promissionum
1, 6, 8.......................39, 107

Scripta Arriana Latina
(Script. Arr.)
Coll. Ver. : Collectio Veronensis
12, 4.................................n8

Sozomène
Histoire ecclésiastique
7, 22, 5.......................40, 23

Tertullien (Tert.)
Apol. : Apologeticum
2, 18 – 3, 8.................43, 63
50, 13............ 39, 24 ; 40, 25
Adu. Herm. :
Aduersus Hermogenem
18, 6.............................n19
4, 14, 1..........................n19
Adu. Marc. :
Aduersus Marcionem
2, 4, 1 ....n19
3, 5, 2............................n16
Orat. : De oratione
24-26 ....n3
Pall. : De pallio
5, 3..........................44, 158
Praescr. :
De praescriptione haereticorum
26, 3 ....38, 85
Adu. Prax. : Aduersus Praxean
7, 1 ....n19
11, 2 ....n19
13, 1-2............................n22

Pseudo-Tertullien (Ps. Tert.)
Carm. adu. Marc. :
Carmen aduersus Marcionem
2, 196..............................n9

INDEX DES AUTEURS ANCIENS

**THÉODORET DE CYR
(THEOD. CYR.)**
In Hier.: Sur Jérémie
   2, 11................................n7
Hist. eccl.: Histoire ecclésiastique
   5, 27 (26), 3 ....39, 76
In Ps.: Sur les Psaumes
   39, 7-8.............................n7
   44, 1 ....n18
   44, 8 ....n22

**THÉODORE DE MOPSUESTE
(THEOD. MOPS.)**
In Ps.: In Psalmos
   44 ....44, 3
   44, 2a...............................n19
   44, 10c..............................n23

VICTORIN DE POETOVIO (VICT.)
Fabr.: De fabrica mundi
   7.....................................n19

ZÉNON DE VÉRONE (ZEN.)
Tract.: Tractatus
   1, 10B, 2 ....40, 110
   2, 14...................41, 50; n11

TABLE DES MATIÈRES

Avant-propos..5

I. TEXTE ET TRADUCTION

Psaume 37	11
Psaume 38	95
Psaume 39	193
Psaume 40	295
Psaume 41	353
Psaume 42	423
Psaume 43	459
Psaume 44	519

II. NOTES COMPLÉMENTAIRES

1. Le souvenir du sabbat (*In Ps.* 37, 1) 625

2. *Ignis emendatorius* (*In Ps.* 37, 3-4) 628

3. La prière continuelle (*In Ps.* 37, 14-15) 632

4. *Et proiecerunt me dilectum tamquam mortuum
abominatum* (*In Ps.* 37, 26)......................................634

5. Idithun entre l'être véritable et le non-être
(*In Ps.* 38, 7. 9. 22) 635

6. L'exemple de Paul en Ph 3, 12-15
(*In Ps.* 38, 6. 8. 13-15)..642

7. « Tu as refusé sacrifice et offrande, mais tu m'as
parfait un corps » (*In Ps.* 39, 7-13) 648

8. « En tête du livre, il est écrit à mon sujet »
(*In Ps.* 39, 14) 651

TABLE DES MATIÈRES

9. « Pour les fils de Corè »
(*In Ps.* 41, 2 ; 43, 1-2 ; 44, 1) 653

10. Le vocabulaire de l'expérience spirituelle
dans l'*Enarratio* 41 658

11. Le cerf (*In Ps.* 41, 2-4) 662

12. L'ascension vers Dieu (*In Ps.* 41, 7-8) 665

13. La tente de l'Église (*In Ps.* 41, 9) 672

14. Imiter la fourmi (*In Ps.* 41, 16) 673

15. Le recours au Ps 21 dans *In Ps.* 43 674

16. L'usage biblique des temps (*In Ps.* 43, 6) 675

17. La femme aux sept maris (Mt 22, 23-33)
(*In Ps.* 43, 16) 676

18. « Pour ce qui sera changé » (*In Ps.* 44, 1) 678

19. L'interprétation patristique et augustinienne
du Ps 44, 2 682

20. « La nourriture des doux » (*In Ps.* 44, 3) 686

21. Le problème textuel du Ps 44, 8b 687

22. L'onction du Christ (*In Ps.* 44, 19) 688

23. Le vêtement de la reine (*In Ps.* 44, 24. 29) 695

Index biblique 699
Index des auteurs anciens 707
Table des matières 735

Bibliothèque Augustinienne
Les œuvres de saint Augustin

Le plan général de l'édition complète se trouve aux pages 104-105 du premier volume de la *Bibliothèque Augustinienne* (= *BA* 1). Voici le détail des volumes publiés.

Première série : Opuscules

BA 1 : La morale chrétienne (par B. Roland-Gosselin, édition complète, 1949). P. 7-99 : Introduction générale : Les directions doctrinales de saint Augustin, par F. Cayré et F. Van Steenberghen ; p. 101-115 : Notes documentaires ; p. 117-132 : préface du traducteur ; p. 133-367 : *Les mœurs de l'Église catholique et les mœurs des manichéens* ; p. 369-435 : *Le combat chrétien* ; p. 437-509 : *La nature du bien* ; p. 511-527 : Notes complémentaires (= NC).

BA 2 : Problèmes moraux (par G. Combès, 1937, 2ᵉ éd. 1948). P. 7-14 : Introduction ; p. 15-99 : *Le bien du mariage* ; p. 101-233 : *Les mariages adultères* ; p. 235-343 : *Le mensonge* ; p. 345-453 : *Contre le mensonge* ; p. 455-523 : *Les soins dus aux morts* ; p. 525-577 : *La patience* ; p. 579-617 : *L'utilité du jeûne* ; p. 619-641 : NC.

BA 3 : L'ascétisme chrétien (par J. Saint-Martin, 1939, 2ᵉ éd. 1949). P. 9-13 : Introduction ; p. 15-101 : *La continence* ; p. 103-227 : *De la sainte virginité* ; p. 229-305 : *De l'excellence du veuvage* ; p. 307-431 : *Du travail des moines* ; p. 433-474 : NC.

BA 4 : Dialogues philosophiques I : Problèmes fondamentaux (par R. Jolivet, 1939, 2ᵉ éd. 1948). P. 7-203 : *Contre les académiciens* ; p. 205-214 : NC ; p. 215-285 : *Du bonheur* ; p. 287-291 : NC ; p. 293-459 : *De l'ordre* ; p. 461-466 : NC.

BA 4/1 : Dialogues philosophiques, *De beata uita - La vie heureuse* (par J. Doignon, 1986). P. 7-44 : Introduction ; p. 47-129 : *La vie heureuse* ; p. 131-152 : N.C.

BA 4/2 : Dialogues philosophiques, *De ordine - L'ordre* (par J. Doignon, 1996). P. 9-65 : Introduction ; p. 67-329 : *L'ordre*, p. 331-378 : NC.

BA 5 : Dialogues philosophiques II : Dieu et l'âme (par P. DE LABRIOLLE, 1939, 2ᵉ éd. 1948). P. 7-163 : *Les soliloques* ; p. 165-219 : *L'immortalité de l'âme* ; p. 221-397: *La grandeur de l'âme* ; p. 399-408 : NC.

BA 6 : Dialogues philosophiques III : De l'âme à Dieu (par F.-J. THONNARD, 1941, 2ᵉ éd. 1952 ; 3ᵉ éd. entièrement nouvelle par G. MADEC, 1976 ; le détail ci-après concerne cette dernière édition). P. 7-153 : *Le maître* ; p. 155-529 : *Le libre arbitre* ; p. 531-583 : NC.

BA 7 : Dialogues philosophiques IV : La musique (par G. FINAERT et F.-J. THONNARD, 1947). P. 7-14 : Introduction générale ; p. 15-479 : *La musique* ; p. 481-529 : NC.

BA 8 : La foi chrétienne (par J. PEGON, 1951, 2ᵉ éd. avec mise à jour par G. MADEC, 1982). P. 7 : Avant-propos ; p. 9-191 : *La vraie religion* ; p. 193-301 : *L'utilité de croire* ; p. 303-341 ; *La foi aux choses qu'on ne voit pas* ; p. 343-461 : *La foi et les œuvres* ; p. 463-509 : NC.

BA 9 : Exposés généraux de la foi (par J. RIVIÈRE, 1947 ; 2ᵉ éd. avec mise à jour par G. MADEC et J.-P. BOUHOT, 1988). P. 7-9 : Préface ; p. 11-75 : *De la foi et du symbole* ; p. 77-327 : *Manuel ou De la foi, de l'espérance et de la charité* ; p. 329-429 : NC.

BA 10 : Mélanges doctrinaux (par G. BARDY, J.-A. BECKAERT, J. BOUTET, 1952). P. 7 : Avant-propos ; p. 9-379 : *Quatre-vingt-trois questions différentes* ; p. 381-579 : *Les deux livres à Simplicien sur diverses questions* ; p. 581-643 : *Les huit questions de Dulcitius* ; p. 645-693 : *De la divination des démons* ; p. 695-775 : NC.

BA 11 : Le magistère chrétien (par G. COMBÈS et J. FARGES, 1949). P. 7-147 : *La catéchèse des débutants* ; p. 149-541 : *La doctrine chrétienne ;* p. 543-595 : NC.

BA 11/1 : La première catéchèse (par G. MADEC, 1991). P. 9-41 : Introduction ; p. 43-231 : *De catechizandis rudibus* ; p. 233-267 : NC.

BA 11/2 : La doctrine chrétienne (par M. MOREAU et I. BOCHET, 1997). P. 9-62 : Introduction ; p. 64-427 : *De doctrina christiana* ; p. 429-590 : NC.

BA 12 : Les révisions (par G. BARDY, 1950). P. 7-256 : Introduction ; p. 259-559 : *Retractationes* ; p. 561-593 : NC.

Deuxième série : Dieu et son œuvre

BA 13 : *Les Confessions* (par A. SOLIGNAC, E. TRÉHOREL et G. BOUISSOU, 1962). P. 7-270 : Introduction ; p. 271-643 : Livres I-VII ; p. 645-703 : NC. Nouvelle éd. augmentée 1992.

BA 14 : *Les Confessions* (Voir ci-dessus). P. 7-525 : Livres VIII-XIII ; p. 527-634 : NC. Nouvelle éd. augmentée 1992.

BA 15 : *La Trinité* (par E. HENDRIKX, M. MELLET et Th. CAMELOT, 1955). P. 7-83 : Introduction ; p. 85-553 : Livres I-VII ; p. 555-591 : NC. Nouvelle éd. 1997.

BA 16 : *La Trinité* (par P. AGAËSSE et J. MOINGT, 1955). P. 7-22 : Introduction; p. 23-567 : Livres VIII-XV ; p. 569-661 : NC. Nouvelle éd. 1997.

BA 17 : Six traités anti-manichéens (par R. JOLIVET et M. JOURJON, 1961). P. 7-26 : Introduction générale ; p. 27-115 : *Des deux âmes ;* p. 117-193 : *Actes ou débat avec le manichéen Fortunat* ; p. 195-375 : *Contre Adimante, disciple de Mani* ; p. 377-507 : *Contre l'Épître de Mani dite "du fondement"* ; p. 509-525 : *Lettre de Secundinus* ; p. 527-633 : *Contre le manichéen Secundinus* ; p. 635-757 : *Contre le manichéen Felix* ; p. 759-789 : NC.

Troisième série : La grâce

BA 20/A : Premières réactions antipélagiennes I: *Salaire et pardon des péchés* (par B. DELAROCHE, C. INGREMEAU et M. MOREAU, 2013). P. 5-65 : Introduction ; p. 67-415 : Livres I-III ; p. 417-559 : NC.

BA 20/B : Premières réactions antipélagiennes II: *La grâce de la Nouvelle Alliance* (par P. DESCOTES, 2016). P. 5-221 : Introduction ; p. 222-397 : *La grâce de la Nouvelle Alliance* ; p. 399-541 : NC.

BA 21 : La crise pélagienne I (par G. DE PLINVAL et J. DE LA TULLAYE, 1966). P. 7-23 : Introduction générale ; p. 25-111 : Lettre d'Augustin à Hilaire de Syracuse (*Ep.* 157) ; p. 113-219 : *Sur la perfection de la justice de l'homme* ; p. 221-413 : *La nature et la grâce* ; p. 415-579 : *Sur les actes du procès de Pélage* ; p. 581-637 : NC. Nouvelle éd. 1994.

BA 22 : La crise pélagienne II (par H. CHIRAT, J. PLAGNIEUX, Ch. MUNIER, A.-C. DE VEER, F.-J. THONNARD, E. BLEUZEN, 1975) P. 7-269 : *La grâce du Christ et le péché originel* ;

p. 271-667 : *Nature et origine de l'âme* ; p. 333-375 : Lettre à l'évêque Optat (*Ep.* 190) ; p. 669-869 : NC.

***BA* 23** : Premières polémiques contre Julien (par F.-J. Thonnard, E. Bleuzen et A.-C. De Veer, 1974). P. 7-30 : Introduction générale ; p. 32-37: Lettre au comte Valerius (*Ep.* 200); p. 41-289 : *Mariage et concupiscence* ; p. 291-657 : *Réplique en quatre livres à deux lettres des pélagiens* ; p. 659-827 : NC.

***BA* 24** : Aux moines d'Adrumète et de Provence (par J. Chéné et J. Pintard, 1962). P. 7-38 : Introduction générale. P. 39-207 : *De la grâce et du libre arbitre* ; p. 46-53 : Lettre d'Evodius à Valentin ; p. 52-73 : Lettres d'Augustin à Valentin (*Ep.* 214-215) ; p. 209-381 : *De la correction et de la grâce* ; p. 216-227 : Lettre de Valentin à Augustin (*Ep.* 216) ; p. 228-229 : Lettre d'Augustin à Valentin; p. 228-245 : Lettre de Januarius à Valentin ; p. 383-461 : Introduction au *De praedestinatione sanctorum* et au *De dono perseuerantia* ; p. 392-413 : Lettre de Prosper d'Aquitaine à Augustin (*Ep.* 225) ; p. 414-415 : Lettre d'Hilaire à Augustin (*Ep.* 226); p. 463-597 : *Sur la prédestination des saints* ; p. 599-765 : *Sur le don de la persévérance* ; p. 767-837 : NC.

Quatrième série : Traités anti-donatistes

***BA* 28** : Traités anti-donatistes I (par G. Finaert, Y.-M.-J. Congar et G. Bouissou, 1963). P. 7-133 : Introduction générale ; p. 135-191 : *Psaume contre le parti de Donat* ; p. 193-481 : *Contre la lettre de Parménien* ; p. 483-707 : *Lettre aux catholiques au sujet de la secte des donatistes* ; p. 709-749 : NC.

***BA* 29** : Traités anti-donatistes II (par G. Finaert et G. Bavaud, 1964). P. 7-575 : *Sept livres sur le baptême* ; p. 577-627 : NC.

***BA* 30** : Traités anti-donatistes III (par G. Finaert et B. Quinot, 1967). P. 7-128 : Introduction générale ; p. 129-745 : *Contre les lettres de Pétilien* ; p. 747-812 : NC.

***BA* 31** : Traités anti-donatistes IV (par G. Finaert et A.-C. De Veer, 1968). P. 7-643 : *Réponse à Cresconius, grammairien et donatiste* ; p. 645-737 : *Livre sur l'unique baptême* ; p. 739-853 : NC.

***BA* 32** : Traités anti-donatistes V (par G. Finaert et É. Lamirande, 1965). P. 7-24 : Introduction générale ; p. 25-243 : *Compte rendu abrégé de la Conférence avec les donatistes* ; p. 245-393 : *Un livre aux donatistes après la Conférence* ; p. 395-445 : *Discours aux fidèles de l'Église de Césarée* ; p. 445-487 : *Procès-verbal de la conférence avec Emeritus* ; p. 489-685 : *Contre Gaudentius, évêque des donatistes* ; p. 687-753 : NC.

Cinquième série : La Cité de Dieu

***BA* 33** : *La Cité de Dieu* (Réimpression de l'édition de 1959 de G. Bardy et G. Combès, avec un Supplément bibliographique par C. Revel-Barreteau, 2014). P. 7-163 : Introduction générale ; p. 165-763 : Livres I-V ; p. 765-834 : NC ; p. 867-878 : Supplément bibliographique.

***BA* 34** : *La Cité de Dieu*. P. 7-559 : Livres VI-X ; p. 561-636 : NC.

***BA* 35** : *La Cité de Dieu*. P. 7-467 : Livres XI-XIV ; p. 469-545 : NC.

***BA* 36** : *La Cité de Dieu*. P. 7-689 : Livres XV-XVIII ; p. 691-775 : NC.

***BA* 37** : *La Cité de Dieu*. P. 7-719 : Livres XIX-XXII ; p. 721-859 : NC.

Sixième série : Lettres

***BA* 40/A** : Lettres 1-30 (par S. Lancel, E. Bermon, A. Gabillon, D. Mitéran, M. Moreau, J. Navarre-Domerc, J. Wankenne, 2011). P. 5-186 : Introduction ; p. 197-515 : Lettres 1-30 ; p. 517-638 : NC.

***BA* 46/B** : Lettres 1*-29* (par J. Divjak, M.-L. Amadei, M.-F. Berrouard, R. Braun, Y.-M. Duval, G. Folliet, A. Gabillon, A.-M. La Bonnardière, S. Lancel, C. Lepelley, G. Madec, M. Moreau, J. Wankenne, 1987). P. 7-40 : Introduction ; p. 41-417 : Lettres 1*-29* ; p. 419-580 : NC.

Septième série : Exégèse

***BA* 48** : *La Genèse au sens littéral* (par P. Agaësse et A. Solignac, 1972). P. 9-81 : Introduction générale ; p. 82-571 : Livres I-VII ; p. 573-717 : NC.

BA 49 : *La Genèse au sens littéral*. P. 7-457 : Livres VII-XII ; p. 459-493 : *Capitula* ; p. 495-590 : NC.

BA 50 : *Sur la Genèse contre les Manichéens* (par P. MONAT, M. DULAEY, M. SCOPELLO et A.-I. BOUTON-TOUBOULIC, 2004). P. 7-155 : Introduction ; p. 156-383 : Texte et traduction. *Sur la Genèse au sens littéral, livre inachevé* (par P. MONAT). P. 387-395 : Introduction ; p. 396-505 : Texte et traduction ; p. 507-557 : NC.

Huitième série : Enarrationes in Psalmos

BA 57/A : *Les Commentaires des Psaumes 1-16* (par M. DULAEY, avec I. BOCHET, A.-I. BOUTON-TOUBOULIC, P.-M. HOMBERT, É. REBILLARD, 2009). P. 7-110 : Introduction ; p. 111-549 : Psaumes 1-16 ; p. 551-623 : NC.

BA 57/B : *Les Commentaires des Psaumes 16-25* (par M. DULAEY, avec I. BOCHET, A.-I. BOUTON-TOUBOULIC, P.-M. HOMBERT, É. REBILLARD, 2009). P. 5-10 : Introduction ; p. 11-296 : Psaumes 16-25 ; p. 297-336 : NC.

BA 58/A : *Les Commentaires des Psaumes 26-31* (par M. DULAEY, avec I. BOCHET, A.-I. BOUTON-TOUBOULIC, P.-M. HOMBERT, É. REBILLARD, 2011). P. 5-12 : Avant-propos ; p. 13-400 : Psaumes 26-31 ; p. 401-430 : NC.

BA 58/B : *Les Commentaires des Psaumes 32-36* (par M. DULAEY, avec I. BOCHET, A.-I. BOUTON-TOUBOULIC, P.-M. HOMBERT, M.-Y. PERRIN, 2014). P. 5-10 : Avant-propos ; p. 11-570 : Psaumes 32-36 ; p. 571-602 : NC.

BA 59/A : *Les Commentaires des Psaumes 37-44* (par M. DULAEY, avec I. BOCHET, P. DESCOTES et P.-M. HOMBERT, 2017). P. 5-9 : Avant-propos ; p. 11-621 : Psaumes 37-44 ; p. 623-698 : NC.

BA 66 : *Les Commentaires des Psaumes 108-117* (par M. DULAEY et P.-M. HOMBERT, 2013). P. 5-8 : Avant-propos ; p. 9-411 : Psaumes 108-117 ; p. 413-457 : NC.

BA 67/A : *Les Commentaires des Psaumes. Ps 118, sermones 1-14* (par M. DULAEY, avec P. DESCOTES, L. JANSEM [†] et M. RIBREAU, 2016). P. 5-124 : Introduction ; p. 125-369 : Psaume 118, sermons 15-32 ; p. 371-408 : NC.

BA 67/B : *Les Commentaires des Psaumes. Ps 118, sermones 15-32* (par M. DULAEY, avec P. DESCOTES, L. JANSEM [†] et M. RIBREAU, 2017). P. 5-6 : Introduction ; p. 7-345 : Psaume 118, sermons 1-14 ; p. 347-356 : NC.

Neuvième série : Traités sur saint Jean

BA 71 : *Homélies sur l'Évangile de saint Jean* (par M.-F. BERROUARD, 1969). P. 7-124 : Introduction; p. 125-833 : Homélies I-XVI ; p. 835-955 : NC. Nouvelle éd. revue et augmentée 1993.

BA 72 : *Homélies sur l'Évangile de saint Jean* (par M.-F. BERROUARD, 1978). P. 7-67 : Introduction ; p. 69-713 : Homélies XVII-XXXXIII ; p. 715-861 : NC. Nouvelle éd. 1988.

BA 73/A : *Homélies sur l'Évangile de saint Jean* (par M.-F. BERROUARD, 1988). P. 7-113 : Introduction ; p. 115-455 : Homélies XXXIV-XLIII ; p. 457-529 : NC. Nouvelle éd. 1988.

BA 73/B : *Homélies sur l'Évangile de saint Jean* (par M.-F. BERROUARD, 1988). P. 10-397 : Homélies XLIV-LIV ; p. 401-484 : NC. Nouvelle éd. 1989.

BA 74/A : *Homélies sur l'Évangile de saint Jean* (par M.-F. BERROUARD, 1993). P. 9-397 : Homélies LX-LXXIX ; p. 401-470 : NC.

BA 74/B : *Homélies sur l'Évangile de saint Jean* (par M.-F. BERROUARD, 1997). P. 8-432 : Homélies LXXX-CIII ; p. 434-480 : NC.

BA 75 : *Homélies sur l'Évangile de saint Jean* (par M.-F. BERROUARD, 2002). P. 7-465 : Homélies CIV-CXXIV ; p. 467-496 : NC.

BA 76 : *Homélies sur la première épître de saint Jean* (par D. DIDEBERG, 2008). P. 7-59 : Introduction ; p. 61-431 : Tractatus I-X ; p. 433-516 : NC.

Nouvelle Bibliothèque Augustinienne

NBA 1   *Le bien du mariage* ; traduction de Gustave COMBÈS
             La virginité consacrée ; traduction de Jules SAINT-MARTIN
             Avant-propos de Martine DULAEY, introduction de Goulven MADEC, 170 p. (1992).

NBA 2   *Le Maître : dialogue avec Adéobat*
             Le libre arbitre : dialogue avec Evodius.
             Introduction et traduction de Goulven MADEC, 300 p. (1993).

NBA 3   *La cité de Dieu* : Livres I-X.
             Introduction d'Isabelle BOCHET, traduction de Gustave COMBÈS revue et corrigée par Goulven MADEC, 636 p. (1993).

NBA 4/1   *La cité de Dieu* : Livres XI-XVIII.
Traduction de Gustave COMBÈS revue et corrigée par Goulven MADEC, 547 p. (1994).

NBA 4/2   *La cité de Dieu* : Livres XIX-XXII.
Traduction de Gustave COMBÈS revue et corrigée par Goulven MADEC, 415 p. (1995).

NBA 5   *Sermons sur l'Écriture* I : 1-15.
Traduction d'André BOUISSOU, introduction et notes de Goulven MADEC, 331 p. (1994).

NBA 6   *La vie communautaire* (*Sermons* 355-356).
Traduction annotée par Goulven MADEC, 63 p. (1996).

NBA 7   *La première catéchèse*.
Introduction et traduction de Goulven MADEC, 127 p. (2001).

NBA 8   *Sermons sur la chute de Rome*.
Introduction, traduction et notes de Jean-Claude FREDOUILLE, 135 p. (2004).

IMPRIMERIE F. PAILLART, B.P. 30324, 80103 ABBEVILLE – (15732)
DÉPÔT LÉGAL : 2ᵉ TRIMESTRE 2017